思想的・睿智的・獨見的

經典名著文庫

學術評議

丘為君　吳惠林　宋鎮照　林玉体　邱燮友
洪漢鼎　孫效智　秦夢群　高明士　高宣揚
張光宇　張炳陽　陳秀蓉　陳思賢　陳清秀
陳鼓應　曾永義　黃光國　黃光雄　黃昆輝
黃政傑　楊維哲　葉海煙　葉國良　廖達琪
劉滄龍　黎建球　盧美貴　薛化元　謝宗林
簡成熙　顏厥安（以姓氏筆畫排序）

策劃　楊榮川

五南圖書出版公司 印行

經典名著文庫

學術評議者簡介（依姓氏筆畫排序）

- 丘為君　美國俄亥俄州立大學歷史研究所博士
- 吳惠林　美國芝加哥大學經濟系訪問研究、臺灣大學經濟系博士
- 宋鎮照　美國佛羅里達大學社會學博士
- 林玉体　美國愛荷華大學哲學博士
- 邱燮友　國立臺灣師範大學國文研究所文學碩士
- 洪漢鼎　德國杜塞爾多夫大學榮譽博士
- 孫效智　德國慕尼黑哲學院哲學博士
- 秦夢群　美國麥迪遜威斯康辛大學博士
- 高明士　日本東京大學歷史學博士
- 高宣揚　巴黎第一大學哲學系博士
- 張光宇　美國加州大學柏克萊校區語言學博士
- 張炳陽　國立臺灣大學哲學研究所博士
- 陳秀蓉　國立臺灣大學理學院心理學研究所臨床心理學組博士
- 陳思賢　美國約翰霍普金斯大學政治學博士
- 陳清秀　美國喬治城大學訪問研究、臺灣大學法學博士
- 陳鼓應　國立臺灣大學哲學研究所
- 曾永義　國家文學博士、中央研究院院士
- 黃光國　美國夏威夷大學社會心理學博士
- 黃光雄　國家教育學博士
- 黃昆輝　美國北科羅拉多州立大學博士
- 黃政傑　美國麥迪遜威斯康辛大學博士
- 楊維哲　美國普林斯頓大學數學博士
- 葉海煙　私立輔仁大學哲學研究所博士
- 葉國良　國立臺灣大學中文所博士
- 廖達琪　美國密西根大學政治學博士
- 劉滄龍　德國柏林洪堡大學哲學博士
- 黎建球　私立輔仁大學哲學研究所博士
- 盧美貴　國立臺灣師範大學教育學博士
- 薛化元　國立臺灣大學歷史學系博士
- 謝宗林　美國聖路易華盛頓大學經濟研究所博士候選人
- 簡成熙　國立高雄師範大學教育研究所博士
- 顏厥安　德國慕尼黑大學法學博士

經典名著文庫144

作為意志和表象的世界

Die Welt als Wille und Vorstellung

亞瑟・叔本華 著
(Arthur Schopenhauer)
石冲白 譯

經典永恆•名著常在

五十週年的獻禮•「經典名著文庫」出版緣起

總策劃 楊榮川

五南，五十年了。半個世紀，人生旅程的一大半，我們走過來了。不敢說有多大成就，至少沒有凋零。

五南忝爲學術出版的一員，在大專教材、學術專著、知識讀本出版已逾壹萬參仟種之後，面對著當今圖書界媚俗的追逐、淺碟化的內容以及碎片化的資訊圖景當中，我們思索著：邁向百年的未來歷程裡，我們能爲知識界、文化學術界做些什麼？在速食文化的生態下，有什麼值得讓人雋永品味的？

歷代經典·當今名著，經過時間的洗禮，千錘百鍊，流傳至今，光芒耀人；不僅使我們能領悟前人的智慧，同時也增深加廣我們思考的深度與視野。十九世紀唯意志論開創者叔本華，在其〈論閱讀和書籍〉文中指出：「對任何時代所謂的暢銷書要持謹慎的態度。」他覺得讀書應該精挑細選，把時間用來閱讀那些「古今中外的偉大人物的著作」，閱讀那些「站在人類之巔的著作及享受不朽聲譽的人們的作品」。閱讀就要「讀原著」，是他的體悟。他甚至認爲，閱讀經典原著，勝過於親炙教誨。他說：

「一個人的著作是這個人的思想菁華。所以，儘管一個人具有偉大的思想能力，但閱讀這個人的著作總會比與這個人的交往獲得更多的內容。就最重要的方面而言，閱讀這些著作的確可以取代，甚至遠遠超過與這個人的近身交往。」

爲什麼？原因正在於這些著作正是他思想的完整呈現，是他所有的思考、研究和學習的結果；而與這個人的交往卻是片斷的、支離的、隨機的。何況，想與之交談，如今時空，只能徒呼負負，空留神往而已。

三十歲就當芝加哥大學校長、四十六歲榮任名譽校長的赫欽斯（Robert M. Hutchins, 1899-1977），是力倡人文教育的大師。「教育要教眞理」，是其名言，強調「經典就是人文教育最佳的方式」。他認爲：

「西方學術思想傳遞下來的永恆學識，即那些不因時代變遷而有所減損其價值的古代經典及現代名著，乃是眞正的文化菁華所在。」

這些經典在一定程度上代表西方文明發展的軌跡，故而他爲大學擬訂了從柏拉圖的《理想國》，以至愛因斯坦的《相對論》，構成著名的「大學百本經典名著課程」。成爲大學通識教育課程的典範。

歷代經典·當今名著，超越了時空，價値永恆。五南跟業界一樣，過去已偶有引進，但都未系統化的完整舖陳。我們決心投入巨資，有計畫的系統梳選，成立「經典名著文庫」，希望收入古今中外思想性的、充滿睿智與獨見的經典、名著，包括：

- 歷經千百年的時間洗禮，依然耀明的著作。遠溯二千三百年前，亞里斯多德的《尼各馬科倫理學》、柏拉圖的《理想國》，還有奧古斯丁的《懺悔錄》。
- 聲震寰宇、澤流遐裔的著作。西方哲學不用說，東方哲學中，我國的孔孟、老莊哲學，古印度毗耶娑（Vyāsa）的《薄伽梵歌》、日本鈴木大拙的《禪與心理分析》，都不缺漏。
- 成就一家之言，獨領風騷之名著。諸如伽森狄（Pierre Gassendi）與笛卡兒論戰的《對笛卡兒沉思錄的詰難》、達爾文（Darwin）的《物種起源》、米塞斯（Mises）的《人的行爲》，以至當今印度獲得諾貝爾經濟學獎阿馬蒂亞·

森（Amartya Sen）的《貧困與饑荒》，及法國當代的哲學家及漢學家余蓮（François Jullien）的《功效論》。

梳選的書目已超過七百種，初期計劃首爲三百種。先從思想性的經典開始，漸次及於專業性的論著。「江山代有才人出，各領風騷數百年」，這是一項理想性的、永續性的巨大出版工程。不在意讀者的眾寡，只考慮它的學術價值，力求完整展現先哲思想的軌跡。雖然不符合商業經營模式的考量，但只要能爲知識界開啓一片智慧之窗，營造一座百花綻放的世界文明公園，任君遨遊、取菁吸蜜、嘉惠學子，於願足矣！

最後，要感謝學界的支持與熱心參與。擔任「學術評議」的專家，義務的提供建言；各書「導讀」的撰寫者，不計代價地導引讀者進入堂奧；而著譯者日以繼夜，伏案疾書，更是辛苦，感謝你們。也期待熱心文化傳承的智者參與耕耘，共同經營這座「世界文明公園」。如能得到廣大讀者的共鳴與滋潤，那麼經典永恆，名著常在。就不是夢想了！

二〇一七年八月一日　於

五南圖書出版公司

目錄

第一版序

我原預定在這裡提示一下應該怎樣讀這本書，才能在可能的情況之下加以理解。要由這本書來傳達的只是一個單一的思想，可是，儘管我費盡心力，除了用這全本的書以外，還是不能發現什麼捷徑來傳達這一思想。我認為這一思想就是人們在哲學的名義之下長期以來所尋求的東西。正是因為尋求了好久而找不到，所以有歷史素養的人們，雖有普林尼早就給他們講過「直至成為事實之前，多少事不都是人們認為不可能的嗎？」（《自然史》，7.1.）仍然以為這是乾脆不能發現的東西了，猶如不能發現點石成金、醫治百病的仙丹一樣。

上述這一待傳達的思想，按人們所從考察它的各個不同的方面，就分別出現為人們曾稱之為形上學、倫理學、美學的那些東西。誠然，如果這思想就是我所認為的那東西，如上面所交代的，那麼，它也就必然是這一切。

一個**思想的系統**總得有一個結構上的關聯，也就是這樣一種關聯：其中總有一部分（在下面〕*托住另一部分，但後者並不反過來又托住前者；而是基層托住上層，卻不爲上層所托起；上層的頂峰則只被托住，卻不托起什麼。與此相反，一個單一的思想，不管它的內容是如何廣泛，都必須保有最完整的統一性。即令是爲了傳達的方便，讓它分成若干部分，這些部分間的關聯仍必須是有機的，亦即這樣一種關聯：其中每一部分都同樣涵蘊著全體，正如全體涵蘊著各個部分一樣，沒有哪一部分是首，也沒有哪一部分是尾。整個思想透過各個部分而顯明，而不預先理解全部，也不能澈底了解任何最細微的部分。可是，儘管一本書就內容說和有機體是那麼相像，但在形式上一本書總得以第一行開始，以最後一行結尾；在這方面就很不和有機體相像了。結果是形式和內容在這兒就處於矛盾的地位了。

在這種情況之下，要深入本書所表達的思想，那就自然而然，除了將這本書閱讀兩遍之外，別無良策可以奉告，並且還必須以很大的耐性來讀第一遍。這種耐性也只能從一種自願培養起來的信心中獲得：要相信卷首以卷尾爲前提，幾乎同卷尾以卷首爲前提是一樣的；相信書中每一較前面的部分以較後面的部分爲前提，幾乎和後者以前者爲前提是一樣的。我之所以要說「幾乎是」，因爲事情並非完全如此。並且，只要有可能便把比較最不需要由後面來說明的部分放置在前那樣的事，以及凡是對於容易理解和明晰有點兒幫助的東西，都已忠實地、謹嚴地做到了。是的，在這方面要不是讀者在閱讀中不只是想到每處當前所說，而且

* 方括弧內的文字為譯者所加。

同時還想到由此可能產生的推論這也是很自然的，從而除了本書和這時代的意見，估計還有和讀者的意見，實際上相反的那些矛盾之外，還可能加上那麼多預料得到，想像得到的其他矛盾。假如讀者不是這樣，那麼就會在一定程度上甚至達到如下的情況，即原來只是誤會也必然要表現爲激烈的反對了。於是人們更不認識這是誤會了，因爲艱苦得來的論述之清晰措詞的明確，雖已使當前所談的東西所有的直接含義無可懷疑，然而總不能同時說出這當前所談的和其餘一切一切的關係。因此，在讀第一遍時，如已說過的，是需要耐性的。這是從一種信心中極取的耐性，即深信在讀第二遍時，對於許多東西，甚至對於所有一切的東西，都會用一種完全不同於前此的眼光來了解。此外，對於一個很艱深的題材要求其可以充分理解乃至不甚費力便可以理解，這種認眞的努力使間或在書中這兒那兒發現重複，是具有理由的。整個有機的而不是鏈條式的結構也使間或要兩次涉及同一個段落有其必要。也正是這一結構和所有一切部分間的緊密關聯不容許我採取我平日極爲重視的劃分章節的辦法，因而不得不將就把全書分爲四篇，有如一個思想的四種觀點一般。在每一篇中，都應留意不要因必須處理的細節而忽視這些細節所屬的主要思想以及論述的全部程序。這便說出了對於不太樂意（對哲學家不樂意，因爲讀者自己便是一位哲學家）的讀者要提出的第一項不可缺少的要求。這對下面的幾項要求也同樣是不可少的。

第二個要求是在閱讀本書之前，請先讀本書的序論。這篇序論並不在本書的篇幅中，而是在五年前以《充分根據律的四重根——一篇哲學論文》爲題就已出版了的一本書。不先熟悉這個序論，不先有一段預習功夫，要正確理解本書是根本不可能的。本書也處處以那篇論文的內容爲前提，猶如該論文就在本書的篇幅中似的。並且還可以說，那篇論文如果不是先於本書幾年前就已出版了的話，大概也不會以序論的形式置於本書卷首，而將直接併合於本書第一篇之內。現在，凡在那兒已說過的，在本書第一篇內就都省略了；單是這一缺陷就顯示了這第一篇的不夠圓滿，而不得不經常以援引那篇論文來填補這一缺陷。不過，對於重抄自己寫過的東西，或是把說得已夠明白的東西，重複辛苦地又用別的字眼兒來表達一番，那是我極爲厭惡的。因此，儘管我現在很有可能以更好的形式賦予那篇論文的內容，譬如說清除掉我當時由於太侷限於康德哲學而有的一些概念，如「範疇」、「外在感」、「內在感」等，我還是寧願採取這隨時隨地填補缺陷的辦法。同時，我在那時也決未深入地在那些概念上糾纏，所以那篇論文中的這些概念也只是作爲副產品而出現的，和主題思想完全不相干。因此，只要理解了本書，在讀者思想中就會自動地糾正那篇論文中所有這些處所。但是，只有在人們由於那篇論文而充分認識了根據律之後：認識它是什麼，意味著什麼，對什麼有效，對什麼無效，認識到根據律並不在一切事物之先，全世界也不是先要遵從並符合根據律，作爲由根據律推論來的必然結果才有的；倒不如說這定律只不過是一個形式，假如主體正是進行認識的個體，那麼，常以主體爲條件的客體，不論哪種客體，到處都將在這種形式中被認識：只有認識了這些之後，才有可能深入這裡第一次試用的方法，完全不同於過去一切哲學思維的方法。

但是，上述那種厭惡心情使我既不願逐字抄寫，也不願用別的更差勁的字眼兒（較好的我已儘先用過了）第二次去說同一的東西；這就使本書第一篇還留下第二個缺陷。因為在我那篇《視覺與色彩》的論文第一章所說過的，本可一字不改地移入本書第一篇，然而我都把它省略了。所以，先讀一讀我這本早期的小冊子，在這裡也是一個先決條件。

最後，談到對讀者提出的第三個要求：這甚至是不言而喻就可以假定下來的；因為這不是別的，而是要讀者熟悉兩千年來出現於哲學上最重要的和我們又如此相近的一個現象：我是指康德的主要著作。這些著作眞正是對（人的）精神說話的，它們在精神上所產生的效果，且在別的地方也有人這樣說過，我認為在事實上很可比作給盲人割治翳障的外科手術。如果我們再繼續用比喻，那麼，我的目的就是要把一副黑色眼鏡送到那些割治手術獲得成功的病人手裡。但是，他們能使用這副眼鏡，畢竟要以那手術本身為必要的條件。因此，儘管我在很大限度內是從偉大的康德的成就出發的，但也正是由於認眞研讀他的著作使我發現了其中一些重大的錯誤。為了使他那學說中眞純的、卓越的部分經過清洗而便於作為論證的前提，便於應用起見，我不得不分別指出這些錯誤，說明它們的不當。但是，為了不使批評康德的這些駁議經常間斷或干擾我自己的論述，我只得把這些駁議放在本書卷末特加的附錄中。如上所說，本書既以熟悉康德哲學為前提，那麼，熟悉這附錄部分也就同樣是前提了。從而，在這一點上說，未讀本書正文之前，先讀附錄倒是適當的了；尤其是附錄的內容恰同本書第一篇有著緊密的關聯，所以更以先讀為好。另一方面，由於這事情的本性使然，附錄又會不時引證書內正文，這也是不可避免的。由此而產生的後果不是別的，而是附錄也恰同本書的正文部分一樣，必須閱讀兩遍。

所以**康德**的哲學對於我這裡要講述的簡直是唯一要假定爲必須澈底加以理解的哲學。除此而外，如果讀者還在神明的**柏拉圖**學院中留連過，那麼，他就有了更好的準備，更有接受能力來傾聽我的了。再說，如果讀者甚至還分享了《**吠陀**》❶給人們帶來的恩惠，而由於《鄔波尼煞曇》Upanishad 給我們敞開了獲致這種恩惠的入口，我認爲這是當前這個年輕的世紀對以前各世紀所以占有優勢的最重要的一點，因爲我揣測梵文典籍影響的深刻將不亞於十五世紀希臘文藝的復興；所以我說讀者如已接受了遠古印度智慧的洗禮，並已消化了這種智慧；那麼，他也就有了最最好的準備來傾聽我要對他講述的東西了。對於他，我所要說的就不會是像對於另外一些人一樣，會有什麼陌生的甚至敵視的意味；因爲我可以肯定，如果聽起來不是太驕傲的話，組成《鄔波尼煞曇》的每一個別的、摘出的詞句，都可以作爲從我所要傳達的思想中所引申出來的結論看；可是決不能反過來說，在那兒已經可以找到我這裡的思想。

不過，大多數讀者已經要不耐煩而發作了，那竭力忍耐抑制已久的責難也要衝口而出

---

❶《吠陀》是印度最古的梵文文獻。《鄔波尼煞曇》，亦稱《奧義書》，是古印度宗教哲學典籍。（以下凡用阿拉伯數字注者，皆為譯者所加，不另註明。）

了：我怎麼敢於在向公衆提供一本書時提出這許多要求和條件呢？其中前面的兩個要求又是那麼僭妄，那麼跋扈？何況又恰逢這樣一個時代，各種獨創的思想如此普遍地豐富，單在德國每年就出版三千多種內容豐富，見解獨到，並且全是少不得的著作，還有無數期刊甚至日報所發表的東西，都透過印刷機而成爲公共財富呢？在這個時代，深刻的哲學家，單在德國，現存的就比過去幾個世紀加起來的還多呢？因此，氣忿的讀者要問：如果要經過如許周折來閱讀一本書，怎麼能有個完呢？

對於這樣的責難，我不能提出任何一點答辯。我只希望這些讀者爲了我已及時警告了他們不要在這本書上浪費一個小時，能夠對我多少有點兒謝意。因爲不滿足我所提出的要求，即令讀完這本書也不能有什麼收穫，所以根本就可丟開不讀。此外，我還可以下大注來打賭，這本書也不會適合他們的胃口；卻更可說它總是「少數人的事」，從而只有寧靜地、謙遜地等待這些少數人了；只有他們不平凡的思維方式或能消受這本書。因爲，這個時代的知識既已接近這樣「輝煌」的一點，以至將難解的和錯誤的完全看作一回事；那麼，在這個時代有教養的人們中，又有哪一位能夠忍受幾乎在本書每一頁都要碰到一些思想，恰好和他們一勞永逸地肯定爲眞的、已成定論的東西相反呢？還有，當某些人在本書中一點也找不到他們以爲正是要在這兒尋求的那些東西時，他們將是如何不快地失望啊！這是因爲他們的思辨方式和一位健在的偉大哲人*同出一轍；後者誠然寫了些感人的著作，只是有著一個小小的弱點：他把十五歲前所學的和認定的東西，都當作人類精神先天的根本思想。〔既然如此〕，誰還願意忍受上述一切呢？所以我的勸告還是只有將這本書丟開。

但是，我怕自己還不能就此脫掉干係。這篇序言固然是在勸阻讀者，但是這本書卻是已經看到這序言的讀者用現金買來的，他可能要問如何才能彌補這損失呢？現在，我最後脫干係的辦法只有提醒這位讀者，即令他不讀這本書，他總還知道一些別的辦法來利用它，此書並不下於許多其他的書，可以塡補他的圖書室裡空著的角落，書既裝訂整潔，放在那兒總還相當漂亮。要不然，他還有博學的女朋友，也可把此書送到她的梳妝臺或茶桌上去。再不然，最後他還可以寫一篇書評，這當然是一切辦法中最好的一個，也是我特別要奉勸的。

在我容許自己開了上面玩笑之後，而在這意義本來含糊的人生裡，幾乎不能把〔生活的〕任何一頁看得太認眞而不爲玩笑留下一些餘地，我現在以沉重嚴肅的心情獻出這本書。相信它遲早會達到那些人手裡，亦即本書專是對他們說話的那些人。此外就只有安心任命，相信那種命運，在任何認識中，尤其是在最重大的認識中一向降臨於眞理的命運，也會充分地降臨於它。這命運規定眞理得有一個短暫的勝利節日，而在此前此後兩段漫長的時期內，

---

* 雅各璧（F. H. Jacobi）。（以下凡用*注，皆為原作者注，不另註明。）

卻要被詛咒爲不可理解的或被蔑視爲瑣屑不足道的。前一命運慣於連帶地打擊眞理的創始人。但人生是短促的，而眞理的影響是深遠的，它的生命是悠久的。讓我們談眞理吧。

一八一八年八月於德雷斯頓

第二版序

不是爲了同時代的人們、不是爲了同祖國的人們，而是爲了人類，我才獻出今日終於完成的這本書。我在這樣的信心中交出它，相信它不會對於人類沒有價値；即令這種價値，如同任何一種美好的事物常有的命運一樣，要遲遲才被發覺。因爲，只是爲了人類，而不可能是爲了這轉瞬即逝的當代，這個唯個人眼前妄念是務的世代，我這腦袋在幾乎是違反自己意願的情況下，透過漫長的一生，才不斷以此工作爲己任。在這期間，即令未獲人們的同情，也並不能使我對於這一工作的價値失去信心。這是因爲我不斷看到那些虛僞的、惡劣的東西，還有荒唐的，以及無意義的東西*反而普遍地被讚賞，被崇拜，也慮及假如能識別眞純的、正確的東西的人們不是那麼稀少，以至於人們徒勞地遍訪一二十年（而不一見），那麼，能生產這些眞純的、正確的東西的人們就不能是那麼少數幾個人，以致他們的作品嗣後得成爲世事滄桑的例外，也顧慮到由於此變不常，使寄託於後世而使人振奮的期望，會歸於

* 指黑格爾哲學。

泡影，而這卻是每一個樹立了遠大目標的人爲了鼓舞自己所必需的。——所以，誰要是認眞對待，認眞從事一件不產生物質利益的事情，就不可打算當代人的贊助。不過在大多數場合，他會看到這種事情的假象將在此期間在世界上取得它的地位而盛極一時，而這也是人世間的常規。人們必須是爲事情本身而幹它，否則它便不能成功；這是因爲無論在什麼地方，任何意圖對於正確見解說來，總是危險。因此，每一件有價值的事物，如學術史上一貫證明了的那樣，都要費很長久的時間才能獲得它的地位和權威，尤其是有教育意義而不是娛樂性質的那類事物，更是如此。在這期間，假東西就大放光芒了。因爲要把一件事情和它的假象統一起來，縱非不可能，也是很困難的。這正是這個貧困、匱乏的世界的災難，一切都必須爲這些貧困、匱乏作打算而爲之奴役。因此，這世界並不是這樣生就的，說什麼任何一種高尙的、卓絕的努力，如指向光明和眞理的努力，可以在這世上無阻礙地興盛起來，可以只爲本身的目的而存在。並且，即令有那麼回事，這樣的努力眞能顯出自己的分量了，從而也把有關這種努力的觀念帶到人間來了，可是那些物質利益、那些個人目的立即就會把這種努力控制起來，以便使它成爲這些利益和目的的工具或面具。準此，在康德重振哲學的威望之後，哲學必須又立即成爲某些目的的工具；在上，是國家目的的工具；在下，是個人目的的工具。縱使嚴格地說來，作爲工具的並不是哲學，然而也是和哲學同行的替身在冒充哲學。這也並不應使我們感到詫異。因爲人間有難於相信的多數，由於他們的本性，除了物質目的外，就根本不能有其他目的；甚至不能理解其他的目的。如此看來，這追求眞理的努力就太曲高和寡了，以致不能期待一切人，很多人，甚至少數人誠懇地來參加。儘管人們又一次，如在目前的德國看到哲學方面顯著的活躍情況，看到普遍地在幹著、寫著、談著哲學上的事物，人們卻可滿有信心地假定這些活動的眞正「第一動機」，那掩藏著的動機，儘管人們道貌岸然，莊嚴保證，卻只是現實的而非理想的目的，也即是個人的、官方的、教會的、國家的目的；一句話，他們心目中所有的只是物質利益。從而，使得這些冒牌世界睿哲們的筆尖這樣緊張活動的也只是黨派目的。同時，指導這些騷動分子的星辰並不是正確的見解，而是某些私圖；至於眞理，那就肯定是他們最後才考慮到的東西了。眞理是沒有黨派的，它卻能夠寧靜地，不被注意地通過這些哲學上的叫嚷爭吵而退回自己的路，如同通過那些最黑暗的，拘限於教會僵硬信條的世紀的冬夜一樣。那時，眞理只能作爲祕密學說傳布於少數信徒之間，甚至於只能寄託在羊皮紙上。是的，我要說沒有一個時代對於哲學還能比這樣可恥地誤用它，一面拿它當政治工具、一面拿它作營利手段的時代更爲不利的了。或者還有人相信，在這種忙忙碌碌騷動的場合，眞理也並未被忽視，也可在夾邊一見天日呢？不，眞理不是娼婦，別人不喜愛她，她卻要摟住人家的脖子；眞理倒是這樣矜持的一位美人，就是別人把一切都獻給她，也還拿不穩就能獲得她的青睞呢！

政府既拿哲學當作達到國家目的的手段，那麼，在另一面，學者們就視哲學講座爲一種職業，和任何能養活人身的職業一般無二了。他們競奔那些講座，保證自己有善良的意願，也就是保證其意圖是爲那些目的服務。他們也果然遵守諾言。所以，給他們指示方向的北斗星，不是眞理，不是明澈，不是柏拉圖，不是亞里斯多德，而是僱傭他們來服務的那些目的。這些目的立即成爲他們分別眞僞、有無價値、應否注意〔什麼〕兩兩之間的準繩。於是，凡是不符合那些目的的，哪怕是他們專業裡最重要、最傑出的東西，就或是受到譴責，或是譴責有所不便，就採取一致加以無視的辦法來窒息它。人們只要看看他們反對泛神論那種異口同聲的熱烈勁兒，能有一個白痴相信這股勁兒是從信服眞理而來的嗎？然則，這被貶爲餬口職業的哲學又焉得不壓根兒蛻化爲詭辯學呢？正因爲這是勢所必至的，而「端誰的碗，唱誰的歌」又自來便是有支配力的規律，所以古代就把靠哲學掙錢作爲詭辯家的標誌了。現在，還有這樣的事也湊到這一起來，即是說在這世界的任何地方，除了庸材之外，再沒有可以期待，可以要求，可以用金錢收買的東西了；所以人們在這兒也寧可對庸材偏愛一些。因此，我們就在德國所有的大學裡，都看到這些親愛的庸材殫精竭力地，靠著自己的聰明，並且是按規定的尺碼和目標在建立著一種根本還不存在的哲學；——這場表演，如果要加以嘲笑，那就近乎殘忍了。

長期以來，哲學就是在這種情況下一貫被當作手段，一面爲公家的目的服務，一面爲私人的目的服務。而我呢，三十餘年來，緊跟著自己的思路走，不爲所亂。這正是，也僅是因爲我之必須這樣做而不能另有所作爲，是由於一種本能的衝動使然。不過，也還有一種信心支持著這一衝動，我相信一個人既想出了眞實的東西，照亮了隱蔽的東西，那麼，這些東西總有一天會被另外一個思維著的精神所掌握，會要和這精神攀談，使他愉快，安慰他。我們就是對這樣的人說話，如同類似我們的人們曾對我們說過話而成爲我們在這生命的荒野上的安慰一樣。在這樣的時候，人們從事於他們的事情是爲了事情本身的，也是爲了他們本人的。然而在哲學的深思中，卻有這樣一種奇特的情況：凡是往後對別人有所裨益的，偏是那些各人爲自己精思，爲自己探討的東西，而不是那些原來是爲別人已經規定了的東西。前者首先是在其一貫誠懇這個特徵上看得出來的；因爲人們總不會故意欺騙自己，也不會把空殼核桃送給自己。所以，一切詭辯和一切廢話就都剔除了，結果是寫下去的每一段落都能補償閱讀它之勞。如此說來，我的著作就顯明地在臉上刺著「誠懇坦白」的金印，單憑這一點，我的著作和康德以後三個著名詭辯家❶的作品已迥然有別了。人們無論在什麼時候，總會發現我站在反省思維的立場上，即理性的思索和誠實的報道這一立場上，而決不是站在靈感的立場上。靈感又稱爲「理性的直觀」或「絕對思維」，而它的眞名實姓則是瞎吹牛和江湖法術。我一面以上述那種精神工作，同時不斷看到虛僞的東西、惡劣的東西有著普遍的權威，是的，瞎吹牛*和江湖法術**還享有最高的崇敬，而我則早就對當代人的贊許敬謝不敏了。當今這個世代既已二十年來把黑格爾這個精神上的珈利本❷當作最偉大的哲學家叫嚷

---

❶ 指費希特、謝林、黑格爾三人。

❷ 珈利本（Caliban）是莎士比亞戲劇《暴風雨》中的醜鬼。

* 費希特和謝林。

** 黑格爾。

著，如此大聲地嚷，以至於整個歐洲都發出了回聲：這樣一個世代要使一個曾經目睹這一切的人還渴望他們的贊許，那是不可能的。這個世代再沒有榮譽的桂冠可以送人了，它的讚美是猥濫的，它的責備也沒有什麼意義。我這裡所說的是一本正經，我若有些想獲得當代人的喝彩，我就得刪去上二十處和他們意見全相反的地方，以及部分地他們認爲刺眼的地方。但是，爲了這種喝彩，只要是犧牲了一個音節，我也認爲是罪過。完全嚴肅地說，只有眞理是我的北斗星。向著北斗星，開始我只能希求自己的贊許，而完全不理會這個從一切高尚的精神努力的觀點看來都是深自沉淪的時代，不理會那連個別例外也隨同腐化了的民族文學，而在這種文學裡把高雅的辭令和卑鄙的心術結合起來的藝術倒是登峰造極了。我固然永遠丟不掉我的缺點、弱點，那是和我的天性必然聯繫在一起的，如同每人的缺點、弱點都是和每人的天性必然相連的一樣；但我將不用卑鄙的逢迎遷就來增加這些缺點、弱點。

就這第二版說，首先使我感到愉快的是在二十五年後，我並沒發現有什麼要收回的東西；因此，我的基本信念，至少對我自己來說，是保持住了。既然如此，對只包括第一版全文的第一卷裡的修改，自然絕不會觸及本質的東西，而只是部分涉及一些附帶的東西，而這些改動的絕大部分是由這兒那兒添加的，極簡短的、說明性質的附釋所組成的。只在批判康德哲學的部分有些重要的修改和詳盡的增補，這是因爲這裡的增改不能用一個單另的補充篇來處理，如同闡述我自己學說的那四篇，每篇都在第二卷裡各有相應的補充篇章一樣。而對於那四篇，我所以採用另加補充篇的增改辦法，那是因爲在該四篇寫成後，已過了二十五年，在我的表現方式上和語調風格上都產生了顯著的變化，已不便再把第二卷的內容和第一卷攙合成一整個，正是「合之兩傷」，〔離之兩美〕。因此，我把這兩部分各別提出；而舊作中好些地方，即令我現在可以用完全不同的方式來表達，也沒加更動；我要避免老年人的吹毛求疵損壞我較年輕時代的作品。這些地方如有應加改正之處，借助於第二卷，透過讀者的思想，自然會更正的。這上下兩卷書，名副其實有著一種互爲補充的關係；這是基於從智力方面說，人生不同的年齡階段原是互爲補充的。所以，人們將發現上下卷的關係不僅是這一卷所有的，是那一卷所無，而是每一卷的優點恰在於「此所存」爲「彼所去」。如果我這著作的前半部有什麼超過後半部的地方，那只是青春的火焰和初獲信念時的熱誠所能提供的東西罷了；而後者卻以思想之高度的成熟和澈底勝過前者。這些又只是一個漫長的生命過程及其辛勤共同的果實所能有的。這又因爲在我有力量初次掌握我這體系的根本思想時，在我立即探索這一思想的四個分枝，又回到它的統一性而將整個思想作出明白表述時，我還不能夠將這體系的一切部分充分地、透澈地、詳盡地加以發揮，這是只有透過多年的沉思才能辦到的。爲了在無數事例上加以證實和解說，爲了以極不同的論據來加強體系，爲了先從一切方面加以闡明，然後大膽地把不同的觀點加以對比，爲了篩分駁雜的材料而有條不紊地依次表達出來，就要求這種長年的沉思。如果我這部書是一氣呵成的，不是現在這樣分成兩半截而在閱讀時又得放在一起使用，那對於讀者是要適意些。但是也得請讀者考慮一下，假如要那樣做，就會是要求我在一個年齡階段做完那只能在兩個年齡階段中完成的事情，也即是說，我必須在一個年齡階段具有大自然把它分屬於兩個完全不同年齡階段的性能。準此，我這部著作分成互為補充的兩半截而提出的必要性，就可以比擬於另一種必要性：即是人們在製造一種無色的光學鏡頭時，不可能用一整塊的玻璃製成，而是採取這樣一種辦法製成的，就是把一塊用鉛玻璃製的凸面透鏡和一塊用石灰鹼玻璃製的凹面透鏡兩兩配合；只有這兩種透鏡合起來的作用才能達到預定的要求。另一方面，關於同時使用上下兩卷的不便，讀者可於讀物的交替和疲勞的恢復中得到一些補償。這種補償是同一頭腦，在同一精神中，卻在極不同的年代處理同一題材所帶來的。並且，對於那些尚不熟悉我這種哲學的讀者，則先讀完第一卷，暫不涉及補充部分，留待讀第二遍時再去參閱肯定要適宜些；否則讀者將很難於從其關聯去掌握整個體系，因為只有第一卷是在這種關聯中闡明這體系的，而第二卷則是為那些主要論點各別地尋求詳盡的論據並加以充分發揮。即令是沒有決心把第一卷讀上兩遍的讀者，也最好是先看完第一卷，然後單另看第二卷；（讀第二卷時）並且要依著各章的順序讀，因為章與章之間都有一種相互的聯繫，聯繫雖然鬆懈一些，但中間的空隙，只要讀者掌握好了第一卷，回想一下就可完全填補起來。此外，讀者在第二卷中還可到處看到引證第一卷內與之相應的地方；為此目的，我把第一版第一卷中僅是用破折號標誌的各段，在第二版中一律加上了分段的數字。

在第一版序言裡，我已聲明過我的哲學是從康德哲學出發的，從而澈底了解後者是前者的前提。在這裡我再重申一次。因為康德的哲學，只要是掌握了它，就會在每個人頭腦中產生一種根本的變化。一種如此重大的變化，眞可當作一種精神的再生看待。只有康德哲學才能夠眞正排除掉頭腦中那天生的、從智力的原始規定而來的實在主義；這是貝克萊和馬勒布朗希❸力所不及的，因爲他們太侷限於一般，康德卻進入了特殊；並且康德進入特殊的方式是前無古人，後無來者的。這個方式對於人心具有一種特別的，可說是當下直接的作用；在這一作用下，人們就經受了一種澈底的幻滅，此後得以從另一眼光來看一切事物了。只有這樣，讀者對於我要提出的一些更積極的說明才有接受的可能。與此相反，誰要是沒有掌握康德哲學，那麼，不管他在別的方面讀了些什麼，他總是好像在天眞狀態中似的，即總是拘囿於那自然而然的、幼稚的實在論中。我們所有的人都出生在這種實在論中，它能教我們搞好一切可能的事情，就只不能搞好哲學。因此，這樣一個人和掌握康德哲學的人，兩者間的關係，就等於未成年人和成年人的關係一樣。這一眞理，在今天聽起來是乖僻難解的，但在《純粹理性批判》出版後的頭三十年中卻並不是這樣。這是由於在那些年代之後，又有一個世代成長起來了，而這個世代並不理解康德；因爲要理解康德，單靠一些走馬觀花式，粗心的閱讀或聽自第二手的報告是不夠的。而這又是由於這個世代缺乏良好指導的結果，他們把時間浪費在庸俗的，也就是才力不稱的人們，甚或是亂吹的詭辯家們的哲學問題上面了。這些詭辯家呢，又是別人不負責地向他們推薦的。因此，在這樣教養出來的世代，他們自己的

---

❸ 馬勒布朗希（Malebranche，一六三八—一七七五）法國唯心論哲學家，是偶因論和萬有神論的代表。

哲學試作中，總是從裝模作樣和浮誇鋪張的外殼之中流露出基本概念的混亂，以及難以言說的生硬和粗魯。如果有人還以爲他可以從別人關於康德哲學的論述來了解康德哲學，那麼，他就陷於一種不可挽救的錯誤。不如說，對於這類論述，尤其是最近期間的，我必須嚴重地提出警告。最近這幾年來，我在黑格爾派談康德哲學的文章中，竟遇到一些眞是難於相信的神話。如何教那些從才茁芽的青年時代起就被黑格爾的胡扯扭傷了、損壞了的頭腦，還能夠追隨康德那種意味深長的探討呢？他們早就習慣於把空洞的廢話當作哲學思想，把最可憐的詭辯當作機智，把愚昧的妄談當作辯證法；而由於吸收了這樣瘋狂的詞彙組合——要從這些詞組想出點什麼東西來，人的精神只有徒勞地折磨自己，疲困自己——，他們頭腦的組織已經破壞了。對於他們，理性的批判沒有用處，哲學沒有用處，倒是應該給他們一種精神藥劑，而首先作爲一種清導劑，就應給以一小課健全的人類理智，然後人們可以再看，對於他們是否可以談談哲學了。所以康德的學說，除了在他自己的著作裡，到任何地方去尋找都是白費勁；而康德的著作自始至終都是有教育意義的，即令是他錯了的地方，失敗了的地方，也是如此。凡對於眞正的哲學家說來有效的，由於康德的獨創性，對於他則是充類至極的有效；就是說人們只能在他們本人的著作中，而不能從別人的報道中認識他們。這是因爲這些卓越人物的思想不能忍受庸俗頭腦又加以篩濾。這些思想出生在〔巨人〕高闊、飽滿的天庭後面，那下面放著光芒耀人的眼睛，可是一經誤移入〔庸材們〕狹窄的、壓緊了的，厚厚的腦蓋骨內的斗室之中，矮簷之下，從那兒投射出遲鈍的、意在個人目的的鼠目寸光，這些思想就喪失了一切力量和生命，和它們的本來面目也不相像了。是的，人們可以說，這種頭腦的作用和哈哈鏡的作用一樣，在那裡面一切都變了形，走了樣；一切所具有的勻稱的美都失去了，現出來的只是一副鬼臉。只有從那些哲學思想的首創人那裡，人們才能接受哲學思想。因此，誰要是嚮往哲學，就得親自到原著那肅穆的聖地去找永垂不朽的大師。每一個這樣眞正的哲學家，他的主要篇章對他的學說所提供的洞見常千百倍於庸俗頭腦在轉述這些學說時所作拖沓藐視的報告；何況這些庸材們多半還是深深侷限於當時的時髦哲學或個人情意之中。可是使人驚異的是，讀者群衆竟如此固執地寧願找那些第二手的轉述。從這方面看來，好像眞有什麼選擇的親和性在起作用似的；由於這種作用，庸俗的性格便物以類聚了，從而，即令是偉大哲人所說的東西，他們也寧願從自己的同類人物那兒去聽取。這也許是和相互教學法同一原理，根據這種教學法，孩子們只有從自己的同伴那兒才學習得最好。

現在再同哲學教授們說句話。我的哲學剛一出世，哲學教授們就以他們的機智和準確微妙的手腕，識出了我這哲學和他們的企圖毫無共同之處，甚至是對於他們有危險性的東西；通俗說來，就是同他們的那些貨色格格不入。他們這種機智和手腕；以及他們那種穩健而尖刻的策略，藉此他們隨即發現了他們面前唯一正確的辦法；那種完全的協調一致，他們以此來運用他們發現了的辦法；最後還有他們用以堅持這辦法始終不懈的堅忍性，這些都是我向來不得不「佩服」的。而這個辦法，由於極其容易執行，原是很可採取的。顯然，這辦法就是完全「無視」並從而分泌之，「分泌」本是歌德不懷好意的一種措詞，原指「侵吞重要的和有意義的東西」。這種靜默手段的影響，由於他們爲了同夥們新生的精神產兒互相祝賀的瘋狂叫囂更加強了。他們以叫囂強逼公衆去欣賞他們在祝賀時用以互相招呼的那副像煞有介事的尊容。誰會看不出這種做法的目的呢？本來嘛，能有什麼可以非議先顧生活，後談哲學這一基本原理呢？那些先生們要生活，並且是靠**哲學**來生活。他們和他們的妻孥都指靠哲學，雖早有佩脫拉克❹說過：「哲學啊，你是貧困地，光著身子地走進來的」，他們還是冒險這樣做。可是我的哲學根本不是爲此而制定的，人們不能拿它作餬口之用。我的哲學完全缺乏那些基本的、對於高薪給的講壇哲學不可少的道具，首先就完全缺乏一種思辨的神學。而恰好是這種神學（和那惹麻煩的康德及其理性批判相反），應該是，必須是哲學的主要課題；似乎哲學也就持有一個任務，要不停地講它絕對不能知道的東西。然而我的哲學竟全不承認哲學教授們那麼聰明地想出來的，他們少不了的那一神話，關於一個直接而絕對地認識著、直觀著或領會著的理性的神話。好像是人們只需一開始就用這神話栓住讀者，往後就能以世界上最便當的方式，如同駕著駟馬似的，闖入一切經驗的可能性彼岸的領域，被康德完全地、永久地給我們的認識攔斷了去路的領域；而人們在那兒所發現的恰好是直接啟示了的，條理得停停當當的，現代的、猶太化的、樂觀的基督教根本教義。我的哲學既缺乏這種基本道具，它是沒有顧慮、不提供生活條件、深入沉思的哲學。它的北斗星僅僅只是眞

❹ 佩脫拉克（Petrarca，一三〇四—一三七四）義大利詩人和人文主義者，開文藝復興之先河。

理，赤裸裸的、無償的、孤獨無偶的、每每被迫害的眞理。它不左顧，也不右盼，而是對準這座星辰直駛過去的。那麼，天曉得，那「哺育的母親」，也即是那善良的，可資爲生的大學講壇哲學，這種身背著百般意圖、千種顧慮的包袱，小心翼翼地蹣跚而來，心目中無時不存著對天主的惶恐，無時不考慮著政府的意向、國教的規程、出版人的願望、學生的捧場、同事們良好的友誼、當時政治的傾向、公衆一時的風尚等等，等等的講壇哲學和我的哲學又有什麼相干呢？再說，我對眞理這種恬靜認眞的探討，和那講臺上、課凳上叫囂著的，一貫以個人目的爲最內在動機的、頭巾氣的吵嘴，又有什麼共同之處呢？顯然，這兩種哲學是根本各異其趣的。所以，就我而言，沒有妥協，沒有同行之誼；大抵除了那些什麼也不追求，惟眞理是務的人以外，沒有一個人，也沒有一個流行的哲學派別會在我這兒找到符合他們的打算的東西；因爲所有這些派別都在追求他們的私圖，而我則只有些見解可以貢獻，可是這些見解又不適合他們的意圖，而這又正是因爲正確的見解本不是按意圖的模型塑成的。準此，我的哲學如果也要適合講臺的話，那就得另有一個完全不同的時代事先成長培育起來才行。——如果這樣一種哲學，人們不能藉以餬口的哲學也居然贏得了空氣和陽光，甚至還贏得人們普遍的尊重，那倒是一件大好事咧！然而這種情況是必須防止的，大家要團結起來如同一個人一樣來加以防止。可是，爭論辯駁又不是容易的玩意兒；並且單爲了下面這個原因，進行辯論已是一個不對勁的辦法，那就是說公開辯論就會把公衆的注意力吸引到這件事情上來，而研讀我的著作又將使公衆對哲學教授的課業失去胃口；因爲誰嘗過了嚴肅事物的滋味，他就覺得兒戲之談，尤其是使人厭倦的一種不合胃口了。因此，他們一致採取的沉默法是唯一正確的辦法，我也只能奉勸他們堅持這一辦法，並且繼續執行這一辦法，一天行得通，就執行一天，直到有一天，人們把這種「無視」當作「無知」❺的意味看，那時也還來得及趁風轉舵。在此以前，卻並沒有剝奪任何人間或爲自己的用途而拔下一根鵝毛管的權利，因爲在自己家裡，思想的澎湃一般是不會怎麼悶煞人的。於是，那種「無視」和沉默法還能執行一個時期，至少在我還能活著這段時間內是可以的，而這就已經贏利不少了。如果在這沉默中，即令人們或在這兒或在那兒聽出一些輕率不自量的聲音，也就立即被教授們的大放厥詞所汨沒了。他們懂得怎樣裝模作樣，用各種不同的花樣來取悅於公衆。不過，我要奉勸在這種做法的協調一致上，還須嚴格注意；尤其要守護好那些青年人們，因爲他們有時竟輕率得可怕咧。不過即使這樣做了，我還是不能保證這一可讚美的辦法就可以永久地執行有效，所以也不能對最後的結局負責。這即是說，如何引導那大體上善良的、隨順的公衆，確是一個很特殊的事業。儘管我們在一切時代，都看到一些戈奇亞斯❻、一些希比阿斯❼高高在上，看到那荒唐的東西一般總是如日中天，而個別人的聲音要想透出愚弄和被愚弄者雙方的合唱似乎已不可能；不過，儘管這樣，眞純的作品在任何時候都保有一種完全特有的、

❺「無視」和「無知」同一詞根，這種用法頗有俏皮意味。

❻❼皆古雅典詭辯家，這裡用多數形式，是指這一類人而言。

寧靜的、穩健的、強有力的影響，如同由於奇蹟一般，人們看到這種影響最後從喧囂騷動的人群中往上直升，好像氣球從地面上厚重的煙霧氣圍上升到更潔淨的高空一樣，而一旦上升到那兒，它就停留在那兒，沒有人再能把它拽下來了。

一八四四年二月於緬因河畔法蘭克福

第三版序

如果不是那些自己拿不出一件好東西，同時又陰謀不讓別人的東西露出頭來的人們，那麼，眞正的和純粹的東西就更容易在世界上贏得地位了。這種情況，即令尚未完全窒息，也已阻礙了、耽誤了好些有益於人世的東西。這情況對我本人的後果是：當這本書第一版問世時，我才三十歲；而我看到這第三版時，卻不能早於七十二歲。對於這一事實，我總算在佩脫拉克的名句中找到了安慰；那句話是：「誰要是走了一整天，傍晚走到了，就該滿足了。」（《智者的眞理》第一四○頁。）我最後畢竟也走到了。在我一生的殘年既看到了自己的影響開始發動，同時又懷著我這影響將合乎「流傳久遠和發跡遲晚成正比」這一古老規律的希望，我已心滿意足了。

讀者將看到第二版所有的一切，都無遺漏地收在第三版內。第三版還包括了更多的東西，因爲新加了些補充；如果同第二版一樣排印，就會多出一百三十六面。

在本書第二版問世七年之後，我還發行了兩卷《附加和補充》❶。包括在這一書名中的東西，是由一些補充篇章組成的，補充我那哲學已有了的系統的敘述。這些東西如果收在這第三版的各卷內，那倒是很適當的；不過在那時，我只得將就利用當時可能的條件把它安頓好；〔須知〕那時我是否能看到這第三版，還很成問題呢。這一點是人們在上述《附加》第二卷中可以看到的，並且在各章的標題上也容易辨識出來。

一八五九年九月於緬因河畔法蘭克福

❶ 原文「Parega and Paralipomena」是德語化的希臘文，但並不普遍，僅叔本華用之。這裡按希臘文原義譯出。叔本華所以出此，顯然是為了有別於本書第二卷的補充部分。

第一篇　世界作爲表象初論

服從充分根據律的表象
經驗和科學的客體

跳出童年時代吧，朋友，覺醒呵！

——J・J・盧梭

1

「世界是我的表象」：這是一個眞理，是對於任何一個生活著和認識著的生物都有效的眞理；不過只有人能夠將它納入反省的、抽象的意識罷了。並且，要是人眞的這樣做了，那麼，在他那兒就出現了哲學的思考。於是，他就會清楚而確切地明白，他不認識什麼太陽，什麼地球，而永遠只是眼睛，是眼睛看見太陽；永遠只是手，是手感觸著地球；就會明白圍繞著他的這世界只是作爲表象而存在著的，也就是說，這世界的存在完全只是就它對一個其他事物的，一個進行「表象者」的關係來說的。這個進行「表象者」就是人自己。如果有一眞理可以先驗地說將出來，那就是這一眞理了；因爲這眞理就是一切可能的、可想得到的經驗所同具的那一形式的陳述。它比一切，比時間、空間、因果性等更爲普遍，因爲所有這些都要以這一眞理爲前提。我們既已把這些形式❶都認作根據律的一些特殊構成形態❷，如果其中每一形式只是對一特殊類型的表象有效，那麼，與此相反，客體和主體的分立則是所有那些類型的共同形式。客體主體分立是這樣一個形式：任何一個表象，不論是哪一種，

---

❶❷ 時間、空間和因果性等是直觀和思維的形式（這是從康德來的），但叔本華用形式一詞極廣泛，主客分立也是一形式。表象的每一形式在根據律中都有一構成形態（Gestaltung）或一形態（Gestalt）與之相應。

抽象的或直觀的，純粹的或經驗的，都只有在這一共同形式下，根本才有可能，才可想像。因此，再沒有一個比這更確切，更不依賴其他眞理，更不需要一個證明的眞理了；即是說：對於「認識」而存在著的一切，也就是全世界，都只是同主體相關聯著的客體，直觀者的直觀；一句話，都只是表象。當然，這裡所說的對於現在，也對於任何過去，任何將來，對於最遠的和近的都有效；因爲這裡所說的對於時間和空間本身就有效；而又只有在時間、空間中，所有這些〔過去、現在、未來、遠和近〕才能區別出來。一切一切，凡已屬於和能屬於這世界的一切，都無可避免地帶有以主體爲條件〔的性質〕，並且也僅僅只是爲主體而存在。世界即是表象。

這個眞理決不新穎。它已包含在笛卡兒所從出發的懷疑論觀點中。不過貝克萊是斷然把它說出來的第一人；儘管他那哲學的其餘部分站不住腳，在這一點上，他卻爲哲學作出了不朽的貢獻。康德首先一個缺點就是對這一命題的忽略，這在本書附錄中將有詳盡的交代。與此相反，吠檀多哲學❸被認爲是毗耶舍的作品，這裡所談的基本原理在那裡就已作爲根本命題出現了，因此印度智者們很早就認識這一眞理了。威廉·瓊斯❹在他最近〈論亞洲哲學〉（《亞洲研究》，第四卷第一六四頁）一文中爲此作了證，他說：「吠檀多學派的基本教義

---

❸ 吠檀多哲學，印度的一個唯心主義哲學派別。

❹ 威廉·瓊斯（William Jones，一七四六—一七九四），英國東方語文學家，西歐研究梵文的鼻祖。

不在於否認物質的存在，不在於否認它的堅實性、不可入性、廣延的形狀（否認這些，將意味著瘋狂），而是在於糾正世俗對於物質的觀念，在於主張物質沒有獨立於心的知覺以外的本質，主張存在和可知覺性是可以互相換用的術語。」這些話已充分地表出了經驗的實在性和先驗的觀念性兩者的共存。

在這第一篇裡，我們只從上述的這一方面，即僅僅是作爲表象的一面來考察這世界。至於這一考察，雖無損於其爲眞理，究竟是片面的，從而也是由於某種任意的抽象作用引出來的，它宣告了每一個人內心的矛盾，他帶著這一矛盾去假定這世界只是他的表象，另一方面他又再也不能擺脫這一假定。不過這一考察的片面性就會從下一篇得到補充，由另一眞理得到補充。這一眞理，可不如我們這裡所從出發的那一個，是那麼直接明確的，而是只有透過更深入的探討、更艱難的抽象和「別異綜同」的功夫才能達到的。它必然是很嚴肅的，對於每一個人縱使不是可怕的，也必然是要加以鄭重考慮的。這另一眞理就是每人，他自己也能說並且必須說的：「世界是我的意志。」

在作這個補充之前，也就是在這第一篇裡，我們必須堅定不移地考察世界的這一面，即我們所從出發的一面，「可知性」的一面：因此，也必須毫無牴觸心情地將當前現成的客體，甚至自己的身體（我們就要進一步談到這點）都僅僅作爲表象看，並且也僅僅稱之爲表象。我們希望往後每一個人都會確切明白我們在這樣做的時候，只僅僅是撇開了**意志**；而意志就是單獨構成世界另外那一面的東西；因爲這世界的一面自始至終是**表象**，正如另一面自始至終是**意志**。至於說有一種實在，並不是這兩者中的任何一個方面，而是一個自在的客體（康德的「自在之物」可惜也不知不覺地蛻化爲這樣的客體），那是夢囈中的怪物；而承認這種怪物就會是哲學裡引人誤入迷途的鬼火。

2

那認識一切而不爲任何事物所認識的，就是**主體**。因此，主體就是這世界的支柱，是一切現象，一切客體一貫的，經常作爲前提的條件；原來凡是存在著的，就只是對於主體的存在。每人都可發現自己就是這麼一個主體，不過只限於它在認識著的時候，而不在它是被認識的客體時。而且人的身體既已是客體，從這觀點出發，我們也得稱之爲表象。身體雖是直接客體*，它總是諸多客體中的一客體，並且服從客體的那些規律。同所有直觀的客體一樣，身體也在一切認識所共有的那些形式中，在時間和空間中；而雜多性就是透過這些形式而來的。但是主體，作爲認識著而永不被認識的東西，可就不在這些形式中，反而是這些形

* 《根據律的四重根——一篇哲學論文》第二版，§22。

式總要以它爲前提。所以，對於它，既說不上雜多性，也說不上雜多性的反面：統一性。我們永不能認識它，而它總是那認識著的東西，只要哪兒有「被認識」這回事。

所以，作爲表象的世界，也就是這兒我們僅在這一方面考察的世界，它有著本質的、必然的、不可分的兩個半面。一個半面是**客體**，它的形式是空間和時間，雜多性就是透過這些而來的。另一個半面是主體，這卻不在空間和時間中，因爲主體在任何一個進行表象的生物中都是完整的、未分裂的。所以這些生物中每一單另的一個和客體一道，正和現有的億萬個生物和客體一道一樣，都同樣完備地構成這作爲表象的世界；消失了這單另的一個生物，作爲表象的世界也就沒有了。因此，這兩個半面是不可分的；甚至對於思想，也是如此，因爲任何一個半面部只能是由於另一個半面和對於另一個半面而有意義和存在：存則共存，亡則俱亡。雙方又互爲限界，客體的起處便是主體的止處。這界限是雙方共同的，還在下列事實中表示出來，那就是一切客體所具有本質的，從而也是普遍的那些形式，亦即時間、空間和因果性，無庸認識客體本身，單從主體出發也是可以發現的，可以完全認識的；用康德的話說，便是這些形式是先驗地在我們意識之中的。康德發現了這一點，是他主要的，也是很大的功績。我現在進一步主張，根據律就是我們先天意識著的，客體所具一切形式的共同表述；因此，我們純粹先天知道的一切並不是別的，而正是這一定律的內容。由此產生的結果是：我們所有一切先天明確的「認識」實際上都已在這一定律中說盡了。我在《根據律》那篇論文中已詳盡地指出，任何一個可能的客體都服從這一定律，也就是都處在同其他客體的

36

必然關係中，一面是被規定的，一面又是起規定作用的。這種互爲規定的範圍是如此廣泛，以至一切客體全部存在，只要是客體，就都是表象而不是別的，就整個兒都要還原到它們相互之間的必然關係，就只在這種關係中存在，因而完全是相對的。關於這些，隨即再詳論。我還曾指出，客體既各按其可能性而分爲不同的類別，那由根據律普遍表示出的必然關係也相應地出現爲不同的形態，從而又反過來保證了那些類別的正確劃分。我在這裡一貫假定，凡是我在那篇論文中所已說過的都是讀者所已熟悉的，並且還在記憶中；因爲，如果還有在那兒沒有說過的，就會在這裡給以必要的地位。

37

3

在我們所有一切表象中的主要區別即直觀表象和抽象表象的區別。後者只構成表象的**一個**類，即概念。而概念在地球上只爲人類所專有。這使人異於動物的能力，達到概念的能力，自來就被稱爲**理性***。我們以後再單另考察這種抽象的表象，暫時我們只專談**直觀的表**

---

* 只有康德把理性這概念弄混亂了，關於這一點請參照本書附錄部分和我所著《倫理學基本問題》中〈道德的基礎〉一篇，§6，第一版第一四八—一五四頁，第二版第一四六—一五四頁。

象。直觀表象包括整個可見的世界或全部經驗，旁及經驗所以可能的諸條件。前已說過，這是康德一個很重要的發現，他正是說經驗的這些條件，這些形式，也就是在世界的知覺中最普遍的東西，世間一切現象在同一方式上共有著的東西，時間和空間，在單獨而離開它們的內容時，不僅可以抽象地被思維，而且也可直接加以直觀。並且這種直觀不是從什麼經驗的重複假借來的幻象，而是如此地無須依傍經驗，以至應該反過來設想經驗倒是依傍這直觀的；因爲空間和時間的那些屬性，如直觀先驗地所認識的，作爲一切可能的經驗的規律都是有效的；無論在哪兒，經驗都必須按照這些規律而收效。爲此，我在討論根據律的那篇論文中曾將時間和空間，只要它們是純粹而無內容地被直觀的，便把它們看作是表象的一個特殊的、獨自存在的類。這由康德所發現的，屬於直觀的那些普遍形式的本性固然如此重要，即是說這些形式單另獨立於經驗之外。可以直觀地按其全部規律性而加以認識，數學及其精確性即基於這種規律性；但是，直觀的普遍形式還另有一個同樣值得注意的特性，那就是根據律，在將經驗規定爲因果和動機律，將思維規定爲判斷根據律的同時，在這兒卻又以一種十分特殊的形態出現；這一形態我曾名之爲存在根據。這一形態在時間上，就是各個瞬間的先後繼起；在空間上，就是互爲規定至於無窮的空間部分。

誰要是從那篇序論❺清晰地明白了根據律在形態上有著差別的同時，在內容上又有完整

---

❺ 指《充分根據律的四重根——一篇哲學論文》，後文中提到的「那篇序論」都是指這篇論文，譯者不再加註。

的同一性，他也就會信服爲了理解這定律最內在的本質，認識它那最簡單的一個構成形態是如何的重要，而這就是我們已將它認作時間的那一構成形態。如同在時間上，每一瞬只是在它吞滅了前一瞬，它的「父親」之後，隨即同樣迅速地又被吞滅而有其存在一樣；如同過去和將來（不計它們內容上的後果）只是像任何一個夢那麼虛無一樣；現在也只是過去未來間一條無廣延無實質的界線一樣；我們也將在根據律所有其他形態中再看到同樣的虛無性；並且察知和時間一樣，空間也是如此；和空間一樣，那既在空間又在時間中的一切也是如此。所以，從原因和動機所發生的一切，都只有一個相對的實際存在，只是由於，只是對於一個別的什麼，和它自身同樣也只是如此存在著的一個什麼，而有其存在。這一見解中的本質的東西是古老的：赫拉克立特就在這種見解中埋怨一切事物的流動變化性；柏拉圖將這見解的對象貶爲經常在變易中而永不存在的東西；斯賓諾莎稱之爲那唯一存在著不變的實體的偶性；康德則將這樣被認識的（一切）作爲現象，與「自在之物」對立起來。最後，印度上古的智者說：「這是摩耶❻，是欺騙（之神）的紗幔，蒙蔽著凡人的眼睛而使他們看見這樣一個世界，既不能說它存在，也不能說它不存在，因爲它像夢一樣，像沙粒上閃爍著的陽光一樣，行人從遠處看來還以爲是水，像隨便拋在地上的繩子一樣。人們卻將它看作一條蛇。」

❻ 梵文原文是 Maja，意為「欺假」、「騙局」，轉義為外表世界的創造者，「摩耶之幕」已成國際詞彙，即遮蔽真實世界的帷幕。

（這樣的比喻，在《吠陀》和《布蘭納》經文中重複著無數次。）這裡所意味著的，所要說的，都不是別的而正是我們現在在考察著的：在根據律的支配之下作為表象的世界。

4

誰要是認識了根據律的這一構成形態，即在純粹時間中作爲這一定律出現，而爲一切計數和計算之所本的這一形態，他也就正是由此而認識了時間的全部本質。時間並不還是別的什麼，而只是根據律的這一構成形態，也再無其他的屬性。先後「繼起」是根據律在時間上的形態，「繼起」就是時間的全部本質。其次，誰要是認識了根據律如何在純粹直觀的空間中起著支配的作用，他也就正是由此而窮盡了空間的全部本質；因爲空間自始至終就不是別的，而只是其部分互爲規定的可能性，也就是**位置**。關於這方面的詳細考察和由此而產生的結果，沉澱爲抽象的概念而更便於應用，那就是全部幾何學的內容。——同樣，誰要是認識了根據律的又一構成形態，認識它支配著上述形式的（時間和空間的）內容，支配著這些形式的「可知覺性」，即支配著物質，也就是認識了因果律；他並由此也認識了物質所以爲物質的全部本質了。因爲物質，自始至終除因果性外，就再不是別的；這是每人只要思考一下便可直接理解的。物質的存在就是它的作用，說物質還有其他的存在，那是要這麼想像也不可能的。只是因爲有作用，物質才充塞空間、時間。物質對直接客體（這客體自身也是物質）的作用是「直觀」的條件，在直觀中唯有這一作用存在；每一其他物質客體對另一物質客體發生作用的後果，只是由於後者對直接客體先後起著不同的作用才被認識的，也只在此中才有其存在。所以，原因和效果就是物質的全部本質；其存在即其作用（詳見《充足根據律》那篇論文 §21 第七七頁）。因而可知在德語中將一切物質事物的總括叫做現實性 Wirklichkeit，是極爲中肯的；這個詞兒比實在性 Realität 一詞的表現力要強得多❼。物質起作用，而被作用的還是物質。它的全部存在和本質都只在有規律的變化中，而變化又是物質的這一部分在別的一部分中引出來的，因此，它的全部存在和本質也完全是相對的，按一個只在物質界限內有效的關係而爲相對的，所以（在這一點上）恰和時間相同，恰和空間相同。

但是，時間和空間假若各自獨立來看，即令沒有物質，也還可直觀地加以表象；物質則不能沒有時間和空間。物質是和其形狀不可分的，凡形狀就得以空間爲前提。物質的全部存在又在其作用中，而作用又總是指一個變化，即是一個時間的規定。不過，時間和空間不僅

❼ 叔本華作此說，是因 Wirklichkeit 一詞詞根是動詞，即作用、影響、效果等義；而 Realität 一詞詞根出自拉丁文 res，是事物的意思，不含有「作用」的意味。

是分別地各爲物質的前提，而是兩者的統一才構成它的本質；正因爲這本質，已如上述，乃存於作用中、因果性中。如果一切可想到的、無數的現象和情況，果眞能夠在無限的空間中無庸互相擁擠而並列，或是在無盡的時間中不至紊亂而先後繼起；那麼，在這些現象和情況的相互之間就無需乎一種必然關係了；按這關係而規定這些現象和情況的規則更不必要了，甚至無法應用了。結果是儘管有空間中一切的並列，時間中一切的變更，只要是這兩個形式各自獨立，而不在相互關聯中有其實質和過程，那就仍然沒有什麼因果性；而因果性又是構成物質眞正本質的東西；所以，沒有因果性也就沒有物質了。——可是因果律所以獲得其意義和必然性，僅僅是由於變化的本質不只是在於情況的變更本身，而更是在於空間中**同一地點**上，現在**是一**情況而隨後**又是一**情況；在於**同一個**特定的時間上，**這兒**是一情況而**那兒**又是一情況；只有時間和空間這樣的相互制約，才使一個規則，變化依之而進行的這規則有意義，同時也有必然性。從而，因果律所規定的不是僅在時間中的情況相繼起，而是這繼起是就一特定的空間說的；不是情況的存在單在一特定的地點，而是在某一特定的時間，在這個地點。變化也即是按因果律而發生的變更，每次總是**同時**而又統一地關涉到空間的一定部位和時間的一定部分。於是，因果性將空間和時間統一起來了。而且我們既已發現物質的全部本質是在其作用中，也就是在因果性中，那麼，在物質中，空間和時間也必然是統一的，即是說不管時間和空間各自的屬性是如何互相鑿枘，物質必須將雙方的屬性一肩挑起；在雙方各自獨立時不可能統一的在物質中都必須統一起來，即是將時間方面無實質的飄忽性和空間方面僵硬不變化的恆存統一起來；至於無盡的可分性則是物質從時空雙方獲得的。準此，我們看到由於物質才首先引出**同時存在**，它既不能在沒有並列的孤立的時間中，也不能在不知有以前、以後和現在的孤立空間中。可是，衆多情況的**同時存在**才眞正構成現實的本質，因爲由於同時存在，**持續**始有可能。而持續又在於它只是在某種變更上，與持續著的東西同時俱在之物的變更上看出來的；不過，這同時俱在之物在此時也只是由於變更中有持續著的東西才獲得**變化**的特徵，亦即在**實體**，也就叫做物質*恆存的同時，性質和形式卻要轉變的特徵。如果只單是在空間中，這世界就會是僵硬的、靜止的，就沒有先後繼起，沒有變化，沒有作用：而沒有作用，那就連同物質的表象也取消了。如果只單是在時間中，那麼，一切又是太縹緲易於消逝的了，就會沒有恆存，沒有並列，因而也沒有同時，從而沒有持續，所以也是沒有物質。由於時間和空間的統一才生出物質，這即是同時存在的可能性，由此才又有持續的可能性；再由於這後一可能性，然後在情況變化的**同時，才有實體恆存的可能性。物質既在時間和空間的統一性中有其本質，它也就始終打上了雙方的烙印。物質得以從空間追溯其來源，部分地是由於其形狀，那是和它不可分的；但特別是（因爲變更是只屬於時間的，而單是只在時間自身中就沒有什麼是常住的）由於其恆存（實體）；而「恆存」的先驗

* 物質和實體是一個東西，於附錄中已詳論。

** 這也指出康德用以說明物質的根據：「物質是在空間中運動的東西」；因為運動只在時間空間的統一中存在。

的明確性是完全要從空間的先驗的明確性引出的*。物質在時間方面的來源是在物性上（偶然屬性）展示出來的；沒有物性，它決不能顯現；而物性簡直永遠是因果性，永遠是對其他物質的作用，所以也就是變化（一個時間概念）。但是這作用的規律性總是同時關涉到空間和時間，並且只是由此而具有意義。關於此時此地必然要發生怎樣一個情況的規定，乃是因果性的立法所能及的唯一管轄範圍。基於物質的基本規定是從我們認識上先驗意識著的那些形式引申出來的，我們又先天賦予物質某些屬性：那就是空間充塞，亦即不可透入性，亦即作用性；再就是廣延，無盡的可分性，恆存性，亦即不滅性；最後還有運動性。與此不同的是重力，儘管它是普遍無例外的，還是要算作後天的認識；儘管康德在《自然科學的形上學初階》第七一頁（羅森克朗茲版，第三七二頁）上提出重力時，卻把它當作是可以先天認識的。

如同客體根本只是作爲主體的表象而對主體存在一樣，表象的每一特殊的類也就只爲主體中相應的一特殊規定而存在；每一這樣的規定，人們就叫做一種認識能力，康德把作爲空洞形式的時間和空間自身在主體方面的對應物叫做純粹感性；這個說法本不大恰當，因爲一提到感性就已先假定了物質；不過康德既已開了先例，也可以保留。物質或因果性，兩者只是一事，而它在主體方面的對應物，就是悟性。悟性也就只是這對應物，再不是別的什麼。

* 不是從時間的認識引出的，如康德所想的那樣，詳見附錄。

認識因果性是它唯一的功用，唯一的能力；而這是一個巨大的、廣泛包攝的能力；既可有多方面的應用，而它所表現的一切作用又有著不可否認的同一性。反過來說，一切因果性，即一切物質，從而整個現實都只是對於悟性，由於悟性而存在，也只在悟性中存在。悟性表現的第一個最簡單的、自來即有的作用便是對現實世界的直觀。這就始終是從效果中認原因，所以一切直觀都是理智的。不過如果沒有直接認識到的某一效果而以之爲出發點，那也就絕到不了這種直觀。然而這樣的效果就是在動物身體上的效果，在這限度內，動物性的身體便是主體的直接客體，對於其他一切客體的直觀都得透過這一媒介。每一動物性的身體所經受的變化都是直接認識的，也即是感覺到的；並且在這效果一經聯繫到其原因時，就產生了對於這原因，對於一個客體的直觀。這一聯繫不是在抽象概念中的推論結果，不經由反省的思維，不是任意的；而是直接的、必然的、妥當的。它是純粹悟性的認識方式；沒有悟性就決到不了直觀，就只會剩下對直接客體變化一種遲鈍的、植物性的意識；而這些變化，如果不是作爲痛苦或愉快而對意志有些意義的話，那就只能是完全無意義地在互相交替著而已。但是，如同太陽升起而有這個可見的世界一樣，悟性，由於它唯一的單純的職能，在一反掌之間就把那遲鈍的、無所云謂的感覺轉變爲直觀了。眼、耳、手所感覺的還不是直觀，那只是些感覺張本。要在悟性從效果過渡到原因時，才有這世界，作爲在空間中展開的直觀，在形態上變更著的，在物質上經歷一切時間而恆存的世界，因爲悟性將空間和時間統一於物質這個表象中，而這就是因果性的作用。這作爲表象的世界，正如它只是由於悟性而存在一樣，它也只對悟性而存在。我在《視覺和色彩》那篇論文的第一章裡已經分析過悟性如何從感官所提供的張本造成直觀，孩子們如何透過不同官能對同一客體所獲印象的比較而學會直觀，如何只有這樣才揭穿了這許多感官現象〔之謎〕：譬如用兩隻眼睛觀看而事物卻只是單一的一個，但在斜視一物時又現出重疊的雙影；又如眼睛同時〔而不是先後〕看到前後距離不同的各對象；還有由於感覺器官上突然的變化所引起的一切假象等等。關於這一重要的題材，我在《根據律》那篇論文的第二版 §21 裡已有過更詳細、更澈底的論述。凡是在那兒說過的，原應該在這裡占有它必要的篇幅，應該在這裡重說一遍；不過我對於抄寫自己的東西幾乎同抄寫別人的是同樣的厭惡；同時，我現在也不能比在那兒作出更好的說明；因此，與其在這兒再重複，我寧可只指出到那兒去參考，並且假定那兒說過的也是衆所周知的。

〔所有這些現象，如〕經過手術治癒的先天盲人和幼兒們的視覺學習；兩眼感覺所得的只現爲單一的視象；感覺器官受到震動而失去正常情況時所產生的雙重視象或雙重觸覺；對象的正豎形象卻在視網膜上現爲倒影；色彩之移植原只是一種內在功能，是眼球活動的兩極分化作用，卻到了外在的對象上；最後還有立體鏡；——這一切都牢固而不可反駁地證明了一切**直觀**不僅是感性的而且是理智的，也就是**悟性從後果中認取原因的純粹認識**，從而也是以因果律爲前提的。一切直觀以及一切經驗，自其初步的和全部的可能性說，都要依賴因果律的認識；而不是反過來，說什麼因果律的認識要依賴經驗。後面這一說法即休謨的懷疑論，在這裡才第一次將它駁斥了。原來因果性的認識不依賴一切經驗，亦即這認識的先驗性，只能從一切經驗要依賴因果性的認識而得到說明；而要做到這一點，又只有以這裡提出的和方才指出要參照的那幾段所採用的方式，來證明因果性的認識根本就已包含在直觀中，而一切經驗又都在直觀的領域中：也就是從經驗這方面來說，因果性的認識完全是先驗的，是經驗假定它為條件而不是它以經驗為前提。〔只有這樣來證明才是正確的，〕但是，這可不能從康德所嘗試過，而為我在《根據律》那篇論文§23中所批判過的方式得到證明。

5

人們還得防止一個重大的誤會，不要因為直觀是經由因果性的認識而成立的，就以為客體和主體之間也存在著原因和效果的關係。其實，更正確的是：這一關係總是只存在於直接的和間接的客體之間，即總是只存在於客體相互之間。正是由於上述那錯誤的前提❽，才有關於外在世界的實在性的愚蠢爭論。在爭論中，獨斷論和懷疑論相互對峙；前者一會兒以實在論，一會兒又以唯心論出現。實在論立客體為原因而又置該原因的效果於主體中。費

❽ 指主體客體間的因果關係。

希特的唯心論則（反過來）以客體作爲主體的後果，可是，在主體客體之間根本就沒有什麼依傍著根據律的關係，而這一點又總嫌不夠深入人心；因此，上述兩種主張中彼此都不可能得到證明，而懷疑論卻得以對雙方發動有利的攻勢。猶如因果律在它作爲直觀和經驗的條件時，就已走在直觀和經驗之前，因而它就不可能是從這些學來的（如休謨所見）；客體和主體作爲「認識」的首要條件時，也一樣已經走在一切認識之前，因之也根本走在根據律之前；因爲根據律只是一切客體的形式，只是客體所以顯現的一貫方式；可是一提到客體就已先假定了主體，所以這兩者之間不可能有根據與後果的關係。我的《根據律》那篇論文正是要完成這一任務，要說明該定律的內容只是一切客體的本質的形式，也即是客體之所以爲客體的普遍方式，是一種附加於客體之所以爲客體的東西。作爲這樣的客體，無論什麼時候它總要以主體爲前提，以主體爲其必然的對應物；因此，這對應物就總在根據律的有效範圍之外。關於外在世界的實在性（所以有）爭論，正是基於錯誤地將根據律的有效性擴充到主體上；從這一誤會出發，這個爭論也決不能理解它自己了❾。一方面是實在論者的獨斷說，在將表象作爲客體的效果看時，要把這是二而一的表象和客體拆開而假定一個和這表象完全不同的原因，假定一種自在的客體，不依賴於主體：那是一種完全不可想像的東西；因爲（客體）在作爲客體時，就已經是以主體爲前提了，因而總是主體的表象。另一方面，懷疑論在

46

❾ 原文如此。這種擬人化的用法極為普遍，只要意義不太曖昧，均從直譯。

同一錯誤的前提下反對獨斷論說：人們在表象中永遠只看到效果，決不認識原因，也就是決不認識存在，總是只認識客體的作用，而客體和它的作用也許根本沒有什麼相似之處，甚至於根本是將客體完全認錯了，因爲因果律是要從經驗中擷取來的，而經驗的眞實性又要基於因果律。在這兒就應教導爭論的雙方，第一，客體和表象是一個東西；其次，可以直觀的客體的存在就是它的作用，事物的現實性就正在其作用中；而在主體的表象之外要求客體的實際存在，要求眞實事物有一個存在，不同於其作用，那是全無意義的，並且也是矛盾的。因此，只要直觀的客體是客體，也即是表象，那麼，認識了一直觀客體的作用方式也就是毫無餘蘊地認識了這客體；因爲除此而外，在客體上就再沒有什麼是爲這認識而留存著的東西了。就這一點說，這在空間和時間中的直觀世界，既純以因果性表出它自己，也就完全是實在的，它也就是它顯現爲什麼的東西，並且它也是整個兒地、無保留地作爲表象，按因果律而聯繫著，而顯現它自己的。這就是它的經驗的實在性。可是另一方面，一切因果性又只在悟性中，只對悟性而存在；所以那整個現實的世界，亦即發生作用的世界，總是以悟性爲條件的；如果沒有悟性，這樣的世界也就什麼也不是了。但還不僅是爲了這一緣故，而是因爲想像一個沒有主體的客體根本就不能不是矛盾，我們才不能不乾脆否認獨斷論所宣稱的那種實在性，獨立於主體之外的實在性。整個客體的世界是表象，無可移易的是表象，所以它自始至終永遠以主體爲條件；這就是說它有先驗的觀念性。但是它並不因此就是對我們說謊，也不是假象。它是什麼，就呈現爲什麼，亦即呈現爲表象；並且是一系列的表象，根據律就是其間一條共同的韌帶。這樣的世界對於一個健全的悟性，即令是在這世界最內在的意義上說，也是可理解的，它對悟性說著一種完全清晰的語言。只有那由於理性的誤鑽牛角尖以致怪僻成性的心靈，才會想到要爲它的實在性爭論。並且這爭論總是由於誤用根據律而起的，〔須知〕這定律固然將一切表象，不管是哪一種表象，互相聯繫起來，卻並不將表象和主體聯繫起來，也不是同那既非客體又非主體而只是客體的根據那種東西聯繫起來。後者原是一個不成話的概念，因爲只有客體才能是根據，並且又總是〔另一〕客體的根據。如果人們更仔細一些追究這外在世界實在性問題的來源，就會發現，除了根據律誤用於不在其效力範圍的事物之外，還要加上這定律各形態間一種特有的混淆情況；即是說，這定律原只在概念上或抽象的表象上而有的那一形態被移用於直觀表象上，實在的客體上了；是向客體要求一個認識根據，而事實上是客體除了變易根據之外，不能有其他的任何根據。根據律原來是以這樣一種方式支配著抽象的表象，支配著聯結成判斷的概念的，就是說每一判斷所以有其價值，有其妥當性，有其全部存在，亦即這裡所謂**眞理**，僅僅只能是由於判斷同其自身以外的什麼，同它的認識根據這一關係而來的，所以總得還原到這認識根據。與此相反，根據律在支配著實在的客體或直觀表象時，就不是作爲**認識**根據律而是作爲**變易**根據律，作爲因果律而有效的：每一客體，由於它是**變成**的，也即是作爲由原因所產生的效果，就已對這定律盡了它的義務了〔滿足了這定律的要求〕。所以，在這兒要求一個認識根據，那是既無效又無意義的；這要求只能對完全另一種類的客體提出。所以，只要是就直觀表現說話，它在觀察者的心裡既不激起思慮，也不激起疑義；這兒既無所謂謬誤，也說不上眞理，正誤兩者都是圈定在抽象的範圍內，反省思維的範圍內的事。在這兒，這世界對感官和悟性是坦然自呈的；它是什麼，就以素樸的眞相而顯現它自己爲直觀表象；而直觀表象又是規律地在因果性這韌帶上開展著的。

到這兒爲止，我們所考察過的外在世界的實在性問題，總是由於理性的迷誤，一直到誤解理性自己的一種迷誤所產生的；就這一點說，這問題就只能由闡明其內容來回答。這一問題，在探討了根據律的全部本質，客體和主體間的關係，以及感性直觀本有的性質之後，就必然地自動取消了；因爲那時這問題就已不再具任何意義了。但是，這一問題還另有一個來源，同前此所提出的純思辨性的來源完全不同。這另一來源雖也還是在思辨的觀點中提出的，卻是一個經驗的來源。在這種解釋上，和在前面那種解釋上比起來，這問題就有更易於理解的意義了。這意義是：我們都做夢，難道我們整個人生不也是一個夢嗎？——或更確切些說：在夢和眞實之間，在幻象和實在客體之間是否有一可靠的區分標準？說人所夢見的，比眞實的直觀較少生動性和明晰性這種提法，根本就不值得考慮，因爲還沒有人將這兩者並列地比較過。可以比較的只有夢的記憶和當前的現實。康德是這樣解決問題的：「表象相互之間按因果律而有的關係，將人生從夢境區別開來。」可是，在夢中的一切各別事項也同樣地在根據律的各形態中相互聯繫著，只有在人生和夢之間，或個別的夢相互之間，這聯繫才中斷。從而，康德的答案就只能是這樣說：那大夢（人生）中有著一貫的，遵守根據律的聯繫，而在諸短夢間卻不如此；雖在每一個別的夢中也有著同樣的聯繫，可是在長夢與短夢之間，那個橋梁就斷了，而人們即以此區別這兩種夢。不過，按這樣一個標準來考察什麼是夢見的，什麼是眞實經歷的，那還是很困難，並且每每不可能。因爲我們不可能在每一經歷的事件和當前這一瞬之間，逐節來追求其因果聯繫，但我們又並不因此就宣稱這些事情是夢見的。因此，在現實生活中，就不用這種考察辦法來區別夢和現實。用以區別夢和現實的唯一可靠標準事實上不是別的，而是醒〔時〕那純經驗的標準。由於這一標準，然後夢中的經歷和醒時生活中的經歷兩者之間，因果聯繫的中斷才鮮明，才可感覺。在霍布斯所著《利維坦》第二章裡，該作者所寫的一個腳注對於我們這兒所談的倒是一個極好的例證。他的意思是說，當我們無意中和衣而睡時，很容易在醒後把夢境當作現實；尤其是加上在入睡時有一項意圖或謀劃占據了我們全部的心意，而使我們在夢中繼續做著醒時打算要做的，在這種情況下，覺醒和入睡都一樣未被注意，夢和現實交流，和現實沆瀣不分了。這樣，就只剩下應用康德的標準這一個辦法了。可是，如果事後乾脆發現不了夢和現實之間有無因果關係（這種情況是常有的），那麼，一個經歷究竟是夢見的還是實際發生了的〔這一問題〕就只能永遠懸而不決了。——在這裡，人生與夢緊密的親屬關係問題就很微妙了；其實，在許多偉大人物既已承認了這種關係，並且也這樣宣稱過之後，我們就坦然承認這種關係，也不必慚愧了。在《吠陀》和《普蘭納》經文中，除了用夢來比喻人們對眞實世界（他們把這世界叫做「摩耶之幕」）的全部認識外，就不知道還有什麼更好的比喻了，也沒有一個比喻還比這一個用得更頻繁。柏拉圖也常說人們只在夢中生活，唯有哲人掙扎著要覺醒過來。品達❿說：「人生是一個影子〔所做〕的夢」（《碧迪安頌詩》第五首第一百三十五行），而索發克里斯⓫說：

「我看到我們活著的人們，
都不過是，
幻形和飄忽的陰影。」

索發克里斯之外還有最可尊敬的莎士比亞，他說：

「我們是這樣的材料，
猶如構成夢的材料一樣；
而我們渺小的一生，
睡一大覺就圓滿了。」

---

❿ 品達（Pindar，公元前五二二—四四三），古希臘抒情詩人。

⓫ 索發克里斯（Sophokles，公元前四九六—四〇六），古希臘悲劇作家。

最後還有卡爾德隆[12]竟這樣深深地爲這種見解所傾倒，以至於他曾企圖在一個堪稱形上學的劇本《人生一夢》中把這看法表達出來。

引述了這許多詩人的名句之後，請容許我也用一個比喻談談我自己的見解。〔我認爲〕人生和夢都是同一本書的頁子，依次聯貫閱讀就叫做現實生活。如果在每次閱讀鐘點（白天）終了，而休息的時間已到來時，我們也常不經意地隨便這兒翻一頁，那兒翻一頁，沒有秩序，也不聯貫；〔在這樣翻閱時〕常有已讀過的，也常有沒讀過的，不過總是那同一本書。這樣單另讀過的一頁，固然脫離了依次閱讀的聯貫，究竟並不因此就比依次閱讀差多少。人們思考一下〔就知道〕全篇秩序井然的整個讀物也不過同樣是臨時拈來的急就章，以書始，以書終；因此一本書也就可看作僅僅是較大的一單頁罷了。

雖然個別的夢得由下列這事實而有別於現實生活，也就是說夢不攙入那無時不貫穿著生活的經驗聯繫，而醒時狀態就是這區別的標誌；然而作爲現實生活的形式而已屬於現實生活的〔東西〕正是經驗的這種聯繫；與此旗鼓相當，夢中同樣也有一種聯繫可以推求。因此，如果人們採取一個超然於雙方之外的立足點來判斷，那麼在雙方的本質中就沒有什麼確定的區別了，人們將被迫同意詩人們的那種說法：人生是一大夢。

現在我們再從外在世界實在性問題的這一根源，獨當一面的、來自經驗的根源，回到

[12] 卡爾德隆（calderón，一六〇〇—一六八一），西班牙戲劇作家、軍人、神父。

它那思辨的根源；那麼，我們已發現這一根源第一是在於誤用根據律，即用之於主體客體之間；其次，又在於混淆了這定律的一些形態，將認識根據律移用於〔只有〕變易根據律〔才〕有效的領域。雖然如此，要是這一問題全無一點兒眞實內容，在問題的核心沒有某種正確的思想和意義作爲眞正的根源，這問題就難於這樣長期地糾纏著哲學家們了。準此，人們就只有假定，當這一正確的思想一開始進入反省思維而尋求一個表示的時候，就已走入本末倒置的，自己也不理解的一些形式和問題中去了。事實也是如此，至少，我的意見認爲是如此。並且，人們對於這問題的最內在的意義既不知如何求得一個簡潔的表示，我就把它確定爲這樣一個問題：這個直觀的世界，除了它是我的表象外，還是什麼呢？這世界，我僅僅是一次而且是當作表象意識著的世界，是不是和我的身體一樣，我對於它有著一面是表象，一面又是意志的雙重意識呢？關於這個問題更清楚的說明和肯定，將是本書第二篇的內容，而由此推演出的結論則將占有本書其餘的篇幅。

6

現在在第一篇內，我們還只是把一切作爲表象，作爲對於主體的客體來考察。並且，和其他一切眞實客體一樣，我們也只從認識的可能性這一面來看自己的身體，它是每人對世界進行直觀的出發點。從這方面看，自己的身體對於我們也僅是一個表象。固然，每人的意識都要反對這種說法；在將其他一切客體說成僅是表象時，人們已經有反感，如果說〔他們〕自己的身體也僅是一個表象，那就更要反對了。人們所以要反對，是由於「自在之物」，當它顯現爲自己的身體時，是每人直接了知的；而當它客體化於直觀的其他對象中時，卻是間接了知的。不過，我們這探討的過程使得對於本質上共同存在著的東西，作出這樣的抽象，這樣的片面看法，這樣強制的拆散，確有必要。因此，人們就只好以一種期望暫時抑制這裡所說的反感而安定下來，也就是期望下續的考察就會補足這目前的片面性，而使我們完整地認識到世界的本質。

就這裡說，身體對於我們是直接的客體，也就是這樣一種表象：由於這表象自身連同它直接認識到的變化是走在因果律的運用之前的，從而得以對因果律的運用提供最初的張本，它就成爲主體在認識時的出發點了。如前所說，物質的全部本質是在它的作用中。作用的效果及原因又只是對悟性而言的，悟性也就是原因。效果在主體方面的「對應物」，而並不是別的什麼。但是，悟性如果沒有另外一種它所從出發的東西，就決不能應用。這樣一種東西就是單純的官能感覺，就是對於身體變化直接的意識；身體也是藉此成爲直接客體的。準此，我們發現認識直觀世界的可能性是在乎兩個條件：第一個條件，如果我們**從客體方面來表述**，就是物體互相作用的可能，互相引出變化的可能；要是沒有這種一切物體共同的屬性，即令以動物身體的感性爲中介，還是不可能有直觀。如果我們從主體方面來表述這第一條件，那麼，我們說：使直觀成爲可能的首先就是悟性，因爲因果律、效果和原因的可能性都只是從悟性產生的，也只對悟性有效；所以直觀世界也只是由於悟性，對於悟性而存在的。可是第二個條件就是動物性身體的感性，也就是某些物體直接成爲主體的客體那一屬性。那些單純的變化，那些由感覺器官透過特別適應於感官的外來影響所感受的變化，就這些影響既不激起痛苦，又不激起快感，對於意志沒有任何直接的意義而仍被感知，也就是只對認識而存在說，固然已經要稱爲表象，並且我也是就這種意義說身體是直接認識的，是直接客體；然而，客體這一概念在這裡還不是按其本來意義來體會的，因爲由於身體的這種直接認識既走在悟性的應用之前，又是單純的官能感覺，所以身體本身還不得算作眞正的客體，而只有對它起作用的物體才是眞正的客體。這裡的理由是：對於眞正的客體的任何認識，亦即對於空間中可以直觀的表象的任何認識，都只是由於且對於悟性而有的，從而就不能走在悟性的應用之前，而只能在其後。所以，身體作爲眞正的客體，作爲空間中可以直觀的表象，如同一切其他客體一樣，就只能是間接認識的，是在身體的一部分作用於另一部分時認識的，如在眼睛看見身體，手觸著身體時，應用因果律於此等作用而後認識的。從而，我們身體的形態，不是由普通的肉體感覺就可了知的，卻只能透過認識，只能在表象中，也就是在頭腦中，自己的身體才顯現爲〔在空間〕展開的、肢體分明的、有機的〔體〕。一個先天盲人就只能逐漸逐漸地、透過觸覺所提供的張本，才能獲得這樣的表象。盲人而沒有兩手將永不能知道自己的體形，最多只能從作用於他的其他物體逐漸逐漸地推斷和構成自己的體形。因此，在我們稱身體爲直接客體時，就應該在這種限制下來體會。

在別的方面，則仍依前所說，一切動物性的身體都是直接客體，也即是主體，認識一切而正因此決不被認識的主體，在直觀這世界時的出發點。這認識作用和以認識爲條件，隨動機而起的活動，便是動物性的眞正特徵，猶如因刺激而起的運動是植物的特徵一樣。但是無機物則除了那種由最狹義的「原因」所引起的運動外，沒有別的運動。所有這些，我已在論根據律那篇論文中（第二版，§20），在《倫理學》第一講第三章以及在《視覺和色彩》§1中詳細地闡述過了，請讀者參照這些地方吧。

由上述各點得來的結果是一切動物，即令是最不完善的一種，都有悟性，因爲它們全都認識客體，而這一認識就是規定它們的行動的動機。悟性，在一切動物和一切人類，是同一個悟性，有著到處一樣的簡單形式：因果性的認識，由效果過渡到原因，由原因過渡到效果〔的認識〕；此外再沒有什麼了。但是在敏銳的程度上，在知識範圍的廣狹上，悟性是大有區別的，是多種多樣、等級繁多的；從最低級只認識到直接客體和間接客體間的因果關係起，也就是剛從身體感受的作用過渡到這作用的原因，而以這原因作爲空間中的客體加以直觀；直到最高級認識到同是間接客體相互間的因果關聯，以至於理解大自然中各種最複雜的因果鎖鏈。然而即令是後面這種高級的認識也還是屬於悟性的，不是屬於理性的。屬於理性的抽象概念只能爲接收、固定、聯繫那直接所理解的東西服務，決不直接產生「理解」自身。每一種自然力，每一條自然律，以及二者所從出現的每一情況，都必須先由悟性直接認識，直觀地加以掌握，然後才能抽象地（in abstract）[13]，爲了理性而進入反省思維的意識。虎克發現的引力法則，以及許多重要現象的還原到這一法則，然後是牛頓用算式證明了這些法則，這些都是透過悟性而有的直觀的、直接的認識。可與此等量齊觀的；還有拉瓦節發現氧及其在自然中的重要作用；還有歌德發現物理性色彩的產生方式等。所有這些發現全部不是別的，而只是正確地、直接地從效果還原到原因；隨之而來的便是對自然力的，在一切同類的原因中顯出的自然力同一性的認識。所有這些見解不過是悟性的同一功能在程度上不同的表現。由於這一功能，一個動物也把作用於牠身體的原因當作在空間中的客體加以直觀。因此，所有那些重大發現，正和直觀一樣，和悟性每一次的表現一樣，都是直接的了知，並且作爲直接了知也就是一剎那間的工作，是一個 aperçu[14]，是突然的領悟；而不是抽象中漫長的推論鎖鏈的產物。與此相反，推論鎖鏈的功用則在於使直接的、悟性的認識由於沉澱於抽象概念中而給理性固定下來，即是說使悟性的認識獲得〔概念上的〕明晰，也即是說使自己能夠對別人指出並說明這一認識的意義。——在掌握間接認識到的客體間的因果

---

[13] 本書「在抽象中」、「抽象地」兩副詞一概是以拉丁文 in abstract 表示的，不過也可譯「在共相中」。後仿此，不另註明。

[14] 有如頓悟的當下了知，相當於德語 Einfall。

關係時，悟性的那種敏銳不僅在自然科學上（自然科學中的一切發現都要依仗它），而且在實際生活上也有它的功用。在實際生活上，這種敏銳就叫做精明。嚴格地說，精明是專指爲意志服務的悟性而言；但在自然科學範圍內，就不如稱之爲「銳利的辨別力」，「透入的觀察力」和「敏慧」。雖然，這些概念的界限總是不能嚴格劃分的，因爲它們始終都是悟性的同一功能。這是每一動物對空間中的客體進行直觀時，就已起作用的悟性。它的功能，常以最大限的敏銳，有時在自然現象中從已知的效果正確地探索到未知的原因，從而爲理性提供材料，以思維比自然規律更爲普遍的規則；有時又應用已知的原因以達到預定的效果，而發明複雜靈巧的機器；有時又用之於動機，則或是看破和挫敗細緻的陰謀詭計，或是按各人適合的情況，爲人們布置相應的動機，使人們跟隨我的意願，按我的目的而行動。好像〔我〕是用槓桿和輪盤轉動機器一樣。缺乏悟性，在本義上就叫做痴呆，也就是應用因果律時的遲鈍，是在直接掌握原因效果聯鎖、動機行爲聯鎖時的無能。一個痴呆的人不了解自然現象間的聯繫，不論這些現象是自然出現的，或是按人的意願運行，用在機器上的；因此，他喜歡相信魔術和奇蹟。一個痴呆的人看不出貌似互不相關而實際上是串通行動的人們，所以他很容易陷入別人布置的疑陣和陰謀。他看不出別人向他所進的勸告，所揚言的看法等隱藏著不可告人的動機。他總是僅僅缺乏一樣東西：運用因果律時的精明、迅速和敏捷，也即是缺乏理解力。——在我生平所遇到的，有關痴呆的事例中，有一個最顯著的，也是對我們這兒考察的問題最有啟發意義的一個例子：瘋人院裡有一個十一歲左右的白痴男孩，他有正常的理性，因爲他能說話，也能聽懂話；但在悟性上卻還不如某些動物。我常到瘋人院去，並且總是〔從鼻梁上〕摘下以一條辮帶套在脖子上的眼鏡，垂於胸前；那孩子每次都要注視這副眼鏡，因爲鏡片裡反映著房間的窗戶和窗外的樹梢。對於這一現象，他每次都感到特別驚奇和高興，他以詫異的神情注視著，毫不厭倦。這是因爲他不理解鏡片反映作用那種完全直接的因果性。

悟性的敏銳程度，在人與人之間已很有區別；在不同物種的動物之間，區別就更大了。一切動物，即令是最接近植物的那一些種類，都有如許的理智，足夠從直接客體上所產生的效果過渡到以間接客體爲原因，所以足夠達到直觀，足夠了知一個客體。而了知一個客體就使動物成爲動物，有可能按動機而行動，由此便有可能去尋找食物或至少是攫取食物；而不是像植物那樣只隨刺激而有所作爲。植物只能等待這些刺激的直接影響，否則只有枯萎；它不能去追求或捕捉刺激。在最高等動物中，如犬，如象，如猴，牠們特有的機智常使我們稱奇叫好；而狐的聰明，則已有皮豐⑮大筆描寫過了。在這些最聰明的動物身上，我們幾乎可以準確地測出悟性在沒有理性從旁相助，即是沒有概念中的抽象認識時能有多大作爲。這種情況在我們人類是辨認不出來的，因爲在人類總是悟性和理性在相互支援。因此，我們常發現動物在悟性上的表現，有時超過，有時又不及我們之所期待。譬如，一方面有象的機智使

⑮ 皮豐（Büffon，一七〇七—一七八八），法國動物學家。

我們驚奇：有一隻象，牠在歐洲旅行中已走過了很多的板橋。有一次，儘管牠看見大隊人馬絡繹過橋，一如往日，可是牠拒絕走上這橋，因爲牠覺得這橋的構造太單薄，承不起牠的重量。另一方面有聰明的人猿又使我們感到詫異。牠們常就現成的篝火取暖，但不懂得添柴以保住火種不滅。這證明添柴留火的行動已經需要思考，沒有抽象概念是搞不來的。對於原因和效果的認識，作爲悟性的普遍形式，甚至也是動物先驗地所具有的，（這事實）固已完全確定，即由於這一認識之在動物，和在我們（人）一樣，是對於外在世界一切直觀認識的先行條件（這事實而完全確定）；可是人們也許還想要一個特殊的例證。（如果這樣，）人們就可觀察一下這個例子：縱然是一隻很幼小的狗，儘管牠很想從桌上跳下，但是牠不敢這樣做。這是因爲牠（能）預見到自己體重的效果，而並不須在別的地方從經驗認識到這一特殊情況。在我們辨識動物的悟性時，應注意不要把本能的表現認作悟性的表現。本能和悟性、理性都是完全不同的屬性，但又和悟性、理性兩者合起來的行動有著很相像的作用。不過，這兒不是討論這些的地方，在第二篇考察大自然的諧律或目的性時，會有談到它的地位；而補充篇第二十七章就是討論這問題的專章。

缺乏**悟性**叫做**痴呆**；而在實踐上缺乏**理性**的運用，往後我們就把它叫做**愚蠢**；缺乏**判斷力**叫做**頭腦簡單**。最後，局部的或整個的缺乏記憶則叫做**瘋癲**。不過，這裡的每一項都要分別在適當的地方再談。爲**理性**所正確認識的是**眞理**，也即是一個具有充分根據的抽象判斷（關於根據律的論文 §29 及下續各節）；由**悟性**正確認識的是**實在**，也即是從直接客體所

58

感受的效果正確地過渡到它的原因。謬誤作爲理性的蒙蔽，與眞理相對；假象作爲悟性的蒙蔽，與實在相對。關於這一切的詳細論述都可參考我那篇關於視覺和色彩的論文第一章。假象是在這樣的場合出現的，就是在同一效果可由兩種完全不同的原因引出時，其中一個所引起的作用是常見的，另一個所起的作用是不常見的。效果既然一般無二，悟性又不獲識別哪一原因是起作用的張本，就總是假定那習慣上常見的當作原因，而悟性的作用並不是反省思維的，不是概念推論的，而是直接的，當下即是的；於是這一虛假的原因就作爲直觀的客體而呈現於我們之前了；這就正是假象。在感覺器官陷於不正常的位置時，如何在這種情況下產生雙重視覺、雙重觸覺〔的問題〕，我已在上面引證的篇章裡說明過了；並且由此得到一個不能推翻的證明，證明直觀只是由於悟性、對於悟性而存在的。此外，這種悟性的蒙蔽或假象的例子，還有浸在水中筆直的棍兒所現出的曲折形象；有球面鏡中的人影在圓凸面上顯出時，好像要在鏡面後面一些，在圓凹面上顯出時又好像要在鏡面前好遠似的。屬於這兒的例子，還有地平線上的月球好像比在天頂上的要大一些似的。〔其實〕這不是一個光學上的問題，因爲測微儀已證明眼睛看天頂上的月球時，比在地平線上看的時候，視角要稍微大一些。這仍是悟性的作用，悟性以爲地平線上的月球以及一切星辰的光度所以較弱，原因在於距離較遠，把這些星、月同地面上的事物一樣看待，按空氣透視律來估計，因此就把地平線上的月看成比天頂上的月要大些；同時也把地平線上的天頂看成較爲開展些，看成平鋪一些。按空氣透視律而有的同一錯誤估計，使我們覺得很高的山，只在乾淨透明的空氣中才看得見的那些山峰，比實際上的距離要近些，同時也覺得它矮些而歪曲了實際的高度；譬如，從薩朗希地方看白朗峰就是這樣。——所有這些使人發生幻覺的假象都在當下的直觀中呈現於我們之前，不能用理性的任何推理來消滅它。理性的推理只能防止謬誤，而謬誤就是沒有充分根據的判斷，理性的推論是以一個與謬誤相反的正確推論來防止謬誤的，譬如說抽象地認識到星月的光度所以在地平線上較弱的原因不是更遠的距離，而是由於地平線上較渾濁的氣圍。可是上述各種假象，偏要和每一抽象的認識爲難，偏是依然如故，無可改易。這是因爲理性是唯一附加於人類，爲人類所專有的認識能力；而悟性和理性之間卻有著完全不同而嚴格的區別。就悟性本身說，即令是在人類，它也還不是理性的。理性總是只能**知道**，而在理性的影響之外，直觀總是專屬於悟性的。

7

就我們前此的全部考察說，還有下列事項應該說明一下。我們在這考察中，既未從客體，也未從主體出發，而是從**表象**出發的。表象已包含這主客兩方面並且是以它們爲前提的，因爲主體客體的分立原是表象首要的、本質的形式。所以，作爲這種形式的主客分立是我們首先考察過的，然後（儘管有關這問題的主要事項，在這裡還是援引那篇序論作說明的）是次一級的其他從屬形式，如時間、空間、因果性等。這些從屬形式是專屬於客體的，但這些形式對於客體之爲客體是本質的，而客體對於主體之爲主體又是本質的；因此又可從主體方面發現這些形式，即是說可以先驗地認識它們。就這方面說，這些形式可以看作主體客體共同的界限。不過所有這些形式都要還原到一個共同名稱，還原到根據律；而這是在序論裡已詳細指出了的。

上述這一做法，是我們這種考察方式和一切以往哲學之間的根本區別。因爲所有那些哲學，不從客體出發，便從主體出發，二者必居其一；從而總是要從客體引出主體，或從主體引出客體，並且總是按根據律來引申的。我們相反，是把客體主體之間的關係從根據律的支配範圍中抽了出來的，認根據律只對客體有效。人們也許有這種看法，說產生於我們現代而已爲衆所周知的同一哲學就不包括在上述兩種對立（的哲學）之中；因爲它既不以客體，又不以主體作爲眞正的原始出發點，而是以一個第三者，一個由「理性直觀」可認識的「絕對」爲出發點的。「絕對」既不是客體，又不是主體，而是兩者的二合一。我雖是由於完全缺乏任何「理性直觀」，而不敢對這可尊敬的「二合一」或「絕對」贊一詞，可是我仍須以「理性直觀」者們自己對任何人、對我們這些不敬的異教徒也攤開著的紀錄爲根據，而指出這種哲學並不能自外於上列兩種互相對峙的錯誤。因爲這種哲學，雖說有什麼不可思維而卻是可以「理性直觀」的同一性，或是由於自己浸沉於其中便可經驗到的主客體同一性；卻並不能避免那兩相對峙的錯誤，只不過是把兩者的錯誤混合起來了。這種哲學自身又分為兩個學科，一是先驗唯心論，也就是費希特的「自我」學說，按根據律自主體中產出或抽繹出客體的學說。二是自然哲學⑯，認為主體是逐漸從客體中變化出來的；而這裡所使用的方法就叫做「構造」。關於，「構造」，我所知道的雖很少，卻還足以明白「構造」即是按根據律在某些形態中向前進動的過程。對於「構造」所包含的深湛智慧，我則敬謝不敏；因為我既完全缺乏那種「理性直觀」，那麼，以此為前提的各書篇，對於我就只能是一部密封的天書了。這一比喻竟眞實到這種程度，說起來也奇怪，即是在聽到那些「智慧深湛」的學說時，我總是好像除了聽到可怕的並且是最無聊的瞎吹牛之外，再也沒聽到什麼了。

從客體出發的那些哲學體系，固然總有整個的直觀世界及其秩序以為主題，但他們所從出發的客體究竟不就是直觀世界或其基本元素——物質。更可以說，那些體系可按序論中所提的四類可能的客體而劃分類別。據此，就可以說：從第一類客體或從現實世界出發的是泰勒斯和愛奧尼學派，是德謨克利特、伊比鳩魯、焦爾達諾·布魯諾以及法國的唯物論者。從第二類或抽象概念出發的是斯賓諾莎（即是從純抽象的，僅於其定義中存在的概念——實體出發）和更早的伊利亞學派。從第三類，也就是從時間，隨即也是從數出發的是畢達哥拉斯派和《易經》中的中國哲學。最後，從第四類，從認識發動的意志活動出發的是經院學派，

⑯ 指謝林的哲學。

他們倡導說，一個在世外而具有人格的東西能以自己的意志活動從無中創造世界。

從客體出發的體系中，以作爲地道的唯物論而出現的一種最能前後一貫，也最能說得過去。唯物論肯定物質，與物質一起的時間和空間，都是無條件而如此存在著的；這就跳過了（這些東西）同主體的關係，而事實上所有這些東西都是只存在於這關係中的。然後，唯物論抓住因果律作爲前進的線索，把因果律當作事物的現成秩序，當作永恆眞理。這就跳過了悟性，而因果性本是只在悟性中，只對悟性而存在的。於是，唯物論就想找到物質最初的、最簡單的狀態，又從而演繹出其他一切狀態；從單純的機械性上升到化學作用，到磁性的兩極化作用，到植物性，到動物性等等。假定這些都做到了。可是還有這條鏈帶最後的一環——動物的感性，認識作用；於是這認識作用也只好作爲物質狀態的一種規定，作爲由因果性產生的物質狀態而出現。如果我們一直到這兒，都以直觀的表象來追隨唯物論的觀點，那麼，在和唯物論一同達到它的頂點時，就會覺察到奧林帕斯諸天神突然發出的，收斂不住的笑聲。因爲我們如同從夢中覺醒一樣，在刹那之間，心裡明亮了：原來唯物論這個幾經艱難所獲得的最後結果，這認識作用，在它最初的出發點，在純物質時，就已被假定爲不可少的條件了；並且當我們自以爲是在同唯物論一道思維著物質時，事實上這所思維的並不是別的，反而是表象著這物質的主體；是看見物質的眼睛，是觸著物質的手，是認識物質的悟性。這一大大的丐詞（*petitio principii*）意外地暴露了它自己，因爲最後這一環忽然又現爲最初那一環所繫的支點，（從機械性到認識作用）這條長鏈也忽然現爲一個圓圈了。於是，唯物論者就好比閔希豪森男爵⑰一樣，騎著馬在水裡游泳，用腿夾著馬，而自己卻揪住搭在額前的辮子想連人帶馬扯出水來。由此看來，唯物論基本的荒唐之處就在於從**客體事物**出發，在於以一種**客體事物**為說明的最後根據。而這客體事物可以是只被**思維**而在抽象中的物質，也可以是已進入認識的形式而為經驗所給與的物質或**元素**，如化學的基本元素以及初級的化合物等。如此之類的東西，唯物論都看作是自在地、絕對地存在著的，以便從此產生有機的自然，最後還產生那有認識作用的主體；並以此來充分說明自然和主體。事實上是一切客體事物，既已作客體論，就已是由於認識著的主體透過其「認識」的諸形式從多方加以規定了的，是早已假定這些形式為前提了的。因此，如果人們撇開主體，一切客體事物便完全消失。所以唯物論的企圖是從間接給與的來說明直接給與的。凡是客體的、廣延的、起作用的事物，唯物論即認為是它作說明的基礎；以為是如此鞏固的基礎，一切說明只要還原到它（尤其是在以作用與反作用為說明的最後出路時），便萬事已足，無待他求了。其實，所有這些事物，我說，都僅是最間接的、最受條件制約的給與，從而只是相對地出現的事物；因為這一切都是透過了人腦的機括和製作的，也即是進入了這機括、製作的時間、空間、因果性等形式的；這一切也唯有有賴於這些形式始得呈現為在空間中廣延的、在時間中起作用

⑰ 閔希豪森（Von Münchausen，一七二〇—一七九七），被稱為「扯謊的男爵」，著有冒險故事集，主角皆用第一人稱，以誇張至荒唐程度著稱於世。

的事物。現在唯物論竟要從這樣一種給與來說明直接的給與，說明表象（其實，那一切也都在表象中），最後還要說明意志。事實上應該反過來說，所有那些在原因後又有原因的線索上，按規律呈現的一切基本動力都只能從意志得到說明。對於認識也是物質的模式化的說法，也另有一相反的說法，常有同等的權利與之分庭抗禮，即是說一切物質，作爲主體的表象，倒是主體的認識之模式化。但是一切自然科學的目標和理想，在根本上仍完全是澈底的唯物論。唯物論顯然不可能，這是在我們往後的考察裡自會得到的結論；在這裡還有一個眞理也證實（我們）這一見解。原來一切狹義的科學，也就是我所理解的，以根據律爲線索的有系統的知識，永遠達不到一個最後的目標，也不能提出完全圓滿的說明；因爲這種知識永達不到世界最內在的本質，永不能超出表象之外；而是根本除了教導人們認識一些表象間的相互關係以外，再沒有什麼了。

每一種科學都是從兩個主要的張本出發的。其中一個總是在某一形態中的根據律，這就是科學的論證工具；另外一個即這門科學特有的對象，也就是這門科學的主題。例如幾何學就是以空間爲主題，以空間中的存在根據爲工具的；邏輯以狹義的概念聯繫爲主題，以認識根據爲工具；歷史以人類過去大規模的、廣泛的事蹟爲主題，以動機律爲工具。自然科學則以物質爲主題，以因果律爲工具；因此，自然科學的指標和目的就是以因果性爲線索，使物質的一切可能狀態互相還原，最後且還原到一個狀態；又使互相引申，最後且從一個狀態引出其他一切狀態。於是，在自然科學中有兩種狀態作爲兩極而對峙，即離主體的直接客體最遠的和最近的兩種物質狀態相對峙，也即是最無生機的、最原始的物質或第一基本元素和人的有機體相對峙。作爲化學的自然科學是尋求前者；作爲生理學，則是尋求後者。直到現在爲止，這兩極都沒有達到過；只在中間地區有些收穫罷了。就未來的展望說，也頗難有什麼希望。化學家們在物質的定性分析方面不像定量分析方面可以分至無窮的前提下，總是想把化學的基本元素（現在還在六十種上下）的總數縮小；假設已縮到只有兩種的話，他們還想把兩種還原爲一種。這是因爲均質律導向一種假定，即是說物質有一種最初的化學狀態先於一切其他狀態；後者不是物質所以爲物質的本質，而只是偶然的形式、屬性等；前者則專屬於「物質所以爲物質」的本質。在另一方面，這種最初狀態既沒有第二種狀態在那兒對它發生作用，怎麼能發生一種化學變化，卻正是不可理解的。這樣，這裡在化學上也出現了伊比鳩魯在力學上所遇到的狼狽情況。這種情況，是伊比鳩魯在要說明一個原子開始是如何脫離它原來的運動方向時所遇到的。是的，這一自發地發展起來的矛盾，既不可避免，又不能解決，本是完全可以作爲化學上的**二律背**反提出來的。在自然科學所尋求的兩極端之一（的化學）中，既已發現這種矛盾，那麼，在另一極端，我們也會看到相應的對比。要達到自然科學的另一極端，同樣是很少希望的；因爲人們只有看得更清楚，凡屬於化學的決不能還原爲力學的，有機的也不能還原爲化學的或電氣的。那些在今天又重新走上這條古老的錯誤道路的人們，很快就要和他們的前輩一樣，含羞地、悄悄地溜回來。關於這些，在下一篇再評論。這兒順便提到的還只是自然科學在自己的領域內所遭遇的（情況）。自然科學作爲哲學看，在這些困難之外，它又還是唯物論；而唯物論，如我們已經看到的，在它初生時就已在它自己的心臟中孕育著死亡了。這是因爲唯物論跳過了主體和認識形式，而在它所從出發的原始物質中，和它所欲達到的有機體中一樣，主體和認識形式都已是預定的前提了。須知「沒有一個客體無主體」就是使一切唯物論永不可能的一條定律。太陽和行星沒有眼睛看見他們，沒有悟性認識他們，雖然還可用字句加以言說，但是這些字句對於表象來說，只是〔不曾見過的〕「鐵樹」⑱。另一面，因果律和根據此律而對大自然所作的觀察和探討又必然導引我們到一個可靠的假定，即是說在時間中，物質的每一較高組織狀態總是跟著一個較原始的狀態而來的，動物就先於人類，魚類先於陸棲動物，植物又先於魚類與陸棲動物，無機物則先於一切有機物。從而那原始的渾沌一團必須經過好長一系列的變化，才到得有最初的一隻眼睛張開的時候。然而，這整個世界的實際存在都有賴於這第一隻張開的眼睛，即使這只是屬於一個昆蟲的眼睛；因爲有賴於眼睛即有賴於認識所必需的媒介，而世界是只對認識、只在認識中存在的。沒有認識，世界就根本不能想像；而這又因爲世界乾脆就是表象；以表象論，它需要「認識」的主體作爲它實際存在的支柱。是的，就是那漫長的時間系列本身，爲無數變化所填充，物質透過這系列而從一個形式上升到又一形式，直到第一個有認識

---

⑱ 原文 sideroxylon 俗稱鐵樹，木質極硬，產於熱帶。但叔本華是借希臘原文用以指不可能的事物。請比較本書 §53 第三段「木的鐵」。

作用的動物出現於世；這整個時間本身也只在一個意識的同一性中才可思維，它是這意識的表象的秩序，是意識的認識形式；如果在意識的同一性以外，它就澈底喪失了一切意義，也就什麼都不是了。於是，一方面我們看到整個世界必然有賴於最初那個認識著的生物，不管這生物是如何的不完全；另一方面又看到這第一個認識著的生物必然完全地有賴於它身前的一長串因果鎖鏈，而這動物只是參加在其中的一小環。這兩種相互矛盾的意見，每一種都是我們事實上以同樣的必然性得來的，人們誠然可稱之爲我們認識能力中的二律背反，並把它和自然科學那第一極端⑲中發現的二律背反作爲對照確定起來。同時，在本書附錄的康德哲學批判中，將證明康德的四種二律背反只是毫無根據的無的放矢。至於這裡最後必然出現的這矛盾倒還可找到它的解決方案，即是用康德的話說，時間、空間和因果性並不屬於自在之物，而只屬於其現象，是現象的形式。用我的話來說，則是客觀的世界，即作爲表象的世界，不是世界唯一的一面，而僅是這世界外表的一面；它還有著完全不同的一面，那是它最內在的本質，它的內核，那是「自在之物」。這本質，我們將在下一篇中考察，並按它最直接的一種客體化而稱之爲意志。作爲表象的世界是我們這裡唯一要考察的，它是隨最早一隻眼睛的張開而開始存在的；沒有認識的這一媒介，它是不能存在的，所以也不先於最初一隻眼的張開而存在。並且沒有這隻眼睛，也就是在認識以外，那也就沒有先於（「後於」），

⑲ 指化學。

沒有時間了。可是時間並不因此就有一個起始，一切起始倒都是在時間中的。又因爲時間是認識的可能性一最普遍的形式，一切現象都經由因果聯帶而嵌合於其中，所以它（時間）是和最初第一認識同時而有的，並同時具有向先向後這兩方面全部的無限性。塡充這第一現在的那個現象，也必同時被認爲是在原因系列上，上聯於並依附於向過去無限延伸的現象系列。而這過去本身的由於第一現在而被規定，正同後者之被規定於前者是一樣的。所以和第一現在一樣，它所從出的過去也有賴於認識著的主體；沒有這主體，就不能是什麼。這又引出一個必然的事實，即是說這第一現在並不呈現爲初創的，不是沒有過去作母親的時間之起點，而是按時間的存在根據呈現爲過去的後續的；同樣，塡充第一現在的現象也按因果律呈現爲早先塡充過去的那些情況的後果。誰要是喜歡附會神話以當說明的話，他可以用最小一個泰坦[20]的，即克隆諾斯[21]的誕生象徵這裡所表明的，實際上本無始的時間初現的那一刹那；由於克隆諾斯閹割了他自己的父親，於是天地造物的粗胚都終止了，現在是神的和人的族類登上了舞臺。

這裡的敘述是我們跟著從客體出發最澈底的哲學體系唯物論進行探討所得〔的結果〕。這一敘述同時也有助於使主體客體間，還有不可分的相互依賴性顯而易見。在不能取消主客

⑳㉑ 天神地神共生的兒子們都稱泰坦（Titanen，多數形式），最小的一個即克隆諾斯（Kronos），他又是希臘神話中主神宙斯（Zeus）之父。

相互對立的同時，這一認識所導致的後果是〔人們〕不能再在表象的兩個因素㉒中的任何一個裡，而只能在完全不同於表象的東西中去尋求世界最內在的本質，尋求自在之物；而自在之物是不爲那原始的、本質的，同時又不能消解的〔主客〕對立所累的。

和上述從客體出發相反的，和從客體引出主體相反的，是從主體出發，從主體找出客體。在以往的各種哲學中，前者是普通而常有的；後者相反，只有唯一的例子，並且是很新的一個例子，那就是費希特的冒牌哲學。在這「唯一」而「新」的意義上，這裡必須指出，他那學說雖然只有那麼一點兒眞實價値和內在含義，可說根本只是一種花招；然而這個學說卻是以最嚴肅的道貌，約束著情感的語調和激動的熱情陳述出來的；它又能以雄辯的反駁擊退低能的敵人，所以它也能放出光芒，好像它眞是了不起似的。可是那眞正的嚴肅態度，在心目中堅定不移地追求自己的目標，追求眞理，不受任何外來影響的態度，是他和所有遷就當前形勢的，同他類似的哲學家們完全沒有的。誠然，他也不能不如此。人所以成爲一個哲學家，總是〔由於〕他自求解脫一種疑難。這疑難就是柏拉圖的驚異懷疑，他又稱之爲一個富於哲學意味的情緒。區別哲學家的眞僞，就在於此：眞正的哲學家，他的疑難是從觀察世界產生的；冒牌哲學家則相反，他的疑難是從一本書中，從一個現成體系中產生的。這就是費希特的情況，他是在康德的自在之物上成爲哲學家的。要是沒有這自在之物，以他修辭學

㉒ 指主體和客體。

上的天才去幹些別的行當，他很可能有大得多的成就。《純粹理性批判》這本書使他成了哲學家。只要他眞有點兒鑽進這書的意義了，他就會理解該書主要論點的精神是這樣的：根據律不是一個永恆眞理，這和經院學派是不同的。根據律不是在整個世界之前、之外、之上而有無條件的妥當性；任它是作爲空間、時間的必然關係也好，因果律也好，或是作爲「認識根據律」也好，它單單只是在現象中相對地，在條件制約下有效。因此，世界的內在本質，自在之物，是永不能以根據律爲線索而得發現的；相反，根據律導致的一切，本身就總是相對的、有待的；總在現象之中而不是自在之物。此外，根據律根本不觸及主體，而只是客體的形式；客體也正因此而不是自在之物。並且與客體同時，主體已立即同在，相反亦然；所以，既不能在客體對主體也不能在主體對客體的關係上安置從後果到原因這一關係。但是，有關這種思想的一切，在費希特那兒是一點氣味也沒有。在這件事上，他唯一感興趣的是**從主體出發**。康德所以選擇這個出發點，是爲了指出以往從客體出發，因而將客體看成自在之物的錯誤。費希特卻把從主體出發當作唯一有關的一回事；並且有如一切模仿者之所爲，以爲他只要在這一點上比康德走得更遠些，他就超過康德了。他在這個方向所重犯的錯誤，也就是以往獨斷論在相反的方向所犯的錯誤，正是後者招致了康德的批判。於是，在根本問題上仍舊毫無改進，在客體主體間認定原因後果關係的基本錯誤依然如故；以爲根據律具有無條件的妥當性，也前後無二致；不過以往是將自在之物置於客體中，而現在則是移置於認識著的主體中罷了。還有，主體客體間十足的相對性，以及這相對性所指出的自在之物或世界的內在本質，不得在主體客體中尋求，只能在此以外，在一切僅以相關而存在的事物以外去尋求〔的道理〕依然未被認識，也是今昔相同的。好像根本沒有過康德這麼個人似的，根據律之在費希特，和它在一切經院哲學那兒一樣，是同一事物，是永恆眞理。在古代的諸神之上，還有永恆的命運支配著；同樣，在經院學派的上帝之上，也有一些永恆眞理支配著，也就是一些形而上的、數理的、超邏輯的眞理在支配著；〔除此以外，〕有些人還要加上道德的妥當性這一條。〔他們說〕唯有這些「眞理」不依存於任何事物，由於它們的必然性才有上帝和世界。在費希特，根據律就是作爲這種永恆眞理看的；按根據律，自我便是世界或非我的根據，是客體的根據；客體是自我的後果，是自我的產品。因此，他謹防著對根據律作進一步的檢查和限制。費希特使自我產出非我，有如蜘蛛結網一樣；如果要我指出他的線索是根據律的哪一形態，那麼，我認爲那就是空間中的存在根據律。只有關涉到這一定律，費希特那種艱澀的演繹還能有某種意義和解釋。〔須知〕這些如此這般的演繹，譬如自我產生並製成非我等，實構成了這自來最無意味的，就拿這一點說已是最無聊的一本書的內容。費希特這哲學本來並無一談的價值，〔不過〕對於古老的唯物論，它是晚出的、眞正的對立面；只在這一點上還有些意思，因爲一面是從客體出發最澈底的〔體系〕，一面是從主體出發最澈底的〔體系〕。唯物論忽略了在它指定一最單純的客體時，也就已立即指定了主體。費希特也忽略了他在指定主體時〔至於他給這主體一個什麼頭銜，那可聽其自便〕，不僅也已指定了客體〔無客體也就沒有一個可想像的主體〕，並且還忽略了這一點，即是說一切先驗的引申，根本是所有的論證，都要以必然性爲支點〔這事實〕；而一切必然性又僅僅只以根據律爲支點，因爲所謂「必然是」和「從已知根據推論」是可以互換的同義概念*。他還忽略了根據律除了是「客體所以爲客體」的形式外，就不再是什麼；從而根據律先已假定客體爲前提，而不是在客體之前，於客體之外有什麼效力，就能引出客體，就能按自己的法令而使之產生。所以，從主體出發和前面說過的從客體出發，有著共同的錯誤，雙方都是一開始先就假定了它們聲稱往後要證明的，也就是已假定了它們那出發點所不可少的對應〔物〕。

我們的辦法是在種類上完全不同於上述兩種相反的謬見的，我們既不從客體，也不從主體出發，而是從**表象**出發的。表象是意識上最初的事實，表象的第一個本質上所有的基本形式就是主體客體的分立。客體的形式又是寓於各種形態內的根據律；如已指出，每一形態又是如此圓滿地支配著所屬的一類表象，以至隨同該形態的認識，整個這一類表象的本質也就被認識了。這是因爲這個類別（作爲表象）除了是該形態的本身之外，便無其他；譬如時間本身除了是時間中的存在根據外，即先後繼起外，便無其他；空間除了是空間中的根據律外，即部位而外，便無其他，物質除了是因果性外，便無其他；概念（如即將指出的）除了是對認識根據的關係之外，便無其他。作爲表象的世界有它十足的、一貫的相對性，或按它

* 參照《根據律的四重根》，第二版 §49。

最普遍的形式（主體和客體）看，或按次一級的形式（根據律）看，如上所說，都爲我們指出世界最內在的本質只能到**完全不同於表象**的另一面去找。下一篇即將在一切活著的生物同樣明確的一事實中，指出這另外的一面。

目前還有專屬於人類的那類表象尚待考察。這類表象的**素材**就是**概念**，而它在主體方面的對應物則是**理性**，正和前此所考察的表象以悟性和感性爲主體方面的對應物相同；不過悟性和感性卻是每一動物所具有的罷了*。

8

好比從太陽直接的陽光之下走到月亮間接的返光之下一樣，我們現在就從直觀的、當下即是的，自爲代表的、自爲保證的表象轉向反省思維，轉向理性的抽象的、推理的概念。概念只從直觀認識，只在同直觀認識的關係中有其全部內容。只要我們一直是純直觀地行事，那麼，一切都是清晰的、固定的和明確的。這時既無問題，也無懷疑，也無謬誤；人們

* 第二卷第一篇前四章是補充前七節的。

不會再有所求，也不能再有所求；人們在直觀中已心安理得，在當下已經有了滿足。直觀是自身具足的，所以凡純粹由直觀產生的，忠於直觀的事物，如眞正的藝術品，就決不能錯，也不能爲任何時代所推翻，因爲它並不發表一種意見，而只提供事情本身。可是隨同抽象的認識，隨同理性，在理論上就出現了懷疑和謬誤，在實踐上就出現了顧慮和懊悔。在直觀表象中，假象可以在當下的瞬間歪曲事實；在抽象的表象中，謬誤可以支配幾十個世紀，可以把它堅實如鐵的枷鎖套上整個整個的民族，可以窒息人類最高貴的衝動；而由於它的奴隸們，被它蒙蔽的人們，甚至還可給那些蒙蔽不了的人們帶上鐐銬。對於這個敵人，歷代大哲們和它進行過實力懸殊的鬥爭；只有大哲們從它那兒繳獲的一點東西才成爲了人類的財富。因此，在我們初踏上這敵人所屬的領土時，立刻就喚起我們對它的警惕，是有好處的。雖然已有人這樣說過，即令看不到任何好處，我們仍應追求眞理，因爲眞理的好處是間接的，並且能夠隔一個時期意外地又重現出來；可是我在這兒還要加上一句，說：即令看不到任何害處，人們也得同樣作出努力來揭露並剷除每一謬誤，因爲它的害處也是間接的，也在人們不提防的時候又能出現；而每一謬誤裡面都是藏著毒素的。如果是人的智力、人的知識使人類成爲地球上的主宰，那麼，就沒有什麼無害的謬誤；如果是那些尊嚴的、神聖的謬誤㉓就更不是無害的了。爲了安慰那些用任何一方式，在任何一場合，由於對謬誤進行過崇高艱巨的

㉓ 指經院哲學、教會哲學。

鬥爭而獻出力量和生命的人們，我不禁要在這兒插一句：在眞理尚未出現以前，謬誤固然還能猖獗一時，正如貓頭鷹和蝙蝠能在夜間活動一樣；但是如果說眞理既已被認識，既已明晰而完整地表達出來了之後還能再被逐退，而舊的謬誤又得安逸地重占它那廣闊的陣地，那麼，貓頭鷹和蝙蝠把東邊升起的太陽嚇回去，就更有可能了。這就是眞理的力量，它的勝利雖然是在艱苦困難中贏得的，但足以彌補這個遺憾的是，若是眞理一旦贏得了這勝利，那也就永遠奪它不走了。

到這裡爲止，我們所考察過的表象，按其構成來看，如從客體方面著眼，就可還原爲時間、空間和物質；如從主體方面著眼，就可還原爲純粹感性和悟性（即因果性的認識）。除了這些表象之外，在生活於地球的一切生物之中，獨於人類還出現了一種認識能力，發起了一種完全新的意識。人們以一種冥悟的準確性而很恰當地把這種意識叫做**反省思維**。誠然，這種意識在事實上是一種反照，是從直觀認識引申而來的；然而它有著完全不同於直觀認識所有的性質和構成，它不知道有屬於直觀認識的那些形式；即令是支配著一切客體的根據律，在這兒也有著完全不同的另一形態。這新的、本領更高強的意識，一切直觀事物的這一抽象的反照，在理性的非直觀的概念中的反照，——唯有它賦予人類以思考力。這就是人的意識不同於動物意識的區別。由於這一區別，人在地球上所作所爲才如此不同於那些無理性的兄弟種屬。人在勢力上超過它們，在痛苦上人也以同樣的程度超過它們。它們只生活於現在，人則同時還生活於未來和過去。它們只滿足當前的需要，人卻以他機巧的措施爲將來作準備，甚至爲他自己看不到的時代作準備。它們完全聽憑眼前印象擺布，聽憑直觀的動機的作用擺布；而規定人的卻是不拘於現前的抽象概念。所以人能執行預定計畫，能按規章條款辦事；可以不顧（一時的）環境，不顧當前偶然的印象。譬如說，人能夠無動於衷爲自己身後作出安排，能夠僞裝得使人無法看出破綻，而把自己的祕密帶進墳墓去。最後，在爲數較多的動機中他還有眞正的選擇權。因爲只有在抽象中，這些動機同時並列於意識中，才能帶來這樣一個認識：就是動機既互相排斥，就得在實力上較量一下，看誰能支配意志。在較量中占優勢的動機，也就是起決定作用的動機，這就是經過考慮後的意志的抉擇，這一動機便是透露意志的本性一個可靠的標誌。動物與此相反，是由眼前印象決定的；只有對當前強制力的畏懼才能控制它的欲求，到這種畏懼成爲習慣時，以後便受習慣的約束，這就是施於動物的訓練。動物有感覺，有直觀；人則還要思維，還要知道。欲求則爲人與動物所同有。動物用姿態和聲音傳達自己的感覺和情緒，人則是用語言對別人傳達思想或隱瞞思想。語言是他理性的第一產物，是理性的必需工具，所以，在希臘文和義大利文中，語言和理性是用同一個詞來表示的：在希臘文是「邏戈斯」λογος，在義大利文是「迪斯戈爾索」il discorso。（在德語，）理性（「費爾窿夫特」）Vernunft 是從「理會」（「費爾涅門」）Vernehmen 來的，而這又和「聽到」Hören 並非同義詞，而有了解語言所表達的思想的意味。唯有借助於語言，理性才能完成它那些最重要的任務，例如許多個人協同一致的行動，幾千人有計畫的合作；例如文明，國家；再還有科學，過去經驗的保存，概括共同事物於一概念中，眞理的傳達，謬誤的散布，思想和賦詩，信條和迷信，等等。動物只在死亡中才認識死亡，人是意識地一小時一小時走向自己的死亡。即令一個人還沒認識到整個生命不斷在毀滅中這一特性，逐步走向死亡有時也會使他感到生命的可慮。人有各種哲學和宗教，主要是由於這個原因。但是在人的行爲中，我們有理由給予某些東西高於一切的評價，如自覺的正義行爲和由心性出發的高貴情操；這些東西究竟是不是可以稱爲哲學或宗教的後果，那是並不明確的。與此相反，肯定是專屬於哲學、宗教這兩者的產物的，肯定是理性在這條路上的出品的，卻是各派哲學家那些離奇古怪的意見，各教派僧侶們那些奇奇怪怪的，有時也殘酷的習俗。

至於所有這些多種多樣、意義深遠的成就都是從一個共同原則產生的，這是一切時代、一切民族共同一致的意見。這原則就是人對動物所以占優勢的那種特殊精神力。人們稱之爲**理性**，希臘文叫做「邏戈斯」*λογος*，「邏輯斯諦拱」*λογιστικον*，「邏輯蒙」*λογιμον*；拉丁文叫「拉齊奧」*ratio*。所有的人也都很知道如何認識這一能力的表現，也知道說什麼是理性的，什麼是非理性的；知道理性在什麼地方是和人類其他能力、其他屬性相對稱的。最後，人還知道，由於動物缺乏理性，所以，儘管是動物中最聰明的一個，也還有某些事情是不能指望於牠的。一切時代的哲學家們，對於理性這種一般的知識也全有一致的說法；此外，他們還指出理性的一些特殊重要表現，如情感和激動的控制，如推求結論的能力，制定普遍原則的能力，甚至是〔確定〕那些不待經驗就已明確了的原則，等等。雖然〔在這些地方已有一致的說法〕，但是所有他們那些關於理性眞正本質的說明仍是搖擺不定的，是規定不嚴格的、游離的；既無統一性又無中心，一會兒著重這一表現，一會兒又著重那一表現，因此〔各家〕常常互有出入。此外，還有好多哲學家在說到理性的本質時，是從理性和啟示之間的對立出發的。這種對立在哲學上是完全不相干的，只有增加混亂的作用而已。最奇特的是直到現在為止，沒有一個哲學家把理性所有那些雜多的表現，嚴格地歸根於一個單一的功能。這種功能，既可在所有的表現中一一識別出來，又可從而解釋這一切表現，所以這功能就應該構成理性所特有的內在本質。雖然有卓越的洛克在《人類悟性論》第二卷第十一章第十和第十一節中，很正確地指出抽象的普遍概念是人獸之間起區別作用的特徵；雖有萊布尼茲在《人類悟性新論》第二卷第十一章第十和第十一節中完全同意洛克並又重複了這一點；但是，當洛克在同一本書第四卷第十七章第二、三兩節中到了眞正要說明理性時，他就把理性那唯一的重要特徵遺忘了，他也落到和別人一樣，〔只能〕對理性一些零零碎碎的、派生的表現作一種搖擺不定的、不確定的、不完備的陳述了。萊布尼茲在他那本著作中與上列章節相應的地方，整個說來也同洛克如出一轍，只是更加混亂，更加含糊罷了。至於康德如何混淆了，歪曲了理性的本質的概念，那是我在本書附錄中詳細談過了的。誰要是為了這一點而不厭其煩，讀遍康德以後出版的大量哲學著作，他就會認識到：君王們犯了錯誤，整個整個的民族都要為他補過；和這一樣，偉大人物的謬誤就會把有害的影響傳播於好些整個整個的世代，甚至到幾個世紀；並且這種謬誤還要成長、繁殖，最後則變質為怪誕不經。這一切又都是從貝克萊說的那句話產生的，他說的是：「少數幾個人在思維，可是所有的人都要有自己的意見。」

悟性只有**一個**功能，即是直接認識因果關係這一功能。而真實世界的直觀，以及一切聰明、機智、發明的天才等等，儘管在應用上是如何多種多樣，很顯然都是這單一功能的諸多表現，再不是別的什麼。和悟性一樣，理性也只有**一個**功能，即構成概念的功能。從這單一的功能出發，上述區別人的生活和動物生活的一切現象就很容易說明了，並且是完完全全自然而然地說明了。而人們無論何時何地所說的「合理」或「不合理」，全都意味著應用了或沒有應用這唯一功能*。

77

9

概念構成一個特殊類別的表象，和我們前此所考察過的直觀表象是在種類上完全不同的一個類別，是只在人的心智中才有的。因此，關於概念的本質，我們就永不能獲得直觀的、真正自明的認識，而只能有一種抽象的、推理的認識。只要經驗是當作真實外在世界來

* 這一節應和《根據律》第二版第二十六、二十七節對照。

體會的，而外在世界又正是直觀表象，那麼，要求在經驗中證實概念，或者要求和直觀客體一樣，可以把概念放在眼前或想像之前，那就文不對題了。概念，只能被思維，不能加以直觀；只有人由於使用概念而產生的作用或後果才眞正是經驗的對象。這類後果有語言，有預定計畫的行動，有科學，以及由此而產生的一切。言語作爲外在經驗的對象，顯然不是別的，而只是一個很完善的電報，以最大速度和最精微的音差傳達著任意〔約定〕的符號。這些符號意味著什麼呢？是如何來解釋的呢？是不是在別人談話的時候，我們就立刻把他的言辭翻譯成想像中的圖畫呢？是不是接著懸河般湧來的詞彙和語法變化，這些圖畫也相應地掣電般飛過我們眼前，自己在運動，在相互掛鉤，在改組，在繪影繪聲呢？果眞是這樣，那麼，聽一次演講，或讀一本書，我們腦子裡將是如何的騷動混亂啊！事實上，解釋符號，全不是這樣進行的。言辭的意義是直接了知的，是準確地、明晰地被掌握的，一般並不攙入想像作用。這是理性對理性說話，理性在自己的領域內說話。理性所傳達的和所接受的都是抽象概念，都是非直觀的表象；而這些概念又是一次構成便次次可用的，在數量上雖比較少，卻包括著、涵蘊著、代表著眞實世界中無數的客體。只有從這裡才能說明爲什麼一個動物，雖和我們同有說話的器官，同有直觀表象，卻決不能說話，也不能聽懂言語。這正是因爲字句所指的是那特殊類別的表象，它在主體方面的對應〔物〕便是理性，〔動物沒有理性，〕所以任何字句就不能對它有意義、有解釋了。既是這樣，所以語言，以及一切隸屬於理性的任何其他現象，一切區分人禽之別的事物，都只能以這唯一的、簡單的東西作爲來源而得到解釋；而這就是概念，就是抽象的、非直觀的、普遍的，不是個別存在於時間、空間的表象。只有在個別的場合，我們也從概念過渡到直觀，爲自己構成幻影作爲概念的有形象的代表，但這幻影決不能有恰如其分的代表性而和概念完全契合無間。這是我在《根據律》第二十八節中特別闡明了的，在這兒就不再重複了。應該以那兒說過的，和休謨在他的《哲學論文集》第十二篇中所說的（第二四四頁）以及赫德爾[24]在《超批判》第一篇第二七四頁所說的（再說，這是一部寫得不好的書）那些話比較一下。至於柏拉圖的理念型，那是由於想像力和理性的統一而後可能的，將構成本書第三篇的主要題材。

概念和直觀表象雖有根本的區別，但前者對後者又有一種必然的關係；沒有這種關係，概念就什麼也不是了。從而這種關係就構成概念的全部本質和實際存在。（這是怎樣一種關係呢？原來）反省思維必然的是原本直觀世界的摹寫、複製；雖然是一種十分別致的，所用材料也完全不同的摹寫。因此，把概念叫做「表象之表象」，那倒是很恰當的。在這兒，根據律也有一個特殊的形態。根據律是在哪一個形態中支配著一個類別的表象，那麼，只要該類別是表象，這一形態必然也構成並且無餘地賅括著該類別的全部本質；譬如我們已看到過，時間始終只是「繼起」，更無其他；空間始終是部位，更無其他；物質始終是因果性，更無其他。與此相同，概念或抽象表象這個類別的全部本質也只在一種關係中，只在根據律

[24] 赫德爾（Herder，一七四四—一八〇三），德國神學家、哲學家和文藝理論家。

在概念中所表出的那關係中。而因爲這就是對於認識根據的關係，所以抽象表象也只在它和是它的認識根據的另一表象的那關係中有著它全部的本質。這另一表象，雖在開始又可是一概念或抽象表象，甚至於後面這概念又只能有一個同樣抽象的認識根據；但這不能繼續下去推之於無窮，這一認識根據的系列必須以一個在直觀認識中有根據的概念來結束，因爲反省思維所有的整個世界都要基於那作爲其認識根據的直觀世界。由此，抽象表象這一類別就有別於其他類別，即是說：在其他類別〔的表象〕，根據律總是只要求一個〔這表象〕和同類的另一表象之間的關係；而在抽象表象，〔到了〕最後卻要求一個〔這表象〕和不同類的一表象之間的關係。

人們常把上述那些概念，不是直接，而是間接透過一個甚至幾個其他概念才和直觀認識有關的一些概念優先叫做「共相」；與此相反，又把那些直接在直觀世界中有其根據的概念叫做「殊相」。後面這一稱呼同它所指的概念並不完全相當，因爲這些概念總還是抽象的共相而決不就是些直觀表象。這兩種稱呼本不過是在要說明兩者的區別時，在模糊的意識中產生的；既然這裡已另有解釋，依舊沿用也未嘗不可。第一類，也就是特殊意味的「共相」的例子，有「關係」、「美德」、「探討」、「肇始」等等概念。後面一類，也就是名實不大相符的「殊相」，則有這些概念：「人」、「石頭」、「馬」等等。如果不嫌這樣一個比喻太形象化，從而有些荒誕可笑的話，人們就可很恰當地說，後面這一類概念是反省思維這個建築物的地面層，而第一類概念則是其上各層的樓房*。

一個概念所賅括的很多，即是說很多直觀的表象，甚至還有些也是抽象的表象，都和它有著認識根據的關係，也即是都要透過它而被思維。這一點卻並不如人們一般所說，一定是概念的基本屬性，實際上只是一種派生的、次要的屬性；在可能性上儘管是必然有的屬性，在實際上則並不是常有的屬性。這一屬性是由於概念是表象的表象，即是由於概念的全部本質只在於它和另一表象的關係中而產生的。可是概念並不就是這另一表象自身；這另一表象甚至經常是屬於不同類別的，是直觀表象，因而可以有時間的、空間的以及其他的規定，並且根本還可以有更多的在概念中不連同被思維的關係。就是由於這一原因，所以一些表象雖有著非本質的區別，都能由同一概念而被思維，即是說都可包括在這一概念之中。不過這種「以一賅萬」〔的本領〕並不是概念的基本屬性，而只是它偶然的屬性。所以就可以有些概念，只能用以想到一個單一的實在客體，但仍然是抽象的、一般的表象，全不因此就算是個別的、直觀的表象。舉例說，某人僅僅是從地理書本上知道了一個特定的城市，他從這一城市得來的概念就是這裡講的那種概念。這裡被思維到的雖然只是這一個城市，不過總還可能有些局部不同的城市全都適用這一概念。所以，不是由於一個概念是從一些客體抽象來的，它才有一般性；而是相反。是因爲一般性，又叫做「個別的非規定」，是概念作爲理性的抽

---

* 參照第二卷第五、六兩章。

象表象在本質上所有的〔東西〕，不同的事物才能用同一個概念來思維。

由上所說，又發生這樣一個情況：由於概念是抽象表象而不是直觀表象，從而也就不是十分確定的表象，於是每一概念便進而有人們叫做意義範圍或含義圈的東西；並且即令是在這概念只適應於唯一的一個實在客體的場合，也是如此。這樣，我們就發現每一概念的含義圈和其他概念的含義圈總有些共同的地方，即是說在此一概念中被思維的某部分，同時也就是在彼一概念中被思維的部分；反之亦然，在彼一概念中所思維的某部分便是此一概念中所思維的部分；雖然同時，它們又是眞正不同的概念，每一概念，或至少是兩者中的一個概念又含有另外那一概念所沒有的東西。每一主語和其謂語就是在這樣的關係之中的，而認識這一關係就叫做「判斷」。用空間的圖形來說明那些含義圈是一個極有意義的想法。普陸克[25]是有這個想法的第一人，他用的是正四方形；朗伯[26]雖在他之後，卻還在用一根疊一根上下相間的直線條；尤拉[27]最後才用圓圈，這一辦法才圓滿地解決了。不過概念的相互關係是基於什麼而同其空間圖形有這種準確的類似性，我可說不上來。自此以後，一切概念的相互關係，甚至單從其可能性出發，也即是先驗地，都能用這樣的圖形作形象的說明；對於邏輯這

[25] 普陸克（Gottfried Ploucquet，一七一六—一七九〇），德國數學家。
[26] 朗伯（Johann Heinrich Lambert，一七二八—一七七七），德國物理學家、數學家、天文學家。
[27] 尤拉（Euler，一七〇七—一七八三），德國數學家、物理學家。

是一個有利的情況。圖解的方式如下：

(1)兩概念的含義圈完全相同，例如必然性這概念和從已知根據推論後果這概念，反芻動物和偶蹄動物兩概念，又如脊椎動物和紅血動物（由於某些節肢動物〔也有紅血〕，這一點有可訾議之處）：這都是些交替概念，用一個圓圈來說明，既意味著這一概念，又意味著那一概念。

(2)一個概念的含義圈完全包括另一概念的含義圈在其內。

(3)一個含義圈包括兩個或兩個以上的含義圈，而這些包括在內的含義圈既不互相包含又共同充滿包括著它們的大圈。

(4)兩圈互相包含另一圈的一部分。

(5)兩圈同位於一第三圈中，但並不充滿第三圈。

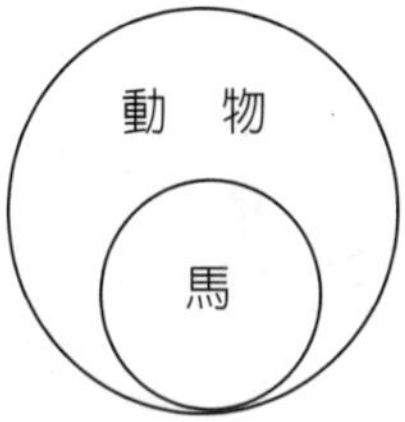

(2)

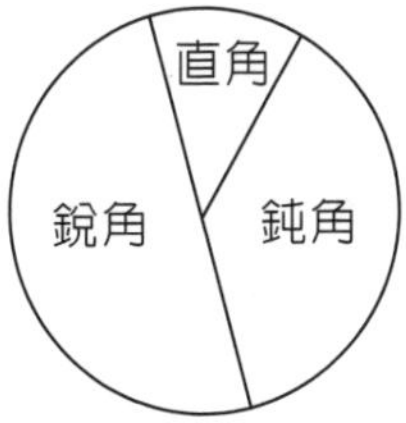

(3)

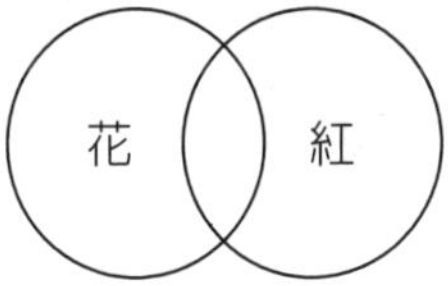

(4)

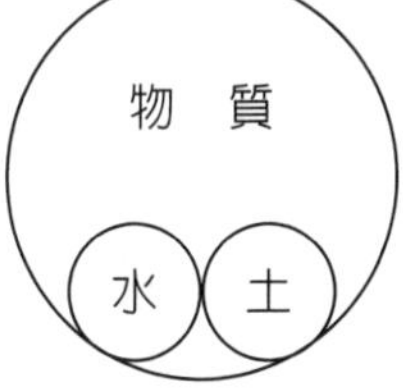

(5)

最後這一情況是指所有那些概念，其含義圈〔在相互之間〕並無直接共同之處，但總有一個第三概念，往往廣泛得多的概念，包含著兩者。

概念的一切聯繫都可歸結到這些情況，而關於判斷的全部教程，判斷的轉換、對稱、交互相關、交互相斥（這一點按第三圖），又可從此引申而得。同樣，還可由此引申出判斷的屬性，這就是康德號稱悟性的範疇之所本的；不過假言判斷這一形式已不僅是概念的聯繫，而是判斷的聯繫，應作例外。然而樣態㉘也是例外的，關於這一點以及範疇所本的判斷的每一屬性，都在本書附錄中有詳盡的交代。關於上列〔各種〕可能的概念聯繫，只有一點還須指出，即是各種聯繫又可各式各樣地互爲聯繫，例如第四圖與第二圖的聯繫。只在一個含義圈或整個或部分的包括著另一含義圈，同時自身又爲第三個含義圈所包括時，這一些含義圈合起來才表出第一圖裡的推論法；也就是表出判斷的這樣一種聯繫，即由此聯繫便可認識到一個概念既整個地或部分地被包含於另一概念中，又同樣被包含於一個第三概念之中，而這第三概念又包含著原來的那一概念。這還可以表出這一推論的反面，表出否定；而用圖形表示這否定，當然就只能是兩個聯繫著的含義圈都不在第三個內。如果許多含義圈以這種方式依次包含，則產生較長的一連串推論。這種概念的圖解方式，已在一些教科書中推行，頗有成效，可以作爲說明判斷以及全部三段論法的基礎，以此來講述這兩個方面就很容易而簡單

㉘ 樣態（Modalität），是範疇的第四大類，包括必然性、可能性、或然性。

了。這是因爲這兩方面的一切規則都可由此按其來源得到理解，得到引申和說明。但是拿這些東西給記憶力增加包袱是不必要的，因爲邏輯從來不能對實際生活有什麼用處，而只是在哲學上有理論的興趣罷了。原來我們雖可說邏輯之於合理的思維，就等於數字低音之於音樂；如果再放寬些尺度，也可說如倫理學之於美德，或美學之於藝術；但這裡應注意從來沒有人是因爲研究了美學而成爲藝術家的，沒有人是因爲研究了倫理學而獲得高尚品質的：應注意早在拉摩㉙之前，就已有了正確諧和的作曲，無須著意於數字低音，也能覺察非諧音。同樣，人們並無須懂得邏輯，也能不爲錯誤的推論所蒙蔽。不過，話又得說回來，應該承認數字低音對於音樂的鑑別雖沒有什麼用處，對於作曲的實踐卻有很大的用處；如果把程度降低些說，甚至美學、倫理學，雖主要的是在消極方面，也能分別對〔藝術、道德的〕實踐有若干好處；所以不應完全剝奪這些理論在實踐上的價值。至於邏輯，則連這一點〔實踐上的價值〕也無可矜誇了。邏輯是在抽象中的知識，是對於人人在具體中所已知的又於抽象中知之。因此，人們少有用邏輯來否定一個錯誤推論的，同樣也少有借助於邏輯規則來作出一個正確推論的。即令是最淵博的邏輯學家本人，當他在進行眞正的思維時，他也完全把邏輯丟在一邊了。這一點可從下文得到說明。原來每一種科學都是由關於某一類對象的普遍的，從而也是抽象的一套眞理、規律、規則系統所組成的。於是，往後對於這些對象中出現的個別

㉙ 拉摩（Rameau，一六八三—一七六四），法國作曲家，提出過音樂的基本理論。

情況，每次都要按那一次妥當，便次次妥當的普遍知識加以規定，因爲這樣應用普遍原則比從頭來檢查每次出現的個別情況要容易得不知若干倍。並且這一旦已獲得的普遍的、抽象的知識又經常要比經驗上個別的探討更爲近便。在邏輯則恰恰相反。邏輯是以規則的形式表出有關理性的工作方式的知識，是由於對理性作自我觀察，抽去一切事物的內容而獲得的普遍知識。這種工作方式在理性〔自身〕原是必然的、本質的，如果任其自然，理性遵守這些方式決不會有什麼偏差。所以在每一特殊情況中，讓理性按其自有的本質做下去，比使它就範於一種知識，一種在工作進行中才抽繹得的，以一個陌生的外來的法則爲形態的知識，既要容易些，也要妥當一些。其所以容易些，那是因爲在其他一切科學中，普遍規則對於我們要比單獨地就事論事來研究個別情況近便些、熟悉些；但是在使用理性時則相反，理性在當前情況中必然〔要採取〕的工作方式，對於我們反而總是比從這一工作方式抽象而得的普遍規則更爲近便些、熟悉些；因爲在我們自己裡面思維著的〔東西〕就正是這理性自身。其所以妥當些，那是因爲在這種抽象的知識或其應用中產生謬誤要比「理性」的行事發生有違其本質、本性的情況更容易得多。因此就出現了一種特有的情形：在其他科學中，人們是拿普遍規則來檢驗個別情況的眞實性的，在邏輯中則相反，規則反而是要放到個別情況下來檢驗的。即令是一個最熟練的邏輯學家，當他發現他在個別情況下作出的結論和規則所說的有出入時，他總是寧可先檢驗規則，然後在他實際作出的結論中去找差錯。要從邏輯學得到實際的用途就等於說要把我們在個別事物中直接以最大妥當性意識了的東西，又以說不盡的辛勤再從普遍規則中去引申；正好比人們自己的一舉手、一頓足也要求教於力學，而自己的消化作用也要求教於生理學一樣。誰要是爲了實踐的目的而學習邏輯，就等於訓練一隻海狸去築牠的巢穴似的。儘管邏輯沒有實際用處，卻並不因此就能說沒有保留它的必要了，因爲它（本）是有關理性的組織、活動的特種知識而有哲學上的意義。邏輯作爲一種自足的、自爲存在的、圓滿的、完整的、完全可靠的一門學科，有理由單獨地、無所依傍地、科學地去加以研求，有理由要在各大學講授它。不過，只在整個哲學的關聯中，在考察認識並且是在考察理性的或抽象的認識時，邏輯才獲得它特有的價值。因此，講授邏輯就不應有一種太著意於實用的科學那麼一個形式，不應只包括一些赤裸裸地確定在那兒的規則以校正判斷、推論等等的錯誤，而更應著意於認識理性的、概念的本質，詳細考察認識的根據律；因爲邏輯不過就是這一根據律的譯意而已；並且實際上也只限於這樣一種情形，就是說賦予判斷以眞理的那根據不得是經驗的或形而上的，而只能是邏輯的或超邏輯的。和認識的根據律同時，還要提出與之密切接近的，思維的其他三個基本法則或超邏輯的眞理判斷；而理性的全部技能即是由此逐步長成的。眞正的思想的本質，就是說判斷和推理的本質，是從概念含義圈的聯結、按空間圖表格式以前面示意過的方式來表出的；然後由此又透過意象的構造來引申「判斷」和「推論」的一切規則。人們得以從邏輯找到的唯一實際用途，是人們在辯論的時候，與其指出對方的實際錯誤，毋寧使用邏輯術語來點破對方蓄意蒙騙的結論。既已這樣在實踐意義方面壓低了邏輯的地位，同時又這樣著重提出邏輯和整個哲學的關聯，把它作爲哲學裡的一章看，那麼，有關邏輯的知識將來就不應該比現在還要罕有，因為在今天，任何人如果不想在主要的方面停留於淺陋狀態之中，不想把自己列於無知的，陷於朦朧狀態的群衆中，就必須先學過思辨的哲學。這又是因爲這個十九世紀是一個哲學的世紀；但這卻不是說這個世紀已有了哲學，或者說哲學已占有統治的地位了；而是說就接受哲學而論，這個世紀是已經成熟了，因此〔也〕迫切地需要哲學。這是教養高度發展的標誌，甚至是歷代文化上升的階梯上牢固的一級*。

雖說邏輯沒有多大的實際用途，卻難以否認它是爲了實際的目的而創立的。對於邏輯〔這門科學〕的起源我是這樣解釋的：當伊利亞學派的、麥珈利學派的、詭辯派的好辯風氣一直在發展著，逐漸成爲一種嗜好的時候，幾乎每次爭辯都要陷入混亂，這就使他們感到必須有一種指導辯論的規程；爲此，就只有尋求一種科學的論證方法。首先要指出的就是爭論雙方在辯論之中，必須在論點所涉及的某一命題上互相一致。辯論程序的第一步便是正式宣布這些雙方共同承認的命題而置之於研討的開端。其初，這些命題還只涉及研討的材料方面，隨後人們又發覺在如何還原到這一共同承認的眞理，如何由之引申自己的主張的方式方法上，也是服從著某些公式和法則的。關於這一點，雖然沒有事先的說合，他們都無異議；由此可見這些公式、法則必然就是理性本有的，在理性自己本質中的程序，必然就是研討的

* 第二卷第九和第十兩章是補充這裡的。

形式方面。這雖然並未遭遇到懷疑和異議，卻有酷好系統成癖的頭腦會想到這麼個念頭，他想：如果一切辯論的這些形式方面，理性自身這些不變的法則性程序，也和研討的材料方面那些共同承認的命題一樣，也在抽象的命題中陳述出來，作爲辯論自身中不可移易的繩準而置於研討的開端，於是人們得永遠有所依據，有所參證；那就會是一件大大的好事，就會是辯證方法的大功告成。就是這樣，凡以往只是一致默認地服從著的東西，或是本能地在那麼做著的東西，現在人們要意識地認之爲法則並正式把它宣布出來。在這期間，人們逐漸爲邏輯的基本命題找到了一些程度不同的恰當稱謂，如矛盾律、充分根據律、排中律、有無律；然後是三段論法的一些特殊規則，例如「從純粹特殊的或純粹否定的前提不能得出任何結論」，「從後果到根據的推論無效」，等等。人們只能緩慢地、很艱苦地達到這些成就；在亞里斯多德以前，一切都很不完備。這種情形，部分地可從柏拉圖的某些對話中看得出來，在那兒，揭露邏輯眞理的方式還是笨拙的、不著邊際的。從塞克斯都斯・恩披瑞古斯[30]關於麥珈利學派爭論的報道中還可更好地看得出來，他們不但是只爲一些最簡單的邏輯規律而爭論，並且用以表示這些規律的方式也是那麼捉襟見肘（塞・恩披瑞古斯：《反對數學字論》第八卷第一二二頁及隨後幾頁）。亞里斯多德收集、整理、訂正了當時已有的成就，而使之具有無比高度的完整性。如果人們這樣看希臘文化的進展如何引起了亞里斯多德的研究，如

[30] 塞克斯都斯・恩披瑞古斯（Sextus Empirikus，一六〇—二一〇），希臘哲學家，懷疑論者。

何爲他作了準備；人們就會不願相信波斯作家的說法。說什麼卡利斯提尼在印度人那裡發現了完整的邏輯，就把它寄回給他舅父亞里斯多德了。瓊斯是很偏愛這種說法的，這說法也是他傳達給我們的（《亞洲研究》第四卷第一六三頁）。至於在可悲的中世紀，經院學派中好辯成癖的人們，並無任何實際知識，只在公式章句中消磨精神；所以他們那麼極度歡迎亞里斯多德的邏輯，甚至熱衷於那些譯成阿拉伯文的殘簡斷篇，並且隨即奉之爲一切知識的中心；那是容易理解的。自此以後，邏輯的威望固然降低了，但是作爲一門自足的、實際的、極其必要的科學，仍有它的信譽，它也一直被保全到現在。並且，在我們這時代，康德既已從邏輯取得他那哲學的奠基石，他的哲學也重新爲邏輯掀起了新的興趣。如果從這方面看，也就是從作爲認識理性的本質的手段看，對於邏輯有這樣的興趣倒也是應該的。

嚴格正確的結論是由於正確地觀察概念含義圈的相互關係而獲致的，只在一個含義圈包括在另一個含義圈內，而這另一圈又包括在第三圈內時，然後才能承認第一圈是包括在第三圈內的。與此相反，有一種遊說術則是基於僅僅只從表面看概念含義圈的各種關係，隨即按自己的意圖作出片面的規定（這樣一種手法的）；主要是這樣：如果考察中的概念的含義圈只是一部分包括在另一圈中，又有一部分卻包括在完全不同的另一圈中，說話的人就按自己的意圖把這概念說成是全在這一圈，或全在那一圈內。舉例說，在談到「激情」的時候，人們可以任意將它概括於「最大力」、「世界最強大的動因」這些概念之下，也可以把它概括於「非理性」的概念之下，而這又可概括爲「無力」、「軟弱」這些概念之下。人們可以繼續使用這個辦法，在談到任何一概念時，都可如法炮製從頭做起。〔譬如說，〕一個概念的含義圈幾乎經常有幾個別的含義圈同在其中，這些含義圈的每一個都在其範圍內含有那第一圈的一部分，同時又各自還包括著其他的東西在內；〔這時，〕人們就只單就其中的一個含義圈作出說明，用以概括那第一概念，而其餘的則一概置之不顧或加以隱蔽。一切遊說術，一切伶俐的詭辯就都依靠這一手法；因爲邏輯上的那些手法，如擬似謊騙法、蒙蔽失眞法、嘲弄蠱惑法等在實際應用上顯然都太笨〔不適用〕了。我不知道直到現在爲止是不是已有人把一切詭辯和遊說的本質歸結到這些東西所以可能的最後根據，或已在概念特有的本質中，亦即在理性的認識方式中證實了這種根據；因此，我的陳述既已到了這裡，儘管這一點並不難理解，我仍想在一張附表中用圖解來說明一下。這圖解是要指出概念的含義圈是如何錯綜複雜地相互連環的，因而留有餘地可以從每一概念任意過渡到這個或那個含義圈。我只希望人們不要由於附表而發生錯覺，對這個小小的、附帶的說明，予以過分的、超出這事情本性上所能有的重要性。作爲一個說明的例子，我選擇了「旅行」這一概念。這個概念的含義圈部分地分別套入其他四個含義圈的範圍內，遊說者可任意過渡到其中的一個。這其他四個又部分地套入其他的含義圈，也有套入兩個或幾個的，於此遊說者又可以任意選擇其途徑，並且總是把它作爲唯一的途徑看待。最後，看他的意圖何在，便可以達到「有利」（善），也可以達到「有害」（惡）。不過在人們逐圈前進時，必須只遵循從中心（已知的主要概念）到邊緣的方向，不得反其道而行。這種詭辯在形式上可以是連續的談話，也可以採取嚴格的推論形式，那就要看聽話的人對哪一種形式有所偏愛而隨機應變了。基本上大多數的科學論證，尤其是哲學的論證也同這種做法差不多；否則各時代中就不可能有那麼多的東西，不但是搞錯了的，（因爲謬誤本身另有來源）還有說明了、證明了，往後又被認爲是根本錯誤了的，例如萊布尼茲—沃爾夫的哲學、托勒密的天文學、斯達爾的化學、牛頓的色彩學說等等，等等*。

10

由於這一切一切，如何獲致確實性，如何爲判斷找根據，知識和科學以什麼組成這些問題就更迫在眉睫了。而科學同語言和熟慮後的行爲鼎足而立，是繼後二者之後我們譽之爲〔人類〕由理性得來的第三大優勢。

理性的本性是女性的，它只能在有所取之後，才能有所與。僅就它自身說，除了它用以施展的空洞形式外，它是什麼也沒有的。十足純粹的理性認識，除了我稱爲超邏輯的眞理

* 第二卷第十一章是補充這裡的。

〔「旅行」這概念連環繁衍示意圖〕

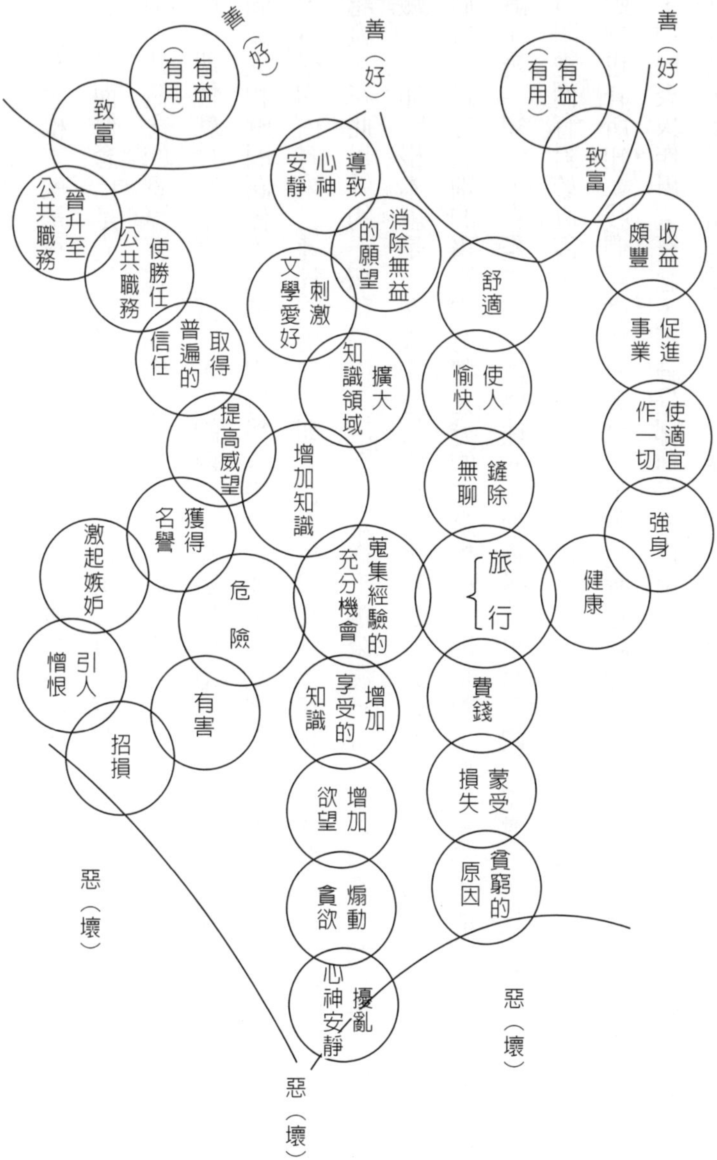

那四個定律：同一律、矛盾律、排中律、充分的認識根據律之外，再沒有別的了。邏輯自身的其餘部分就已不是十足純粹的理性認識，因爲這些部分都要先假定概念含義圈的關係和組合，而概念根本就是只在先已有了的直觀表象之後才有的，並同這表象的關係構成它全部的本質，從而概念已是先假定了這表象的。不過由於這假定並不涉及概念的固定內容，而只泛泛地涉及概念的實際存在，那麼，整個說來，邏輯仍可算作純粹的理性科學。在其他一切科學中，理性就接受了來自直觀表象的內容：在數學中這內容來自先於經驗、直觀地意識著的空間關係和時間關係；在純粹的自然科學中，即是在我們對於自然過程先於一切經驗的知識中，科學的內容來自純粹的悟性，即來自因果律及該律和時間、空間的純粹直觀相結合的先驗認識。在此以外的一切科學中，所有不是從上述來源獲得一切〔內容〕的科學，一概來自經驗。「知」根本就是：在人的心智的權力下有著可以任意複製的某些判斷，而這些判斷在它們自身以外的別的事物中有其充分的認識根據；即是說這些判斷是眞的。所以只有抽象的認識才是「知」，它是以理性爲條件的。動物雖然也有直觀的認識，並且牠們做夢這一事實還證明牠們有對於直觀認識的記憶；既有記憶，當然也有想像。但是嚴格點講，我們就不能說動物也有所知。我們說動物有意識，那就是說意識作用這個概念，在語源上雖從「知」而來，卻同表象作用這概念，不論是哪種表象作用，符合一致。因此，我們說植物雖有生命，卻無意識。所以「知」便是抽象的意識，便是把在別的方式下認識了的一切又在理性的概念中固定起來的作用。

11

在這種意義下，「**知**」的眞正對稱便是「**感**」，所以我們要在這裡插入「感」的說明。指「感」這個詞的概念始終只有一個否定意味的內容，即這樣一個內容：那出現於意識上的東西**不是概念，不是理性的抽象概念**。在此以外，不管它是些什麼，就都隸屬於「**感**」這概念之下。〔感〕這個概念有著廣泛無邊的含義圈，所以可包括一些極不相同的東西；如果人們還沒認識到只有這些東西在這否定的意味上**不是抽象**概念這一點上是互相一致的，還決不能理解它們何以能類聚在一起呢。因爲最不相同的，甚至敵對的因素都並存於這一概念中，相安無事；例如：宗教感，快適感，道德感，分爲觸著感、痛感、色彩感、聲音感、諧音感、不諧音感的各種身體感，仇恨感，憎惡感，自滿感，榮譽感，恥辱感，正義感，非正義感，眞理感，美感，有力感，軟弱感，健康感，友誼感，性愛感等等，等等。所有這些「感」之間，除了否定意味的共同性，即全都不是抽象的理性認識這一點外，根本沒有任何共同性。這還不算，最爲觸目的是人們把空間關係先驗的直觀認識，甚至把純粹悟性所有的先驗直觀認識也置於這一概念之下；或是說每一認識，每一直觀，只要僅僅是直觀地意識到的，還沒有在概念中沉澱的，都是人們感到的。這裡爲了說明起見，我想從新出的著作中舉幾個例子，因爲這些例子對於我的解釋是非常巧合的一些證明。我記得在歐幾里德譯本的導論中讀過這樣的話，意思是說人們應讓初學者在講課之前，先繪製幾何圖形，以便在未從講課獲得完整的認識之前，先就感到幾何學的眞理。同樣，在席萊爾馬哈[31]所著《倫理學批判》中也談到邏輯感和數學感（第三三九頁），還談到兩個公式間的相同感或不同感（第三四二頁）。此外，在滕勒曼[32]著《哲學史》第一卷第三六一頁上也這樣說：「人們感到那些錯誤推論是不對的，但又找不到錯誤何在。」〔總之，〕人們一天不從正確的觀點考察「感」這個概念，不認識那唯一構成其本質的否定意味的標誌，那麼，這概念，由於其含義圈過於廣泛，由於它只有否定的意味，完全片面規定的、貧乏的內容，就會不斷引起誤會和爭論。在德語中我們還有意義頗爲相近的感覺（die Empfindung）這個詞，〔也足以引起混淆，〕所以指定這個詞專用於身體感，作爲「感」的一個低級類別，那或者更要適當些。

「感」這概念，既和其他一切概念不成比例，無疑地有著下述這樣一個來源：一切概念——凡是詞所指及的也只是概念——都只是對理性而有，都是從理性出發的；所以，人們以概念說話就已經是站在一個片面的立場上了。可是從這樣一個立場出發，近於我的就顯得清楚明白，還要被確定爲肯定的方面；遠於我的就含混不清了，並且隨即也就只計及它的否定意味了；所以每一民族都稱其他一切民族爲外國人；希臘人稱其他一切民族爲夷狄，凡不是英國

[31] 席萊爾馬哈（Schleiermacher，一七六八—一八三四），德國新教浪漫派神學家、哲學家。

[32] 滕勒曼（Tennemann），德國當時的哲學教授。

或非英國的，英國人都稱爲「大陸」和「大陸的」；基督教徒稱所有其他的人爲異教徒或多神教徒；貴族稱一切其他的人爲「小民」；大學生稱一切其他的人爲市儈，如此等等。這種片面性，人們也可說是由於驕傲產生的固陋無知，聽起來儘管有些特別，竟要歸咎於理性自己；因爲理性用「感」這一個概念來包括任何樣式的意識內容，只要這內容不是直接屬於它自己的表象方式的，即是說只要不是抽象的概念（就都包括在內）。理性爲了這種做法，由於它沒有透過澈底的自我認識而弄清楚自己的工作方式，直到現在，還不得不看到自己領域內發生的誤解和混亂而自食其果；不是現在竟還有人提出了一種特別的「感」的能力，並且還在爲之構造理論嗎？

12

上面我已說明感這概念和知（這概念）正是反面的對稱，而知呢，已如上述，就是抽象的認識，亦即理性認識。但是理性不過是把從別的方面接受來的東西又提到認識之前，所以它並不是眞正擴大了我們的認識，只是賦予這認識另外一個形式罷了。這也就是說，理性把直觀地，在具體中被認識的，再加以抽象的、普遍的認識。可以這樣說，這一點比不經意地初看時重要得多，因爲〔意識上〕一切可靠的保存，一切傳達的可能性，以及一切妥當的，無遠弗屆地應用認識於實踐，都有賴於這認識是一種知，有賴於它已成爲抽象的認識。直觀的認識總只能對個別情況有用，只及於，也終於眼前最近的事物，因爲感性和理智在任何一時刻，本來就只能掌握一個客體。所以每一持續的、組合的、計畫的行動必須從原則出發，也就是從抽象的知出發，循之進行。例如：悟性認識因果關係就比在抽象中思維所得的要更完整、更深入、更詳盡；唯有悟性能透過直觀，既直接又完全地認識一個槓桿、一組滑車、一個齒輪、一個拱頂的安穩等，有些什麼樣作用。但是，正如剛才談到的，由於直觀認識的屬性只能及於當前所有的東西，所以單是悟性就不足以構造機器和建築物；這裡還需要理性插足進來，以抽象的概念代替直觀作行動的繩準。如果這些抽象概念是正確的，預期的後果也必然出現。同樣，我們在直觀中也能完全地認識拋物線、雙曲線、螺旋線的本質和規律性；但是要應用這種認識於實際，那就必須這種認識先成爲抽象的知。在這一轉變中，損失了的是直觀的形象性，而贏得的卻是抽象的知的妥當性和精確性。所以一切微分計算法並沒有擴大我們對曲線的知識，並沒有比單純直觀所包括的有所增益；但是認識的種類變更了，直觀的認識變爲抽象的認識了。這一轉變對於認識的應用有著最大限的功效。不過，這裡還要說到我們認識能力的另一特性。在沒有弄清直觀認識和抽象認識之間的區別以前，人們也不能注意到這種特性。這就是空間上的那些關係不能就是空間關係而直接轉入抽象認識。要轉入抽象認識，唯有時間上的量，亦即數，才是適合的。唯有數才能夠在與之準確相符的抽象概念中被表示出來，而不是空間上的量。千這概念之不同於十這概念，有如這兩種時間上的量在直觀中的不同一樣；我們把千想成一定倍數的十，這樣就可以在時間上替直觀任意分解千爲若干的十，這就是可以數了。但是在一英里和一英尺兩個抽象概念之間，如果沒有雙方的直觀表象，沒有數的幫助，那就簡直沒有準確的、符合於雙方不同的量的區別。在這兩個概念中，人們根本只想到空間上的量；如果要在兩者間加以充分的區別，要麼就是借助於空間的直觀，也就是離開了抽象認識的領域；要麼就是在數中來想這個區別。所以，人們如果要從空間關係獲得抽象認識，空間關係就得先轉爲時間關係，即是先轉爲數。因此，只有算術，而不是幾何，才是普遍的量的學說。幾何如果要有傳達的可能性，準確的規定性和應用於實際的可能性，就得先翻譯成算術。固然，一種空間關係也可以就是空間關係而被抽象地思維，例如下弦隨角度的增大而增大；但是要指出這種關係的量，就必須用數來表示。在人們對空間關係要求一個抽象認識（即是**知**而不是單純的直觀）的時候，把三進向的空間翻譯爲一進向的時間，就有必要了。使得數學這麼困難的，也就是這個必要性。這是很好理解的，我們只要把一條曲線的直觀和這曲線的解析的算式比較一下，或者是把三角上應用的對數表和這表所示三角形各個部分間變更著的關係比較一下；這裡在直觀中只要一瞥就可完全而最準確地理解，譬如餘弦如何隨正弦之增而減，譬如此一角的餘弦即彼一角的正弦，譬如該兩角互爲此增彼減，此減彼增的相反關係等等。可是爲了把這些直觀認識到的東西，抽象地表達出來，那就需要龐大的數字網，需要艱難的計算。人們可以說，**一進向**的時間爲了複製三進向的空間，如何得不自苦啊！但是爲了應用的需要，要把空間關係沉澱爲抽象概念，這一切就都是必要的了。空間關係不能直接轉入抽象概念，而只能透過純時間上的量，透過數的媒介，因爲只有數直接契合於抽象的認識。還有值得注意的是空間以其三進向而適宜於直觀，即令是複雜的關係也可一覽無餘，這又是抽象認識做不到的。與此相反，時間雖容易進入抽象概念，但是能夠給予直觀的卻很少。在數的特有因素中，在單純的時間中，不牽入空間，我們對數的直觀幾乎到不了十；十以上我們就只能有抽象的概念，不再是數的直觀認識了。在另一方面，我們卻能用數字和所有的代數符號把準確規定的抽象概念連結起來。

這裡附帶的還要指出有些人們的心靈，只在直觀認識到的〔事物中〕才有完全的滿足。把存在在空間上的根據和後果形象地表達出來，那就是這些人所尋求的。歐幾里德的證明，或是空間問題的算術解答都不能吸引他們。另外一些人們的心靈卻又要求在應用和傳達上唯一可用的抽象概念。他們對於抽象定理、公式、冗長的推論系列中的證明，對於計算，都很有耐性，很有記憶力，而計算所使用的符號則代表著最複雜的抽象〔事物〕。一種人尋求準確性，一種人尋求形象性。這個區別是〔人的〕特性不同的表示。

知或抽象認識的最大價值在於它有傳達的可能性和固定起來被保存的可能性。因此，它在實際上才是如此不可估計的重要。任何人固然能夠在單純的悟性中，當下直觀地認識到自然物體變化和運動的因果關係，可因此而十分得意；但是爲了傳達於別人，那就要先把直觀認識固定爲概念才能合用。如果一個人只是獨自進行一種活動，尤其是在這活動的實施中直觀認識還鮮明的時候，在實踐上直觀認識本來也就夠用了；可是如果他需要別人的幫助，或者雖是自己本人來幹，卻要間歇一段時間才能進行，因而需要一個計畫的時候，那就不夠用了。譬如一個精於撞球的人，對於彈性物體相撞擊的規律，他擁有純悟性上的完整知識；這雖僅是對於當前的直觀認識，但是對於他的球藝已是綽有餘裕了。與此不同的是，唯有一個有學問的力學家才能對於這些規律眞正有所知，也就是說只有他才有抽象的認識。甚至於像製造一部機器，如果這位發明人是獨自工作的，單純直觀的悟性認識也足夠應用了；這是我們在天才卓越而無任何科學知識的手藝工人那裡經常看到的。與此相反，如果是要完成一個力學上的工程、一部機器、一座建築物而需要一些人，需要這一些人協同的，在不同時間上進行的活動，那麼，這一活動的領導人就必須先在抽象中擬好一個計畫，只有借助於理性才可能有這樣的協同活動。既值得注意，又有些特別的，是在前面那種活動中，也就是獨自一人想要在不間斷的活動中完成什麼的時候，知，理性的應用，思索，反而可能常是一種障礙；例如：在撞球遊戲中，在擊劍中，在管弦調音中，在歌唱中，就是這樣。在這些場合，必須是直觀認識直接指導活動；如果攙入思索，反會使這些活動不恰當，因爲思索反而會使人分心而迷亂。所以野蠻人和老粗正因爲他們沒有什麼思維的習慣，反而能夠既穩且快地完成一些體力活動，譬如同獸類搏鬥啦，射箭命中啦；凡此都是慣於思索的歐洲人望塵莫及的。譬如〔射箭〕，這個歐洲人，不論是在空間上或時間上，他就要度量上下、左右、先後等等，然後在這一些兩極之間找得等距的中點，〔這何能如〕一個自然人全不能在距離上思索，就能直接中的呢？同樣，儘管我能夠在抽象中指出應以幾度幾分的角度來使用剃刀，但是我如果不能直覺地知道，也就是在指頭上沒有敏感，抽象的知仍然於我毫無裨益。同樣，在相術上應用理性，對於人相的理解也會起干擾作用。這種理解也必須透過悟性，因爲人相所表示的，面部的線條起伏等都只能讓人感到；人們說這就是不能進入抽象概念的東西。任何人都有他自己直接的直觀的（一套）相術和病理症候學，不過對於這些事物的標誌，有些人又比別人認識得更清楚些罷了。但是要在抽象中寫出一套可以教學的相術，那也是不可能的；因爲人相上的差別和變化太微妙了，概念於此無能爲力。（用一個比喻說，）抽象的知對於這些幾微的差別關係，就如彩色碎片鑲嵌的畫對維佛特或丹納的畫一樣。概念好比鑲嵌的手藝一樣，不管是如何細緻，但是嵌合的碎片間總不能沒有界線，所以不可能從一個顏色，毫無痕跡地過渡到另一顏色。概念正是如此，由於它的硬性規定，由於精確地互爲界劃，儘管人們用如何更細緻的規定，把一個概念分而又分，還是永遠不能達到直觀中的那種細膩分限；而這裡作爲例子的相術恰好有賴於這種細膩的分限*。

* 因此我有這樣一種意見，我認為在相術中除了確立八條非常一般性的原則之外，不能有把握地再前進一步。一般性的原則是可以有的，例如：額和眼表示人的智慧，口和臉的下半部表示人的倫理方面，可以看出意志的堅強或脆弱。額和眼又有互相說明的作用，若彼此單獨地去看，則只能有一半的理解。——天才決不致沒有高、闊、飽滿的天庭，但有這種天庭並不必就是天才。——從一副聰明的外觀來推斷，這人面貌愈醜就愈有把握說他聰明；

就是概念的這一本性使概念近似於鑲嵌畫中的碎片，由於這一本性，直觀永遠是概念可近不可即的極限。這也是何以在藝術中不能用概念獲得良好成績的理由。如果一位歌唱家或音樂家用反覆思索來指導他的演出，那就會是死症。這種情況在作曲家、畫家，乃至詩人，也是一樣的眞實。概念用於藝術總是無結果的。概念只能指導藝術中的技術部分，那是屬於學術領域的。我們將在第三篇中進一步探討何以一切眞正的藝術只能從直觀認識出發，而決不能從概念出發。甚至在人的舉止方面，在社交中的美好風度上，概念也只有消極的用處，只能防止粗暴的自私自利心和獸性的發作；因此，彬彬有禮就是概念的產物，值得讚美。但是風度翩翩、雍容華貴、令人傾慕的舉止，情意纏綿、友誼洋溢的格調就不可能出自概念了；否則：

「人們感到了〔你的〕意圖，人們灰心喪氣了。」

一切僞裝的假情假意都是思索的產物，但是不能繼續持久而不露破綻。「沒有人能夠持續不

從一副愚蠢的神情來推斷，則這人面貌愈美就愈有把握說他愚蠢；因為「美」，作為人類的配相已自在而自為地帶有心智明慧的表現，而「醜」，則恰與之成反比例。如此等等。

斷地僞裝」，這是塞內卡㉝在《仁慈論》那本書中說的，僞裝多半是要被看穿而失效的。在生活的緊急關頭，需要當機立斷，敢作敢爲，需要迅速和堅定地對付事故時，雖然理性也是必要的，但是如果理論占了上風，那反而要以心情迷亂妨礙直覺的、直接的、純悟性的洞見和正確地掌握對策，從而引起優柔寡斷，那就會很容易把全局弄糟。

最後還有美德的神聖性也不是出自思索的，而是出於意志的內在深處和這深處與認識的關係。說明這一點原應該在本書別的地方著手，這裡我只指出這麼一點，那就是有關倫理的信條在整個、整個民族的理性中可以相同，可是每人的行爲卻各有不同：相反亦然（行爲相同，有關倫理的信條又各有別）：人們常說，行爲是以感爲依據的，即是說不以概念，也就是不以倫理的含蘊爲依據的。教條只使有閒的理性爲它忙碌，行爲到了最後還是立於教條之外有它自己的走法；並且多半不是按抽象的而是按沒有說出來的規範行事的，而這些規範的表現就是整個的人自己。因此，儘管各個民族的宗教教條各不相同，然而在一切民族，若有善行則有難以形容的快慰，若有惡行則有無限的痛惡與之俱來。冷嘲熱諷不能動搖前者，神父的赦免不能解脫後者。話雖如此，但我們也不能因此就否認美德懿行的實現仍有應用理性的必要，不過理性不是德行的源泉罷了。理性的功能是次一級的，就是幫助人固執已有的決心，經常把規範置於人們的座右，以抗拒一時的意志薄弱，以貫徹行爲的始終。最後，理

㉝ 塞內卡（Seneca，公元前四年至公元後六五年），羅馬哲學家和戲劇家，尼祿皇帝（Nero）之師。

性在藝術上也有同樣的功能：在主要的方面，理性固然無能爲力，但可以支持藝術工作的進展；因爲〔人的〕天才是不能隨時隨刻招之即來的，而一件作品卻要一部分一部分地去完成才能圓滿地結束整個的工程*。

13

上面這些考察既已指出理性的應用有好處，也有壞處，也應有助於說明抽象的知雖是直觀表象的反照，雖以直觀表象爲根基，卻並不與之完全吻合，不是在任何地方都可取而代之的。更應該說抽象的知決不與直觀表象完全相符；因此，如我們已看到的，人類雖有好多地方只有借助於理性和方法上的深思熟慮才能完成，但也有好些事情，不應用理性反而可以完成得更好些。正是直觀的和抽象的認識不相吻合，所以後者之近似於前者亦如鑲嵌畫之近似於繪畫。還有一種很特別的現象，它和理性一樣也是人類專有的；直到現在，人們一再企圖說明這個現象，而一切說明又都不充分。這就是笑這一現象，它也是以直觀的和抽象的認識

* 第二卷第七章是補充這裡的。

不吻合爲根據的。在這裡研究笑，雖然又一次阻礙了我們的前進，不過由於笑的根源與這裡有關，我們也不能避而不談。實在的客體總是在某一方面透過概念來思維的，笑的產生每次都是由於突然發覺這客體和概念兩者不相吻合。除此而外，笑再無其他根源；笑自身就正是這不相吻合的表現。不相吻合經常是在這樣一些場合出現的：一種情況是兩個或兩個以上的實在客體用**一個**概念來思維而把這概念的同一性套在這些客體上，可是這樣做了之後，各個客體在別的方面的差異又突出地使人注意到這概念不過僅僅是在某一方面同客體相應而已。又一種情況是單一的實在客體，從一方面說是正確地包含在這一概念之內，卻突然（在另一方面）又感到它和概念不相稱。還有這種情形也是同樣常有的：一方面是這樣總括實物於一概念愈是正確，另一方面實物不符於概念的廣泛程度愈是突出，那麼，從這一對照產生的發笑效果也就愈強烈。所以任何笑的發生，每次都是由於一種似是而非的，從而也是意料之外的概括作用所促成的，而不管這是由語言文字或是由舉止動作表示出來的。這就是事情何以可笑的簡略說明。

這裡我就不舉笑林中的故事作說明的例子來耽擱時間了，因爲這事簡單易明，無須舉這些例子。每個讀者回憶到的可笑事件都同樣適宜於證實這一點。不過由於笑料發展爲兩個種類，我們的理論既可得到佐證，又可獲得闡明。這種類別也出自我們的理論，一種是在認識中已先有兩個或幾個很不相同的實在客體或直觀表象，而人們卻故意用一個包含這雙方或多方的概念，同這概念的統一性（籠統地）作爲這些客體的標誌；這種笑料叫做滑稽。一種是反過來，在認識中先有的是概念，然後人們從這概念過渡到現實，到影響現實，到行動；在行動中，這些原來根本不同的客體都被同樣看待，同樣處理，直到這些根本差異出乎意料之外地暴露出來，使在行動中的人驚奇不置；這種笑料叫做憨傻。據此，任何笑料不是滑稽的一念，就是一個傻裡傻氣的行動；前者是從諸客體到概念的同一性而顯出雙方的距離，後者是反其道而行之；前者總是故意的，後者總是無心的，並且是由於外因的促使所致。表面上把這種出發點顛倒過來，把滑稽偽裝為憨傻就是宮廷弄臣和舞臺小丑的手法。這手法是這麼回事：明知各個實體的不同，卻用那滑稽的手法把這些客體統一於一個概念之下，從這裡出發，往後暴露出客體間的差別時便使他驚愕莫知所措，其實這本是他為自己預先安排好的。如果把最後這種逗樂的方式除外，從這個簡略的，然而足夠完備的笑之理論可以看出，「滑稽」總是要由語言表示，憨傻則多半是由動作表示的；不過在只揚言要做而不眞正就做時，或者是這傻氣僅僅只在判斷和意見中露出時，〔「憨傻」〕也可以用語言來表示。

屬於憨傻的還有可笑的迂腐。迂腐之所以產生是由於人們不甚信任自己的悟性，所以不讓悟性在個別場合直接去認識什麼是對的；因此總是置悟性於理性的監護之下，自己則無時不仰仗理性，即是說經常從普遍概念、從規則規範出發；在生活上，在藝術上，甚至在倫理的嘉言懿行上，他都拘謹地嚴守這些規則規範。這種專屬於迂腐類型的呆板形式，禮法，〔固定的〕表達方式和言詞〔等〕就是從這裡出來的。對於迂腐〔這種性格〕，這些東西就代替了事物的本質。這裡顯而易見的是概念對實際的不吻合，是概念永不能下達於個別事物，是概念的普遍性和僵硬的規定性永不能精當地符合實際所有的幾微之差和多重性相。在生活上，一個迂夫子儘管滿腹格言、規範，幾乎總是有所短而現爲不聰明、索然寡味、沒有用處。在藝術上，概念本沒有什麼生產性，迂夫子也只能生出沒有生命的、僵硬的、裝扮起來的死嬰。甚至在倫理方面，行爲如何高尚，如何正義的打算，也不能到處按抽象規範行事；因爲在許多場合，不同情況間存在著差別微妙這一屬性，使直接來自〔整個〕人格的擇善固執成爲必要；而這又是由於在應用單純的抽象規範時，一部分規範因只能一半適合而產生錯誤的後果，一部分又同當事人不可忽視的個性格格不入而無法貫徹始終以至半途而廢。康德認爲行爲只是由於純粹理論性的抽象規範而實現，不帶有任何情意的傾向或一時的激動，乃是行爲具有道德價值的條件；就這一點說，他也不免有促成道德上的迂腐之嫌。席勒以《良心的猶豫》爲題的警句詩就是意在責備賢者。當人們〔諷刺地〕說「教條主義者」、「理論家」、「學者」等等的時候，尤其是就政治事件說，意思就是指迂夫子，也即是說雖在抽象中，卻不能在具體中認識事物的人們。抽象之所以爲抽象，就在於抽掉了細緻的規定，而在實際上，要緊的正是這些東西。

爲了完成這裡的理論，還有俏皮話的一個變種要談一談，那就是耍字眼，法文叫做「加侖布爾」（calembourg），英文叫做「潘」（pun）。使用雙關語（法文叫做l'équivoque），主要的是用猥褻（穢褻）的言詞，也可算在這一類。俏皮話是硬把兩個極不相同的實在客體壓入一個概念，耍字眼卻是藉偶然的機會把兩個概念壓入一個詞兒。這樣也能產生〔概念與實體〕雙方之間的差距，不過更膚淺而已，因爲這種差距不是從事物的本質中，而是從偶然的命名中產生的。同一性在概念，而差別性在實物，這就是俏皮話；要字眼卻是差別性在概念，而同一性在實物，因爲那字眼就是實物。「要字眼」和俏皮話的關係有一個近乎勉強的比喻，那就是說這種關係等於上面一個倒錐形的拋物線同下面一個錐形的拋物線的關係。而誤解詞句或「以此爲彼」卻是無心的「加侖布爾」，這對於「要字眼」的關係又和憨傻對俏皮的關係一樣。因此重聽的人也能和傻子一樣提供笑料，低能的喜劇作家就用聾子代替傻子使人發笑。

這裡我只是從心理方面考察了笑，至於在生理方面的研究則可參照作爲補充篇的第二卷第六章第九十六節（第一版）一三四頁所論及的部分。*

14

於是，一方面有理性的認識方式，有知，有概念，一方面有在純感性的、數理的直觀

* 第二卷第八章是補充這裡的。

中的直接認識和悟性的領會；由於上述多方面的考察，〔我們〕希望這兩種認識間的區別和關係都已擺得十分清楚了。關於感和笑我們還有過這兩段插曲式的說明，這也是我們在探討兩種認識的特殊關係時不免要觸及的。現在我就從這些研究兜轉回來再繼續談談科學，和語言、熟慮的行動鼎立而爲人類專有的第三大優勢的科學。對科學作一個總的考察是我們這裡職責所在，至於要觸及的問題則一部分是科學的形式，一部分是其判斷的根據，最後還有它內含的實質。

我們已經看到，除純邏輯的基礎以外，一切〔知或〕知識的根源根本就不在理性自身；而是從別的方面獲得的直觀認識沉澱於理性中，由是轉進爲完全另一種認識方式，抽象的認識方式。這才是知識的根源。一切**知識**，也即是上升爲抽象意識的認識，和**科學**的關係等於片段和整個的關係。任何人都能由於經驗，由於現成事物的觀察獲得有關某些事物的知識，可是在抽象中對於某一類事物獲得完整的認識，〔那就不同了，〕也只有以此爲任務的人是在爲科學而努力。唯有透過概念他才能使這類事物分立，所以在每一種科學的開端總是一個概念。由於這一概念，這〔分立的〕部分才可脫離一切事物的大全而被思維，從這一概念這門科學才能指望一個在抽象中的完整認識；例如：空間關係的概念，無機物體相互作用的概念，動植物性能的概念，地殼連續變化的概念，人類這整個物種變化的概念，語言結構的概念，等等。㉞科學為了獲得有關其題材的認識，如果採取個別研究一個總概念所包括的事物，以期逐漸認識所有事物的辦法，那麼，一面是人的記憶力太有限，一面也無法保證這種認識的完整性。因此，科學就利用上述概念含義圈的那種特性，使之互相包括；而主要的是注意原在這門科學總概念中的，較大的那些含義圈。科學在規定這些含義圈的相互關係時，在這些含義圈中被想到的一切也就一般地隨之而被規定了。並且還能夠透過區分更狹小的含義圈，一步一步作出更精細的規定。由是，一種科學就完全包括了它的對象。獲得認識的這一途徑，即從普遍到特殊的途徑，是科學和普通知識的區別。因此，系統的形式乃是科學的一個本質的、特有的標誌。在任何科學中，連結最普遍的概念含義圈，也即是認識其最高的一些原則性的命題，是學習一門科學不可回避的條件。至於在這以後更深入到較細微的特殊命題至何程度，則聽各人自便；並且深入也不是對澈底認識這門科學有所增益，只是擴大淵博的範圍罷了。一切其他的命題都從屬於最高級命題。在各門科學中，最高命題的數量是極不一致的，所以在有些科學中，〔命題的〕從屬關係多一些；在另外一些科學中，或又多有一些平行關係。就這方面說，從屬關係要求的判斷力要多一些。平行關係則多要求一些記憶力。經院學派已經知道一個結論必需兩個前提，所以沒有一門科學能夠從單一的、無法引申的最高命題出發，而是需要幾個、至少兩個命題。眞正以分類是務的科學，如動物學、

㉞這些例子依次是指幾何、力學、植物學、動物學、人種學、語法或修辭學等。

植物學，如果一切無機的相互作用也可還原爲少數基本自然力的話，則還有物理和化學；這些都是從屬關係最多的科學。與此相反，歷史根本沒有什麼從屬關係；因爲在歷史上，普遍只存於主要歷史階段的概覽中，而個別事蹟又不能從這些階段演繹出來，只是在時間上從屬於這些階段，在概念上還是同這些階段平行的。因此，嚴格說來，歷史雖是一種知識，卻不是一門科學。在數學中，按歐幾里德的辦法，唯有公理是不得而證明的最高命題，一切可證的〔命題〕都嚴格地分級從屬於公理。不過這種辦法並不是主要的，事實上，每一定理又發起一種新的空間結構，獨立於以前的各定理之外，完全無待於以前各定理便可認識——在空間的直觀中由於自身而被認識。在這直觀中，任何複雜的空間結構之爲直接自明的，正和公理一般無二。這些，下文還有詳細的交代。這裡要說的是，每一數學公理總還是一個普遍的眞理，對於無數的個別事項有效；並且在數學中，由簡單命題分級發展至複雜命題，以及後者又可還原到前者的辦法還是主要的。因此，在任何方面，數學都是一門科學。科學之所以爲科學的完美性，也即是從形式方面來說，是在於盡可能的多有一些命題間的從屬關係，盡可能少一些平行關係。因此，一般說來，在科學上有天才，就是有按不同規定使概念含義圈形成從屬關係的能力；用以構成科學的，如柏拉圖一再聲稱的，不僅是一個總的普遍概念，不是無盡的多樣性直接並列於普遍之下；而是認識經由中介概念，經由各種以逐次加詳的規定爲準則而作出的區分，逐步從普遍下行到特殊。用康德的話來說，這就叫做平均地滿足同質律和「轉化律」。不過，正由於這就構成科學眞正的完美，也就可以看出科學的目的不在於更高的確實性，因爲確實性是任何割裂的單獨認識也能有的；而是在於透過知識的形式使知識簡易化，在於由此獲得知識完整的可能性。因此，說認識的科學性是在於高度的確實性，這種意見雖然流行，卻是不對的。由此而產生的一種主張就認爲只有數學和邏輯才是眞正的科學，說由於這兩門科學完全的先驗性，所以認識所有一切不可動搖的確實性就只在這兩門科學中有之。這種見解也是錯誤的。邏輯和數學的這種優點是無可爭辯的，但是這種優點並不賦予它獨擅「科學性」的特權。「科學性」的要求並不在於確實性，而是在於認識所有的，基於從普遍到特殊逐級下行的系統形式。科學特有的這一認識途徑，從普遍到特殊的途徑，造成科學中很多東西由先行命題演繹出來的事實，由證明確立起來的事實。這就促成一個古老的謬見，以爲只有經過證明的東西才是完全眞的，而每一眞理都需要一個證明。事實上恰恰相反，每一證明都需要一個未經證明的眞理；這個眞理最後又支持這一證明或這個證明的一些證明。因此，一個直接確立的眞理比那經由證明而確立的更爲可取，正如泉水比用管子接來的水更爲可取是一樣的。直觀是一切眞理的源泉，是一切科學的基礎；它那純粹的、先驗的部分是數學的基礎，它那後驗的部分是一切其他科學的基礎。（唯一的例外是邏輯。邏輯不是基於直觀知識的。而是基於理性對於理性自己的法則的直接認識。）好比太陽在宇宙空間一樣，所有的光都是從這裡發出來的，在此光照耀之下，其他一切才發出反光來；在科學中占有這種地位的也不是經過證明的判斷，不是判斷的那些證明；而是那些直接由直觀取得的，基於直觀而非基於證明的那些判斷。直接從直觀確立這些原始判斷的眞理，從浩如煙海的實際事物中建立科學的堡壘，這就是**判斷力**的任務。判斷力〔的作用〕既然存在於正確、準確地把直觀認識到的〔東西〕移置於抽象意識這一能力中，當然它就是悟性和理性間的「中介人」了。只有個人的判斷力具有特別突出的、超過一般水準的強度時，才眞能使科學前進；至於從命題引出命題，作出證明，作出結論，那是每個人都能做的，只要他有健全的理性。與此相反，爲了反省思維而把直觀認識到的東西沉澱，固定於相適應的概念中，一方面以使諸多實在客體的共同之處得以用**一個**概念來思維，另一方面，這些客體間有多少差別之點，便用多少概念來思維；於是，客體間雖有局部的相同，其差別仍作差別來識別，來思維，一切都按每次規定的目的和考慮抉擇，這一切就是**判斷力**所做的事。缺乏判斷力叫做**頭腦簡單**。頭腦簡單的人時而看不到在一方面是同的概念又有局部的或相對的異，時而看不到相對的或局部的異又有其同〔的一面〕。此外，康德區分判斷力爲反省思維的和概括的兩種，這種區分法也可運用於這裡的說明，亦即分別適用於從直觀客體到概念，或是由後者到前者。在這兩種場合，判斷力總是中介於悟性的直觀認識和理性反省思維的認識之間。不可能有什麼絕對只是由推論產生的眞理，單從推論來確立眞理這一必要性是相對的；是的，甚至是主觀的。既然一切證明都是三段式推論，所以對於一個嶄新的眞理，首先不是就要找證明，而是找直接的依據；只在無法找到直接依據時，才暫時提出證明。沒有一種科學是徹頭徹尾都可以證明的，好比一座建築物不可能懸空吊起一樣。科學的一切證明必須還原到一個直觀的，也就是不能再證明的事物。原來反省思維所有的整個世界都是基於，並且是立根於這直觀世界的。一切最後的，也就是原始的依據都是一個**直觀**上自明的依據。這個詞兒本身就已透露了此中消息。準此，它要麼是一個經驗上的依據，要麼是基於〔人們〕對可能的經驗的諸條件所有的先驗直觀：在這兩種場合之下，依據所提供的都只是內在的而非超絕的知識。任何一概念只在它和一直觀表象的關係中有其價值和實際存在，而不問這關係是直接的或間接的，或間接而又間接的。概念如此，由概念組成的判斷也是如此，從而一切科學也是如此。因此，每一條經推論而發現的、經證明而傳達的眞理，必須不要證明和推論還有可能用某種方式直接去認識它。要這樣做，最大的困難固然是在某些複雜的數學命題，那是我們唯有在推論連鎖上才能獲得的〔東西〕，例如弦和切線對一切弧的計算法就是由畢達哥拉斯定理透過推論引申出來的；不過即令是這樣一種眞理也不能在本質上單是以抽象命題爲基礎，而必須給純粹先驗的直觀這樣來指出它所依據的空間關係，以使它的抽象命題直接有所根據。但是下面立即就要詳細談到數學上的證明了。

常有人把調子提得很高，說有些科學徹頭徹尾是基於從妥當的前提推論出來的結論，所以也是不可動搖的眞實。〔事實上，〕不管前提是如何眞實，如果單是透過純邏輯的推論連鎖，人們除了把前提內已經現成的東西加以顯豁和引出之外，再也不能另有所獲。人們不過僅僅是明顯外露地表出前提中含蓄內在地已理解了的〔東西〕罷了。就人們高調稱頌的那些科學說，他們的意思特別是指數理科學，也即是指天文學。不過天文學所以有眞確性，那是這樣來的：它有先驗給與的，因而決不會錯的空間的直觀以爲根據，但一切空間關係都是以一種必然性（存在根據）——這必然性先驗地提供確實性——而一個從一個求出來的，所以空間關係是可以妥當地相互推論而得的。在這些數理的規定之外，這裡僅僅還要加上一種自然力，即引力；而引力是準確地按質量和距離自乘的關係而起作用的。最後還要加上由因果性產生的，從而先驗妥當的慣性定律，連同一勞永逸地表現了每一質量的運動的經驗數據。這就是天文學的全部材料。這些材料既簡明又妥當，導致了確定的結果；而由於對象的龐大和重要，並且是導致了很有趣味的結果。例如我已知道一個行星的質量，也知道它的衛星和它的距離，我就能按克卜勒第二定律準確地推算這衛星環繞一周的時間。可是這個定律是以在一定距離上只有一定的速度才能維繫衛星，同時又能使之不下墮入行星裡這事實爲根據的。所以說只要在這樣的幾何學基礎上，亦即借助於先驗的直觀，再應用一條自然律就可利用推論得出很好的結果。原來推論在這裡實只等於是從一個直觀體會到另一個直觀體會的橋梁；而單是在邏輯途徑上作單純的推論，那就不是這樣。可是天文學上最高基本眞理的根源還是歸納法。歸納法是將直觀中許多已有的東西總括於一個正確的、直接有根據的判斷之中，然後從這個判斷構成一些假設，假設又被經驗所證實；這樣，作爲愈益接近於完整的歸納法，就替那個判斷找到了證明。例如可見的行星運動是由經驗認識的：對於這個運動的空間關係（行星軌道），在作過許多錯誤的假設之後，最後找到了正確的假設，那就是找到了這些運動所服從的定律（克卜勒定律），最後還找到了這種運動的原因（萬有引力）。並且這由經驗所認識的（東西），一面是所有已出現的情況，一面是所有那些假設以及由假設引出的論斷這雙方之間的相互契合，就爲這一切假設，也即是爲歸納法，帶來了完全的確實性。創立假設是判斷力的事情，判斷力正確地體會了現成的事實並且相應地把它表達出來；而歸納的作用，也就是多次的直觀，則證實這些假說。要是我們有一天能夠自由穿過宇宙空間，要是我們有望遠鏡般的眼鏡，那麼，我們甚至於也能直接透過經驗的一次直觀而爲這些假設找到根據。因此，即令是在天文學，推論方式也不是這種知識主要的、唯一的來源，事實上推論總只是一個應急的權宜辦法。

最後，爲了舉出性質不同的第三個例子，我們還要指出即令是那些所謂形上學的眞理，亦即康德在《自然科學的形上學初階》裡提出的那種眞理，也並不是由於證明而有其依據的。那先驗眞確的東西是我們直接認識的。作爲一切認識的形式，這是我們以最大的必然性意識著的東西。譬如說物質是恆存的，也即是說既不生亦不滅，這就是我們直接知道的消極眞理；因爲我們對於空間和時間的純粹直觀提供了運動的可能性，悟性又於因果律中提供了形狀和物性變易的可能性；但是對於物質的生和滅，我們就沒有這樣一種可用以想像的形式。因此，這一眞理，在任何時代，任何地方，對任何人都是自明的；從來也未曾有人認眞地加以懷疑過。如果說這個眞理除了康德那艱澀的，在針尖上馳騁的證明之外就別無其他認識根據，那當然是不可能的。並且，我還發覺（如附錄中論述的）了康德的證明是錯誤的。我在前文中也指出過物質的不滅不是從時間在經驗的可能性上占有的那一份，而是從空間在經驗的可能性上占有的那一份引申出來的。這就意味著所謂形而上的眞理也就是知識的普遍必然形式的抽象表示。這些眞理的眞正根據不能又在一些抽象命題中，而只能在（人們）對於表象所具的形式的直接意識中，在以斷然的、無慮反駁的先驗論斷表出自己的意識中。如果人們還要爲此舉出一個證明，那就只能是這樣一個證明：人們須指出在任何一個無可懷疑的眞理中已包含著待證的東西，或是作爲（組成）部分，或是作爲前提；譬如我曾指出一切經驗的直觀就包含著因果律的應用，所以認識因果律是一切經驗的條件：從而不能是如休謨所主張的，說因果律是由經驗產生的，是以經驗爲前提的。——其實，與其說證明是爲那些要學習的人而設的，毋寧說更是爲那些要爭論的人而設的。這些人固執地否認那些有直接根據的見解。然而只有眞理才是在一切方面都前後一貫的，所以我們要給這些人指出他們在一種形態中間接承認的也就是他們在另一形態中直接否認的，也就是指出他們所否認的和所承認的兩者之間的邏輯必然關聯。

此外，科學的形式，也就是特殊統屬於普遍之下、以次遞進不已的形式，還帶來了這樣一種後果，即是說許多命題的眞實性只有由於依附於其他命題，也就是透過一些同時又作爲證明而出現的推論，才有邏輯的根據。但是人們決不可忘記，整個主一形式只是知識簡易化的手段，而不是取得更高度的眞確性的法門。從一個動物所屬的「種」，遞進到屬、科、綱、目，來識別一個動物的生性，這比個別研究每次遇到的動物要容易些（，這是事實）。但是一切由推論引申出來的命題，它的眞實性最後總是決定於、有賴於某一個不是推論出來的，而是以直觀爲根據的眞理。如果直觀經常和推論是同樣的近便，那就肯定寧可採用直觀。因爲來自概念的一切引申，由於前文指出的含義圈相互錯綜交叉和內容上出入無常的規定，都難免不爲迷誤所乘；各種各樣的邪說詭辯就是證明這一點的例子。從形式上說，推論是完全正確的；然而由於它的材料，亦即由於概念，推論就很不可靠了。一面是含義圈的規定不夠嚴格，一面是含義圈又多方交叉，以至一個含義圈的各個部分又可包含在許多其他含義圈內；這樣，如前文已闡明了的，人們便可從前者任意過渡到後者的這一個或那一個，然後再如法炮製，繼續下去。換句話說，就是小詞以及中詞都可以隨便隸屬於不同的概念，人們在這些概念中就任意選擇大詞和中詞，由是結論亦隨之而各異其趣。因此，無論在哪裡，由證明得來的眞理遠遠抵不上直接自明的依據；只有後者遠不可及時，才採用前者；而不是在兩者同樣近便，或後者更爲近便時，也採用前者。所以我們在前面已經看到，在邏輯上，每一個別場合，如果直接的知識比演繹而來的科學知識對於我們更爲近便的話，我們事實上總是按自己對於思維法則的直接知識來指導思維而把邏輯放在一邊不用*。

---

* 第二卷第十二章是補充這裡的。

15

我們既已確信直觀是一切證據的最高源泉，只有直接或間接以直觀爲依據才有絕對的眞理；並且確信最近的途徑也就是最可靠的途徑，因爲一有概念介於其間，就難免不爲迷誤所乘；那麼，在我們以這種信念來看**數學**，來看歐幾里德作爲一門科學來建立的，大體上流傳至今的數學時，我說，我們無法回避不認爲數學走的路既是奇特的，又是顚倒的。我們要求的是把一個邏輯的根據還原爲一個直觀的根據，數學則相反，它偏要費盡心機來作難而棄卻它專有的、隨時近在眼前的、直觀的依據，以便代之以邏輯的證據。我們不能不認爲這種做法，就好比一個人鋸下兩腿以便用拐杖走路一樣，又好比是《善感的勝利》一書中的太子從眞實的自然美景中逃了出來，以便欣賞模仿這處風景的舞臺布景。這裡我不能不回憶到我在《根據律》第六章中所已說過的，並且假定讀者對此也是記憶猶新，宛在目前的。這樣，我這裡的陳述就可以和那裡說的掛上鉤，而無庸重新指出一個數學眞理的單純認識根據和它的存在根據之間的區別，是在於前者可由邏輯途徑獲得，後者則是空間、時間各個局部間直接的，單由直觀途徑認識的關聯。唯有理解這種關聯才能眞正令人滿意，才能提供透澈的知識；如果單是認識根據，那就永遠停留在事物的表面上，雖然也能給人知道事物**是如此**的知識，但不能給人知道〔事物〕**何以**是如此的知識。歐幾里德走的就是後面這條路，顯然不利於科學的路。譬如說，他應該一開始就要一勞永逸地指出在三角形之中，角與邊是如何互爲規定的，是如何互爲因果的；並且在他指出這些時，還應該按照根據律在純空間上所有的形式；應指出這一形式在三角形角和邊的關係上，和在任何地方一樣，都要產生這樣一種必然性，即一事物之是如此，乃是由於完全不同的另一事物之是如彼。他不這樣讓人們對於三角形的本質有澈底的理解，卻提出有關三角形一些片段的、任意選擇的命題，並經由邏輯地按矛盾律獲得的艱澀證明，而爲這些命題提出邏輯的認識根據。人們不是對於這種空間關係獲得了應有盡有的知識，人們得到的只是這些關係中任意傳達出來的一些結果；這就好比把一部精巧的機器指給一個人看時，只告訴他一些不同的作用，而不把這機器的內在結構和運轉原理告訴他一樣。歐幾里德所證明的一切如此如彼，都是人們爲矛盾律所迫不得不承認的，但是**何以**如此如彼，那就無法得知了。所以人們幾乎是好像看過魔術表演一樣，有一種不太舒服的感受；事實上，歐幾里德大多數的證明都顯著地像魔術。眞理幾乎經常是從後門溜進來的，因爲它是由於偶然從某一附帶情況中產生的。一種間接的反證常常一扇又一扇把門都給關了，只留下了一扇不關，這也就是人們無可奈何，不得不由此而進的一扇門。通常在幾何學中，例如在畢達哥拉斯定理中，需要作出一些直線，卻不明白爲什麼要這樣做；往後才發現這些原來都是圈套，出其不意地收緊這圈套的口，就俘虜了學習者的信服，學習者只得拜倒而承認一些他完全不懂個中情況的東西。事實竟至於此，學習者可以從頭至尾研讀歐幾里德的著作，然而仍不能對空間關係的規律有任何眞正的理解，代之而有的只是背誦一些來自此等規律的結果。這種原屬經驗的、非科學的知識就如一個醫生，他雖知道什麼病要用什麼藥，卻不認識兩者間的關係一樣。這一切都是由於人們異想天開，拒絕一個認識類型自有的求證求據的方式，而橫蠻地代之以一種與這類型格格不入的方式。同時，在別的方面歐幾里德用以貫徹他這主張的方法卻還值得讚美，這是好多世紀以來便是如此的，以至於人們竟宣稱他這種治數學的方法是一切科學論述的模範，所有其他科學莫不爭起效尤；不過人們後來自己也不知其所以然，又從這裡回過頭來了。在我的眼光看起來，歐幾里德在數學上使用的方法只能算作一種很「輝煌的」錯誤。凡是一種大規模的、故意有計畫地造成而後來又普遍地被稱許的迷誤，既可以涉及生活也可以涉及科學，大致總可以在當時有權威的哲學中找到他的根據。最早是伊利亞學派發現了直觀中的事物和思維中的事物*兩者間的區別，更常發現兩者間的衝突，並且在他們的哲學警句中、詭辯中廣泛地利用過這種區別。繼伊利亞學派，往後有麥珈利學派、辯證學派、詭辯派、新學院派和懷疑論者；他們指出要注意的是假象，也就是感官的迷誤，或者更可說是悟性的迷誤。悟性把感官的材料變爲直觀，常使我們看見一些事物，其非眞實是理性一望而知的；例如水影中顯爲破折的直杆等等。人們已知道感性的直觀不是絕對可靠的，就作出了過早的結論，以爲只有理性的、邏輯的思維才能建立眞理；其實柏拉圖（在《巴門尼德斯》）、麥珈利學派、畢隆（Pyrrhon）和新學院派已在

* 康德把這兩個希臘字用錯了，這在附錄中已有指責，在這裡根本就不要往那上面想。

一些例子（如後來塞克斯都斯・恩披瑞古斯所用的那類例子）中指出在另一方面，推論和概念也導致錯誤，甚至造成背理的推論和詭辯，說這些東西比感性直觀中的假象更容易產生，卻更難於解釋。那時，與經驗主義對立而產生的唯理主義占著上風，歐幾里德就是遵循唯理主義來處理數學的，所以他只將公理，無可奈何地，建立於直觀證明上，其他一切則建立在推論上。在〔過去的〕一切世紀中，他的方法一直是有權威的；並且一天不把先驗的純粹直觀從經驗的直觀區別開來，這種情況也必然會延續下去。雖有歐幾里德的注釋家普羅克洛斯似乎已經看到這種區別，譬如克卜勒在他那部《世界的諧律》中譯成拉丁文的一段，就是這位注釋家的原作在這方面的表現；不過普羅克洛斯不夠重視這件事，他是把它孤立地提出來的，他未被人注意，自己也沒有貫徹到底。所以直到兩千年以後，康德的學說既命定要在歐洲各民族的知識、思想、行為上產生這樣重大的變化，才會在數學領域裡促成同樣的變化。因為只有我們從這位偉大哲人那裡懂得空間和時間的直觀完全不同於經驗的直觀，完全無待於一切感官上的印象，決定感官而不為感官所決定，即是說空間和時間的直觀是先驗的，從而也是根本不容感官的迷誤入侵的；只有學得了這些，然後我們才能理解歐幾里德在數學上使用的邏輯方法只是多餘的謹慎，有如健全的腿上再加拐杖似的；有如行人在夜間把白色的乾路當作水，唯恐踏入水中，寧可在路邊高一步，低一步，走過一段又一段，還自以為得計沒有碰到這原不存在的水。直到現在，我們才能有確實把握說：在我們直接觀察一個幾何圖形時，那必然是顯現於我們之前的，既不來自畫在紙上不很精確的圖形，也不來自我們邊看邊設想的抽象概念。而是來自我們意識中一切先驗的認識的形式。這形式無論在什麼地方，都是根據律；在這裡，作爲直觀的形式，也即是空間，則是存在的根據律。存在根據律的自明性、妥當性，和認識根據律的自明性、妥當性，亦即是和邏輯的眞確性，是同樣大小，同樣直接的。所以我們不用，也不可爲了單獨相信後者，就離開數學自有的領域而在一個和數學不相干的領域，概念的領域裡求取數學的證明。如果我們堅守數學自有的園地，我們便可獲得一個〔很〕大的優點，就是在數學中所知道的「有這麼回事」與其「何以如此」現在成爲一件事了，而不再是歐幾里德把它完全割裂爲兩事，只許知道前者，不許知道後者的辦法了。其實，亞里斯多德在《後分析篇》第一篇第二十七節中說得非常中肯：「同時告訴我們『有一事物』及其『何以如此』的知識比分別講述事物之有及其所以然的知識要準確些，優越些。」在物理學中我們要得到滿足，只有事物之如此與其何以如此兩種知識統一起來，才有可能。單是知道托里切利管中的水銀柱高過二十八英寸，如果不同時知道其所以如此是由於空氣的壓力，那是一種不夠的知識。然則在數學園裡的隱祕屬性，譬如〔知道〕圓形中兩兩交叉的弦的線段總是構成同樣的矩形，就能滿足我們嗎？這裡的「是如此」，歐幾里德固然已在第三卷第三十五條定理中證明了，但是「何以如此」仍然沒有交代。同樣，畢達哥拉斯定理也告訴了我們直角三角形的一種隱祕屬性。歐幾里德那矯揉造作、挖空心思的證明，一到「何以如此」就避不見面了；而下列簡單的、已經熟知的圖形，一眼看去，就比他那個證明強得多。這圖形讓我們有透入這事的理解，使我們從內心堅定地理解〔上述〕那種必然性，理解〔上述〕那種屬性對於直角的依賴性：

在勾股兩邊不相等的時候，要解決問題當然也可以從這種直觀的理解著手。根本可說任何可能的幾何學眞理都應該這樣，單是因爲每次發現這樣的眞理都是從這種直觀的必然性出發的，而證明卻是事後想出來追加上去的，就應該這樣。所以人們只須分析一下在當初找出一條幾何學眞理時的思維過程，就能直觀地認識其必然性。我希望數學的講授根本就用分析的方法，而不採取歐幾里德使用的綜合方法。對於複雜的數學眞理，分析方法誠然有很大的困難，然而並不是不可克服的困難。在德國已經一再有人發起改變數學講授的方式並主張多採取這種分析的途徑。在這方面表現得最堅定的是諾德豪森文科中學的數學、物理教員戈薩克先生，因爲他在一八五二年四月六日學校考試的提綱後面，還附加了一個詳細的說明，〔內容是〕如何試用我的原則來處理幾何學。

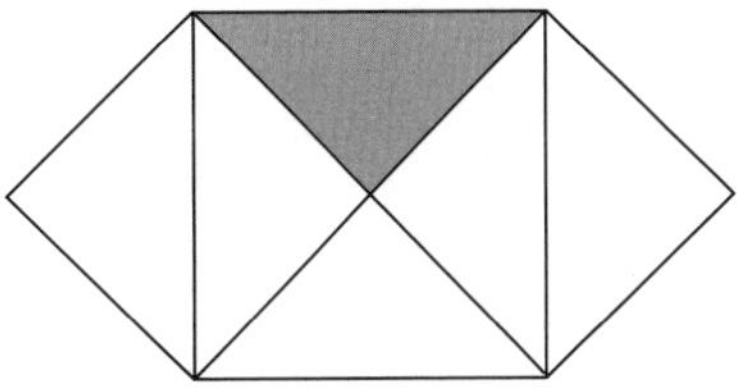

爲了改善數學的方法，首先就要求人們放棄這樣一種成見，這種成見以爲經過證明的眞理有什麼地方勝似直觀認識的眞理，或是以爲邏輯的、以矛盾律爲根據的眞理勝似形而上的眞理；〔其實〕後者是直接自明的，而空間的純直觀也是屬於〔自明的〕眞理之內的。

最眞確而又怎麼也不能加以說明的便是根據律的內容。因爲根據律，在其各別的形態中，原意味著我們所有一切表象和「認識」的普遍形式。一切說明都是還原到根據律，都是

119

在個別情況中指出表象與表象之間的關聯，這些關聯根本就是由根據律表述出來的。因此，根據律才是一切說明〔所根據〕的原則，從而它自身就不能再加以說明，也不需要一個說明。每一說明都要先假定它，只有透過它才具有意義。但是在它的各個形態之間，並無優劣之分；作爲存在的根據律，或是變易的根據律，或是行爲的根據律，或是認識的根據律，它都是同等的眞確，同樣的不可證明。在它的各個形態中，根據和後果的關係都是一個必然的關係；這個關係根本就是「必然性」這概念的最高源泉，也就是這個概念的唯一意義。如果已經有了根據，那麼，除了後果的必然性之外，就再沒有什麼必然性了，並且也沒有一種根據不導致後果的必然性。所以，從前提中已有的認識根據引出在結論中道出來的後果，和空間上的存在根據決定其空間上的後果是同樣的確實可靠。如果我直觀地認識了這空間上的存在根據及其後果的關係，那麼，這種眞確性和邏輯的眞確性是同等的。而每一個幾何學定理就是這種關係的表出，和十二公理中任何一條都是同樣眞確的。這種表出是一個形而上的眞理，作爲這樣的眞理，它和矛盾律自身是同樣直接眞確的。矛盾律是一個超邏輯的眞理，也是一切邏輯求證的普遍基礎。誰要是否認幾何定理表出的空間關係在直觀中所昭示的必然性，他就可以以同等權利否認那些公理，否認從前提中推論出來的結果，甚至可以否認矛盾律自身；因爲所有這些都同樣是不得而證明的，直接自明的，可以先驗認識的一些關係。所以，空間的關係本有可以直接認識到的必然性，然而人們都要透過一條邏輯的證明從矛盾律來引申這必然性；這就不是別的，而是好像自有土地的領主卻要另外一位領主把這土地佃給他似的。可是這就是歐幾里德所做的。他只是被迫無可奈何才讓他那些公理立足於直接的證據之上，在此以後所有的幾何學眞理都要經過邏輯的證明，即是說都要以那些公理爲前提而從公理和定理的符合中作出的假定，或前面已有的定理來證明，或是從定理的反面對於假定的矛盾，對於公理的矛盾，對於前面定理的矛盾，甚至是對於定理自身的矛盾來證明。不過公理本身也不比其他任何幾何定理有更多的直接證據，只是由於內容貧乏一些，所以更簡單一些罷了。

當人們審問一個犯人時，人們總是把他的口供記錄下來，以便從口供的前後一致來判斷口供的眞實性。但是這不過是一個不得已的措施；如果人們能夠直接研究每一句口供的眞實性，那就不會這樣做了，因爲這個犯人還可從頭至尾自圓其說地撒謊。可是〔單憑口供的前後一致，〕這就是歐幾里德按以研究空間的方法。他雖是從〔下面〕這個正確的前提出發的，即是說大自然既無處不是一致的，那麼在它的基本形式中，在空間中也必須是一致的；並且由於空間的各部分既在互爲根據與後果的關係中，所以沒有一個空間的規定能夠在它原來的樣兒之外又是另外一個樣兒而不和其他一切的規定相矛盾。但是這是一條繁重的、難以令人滿意的彎路，這條彎路以爲間接的認識比同樣眞確的直接認識更爲可取；它又割裂了「有此事物」與「何以有此事物」的認識而大不利於科學。最後它還完全遮斷了初學者對於空間規律的理解，甚至於不使他習慣於眞正的探求根據，探求事物的內部聯繫；卻反而誘導他以「事物是如此」這種歷史性的知識爲已足。人們經常稱道這種方法可以鍛煉辨別力，其實不過是學生們爲了記住所有那些資料要在記憶上多費勁而已，〔因爲〕這些資料間的一致性是要加以比較的。

此外，還有值得注意的是，這種求證方法只用在幾何學上而不用在算術上。在算術中，人們倒眞是只用直觀來闡明眞理，而直觀在這裡就是單純的計數。因爲數的直觀只在時間中，所以不能和幾何學一樣用感性的圖形來表出；這就去掉了一個顧慮，〔不必顧慮〕直觀只是經驗的，從而難免爲假象所惑了。原來能夠把邏輯的求證方式帶進幾何學裡來的也只是這一顧慮。因爲時間只有一進向，所以計數是唯一的算術運算，其他一切運算都要還原到這一運算。這計數並不是別的，而是先驗的直觀。人們在這裡可以毫不猶豫地援用這直觀；只是由於這直觀，其他一切，每一演算、每一等式最後才得以證實。譬如人們並不去證明[(7 + 9) × 8 − 2] ÷ 3 = 42，而是援用時間中的純粹直觀，援用計數，這就把每一個別的命題都變成公理了。因此算術和代數的全部內容不是充滿了幾何學的那些證明，而只是簡化計數的一種方法罷了。我們在時間上所得到的數的直觀，已如前述，大抵只到「十」爲止，不能再多；過此以上就必須有一個「數」的抽象概念，固定於一個詞兒中的概念，起而代替直觀。因此就再沒有眞正完滿地做到這直觀，而不過是完全確切地加以標明罷了。就以這種情況說，由於數的自然秩序這個重要輔助工具，還是可以用同樣的小數字來代替較大的數字〔而價值不變〕，依然可以使任何一個演算都有直觀的明顯性。甚至於在人們高度利用抽象作用時也是這樣；在抽象中思維的不僅是數，而且有不定的量或整個演算過程，這些都可在這種意義之下用符號標記出來，譬如$\sqrt{r-b}$；這樣，人們就不再進行演算，只僅僅示意而已。

和在算術中一樣，人們也可以在幾何學中以同樣的權利，用同樣的妥當性僅僅只以先驗的純粹直觀作爲眞理的根據。事實上，賦予幾何學以較大自明性的也總是這按存在根據律而直觀地認識到的必然性。幾何學的定理在每人意識中的眞確性就是建立在這種自明的根據上的，而決不是建立在矯揉造作的邏輯證明上的。邏輯證明總是於事太疏遠，大多是不久就被遺忘了；不過遺忘了也並無損於〔人的〕確信。就是完全沒有邏輯證明也不會減少幾何學的自明之理，這是因爲幾何學的自明本無待於邏輯的證明，邏輯的證明總不過是證明著人們原已從別的認識方式完全確信了的東西。這就等於一個膽小的士兵在別人擊斃的敵人身上戳上一刀，便大吹大擂是他殺了敵人。*

* 斯賓諾莎常以按幾何學的規則立論自詡，其實他所做的早已超過了他自己所意識的：因為他對於世界的本質原有直接的直觀的理解，可是他要撇開這種認識，而企圖邏輯地來證明原已由於直觀的理解認為真確的、已成定論的東西。他所尋求的，在他是前此先已確定的結果都只是這樣獲得的：他以任意製造的概念（實體〔*substantia*〕，「自為原因」〔*causa sui*〕等等）為出發點，在進行證明時，概念有著廣泛的含義圈這種本質則為他大開方便之門，他也就儘量為所欲為了。他那學說中真實的和卓越的東西，卻是無待於那些證明的東西，正和在幾何學中的情況一樣。第二卷第十三章是補充這裡的。

有了上述這一切，可望人們以後再不會懷疑數學上的自明之理既已成爲一切自明之理的模範和象徵，在本質上並不是建立在證明上的而是建立在直接的直觀上的。在這裡如此，在任何地方也是如此，直觀總是一切眞理的源泉和最後根據。並且數學所根據的直觀和任何其他的直觀，亦即和經驗的直觀相比，有著一個很大的優點；即是說數學所依據的直觀是先驗的，從而是不依賴於經驗的；經驗是一部分一部分，依次獲得的，對於先驗的直觀，〈無分先後遠近〉則一切同時俱在，人們可以任便從根據出發或從後果出發。這就給數學所本的先驗直觀帶來了一種充分的、無誤的正確性，因爲在這直觀中是從原因識取後果的，而這就是唯一有必然性的認識。例如說一個三角形中的三邊相等被認爲是基於角的相等。與此相反，一切經驗的直觀和大部分經驗卻只是反過來從後果認原因的，這種認識方法就不能說沒有錯誤，因爲只有在已有了原因之後，後果才說得上有必然性；而從後果認取原因就不能有這種必然性，因爲同一後果可能是從不同的原因產生的。後面這種認識方法永遠只是歸納法，即是從多數的後果指向一個原因而假定這原因是正確的。但是個別的情況既決不可能盡集於一處，所以這樣的眞理也決不是絕對可靠的。然而一切感性直觀的認識和絕大部分的經驗就都只有這樣的眞理。官能有所感受便促起悟性作出一個從後果到原因的論斷，但是從原因所產生的〈後果〉上溯原因的推論是決不可靠的，所以作爲感性迷誤的假象就有可能了；並且如前所述，也經常出現。只有幾種或所有五種官能都有指向同一原因的感受，假象的可能性才減低到最小限度，但並不是就完全沒有了。因爲在某些場合，例如使用僞造的錢幣，人們就騙過了所有的感官。一切經驗的認識，從而全部自然科學，如不計其純粹的（即康德所謂形而上的）部分，也同在上述情況中。在這裡也是從後果認原因，所以有關自然的一切學說都是建立在假設上的。假設又往往是錯誤的，錯誤的假設只有逐漸讓位於比較正確的假設。只有在有意舉行的實驗中，認識過程是從原因到後果的，也就是走的那條可靠的路；可是這些實驗本身又是按假設而進行的。所以沒有一種自然科學的分支，如物理學、天文學，或生理學，能夠像數學或邏輯一樣，可以是一次被發現的，而是曾經需要，現在還需要許多世紀所蒐集的，經過比較的經驗。只有經過多次經驗的證實，才能使假設所依據的歸納法有那麼近於完備的程度，以至這種完備的程度在實踐上就可以代替準確性。於是，人們也不大以為這種完備程度的來源對於假設有什麼不利，正如人們不大以為直線和曲線的不能通約對於幾何學的應用有什麼不利，不以為「對數」永遠達不到完全的精確性對於算術有什麼不利一樣。原來如同人們（可以）以無窮的分數使圓無限地接近於方，使對數無限地接近精確一樣，同樣，人們也（可以）以多次的經驗使歸納法——亦即從後果認原因的知識——雖不是無限的，卻能那麼接近於數學的自明性——亦即從原因到後果的知識——，以致誤差的可能性小到了可以被忽略的程度。不過誤差的可能性儘管小，總還是存在的；譬如從無數情況來推論一切的情況，實際上也就是推論一切情況所依據的那一未知的原因，就是一個歸納的推論。在這種論斷中還有一個比「人的心臟都在左邊」這樣的論斷更顯得可靠的嗎？然而，在最罕有的場合，在極個別的例外，居然有些人的心臟在右邊。——因此，感性的直觀和經驗的科學都有著同一類的證據。和感性直觀與經驗科學相比，數學、純粹自然科學與邏輯，作爲先驗的知識而有的優點，只在於一切先驗性所本的認識的形式方面是全部而同時被給與的；所以，在數學、純粹自然科學和邏輯經常可以從原因走向後果；而在感性直觀和經驗科學則大多只能從後果走到原因。在別的方面，因果律本身，亦即指導經驗認識的變易根據律，和上述〔純粹〕科學先驗地服從的根據律的其他形態是同等妥當的。——從概念得來的邏輯證明或推論也和先驗直觀的認識一樣，有著從原因認取後果的優點；由此這些推論在其自身，亦即在形式上，也是不可能有錯誤的。這很有助於使證明根本享有如此高的評價。可是邏輯證明的無誤性只是相對的。這些證明只是在一門科學的最高命題之下從事概括罷了，而這些最高命題才是包含這門科學所有一切眞理的總匯，所以不能就以證明了事，而是必須以直觀爲根據的。這種直觀在上述幾個少數的先驗科學中是純粹的，否則總是經驗的，並且只有透過歸納法才能提升到普遍。所以，在經驗的科學中雖也可以從普遍證明特殊，但這普遍是從個別獲得其眞實性的，這普遍是一個儲存器材的倉庫，卻不是自己能生產的土壤。

關於眞理的求證已說得不少了。至於謬誤的來源和可能性，自柏拉圖以來，人們曾一再企圖加以說明。柏拉圖的答案是形象化的，他說謬誤就好比在鴿籠裡捉錯了一隻鴿；如此等等（《特厄特都斯》，第一六七頁等）。關於謬誤的來源康德所作的說明是空洞的、模糊的。他用對角線的移動這一圖形來作說明，可以參看《純粹理性批判》第一版第二九四頁，第五版第三五〇頁。——既然眞理就是一個判斷和其認識根據的相關，那麼，這個作判斷的人怎麼眞能相信有這麼一個根據而實際上卻沒有，即是說謬誤，這理性上的蒙蔽是怎麼可能的就誠然是一個問題了。我認爲謬誤的可能性和前文所說假象的可能性，或悟性的蒙蔽的可能性，完全是類似的。我的意見就是（所以這裡恰好是插入這個說明的地方）**每一謬誤都是從結論到根據的推論**；如果人們知道這結論只能有這一個而決不能另有一個根據時，這根據還是妥當的，否則就不妥當。陷入謬誤的人，要麼是爲結論指定一個它根本不可能有的根據，這就表現他眞正是缺乏悟性，也即是缺乏直接認識因果聯繫的能力；要麼是一個更常見的情況：他爲結論指定一個可能有的根據，同時還爲他這種從結論到根據的推論補上一個大前提，說該結論**無論何時**只能是由他所提出的這根據產生的。其實只有做過完備的歸納功夫之後，他才有權這樣說，然而他並未做過這功夫就事先這樣假定了。因此，「無論何時」這個概念就太廣泛了，而應代之以「**有時**」或「**大多是**」：這樣的結論命題是懸而未決的，那也就不會錯誤了。但陷於謬誤的人既然只按上述方式行事，那麼他不是操之過急，便是對於可能性的認識太有限，從而不知有應做歸納功夫的必要。因此，謬誤和假象完全是類似的。兩者都是從結論到根據的推論。假象總是由悟性來的，也就是悟性直接從直觀自身中按因果律造成的；謬誤總是由理性來的，也就是理性在眞正的思維中按根據律所有的形式，最大多數也可以是按因果律造成的。按因果律造成的謬誤有下面三個例證，人們可以視之爲三類謬誤的典型或代表：⑴感性假象（悟性的蒙蔽）促成謬誤（理性的蒙蔽），例如人們把繪畫看作浮雕，並且眞以爲是浮雕。這是由於這樣一個大前提得來的推論：「如果暗灰色逐點經過所有色差而過渡到白色，那麼，這原因**無論何時**都是光線，因爲光照耀在高凸處和低凹處是不同的，所以……。」⑵「如果我的錢櫃中少了錢，那麼，這原因**無論何時**都是我的僕人有了一把仿製鑰匙，所以……。」⑶「如果稜鏡中被折射的，也就是挪上或移下了的日影已不是前此的圓而白，卻是長形而有色彩的，那麼，這原因，一次乃至千百次，都是目光中原藏有質同而色彩不同、折射度不同的光線，現在這光線由於折射度不同而被分離出來，於是現爲長形的、色彩雜陳的光帶了；所以——讓我們喝一杯吧[35]！」——任何一個謬誤都必然要歸結到這樣一個推論，也就是以一個常是概括錯誤的、假設的、從假定某根據到某結論而產生的大前提這樣的推論。只有演算的誤差不在此列，這種誤差本不是謬誤而只是差錯：即是數的概念所指定的演算過程並沒有在純粹直觀中、沒有在計數中完成，完成的是另一演算過程。

至於〔一切〕科學的**內容**，根本看來，事實上無非都是世間各現象的相互關係，是既符合根據律，又是在唯有根據律能使「爲什麼」有效力、有意義這條線索上的相互關係。證實這些關係就叫做**說明**。如果兩個表象同屬於一類，而支配該類的又是根據律的某一形態；那麼，所謂說明，除了指出這兩個表象在這一形態中的相互關係外，就再也不能前進一步

[35] 拉丁原文為 *bibamus*，德國大學生學生組織唱的拉丁文歌詞；這裡是諷刺意味：「問題解決了，讓我們喝酒吧！」

了。說明若到了這一步，那就根本不得再問「爲什麼」：因爲這證實了的關係就是一個決不能不如此想的關係，也即是說它是一切認識的形式。所以人們並不問爲什麼二加二等於四；不問爲什麼三角形的內角相等也就決定邊的相等；不問爲什麼在任何一個已知的原因之後必繼以其後果；不問爲什麼前提的眞實性使結論也有自明的眞實性。任何一種說明，如果不還原到一個不能再問「爲什麼」的關係，就只能止於一個假定的隱祕屬性。可是任何一種原始的自然力也都是這種屬性。任何自然科學的說明最後必然要止於這樣的隱祕屬性，也就是止於漆黑一團。所以自然科學的說明只有讓一個石頭的或一個人的內在本質同樣得不了說明完事；對於石頭所呈現的重力、凝聚力、化學特性等，和對於人的認識作用、人的行爲是一樣說不出一個所以然。例如：「重」就是一個隱祕屬性，因爲人們可以設想它不存在，它不是從認識的形式中產生的必須有之物；但慣性定律則不然，它是從因果律推出來的，因而再還原到因果律就是一個充分的說明了。有兩種東西是根本不得而說明的，也就是不能還原到根據律所示的關係上去的；第一是在四種形態中的根據律本身，因爲它是一切說明的原則，任何說明只有關涉到它才有意義；第二是根據律達不到而是一切現象中本有的東西所從出的自在之物，對於自在之物的認識根本就不是服從根據律的認識。自在之物不可得而理解，在這裡只好聽之任之；但在下一篇中我們重行考察科學可能的成就時，就可以理解了。但是在自然科學，一切科學，要止步的地方，也就是不僅是說明，甚至連這說明的原則——根據律也不能前進一步的地方，那就是哲學〔把問題〕重新拿到手裡並且以不同於科學的方式來考察的地方。在《根據律》五十一節我曾指出，根據律的這一形態或那一形態如何分別是指導各種科學的主要線索。——事實上按這種辦法也應該可以作出最恰當的科學分類。不過按每一線索而作出的說明，如已說過，永遠只是相對的，總是在相互關係中說明事物，總要留下一些未說明的東西，而這也就是每個說明預先假定了的東西。這種東西，例如在數學中就是空間和時間；在力學、物理學、化學中就是物質、物性、原始的〔自然〕力、自然規律等等，在植物學和動物學中就是種屬的分歧和生命本身；在歷史學中就是人類及其思想方面和意欲方面的一切特徵；——在一切這些〔科學〕中的還有根據律按個別需要而加以應用的某一形態。——**哲學**有一個特點：它不假定任何東西為已知，而是認一切為同樣的陌生都是問題；不僅現象間的關係是問題，現象本身也是問題，根據律本身也是問題。別的科學只要把一切還原到根據律，便萬事已足；對於哲學這卻是一無所獲，因為一個系列中此一環節和彼一環節在哲學上都是同樣陌生的。此外，這種關聯自身和由此而被聯結的東西也同樣是問題；而這些東西在其聯結被指出以前又和被指出以後同樣也還是問題。總之，如已說過，正是科學所假定的，以之為說明的根據和限度的，就正是哲學應有的問題。由此看來，那些科學到此止步的地方，也就正是哲學開步走的地方。證明不能是哲學的基礎，因為證明只是從已知的命題演繹未知的命題，而對於哲學來說，一切都是同樣的陌生〔並無已知未知之別〕。不可能有這樣一個命題，說由於這一命題始有這世界及其一切現象；因此，不可能像斯賓諾莎所要做的那樣，從「一個堅定的原則」進行證明便可引申出一種哲學來。並且哲學還是最普遍的知識，它的主要命題就不能是從別的更普遍的知識引申出來的結論。矛盾律不過是把概念間的一致固定下來，但並不產生概念。根據律說明現象間的聯繫，但不說明現象本身。因此哲學不能從尋找整個世界的一個有效因或一個目的因出發。至少是我的哲學就根本不問世界的來由，不問爲何有此世界，而只問這世界是什麼。在這裡，「爲什麼」是低於「什麼」一級的，因爲這「爲什麼」既只是由於世界的現象（所由呈現）的形式，由於根據律而產生的，並且只在這個限度內有其意義和妥當性，所以早就是屬於這個世界的了。人們固然可以說，世界是什麼，這是每人無需別的幫助就認識到的（問題），因爲人自己就是認識的主體，世界就是這主體的表象。這種說法在一定限度內也是對的。不過這種認識是一個直觀的認識，是具體中的認識；而在抽象中複製這些認識，把先後出現的、變動不居的直觀，根本把感這個廣泛概念所包括的一切，把只是消極規定的非抽象、非明晰的知識提升爲一種抽象的、明晰的、經久的知識，這才是哲學的任務。因此，哲學必須是關於整個世界的本質的一個抽象陳述，既關於世界的全部，又關於其一切部分。但是爲了不迷失於無數的個別判斷，哲學必須利用抽象作用而在普遍中思維一切個別事物，在普遍中思維個別事物所具的差異；從而它一面要分，一面要合，以便將世界所有紛紜複雜的事物，按其本質，用少數的抽象概念概括起來，提交給知識。哲學既將世界的本質固定於這些概念中，那麼，由於這些概念就必須能認識普遍，也要能認識一切特殊，也就是對這兩者的認識必須有最準確的聯繫。因此，在哲學上有天才就在於柏拉圖所確定的一點：在多中認一，在一中認多。準此，哲學將是極普遍的判斷之總和，而其認識根據直接就是在其完整性中的世界本身，不遺漏任何點滴，也就是在人的意識中呈現出來的一切一切。哲學將是**世界在抽象概念中的一個完整的複製**，好比明鏡中的反映作用似的。而這些抽象概念是由於本質上同一的合爲一個概念，本質上相異的分爲另一概念才可能的。培根就早已爲哲學規定了這個任務，他是這樣說的：「最忠實地複述著這世界自己的聲音，世界規定了多少，就恰如其分地說出多少；不是別的而只是這世界的陰影和反映，不加上一點自己的東西，而僅僅只是複述和回聲；只有這，才是眞的哲學。」（《關於廣義的科學》第二卷第一三頁）不過，我們是在培根當時還不能想到的一種更廣泛的意義中承認這一點的。

世界各方面、各部分，由於其同屬一整體而有的相互一致性，也必須重現於世界的抽象複製中。因此在那判斷的總和中，此一判斷可在某種程度內由彼一判斷引申而來，並且也總是相互引申的。不過在相互引申中要使第一個判斷有可能，這一些判斷都必須齊備才行，也就是要事先把這些判斷作爲直接建立在對這世界的具體認識上的判斷確立起才行：而一切直接的證明都比間接的證明妥當些，所以更應如此。這些判斷借助於它們相互之間的諧和甚至**匯成**一個單一的思想的統一性，而這統一性又來自直觀世界本身的諧和與統一，這直觀世界又是這些判斷共同的認識根據，所以這些判斷相互之間的諧和不能作爲各判斷的最初的東西來爲這些判斷建立根據，而是只能附帶地加強這些判斷的眞實性而已。——這個問題本身只能由於問題的解決才能完全明白*。

16

在我們對於理性，作爲人類獨有的特殊認識能力的理性，以及由理性帶來的，人類本性上特有的成就和現象，作了這一整個的考察之後，關於理性還剩下〔一個問題〕是我要談一談的。這就是理性指導人類行爲的問題。從這方面說，理性也可稱爲**實踐的**。不過這裡要說的，大部分已在別的地方，也就是在本書附錄中已經論述過了，那兒也是駁斥康德的所謂實踐理性有其實際存在的地方。康德（誠然是很方便的）把實踐理性當作一切美德的直接源泉，把它說成是一個絕對（即自天而降的）**應爲**的〔寶〕座。後來我在《倫理學基本問題》中詳細而澈底地反駁了康德的這一道德原理。因此，就理性的眞正意義說，關於理性對行爲的影響，我在這裡要說的就不多了。在我們開始考察理性的時候，我們已大致地指出人類的作爲是如何不同於動物的作爲，並已指出這種區別只能看作是意識中有無抽象概念的後果。

---

* 第二卷第十七章是補充這裡的。

這些抽象概念對於我們整個生存的影響是如此深遠而重要，以至於我們（人）對動物的關係，可以比擬於有視覺的動物對無眼睛的動物（某些幼蟲、蠕蟲、植蟲）的關係。無眼睛的動物由觸覺認識空間中直接與牠們接觸的東西，而有視覺的動物則相反，牠們認識一個遠近並收的大圈子。同樣，缺乏理性就把動物限制在，在時間上直接呈現的直觀表象上，也就是限制在現實的客體上；我們人則相反，借助於抽象中的認識，在窄狹的、實有的現在之外，還能掌握整個的過去和未來，以及可能性的廣大王國。我們能從各個方面綜觀生活，遠遠超過當前和現實之外。所以在這一定限度內，眼睛在空間中對於感性認識是什麼（作用），理性在時間上對於內在認識也就是什麼（作用）。如同對象的可見性所以有價值和意義僅在於這可見性宣告了對象的可觸性一樣，抽象認識的全部價值同樣也永遠只在它和直觀認識的對應關係上。因此，一個普通人總認爲那直接地、直觀地認識了的（東西），比抽象概念，比僅是想得的（東西）更要有價值些。他認爲經驗的認識勝於邏輯的認識。另外有些人的想法卻相反，這些人在他們的生活中說得多，做得少；他們所經歷的，來自報紙書籍的多，來自現實世界的少；充其量，他們能蛻變爲迂夫子和一些咬文嚼字的人。只有從這裡，人們才可以理解萊布尼茲以及沃爾夫和他們所有的繼承人怎麼能迷信到那步田地，以至於重蹈鄧斯·司各脫[36]的覆轍而宣稱直觀認識只是模糊的抽象認識！爲了斯賓諾莎的令譽，我必須提到他

[36] 鄧斯·司各脫（Duns Scotus，一二六五／一二七四－一三〇八），經院哲學家，稱意志高於理性。

那比較清醒的神智終於反過來；宣稱一切通常的概念都是從直觀認識的東西的紊亂無章中產生的（《倫理學》第二卷第四十題，附論一）。從上面那種顛倒的想法中產生出來的〔後果〕是人們在數學中捨棄數學本來自有的證據，以便只許邏輯的證據有效；還有人們根本把一切非抽象的認識一概屬之於「感」這廣泛的名義之下而貶低其價值；最後還有康德的倫理學宣稱純粹的，直接在認識到情況時促使人而導致正義行爲和慈善行爲的善意，作爲單純的感和激動是無價值的、無功果的，而只願承認由抽象規範產生的行爲有道德價值。

人由於有理性而超過動物的〔地方〕，就是他能對整個生活有全面的概覽。這種概覽可以比作他一生過程的草圖，猶如幾何學那樣抽象的、未著色的、縮小了的草圖。由此，人和動物的差別就好比一個航海家和一個無知水手的差別一樣。前者藉海上地圖、羅盤、象限儀而能準確地認識航程和每次當前的所在地；後者則只看見波濤與天空而已。因此，值得注意，也值得驚奇的是：人除了在具體中過著一種生活外，還經常在抽象中度著第二種生活。在第一種生活中，人和動物一樣，任憑現實的激流和當前的勢力作弄，必須奮鬥、受苦、死亡。人在抽象中過的生活〔則不同〕，當這種生活出現於他理性的思考之前時，乃是第一種生活的無聲的反映，是他生活於其中的世界的反映，也正是上述縮小了的草圖。在第一種生活中占有他全部心靈的，使人劇烈激動的〔一切〕，在這無聲的反映中，在這安靜思考的園地裡就都顯得冷靜了，褪色了；就當前這瞬間說，也顯得陌生了。在這裡，人只是一個旁觀者，只是一個觀察者了。在這樣退縮到反省的思維時，他好比一個演員在演出一幕之後，再輪到他登場之前，卻在觀衆中找到一個座位，毫不在意地觀看演出，不管演出的是什麼情節，即令是安排一些致他於死地的措施（劇情中的安排），他也無動於衷；然後他又粉墨登場，或是做什麼，或是爲著什麼而痛苦，仍一一按劇情的要求演出。和動物的無思無慮顯然不同的是人的這種毫不在意、無動於衷的寧靜，這種寧靜就是從人的雙重生活而來的。因此，一個人，按自己的考慮，按作出的決斷，或是看清楚了必然性，就可以冷靜地忍受或執行他生命上最重要的，有時是最可怕的事項，如自殺、死刑、決鬥、有生命危險的各種冒險舉動，以及人的全部動物性的本能要抗拒畏避的一切事項。從這裡可以看到人的理性如何是動物性本能的主宰，並可大聲地對堅強的人說：「誠然，你有一顆鋼鐵般的心！」（《特洛伊戰爭》）這裡，人們才眞能說理性是表現爲實踐的了。所以無論在什麼場合，只要是理性指導行爲，只要動機是由抽象概念決定的，而不是直觀的、個別的表象，或指導動物行爲的當前印象在起決定作用，那就是實踐理性的出現。至於實踐理性的出現完全不同於、無賴於行爲的倫理價值；理性的行爲和美德的行爲完全是不同的兩回事，理性既可以和元惡大憝，也可以和美德懿行夥同行事，由於理性參加任何一方，那一方才發生巨大的作用；對於有方法地、貫徹始終地實現一個高尚的或卑鄙的預謀，實現一個有智慧的或無意義的格言，理性是同樣有準備，同樣有功用；而這又正是由於理性那種女性的、只接受保存而自己不生產的本性所使然；——這一切一切，我在附錄中都作了詳盡的分析，用例證作了說明。在那裡講過的本應放在這裡才合適，〔不過〕因爲這是駁斥康德的所謂實踐理性，所以不得不移置在那裡了。因此我只指出請到那裡去參考。

實踐理性，從這個詞的眞正原義來說，它最完美的發展，人只是由於使用他的理性才能達到的最高峰——人禽之別在這最高峰上最爲顯著——是在斯多噶派智者身上作爲理想表出的東西。原來斯多噶派的倫理學在發生上、本質上根本就不是討論道德的學說，而只是理性生活的指南；〔他們的〕目標和鵠的是透過心神的寧靜而得到幸福。美德的行爲好像只是偶然地作爲手段而不是目的，才夾雜在理性生活中的。因此，斯多噶派的倫理學，從其全部本質和觀點說，根本不同於直指美德懿行的那些倫理學體系，例如《吠陀》、柏拉圖、基督教和康德的學說。斯多噶倫理的目的就是幸福：「美德的整個目的就是有幸福」，這就是斯多帕烏斯在闡述斯多噶派哲學時所說的（《希臘古文分類選錄》第二卷，第七章第一一四頁和一三八頁）。不過斯多噶派的倫理學指出了幸福只有在內心的和平與心神的恬靜中才可確實獲得，而這和平寧靜又只有透過德行才能達到；這就正是「美德是最高的善」這句話的意義。但是，如果不期然而然逐漸地在手段上忘記了目的而又這樣高捧美德，以致美德自身又透露出另一種完全不同於本人幸福的旨趣，兩種旨趣且有著顯著的矛盾；那麼，這就是一種前後不一貫。由於這種前後不一貫，在每個系統中，直接認識到的眞理，亦即人們稱爲「感到」的眞理，便得以回到正路上來而壓倒邏輯的推論。例如這在斯賓諾莎的《倫理學》中就看得很清楚，他這種倫理學就用顯而易見的詭辯從自利心的「追求個人本身利益」中引申出純粹的道德學說。按我對斯多噶派倫理學的精神所理解的，這種倫理學的淵源在於這樣一個思想：人的巨大特權，人的理性，既已間接地由於計畫周密的行動及行動所產生的後果如此減輕了生活的重負，使得生活輕鬆了，那麼是否還能直接地，即是說單是由於認識就能使人立即完全或幾乎完全地解脫那些充滿人生的痛苦和折磨呢？人們認爲一個具有理性的生物既能透過理性而掌握，而綜覽無窮的事物與情況，卻仍然要由於這短促、飄忽、無常的生命的有限歲月所能包羅的瞬息當前和各種事故，而陷入「貪求」與「規避」的激烈衝動所產生的如許劇烈痛苦，如此沉重的憂懼和苦楚之中，這是和理性的優越地位不相稱的；並且認爲適當地運用理性應該使人超脫這一切，使他不可能爲這一切所傷害。因此，安諦斯提尼斯[37]說：「要麼爲自己獲致理性，要麼就是安排一條自縊的絞索。」（普魯塔克[38]著《關於斯多噶派的反駁》第十四章）即是說：人生既充滿如許苦難和煩惱，那麼人們就只有藉糾正了的思想而超脫煩惱，否則就只有離開人世了。人們已經看清楚，困苦、憂傷並不直接而必然地來自「無所有」，而是因爲「欲有所有」而仍「不得有」才產生的；所以這「欲有所有」才是「無所有」成爲困苦而產生傷痛唯一必需的條件。「導致痛苦的不是貧窮，而是貪欲。」（愛比克泰特[39]：《斷片》第二十五條）此外，人們從經驗中也知道，只有希望、只有可以

[37] 安諦斯提尼斯（Antisthenes），公元前五世紀的希臘哲學家，犬儒學派創始人。

[38] 普魯塔克（Plutarch，公元四六—一二〇），希臘作家。

[39] 愛比克泰特（Epiktet），公元一世紀人，原為希臘斯多噶派哲人，後淪為羅馬貴族的奴隸，以備受折磨而成為

提出要求的權利才產生，才滋養著〔人的〕願望；所以使我們動心和難受的，既不是人所共有的，不得而免的諸惡，也不是無從獲致的諸善；而只是在可以躲避的和可以獲致的兩者之間幾微的或多或少而已。是的，還不必是絕對的、只要是相對的無從獲致或無可避免就全不會擾亂我們了。因此，或是一經附在我的個性中〔便再也丟不掉〕的諸惡，或是在我的個性上已必然不容問津的諸善，我們對之便一概漠不關心。由於人的這種特性，如果沒有「希望」在供應養料，任何願望很快就自行幻滅了，也就再不能產生痛苦。從上述這一切可得出如下的結論，即是說一切幸福都建立在我們可能要求的和實際獲得的兩者之間的比例關係上。至於這關係中前後兩項的或大或小，〔構成幸福〕並無二致，或縮小前項，或擴大後項，都同樣地構成這一關係。並且，一切痛苦都是由於我們所要求、所期待的和我們實際所得到的不成比例而產生的，而這種不成比例的關係又顯然只在人的認識中才能有*，所以有了更高的解悟就可以把它取消。因此克利西波斯㊵說：「人只有按自然所啟示的經驗來生活。」（斯多帕烏斯：《希臘古文分類選錄》第二卷第七章第一三四頁）這即是說人們生活

斯多噶倫理學的化身。

㊵ 克利西波斯（Chrysippos von Tarsus，公元前二八〇—二一〇），古希臘斯多噶派第三代領袖。

* 「正如他們的立論，一切煩惱都是從看法和意見來的。」（西塞羅：《督斯庫陸姆》）「使人煩惱的不是事物本身，而是人們對於這事物的意見。」（愛比克泰特，第五章）

應適當地認識世間事物的來龍去脈，因爲，每當一個人由於某種原因而不知所措時，或是由於不幸而一蹶不振時，或是怒不可遏，或是躊躇不前時，他就正是以此表現了他發現事物之來不是如意料所及；因此也表現了他是謬誤的俘虜，沒有認識人生和世界，沒有知道無機的自然如何出於無心的偶合，有機的自然又如何出於意圖相反，存心不良，而寸寸步步在阻遏著每一個人的意志。因此，要麼是這個人沒有使用他的理性以求普遍地認識人生這種本來面目，或者也是他缺乏判斷力，他雖認識了一般，卻不能在特殊中加以運用，因而具體事物常出其不意而來使他不知所措*。所以任何動人的歡愉之情都是謬誤，都是妄念；因爲沒有一個已達成的願望能夠使人滿足，經久不衰，因爲任何財產，任何幸福，都只是偶然儻來，爲期難定，說不定隨即又要被收回去。任何痛苦都是由於這種妄念的幻滅而產生的。痛苦和妄念都以錯誤的認識爲根源。所以歡愉和痛苦都不能接近智者，沒有什麼事故能擾亂智者的「恬靜」。

按照斯多噶派的這種精神，這種目的，**愛比克泰特**認爲人們總得考慮並且區別什麼是、什麼不是以我們爲轉移的，從而對於那些不以我們爲轉移的事物根本不作任何打算，這就可以穩當地免了痛楚、苦難和憂懼。愛比克泰特從這裡出發，又常回到這個論點，好像這就是他的智慧的核心。然而以我們爲轉移的僅僅只有意志。從這裡開始就逐漸過渡到德行論了，

*「人生一切諸惡的原因就在於人不能把普遍的概念應用於個別的情況。」（愛比克泰特，《論文集》）

因爲這裡論到的是不以我們爲轉移的外在世界既決定著幸與不幸，那麼對於我們自己而有的內在滿足或不滿足則是從意志產生的。往後人們又問是否應以善與惡的字樣分別稱幸與不幸或滿足與不滿足呢？其實這種說法是任意的，隨人所好，無關宏旨。然而在這一點上，斯多噶派和亞里斯多德派、伊比鳩魯派竟至爭論不休；這原是完全沒有同一基礎的兩種量，他們偏以這種不能容許的比較，以及由此而產生的、相反的、似是而非的論點自娛，又以之互相責難。西塞羅把斯多噶派方面的這些論點蒐集在《矛盾集》中，爲我們留下了有趣的〔資料〕。

斯多噶派創始人芝諾好像原來曾採取過另外一種途徑。他的出發點是這樣的：人們爲了獲得最高的善，也即是獲得幸福感和心神的恬靜，他在生活中就必須和自己一致。「生活要一致也就是生活要按一定的道理並且與自己諧和。」（斯多帕烏斯的《希臘古文分類選錄：倫理編》第二卷，第七章，第一三二頁）又說：「美德在於整個一生，〔都是〕心靈和自己諧和一致。」（同前書，第一〇四頁）但是要做到這一點，人們只有一貫**理性**地依概念，不依變換無常的印象和心情來決定自己。我們所能掌握的既然只有行爲的規範，而不是行爲的後果，不是外來的因素；那麼，一個人如果要前後一貫，始終不渝，就只能把前者，而不能把後者當作目的，這就又引入德行論了。

不過芝諾那些直接的繼承人已經覺到芝諾的道德原理——與自己諧和地生活——是太形式的了，太空洞了。他們用「生活須和天性一致」這個補充而賦予這原理以具體內容。斯多帕烏斯在他的書中報道說，第一個加上這補充的是克勒安特斯[41]；但由於概念的含義廣泛，語義又不確定，這問題就更拉長了。克勒安特斯說的是指一般天性的總稱，而克利西波斯卻是專指人的天性而言。後來人們就認爲只有和人的天性相稱的才是美德，猶如只有動物衝動的滿足才和動物的天性相稱一樣。這樣，又很勉強地把問題引入德行論了，並且不管是如何迂回曲折，總是想把倫理學建立於物理學之上。這是因爲斯多噶派到處都要以原則的統一爲目標，正如在他們看來上帝和世界也絕對不是兩回事。

整個地說來，斯多噶派的倫理學事實上是一種很可寶貴的，也是很可敬佩的嘗試，企圖用這樣一個指示：

「看你怎樣打算使自己的一生近乎中庸：
不讓貪欲，不讓恐懼和瑣細的企望來激動你，煩惱你——永遠一無所有的人。」

來爲一個重要的、帶來幸福的目的利用人的特長，人的理性；也就是使人解脫人生中注定的痛苦和煩惱，並且使他得以最充分地享有人的尊嚴。這是人作爲一個理性的生物，與動物有別而應有的尊嚴。不過這裡所謂尊嚴，也就只是在這種意義上說話，不能牽涉到別的意義上

[41] 克勒安特斯（Kleanthes von Troad，公元前三〇一—二三二或二五二），希臘斯多噶派哲學家。

去。——由於我對於斯多噶派倫理學有這樣的看法，在我闡述什麼是理性，理性有些什麼能爲的時候，就不能不提到這種倫理學，這是我那種看法帶來的。儘管〔斯多噶派的〕那種目的，在一定限度內由於運用理性或僅是由於一種合理的倫理學就可以達到，儘管經驗也指出那些純粹是合乎理性的人物——人們一般稱爲實踐哲學家的人物，這種稱呼也是有理由的，因爲本來的，也就是理論的哲學家是把生活帶到概念中去，而這些實踐哲學家卻是把概念帶到生活中去——就是最幸福的人們，然而，如果說用這種方式就能達到什麼完美的〔境界〕，如果說正確使用理性就眞能使我們擺脫人生的一切重負和一切痛苦而導致極樂，那就差得太遠了。應該說既要生活而又不痛苦，那根本就是十足的矛盾；因此，通常說的「幸福的人生」也含有這種矛盾。誰要是把我下面的說明，直至最後一個字，都掌握了，他就會確切地明白這個道理。其實，這種矛盾在那純理性的倫理學本身中便已暴露出來了，那就是說，〔人的〕肉身上的痛苦是不可能用一些命題、定理和邏輯推論，就可在哲學的談話中把它談掉的。斯多噶派哲人在這痛苦既占優勢而又無可救藥的時候，也就是人的唯一宗旨——幸福——已經無法達到的時候，除死而外無法擺脫痛苦的時候，就不得不被迫在他們指示幸福生活的教條中（他們的倫理學總是這種指示）把自殺的勸告攙雜到這些教條中去（好像在東方專制帝王的豪華裝飾品和用具中也有一個珍貴的小瓶兒裝著毒藥一樣），於是死也就和其他藥物一樣，可以漠然無動於衷吃下去了。於是，這裡就出現了一個顯著的對照：一面是斯多噶派的這種倫理學；一面是前文論及的一切其他倫理學要把美德自身直接作爲目的，不管痛苦是如何沉重，也不要人們爲了擺脫痛苦就結束自己的生命。可是在這些人中，沒有一個能說出反對自殺的眞正理由，他們只是艱苦地蒐集了一些各種各樣似是而非的、表面上的理由。反對自殺的眞正理由在本書第四篇中自會隨同我們考察的進展而顯豁出來。斯多噶派的倫理學實質上只是一種特殊的幸福論，它和以美德爲直接目的的那些學說常在結論上不謀而合而有外表上的類似關係，然而剛才指出的那個對照既暴露了，又證實了雙方之間有著本質的、原則上的根本區別。至於上述那個內在的矛盾，甚至在基本思想上就附在斯多噶派倫理學中的矛盾，還在另一方面有其表現；即是說這種倫理學的理想，斯多噶派的智者，即令是在〔他們自己〕這種倫理的陳述中也決不能獲得生命或內在的、詩意的眞理。這個智者仍然是一個木雕的、僵硬的、四肢拼湊起來的假人；人們既不知道拿它怎麼辦，他自己也不知道懷著滿腔智慧往哪裡去。他那種完全的寧靜、自足、極樂恰好和人生的本質相矛盾，不能使我們對之有什麼直觀的表象。同這種智者相比，那些世界的超脫者，那些自覺自願的懺悔者就完全不同了。這些人是印度的智慧給我們指出過，並眞正產生過的。至於基督教的救主，那就是一個更爲卓越的形象了。他，充滿著這個深刻形象的生命，擁有最高的、詩意的眞理和最重大的〔人生〕意義，在具備完美的德行、神聖性、崇高性的同時，又在無比的受難狀況中矗立在我們面前。*

---

* 第二卷第十六章是補充這裡的。

第二篇　世界作爲意志初論

意志的客體化

精神的寓所是我們，不是陰曹地府，不是天上星辰：
這兩者都是活在我們之中的精神所製作的。

17

在第一篇裡我們只是把表象作爲表象，從而也只是在普遍的形式上加以考察。至於抽象的表象，亦即概念，它只是由於和直觀表象有著相應的關係，它才有一切內蘊和意義，否則便無價值、無內容；就這一點說，我們也是按它的內蘊而認識它的。〔不過〕既然完全要指靠直觀表象，我們現在就也要認識直觀表象的內容、認識它的詳細規定和它在我們面前表演出來的形象。而我們特別關心的則是對於它本來的眞正意義，對於這個否則僅只是「感到」的意義獲得理解。借助於這種眞正的意義，〔出現於我們面前的〕這些景色才不至於完全陌生地、無所云謂地在我們面前掠過，——不借助於這種意義，那就必然會如此——，而是直接向我們招呼，爲我們所理解，並使我們對它發生一種興趣，足以吸引我們的全部本質。

我們且把視線轉到數學、自然科學和哲學上來，三者之中每一種都容許我們指望它會部分地提供我們所尋求的理解。——可是我們首先就發現哲學是一個長有許多腦袋的怪物，每個腦袋都說著一種不同的語言。就我們這裡提出的，有關直觀表象的意義這一點說，他們固然不是全部各異其辭，因爲除懷疑論者和唯心論者以外，其餘的，在主要的方面，說法部頗爲一致。他們說，**客體**是表象的**基礎**，客體雖在全部的存在和本質上與表象不同，同時卻又在一切片段上如此相似，有如雞蛋與雞蛋彼此的相似一樣。雖然有他們這樣一致的說法，卻不能對我們有什麼幫助，因爲我們根本不知道（如何）把客體從表象區別開來，而只發現彼此是同一事物，是二而一。既然一切客體總是，並且永遠是以主體爲前提的，因而也總是表象，無可更改；同樣，我們也已認識了「是客體」乃是表象的最普遍的形式，而這形式又正是客體和主體的分立。此外，人們在談到客體時引以爲據的根據律，在我們看來也只是表象的形式，即是此一表象與另一表象間有規律性的聯繫，而不是整個的、有盡的或無窮的系列的表象和一個並非表象的什麼、一個不得成爲表象的什麼之間的聯繫。至於懷疑論者和唯心論者的說法，我們在上面談到外在世界實在性的爭論時就已談過了。

對於我們只是一般地，只在形式上認識了的直觀表象，如果我們現在要在數學方面來找我們所尋求的、進一步的認識，那就只能談到那些充塞時間和空間的表象，即是只能就表象是數量這一範圍來說話。數學對於多少或多大固然會有最精確的答案，但是這多少或多大總只是相對的，即是一個表象和另一個表象的比較，並且只是片面地計及數量的比較；因此，這也不會是我們在主要的方面所尋求的答案。

最後我們如果再看看自然科學廣泛的、分成許多部門的領域，那麼我們首先就能大別之爲兩個主要部門。自然科學要麼就是形態的描寫，要麼就是變化的說明，我則分別稱之爲**形態學**和**事因學**。前者考察不變的形式，後者按形式轉變的規律而考察變遷中的物質。雖不甚恰當，但前者在其整個範圍內就是人們稱爲自然史的（科學）；特別是作爲植物學和動物學，它教我們認識各種不同的，個體（儘管）無止境地相互替換（而無礙於），不變的、有機的，從而是硬性規定的那些形態。這些形態構成直觀表象內容的一大部分，形態學把它們分類，加以區分，加以統一，按自然的和人爲的系統加以排列，置之於概念之下而使概覽和認識所有的形態成爲可能。此外，形態學還在整個的或部分的領域中指出一種貫穿一切〔形態〕的，差別無限細微的類似性（設計的統一性），藉此類似性，這些形態就好比是圍繞著未經一日入譜的主旋律的繁複變調似的。物質如何進入那些形態，也即是個體的發生〔問題〕不是我們要研究的主要部分。這是因爲每一個體都是從一個與之相同的個體經由生殖作用而出世的。這種生殖作用，到處都是一樣的神祕，至今還躲避著〔人們〕清楚的認識；而人們所知道的一點兩點又屬於生理學的範圍，生理學又屬於事因學的自然科學。基本上屬於形態學的礦物學，尤其是礦物學成爲地質學的時候，也〔是〕傾向於事因學的自然科學。本來事因學就是到處以認識原因後果爲主題的一切自然科學的各科別。因果的認識指出在物質的**一個**狀態之後，如何按一個從無訛誤的規則又必然有另一個一定的狀態繼之而起，指出一個一定的變化如何必然地制約並引出另一個一定的變化：這樣指出就叫做**說明**。屬於事因學的〔科學〕主要的是力學、物理學、化學、生理學。

可是如果我們一味信任這些科學的教導，我們隨即就會發現事因學和形態學一樣，都不能在我們追究的主要問題上作出答覆。形態學把無數的、變化無窮的，卻是由於一種不會看錯的族類相似性而相近的衆形態攤〔開〕在我們面前；在這種方式下，這些形態對於我們永遠只是些陌生的表象；如果僅僅是這樣去考察，這些形態也就等於攤開在我們面前不可理解的象形文字一樣。與此相反，事因學教導我們的是物質的這一個一定狀態按因果法則引出那一狀態，這就把狀態說明了，就算盡了它事因學的職責了。事實上，事因學所做的根本只是指出物質狀態出現於時間空間所遵守的、有規律性的秩序，只是爲一切場合肯定哪一現象一定在此時此地必然出現，只是按一個規律決定那些狀態在時間空間中的地位。這規律所有的一定的內容是經驗已告訴了我們的，至於其一般的形式和必然性卻是無待於經驗而爲我們所意識的。但是，關於那些現象中任何一個現象的內在本質，我們並未由此獲得絲毫的啟發，這種本質則被稱爲**自然力**而在事因學的說明範圍以外。事因學的說明每當有了那些它所知道的，自然力表出所需的條件時，就把這種力開始表出時不變的常規叫做**自然律**。不過，這自然律，這些條件，這種開始表出，就一定的地點和一定的時間說，也就是事因學的說明所知道的、能知道的一切了。而自行表出的自然力本身，按那些規律而發生的現象的內在本質，對於事因學卻永遠是一個祕密，不管現象是最簡或最繁，永遠是完全陌生的和未知的東西。因爲事因學直至現在爲止，雖已在力學方面最圓滿地，在生理學方面最不圓滿地達到了自己的目的，然而一顆石子藉以落到地上或一個物體藉以撞走另一物體的力，從其內在本質說，對於我們，其爲陌生和神祕並不亞於促使動物運動、促進動物生長的力。力學假定物質、重力、不可透入性、由撞擊而來的運動的可傳遞性、形體固定性等等爲不可窮究的，稱之爲自然力；而自然力在一定條件下必然的、規律性的表出，又稱爲自然律。這然後才開始力學的說明〔工作〕；所謂說明就是忠實地並以數學的精確性，指出每一種力在何時、何地、如何表出；把力學發現的每一現象還原爲這些力的一種。物理學、化學、生理學各在其領域內也是如此炮製，只是它們的假定更多而成績更少罷了。準此，即令是整個自然界最完備的事因學說明，實質上也不過是羅列一些不能說明的〔自然〕力，不外在這些力表出於時間空間，其現象相互繼起相互讓位時妥當地指出其規則；但是如此顯現的諸力，因爲它們的內在本質是事因學所服從的規律所達不到的，所以事因學只好長此任其不得說明而止於現象及現象的秩序而已。在這種意義上，事因學的說明就可和大理石的橫切面相比擬，因爲這種橫切面雖然現出許多〔平頭〕並列的紋理，但無從認識這些紋理是如何從大理石的內部達到這橫切面的。如果我可以因爲太巧合而容許自己再舉一個有玩笑意味的例子，那麼，對於整個自然界完成了事因學的說明之後，在一個哲學研究者看來必然是這樣一種滋味，就好比一個人自己不知道怎麼闖進了一個他全無所知的社交團體，這裡的成員們依次向他介紹了一個又一個，說某人是他的朋友，某人是他的中表，也算夠詳細的了；但是他自己在每次有人作介紹時，雖然總是向人表示他很高興認識這些新交，可是每次都有一個問題到了口邊上：「可才見鬼，我究竟是怎麼闖進這一夥的呢？」

於是，關於我們當作自己的表象而認識的那些現象，事因學也就不能給我們指出我們所期望的，使我們超出現象以外的那個理解。因爲這些現象，有了事因學的一切說明之後，依然僅僅是出現在我們面前的，完全陌生的表象，我們並不了解它的意義。至於因果的聯繫又僅僅只指出這些現象出現於時間空間的規律和相對的秩序，並不教我們進一步認識如此出現的〔東西本身〕。並且因果律本身也僅是對表象，對一定種類的客體有效，只有在假定了這些客體之後才有意義。於是，因果律和客體本身一樣，總要關聯到主體，是在條件之下存在的；所以因果律，正如康德教導我們的，既可以從主體出發，也即是先驗地去認識，也可以從客體出發，也即是經驗地去認識。

不過現在推動我們去探求的，正是我們不能自滿於知道我們有表象，知道表象是如此這般的，是按這個那個規律聯繫著的，知道根據律就是這一些規律的總形式等等。我們正是不能以此自足，我們要知道那些表象的意義，我們要問這世界除了是表象之外，是否就再沒什麼了；——如果真是這樣，這世界在我面前掠過，就必然和無實質的夢一樣，就和幽靈般的海市蜃樓一樣，不值我們一顧了——；我們要問世界除了是表象之外，是否還有什麼，如果有，那又是什麼。現在就可以確定的是：我們這兒所追問的必然是在本質上和表象根本不同，完全不同的東西，表象的那些形式和法則對於它必然是毫不相干的，因而人們也不能從表象或以這些法則為線索求得這東西。法則僅僅是把那些客體、那些表象互相聯繫起來，所以法則就是根據律的那些形態。

在這裡我們已經看到，從外面來找事物的本質是絕無辦法的，無論人們如何探求，所得到的除了作爲比喻的形象和空洞的名稱之外，再沒有什麼了。這就好比一個人枉自繞著一座王宮走而尋不到進去的入口，只落得邊走邊把各面宮牆素描一番。然而這就是我以前的一切哲學家所走的路。

18

事實上，如果這個探討的人單純只是一個認識著的主體（長有翅膀而沒有身軀的天使），此外就不是什麼了，那麼，要追求這個世界，僅是作爲我的表象而與我對立的世界的意義，或是發現從這個世界只是作爲認識主體的純粹表象的世界（如何）過渡到它除了是表象之外還可能是的那個什麼，那就絕對做不到了。然而這個探討人自己的根子就栽在這（樣一）個世界裡，他在這世界裡是作爲**個體**（的人）而存在的，即是說儘管他的認識是作爲表象的整個世界以之爲前提的支柱，這種認識畢竟是以一個身體爲媒介而獲得的。身體的感受，如已指出的，就是悟性在直觀這世界時的出發點。對於單是認識著的主體，就它是主體說，這個身體也是表象之一，無異於其他表象，是客體中的一客體。這個身體的活動和行爲的意義，如果不是以完全不同的另一方式來揭穿謎底的話，對於這主體也將無異於它所知道的一切其他直觀客體的變化，也將是陌生的、不可理解的。要不是（另有方法揭穿謎底）的話，這主體也會看到它自己的行爲按已出現的動機而以一種自然規律的恆常性起落，正和其他客體的變化隨原因、刺激、動機而起落一般無二。而對於動機的影響，除了（看作）對主體顯現的任何其他後果與其原因之間的聯繫外，這主體也不會有進一步的了解。它會把自己身體的那些表現和行爲的內在的、它所不了解的本質也任意叫做一種力、一種屬性，或一種特質，但是再沒有更深入的見解了。可是實際上，這一切〔看法〕都是不對的，而應該說這裡的謎底已是作爲個體而出現的認識的主體所知道的了；這個謎底叫做意志。這，也唯有這，才給了這主體理解自己這現象的那把鑰匙，才分別對它揭露和指出了它的本質、它的作爲和行動的意義，和內在動力。認識的主體既由於它和身體的同一性而出現爲個體，所以這身體對於它是以兩種方式而存在的：一種是悟性的直觀中的表象，作爲客體中的一客體，服從這些客體的規律。同時還有一種完全不同的方式，即是每人直接認識到的，意志這個詞所指〔的那東西〕。他的意志的每一眞正的活動都立即而不可避免地也是他身體的動作；如果他不同時發覺這意志活動是以身體的動作而表出的，他就不曾是眞實地要求這一活動。意志活動和身體的活動不是因果性的紉帶聯結起來的兩個客觀地認識到的不同情況，不在因和果的關係中，卻是二而一，是同一事物；只是在兩種完全不同的方式下給與的而已：一種是完全直接給與的，一種是在直觀中給與悟性的。身體的活動不是別的，只是客體化了的，亦即進入了直觀的意志活動。再往後面我們就會明白這一點不僅適用於隨動機而起的活動，並且也適用於只是隨刺激而起的、非有意的身體活動，適用於每一種身體活動。可以說整個身體不是別的，而是客體化了的，即已成爲表象了的意志。這一切都在後文中交代並且有明白〔的解釋〕。我在第一篇和《根據律》那篇論文中，曾按當時有意採取的片面立場（表象的立場）把身體叫做直接客體；這裡在另一意義中，我〔又〕把它叫做意志的客體性。因此，在某種意義上人們也可以說：意志是認識身體的先驗認識，身體是認識意志的後驗認識。指向將來的意志決斷只是理性對於人們行將欲求的〔東西〕作考慮，不是本來意義的意志活動。只有實施才在決斷上蓋上了印記；在此以前，決斷總還只是可變的預定，只存在於理性中、抽象中。唯有在反省思維中，欲求和行為才是不同的〔兩事〕，在現實中二者只是一〔事〕。每一眞正的、無僞的、直接的意志活動，都立即而直接地也就是身體的外現活動。在另一方面與此相應的是，對於身體的每一作用也立即而直接地就是對於意志的作用。這種作用，如果和意志相違，就叫做痛苦；如果相契合，則叫做適意、快感。雙方的程度、分量都是極不相同的。所以，如果人們把苦樂稱為表象，那是完全不對頭的。苦樂決不是表象，而是意志的直接感受，在意志的顯現中，在身體中。苦樂是身體對所忍受的外來印象，被迫而然的，一瞬間的中意或不中意。可以直接只是當作表象看的，因而要從剛才所講的除出來的，只有施於身體的某些少數印象。這些印象不激動意志，身體也只是由於這些印象才是認識的直接客體；因為身體作為悟性中的直觀就已經是和其他客體一樣，是間接客體了。這裡所指的是純粹客觀的感性官能的感受，如視覺、聽覺、觸覺等官能的感受，並且只限於這些器官是以其特有的、專擅的、與其本性符合的方式而有所感受的範圍內；只在這時，那些感受才是對於這些器官的提高了的、專門化了的感覺力最微弱的刺激，其微弱的程度不足影響意志，不為意志的激動所干擾：而僅僅只是給悟性提供資料，直觀就是從這些資料中產生的。對於感性器官任何一種更強烈的或其他種類的感受都是痛苦的，亦即是和意志相反的，所以感性器官也屬於意志的客體性之一種。——神經衰弱就在於這些外來作用原有的強度本僅足以使這些作用成爲悟性的材料，現在卻達到一種更高的強度，以至激動意志，即產生痛苦或快感，並且多半是痛苦，不過其中一部分是遲鈍的、模糊的：所以神經衰弱不僅是對於個別聲音和強烈光線會有痛感，並且一般也造成病態的易怒善感的精神狀態，然而又不是清晰的有所認識。還有些情況也足以表現身體和意志的同一性，其中之一就是意志每一次劇烈的、過度的激動，亦即激情，都絕對直接震撼身體及其內在動力，干擾其生命機能的運行。關於這一點，人們可在《論自然中的意志》第二版第二七頁看到專門的論述。

最後，我對於自己的意志的認識，雖然是直接的，卻是和我對於自己身體的認識分不開的。我不是整個地認識我的意志，我不是把它作爲統一的，在本質上完整地認識它，而只是在它個別的活動中認識它，也就是在時間中認識它。而時間又是我的身體這個現象的形式，也是任何客體的形式；因此身體乃是我認識自己意志的條件。準此，沒有我的身體，我便不能想像這個意志。在《根據律》那篇論文裡，雖然曾把意志或者該說欲求的主體，當作表象或客體的一個特殊類別提出，然而即令是在那裡，我們也已經看到這個客體和主體落到一處而合一了，即是說已不再是客體了。在那裡我們把這種合一叫做最高意義上的奇蹟。在某種限度內，本篇的文字整個兒的就是這個奇蹟的解說。——只要我是把自己的意志眞當作客體來認識，我就是把它當作身體來認識的；可是，我這就又到了上述那篇論文所提出的第一類表象了，也就是又到了實在客體。我們將在後文中逐漸逐漸更體會到，那第一類表象恰好只能在那兒提出的第四類表象中找到它的解釋、它的謎底，而第四類表象已不便作爲和主體對立的客體看了；將更體會到，我們準此就必須從支配第四類表象的動機律來理解支配第一類表象的因果律的內在本質，以及依這條規律而運行的〔東西〕的內在本質。

目前初步描述了的意志和身體的同一性，是只能像在這裡這樣做的加以指實；這裡雖是第一次這樣做，在後文中還要逐步加強這樣做。這裡所謂「指實」就是從直接的意識，從具體中的認識提升爲理性的知識或轉入抽象中的認識。在另一方面，這種同一性，由於其本性、又決不能加以證明的，也就是不能作爲從另一個直接認識引申出來的間接認識；這又正是因爲這個同一性本身就是最直接的認識，並且如果我們不把它當作這樣的認識來理解它，牢固地掌握它，那麼我們就會徒勞地等待怎樣間接地把它當作引申出來的認識而再掌握它。它完全是一種特別的認識，因此它的眞實性也不能納入我在《根據律》那篇論文 §29 中及其後各節對於一切眞理所作的四種區分中，亦即不能歸類於邏輯的、經驗的、形而上的和超邏輯的四種眞理之中。原來它和所有這些眞理都不同，它既不是一個抽象表象對另一表象的關係，也不是一個抽象表象對直觀的表象作用或抽象的表象作用必需的形式的關係；而是指一個對關係的判斷，這種關係乃是一個直觀表象，即身體對一個根本不是表象，與表象在種類上不同的東西、即意志的關係。因此，我想使這種眞理突出於其他一切眞理之上，把它叫做最高意義上的**哲學眞理**。人們可以用各種不同的方式來表達這一眞理，可以說：我的身體和我的意志是同一事物；或者說：我把它當作直觀表象而稱之爲我的身體的東西，只要它是在一種完全不同的，沒有其他可以比擬的方式下爲我所意識，我就稱之爲我的意志；或者說：

我的身體是我的意志的**客體性**；或者說：如果把我的身體是我的表象（這一面）置之不論，那麼，我的身體就只還是我的意志；如此等等*。

19

當我們在第一篇裡，把自己的身體和這直觀世界的其他一切客體一樣，都說成只是認識著的主體的表象時，（曾不免）有內心的爭執；可是現在我們明白了在每人的意識中是什麼東西把自己身體的表象，和其他的在別的方面仍與之相同的一切表象區別開來。這區別就在於身體還在完全另一個在種類上不同的方式中出現於意識，這個方式人們就用**意志**這個詞來標誌。並且正是我們對於自己身體所有的這一雙重認識給我們指出了理解身體本身，身體隨動機而有的作用和運動，以及身體對外來作用所受的影響（等等）的鑰匙；一句話，給了我們理解身體在不作爲表象時，而是在表象以外，它**自在**的本身是什麼的鑰匙。這不是我們對於一切其他實在客體的本質、作用和所受的影響直接能有的理解。

* 第二卷第十八章是補充這裡的。

認識著的主體正是由於這一特殊的關係對這麼一個身體的關係而是個體。〔當然，〕如不在這特殊關係中看，身體對於認識著的主體也只是一個表象，無異於其他一切表象。可是認識著的主體藉以成爲**個體**的這個關係，就正是因此而只在每個主體和其所有一切表象中唯一的一個表象之間了，所以主體對於這唯一的表象就不僅是把它作爲表象，而是同時在完全另一方式中意識著它，也就是把它作爲意志而意識著它。然而，如果這主體脫離了這個特殊關係，脫離了對唯一的〔與自己〕同一的東西所有的兩種完全不同的雙重認識，那麼，這唯一的東西，身體，仍然是一個表象，無異於其他表象；那麼，爲了在這方面找到一個頭緒，認識著的個體要麼是必須假定這唯一的表象所以與衆不同，僅在於只是對這一表象他的認識才有這樣的雙重關係，只在這**一個**直觀客體中他同時具有以兩種方式來理解的可能；然而這〔可〕不是以這個客體和其他一切客體之間的區別來解釋的，而是以他的認識對這一客體的關係不同於他對一切其他客體的關係來解釋的。要麼是必須假定這唯一的客體在本質上不同於其他一切客體，在一切客體中唯獨它同時是意志和表象，而其餘的則相反，僅僅只是表象，也就只是些幻象；所以他的身體是世界上唯一眞實的個體，亦即是唯一的意志現象和主體的唯一直接客體。——至於其他客體僅僅作爲**表象**看，是和他的身體相同的，亦即和身體一樣充塞空間（只是本身作爲表象才可能有的〔空間〕），在空間中起作用。這固然是可以從對於表象〔有〕先驗妥當〔性〕的因果律得到確實證明的，而因果律是不容許一個沒有原因的後果的；可是如果撇開從後果根本只許推論到一個原因而不是推論到一個相同的原因這一點不談，那麼人們以此就總還是在單純的表象範圍之內，而因果律就單是對表象有效的，過此它決不能越雷池一步。至於在個體看來只是作爲表象而認識的諸客體是否也和他自己的身體一樣，是一個意志的諸現象，這一點，如在前一篇已經說過的，就是外在世界的眞實性這問題的本來意義。否認這一點就是理論上的自我主義的旨趣。這種自我主義正是由此而把自己個體以外所有的現象都當作幻象，猶如實踐上的自我主義在實踐的方面做著完全相同的事一樣，即是只把自己本人眞當作人，而把其餘一切人都看作幻象，只當作幻象對待。理論的自我主義固然是用推證再也駁不倒的，不過它在哲學上決不是除了作爲懷疑詭辯外，亦即除了帶來假象外還有什麼可靠的用處。但是作爲嚴肅的信念，那就只能在瘋人院裡找到這種理論上的自我主義；而作爲這樣的信念，人們要做的與其是用推論的證明來駁斥它，倒不如用一個療程來對付它。既然如此，我們就不再在它身上糾纏下去，而只把它看作永遠要爭論的懷疑論的最後一個堡壘就得了。我們的認識永遠是束縛在個體性上的，並且也正是因此而有其侷限性。眞正說起來，正是這侷限性才產生了我們對於哲學的需要。如果我們這種認識必然帶來的後果是每人只能是「一」，卻能認識其他一切，那麼，我們，正是因此而努力以哲學來擴大知識領域的我們，就會把在這裡和我們作對的，理論的自我主義〔所提出〕的那個懷疑論點當作一個小小的邊防堡壘看待；儘管永遠攻它不下，好在它的守備人員也絕對衝不出來，因此人們大可以放心走過去，把它留在後方並沒有危險。

準此，我們以後就要把現在既已弄明白了的認識，亦即我們對於自己身體的本質和作用所有的雙重認識，在兩種完全不同的方式下所得到的認識，當作一把鑰匙使用，以便探討自然中任何一現象的本質：並且所有一切客體並不是我們自己的身體，從而在我們的意識中也不是在雙重方式下知道的，而只是單純表象，那些客體也要按前面所說身體的類似性來判斷；所以要假定這些客體一方面完全和身體一樣，也是表象，以此和身體爲同類；另一方面，如果人們把它們的實際存在原是主體的表象這一面放在一邊，那麼，還剩下的那〔一面〕，就其本質說，就必須和我們在自己身上叫做意志的東西是同一回事了。原來，我們還能以什麼另一種的實際存在或實在性附置於其餘的物體世界之旁嗎？到哪裡去找我們構成這樣一個世界的因素呢？除了意志和表象之外，根本沒有什麼我們〔能〕知道、能思議的東西了。這個物體世界直接只存在於我們的表象中，如果我們要把我們所知道的一種最大的實在性附置於這個物體世界之旁，那麼我們就給它每人自己身體所有的那種實在性，因爲身體對於任何一個人都是最實在的東西。但是如果我們分析這個身體的實在性和它的活動，那麼，除了它是我們的表象外，我們在身體中所碰到的就只有意志了。除此而外，身體的實在性也就以此告罄了。因此，我們再沒有什麼地方還可找到別樣兒的實在性來附置於物體世界了。如果說物體世界除了只是我們的表象以外，還應是什麼，那麼，我們就必須說，它除了是表象而外，也就是在它自在的本身，在它最內在的本質上，又是我們在自己身上直接發現爲意志的東西。我說「在它最內在的本質上」，那麼我們首先就得進一步認識意志的這個本質，以便我們知道如何區分意志和不屬於意志自身而已是屬於它那些級別繁多的現象的東西。例如有「認識」相隨伴和以此認識爲條件而被動機所決定〔這情況〕就是這類東西。我們在後文中就會看清楚這些東西並不屬於意志的本質，而只是屬於意志作爲動物或人那些鮮明的現象。因此，我如果說促使石子降落到地面上來的力，就其本質說，在它自在的本身上，在一切表象之外，也是意志，人們就不會對這句話有這種怪誕的想法，說這石子也是按照一個認識了的動機而運動的，因爲在人〔身上〕意志是這樣顯現的*。——可是從現在起，我們就要更詳盡更明晰地證實前此初步地、一般地闡述過的東西，並指出其根據而加以充分發揮。**

---

* 培根以為物體的一切機械物理運動都是在這些物體中有了事先的知覺才發起的。這雖是對真理的一種冥悟而產生了這個錯誤的命題，我們可決不會贊同這種意見。克卜勒的主張也有同樣的意味。他在《論火星》一文中認為行星也必須有認識才能準確地按橢圓軌道運行，才能這樣控制它們自己運行的速度，即是說軌道平面的三角形永遠和時間成正比，而行星就在這三角形通過其底邊。

** 第二卷第十九章是補充這裡的。

20

如上所說，**意志**，作爲〔人〕自己的身體的本質自身，作爲這身體除了是直觀的客體，除了是表象之外的東西，首先就在這身體的有意的運動中把它自己透露出來，只要這些運動不是別的而是個別意志活動的「可見性」。這「可見性」和意志活動是直接而完全同時發起的，和意志活動是同一回事；只是由於這「可見性」轉入了「認識」的形式，亦即成爲表象，才和意志活動有區別。

可是意志的這些活動還永遠有一個自身以外的根據，在動機中的根據。不過動機所規定的決不超出我**此時**，**此地**，在此情況下欲求什麼；既不規定我根本**有欲求**，也不規定我根本欲求什麼，亦即不規定那些標誌著我整個欲求的特徵的行爲規範。因此，我的欲求並不是在其全部本質上都可以以動機來說明的，動機只是在時間的某一點上規定這欲求的表出，只是促成我的意志把它自己表出的一個契機。意志本身則相反，它是在動機律的範圍以外的，只有它在時間的任何一點上的顯現才必然是動機律所規定的。唯有在假定我的驗知性格之後，動機才是說明我們行爲的一個充分根據。如果把我的性格撇開，然後來問我爲什麼要這而不要那，那就不可能有一個答覆，因爲服從根據律的只是意志的**現象**，而不是意志本身；在這種意義上說，意志就要算是**無根據**的了。關於這一點，一部分以康德關於驗知性格和悟知性格的學說和我自己在《倫理學基本問題》（第一版第四八—五八頁，又見第一七八頁等，第二版第四六—五三頁，又見第一七四頁等）中的說明爲前提，一部分則將在〔本書〕第四篇詳細討論。目前我只須喚起注意，一個現象以另一現象爲根據這事實，在這裡也就是行爲以動機爲根據的事實，並不和現象的自在本質便是意志〔這事實〕相背馳。意志本身並無根據，因爲根據律無論在哪一形態中都只是認識的形式，也就是根據律的效用只及於表象、現象〔或〕意志的「可見性」，而不及於意志本身，意志本身〔是不可見的，是後來才〕成爲可見的。

既然我身體的每一活動都是一個意志活動的現象，而我的意志本身，亦即我的性格，又在一定的動機之下根本整個地自行表出於這意志活動中，那麼，每一活動的不可少的條件和前提也必然就是意志的顯現了；因爲意志的顯現不能有賴於什麼不是直接地，不是單由意志〔發動的〕東西，也就是不能有賴於對意志只是偶然的東西。如果有賴於偶然的東西，意志的顯現自身也就只能是偶然的了：然則上述的條件也就正是整個身體本身了。所以這身體本身必然已是意志的現象，並且這身體對於我的整個的意志，亦即對於我的悟知性格——我的「悟知性格」表現於時間即我的驗知性格——必須和身體的個別活動對於意志的個別活動爲同一樣的關係。所以，只要身體是直觀客體，是第一類表象，整個身體就必然是我的，已成爲可見了的意志，必然是我的可見的意志本身，而不能是別的什麼。——作爲這一點的證明是前文所已說過的〔事實〕，亦即我的身體每次受到外來的作用，這個作用也立刻而直接地激動我的意志，在這意義上這就叫做痛苦或快適，或程度輕微些就叫做適意的或不適意的感覺；並且反過來也是一樣，意志的每一劇烈激動，也就是感動和激情，都震撼著身體，阻撓身體機能的運行。——儘管事因學能夠對於我身體的發生作出一點很不完善的說明，對於我身體的發育和保存作出更好的說明，而這種說明也就正是生理學；可是生理學恰好也只是和動機說明行為那樣來說明它的題材。因此，正和以動機和由動機產生的必然後果作為個別行為的根據，並不因此就和行為在根本上及其本質上只是一個本身並無根據的意志的現象（這種說明）相刺謬一樣；生理學對身體機能的說明也同樣無損於這一哲學的眞理，即是說這身體全部的實際存在以及其整個系列的機能也只是那意志的客體化，而這意志是在它身體的外在活動中按動機的尺度而顯現的。生理學雖然甚至也企圖把這些外在活動，直接的、有意的運動歸結到有機體中的一些原因，譬如以各種液體的集聚於一處來說明肌肉的運動（雷爾在《生理學資料叢書》第六卷第一五三頁說：「有如潮濕了的繩子要縮短似的」），可是即令人們眞正澈底作出這種說明，也決不會取消這一直接確切的眞理，（無礙於）說每一有意的運動（動物的機能）都是一個意志活動的現象。同樣，生理學對於繁殖成長著的生命（自然的機能、生命的機能）的說明，儘管如何發展，也不能取消這整個的、如此發展著的動物生命本身就是意志的現象這一眞理。如上所述，任何事因學的說明除了指出個別現象在時間、空間中必然被規定的地位，指出現象在這兒必然出現的固定規則而外，決不再指出什麼（東西）；另一面，在這種途徑上，任何現象的內在本質總是無法探究的，事因學的說明只有假定這種本質〔的存在〕而僅僅是以「力」、「自然律」這類名稱來標誌它，而如果所說的是行爲，就用性格、意志這類名稱來標誌它。所以儘管每一個別的行爲，假定性格是固定的，必然要隨已出現的動機而發起；儘管〔動物的〕成長、營養過程和動物身體內的全部變化部按必然地起作用的原因（刺激）而進行；然而這整個系列的行爲，從而每一個別的行爲，並且還有行爲的條件，執行這些行爲的整個身體本身，從而還有身體存在於其中，由之而存在的過程〔等等〕，這些都不是別的，而只是意志的現象，是**意志的**成爲可見，是**意志的客體化**。這就是人和動物的身體所以根本和人與動物的意志完全相適應的理由，正和故意製造的工具與製造者的意志相適應一樣，不過更遠遠超過這種相適應的〔關係〕罷了。因此，這種相適應就顯現爲目的性，亦即用目的論來說明身體的可能性。因此，身體的各部分必須完全和意志所由宣洩的各主要欲望相契合，必須是欲望的可見的表出：牙齒、食道、腸的輸送就是客體化了的飢餓；生殖器就是客體化了的性慾；至於攫取物的手和跑得快的腿所契合的已經是意志的比較間接的要求了，手和腳就是這些要求的表出。如同人的一般體形契合於人的一般意志一樣，同樣，個人的身體也契合個別形成的意志，各個人的性格。因此，人的身體，無論是就全體說或是就所有各個部分說，都有個別的特徵，都富有表現力。很可注意的是在亞里斯多德所引（《形上學》III. 5）巴門尼德斯的一段詩句中就已道出了這種思想，詩是這樣寫的：

「如同每人有屈伸自如的肢體結構，
與此相應，在人們中也住著心靈；
因爲精神和人的自然肢體
對於一切人都相同，因爲在這以上
有決定性的還是智慧。」*

21

誰要是現在由於所有這一切考察也在抽象中，從而是明晰地、妥當地，獲得了每人在具體中直接具備的認識；也就是作爲感到的認識，從而認識到他自己的現象的本質就是他自己的意志，而他自己的現象既是由於他的行爲，又是由於這行爲的不變底本，他的身體，作爲表象而對他展示出來的；認識到意志構成他意識中最直接的〔東西〕，但作爲這種最直接

* 第二卷第二十五章是補充這裡的；此外，還有在我所著《論自然中的意志》的幾個主題：「生理學」和「比較解剖學」，凡在這兒只是略為示意的，在那裡都有詳盡的論述。

的東西，它並沒有完全進入表象的形式，——在表象的形式中，客體和主體是對峙的——，而是在一種直接的方式中——在此方式中人們不十分清楚地區別主體客體——把自己透露出來的；並且也不是整個透露出來的，而僅僅只是在其個別活動中使個體本身得以認識它而已；——我說，誰要是和我一同獲得了這個信念，那麼，這個信念就會自動成爲他認識整個自然的最內在本質的鑰匙，因爲他現在可以把這信念也轉用到所有那些現象上去了。（當然，）那些現象不同於他自己的現象，不是在間接的認識之外，又在直接的認識中被知的，而僅僅是在間接的認識中，亦即片面地作爲**表象**而被知的。他不僅將在和自己的現象類似的那些現象中，在人和動物中，把那同一個意志認爲它們最內在的本質；而且繼續不斷的反省思維還將引導他也把在植物中茁芽成長的力，結晶體所由形成的力，使磁針指向北極的力，從不同金屬的接觸中產生的震動傳達於他的力，在物質的親和作用中現爲趨避分合的力，最後還有在一切物質中起強大作用的重力，把石子向地球吸引，把地球向太陽吸引的力，——把這一切一切只在現象上認爲各不相同，而在其內在本質上則認作同一的東西，認作直接地，如此親密地，比一切其他（事物）認識得更充分的東西，而這東西在其表現得最鮮明的地方就叫做**意志**。唯有這樣運用反省思維才使我們不致再停留於現象，才使我們越過現象直達**自在之物**。現象就叫做表象，再不是別的什麼。一切表象，不管是哪一類，一切**客體**，都是**現象**。唯有意志是**自在之物**。作爲意志，它就決不是表象，而是在種類上不同於表象的。它是一切表象、一切客體和現象、可見性、客體性之所以出。它是個別（事物）的，同樣也是整體（大全）的最內在的東西，內核。它顯現於每一盲目地起作用的自然力之中，它也顯現於人類經過考慮的行動之中；而這兩者的巨大差別卻只是對顯現的程度說的，不是對「顯現者」的本質說的。

22

這個**自在之物**（我們將保留康德這一術語作爲一個固定的公式）既已作爲自在之物，便決不再是客體，因爲一切客體已經又是它的現象而不是它自己了。但是在需要客觀地來設想它的時候，它就必須從一個客體，從一個只要是客觀地已知的什麼，從而即是從它自己的一個現象借用名稱和概念。不過爲了合於作共同理解的支點之用，這個現象就不能是別的，而只能是它所有一切現象中最完善的，亦即是最鮮明、最發達的，直接爲認識所照明了的一個現象。而這就正是人的**意志**。人們也很可以指出我們在這裡當然只是用了從優命名法，由此，意志這個概念就獲得了比它前此所有的更爲廣泛的範圍了。在不同的現象中認出同一的東西，在相似的現象中認出差別，如柏拉圖屢次說過的，這就正是搞哲學的條件。可是直到現在，人們還沒認識到自然界中任何一種掙扎著的、起作用的力和意志的同一性；因此也就沒有把那些複雜的現象看作只是一個屬的不同的種，而是看作完全不同屬、不同類的〔東西〕，所以也沒有一個字眼來標誌這個屬的概念。因此，我就按最優先的種來稱呼這個屬，而對於這個種的直接的、近在眼前的認識又導致對其他一切〔種〕的間接知識。但是對於〔意志〕這概念，這裡是要求把這概念擴大，誰要是不能做到這一點而對於意志這個詞仍然要把它理解爲自來單是用這一詞來標誌的一個種，理解爲由認識指導而專按動機，甚至是只按抽象動機——也就是在理性的指導之下——而自行表出的意志，那麼，他就會自陷於無止境的誤會中；〔因爲理性指導下的〕這種意志，已如上述，只是意志最鮮明的一個現象而已。我們必須在思想中把我們對於這一現象直接認識到的最內在本質純淨地提出來，然後把它轉用於同一個本質所有一切較微弱、較模糊的現象，這樣我們就滿足了擴大意志這概念的要求。——站在與此相反的方面，如果有人認爲用意志這個字眼或是用任何其他字眼來標誌一切現象的本質自身究竟是一樣的，那他就要誤會我了。如果說那自在之物是這麼個東西，我們只是從推論得出其存在，我們只是間接而在抽象中認識它；那倒是和上述這種情況相符，人們誠然可以隨便叫它什麼；而名稱就不過是一個未知數的符號罷了。可是意志這個詞兒，好像一道符咒似地要爲我們揭露自然界中任何事物的最內在本質，那就不是標誌著一個未知數，不是指一個由推理得來的什麼，而是標誌著我們直接認識的〔東西〕，並且是我們如此熟悉的東西；我們知道並懂得意志是什麼，比了解其他任何別的東西更清楚，不管那是什麼東西。過去人們總是把意志這概念賅括在力這概念之下，我則恰好反其道而行之，要把自然界中每一種力設想爲意志。人們不可認爲這是字面上的爭論，也不可認爲這是無所謂，可以漠不關心的〔事情〕，卻更應該說這是有頭等意義和重要性的〔事情〕。原來力這個概念，和其他一切概念一樣，最後是以客觀世界的直觀認識，即現象，亦即表象爲根據的，力的概念也就是從這裡產生的。它是從因與果支配著的領域內提出來的，所以也是從直觀表象中提出來的，從而正是意味著原因之爲原因，〔也就是〕在這原因之爲原因不能在事因學上再有進一步的說明反而正是一切事因學的說明不可少的前提這一點上，它意味著原因之爲原因。與此相反，在一切可能的概念中，意志這概念是唯一的一個不在現象中，不在單純直觀表象中而有其根源的概念，它來自內心，出自每人最直接的意識。在這意識中，每人直接地，沒有一切形式，甚至沒有主體和客體的形式，就在本質上認識到他自己的個體，認識到他同時也就是這個體；因爲在這裡認識者和被認識者完全合而爲一了。因此，如果我們把力這概念歸結爲意志這概念，那麼，我們在事實上就是把較不知的還原爲不能更熟悉的，還原爲眞正直接、完全的已知，並大大地擴大了我們的認識。如果相反，我們仍和過去一樣把意志這概念賅括在力這概念之下，那麼，我們就剝奪了自己唯一的直接認識，——而這是我們對於世界內在本質所有的認識……，因爲我們讓這種認識消失於一個從現象抽出來的概念之中了，因此我們也決不能以此概念超出現象之外。

23

意志作爲自在之物是完全不同於它的現象的，是完全不具現象的一切形式的。只有在意志出現爲現象時，它才進入這些形式；所以形式只和它的客體性有關，對於它自己本身則是不相干的。一切表象的最普遍的形式，客體對於主體這一形式，就已經和它無關；至於次於這一級的，一切那些在根據律中有其共同表現的形式，那就更加不與它相干了。屬於這些次一級的形式的，如衆所周知，還有時間和空間，以及唯有由於時間、空間而存在而成爲可能的雜多性。就最後這一點說，我將借用古經院哲學的一個術語，把時間和空間叫做個體化原理，這是我要請求讀者一勞永逸把它記住的。原來唯有時間和空間才是本質上、概念上既相同而又是一的（東西）畢竟要藉以顯現爲差別，爲雜多性，爲互相並列、互相繼起的東西。所以時間和空間是「個體化原理」，是經院學派傷透腦筋和爭論不休的對象。蘇阿瑞茲❶蒐集了這些材料（《爭辯集》第五節，第三分段），可以參閱。由上所說，意志作爲自在之物是在具有各種形態的根據律的範圍之外的，從而就簡直是無根據的；雖然它的每一現象仍然是絕對服從根據律的。並且，在時間、空間中，它那些現象雖不可數計，它卻獨立於一切雜

---

❶ 蘇阿瑞茲（Francisco Suárez，一五四八—一六一七），西班牙神學家、哲學家，名著為《晚期經院學派》。

多性之外，它本身是單一的一，但又不同於一個客體之爲一。客體的單位性只是在和可能的雜多性的對比上認出來的。〔意志的一〕還不同於一個概念之爲一，那只是從雜多性的抽象產生的，它〔，意志，不是這樣的一，而〕是在時間、空間、個體化原理以外的，即多的可能性之外的一。只有由於下文考察各種現象和意志的不同表現而完全明白了這裡所說的一切之後，我們才能完全體會到康德學說的旨趣。〔才懂得〕時間、空間和因果性不與自在之物相干，而只是認識的形式。

在意志作爲人的意志而把自己表現得最清楚的時候，人們也就眞正認識了意志的無根據，並已把人的意志稱爲自由的、獨立〔無所待〕的。可是同時，人們就在意志本身的無根據上又忽視了意志的現象隨處要服從的必然性，又把行爲也說成是自由的。〔其實〕行爲並不是自由的，因爲從動機對於性格的作用中產生出來的每一個別行爲，都是以嚴格的必然性而發起的。一切必然性，如前所說，都是後果對原因的關係，並且絕對不再是別的什麼。根據律是一切現象的普遍形式，而人在其行動中也必然和其他任何一現象一樣要服從根據律。不過因爲意志是在自我意識中直接地在它本身上被認識的，所以在這〔自我〕意識中也有對於自由的意識。可是這就忽視了個體的人，人格的人並不是自在之物的意志，而已經是意志的現象了，作爲現象就已被決定而進入現象的形式，進入根據律了。這就是一件怪事的來源，〔其所以怪的是〕每人都先驗地以爲自己是完全自由的，在其個別行爲中也自由；並且認爲自己能在任何瞬間開始另外一種生涯，也就是說變爲另外一個人。但是透過經驗，後驗地，他又驚異地發現自己並不自由，而是服從必然性的；發現他自己儘管有許多預定計畫和反覆的思考，可是他的行徑並沒改變；他必須從有生之初到生命的末日始終扮演他自己不願擔任的角色，同樣地也必須把自己負責的〔那部分〕劇情演出直到劇終。這裡我不能再繼續這個考察，作爲一個倫理學的問題這個考察屬於本書的另外一篇。目前，我在這裡只想指出本身並無根據的意志，它的現象作爲現象說，還是服從必然規律的，也是服從根據律的；以便我們要在自然現象中識別意志的表出時，不在這些現象藉以出現的必然性上感到彆扭。

在此以前人們只把某些變化，除開一個動機外，亦即除開一個表象外，就沒有其他根據的變化看作意志的現象；因此，在自然界中，人們僅僅只認人類有意志，最多還承認動物也有意志，因爲認識作用，表象作用，如我在別的地方已提到過的，當然要算作動物界眞正的、專有的特徵。但是在沒有任何認識指導它的地方，意志也起作用；這是我們在動物的本能和天生的技巧*上最容易看得出來的。這裡根本談不上牠們也有表象、認識，因爲牠們就是這麼一直向前奔赴這種目的的，如果說這目的就是牠們認識了的一個動機，那是牠們完全不明白的。因此牠們的行爲在這裡是無動機而發生的，是沒有表象的指導的，並且是領先最清楚地給我們指出了意志如何沒有任何認識也還有活動。才一歲的鳥兒並沒有蛋的表象，〔可是〕牠爲那些蛋而築巢；年幼的蜘蛛沒有俘獲品的表象，〔可是〕牠爲這些俘獲品而結

---

* 第二卷第二十七章專門討論這些〔衝動〕。

網；在牠第一次挖坑以伺螞蟻的時候，食蟻蟲也沒有螞蟻的表象。鹿角蟲的蛹在樹木裡打洞，以爲自己蛻變期的居留所留餘地，就是不管自己將來變成雄蟲還是雌蟲，牠總是把洞子打得比自己（長成時的身體）大一倍；這樣，如果牠變成雄的，那就給牠的兩隻角留下餘地了，而牠並沒有什麼角的表象。在這些動物如此這般的行爲和牠們的其他行爲中，當然有意志的活動在，是顯然的，不過意志是在盲目的行動中；這種行動雖有認識相隨伴，但不是由認識指導的。如果我們已經一度獲得了表象和動機並非意志活動的必要的與本質的條件這一見解，那麼，我們就會更容易在比較不顯著的一些場合也能識別意志的作用。例如蝸牛（背負著）的「住宅」，就不能歸之於一個與蝸牛不相干的，然而是由認識來指導的意志；這就猶如（不能說）我們自己蓋的住宅是由於別人的，而不是我們自己的意志才豎立起來的；相反，我們會把這兩種住宅都認爲是在這兩個現象中把自己客體化的意志的產品。這意志在我們（人）是按動機而起作用的，而在蝸牛，卻還是盲目的，是作爲指向外界的營造衝動而起作用的。就在我們（人），這同一意志在好多方面也是盲目地在起作用，在我們身體中的，沒有認識指導的一切機能中，在一切生機的、成長的過程中（都是如此），（如）消化作用、血液循環、分泌、成長、再生作用（等等）。不僅是身體的活動，就是整個身體全部，如前已證實過的，都是意志的現象，都是客體化了的意志，具體的意志。因此，凡是在身體內進行的一切，就必然是透過意志而進行的，雖然這裡意志不是由認識指導的，不是按動機而決定的；而是盲目地起作用，（只是）按原因（起作用），而在這種場合的原因就叫做刺激。

我把物質的某一狀態稱爲原因，本來是就最狹義的原因說的，即是說這個狀態在它必然引起另一狀態時，它自己也經受同樣大的一個變化，和由它所引起的變化一樣大；而這就是「作用與反作用相等」這定律所表示的。再進一步就所謂眞正的原因說，後果和原因的增長成準確的正比，並且反作用也是這樣；所以，一旦知道了這一作用的方式，那麼後果的強度就可從原因的強度測知並計算出來，相反亦然。這種所謂原因是在力學、化學等等的一切現象中起作用的，簡言之，就是在無機體的一切變化中起作用的。與此相反，我又以刺激稱呼某種原因，這種原因自己不經受與其作用相當的反作用，並且它的強度也不和後果的強度成比例，所以後果的強度也不能從原因的強度測量出來，反而是在刺激方面極小量的加強可以在後果方面促起很顯著的加強，也可以反過來把早先的那個作用完全取消，如此等等。屬於這一類的是對於有機體的所有一切作用；所以動物身體中一切眞正有機的變化和生物生長的變化都是在刺激之下而不是在單純的原因之下發生的，不過刺激根本和任何原因一樣，——動機也正是如此——除了決定任何力的表出在進入時間空間時的那一瞬，那一點之外，斷不決定其他，不決定自行表出的力的內在本質。這種內在的本質，根據我們前面的引申，就是我們認作意志的東西，所以我們把身體內意識的和無意識的變化一概都歸之於意志。刺激則居間成爲〔一方面是〕動機——那是透過認識作用而來的因果性——〔一方面是〕最狹義的原因，兩者間的橋梁。在個別情況，刺激時而更近於動機一些，時而又更近於原因一些，不過在〔近〕此〔近彼之〕際，總還是可以從兩者區別開來的。例如植物中各種汁液的上升就是在刺激之下進行的，而不是由原因，不是由水力定律，也不是由毛細管定律來解釋的，不過這種上升仍然是受到這些〔作用〕的支持的，並且根本已很近於純原因的變化了。與此相反，向日葵和含羞草的動作雖然還是隨刺激而起的，但已很近於隨動機而起的動作了，並且幾乎像是要成爲〔過渡到動機的〕橋頭了。光線加強時的瞳孔縮小是在刺激之下進行的，但是，如果因爲太強的光線使視網膜有了痛感，而我們爲了避免痛感而縮小瞳孔時，那就已是向動機的行動過渡了。——生殖器勃起的導因是一個動機，因爲這導因本是一個表象；可是這導因仍然是以刺激所有的那種必然性在起作用，這即是說這種導因是不可抗的，而是要使它不發生作用就必須去掉它。那些使人心噁欲嘔的汙穢事物也有同樣的情況。就在前面，我們已把動物的本能看作刺激之下的動作和按認識了的動機而〔發生〕的行爲兩者間的一個眞正中間環節。人們也可被誘致還把呼吸也看成這一類的又一中間環節。原來人們已經爭論過呼吸是屬於有意的還是無意的動作〔這問題〕，也即是爭論呼吸究竟是在動機之下還是在刺激之下產生的；因此，呼吸也許可以解釋爲兩者間的中介物。馬歇爾．霍爾❷（《神經系統疾病論》第二九三節及其下文）把呼吸解釋爲一種混合機能，因爲呼吸一面受大腦神經〔有意的〕的支配，一面又受脊椎神經〔無意的〕的支配。在這些說法中，我們畢竟還是必須把

❷ 馬歇爾．霍爾（Marshall Hall，一七九〇—一八五七），英國生理學家、醫生，對反射運動有重要研究。

它算作動機下產生的意志表現，因爲其他的動機，也就是單純表象，也能夠促使意志去阻止或加速呼吸，並且呼吸和其他任何有意的行爲一樣，也容或有使之完全停頓而自願窒息的可能性。事實上，人們也能這樣做，只要有某種別的動機如此有力地決定意志，以致這動機壓倒了吸入空氣的迫切需要。根據有些人〔的說法〕，第歐根尼❸就眞是採取這種方式來結束他自己的生命的（《希臘哲學家傳記》VI. 76）。有人說黑人也曾這樣做過（阿西安德爾《論自殺》一八一三年版，第一七〇—一八〇頁）。在這種事實上我們也許有了一個關於抽象動機的影響的顯明例子，這種影響也就是眞正從理性產生的欲求對單純動物性的欲求的壓倒優勢。有一事實確實說明呼吸至少是部分地受制於大腦的活動，即氰酸所以毒死人，第一步是麻痹腦部，然後間接妨礙到呼吸，但是如果用人工呼吸不使〔人〕氣絕，到腦部的麻醉性過去了，則並不發生死亡。同時，在這裡呼吸還給了我們一個最明顯的例子，即動機和刺激與狹義的原因一樣，也是以同等的必然性起作用的，也只能由相反的動機才能使它失去作用，猶如壓力之由反壓力失去作用一樣；因爲呼吸和其他在動機之下產生的活動相比，容或予以停頓的可能性要小得多；〔這又是〕因爲在呼吸這種場合，動機是很迫促的、很接近的，而動機的實現，由於執行的肌肉不知有疲倦又是很容易的，〔所以〕一般是沒有阻礙

❸ 第歐根尼（Diogenes V. Sinope，公元前四一二—三二三）言行怪僻的希臘犬儒派哲學家，《希臘哲學家傳記》的作者。

的，並且整個的還是由個人最悠久的習慣所支持的。然而一切動機本來都是以同樣的必然性而起作用的。認識了必然性是動機之下的活動和刺激之下的活動所共有的，就會使我們易於理解有機體中因刺激而完全有規律地運行的東西，在其內在本質上仍然還是意志。意志自身雖然決不服從根據律，但是意志的一切現象是服從根據律的，即是服從必然性的*。因此，我們將不就此止步，只認動物——就牠們的行爲又就牠們整個的實際存在說——形體和組織爲意志現象，而且要把我們對於事物的本質自身所具有的唯一直接認識轉用於植物。植物所有的活動都是因刺激而發生的，只因缺少認識，缺少在動機之下被認識決定的活動，才構成動物和植物之間的本質的區別。所以，凡在表象上作爲植物，作爲單純的成長，作爲盲目的衝動力而顯現的東西，我們都將按其本質自身而認定它爲意志，並把它看作正是構成我們自己的現象的基礎的東西；因爲這基礎是在我們行爲中，在我們身體本身的整個實際存在中把它自己表現出來的。

這就只剩下最後要走的一步了，我們還要把我們的考察方式擴充到自然界中所有按普遍不變的規律而起作用的那些力上去。所有一切的物體，完全沒有器官，對於刺激沒有感應，對於動機沒有認識的物體，它們的運動都必須遵守這些不變的規律。所以我們必須拿理

172

* 這一認識由於我討論意志自由的獲獎論文已完全確立了，所以在那兒（《倫理學基本問題》第二〇—四四頁，第二版第二九—四一頁）原因、刺激和動機之間的關係也有了詳細的論述。

解事物本質自身的鑰匙——這是只有直接認識我們的本質才能獲得的——來了解無機世界的現象，這也就是一切現象中離我們最遠的現象。如果我們以研究的眼光觀察這些現象，當我們看到水以強大的不可阻攔的衝力流入深淵；磁針總是固執地指向北極；鐵〔屑〕有向磁鐵飛〔集〕的熱情；電的兩極激烈地要求再結合，並且和人的願望相類似，激烈的程度是隨阻礙的增加而增加的；當我們看到結晶體是那麼迅速而突然地形成，它們在結構上又是那麼合乎規律，〔而〕這個結構顯然只是完全固定、精確規定指向不同方向的努力被僵化作用捉住而凍結了；當我們看到那些物體由於〔從固體到〕液體狀態而解除了僵硬的羈絆，獲得了自由時藉以互相趨避離合的選擇作用；最後當我們完全直接地感到我們身上負載的東西以其趨赴地球的努力妨礙著我們〔挺直〕身體，順著它唯一的趨向毫不放鬆地對這身體施加壓力；——〔當我們看到這一切時，〕那就無需我們的想像力費多大的勁，即令有這麼大的距離，還是可以識出我們自己的本質，也就是在我們〔人〕。它是在認識的照明之下追求它的目的，而在這裡〔在大自然〕是在它最微弱的現象中盲目地、朦朧地、片面地、不變地向前奔的東西。正因爲它隨便在哪兒都是一個同一的東西；——好比晨光曦微和正午的陽光共同有著日光這名字一樣，那麼在我們和在自然這同一的東西也共同有著意志這個名字；而這個名字就標誌著既是世界中每一事物的存在自身，又是每一現象唯一的內核的那東西。

在無機的自然現象和意志之間，——這意志是作爲我們自己本質中內在的東西而被覺知的——，所以發生距離，所以在表面上似乎完全不相同，首先是由於兩種現象的對照而來，一種有完全固定的規律性，另一種又有表面上無規則的任意〔活動〕。原來，在人類，個性的勢力極爲顯著：每人都有他自己獨特的性格；所以同一動機也不能對一切人發生同等的力量；並且在個人廣泛的知識領域內還有爲別人所不得而知的千百種次要情況有其用武之地，還要更動動機的作用。所以單從動機就不得預測行爲，因爲〔我們〕缺乏另外一種因素，亦即我們對於個別的性格和隨伴這種性格的知識沒有準確的了解。與此相反，那些自然力的現象在這裡表現出另外一個極端，它們是按普遍規律而起作用的，沒有例外，沒有個性；按照公開擺出來的情況服從著準確的預先規定，同一自然力是以完全相同的方式而把自己表出於千萬個現象中的。爲了把這一點解釋清楚，爲了指出一個不可分割的意志在它一切不同的現象中，在最微弱的和最顯著的現象中的同一性。我們首先必須考察作爲自在之物的意志對於現象的關係，也即是作爲意志的世界對作爲表象的世界的關係；由此將爲我們開闢一條最好的途徑，以便〔我們〕更深入地探討在這第二篇中所處理的全部題材。*

174

* 第二卷第二十三章是補充這裡的，相同的補充還有我著的《論自然中的意志》〈植物生理學〉一章，還有對於我的形上學的內核特別重要的〈物理天文學〉第一章。

24

我們跟偉大的康德學習，已經知道時間、空間、因果性，按其整個規律性和它的所有一切形式上的可能性說，在我們的意識中都是現成已有的，完全無待於客體。客體顯現於其中，構成其內容。換句話說，從主體出發和從客體出發一樣，人們都能發現時間、空間和因果性；因此人們有同等的權利把它們叫做主體的直觀方式，或叫做客體的本性，**只要它是客體**（即康德所謂現象），也即是**表象**的話。人們還可以把這些形式看作客體和主體之間一條不可分的界線，所以一切客體必須在這些形式中顯現，但是主體無待於顯現著的客體，也完全具備這些形式，全面看到這些形式。但是，如果要顯現於這些形式中的客體不是空洞的幻象而有一個意義，那麼，這些客體就必須有所指，必須是某種東西的表出，而這種東西不再和客體自身一樣又是客體、表象，又只是相對的，即僅是對主體而有的東西（等等）；而是這東西的存在無待於一個作爲其主要條件而和它對峙的東西，無待於這與之對峙的東西的形式；即是說這東西已**不是表象**，而是一個**自在之物**。因此，人們至少可以問：那些表象，那些客體，除了它們是表象，是主體的客體，把這撇開不談，還能是什麼嗎？如果還能是什麼，然則，在這種意義上，它又是什麼呢？它那完全不同於表象的那一面是什麼呢？自在之物是什麼呢？就是——**意志**，這是我們（對於這些問題）的答覆，不過目前我暫時還不提這個答覆。

且不管自在之物是什麼，康德那正確的論斷說：時間、空間和因果性（往後我們會要把這些東西認作根據律的一些形態，把根據律又認作現象的各形式的普遍表現）不是自在之物的規定，而只是自在之物成爲表象之後才能附加於它的；即是說（這些東西）只隸屬於現象而不隸屬於自在之物本身。原來主體既然從其自身，無待於一切客體就完全認識到時間、空間和因果性，並且能使它們成立；那麼，這些東西必然是附加在表象之爲表象上的，而不是附加在那尚待成爲表象之物上的。這些東西必須是表象成爲表象的形式，而不是那接受了這些形式之物（本身）的屬性。這些東西必然是隨同主體客體的單純對立（不是在概念上而是在事實上（的對立））而出現的，從而都只能是認識的根本形式更細緻的規定而已，而這根本形式的普遍規定就是主體客體的那對立本身。於是凡是在現象中、客體中的東西——這又是被時間、空間和因果性所決定的，因爲這些東西只有藉時間、空間和因果性才能加以表象——，也就是由並列和繼起所決定的雜多性，由因果律所決定的變更和持續，以及只有在因果性的前提之下才可表象的物質，最後又還有借助於物質才能表象的一切一切，——這一切一切在本質上整個的都不屬於那顯現著的，那進入表象的形式的東西，而只是自己附在這形式上的。反過來說，那在現象裡面而不爲時間、空間和因果性所決定的東西，不能還原爲這些，不能以這些來說明的東西，也就正是那顯現著的東西，正是自在之物直接自行透露於其中的東西。根據這一點，認識所以爲認識而具有的東西，亦即認識的形式，就會獲得最完整的認識之可能，即最高度的清楚、明晰和窮究一切的澈底性；但這不是那本身不是表象，不是客體，而是要〔先〕進入這些形式之後才可認識的東西，亦即成爲表象，客體才可認識的東西所能有的。所以只有完全有賴於被認識〔這回事〕，根本有賴於是表象〔這回事〕的那個什麼，並且作爲這個什麼（不是有賴於被認識的東西和後來成爲表象的東西）也就是一切被認識的東西無分軒輊所有的，所以也是既可從主體出發又可從客體出發都可發現的東西，——唯有這個什麼才能夠毫無保留地提供一個足夠的、眞正澈底不留餘蘊的鮮明認識。不過這個什麼，除了存在於我們先驗意識到的一切現象的形式中，就不存在於其他什麼之中；而所有這些形式又共同地都可作爲根據律論，至於根據律那些和直觀認識（我們這裡唯一關心的就是直觀認識）相關的形態就是時間、空間和因果性。完全奠基於〔時間、空間、因果性〕這些形態上的是整個的純粹數學和純粹先驗的自然科學。所以只有在這些科學中〔人的〕認識才不發現漆黑〔的疑團〕，碰不到不可根究的東西（無根據的，即意志），碰不到無法再引申的東西。在這種意義上，如已說過，康德也要在邏輯之外首先，甚至單獨把這些知識稱爲科學。但是在另一面，這些知識告訴我們的除了空洞的關係，除了此一表象對彼一表象的關係之外，就沒有什麼了；所告訴我們的只是形式，沒有任何內容。這些知識所得到的每一內容，塡充那些形式的每一現象，都已包含著一些在其全部本質上不完全可認識的東西，不能由於別的東西而可加以根本說明的東西，亦即無根據的東西；而認識就在這一點上立刻喪失了自明的依據，而且把完整的明晰性也犧牲了。這個躲避根究的東西卻正是自在之物，是那本質上非表象、非認識的客體的東西；是只有進入那些形式才可認識的東西。形式對於它，最初原是不相干的，它也決不能和形式完全〔融合〕爲一，決不能還原爲赤裸裸的形式，而形式既然就是根據律，所以它也就是不能澈底加以追究的了。因此，即令所有的數學把在現象上〔叫做〕數量、位置、數目的知識，一句話，關於時間、空間關係的詳盡知識給了我們；即令各種事因學也完整地給我們指出了那些合乎規律的條件，也就是各現象帶著它們所有的規定在出現於時間和空間時所服從的那些條件；但是儘管有這些，卻是除了〔提到〕爲什麼每一個一定的現象恰好必然出現於此時此地或此地此時之外，卻並沒教給〔我們〕什麼〔其他的東西〕；這樣，我們就決不能憑藉這些深入各物的內在本質，這樣就總要留下一些東西，不得冒昧加以解釋而又必須假定它們的東西，亦即自然的各種力、事物固定的作用方式、物性、每一現象的特徵等，〔還有〕那不依賴於現象的形式的東西，不依賴於根據律而無根據的，和形式漠不相關但又進入了形式，又按這些規律而出現的東西。這些規律也就正是只規定這個出現，而不規定那出現的東西，只規定現象的「如何」，不規定現象的「什麼」，只管形式，不管內容。力學、物理學、化學告訴〔我們〕一些力按以起作用的規則和規律，這些力有不可透入的力、重力、固體的力、液體的力、凝聚力、彈力、熱力、光、化學親和力、磁力、電力等等；〔而所謂規律也就是〕這些力在其每次出現於時間和空間時所遵守的規律、規則；不過這些力自身，不管人們是如何裝模作樣，依然是〔些潛伏不明的性能〕隱祕屬性。因爲這正是那自在之物，在它顯現時，在它展出爲現象時，它自身和現象是完全不同的，雖在其現象中完全服從作爲表象形式的根據律，它自身卻決不能還原爲這些形式，從而也不能在事因學上獲得最後的說明，沒有澈底根究的可能。在它進入那形式之後，即在它是現象時，它固然是完全可以理解的，但是在它內在的本質上，卻並不因這種可理解就有了絲毫的解釋。因此，一種認識愈是帶有必然性，愈多一些根本不容有別的想法或表象法的東西，——例如空間的那些關係——，這些關係愈是明晰和充足，就愈少純粹客觀的內容，或者說其中愈少眞正的實在性。反過來說，認識中愈多一些必須純粹偶然來理解的東西，愈多一些作爲單是經驗上的已知而對我們湧現的東西，則這種認識裡就愈多眞正客觀的東西、實際的東西；不過同時也就更多一些不可解釋的東西，即更多一些不能再從別的什麼引申〔得來〕的東西。

誠然，一切時代都有錯認自己目標的事因學，企圖把所有的有機生命還原爲化學作用或電的作用；再把一切化學作用，即物性，還原爲力學作用（由於原子的形態的作用）；再又把力學作用一部分還原爲運動的對象，而這就是時間空間爲運動的可能性而統一起來，一部分還原爲幾何學的對象，即空間中的位置（譬如人們——而且他們也是正確的——純粹以幾何的方式求得一個作用的遞減與距離的平方成比例或求得槓桿理論，大概也是用這種方式）。最後幾何學又可還原爲算術，而算術，由於只有一進向，已是根據律最易理解的，最易全面看到的，可以根究到底的一個形態。這裡概括地指出的方法有下面這些例證：德謨克利特的原子〔論〕，笛卡兒的漩渦〔論〕，**勒薩吉**的機械物理學。勒薩吉在接近上世紀末的時候，曾企圖機械地以作用與反作用解釋化學的親和力及引力；關於這一點，在《牛頓的盧克瑞斯》中可以看到更詳盡的論述。雷爾以形式和混合作爲動物生命的原因也是這種傾向。最後，完全屬於這一類的是目前在十九世紀中葉又〔舊夢〕重溫的，由於無知而自以爲新創的粗鄙的唯物主義。這種唯物主義，首先在笨拙地否認生命力之後，要從物理的、化學的一些力來解釋生命現象，再又認爲這些物理化學的力是從物質的、位置的、夢想的原子的形態和運動的機械作用產生的。這就是要把自然界的一切力還原爲作用與反作用，而這些就是它的「自在之物」。按這種說法，甚至於光也得是一種幻想的，爲此目的而假定的以太的機械震動或根本是波動；這以太在被關涉到時，就擂鼓似地撞擊視網膜；於是，譬如是每秒四百八十三兆次就是紅色，而每秒七百二十七兆次就是紫色等等。這樣說來，色盲〔的人〕大概就是那些數不清每秒鐘被擂擊若干次的人了，難道不是嗎？在歌德的色素學說出現五十年後的今天，還有這樣粗獷的、機械的、德謨克利特式的、笨拙的、眞正塊然一物的學說，倒眞是合了某些人的胃口，這些人還相信牛頓的光素同質說而不以爲恥呢。他們將發現人們對於孩子（對於德謨克利特）可以包涵的，對於成人〔現代人〕卻不能原諒了。我們這些學說甚至會有一天很不體面地倒臺，那時，人人都溜開了，裝著他並未在場似的。我們不久還要談到這種原始自然力互相還原的錯誤，這裡暫以此爲止。即令假定這種說法可以行得通，那麼，一切一切誠然是得以解釋了，追出根由了，最後甚至還原到一個運算公式了；那麼，這公式也就是智慧的大殿上最最神聖的東西了，根據律到底幸運地〔把人們〕引到了這裡了。但是現象的一切內容也要消失而只剩下空洞的形式了。那顯現著的**什麼**就要還原到它是**如何**顯現的，而這**如何**就必須也是先驗可認識的〔東西〕，從而也就是完全有賴於主體的，從而僅僅是對於主體而有的，從而到底只是幻象，只是表象，始終是表象的形式。要問自在之物，是不可能的。假定這樣說得通，那麼，按這種說法，整個世界就眞是從主體引申出來的了，並且是在事實上完成了費希特**在表面上**想用他的亂吹牛來完成的東西。——可是這樣是行不通的，在這種方式之下，人們建立的是幻想，是詭辯，是空中樓閣，而不是科學。〔不過〕把自然中許多複雜的現象還原爲個別原始的力，也有成功的：而每次有所成功，也就是一個眞正的進步。人們曾把一些初以爲是不同的力和不同的物性一個從另一個引出（例如從電引出磁力），並由此而減少了這些力的數目。如果事因學這樣認識了、提出了一切原始的自然力，並確立了它們的現象以因果性爲線索而出現於時間和空間的規律，以及〔這些現象〕互相決定其地位的作用方式或規律；那麼事因學也就達到目的了。但是，〔儘管如此，〕總要剩下些原始力，總要留下不可溶解的殘渣作爲現象的一內容，而這內容是不可還原爲現象的形式的，所以也不是按根據律可從別的什麼得到解釋的。——因爲在自然界的每一事物裡面，總有些東西是絕對說不上根據的，要解釋也是不可能的，是沒有原因可求的；這就是每一事物獨特的作用方式，也即是它存在的方式，它的本質。事物的每一個別作用雖然都可指出一個原因，由此得出它必須恰好在此時、在此地起作用；但決不能得出它之所以根本有作用和恰好是如此起作用。即令這事物沒有其他屬性，即令它是日影中的一顆塵埃，那麼，那不得而根究的東西至少還是要以重力和不可透入性顯示出來的。我說，這不可根究的東西之於塵埃，就等於**意志**之於人，並且和意志一樣，在其本質上是不服從任何解釋說明的；是的，這不可根究的東西，它本身和意志就是同一的。對於意志的每一表出，對於此時此地的意志的每一個別活動，（人們）固然得以指出一個動機，並且在個人性格的前提之下，意志還必須隨這動機而起作用。然而人之（所以）有這性格，人之（所以）根本有欲求；在一些動機中（何以）單是這一動機而不是別的，還有任何一個動機（所以）發動意志等，對於這些（問題），從來就沒有一個可以指出的根由。（這，）在人就是他不可根究的，在以動機說明行動時所假定的性格，在無機物體則正是它本質的物性，是它起作用的方式。這種作用方式的表出是由外來影響所引出的，它自身則相反，卻不爲它以外的什麼所決定，所以也是不可解釋的。它的個別現象，它唯一賴以成爲可見的那些現象，是服從根據律的，它自身是無根據的。這是經院學派基本上早已正確地認識了的，並已把它叫做實體的形式（見蘇阿瑞茲《形上學的辯論》辯論第十五，第一段）。

以爲最經常的、最普遍的和最簡單的那些現象就是我們最（能）的理解的（現象），這種說法是一個既巨大而又流行的錯誤；因爲這些現象不過是我們最常見的，我們對於這些現象雖然無知，但已習已爲常（而不再求理解）了。（其實）一顆石子往地下掉正和一個動物的運動是同樣不可解釋的。前已說過，人們曾經以爲從最普遍的自然力（例如引力、凝聚力、不可透入性）出發，就可從這些常見的自然力說明不經常而只是在複合的情況下起作用的那些力（例如化學性能、電力、磁力），然後又從這些力來理解有機體和動物的生命，甚至於要由這些力來理解人的認識和意欲。人們默無一言地安於從許多隱祕屬性出發，而如何弄明白這些屬性則已放棄，因爲他們所要的是想在這些屬性上面進行建築，而不是從下面來探討這些屬性。這種做法，如已說過的，是不會成功的。撇開這一面不說，這樣的建築物也總是懸空的。那些說明、解釋，最後又還原到一個未知（數），而其爲未知正無異於出發時的第一個疑問，這有什麼用處呢？人們對於那些普遍自然力的內在本質，到底是不是比對一個動物的內在本質理解得多一些呢？彼此不都是一樣未經探討的嗎？這兩種本質都是不可根究的，因爲它們都是無根據的，因爲它們都是現象的內容，都是現象的什麼，都是不能還原爲現象的形式，現象的如何的，都不能還原爲根據律。可是我們呢，我們的目的並不在事因學而是在哲學，即是說不在對世界的相對認識而在對世界的絕對認識，（所以）我們走的是一條方向相反的路，即是從我們直接地、認識得最完整的、絕對熟悉的、最接近的東西出發，以求了解那離我們較遠的、片面地間接地知道的東西；我們要從最強烈、最顯著、最清晰的現象出發，以求了解那些較不完備的、較微弱的現象。除了我自己的身體以外，我對一切事物所知道的只是一面，表象的一面；而其內在的本質，即令我認識其變化所從出的一切原因，對於我依然是不得其門而入的，是一個深藏的祕密。只有比較一下當動機推動我而我的身體發出一個動作時在我自己裡面所發生的東西，比較一下那是我自己的，被外在根據所決定的變化之內在本質的東西，我才能對無機體如何隨原因而變化的方式獲得理解，這樣才能體會它的內在本質是什麼；而對於這本質所以顯現的原因的知識，則只能示我以其進入時間空間的規律而已，此外再沒什麼別的。我之所以能作這樣的比較，那是因爲我的身體乃是那唯一的客體，即我不但認識其一面，表象的一面，而且還認識其第二面，叫做意志的那一面的客體。所以我不應相信：如果我能把自己的有機體，然後把我的認識、我的意欲和我的由動機而產生的行動還原爲由原因產生的動作，爲由電力、化學作用、機械作用產生的動作，我就會對於自己的認識、意欲等理解得更爲透澈；而是只要我所求的是哲學而不是事因學，就必須反過來首先從我們自己的由動機而產生的行爲，學會在本質上理解無機物體那些最簡單的、最尋常的、我所看到隨原因而起的運動，而把表出於自然界一切物體中那些不可根究的力，在種類上認作與那在我裡面作爲意志的東西是同一的，不過在程度上與此有別而已。這就叫做：在《根據律》一書中提出的第四類表象應成爲我認識第一類表象的內在本質的鑰匙，並且我必須從動機律，在其內在意義上，學會理解因果律。

斯賓諾莎說（《書札》第六十二封），那一擲而飛入空中的石子如果有意識的話，將認爲它是由於自己的意志而飛行的。我只補充說，那石子〔容或〕是對的。投擲〔這動作〕之於它，正如動機之於我；在它作爲凝聚力、重力、恆存性而顯現於上述狀態中的東西，在內在本質上也就和我在自己裡面認作意志的東西是同一物，並且如果石子也有了認識，這也就是它要認作意志的東西。斯賓諾莎在說這話時，他注意的是石子所以飛的必然性，並且要把這種必然性移作一個人個別意志活動的必然性。他這樣做也是對的。和他相反，我則考察內在的本質。這內在本質，作爲一切現象的必然性（即出自原因的後果）的前提，才賦予這必然性以意義和妥當性；在人叫做性格，在石子叫做物性。兩者是同一的東西，〔不過，〕如果是直接被認識的，就叫做**意志**。在石子，它〔只〕有程度最低微的可見性、客體性，而在人，它〔卻〕有程度最強的可見性、客體性。甚至聖奧古斯丁就以正確的感知而認識了這和我們意欲等同的，在一切事物的向上衝動中的東西，我不禁要在這裡把他對於此事的素樸的說法引述一番，他說：「如果我們是動物的話，我們就會愛肉體的生命以及相應於這生命的意義的東西，這也就會是我們足夠的幸福了；如果按此說來我們就幸福了，我們也就會不再追求什麼了。同樣，如果我們是樹木，那麼我們就不能意識什麼，不能由運動而有所愛慕了，然而我們仍好像是有所**追求**似的，以此追求我們得以是生產果實的，並獲得更豐富的果實。如果我們是石頭，或是流水，或是風，或是火焰，或是其他這類的東西，沒有任何感覺與生命，然而並不是我們就缺乏對自己位置和秩序的**欲求**。因爲如同一種**欲望**似的，重量對於物體也是有決定性的，或以引力而下降，或以輕飄而上升；因爲物體之被驅使是由於其重量，正猶如心之被驅使是由於**欲望**，驅使到哪裡，就到哪裡。」（《上帝之國》XI. 28）

還有值得指出的是**尤拉**曾洞察到引力的本質最後必須還原爲物體本有的「傾向和貪欲」（那就是意志）（《上公主書》第六十八函）。正是這種看法使他不喜歡牛頓用的引力這個概念，他頗有意按從前笛卡兒的學說對這概念作修正的嘗試，就是從一種以太對物體的衝擊來引申引力，認爲這樣會「合理些，對於愛好鮮明易解的基本原理的人們」也要相安些。他想看到把吸引作用當作隱祕屬性而放逐於物理學之外。這種看法正是只和尤拉時代作爲非物質的靈魂的對應物而流行著的死氣沉沉的自然觀相符合的，不過就我所確立的基本眞理這一面來說，値得注意的是，還在那時這位卓越的人物在遙遠地看到這眞理閃耀的時候，卻急於要及時回頭，並且由於他怕看到當時的一切基本觀點受到威脅，他甚至又去向陳舊的、已經推翻了的無稽之談求庇護。

25

我們知道**雜多性**絕對地必須以時間和空間爲條件，也只是在時間和空間中才可思維的；在這種意義下我們把時間和空間稱爲個體化原理。不過我們已把時間和空間認作根據律的形態，而我們所有的先驗知識就都是在這條定律中表現出來的。這些形態作爲形態說，如上面已分析過的，就只能是事物的可知性上所有的，而不能是事物本身所有的，即是說這些形態只是我們認識的形式而不是自在之物的屬性。自在之物之所以自在是獨立於認識的一切形式之外的，並且獨立於「是主體的客體」這個最普遍的形式之外，即是說自在之物是根本不同於表象的東西。如果這自在之物就是**意志**，——我相信這是我已充分證明了、弄明白了的——，那麼，意志作爲意志並和它的現象分開來看，就站在時間和空間之外了，從而也不知有什麼雜多性，從而〔只〕是「一」了；然而如已說過的，這「一」既不像一個個體的「一」，又不像一個概念的「一」，而是一種與雜多性可能的條件，亦即和個體化原理不相涉的東西。事物在空間和時間中的雜多性全部是意志的客體性，因此雜多性管不著意志，意志也不管雜多性，依然是不可分的。〔不能說〕在石頭裡面是意志的一小部分，在人裡面是其大部分，因爲部分與全體的關係是專屬於空間的，只要人離開這一直觀的形式說話，這種關係就再沒有什麼意義了。相反，這或多或少只管得著現象，即只管可見性、客體化。以可見性或客體化的程度說，那麼在植物裡的是高於在石頭裡的，在動物裡的又高於在植物裡的，是的，意志已出現於可見性，它的客體化是有無窮等級的，有如最微弱的晨曦或薄暮和最強烈的日光之間的無限級別一樣，有如最高聲音和最微弱的尾聲之間的無限級別一樣。往後在下文中我們還要回頭來考察可見性的這種級別，這是屬於意志的客體化，屬於它的本質的寫照的。意志客體化的級別已不是和意志本身直接有關的了，在這些級別上，現象的雜多性就更管不著意志本身了；而現象的雜多性就是每一形式中個體的數量或每種力個別表出的數量。〔這雜多性管不著意志〕，因爲雜多性是直接由時間和空間決定的，而意志是決不進入時間空間的。它呈現於一株或千百萬株橡樹，都是同樣完整的，同樣澈底的。橡樹的數量，橡樹在空間和時間中的繁殖對於意志本身這方面是毫無意義的，只有就個體的雜多性說才是有意義的；而這些個體是在空間和時間中被認識的，又是繁殖於、播散於空間時間中的。它們的雜多性也只和意志的現象有關，與意志自身無關。因此人們也許可以主張，假如，——因爲不可能——一個單一的生物，哪怕是最微小的一個，完全消滅了，那麼整個世界也必須和它同歸於盡。在對於這一點有所感悟時，偉大的神祕主義者安格魯斯・西勒修斯❹說：

「我知道，沒有我，上帝一忽兒也不能生存；我若化爲無而不在了，他也必然要丟掉精神。」

人們曾以各種方式企圖使天體的無窮大更適合於每個人的理解力，於是，也曾由此取得了促進鼓舞人心的考察的緣由，譬如談什麼地球的，甚至人的渺小，然後又反轉來說這渺小的人裡面又有偉大的精神，能夠發現、了解，甚至測量宇宙之大等等。這都很好！但就我來說，在考察宇宙的無窮大時，最重要的是那本質自身，它的現象即此世界的那本質自身，——不管它可能是什麼——，它眞正的自己究竟不能是這樣展布於無邊的空間，不能是這樣分散了的。這無盡的廣袤完全只屬於它的現象，它自己則相反，在自然界每一事物中，

❹ 安格魯斯・西勒修斯（Angelus Silesius，一六二四－一六七七），德國著名神祕主義者，著有《捷平厄式的流浪人》等。

在每一生命體中，都是完整的、不可分的。因此，即令是人們只株守任何一個個別的〔物體或生命體〕，人們並不會損失什麼；並且即令人們測量了這無邊無際的宇宙，或是更合目的些，親自飛過了無盡的空間，卻還是不能獲得什麼眞正的智慧。人們只有澈底研究任何一個個別的〔事物〕，要學會完全認識、完全理解這個別事物的眞正、原有的本質，才能獲得智慧。

如此說來，下面的東西，也就是這裡在每一個柏拉圖的信徒自然而然已經湧上心頭的東西，在下一篇裡就會是〔我們〕詳細考察的題材了。這就是說意志客體化的那些不同級別，在無數個體中表出，或是作爲個體未曾達到的標準模式，或是作爲事物的永久形式，它們本身是並不進入時間空間，不進入個體的這媒介的：而是在時間之外的，常住不變的，永久存在的，決不是〔後來才〕變成的；同時這些個體則有生滅，永遠在變，從不常住。〔因此〕我說「意志客體化」的這些級別不是別的，而就是柏拉圖的那些理念。我在這裡暫先提到這一點，是爲了以後好在這個意義上使用理念這個詞。所以在我用這個詞時，總要用它原始的、道地的、柏拉圖曾賦予過的意義來體會；而決不可想到以經院派的方式來進行獨斷的理性的那些抽象產物上去。康德拿柏拉圖早已占用了的，並且使用得極爲恰當的這個詞來標誌那些抽象產物，是既不相稱又不合法的誤用。所以我對理念的體會是：理念就是意志的客體化每一固定不變的級別，只要意志是自在之物，因而不與雜多性相涉的話。而這些級別對個別事物的關係就等於級別是事物的永恆形式或標準模式。關於柏拉圖的有名理論，第歐根尼·拉爾修（《希臘哲學家傳記》III. 12）給了我們一個最簡短最緊湊的敘述：「柏拉圖的意思是說理念之於自然，有如給自然套上一種格式，其他一切事物只是和理念相似而已，是作爲理念的摹本而存在的。」至於康德誤用〔理念〕這個詞，我在這裡不再理會，必須要說的都在附錄中。

26

意志客體化最低的一級表現爲最普遍的自然力。這種自然力，一部分是無例外地顯現於每一種物質中，如重，如不可透入性；一部分則各別分屬於現有一切物質，有些管這一種物質，有些管那一種物質，由此而成爲各別特殊的物質，如固體性、液體性、彈性、電氣、磁力、化學屬性和各種物性。這些都是意志的直接表出，無異於人的動作；並且作爲這種直接表出是沒有根由的，也無異於人的性格；只有它們的個別現象和人的行爲一樣，是服從根據律的；它們自身既不能叫做後果，也不能叫做原因，而是一切原因後果先行的、作爲前提的條件。它們自己的本質就是透過這些原因後果而展出呈現的。因此，要問重力的原因、電氣的原因，那是沒有意思的。這些都是原始的力，它們的表出雖然按因和果而進行，乃至它們的個別現象都有一個原因，而這原因又是這樣的一個個別現象，決定著該力的表出必須在時間和空間中發生；但該力本身卻不是一個原因的後果，也不是一個後果的原因。因此說「石子所以下落，重力是其原因」，也是錯誤的；其實這裡更應說地球處在近邊是石子落下的原因，因爲是地球吸引著石子；如果把地球挪開了，石子便不會掉下，儘管重力依然存在，力本身完全在因果鎖鏈之外。因果鎖鏈以時間爲前提，只能就時間說才有意義，而力本身卻是在時間之外的。個別變化總有一個同類的個別變化爲原因，而不是以該力爲原因，力的表出就是個別的變化。因爲不管一個原因出現多少次，那一貫以後果賦予原因的就是一種自然力；而作爲自然力，它就是無根由的，即是說完全在原因的鎖鏈之外，根本在根據律的範圍之外；在哲學上它被認作意志的直接客體性，是整個自然的「自在」（本身）；在事因學上——這裡是在物理學上——它卻被指爲原始的力，也即是「隱祕屬性」。

在意志的客體性較高的級別裡我們看到顯著的個性出現，尤其是在人，（這種個性）出現爲個別性格的巨大差別，也即是完整的人格；這是在顯著不同的個別相貌上已有著外在表現的，而人的相貌又包括著整個的體型。動物的個性差別在程度上遠不及人，只有最高等的動物還有點蹤跡可尋；在動物還是「種性」占絕對的統治地位，所以個別的相貌也就不顯著了。愈到下等動物，個性的痕跡愈是汩沒於種屬的一般性格中，這些種屬也就只有單一的相貌。（在動物的種屬中，）人們知道一個種族的生理特徵，就能對每一個個體事先作出精確的判斷；與此相反，在人這個物種，每一個體都得個別研究，個別探討；因爲（人有了）與理性而俱來的僞裝的可能性，所以要有幾分把握事先來判斷人的行徑是極爲困難的。人類和其他一切物種的區別也許和這一點有關，即是說大腦皮在鳥類是完全沒有褶疊皺紋的，在齧齒類皺紋也還很微弱，即令是在高等動物也比在人類的要﹝左右﹞兩邊勻整些，並且在每一個體的相似性和人相比也更少變化*。此外，可以作爲區別人禽有無個性特徵看的一個現象是，動物在尋求「性」的滿足時沒有顯著的選擇；而在人類這種選擇固然是在獨立於任何反省思維之外的、本能的方式之下﹝進行的﹞，竟強調到這種程度，以致選擇轉進爲強烈的激情了。所以每一個人要看成一個特殊規定的、具有特徵的意志現象，在一定程度上甚至要看成一個特殊的理念；而在動物整個的說都缺乏這種個性特徵，因爲只有物種還保有一種特殊意義。與人類的距離愈遠，個性特徵的痕跡愈消失；到了植物，除了從土壤、氣候及其他偶然性的有利或不利影響得以充分說明的那些特殊屬性外，已完全沒有其他的個體特性了。最後在無機的自然界，則一切個性已經消失無餘了。只有結晶體還可在某種意義上看作個體，它是趨向固定方向的衝力的一個單位，在僵化作用中凍結而留下了那衝力的遺跡。同時它也是它原始形態的聚合體，由於一個理念而聯成單位，完全和一棵樹是各自發展的組織纖維的

189

---

* 文則爾（Wenzel），《人類和動物的大腦構造》一八一二年版，第三章。居維葉（Cuvier）：《比較解剖學教程》，第九課第四條和第五條。維克·達助爾（Vicq d'Azyr），《巴黎科學院史》一七八三年版，第四七〇頁和第四八三頁。

聚合體一樣。在樹葉的每根筋絡中，在每片樹葉中，在每一根枝條中，都呈現著、重複著這種纖維；而這些東西中的每一件又可在一定意義下看成是個別的生長的，寄生於一個更大的生長物而獲得營養，所以也和結晶體一樣，也是小植物有系統的聚合體；不過這（樹的）整體才是一個不可分的理念的，亦即意志客體化這一固定級別的完整表現。但是同類結晶體中的個體，除了外在偶然性帶來的區別外，不能更有其他區別；人們甚至可以任意使任何一類成爲或大或小的結晶體。可是個體作爲個體說，亦即具有個別特徵的形跡的個體，在無機自然界是絕對找不到的。無機自然界的一切現象都是普遍自然力的表出，也就是意志客體化的這樣一些級別：這些自然力的客體化完全不藉個性的差別，（如在有機自然界那樣，）——這些個性是部分地表出了整個的理念——，而僅是表出於種屬的；這種屬又是完整地、毫無任何差別地表出於每一個別現象的。時間、空間、雜多性和由於原因而來的規定既不屬於意志，又不屬於理念（意志客體化的級別），而只屬於它們的個別現象；那麼，在這樣一種自然力的，——如重力的、電力的——千百萬現象中，自然力作爲自然力就只能以完全同樣的方式表出，而只有外來情況才能夠改變（一個）現象。自然力的本質在其一切現象中的這種統一性，這些現象發生時的不變常規，在因果性的線索下只要有了發生的條件，就叫做一個**自然律**。自然力的特徵既是在自然律中表達出來的，也是在自然律中固定了的，如果一旦由於經驗而認識了這樣一條自然律，那就可以很準確地預先規定並計算這自然力的現象。意志客體化較低級別的現象所具有的這種規律性使這些現象獲得一個不同的外表，有別於同一意志在它客體化的較高，即較清晰的級別上的現象，即有別於在動物、在人及其行動中的意志現象；而這些現象中又有個別特性或強或弱的出現，以及由動機推動（的行爲），——動機是在認識中的，對於旁觀者始終是隱而不見的——，遂使（人們）至今未能認識到這兩類現象的內在本質是同一的。

如果人們從個別事物的認識，而不是從理念的認識出發，則自然律的準確無差誤就會有些使人出乎意料之外而驚異，有時甚至使人悚懼戰慄。人們可能感到詫異，大自然竟一次也不忘記它自己的規律，例如只要是符合一條自然律而在一定條件之下，某些物質在遇合時就會產生化合作用，放出氣體，發生燃燒；所以只要條件齊備，不管是我們的設施使然或者完全是出於偶然（由於原非意料所及，準確性就更可詫異），則立刻而無延宕地就會發生一定的現象，今天如此，千年之前也是如此。我們對於這種可驚異的事實有著最鮮明的感覺是在罕有的、只在極複雜的情況下才出現的現象中——不過是在這些情況下預先告訴了我們（會出現）的現象——，例如說某些金屬帶有酸化了的水分，一種接著另外一種交互相間而互相挨著時，把小小一片銀箔放在這一串金屬的兩端之間，這片銀箔一定會突然地自行焚毀於綠色火焰之中；或是在一定條件之下，堅硬的鑽石也要把自己化爲碳酸。自然力好像有一種無所不在的心靈似的，這才是使我們驚異的東西，而日常現象中並不引起我們注意的事，我們在這裡都看到因果之間的關聯原來是如此的神祕，實和人們在符、咒和鬼神之間虛構的關聯無異，說鬼神是在符籙的召喚之下必然出現的。與此相反，如果我們已經深入哲學的認識，認識了一種自然力就是意志客體化的一定級別，也即是我們認爲是自己最內在的本質的客體化的一個級別；認識了這意志本身是自在的，既不同於它的現象，又不同於現象的形式，不在時間和空間之內，因而由時間空間制約的雜多性既不屬於意志，也不直接屬於它客體化的級別，也就是不屬於理念，而只屬於理念的現象；認識了因果律只在時間和空間上說才有意義，因爲因果律只是在時間空間中爲各種理念翻了多少番的現象，意志自行顯示於其中的現象，決定它們的位置，規定這些現象必須進入的秩序；——我說，如果在這些認識中我們明白了康德的偉大學說的內在旨趣，明白了空間、時間和因果性與自在之物無關而只是現象所有，只是我們「認識」的形式而不是自在之物的本性，那麼我們就能理解〔人們〕對於自然力作用的規律性和準確性，對於自然力億萬現象完全的齊一性；對於這些現象出現的毫無差誤等等的那種驚奇，在事實上可比擬於一個孩子或野蠻人初次透過多稜的玻璃來看一朵花，對他看到的無數朵花的完全相同驚奇不止而各別地數著每一朵花的花瓣。

所以每一普遍的、原始的自然力，在其內在本質上並不是別的，而只是意志在〔最〕低級別上的客體化。每一個這樣的級別，我們按柏拉圖的意思稱之爲一個永恆的理念。而自然律則是理念對其現象的形式之關係。這形式就是時間、空間和因果性，而三者又有著必然的、不可分的聯繫和彼此的相互關係，理念透過時間和空間自行增殖爲無數現象，但是現象按以進入多樣性的形式的那個秩序都是由因果律硬性規定的。因果律好比是各個不同理念的那些現象之間的臨界點的限額似的，空間、時間和物質就是按此限額而分配於那些現象的。

因此，這限額就必然地和全部現存物質的同一性有關，而物質又是所有那些不同現象共同的不變底料。如果這些現象不全都仰仗那共同的物質，物質也無須分屬於現象的話，那也就無須乎這樣一條定律來規定現象的要求了，現象就可全都同時並列，經歷無窮的時間充塞無盡的空間。所以單是爲了永恆理念，所有那些現象都要仰仗同一的物質，才必須有物質進出〔於現象〕的規則，要是沒有這種規則，現象和現象之間就不會彼此互讓了。因果律就是這樣在本質上和實體恆存律相聯的，兩者互相從對方獲得意義；不過空間和時間對於兩者也有著與此相同的關係。原來在同一物質上有相反規定這種單純的可能性，這就是時間，同一物質在一切相反的規定下恆存，這種單純的可能性就是空間。因此我們在前一篇裡曾把物質解釋爲時間和空間的統一；這種統一又表現爲偶然屬性在實體恆存時的變換，這種變換普遍的可能性就正是因果性或變易。因此我們也說過物質徹始徹終是因果性。我們曾把悟性解釋爲因果性在主體方面的對應物，並說過物質〔即作爲表象的整個世界〕只是對悟性而存在的，悟性作爲物質必需的對應物是物質的條件，是物質的支點，〔這裡〕說這一切，都只是爲了順便回憶一下第一篇所論述過的東西。要完全理解這一、二兩篇，就要注意到這兩篇之間內在的一致，因爲統一於眞實世界不可分的兩面，意志和表象，在這兩篇裡是把它們割裂開來了，〔而所以這樣做，乃是爲了〕以便分別孤立地、更明晰地認識〔世界的這兩個方面〕。

再舉一個例子以便更清楚地說明因果律如何只在對時間的關係、空間的關係，對存在於二者的統一中的物質的關係上才有意義，也許不是多餘的罷。〔因果律的意義〕在於它規定一些界限，自然力的現象即按這些界限而分占物質；而原始的自然力本身作爲意志的直接客體化，意志作爲自在之物，都是不服從根據律的，都不在這些形式中；〔也〕只有在這些形式中，然後每一種事因學的說明才有妥當性和意義。事因學的說明也正以此故而決不能觸及自然的內在本質。——爲了舉例，我們可以想一想一部按力學原理製成的機器。鐵質的重塊由於它們的重力，才發起運動；銅的輪盤由於它們的固體性，才發生抗拒作用；藉它們的不可透入性，才互相推動、互相擎舉並推動、舉起槓桿，等等。這裡，重力、固體性、不可透入性是原始的、未經解釋的一些力；力學僅僅只指出這些自然力按以表示自己，按以出現，並按以支配一定的物質和時間、空間的一些條件和方式。假如現在有一塊磁性很強的磁鐵對那些重塊的鐵發生作用，抵消了重力，那麼機器的運轉就會停頓，而這裡的物質也就立刻成爲完全另一種自然力的舞臺了。對於這一自然力，事因學的說明又同樣只指出這個力，磁性，出現的條件，此外也就沒什麼了。或者是把那機器上的銅片放在鋅板上，而在兩者間導入酸性液體，這就使該機器的原來的物質又陷入另一種原始力，即陷入金屬的化學放電作用之中；於是化學放電作用又按其特有的那些規律而支配著物質，在這物質上顯出它自己的現象。關於這些現象，事因學也只能指出現象出現的一些情況和規律，此外不能再有什麼了。現在〔再〕讓我們把溫度加高，又導來純氧，整個機器便燃燒起來，這即是說又一次有一種完全不同的自然力，亦即化學作用，在此時此地不可抗拒地占有那物質，在物質上顯現爲理念而爲意志客體化的一個固定級別。由此產生的金屬白堊又再和一種什麼酸化合，就產生一種鹽，出現了結晶體。這又是另一種理念的現象，這理念自身又是完全不可根究的，而其現象的出現又有賴於事因學能指出的那些條件。結晶體風化，和別的物質因素混合，於是又從這些混合中長出植物生命來，這又是一種新的意志現象。如此類推以至於無窮，可以跟蹤恆存的物質而看到時而是一自然力，時而是那一自然力獲得支配它的權利，看到這些力無可規避地掌握著這權利以出現〔於世〕而展出其本質。這個權利的規定，這權利在時間空間中成爲有效的那一點，這是因果律指出來的，但是以此爲根據的說明也就僅僅到此止步。「力」自身是意志的現象，是不服從根據律的那些形態，也即是無根據的。「力」在一切時間之外，是無所不在的，好像是不斷地在等待著一些情況的出現，以便在這些情況下出現，以便在排擠了那些直至當前還支配著某一定物質的力之後，能占有那物質。一切時間都只是爲「力」的現象而存在，對於「力」自身是無意義的。化學作用的一些「力」可在一物質中長眠幾千年，直至和反應劑接觸才得到解放，這時它們就顯現了：但時間就只是爲這顯現，而不是爲那些「力」自身而有的。金屬放電作用可長眠於銅和鋅中幾千年，銅與鋅和銀放在一起也相安無事；而這三者一旦在必要的條件下互相接觸，銀就必然化爲火焰。甚至在有機領域內，我們也可看到一粒乾癟的種子，把那長眠於〔其中〕的力保存了三千年之後，最後在順利的情況出現時，又成爲植物。*

* 一八四〇年九月十六日，佩蒂格魯（Pettigrew）先生在倫敦市的文藝科學研究院講演埃及古蹟，他展出了G．

如果由於這一考察，我們弄清楚了自然力和它所有的現象兩者間的區別；如果我們體會了自然力就是在這一固定級別上客體化了的意志本身；〔體會了〕出自時間和空間的雜多性僅僅只屬於現象，而因果律也只是爲個別現象在時間、空間中決定地位而已；那麼，我們就會認識到馬勒布朗希關於偶然原因的學說的全部眞理和深刻意義。馬勒布朗希在《眞理研究》，尤其是在該書第六篇第二段第三章和附錄對這一章的說明中闡述了這一學說；把他的學說和我這裡的論述比較一下，就可發現這兩種學說雖在思想的路線上差別極大，卻是完全一致的，這樣比較是值得辛苦一趟的。是的，馬勒布朗希完全被他的時代無可抗拒地強加於

196

威爾金生（Wilkinson）爵士在底比斯（Thebes）附近的墳墓中發現的一些小麥顆粒。這是在一個密封的瓶中發現的，放在那墳墓裡總有三千多年了。他播種了十二顆，其中一顆長出了植物，已長到五英尺高，所結的實現在已完全成熟。（引自一八四〇年九月二十一日的《泰晤士報》）——與此類似，一八三〇年，霍爾頓（Haulton）先生在倫敦醫藥植物學學會展出一塊植物根，這是在一個埃及的木乃伊手中發現的，大概是由於什麼宗教的目的放在那兒的，所以至少有二千年之久了。他把這塊植物根種在花鉢裡，這根隨即長出芽來並且還有茂盛的綠葉。〔上面〕這〔一段〕是一八三〇年十月份《大不列顛皇家研究院雜誌》第一九六頁從一八三〇年的《醫學雜誌》引來的：——「在格立姆斯頓（Grimstone）先生的庭園中，有來自倫敦海格特區（Highgate）植物標本室的豌豆苗正在豐盛地結實。這是佩蒂格魯先生和大英博物館的職員們從一個瓶中取出的豌豆裡長出來的。這個瓶子是在一個埃及的石槨裡發現的，放在那裡已有二千八百四十四年之久了。」（引自一八四四年八月十六日的《泰晤士報》）——是啊，在白堊石縫中發現的活蟾蜍也導致人們假定即令是動物的生命，如果以冬眠開始，而又有特殊的情況，也能保留幾千年之久。

他的那些流行的信條所侷限，然而在這樣的束縛中，在這樣的重負下，他還能這樣幸運地，這樣正確地找到眞理，又善於把這眞理和那些信條，至少是在字面上，統一起來；這是我不得不嘆服的。

原來眞理的力量之大是難以相信的，它的經久不衰也是難以限量的。我們在各種不同的時代、不同的國家所有一切獨斷的信條中，甚至是在最蕪雜的、最荒唐的信條中也能多方地發現眞理的痕跡；這些痕跡常和光怪陸離的事物爲伍，雖在奇怪的混合之中，但總還是可以識別的。所以眞理有如一種植物，在岩石堆中發芽，然而仍是向著陽光生長，鑽隙迂回地，傴僂、蒼白、委屈，——然而還是向著陽光生長。

馬勒布朗希誠然是對的：每一個自然的原因都是一個偶然的原因，只提供機會，提供契機使那唯一的、不可分的意志得以表出爲現象；而意志乃是一切事物自在的本身，它的逐級客體化就是這整個可見的世界。不是現象的全部，不是現象的內在本質，而只有這出現，這轉化爲可見，在此時此地的出現和轉化才是由原因引起的，也只在這種意義上是有賴於原因的。現象的內在本質乃是意志自身，根據律不能適用於它，從而它也是無根據的。世界上沒有一個東西在它根本的、整個的存在上有一個什麼原因，而只有一個它所以恰好在此時此地的原因。爲什麼一顆石子一會兒表現出重力，一會兒表現出固體性，那是有賴於原因，有賴於外來作用的，也是可以由這些原因或作用來解釋的；但是那些屬性本身，也就是石子的全部本質，由這些屬性所構成而又按剛才說的那些方式表出的本質，石子所以根本是這樣一個如此這般的事物，它〔何以〕根本存在著，這些都是無根由的而是無根據的意志的「可見化」。所以說一切原因都是偶然原因。我們既在無知的自然界發現了這一點，那麼，在那些已非原因和刺激而是動機決定著現象出現的時間地點的場合，也即是在人和動物的行為中，也正是如此。因為在這些場合和在自然界，都是那唯一的同一的意志在顯現，這意志在其顯露的程度上差別很大，在各程度的現象中被複製了；而就這現象說，那是服從根據律的，它自在的本身卻獨立於這一切之外。動機並不決定人的性格，而只決定這性格的顯現，也就是決定行動：只決定生命過程的外在形相，而不決定其內在的意義和內蘊。這後二者來自人的性格，而性格是意志的直接表出，所以是無根由的。為什麼這個人壞，那個人好，這是不以動機或外來作用，如什麼箴誡或說教為轉移的，而是在這種意義上簡直就無法解釋。但是一個壞蛋或是在他周圍的小圈子裡，以瑣細的不義、膽小的詭計、卑鄙的搗蛋表出自己的壞，或是作為一個征服者而在迫害一些民族，把世界推入悲慘的深淵，使千百萬人流血〔犧牲〕；這些卻是他顯現的外在形相，是現象所有的，非本質的東西，是以命運把他放在哪種情況為轉移的，是以環境、外來影響、動機為轉移的；然而〔人們又〕決不能從這些方面來說明他在這些動機上的決斷，決斷來自意志，而這意志的現象就是這個人。關於這一點，待第四篇再說。性格如何展開其特性的方式方法，完全可以比擬於無知自然界的每一物體如何表出其物性的方式方法。水，具有其內在的特性，總還是水。水或是作為寧靜的湖而反映著湖邊〔的風物〕，或是泡沫飛濺從岩石上傾瀉而下，或是由於人為的設施而向上噴出如同一根長線，——這些卻有賴於外因；而或是這樣或是那樣，對於水來說都是同樣自然的，不過按情況的不同，它的表出也有這樣那樣（的不同）；對於任何（可能的）情況它都處於同樣準備狀態，並且在每一情況下它都忠實於自己的性格，總是只顯示這個性格。同樣每個人的性格也會在一切情況下顯示出來，不過由此產生的現象如何，則將各隨其情況而定。

27

如果我們現在由於上面所有這些關於自然力及其現象的考察，而弄清楚了從原因作出來的說明能走多麼遠，必須在什麼地方停步，——如果這種說明要不墮落為那種愚蠢的企圖，企圖把一切現象的內容都還原為現象的一些赤裸裸的形式，以至最後除形式而外便一無所有了——，那麼，我們也就能夠在大致上規定要求於事因學的是什麼。事因學的職責是給自然界的一切現象找出原因，即找出這些現象無論在什麼時候都要出現的那些情況；然後又得把在多種情況下形態已很繁複的現象還原為在這一切現象中起作用的，在指出原因時已被假定的那東西，還原為自然界中原始的力，同時正確地區別著現象的不同究竟是從力的不同，還是從力藉以表出的那些情況的不同來的，並且既要防止把同一種力而只是在不同情況下的表現當作不同種類的力的現象看，又不可反過來把原是屬於不同種類的力的現象當作一種力的〔不同〕表現。這就直接需要判斷力；這也就是何以在物理學上，只有這樣少數的人能夠擴大〔我們的〕見解，但是任何人都能推廣經驗。在物理學中懶惰和無知使人傾向於過早地援引各種原始力，這一點在經院學派的存在和本質中以近乎諷刺的誇大，就已表現出來了。我最不願意的就是促成這些東西的捲土重來，人們不去提出一個物理的解釋，反而求助於意志的客體化或上帝的創造力，這都是不容許的。原來物理學要求的是原因，而意志可決不是原因。意志對現象的關係完全不遵循根據律，而是就其自在的本身說〔原〕是意志的東西，在另一方面它又是作爲表象而存在的，也即是現象。作爲現象，它服從那些構成現象的形式的規律；譬如說，每一運動儘管它每次都是意志的顯現，卻仍必須有一個原因；就這運動對一定時間、地點的關係說，亦即不是在普遍性上，不是在它內在的本質上說，而是作爲個別的現象說，這運動就是由這個原因來解釋的。這個原因，在石頭是力學原因，在人的行動是動機，可是決不能沒有這個原因。在另一面，那一般的東西，某一種類一切現象所共同的本質，也就是不假定它，則從原因來的解釋就會無意思無意義的那東西，——這個東西就是普遍的自然力；這種自然力在物理學上不能不一直下去都是隱祕屬性，正因爲這就是事因學的說明到了盡頭，形上學的說明〔從此〕發端的地方了。因的鎖鏈和果的鎖鏈決不會被人們要向之求助的原始力所打斷，也不回歸到這原始的力，不是把原始力當作〔鎖鏈的〕第一個環節而回歸到它；而是這鎖鏈的〔一切環節，〕不分最近的和最遠的，都已先假定了原始的

「力」，否則什麼也不能說明。許多因和許多果的系列可以是些極不相同的「力」的現象，這些力在因果系列的引導下接踵成爲可見的，這是我在前面那個金屬機器的例子中已闡明了的。但是這些原始的、不得互相引出的力雖不相同，卻一點也不打斷那原因鎖鏈的統一性，不打斷這鎖鏈中一切環節間的聯繫。「自然」的事因學和「自然」的哲學決不互相損害，而是從不同觀點來考察同一對象，平行不悖。事因學論證那些必然導致個別的、要說明的現象的原因，指出那些普遍的、在所有這些原因後果中起作用的力作爲事因學一切說明的基礎，並精確地規定這些力，規定它們的數目、差別；然後規定每一種力各按情況的不同而分別出現於這些情況中的一切作用。每一種力又都是遵循它特有的性格而出現的，這個性格又是它按一個〔從來〕不失誤的規則展出的，這規則就叫做**自然律**。物理學一直在每一點上都完成了這一切〔任務〕，達到了它的圓滿境界，那麼，在無機的自然界中就不會還有不知道的力了，也再不會有什麼作用還沒有被證明爲那些力中的某種力在一定情況之下，遵循一個自然律的顯現了。不過自然律仍然只是從觀察自然界記下來的規則，只要一定的情況出現，大自然每次就遵循這規則辦事；因此人們很可以對自然律下這樣一個定義：自然律是一個普遍表出的事實，是「一個一般化了的概括起來的事實」。準此，完整無缺列舉所有一切的自然律也不過是一本完備的記錄事實的流水帳罷了。——於是，對於整個大自然的考察就要由**形態學**來完成了，形態學臚舉有機自然界中一切不變的形態，並加以比較和整理。對於個別生物出現的原因，形態學沒有什麼可多說的，因爲在任何生物這個原因都是生育，而關於生育的學說，那又另是一套；在罕有的情況下生育還有兩可的雙重方式。嚴格地說，意志客體性的較低級別，亦即物理化學現象，如何分別出現的方式也是屬於形態學的，而指出這一出現的各條件就正是事因學的任務。與此相反，哲學在任何地方，所以也在自然界，所考察的只是普遍的東西；在這裡原始的力本身就是哲學的對象。哲學將這些原始力認作意志客體化的不同級別，而意志卻是這世界的內在本質，這世界自在的本身；至於這個世界，哲學如果把本質撇開不論，就把它解釋爲主體的單純表象。——可是現在如果事因學不爲哲學做些開路的工作，用例證爲哲學的學說提供應用（的可能），反而以爲它自己的目標就是把一切原始的「力」都否定掉，直到只剩下一種，那最普遍的一種，例如不可透入性，這也就是它自以爲能夠澈底了解的，因而橫蠻地要把一切其他的力還原爲這一種；那麼它就挖掉了自己的牆腳，它提出的就只能是謬論而不是眞理了。這樣，大自然的內蘊就被形式擠掉了，把什麼都推在從外面起作用的情況上，沒有一點什麼是從事物的內在本質來的。如果眞正在這條途徑上可以成功的話，那麼，如已說過的，在最後一個運算公式就會揭穿宇宙之謎了。可是，如果人們，如已談過的，把生理作用還原爲形式和化合（作用），譬如說還原到電，電又再還原爲化學作用，化學作用又還原爲機械作用，那麼他就是在走著這條途徑了。例如笛卡兒和所有原子論者們的錯誤就是這種辦法。他們曾把天體的運行還原爲一種流動體的推動作用，曾把物性還原爲原子的關聯和形態；他們努力的方向是要把自然的一切現象解釋爲僅僅只是不可透入性和凝聚力的顯現。儘管一般已經從這些說法回過頭來了，可是在我們今天，那些電氣的、化學的、力學的生理學家們仍在依樣畫葫蘆，他們仍頑固地要從有機體組成部分的「形式和化合作用」來說明整個的生命和有機體的一切功能。人們在麥克爾編的《生理學資料叢書》一八二〇年第五卷第一八五頁上還看得到這種說法，認爲生理學的解釋，目的在於把有機生命還原爲物理學所考察的那些普遍〔自然〕力。拉馬克在他的《動物哲學》第二卷第三章中也宣稱生命只是熱和電的作用；他說：「熱〔能〕和電的物質完全足以合共組成生命的那個本質的原因」（《動物哲學》第一六頁）。依此說來，熱和電就得算作自在之物而動物界和植物界就是這自在之物的現象或顯現了。這種說法的荒唐在該書三〇六頁上已暴露無遺。大家都知道，在最近期間所有那些屢被推翻的說法又復狂妄地招搖過市了。如果人們仔細地考察一下，所有這些說法最後都是以這麼個假設爲基礎的，亦即假定有機體只是物理的、化學的、機械的力的各種現象的集合體，這些力偶然地在這裡湊到一起就把有機體搞成功了；〔不過〕搞成功也只是作爲大自然的遊戲，再沒有其他意義了。從哲學上看，若是依這種說法，動物或人的有機體就不是一個特殊理念的表出了，亦即有機體自身不直接是意志在一較高的級別上的客體性了，而是要說在有機體中顯現的只是在電氣、在化學作用、在機械作用中使意志客體化的那些理念了；而有機體也就會是由這些力的湊合偶然吹到一起的，似乎人和動物的形體只是由雲霧或鐘乳石湊合成的，因而在有機體自身也再沒什麼可資玩味的了。不過我們也就會看到，在哪種範圍之內把物理化學的說明方法應用到有機體上還是可以容許的、有用處的，因爲我就要闡明生命力固然使用著，利用著無機自然界的一些

「力」，卻不是由這些「力」所構成的，正如鐵匠不是錘和砧構成的一樣。因此，即令只是最簡單的植物生命，也決不能以毛細管作用和滲透作用來說明，如果是動物的生命那就更不必說了。討論這一點是相當困難的，下面的考察可以爲我們鋪平道路。

根據上面所說過的一切，自然科學要把意志的客體性的較高級別還原爲較低級別，這當然是自然科學的錯誤；因爲誤認和否認原始的、各自獨立的自然力這種錯誤，等於毫無根據地又另外假定一些特殊的力，而其實並不是什麼原始的力，只不過是已知的力的又一特殊顯現方式罷了。因此，康德說得很有理，他說：不對頭的事情是，爲一根草莖也希望有一個牛頓，亦即希望有這麼一個人把草莖還原爲物理化學上一些力的現象，似乎這草莖就是這些力偶然的聚集，從而只是大自然的一次遊戲罷了；其中並無特殊理念的顯現，亦即並非意志直接展出於一較高的、特殊的級別上，而是恰好和它顯現在無機自然界的現象中一樣，偶然地顯現在這一形式中。那些無論如何也不會容許這種說法的經院學派，他們的說法就會完全正確，他們說這是整個兒否定了本質的形式，把本質的形式貶低爲偶然的形式了。原來亞里斯多德的本質的形式正是指我所謂意志在一切事物中的客體化的程度而言。——可見在另一方面也不要看漏了，在一切理念中，也就是在無機自然界的一切力中，在有機自然界的一切體型中只是同•一•個•意志在那裡顯示著它自己，而顯示它自己也就是進入表象的形式，進入客•體•性。因此，意志的單一性也必然地可從意志的一切現象之間的一種內在的親屬關係上看得出來。這種親屬關係在意志客體性的較高級別中，在那兒整個現象也較爲明晰些，也就是在植物界和動物界中，透過普遍貫穿著一切形式的類似性，透過在一切現象中重現的基型把自己顯示出來。這種基型也因此已成爲卓越的，在本世紀由法國人首創的動物學體系的指導原則了，並在比較解剖學中作爲「設計的統一性」、作爲「解剖學的因素的齊一性」已獲得了最完整的證明。發現這一基型也曾是謝林學派自然哲學家們的主要任務，至少可以肯定是他們最可表揚的企圖；雖然他們追求自然中的類似性，在好多場合已墮落爲純粹的兒戲，然而他們也有些功勞。不過他們也有做得對的地方，他們證明了在無機自然界的理念中也有普遍的親屬關係和屬類間的類似性；例如在電和磁之間，——這兩者的同一性後來已證實——，在化學的吸引力和重力之間，以及其他等等之間（都有這種關係）。他們還著重指出了（相反相成的）「極性」，即一個力的分裂爲屬性不同、方向相反而又趨向重新統一的（兩種）活動，——這種分裂最常見的是在空間上顯示爲相反方向的背道而馳——，幾乎是一切自然現象的，從磁石和結晶體一直到人的一種基型。不過從上古以來，在中國陰陽對立的學說中已經流行著這種見解了。——正因爲世界的一切事物都是那同一個意志的客體性，從而在內在本質上（本）是同一的；所以必然的不只是在事物之間有著不可忽視的類似性，不只是在較不完備的事物中已經出現了高一級較完備的事物中的痕跡、跡象、粗胚；而且因爲所有那些形式都只屬於作爲表象的世界，所以甚至可以承認即令是在表象的最普遍的形式中、在現象的世界特有的這基本間架——空間和時間——中，已經可以找到，可以指明充塞這些形式的一切事物的這個基型，這種跡象，（這種）粗胚。關於這一點，過去似乎已有了一種模糊的認識，這種認識構成猶太卡巴拉密教、畢達哥拉斯派所有的數理哲學，以及中國人所著《易經》的淵源。還有在謝林學派中，我們也看到他們在多方努力要揭露一切自然現象間的類似性，同時又有一些企圖要從單純的空間規律和時間規律來引申自然律。這當然是些不幸的企圖。不過人們也無從知道一個有天才的頭腦一時究竟能實現這兩種努力到什麼地步。

儘管現象與自在之物的區別是決不可置若無睹的，從而決不可把在一切理念中客體化了的意志（因爲意志的客體性有它一定的級別）的同一性，歪曲爲意志顯現於其中的個別理念本身的一種同一性，例如決不可把化學的或電力的吸引還原爲由於重力的吸引，雖然它們內在的類似性已被認識而可以把前者看作等於是後者更高一級次的存在；同樣，在一切動物身體的構造有著內在的類似性，也決不可以作爲理由把物種混淆起來認爲是同一的，不可把較完備的〔物種〕解釋爲較不完備的〔物種〕的變種；最後儘管生理機能也決不可還原爲化學和物理過程，然而在一定的限制內，人們還可承認下列事實有很大的蓋然性而爲上述這種做法辯護。

如果在意志客體化的較低級別上，也就是在無機體中，意志的現象中有幾種現象陷入相互衝突裡，這時每一現象都在因果性的線索上爭著要占據眼前現有的物質。於是，從這衝突中產生的是〔其中〕一個高級一些的理念的現象，這現象把原先所有的一切較不完備的現象都降服了，並且是在降服它們之後仍容許它們的本質在一個較低級的狀態中繼續存在，這時戰勝的現象就從它們那裡吸收了一種和它們類似的東西了。這一過程是只能從顯現於一切理念中的同一個意志及其一貫趨向較高客體化的衝力來理解的。例如在骨骼的硬化中我們就發現一種不會看錯的類似於晶體化的東西，因爲這骨化作用本來是支配著石灰質的，不過骨化作用仍決不得還原爲晶體化作用。在肌肉的硬化中，這種類似性就更爲微弱了。同樣，動物身體中各種液汁的混合和分泌也是化學上化合和化分的類似物，並且化學的規律仍然繼續在起作用，不過是次一級的作用，大受限制，被一個更高的理念所制服罷了。因此單是化學的那些力，如不在有機體中，就決不會產生這樣的身體液汁；而是〔某種東西〕

化學不知兒，解嘲有何益？
「自然之精華」，姑以爲定義。

由於戰勝一些較低的理念或意志較低的客體化而湧現的那一較完備的理念，正是由於它從每一被降服了的理念吸收了一較高級次的類似物在它自身中而獲得了一嶄新的特性。意志把自己在一新的更明晰的方式上客體化了。原來本是由於兩可的雙重方式，後來卻是由於同化於現成的種子而生的，有有機的漿液、植物、動物、人。所以那較高現象是從一些較低現象的相互衝突中產生的，它吞噬了這一切現象然而又在較高的程度上實現了這一切現象的向上衝動。所以這裡就已經是「蛇不吃蛇、不能成龍」這一條規律在支配著。

我原以爲由於〔我這〕論述的明晰性可以使我克服這些思想在〔它們〕的題材上附帶有

的晦澀，可是我已看清楚，如果我不想仍然爲人所不理解或誤解的話，那麼，讀者們自己的考察就必須大大地助我一臂之力才行。——根據上面提出來的看法，人們固然得以在有機體中指出各種物理化學作用的跡象，但決不應以這些跡象來解釋有機體；因爲有機體怎麼也不是由這些力統一起來的作用所產生的現象，所以也不是偶然產生的現象；而是一個較高的理念、這一理念以**壓倒一切的同化作用**降服了那些較低的理念；（而這又是）因爲那把自己客體化於一切理念中**那一個**意志在它力趨最高可能的客體化時，在這兒把它較低級別的現象，在經過一場衝突之後，放棄了，以便在一個較高的級別上更強有力地顯現。沒有勝利不是透過衝突而來的。較高的理念或意志的較高的客體化，既只能由於降服了較低級的理念才能出現，那麼，它就要遭到這些較低理念的抵抗了。這些理念雖然是已降到可供驅使的地位了，總還是掙扎著要獲得它們自在的本質獨立完整的表出。把一塊鐵吸上來的磁石就不斷地在和重力進行著鬥爭，（因爲）重力作爲意志最低級的客體化，對於這鐵的物質有著更原始的權利。在這個不斷的鬥爭中，由於抗拒力好比是在刺激著它作出更大的努力似的，這磁石也使自己更堅強了。和磁石一樣，每一意志現象，包括在人類有機體內表出的意志現象，也在對許多物理的、化學的力進行著持續的鬥爭；而這些力作爲較低級的理念，對於有機體中的物質也有著先入爲主的權利。所以人的手臂，由於克服了重力而把它舉起一會兒之後，仍會掉下去。因此健康的舒適感（雖然）表現著一種勝利，是自意識著這舒適感的有機體的理念戰勝了原來支配著身體漿液的物理化學規律。可是這舒適感是常常被間斷了的，甚至經常有一種或大或小的，由於那些物理化學力的抗拒而產生的不適感與之相伴，由此我們生命中無知地運行著的部分就已經常和一種輕微的痛苦聯在一起了。所以消化作用也要壓低一切動物性的機能，因爲消化要據有全部生命力以便透過同化作用而戰勝化學的自然力。所以根本是由於這些自然力才有肉體生活的重負，才有睡眠的必要，最後還有死亡的必然性。在死亡中，那些被制服了的自然力，由於有利情況的促成，又能從疲於不斷鬥爭的有機體（手裡）奪回它們被劫走的物質，而它們的本質又得以無阻礙地表達出來了。因此人們也可以說，每一有機體之表出一理念，——有機體就是這理念的摹本——，僅僅是在抽去那部分用於降服和這有機體爭奪物質的低級理念的力量之後。雅各．波墨❺似乎已隱約看到這一點，他在有一個地方說人類和動物，甚至植物所有的一切身體，眞正說起來都是半死的。那麼，在有機體降服那些表出著意志客體性低層級別的自然力時，各按其成功的或大或小，有機體便隨之而成爲其理念的較圓滿或較不圓滿的表現，即是說或較近於或較遠於那理想的**典念**；而在有機體的種屬中，美就是屬於這典型的。

這樣我們在自然中就到處看到了爭奪、鬥爭，和勝敗無常，轉敗爲勝，也正是在這種情況中，我們此後還要更清楚地認識到對於意志有著本質上的重要性的自我分裂。意志客體化的每一級別都在和另一級別爭奪著物質、空間、時間。恆存的物質必須經常更換（自己

---

❺ 雅各．波墨（Jakob Böhme，一五七五—一六二四），德國新教神祕主義者，著有《上升中的朝霞》。

的〕形式，在更換形式時，機械的、物理的、化學的、有機的現象在因果性的線索之下貪婪地搶著要出現，互相奪取物質，因爲每一現象都要顯示它的理念。在整個自然界中都可跟蹤追尋這種爭奪，是的，自然之爲自然正就只是由於這種爭奪：「因爲如果衝突爭奪不存在於事物中，一切就會是『一』，有如恩披陀克勒斯所說。」（亞里斯多德：《形上學》，B. 5）原來這衝突爭奪自身就只是對於意志有本質的重要性的自我分裂的外現。這種普遍的鬥爭在以植物爲其營養的動物界中達到了最顯著的程度。在動物界自身中，每一動物又爲另一動物的俘虜和食料，也就是說每一動物又得讓出牠藉以表出其理念的物質，以便於另一理念得據以爲其表出之用，因爲每一動物都只能由於不斷取消異類的存在以維持牠自己的存在。這樣，生命意志就始終一貫是自己在啃著自己，在不同形態中自己爲自己的食品，一直到了人類爲止，因爲人制服了其他一切物種，把自然看作供他使用的一種出品。然而就是在人這物種中，如我們在第四篇裡將看到的，人把那種鬥爭，那種意志的自我分裂暴露到最可怕的明顯程度，而「人對人，都成了狼」了。同時，我們在意志客體性的較低級別上也看到這同一的鬥爭，同一的〔一物〕制〔一物〕。許多昆蟲（尤其是膜翅類昆蟲）把蛋下在別種昆蟲的蛹的表皮上，甚至下在蛹的體內，而這些蛹的慢性毀滅就是新孵出的這一幼蟲做出來的第一件工作。枝生水螅的幼蟲從成蟲中長出，好像樹之有枝一樣，後來才和成蟲分離；在幼蟲還牢固地長在成蟲身上時，已經在和成蟲爭奪那些自己送上來的食物，竟可說是互相從口中搶奪這些東西（春百烈〔Trembley〕：《百足動物》Ⅱ，第一一〇頁，Ⅳ，第一六五頁）。澳洲的猛犬蟻為這種鬥爭情況提供了最觸目的例子：當人們把牠切斷之後，在頭部和尾部之間就開始一場戰鬥，頭部以上下顎咬住尾部，尾部力刺頭部而〔發起〕勇敢的自衛。這場戰鬥經常要延長到半小時之久，直到雙方死亡或被其他螞蟻拖走為止。〔每次試驗，〕每次都發生同樣的過程〔引自《英國W．雜誌》豪威特〔Howitt〕的一封信，轉載於賈立格蘭尼的《郵報》，一八五五年十一月十七日〕。在密蘇里河的兩岸，人們不時看到參天的橡樹被巨大的野葡萄藤纏住枝幹，束縛著、捆綁著大樹，以至這樹不能不窒息枯萎。甚至在最低的一些級別上也可看到同樣的情況，例如透過有機的同化作用，水和碳就變為植物漿液，植物或麵包又變為血液；並且，只要是一些化學的力被限制為低一級的作用而動物分泌又正在進行的場合，到處也都有這樣的變化。其次是在無機自然界也有這種情況，例如正在形成的結晶體互相遭遇、互相交叉而互相干擾，以至無從表出它們完整的結晶形式，以至任何晶簇幾乎都是意志在其客體化那麼低的級別上衝突著的摹本。或是磁石把磁性強加在鐵上時，磁石要在鐵中顯出它的理念；或是化學的放電作用制服了各種化學的親和力，把牢固的化合物分解了而如此嚴重地抑制著化學的規律，以致在陰極被分解的一種鹽類的酸不得不奔赴陽極，卻又不得和它中途必須通過的鹼類相結合，即令只是把中途遇著的石蕊紙變成紅色也不可能。在宏觀〔的宇宙〕方面，也有同樣的情況表現在恆星與行星之間的關係上。行星雖是斷然地依附〔於恆星〕，卻還是和有機體內的一些化學力一樣，在抗拒著〔恆星〕，從而產生向心力和離心力之間永恆的緊張。這種緊張〔不但〕使宇宙天體運行不息，而且自身就已是我們正在考察著的那普遍的、意志現象本質上的鬥爭的一個表現。因爲任何物體既然必須作爲意志的一個現象看，而意志又必然是作爲一種向上衝動而表達出來的；那麼，任何摶成球形的天體，它的原始本然狀態就不能是靜，而是動，而是無休止地、無目標地在無窮空間中向前的邁進。這一點既不和慣性定律，也不和因果律相反。因爲按慣性定律，物質之爲物質對於動靜是無所偏愛的，所以物質的本然狀態可以是動，也可以是靜。因此，如果我們發現它在運動中，我們便無權假定它前此經歷了靜止狀態，無權追問運動所以發起的原因；正和反過來，我們發現它在靜止中，無權假定它前此經歷過運動狀態，無權追問那運動何以停下來的原因，是一樣的。因此要爲離心力找到最初的推動力，那是無處可找的；因爲離心力在行星，依康德和拉普拉斯的假設，是恆星原有自轉運動的殘餘，這又因爲行星是在恆星自行縮小時從恆星中分離出來的。但運動對於恆星是本質上重要的〔東西〕，它仍一貫自轉著，並同時在無窮空間中飛去，或是圍繞著一個更大的、我們看不見的恆星在旋轉。這一看法和天文學家臆測的中央恆星說完全一致，也符合於已發現了的，我們整個太陽系在移動的事實；也許是我們太陽所屬的整個星群在移動，最後還可推論到一切恆星的，包括中央恆星在內的普遍移動；而這種在無窮空間中的移動當然也就已失去任何意義了（因爲在絕對空間中的運動是無法能區別於靜止的）。這種無窮空間中的向前移動正由於失去意義，直接由於無目標的奮進和飛行，就已表現爲我們在本書的末尾必須認爲是意志在其一切現象中的奮進所〔共〕有的那種虛無性，那種缺乏最後目的了。因此無窮的空間和無盡的時間又必然是意志所有一切現象最普遍、最基本的形式，而意志的整個本質就是爲了要表出爲現象而存在的。——最後，甚至在單純的物質中，在物質作爲物質看時，只要物質現象的本質是康德正確地稱爲排拒力和吸引力〔的東西〕，我們就已經能看出〔這裡〕納入考察的，一切意志現象的相互鬥爭了。所以物質已經就只是在相反力量的鬥爭中而有其存在了。如果我們把物質的一切化學差別抽掉，或是在因果鏈上設想，一直回溯到沒有化學差別存在的時候，那麼我們就只有剩下來的純物質了，剩下這世界摶成一顆彈丸，而這彈丸的生命，亦即意志的客體化，也就是吸引力和排拒力之間的那鬥爭所構成的了；前者作爲重力，從一切方面向中心撲去；後者作爲不可透入性，或是藉固體性或是藉彈性抗拒著前者。這一永恆的撲向中心和抗拒作用就可看作意志在最低級別上的客體性，並且在這級別上就已表現了意志的特性。

於是我們在這裡，在這最低級別上，就好像是看到意志把自己表出爲盲目的衝動，爲一種昏暗無光的、冥頑的躁動，遠離著一切直接認識的可能性。這是意志客體化最簡單最微弱的一種。不過在整個無機的自然界，在一切原始的「力」中，意志也是作爲這種盲目衝動和無知的奮鬥而顯現的；物理化學所從事的，就是找出這些原始「力」和認識它們的規律。這些原始「力」中的任何一種都是在百萬次完全相同的、合乎規律的現象中，把自己表出於我們之前，毫不露出一點個性特徵的痕跡，而只是被時間和空間，亦即被個體化原理所複製罷了，有如一個圖片被稜鏡的許多平刻面所複製一樣。

意志的客體化一級比一級明顯，然而在植物界，連結意志現象的紐帶雖已不是原因而是刺激，意志仍然是完全無知的作用，還是無明的衝動；同樣，最後在動物現象中自然運行的部分，在任何動物的生育和成長中，在動物內部營養輸將的維繫上，依然還只是刺激在必然地決定著意志的現象，意志也還是盲目的。意志客體性的級別一直上升，最後達到一點，在這一點上表出理念的個體已經不能單由隨刺激〔而發生〕的活動來獲得它要加以同化的營養品了；因爲這種刺激必須待其自來，而在這裡，營養品都是特殊規定的，在現象愈來愈複雜的時候，擁塞混亂的情況就更加劇了，以致這些現象互相干擾起來，於是單是由刺激發動的個體必須從偶然的機會來等待食物，那就太不利了。因此，動物在卵中或母體中是無知地成長著，從牠脫離卵或母體那一瞬開始，食物就必須是搜尋來的，揀選來的。由於這個緣故，行動就必要按動機〔而發〕，而爲了這些動機又必須有認識；所以認識是在意志客體化的這一級別上作爲個體保存和種族延續所要求的一種輔助工具，〔一種〕「器械」而出現的。認識的出現是以大腦或一更大的神經節爲代表的，正如把自己客體化的意志其他的任何企求或規定都是以一個器官爲代表的一樣，也即是爲表象而把自己表出爲一器官*。——可是因爲有了這個輔助工具，這個「器械」，在反掌之間就出現了作爲表象的世界，附帶地還有它所有的形式：客體和主體、時間、空間、雜多性和因果性。這時世界顯出了〔它的〕第二面。

* 第二卷第二十二章是補充這裡的，還有我著的《論自然中的意志》，第一版第五四頁，第七〇—七九頁，第二版第四六頁，第六三—七二頁。

在此以前世界原只是意志，現在它同時又是表象，是認識著的主體的客體了，直到這裡，意志是在黑暗中極準確無誤地追隨它的衝動；到了〔現在〕這一級別，它卻爲自己點燃了一盞明燈。爲了消滅那個從它那些現象的擁塞和複雜情況中產生出來的缺點，即令最完備的現象也不免要產生的那個缺點，這盞明燈是一個不可少的工具。在此以前，意志所以能在無機的和單純植物性的自然中以一種決不失誤的妥當性和規律性起作用，那是因爲只有它獨自在它的原始本質中，作爲盲目衝動、作爲意志在活動；沒有別的援助，可是也沒有來自第二個完全不同的世界，來自作爲表象的世界的干擾。作爲表象的世界雖然只是它自己的本質的寫照，但卻是完全另一性質，現在卻要插手在它那些現象的聯繫之中了。於是，它那些現象的決不失誤的妥當性就從此告終了。動物就已經不免爲假象、幻覺所迷誤。動物還只有直觀的表象，沒有概念，沒有反省思維：因此牠們是束縛在「現在」上的，不能顧及將來。——看起來，這種沒有理性的認識好像不是在一切場合都足以達到它的目的似的，有時候好像也需要一種幫助似的。原來還有這樣一種值得注意的現象擺在我們面前，就是說盲目的意志作用和由認識照明的作用這兩種作用，在兩類〔不同的〕現象之中〔每〕以非常出乎意料的方式互相侵入對方的範圍。一面我們看到在動物那些由直觀認識和動機來指導的作爲之中，就有一種不帶這些認識和動機的作爲，也就是以盲目地起作用的意志的必然性來完成的作爲。這種作爲可以在動物的製作本能中看得出來，這種本能既無動機，又無認識的指導，然而看起來甚至好像是按抽象的、理性的動機來完成牠們那些工作的。和這相反的另一情況是反其道而行之，認識之光侵入了盲目地起作用的意志的工地裡去了，把人類有機體的純生理機能照明了：在磁性催眠術中就是這樣。——最後在意志達到了它客體化的最高程度時，發生於動物的那種悟性的認識，由於是感官為它提供資料，而從這些資料產生的〔又〕只是侷限於眼前的直觀，所以就不敷應用了。人，這複雜的、多方面的、有可塑性的、需求最多的、難免不受到無數傷害的生物，為了能夠生存，就必須由雙重認識來照明，等於是直觀認識之上加上比直觀認識更高級次的能力，加上反映直觀認識的思維，亦即加上具有抽象概念能力的理性。與理性俱來的是思考，囊括著過去和未來的全景，從而便有考慮、憂慮，有事先籌劃的能力，有不以當前為轉移的行為，最後還有對於自己如此這般的意志決斷完全明晰的意識。假象和幻覺的可能性既已隨單純的直觀認識而俱來，於是，前此在意志無知的衝動中的可靠性就被取消了；因此本能和製作衝動，作為無知的意志之表出而雜在那些由認識指導的意志之表出中，就必須出而助以一臂之力；所以說，和理性出現的同時，〔前此〕意志之表出的那種可靠性和準確性（在另一極端、在無機自然界，甚至現為嚴格的規律性）就喪失殆盡了。本能〔既〕幾乎完全引退，勢欲取一切而代之的思考（如在第一篇裡論列的）就產生了搖擺不定和踟躕不決，於是謬誤有了可能，並且在好些場合還以行動妨礙著意志恰如其分的客體化。這是因為意志雖在性格中已拿定了它固定不變的方向，而欲求本身又少不了要在動機的促使之下按此方向而出現；然而由於幻想的動機如同眞實的動機一樣插手其間，取消了眞實動機*，謬誤就能把意志的表出加以篡改；例如迷信在不知不黨中帶進了幻想的動機，強制一個人進行某種行爲，和他的意志在原來情況之下沒有這種強制時會要表出的行爲方式恰恰相反：〔所以〕阿加曼儂❻殺了他的女兒；吝嗇鬼出於純粹自私，希望將來獲得百倍的酬報也要布施；如此等等。

所以認識，從根本上看來，不管是理性的認識也好，或只是直觀的認識也好，本來都是從意志自身產生的。作爲僅僅是一種輔助工具，一種「器械」，認識和身體的任何器官一樣，也是維繫個體存在和種族存在的工具之一。作爲這種工具，認識〔原〕是屬於意志客體化較高級別的本質的。認識本來是命定爲意志服務的，是爲了達成意志的目的的，所以它也幾乎始終是馴服而勝任的；在所有的動物，差一些兒在所有的人，都是如此的。然而在〔本書〕第三篇我們就會看到在某些個別的人，認識躲避了這種勞役，打開了自己的枷鎖；自由於欲求的一切目的之外，它還能純粹自在地，僅僅只作爲這世界的一面鏡子而存在。藝術就是從這裡產生的。最後在第四篇裡，我們將看到如何由於這種〔自在的〕認識，當它回過頭來影響意志的時候，又能發生意志的自我揚棄。這就叫做無欲。無欲是〔人生的〕最後目

❻ 阿加曼儂（Agamemnon），特洛伊戰爭中希臘聯軍統帥。

* 因此，經院學派說得很對，「目的因不是按其是什麼的本質，而是按其被認識的本質起作用的。」見蘇阿瑞茲《辯論集》，《形上學的辯論》XXIII，七、八兩段。

的，是的，它是一切美德和神聖性的最內在本質，也是從塵世得到解脫。

28

意志把自己客體化於現象中，我們已考察了這些現象的巨大差別性和多樣性，我們也看到了這些現象相互之間無窮盡的和不妥協的鬥爭。然而，根據我們前此所有的論述。意志自身，作爲自在之物，卻並不包括在這種雜多性和變換之中。理念（柏拉圖的）的差別，也即是客體化的各個級別；一大群的個體，每一理念都把自己表出於這些個體中；形式與形式之間爲占有物質而進行的鬥爭（等等）；這一切都和意志無關，而不過是意志客體化的方式和樣態，只是由於客體化才和意志有著間接的關係；藉此關係這一切才屬於意志的本質爲（了成爲）表象（而有）的表現。猶如一盞神燈映出多種多樣的圖片，然而使所有這些圖片獲得可見性的卻只是（燈裡）那一個火焰；那麼，在一切繁複的現象中，——這些現象或是並列而充塞宇宙，或是作爲事故先後繼起而相消長——，在這一切變動中只有那一個意志是顯現者，永無變動；而那一切一切則是它的可見性、客體性。唯有它是自在之物而一切客體則都是顯現，用康德的話說，亦即都是現象。——意志作爲（柏拉圖的）理念，雖在人類中有其最明顯的和最完美的客體化，然而單是這一客體化還不能表出意志的本質。人的理念，如果要在應有的意義之下顯露出來，就不可孤立地、割裂地表出，而必須有向下行的各級別，經過動物的一切形態，經過植物界直到無機界〔的自然〕相隨在後才行。有這一切才使意志的客體化達到完整的地步。人的理念要以這一切爲前提，正如樹上的花要以枝、葉、根、幹爲前提是一個道理。這些級別形成一個金字塔，而人就是塔頂。如果人們愛好比喻的話，我們也可以說這一切一切，它們的現象是如此的必然隨伴著人的現象，正如〔白晝〕完全的光明必有逐級不同的半明半暗相隨伴一樣，經過半明半暗才消失於黑暗之中。人們還可以把這一切稱爲人類的餘音，可以說動物和植物是下降的第五和第三音階，而無機界則是較低的第八音階。不過最後這個比喻的全部眞實性，要在下一篇中我們探討音樂的深長意味時，才能明白；〔在那兒〕我們將看到那透過輕快的高音而在連續中進行的曲調，何以要在某種意義上看作是在表現著人的由於反省思維而有著連續的生活與奮鬥。與此相反，那些不相連續的補助音和慢低音原是音樂的完整性所必需的諧音之所從出，這些音就象徵著其他動物界和無知覺的自然。不過關於這一點，容在後文適當的地方再談，在那裡聽起來就不會是這樣難解了。——可是我們也看到了意志現象所以要排成級別的**內在的**，和意志恰如其分的客體性分不開的**必然性**，在所有一切意志現象中都是由一種**外在的**必然性表現出來的。由於這種〔外在〕必然性，人爲了自己的生存就需要動物，動物又因而依次需要另一種動物，然後也需要植物；植物又需要土壤、水分、化學元素、元素的化合物等，需要行星、太陽、〔行星的〕

自轉和公轉、黃道的傾斜度等等。歸根結底，這都是由於意志必須以自身飽自己的饞吻而產生的，因爲除意志以外，再沒有什麼存在的東西了；而它呢，卻是一個飢餓的意志。〔人世的〕追逐、焦慮和苦難都是從這裡來的。

唯有在現象無窮的差別性和多樣性中，認識到作爲自在之物的意志的統一性、單一性，才能對於自然界一切產物間那種奇蹟般的、不會看錯的類似性，那種親族的近似性提出眞正的說明。由於這種親族的近似性，我們才能把自然界的產物看作那同一的，但不是隨同提出的一個主旋律的變化。與此相似，由於清晰而深入地認識到這世界一切部分間的那種諧和，那種本質上的聯繫，認識這些部分劃成級別的必然性——這是我們才考察過的——，我們對於自然界一切有機產物的內在本質及其不可否認的**目的性**有何意義才能有一個眞實的充分的理解。〔至於〕這種目的性，在我們考察和審定這些有機的自然產物時，我們已先驗地把它假定下來了。

這個**目的性**有雙重的性質，一面是**內在的**，也就是一個個別有機體所有各部分間有如此安排好了的相互協調，以致該有機體及其種族有了保存的可能，因而這就表現爲那種安排的目的。另外一面這目的性又是**外在的**，一般說來這根本是無機自然界對有機自然界的一種關係，不過有時也是有機自然界各部分之間相互的一種關係；這種關係使整個有機自然界，同時也使個別物種有了保存的可能，因此，這關係對於我們的判斷是作爲達到這一目的的手段而呈現的。

這內在的目的性就是以下述方式插到我們這考察的序列中來的。如果以前此所說的為據，在自然界中一切形態的差別性和個體的雜多性都不屬於意志，而只屬於意志的客體性和客體性的形式；那就必然要說，意志，儘管它客體化的程序，也就是（柏拉圖的）理念，是差別很大的，它自己卻是不可分割的，在任何一現象中出現，都是整個的意志。為了易於了解起見，我們可以把這些不同的理念作為個別的、自身簡單的意志活動看，而意志的本質又是或多或少地把自己表出在這些活動中的。個體卻又是這些理念——亦即那些活動——在時間、空間和雜多性中的一些現象。——一個這樣的（意志）活動（或理念）在客體性的最低級別上也在現象中保有它自己的統一性；而如果在較高的級別上，為了顯現出來，這種活動就需要時間上的整個一系列的情況和發展，所有這些情況和發展結合起來才能完成它的本質的表出。例如：在任何一種普遍自然力中顯示出來的理念，不管它這個表出按外在情況的變化是如何的有差別，它總只有一個單一的表出；否則就根本不能指出這表出的同一性，而指出這種同一性正是由剝落那些從外在情況發生的差別性來完成的。結晶體正是這樣才只有一次的生命表現，那就是它的結晶活動。這個生命表出隨後就在僵化了的形式上，在它一瞬息的生命的遺骸上有著它完全充分和賅括無餘的表現。植物（也）是理念的顯現，但植物表現理念——植物即這理念的顯現——就已不是一次的，也不是由一個單一的表出，而是由植物器官在時間上的繼續發育來表現的。動物則不僅是在同一形式下，不僅是在相續而常不相同的形態（形變）中發展著牠的有機體，而是這形態本身，雖已是意志在這級別上的客體性，卻仍不足以充分表現它的理念；而是由於動物的行爲，這理念才得到完整的表現，因爲動物的驗知性格，也即是在整個這一物種中相同的性格，是在這些行爲中透露出來的，這才是理念的充分顯出。這時，理念的顯出就是以那一定的有機體爲基本條件的。至於人類，每一個體已各有其特殊的驗知性格（我們將在第四篇看到直至完全取消種性，即是由於一切意欲的自我揚棄而取消種性）。那由於時間上必然的發展，由於以此發展爲條件的分散爲個別行爲而被認爲是「驗知性格」的東西，在抽去屬於現象的這時間形式時，就是康德術語中的「悟知性格」。康德指出了這一區別和闡明了自由與必然之間的關係，實際上也就是闡明了自在之物的意志和意志在時間中的現象兩者之間的關係；在這些指示中特別輝煌地顯出了他不朽的功績*。所以這悟知性格是和理念，或更狹義些是和顯露於理念中的原始意志活動相準的。那麼，在這個範圍內說，就不僅是每個人的驗知性格，而且是每一動物種屬的、每一植物種屬的，甚至無機自然每一原始力的驗知性格都要作爲悟知性格的——也即是一個超乎時間、不可分割的意志活動的——現象看。——附帶地，我想在這裡指出植物的坦率也可注意一下。每一植物單是在它的形態中便已坦率地表出了它整個的性格，公開顯示著它的存在和意欲；植物面貌所以那麼有趣就是由於這一點。可是動物（就不同），如果要在

* 見《純粹理性批判》，「從世界大事的全部引申來的宇宙觀念之解決」，第五版，第五六〇—五八六頁，第一版第五三二頁和後續各頁，還有《實踐理性批判》第四版第一六九—一七九頁，羅森克朗茲版二二四頁和後續各頁。比較我的論文《根據律》第四十三節。

理念上認識牠，就已經要在牠的行動和營爲上來觀察；而人呢，因爲理性使他具有進行僞裝的高度能力，就只有全靠研究和試探〔來認識他了〕。動物比人更坦率，在程度上比較正等於植物比動物更坦率。在動物，比在人更能看到赤裸裸的生命意志，因爲人是用許多知識包紮起來的，此外又是被僞裝的本領掩飾起來的，以至他的眞正本質幾乎只偶然地間或顯露出來。完全赤裸裸的，不過也微弱得多，那是顯出於植物的生命意志，那是沒有目的和目標，盲目求生存的衝動。這是因爲植物顯示它全部的本質，是一覽無餘的，是完全天眞無邪的。這種天眞無邪，並不因一切禽獸的生殖器官都在隱蔽的部位，而植物卻頂戴之以供觀賞，便有所損失。植物的天眞無邪基於它的無知無識。邪惡並不在意欲中，而是在帶有知識的意欲中。每一植物首先就吐露了它的故鄉，吐露這故鄉的氣候和它所從生長的土壤的性質。因此，即令是一個沒有學習過的人也容易識別一種異鄉的植物是熱帶地區的還是溫帶地區的，是生長在水裡的，在沼地的，在山上的，還是在荒地上的。此外，每一種植物還表達了它種族的特殊意志而說出用任何其他語言不能表示的東西。——但是現在要看看〔如何〕應用已說過的〔這些〕來對有機體作目的論上的考察，並且這種考察也只以針對有機體內的目的性爲範圍。在無機的自然中，當那到處都是當作一個單一的意志活動來看的理念，把自己顯露於僅僅一個單一的並且總是相同的表出〔方式中〕時，人們就能說驗知性格在這裡直接具有「悟知性格」的統一性，等於是和「悟知性格」合一了，因此這裡就不能顯出什麼內在的目的性。與此相反，當一切有機體是以前後相繼的發展來表出它的理念時，而這發展又是被決定於不同部位互相並列的多樣性的，也就是說這些有機體的「驗知性格」所有那些表現的總和統括起來才是「悟知性格」的表出；那麼，這就並不是說這些部位的必然互相並列，這些發展的必然前後相繼就取消了這顯現著的理念的統一性了，就取消了這把自己表出的意志活動的統一性了。實際上，倒反而是這個統一性在那些部位和發展按因果律而有的必然關係與必然連鎖上獲得了它的表現。把自己顯出於一切理念中的，亦如顯出於一個（意志）活動中的，既然就是那唯一的、不可分的，因而完全和自己相一致的意志，那麼，意志的現象雖然分散爲不同的部位和情況，仍然必須在這些部位和情況一貫的相互協調中顯出那統一性。這是由於所有一切部分間的必然相關和相互因依而後可能的，由此即令是在現象中也恢復了理念的統一性。準此，我們現在（就可）把有機體的那些不同部分和不同功能看作相互之間的手段和目的，而有機體自身則爲一切目的的最後目的。從而一面有自身單一的理念分散爲有機體雜多的部位和情況，另一面是理念的統一性又由於那些部位和功能的必然聯繫作爲互相依存的因和果、手段和目的而得恢復；無論哪一面對於顯現著的意志之爲意志，對於（這）自在之物，都不是特有的、本質的東西；而只是對於意志在空間、時間和因果性（都是根據律的一些形態，現象的一些形式）中的現象，這兩面才都是特有的、本質的東西。這兩面都屬於作爲表象的世界而不屬於作爲意志的世界；屬於意志在其客體性的這一級別上如何成爲客體——也即是如何成爲表象——的方式和方法。誰要是鑽進了這一容或有些難於理解的討論（所包含）的意思，以後就會充分地懂得康德的學說。這學說的旨趣是說，有機界的目的性也好，無機界的規律性也好，最初都是由我們的悟性帶進自然界來的，因此目的性和規律性兩者都只屬於現象而不屬於自在之物。前面已說過，人們對於無機自然界的規律性感到驚奇的是這種規律從不失效的恆常性。這種驚奇，和人們對於有機自然界的目的性所感到的驚奇基本上是同一回事，因爲在這兩種情況之下，使我們詫異的都只是看到了理念本有的統一性，而理念〔只是〕爲了現象才採取了雜多性和差別性的形式*。

至於第二種目的性，**外在**的目的性——按前面所作的分類——那是在有機體的內部生活中看不到的，而只是在有機體從外面，從無機的自然獲得的，或是從別的有機體獲得的支援和幫助中看得到的。就這一目的性說，它同樣地可在上面確立的論點中獲得一般的說明，因爲這整個世界，連同其一切現象既都是一個不可分割的意志的客體性，而這理念對一切其他理念的關係又有如諧音對個別基音的關係，那麼，在意志所有一切現象相互之間的協調中，也必然可以看到意志的那種統一性。不過，如果我們再深入一點來察看那外在目的性的一些現象以及自然界各不同部分之間的協調，那麼，我們就能夠把這裡的見解大大地弄清楚些；並且這樣來討論還可以回過頭來說明前面的論點，而要達到這一步，我們最好是來考察下面的類比。

任何一個人的性格，只要澈底是個別的而不是完全包含於種性中的，都可以看作一個

* 比較《論自然中的意志》「比較解剖學」一段的末尾。

特殊的理念，相當於意志的一個特殊客體化行動。那麼，這一行動自身就可說是人的悟知性格，而人的驗知性格就是這悟知性格的顯現了。悟知性格是沒有根據的，即是作爲自在之物而不服從根據律（現象的形式）的意志。驗知性格是完完全全被這「悟知性格」所規定的。驗知性格必須在一個生活過程中構成悟知性格的摹本，並且除了悟知性格的本質所要求的而外，不能有別的作爲。不過這種規定只對如此顯現的生命過程的本質方面有效，對於非本質的方面是無效的。屬於這非本質方面的就是經歷和行爲的詳細規定，而經歷和行爲就是「驗知性格」藉以顯現於其中的材料。經歷和行爲是由外在情況規定的，外在情況又產生動機，而性格則按其自性而對動機起反應。因爲外在情況可以大不相同，那麼「驗知性格」由之而顯現的外在形態——亦即生活過程上某些實際的或歷史的形態——必須適應外在情況的影響。這種形態可以很不相同；儘管這現象的本質方面，現象的內容，保持不變。例如人們是拿胡桃，還是拿王冠作賭注，這是非本質的方面；但在賭博中人們是故弄玄虛而欺騙或是老老實實按規矩賭博，這卻是本質的方面。後者是由悟知性格決定的，前者是由外來影響決定的。正如一個主旋律可以用千百種音調的變化來發揮，同一個性格一樣也可出現於千百種不同的生活過程中。儘管外來影響可以如此多變，在生活過程中表出的驗知性格，不管那影響如何，仍然必須準確地（去）客體化那悟知性格，因爲後者是常使它的客體化適應著實際情況已有的材料的。——如果我們願意想一想，意志在它客體化的那一原始活動中是如何決定著它把自己客體化於其中的不同理念，——而這些理念也就是各種自然產物的不同形態——；且意志的客體化既分屬於這些形態，所以這些形態在現象中也必然有著相互的關係；那麼，我們現在就得假定一種和外在情況對於在本質方面被性格決定的生活過程所發生的影響相類似的東西。我們必須假定在一個意志所有一切的那些現象之間都有著普遍的相互適應和相互遷就；不過，我們就會看得更清楚，在這裡應將一切時間上的規定除外，因爲理念原是在時間之外的。準此，每一現象都必須和它所進入的環境相適應，不過環境也得和現象相適應，雖然在時間上，現象所占的地位要晚得多。於是我們到處都能看到這種「自然〔界〕的協調」。因此，每一植物都是和它的土壤、所在地帶相適應的；每一動物都是和牠生息於其中的因素，和牠用爲食料的捕獲品相適應的，並且還有一定的防禦能力以對付牠在自然界中的迫害者。眼睛是和光及光的折射相適應的，肺和血是和空氣相適應的，魚鰾是和水相適應的，海狗的眼是和牠藉以看事物的本質的變化相適應的，駱駝胃裡的蓄水細胞是和非洲沙漠的乾旱相適應的，鸚鵡螺的「帆」是和送牠那隻「小船」前進的風相適應的，如此等等，可往下列舉直至最特殊、最使人驚奇的外在的目的性*。不過這裡要把一切時間性關係撇開，因爲時間關係只能對理念的顯現而言，卻不能對理念自身而言。因此上面這種說法也可反過來用，就是不僅承認每一物種適應著已有的情況，而且要承認這在時間上先已有了的情況本身也同樣要照顧行將到來的生物。這是因爲在整個世界把自己客體化的只是一個

---

* 見《論自然中的意志》「比較解剖學」條。

同一的意志；它不知有什麼時間，因爲根據律的這一形態既不屬於它，也不屬於它原始的客體性——理念——，而是只屬於這理念如何被自身無常的個體所認識的方式方法，也即是說只屬於理念的顯現。因此，就我們目前對於意志的客體化如何把自己分屬於各理念的考察來說，時間順序是全無意義的，而有些理念也並不因爲它們的現象按因果律——作爲現象是服從因果律的——而先進入時間順序，就對另外一些理念，其現象進入時間順序較晚一些的理念有什麼優先權；反而是這後進入時間的現象正是意志的最圓滿的客體化，那些先進入時間順序的現象必須適應這些後進入的，猶如後者必須適應前者一樣。所以行星的運行、黃道的傾向〔於赤道〕、地球的自轉、〔地殼上〕水陸的分布、大氣層、光、溫暖，以及一切類似的現象，它們在大自然正猶如數字低音之在諧音中，都富有預覺地準備著適應即將降臨的各族生物，準備成爲這些族類的支柱和維繫者。同樣，土壤要遷就植物而成爲它的營養，植物又準備成爲動物的營養，這些動物又安排自己作爲別的動物的營養，完全和所有後面的這些又反過來把自己安排爲前者的營養一樣。大自然的一切部分都互相適應，因爲在這一切部分中顯現的總是一個意志；而時間順序對於意志原始的和唯一恰如其分的客體性（下一篇將解釋這個術語）——理念——卻完全不相干。現在，在各種族已只要保存而無須再發生的時候，我們還一再看到大自然指向將來的，事實上好像是從時間順序套取來的事先籌劃似的，看到那已存在的準備迎接那將要到來的。所以鳥兒要爲幼雛築巢，而牠還並不認識這些幼雛；海狸要造窩，而牠也並不知牠的目的何在；螞蟻、土撥鼠、蜜蜂要爲牠們所不知的冬季貯存糧食；蜘蛛、蟻獅好像是以熟慮的妙算要爲將來的，牠們所不知道的捕獲品設立陷阱；而昆蟲總是把蛋下在未來的幼蟲將來能找到食物的地方。並蒂螺旋藻的雌花本來是被它那螺旋的花莖留在水面之下的，〔可是〕在花事期間，它卻把這螺旋莖伸直而上升到水面，恰好同時，那水底下長在一根短莖上的雄花也就自動從這莖上脫落下來，不惜犧牲生命而浮於水面，以便在飄游中找到雌花；而雌花一經受精之後，又由螺旋莖的收縮作用而回到水底，然後在那裡結成果實*。這裡我不得不又一次想到鹿角蟲的雄性幼蟲，牠們爲了將來的形變，在樹木裡咬出的洞比雌性幼蟲所咬出的要大一倍，以便爲將來的兩角留出餘地。所以動物的本能，根本就給我們提供了最好的解釋以說明自然界的其他目的性。原來如同本能很像是按目的概念而有的行爲卻完全沒有目的概念一樣；同樣，大自然的一切營造也等同於按目的概念而有的營造，而其實並完全沒有目的的概念。原來我們在大自然的外在目的性中，也同在內在目的性中一樣，我們不得不設想爲手段和目的的〔東西〕，到處都只是**如此澈底自相一致的一個意志的單一性**：對我們的認識方式自行分散於空間和時間中的**現象**。

同時，由這單一性所產生的現象之間的相互適應和相互遷就卻並不能消滅前文闡述過的，出現於自然界普遍鬥爭中的內在矛盾。這是意志本質上的東西。上述那種協調的範圍所及，只是使世界和世界的生物有繼續存在的可能，所以沒有那種協調，世界也早就完了。因

* 夏丹（Chatin）：《螺旋藻》，見法國科學院整理的《科學彙報》一八五五年第十三期。

此協調的範圍只及於物種的繼續存在和一般的生活條件，但不及於個體的繼續存在。因此，在物種和普遍自然力藉那種協調與適應各自分別在有機界和無機界並存不悖，甚至互相支援的時候，同時與此相反，經過所有一切理念而客體化了的意志，它的內在矛盾也分別顯出於〔每一〕物種個體之間無休止的毀滅戰中和自然力的現象之間相互不斷的搏鬥中，一如前文所述。這鬥爭的校場和對象就是物質；互相要從對方奪過來的就是物質，以及空間和時間；而空間和時間由於因果性這形式而有的統一才眞正是物質，這是在第一篇裡已闡明了的*。

29

我在這裡結束這篇論述的第二個主要部分，我是抱有一種希望的。我希望在第一次傳達一個前所未有的思想的可能範圍內，——正因爲前所未有，所以這思想不能全免於一種個性的痕跡，它原是由於這種個性才產生的——，我已成功地傳達了一個明顯而的確的眞理，就是說我們生活存在於其中的世界，按其全部本質說，徹頭徹尾是意志，同時又徹頭徹尾是

* 第二卷第二十六章和第二十七章是補充這裡的。

表象；就是說這表象既是表象，就已假定了一個形式，亦即客體和主體這形式，所以表象是相對的。如果我們問，在取消了這個形式和所有由根據律表出的一切從屬形式之後還剩下什麼，那麼，這個在種類上不同於表象的東西，除了是**意志**之外，就不能再是別的什麼了。因此，意志就是眞正的**自在之物**。任何人都能看到自己就是這意志，世界的內在本質就在這意志中。同時，任何人也能看到自己就是認識著的主體，主體（所有）的表象即整個世界；而表象只是在人的意識作爲表象不可少的支柱這一點上，才有它的存在。所以在這兩重觀點之下，每人自己就是這全世界，就是小宇宙，並看到這世界的兩方面都完整無遺地皆備於我。而每人這樣認作自己固有的本質的東西，這東西也就囊括了整個世界的，大宇宙的本質。所以世界和人自己一樣，徹頭徹尾是意志，又徹頭徹尾是表象，此外再沒有剩下什麼東西了。所以我們在這裡看到泰勒斯考察大宇宙的哲學和蘇格拉底考察小宇宙的哲學，由於兩種哲學的對象相同而在這一點上契合一致了。——在本書前兩篇中所傳達的一切見解將由於下續兩篇獲得更大的完整性，並且由於更完整也就會有更大的妥當性。在我們前此考察中還曾或隱或現地提出過一些問題，希望這些問題也能在後兩篇中得到充分的答覆。

目前還可以單獨談談這樣**一個**問題，因爲這本來只是在人們尙未透徹了解前此的論述的意義時才能提出的問題，所以也只在這種情況下才能有助於闡明前此的論述。這是這樣一個問題：任何意志既是一個欲求什麼東西的意志，既有一個對象，有它欲求的一個目標，那麼，在我們作爲世界的本質自身論的那意志究竟是欲求什麼或追求什麼呢？——這個問題和許多其他問題一樣，是由於混淆了自在之物和現象而發生的。根據律只管後者，不管前者，而動機律也是根據律的一形態。任何地方都只能給現象，道地的現象，只能給個別事物指出一個根據或理由，而決不能給意志自身，也不能給意志恰如其分地客體化於其中的理念指出什麼根據或理由。所以每一項個別的動作，或自然界的一切變化部有一個原因可尋，而原因也就是必然要引起這些變化的一個情況；唯獨自然力本身，它是在這一現象和無數類似現象中把自己顯露出來的東西，那就決無理由或原因可尋了。所以如果要追問重力、電等等的原因，那就是由於眞正的不智，由於缺乏思考而產生的。只有在人們證明了重力、電等等不是原始的固有的自然力，而只是一個更普遍的、已爲人所知道的自然力的一些顯現方式之後，才可以問原因，問那個在這裡使那些自然力產生重力、電等等現象的原因。這一切都在前面詳細申論過了。同樣，一個認識著的個體（這個體自身只是意志作爲自在之物而顯出的現象），他的每一個別意志活動都必然有一動機，沒有動機那意志活動就決不能出現；但是和物質的原因只包含著這個或那個自然力的表出必然要在此時此地，在此一物質上出現的規定一樣，動機也只是把一個認識著的生物在此時此地，在某些情況之下的意志活動作爲完全單獨的、個別的東西來規定，而決不是規定這一生物它根本欲求和在這一方式下欲求。這種欲求是生物的悟知性格的表出，而悟知性格，作爲意志自身，作爲自在之物，是沒有根據或理由的，是在根據律的範圍之外的。因此，每人也經常有目的和動機，他按目的和動機指導他的行爲；無論什麼時候，他都能爲自己的個別行動提出理由。但是如果人們問他何以根本要欲求或何以根本要存在，那麼，他就答不上來了，他反而會覺得這問題文不對題。這裡面就正是眞正說出了他意識著自己便是意志，而不是別的。意志的欲求根本是自明的，只有意志的個別活動在每一瞬點上才需要由動機來作較詳盡的規定。

事實上，意志自身在本質上是沒有一切目的、一切止境的，它是一個無盡的追求。這一點，在談到離心力的時候，已經觸及到。在意志客體化的最低級別上，也就是在重力上，也可看到這一點：重力不停地奔赴〔一個方向〕，一眼就可明白看到它不可能有一個最後目的。因爲，即令是所有存在的物質都按它的意志而摶成一個整塊，然而重力在這整塊中，向中心點奔赴掙扎著，也還得和不可透入性作鬥爭，〔不管〕這不可透入性是作爲固體性或彈性而出現的。所以物質的這種追求永遠只能受到阻礙，卻決不，也永不會得到滿足或安寧。可是意志所有的現象的一切追求也正是這樣一個情況。每一目標，在達成之後，又是一個新的〔追求〕過程的開端，如此〔輾轉〕以至於無窮。植物從種子經過根、幹、枝、葉以達到花和果而提高了它自己的顯現，這果又只是新種子的開端，一個新的個體的開端，這新個體又按老一套重演一遍，經過無盡的時間如此輾轉〔往復〕。動物的生活過程也是這樣的：生育是過程的頂點；在完成這〔一任務〕之後，這一代的個體的生命就或快或慢地走向下坡，同時自然地，一個新個體便〔起而〕保證了這物種的繼續生存且又重演這同一過程。是的，每一有機體〔中〕物質的不斷更新也只能作這種不斷衝動和不斷變換的現象看。這種現象，生理學家們現在已中止把它作爲對運動中被消耗的物質的必要補償看了，因爲機器的可能損耗決不可和透過營養而來的不斷增益等同起來。永遠的變化，無盡的流動，是屬於意志的本質之顯出的〔事〕。最後，在人類追求的願望中也能看到同樣的情況。這些欲望總是把它們的滿足當作〔人的〕欲求的最後目標來哄騙我們，可是在一旦達成之後，願望就不成爲願望了，很快也就被忘懷了，作爲古董了；即令人們不公開承認，實際上卻總是當作消逝了的幻想而放在一邊〔不管〕了的。如果還剩下有什麼可願望可努力的，而這從願望到滿足，從滿足到新願望的遊戲得以不斷繼續下去而不陷於停頓，那麼，這就夠幸運的了。從願望到滿足又到新的願望這一不停的過程，如果輾轉快，就叫做幸福，慢，就叫做痛苦；如果限於停頓，那就表現爲可怕的、使生命僵化的空虛無聊，表現爲沒有一定的對象、模糊無力的想望，表現爲致命的苦悶。——根據這一切，意志在有認識把它照亮的時候，總能知道它現在欲求什麼，在這兒欲求什麼；但決不知道它根本欲求什麼。每一個別活動都有一個目的，而整個的總欲求卻沒有目的。這正和每一個別自然現象在其出現於此時此地時，須由一個充足的原因來決定，而顯現於現象中的力卻根本沒有什麼原因，是同出一轍的，因爲這種原因已經是自在之物的，也是無根據的意志的現象之級別。——意志唯一的自我認識總的說來就是總的表象，就是整個直觀世界。直觀世界是意志的客體性，是意志的顯出，意志的鏡子。直觀世界在這一特殊意味中吐露些什麼，那將是我們後面考察的對象。*

* 第二卷第二十八章是補充這裡的。

第三篇　世界作爲表象再論

獨立於充分根據律以外的表象

柏拉圖的理念　藝術的客體

那永存而不是發生了的是什麼，
那永遠變化著、消逝著而決不眞正存在著的又是什麼？

——柏拉圖

30

我們既已在第二篇裡從世界的另一面考察了在第一篇裡作爲單純表象，作爲對於一個主體的客體看的世界，並發現了這另一面就是**意志**。唯有意志是這世界除了是表象之外還是什麼的東西。在此以後，我們就根據這一認識把這世界不管是從全體說還是從世界的部分說，都叫做表象，叫做**意志的客體性**。由此說來，表象或意志的客體性就意味著已成爲客體——客體即表象——的意志。此外，我們現在還記得意志的這種客體化有很多然而又固定的級別，意志的本質在這些級別上進入表象，也就是作爲客體而顯現，而明晰和完備的程度則是逐級上升的。只要這些級別意味著一定物種或有機和無機的一切自然物體的原始、不變的形式和屬性，意味著那些按自然規律而把自己顯露出來的普遍的力，那麼，我們在第二篇裡就已在那些級別上看出了柏拉圖的理念。所有這些理念全部總起來又把自己展出於無數個體和個別單位中，理念對個體的關係就是個體的典型對理念的摹本的關係。這種個體的雜多性是由於時間、空間，而其生滅〔無常〕則是由於因果性才能想像的。在時間、空間、因果性這一切形式中，我們又只認識到根據律的一些不同形態；而根據律卻是一切有限事物、一切個體化的最高原則。並且在表象進入這種個體的「認識」時，根據律也就是表象的普遍形式。與此相反，理念並不進入這一最高的原則，所以一個理念既說不上雜多性，也沒有什麼變

233

換。理念顯示於個體中，個體則多至無數，是不斷在生滅中的；可是理念作爲同一個理念，是不變的；根據律對於它也是無意義的。但是根據律既是主體的一切「認識」的形式，只要這主體是作爲**個體**而在認識著，那麼，這些理念也就會完全在這種個體的認識範圍以外。因此，如果要這些理念成爲認識的對象，那就只有把在認識著的主體中的個性取消，才能辦到。今後我們首先就要更詳盡地從事於這一點的說明。

234

31

在談到這一點之前，首先還有下面這個要注意的主要事項。我希望我已在前一篇裡成功地締造了一種信念，即是說在康德哲學裡稱爲**自在之物**的東西，在他那哲學裡是作爲一個如此重要卻又暖昧而自相矛盾的學說出現的。尤其是由於康德引入這個概念的方式，也就是由於從被根據決定的東西推論到根據的方式，這自在之物就被認爲是他那哲學的絆腳石，是他的缺點了。現在我說，如果人們從我們走過的完全另一途徑而達到這自在之物，那麼，自在之物就不是別的而是意志，是在這概念按前述方式已擴大、固定了的含義圈中的意志。此外，我還希望在既有了上面所申述的這些之後，人們不會有什麼顧慮就〔能〕在構成世界自身的意志之客體化的一定級別上，看出柏拉圖的所謂永恆理念或不變形式。這永恆理念（之說），多少世紀以來就被認爲是柏拉圖學說中最主要的，然而同時也是最晦澀的、最矛盾的學說，是許許多多心情不同的頭腦思考、爭論、譏刺和崇敬的對象。

在我們看來，意志既然是自在之物，而理念又是那意志在一定級別上的直接客體性；那麼，我們就發現康德的自在之物和柏拉圖的理念——對於他理念是唯一「眞正的存在」——，西方兩位最偉大哲人的兩大晦澀的思想結雖不是等同的，卻是很接近的，並且僅僅是由於一個唯一的規定才能加以區別。兩大思想結，一面有著內在的一致和親屬關係，一面由於兩者的發起人那種非常不同的個性而極不同調，卻又正以此而互爲最好的注釋，因爲兩者等於是導向一個目標的兩條完全不同的途徑。這是可以不費很多事就說清楚的。即是說康德所說的，在本質上看便是下面這一點：「時間、空間和因果性不是自在之物的一些規定，而只是屬於自在之物的現象的，因爲這些不是別的，而是我們『認識』的形式。且一切雜多性和一切生滅既僅僅是由於時間、空間和因果性才有可能的，那麼，雜多性和生滅也只是現象所有，而決不是自在之物所有的。又因爲我們的認識是由那些形式決定的，所以我們的全部經驗也只是對現象而不是對自在之物的認識。因此也就不能使經驗的規律對自在之物有效。即令是對於我們自己的自我，這裡所說的也還是有效，只有作爲現象時我們才認識自我，而不是按自我本身是什麼來認識的。」從這裡考察的重點來說，這就是康德學說的旨趣和內蘊。可是柏拉圖卻說，「世界上由我們的官能所覺知的事物根本沒有眞正的存在。它們總是變化著，決不是存在著的。它們只有一個相對的存在，只是在相互關係中存在，由於相互關係而存在；因此人們也很可以把它們的全部（相互）依存叫做『非存在』。從而它們也不是一種眞正的認識的對象，因爲只有對於那自在的、自爲的而永恆不變樣的東西才能有眞正的認識。它們與此相反，只是由於感覺促成的想當然的對象。我們既然被侷限於對它們的覺知，我們就等於是黑暗岩洞裡的人，被牢固地綁住坐在那裡，連頭也不能轉動，什麼也看不見；只有賴於在背後燃著的火光，才能在對面的牆壁上看到在火光和這些人之間出現著的眞實事物的一些影子。甚至於這些人互相看到的，每人所看到的自己也只是那壁上的陰影而已。而這些人的智慧就是（能）預言他們從經驗習知的那些陰影前後相續成系列的順序。與此相反，因爲永遠存在卻不生不滅而可稱爲唯一眞正存在的，那就是那些陰影形象的眞實原象，就是永恆的理念，就是一切事物的原始本象。雜多性到不了原始本象，因爲每一原象自身，它的摹本或陰影都是和它同名的、個別的、無常的類似物。生和滅也到不了原始本象，因爲它們是眞正存在的，決不和它那些行將消逝的摹本一樣，有什麼生長衰化。（在這兩個消極的規定中必然包括這樣一個前提，即是時間、空間和因果性對於原象並無意義和效力，原象不在這些（形式）中。）因此，只有對於這些原象才能有一個眞正的認識，因爲這種認識的對象只能是永久和從任何方面看（即是本身自在的）都是存在的東西，而不能是人們各按其觀點，可說既存在而又不存在的東西。」——這就是柏拉圖的學說。顯然而無須多加證明的是，康德和柏拉圖這兩種學說的內在旨趣完全是一個東西。雙方都把可見（聞）的世界認作一種現象，認為該現象本身是虛無的，只是由於把自己表出於現象中的東西（在一方是自在之物，另一方是理念）才有意義和假借而來的實在性。可是根據這兩家學說，那現象的一切形式，即令是最普遍的最基本的形式，也斷然與那自行表出的東西，眞正存在著的東西無關。康德為了要否定這些形式（的實在性），他已把這些形式自身直截了當地概括為一些抽象的名稱，並逕自宣稱時間、空間和因果性，作為現象的一些形式，是不屬於自在之物的。柏拉圖與此相反，他並沒達到把話說澈底的地步，他是由於否定他的理念具有那些唯有透過這些形式才可能的東西，亦即同類中（個體）的雜多性以及生與滅，而把這些形式間接地從他的理念上剝落下來的。（這裡）儘管已是說得太多了，我還是要用一個比喻把（兩家學說）值得注意的、重要的互相一致之處加以形象化：假如在我們面前有一個動物正在充滿生命力的活動中，那麼，柏拉圖就會說：「這個動物並沒有什麼眞正的存在，牠只有一個表面的存在，只有不住的變化，只有相對的依存。這種依存既可以叫做一個存在，同樣也可叫做一個『非存在』；而眞正存在著的只是把自己複製於這動物中的理念或該動物自在的本身。這種動物自在的本身對於什麼也沒有依存關係，而是自在和自為的；不是生出來的，不是有時而滅的，而是永遠存在一個樣兒（不變）的。如果就我們在這動物中認識牠的理念來說，那就不管在我們面前的是這一動物或是牠活在千年前的祖先，不管牠是在這裡或是在遙遠的異鄉，不管牠是以這一方式、這一姿態、這一行動，或那一方式、那一姿態、那一行動而出現，最後也不管牠是牠那種族中的這一個體或任何其他一個體，反正全都是一樣而不相干了，〔因爲〕這一切都是虛無的而只同現象有關。唯有這動物的理念才有眞實的存在而是眞正的『認識』的對象。」——這是柏拉圖。康德大抵會要這樣說：「這個動物是時間、空間和因果性中的一現象；而時間、空間和因果性全都是在我們認識能力以內，經驗所以可能的先驗條件，而不是自在之物的一些規定。因此，這一動物，我們在這一定的時間，在這已知的地點，作爲在經驗的關聯中，——也即是在原因和後果的鎖鏈上——必然發生，同樣又必然消滅的個體而被覺知的動物，就不是自在之物，而只是就我們的認識說才可算是一個現象。如果要就這動物自在的本身方面來認識牠，也就是撇開時間、空間和因果性中的一切規定來認識牠，那就要在我們唯一可能的，透過感性和悟性的認識方式以外，還要求一種別的認識方式。」

爲了使康德的說法更接近於柏拉圖的說法，人們也可說：時間、空間和因果性是我們心智的這樣一種裝置，即是說借助於這種裝置任何一類唯一眞有的**一個**事物得以把自己對我們表出爲同類事物的雜多性，永遠再生又再滅輾轉以至無窮。對於事物的理解如果是借助於並符合上述心智的裝置，那就是**內在的**理解；與此相反，對於事物的又一種理解，即意識著事物所有的個中情況則是**超絕的**理解。這種理解是人們在抽象中從純粹理性批判獲得的，不過在例外的場合，這種理解也可從直觀獲得。最後這一點是我加上的。這就正是我在目前這第三篇裡要努力來說明的。

如果人們曾經眞正懂得而體會了康德的學說，如果人們自康德以後眞正懂得而體會了柏拉圖，如果人們忠實地、認眞地思考過這兩位大師的學說的內在旨趣和含義，而不是濫用這一位大師的術語以炫淵博，又戲效那一位大師的風格以自快；那麼人們就不至於遲遲未發現這兩大哲人之間的一致到了什麼程度和兩種學說基本意義與目標的澈底相同。那麼，人們就不僅不會經常以柏拉圖和萊布尼茲——後者的精神根本不是以前者爲基礎的——，甚至和現在還健存的一位有名人物*相提並論，——好像人們是有意在嘲弄以往偉大思想家的陰靈似的——，而且是根本會要比現在前進得遠多了，或者更可說人們將不至於像最近四十多年來這樣可恥地遠遠向後退了。人們將不至於今天被這種空談，明天又被另一種胡說牽著鼻子走，不至於以在康德墓上演出滑稽劇（如古人有時在超度他們的死者時所演出的）來替這十九世紀——在德國預示著如此重大意義的〔世紀〕揭幕了——。這種滑稽劇的舉行遭到別的國家的譏刺也是公平的，因爲這是和嚴肅的，甚至拘謹的德國人一點兒也不相稱的。然而眞正的哲學家們，他們的忠實群衆那麼少，以至要若干世紀才給他們帶來了寥寥幾個懂得他們的後輩。——「拿著巴古斯的雕花杖的人倒很多，但並沒幾個人眞正是這位酒神的信奉者。」「哲學所以被鄙視，那是因爲人們不是按哲學的尊嚴來治哲學的；原來不應該是那些冒牌的假哲學家，而應該是眞正的哲學家來治哲學。」（柏拉圖）

人們過去只是在字面上推敲，推敲這樣的詞句如：「先驗的表象」，「獨立於經驗之外

---

* 指F．H．雅各璧。

而被意識到的直觀形式和思維形式」，「純粹悟性的原本概念」，如此等等——於是就問：柏拉圖的理念既然說也是原本概念，既然說也是從回憶生前對眞正存在著的事物已有了的直觀得來的，那麼，理念是不是和康德所謂先驗地在我們意識中的直觀形式與思維形式大致是一回事呢？這兩種完全不同的學說，——康德的是關於形式的學說，說這些形式把個體的「認識」侷限於現象之內；柏拉圖的是關於理念的學說，認識了理念是什麼就正是明顯地否認了那些形式——，在這一點上恰好相反的（兩種）學說，（只）因爲在它們的說法上有些相似之處，人們就細心地加以比較、商討，對於兩者是一還是二進行了辯論；然後在末了發現了兩者究竟不是一回事，最後還是作出了結論說柏拉圖的理念學說和康德的理性批判根本沒有什麼共同之處*。不過，關於這一點已說夠了。

---

* 例如人們可參看 Fr. 布特維克（Bouterweck）的《依曼紐爾・康德：一個紀念碑》第四九頁，和蒲爾（Buhle）《哲學史》，第六卷，第八〇二頁至八一五頁和八二三頁。

32

根據我們前此的考察，儘管在康德和柏拉圖之間有著一種內在的一致，儘管浮現於兩人之前的是同一目標，而喚起他們，導引他們從事哲學的是同一世界觀，然而在我們看來理念和自在之物並不乾脆就是同一個東西。依我們看來，倒是應該說理念只是自在之物的直接的，因而也是恰如其分的客體性。而自在之物本身卻是**意志**，是意志，——只要它尚未客體化，尚未成爲表象。原來正是康德的說法，自在之物就應是獨立於一切附著於「認識」上的形式之外的；而只是他在這些形式之中沒有首先把對於主體是客體（這一形式）加進去（如附錄中所提出的），才是康德的缺點；因爲這正是一切現象的，也即是表象的，首要的和最普遍的形式。所以他本應該顯明地剝奪自在之物之爲客體，那就可以保全他不陷入顯著的、早就被發現過的前後不符了。與此相反，柏拉圖的理念卻必然是客體，是一個被認識了的東西，是一表象；正是由於這一點，不過也僅是由於這一點，理念才有所不同於自在之物。理念只是擺脫了，更正確些說，只是尚未進入現象的那些次要形式，也就是未進入我們把它全包括在根據律中的那些形式；但仍保留了那一首要的和最普遍的形式，亦即表象的根本形式，保留了對於主體是客體這形式。至於比這形式低一級的一些形式（根據律是其共同的表述），那就是把理念複製爲許多個別、無常的個體的那東西，而這些個體的數目對理念來說，則完全是漠不相關的。所以根據律又是理念可進入的形式，當理念落入作爲個體的主體的認識中時，它就進入這形式了。於是，個別的，按根據律而顯現的事物，就只是自在之物（那就是意志）的一種間接的客體化，在事物和自在之物中間還有理念在。理念作爲意志的唯一直接的客體性、除了表象的根本形式，亦即對於主體是客體這形式以外，再沒有認識作爲認識時所有的其他形式。因此也唯有理念是意志或自在之物盡可能的恰如其分的客體；甚至可說就是整個自在之物，不過只是在表象的形式之下罷了。而這就是柏拉圖和康德兩人之間所以有巨大的一致的理由，雖然，最嚴格地說起來，這兩個人所說的還並不是同一回事。個別事物並不是意志的完全恰如其分的客體性，而是已經被那些以根據律爲總表現的形式弄模糊了；可是這些形式卻是認識的條件，是認識對於如此這般的個體之所以可能。——如果容許我們從一個不可能的前提來推論，假如我們在作爲認識的主體時不同時又是個體，——這即是說如果我們的直觀不是以身體爲媒介，而這直觀就是從身體的感受出發的，身體本身又只是具體的欲求，只是意志的客體性，所以也是諸客體中的一客體；並且作爲這樣的客體，當它一旦進入認識著的意識時，也只能在根據律的形式中（進入意識）就已假定了，並由此引進了根據律所表述的時間和其他一切形式；——事實上我們就會根本不再認識個別的物件，也不會認識一樁事件，也不會認識變換和雜多性，而是在清明未被模糊的認識中只體會理念，只體會那一個意志或眞正自在之物客體化的那些級別；從而我們的世界也就會是「常住的現在了」。時間卻只是一個個體的生物對這些理念所有的那種化爲部分、分成片斷的看法，理念則在時間以外，從而也是**永恆的**。所以柏拉圖說「時間是永恆性的動畫片」。*

33

作爲個體的我們既然不能在服從根據律的認識之外，還有什麼別的認識，而〔根據律〕這形式又排除了〔人對〕理念的認識，那麼，如果有可能使我們從個別事物的認識上升到理念的認識，那就肯定只有這樣才有可能，即是說在主體中必須發生一種變化，而這變化和〔在認識中〕換過整個一類客體的巨大變化既是相符合的又是相對應的。這時的主體，就它認識理念說，藉此變化就已不再是個體了。

我們從前一篇還記得認識〔作用〕本身根本是屬於較高級別上的意志的客體化的，而感性、神經、腦髓，也只是和有機生物的其他部位一樣，都是意志在它客體性的這一級別上的表現；因此透過這些東西而產生的表象也正是註定要爲意志服務的，是達到它那些現在已

---

* 第二卷第二十九章是補充這裡的。

複雜起來的目的的手段〔機械工具〕，是保存一個有著多種需要的生物的手段。所以認識自始以來，並且在其本質上就澈底是可以爲意志服務的。和直接客體——這由於因果律的運用而已成爲認識的出發點了——只是客體化了的意志一樣，所有一切遵循根據律的知識對於意志也常有一種較近或較遠的關係。這是因爲個體既發現他的身體是諸客體中的一客體，而身體對這些客體又是按根據律而有著複雜的相關和聯繫的，所以對這些客體作考察，途徑〔可以〕或遠或近，然而總得又回到這個體的身體，也就是要回到他的意志。既然是根據律把這些客體置於它們對身體，且透過身體又是對意志的這種關係中，那麼，爲意志服務的認識也就只有努力從這些客體認取根據律所建立的那些關係，也就是推敲它們的空間、時間和因果性中的複雜關係。原來只有透過這些關係，客體對於個體才是有**興味的**，即是說這些客體才和意志有關係。所以爲意志服務的「認識」從客體所認取的也不過是它們的一些關係，認識這些客體也就只是就它們在此時此地，在這些情況下，由此原因，得此後果而言；一句話：就是當作個別事物〔而認識〕的；如果把所有這些關係取消了，對於認識來說，這些客體也就消逝了，正因爲「認識」在客體上所認取的除此而外本來再沒有什麼別的了。——我們也不容諱言，各種科學在事物上考察的東西，在本質上同樣也不是什麼別的，而就是事物的這一切關係，這時間空間上的關係，自然變化的原因，形態的比較，發生事態的動機等等，也就是許許多多的關係。科學有所不同於通俗常識的只是科學的形式是有條理的系統，是由於以概念的分層部署爲手段而概括一切特殊爲一般所得來的知識之簡易化，和於是而獲致的知識之完整性。任何關係本身又只有一個相對的實際存在；譬如時間中的一切存在就也是一個非存在，因爲時間恰好只是那麼一個東西，由於這東西相反的規定才能夠同屬於一個事物；所以每一現象都在時間中卻又不在時間中。這又因爲把現象的首尾分開來的恰好只是時間，而時間在本質上卻是逝者如斯的東西，無實質存在的、相對的東西，在這裡〔人們就把它〕叫做延續。然而時間卻是爲意志服務的知識所有的一切客體的最普遍的形式，並且是這些客體的其他形式的原始基型。

照例認識總是服服帖帖爲意志服務的，認識也是爲這種服務而產生的；認識是爲意志長出來的，有如頭部是爲軀幹而長出來的一樣。在動物，認識爲意志服務〔的常規〕根本是取消不了的。在人類，停止認識爲意志服務也僅是作爲例外出現的，這是我們立刻就要詳加考察的。人獸之間的這一區別，在〔形體的〕外表上是由頭部和軀幹兩者之間的關係各不相同而表現出來的。在低級動物，頭和身還是完全長在一起沒有接榫的痕跡。所有這些動物的頭部都是垂向地面的，〔因爲〕意志的對象都在地面上。即令是在高等動物，和人比起來，頭和身還是渾然一物難分彼此；但是人的頭部卻好像是自由安置在軀幹上似的，只是由軀幹頂戴著而不是爲軀幹服務。貝爾維德爾地方出土的阿波羅雕像把人類的這一優越性表現到最大限度：這個文藝之神高瞻遠矚的頭部是如此自在無礙地立於兩肩之上，好像這頭部已完全擺脫了軀體，再也不以心爲形役似的。

34

前面已說到從一般的認識個別事物過渡到認識理型，這一可能的，然而只能當作例外看的過渡，是在認識掙脫了它爲意志服務（的這關係）時，突然發生的。這正是由於主體已不再僅僅是個體的，而已是認識的純粹而不帶意志的主體了。這種主體已不再按根據律來推敲那些關係了，而是棲息於、浸沉於眼前對象的親切觀審中，超然於該對象和任何其他對象的關係之外。

爲了把這一點弄明白，必然需要（作出）詳盡的討論；其中使人感到陌生和詫異的地方，人們只得暫時放寬一步，到本書待要傳達的整個思想總括起來了之後，這些陌生的地方自然就消失了。

如果人們由於精神之力而被提高了，放棄了對事物的習慣看法，不再按根據律諸形態的線索去追究事物的相互關係——這些事物的最後目的總是對自己意志的關係——，即是說人們在事物上考察的已不再是「何處」、「何時」、「何以」、「何用」，而僅僅只是「什麼」；也不是讓抽象的思維、理性的概念盤踞著意識，而代替這一切的卻是把人的全副精神能力獻給直觀，浸沉於直觀，並使全部意識爲寧靜地觀審恰在眼前的自然對象所充滿，不管這對象是風景，是樹木，是岩石，是建築物或其他什麼。人在這時，按一句有意味的德國成語來說，就是人們**自失**於對象之中了，也即是說人們忘記了他的個體，忘記了他的意志；他已僅僅只是作爲純粹的主體，作爲客體的鏡子而存在；好像僅僅只有對象的存在而沒有覺知這對象的人了，所以人們也不能再把直觀者〔其人〕和直觀〔本身〕分開來了，而是兩者已經合一了；這同時即是整個意識完全爲一個單一的直觀景象所充滿，所占據。所以，客體如果是以這種方式走出了它對自身以外任何事物的一切關係，主體〔也〕擺脫了對意志的一切關係，那麼，這所認識的就不再是如此這般的個別事物，而是**理念**，是永恆的形式，是意志在這一級別上的直接客體性。並且正是由於這一點，置身於這一直觀中的同時也不再是個體的人了，因爲個體的人已自失於這種直觀之中了。他已是**認識的主體**，純粹的、無意志的、無痛苦的、無時間的**主體**。目前就其自身說還很觸目的〔這一點〕（關於這一點我很清楚地知道它證實了來自湯瑪斯．潘恩❶的一句話：「從崇高到可笑，還不到一步之差」）將由於下文逐漸明朗起來而減少陌生的意味。這也就是在斯賓諾莎寫下「只要是在永恆的典型下理解事物，則精神是永恆的」（《倫理學》第五卷，命題三十一，結論）這句話時*，浮現於

---

❶ 湯瑪斯．潘恩（Thomas Paine，一七三七—一八〇九），英國作家，著有《理性的時代》。

* 我還推薦他在同書第二卷，命題四十結論二，以及第五卷，命題二十五至三十八，關於「直觀以外的第三種認識」所說的，應加閱讀以闡明這裡在話題中的認識方式，並且尤其要參閱命題二十九的結論，命題三十六的結論，命題三十八的證明和結論。

他眼前的東西。在這樣的觀審中，反掌之間個別事物已成爲其種類的**理念**，而在直觀中的個體則已成爲**認識的純粹主體**。作爲個體，人只認識個別事物，而認識的純粹主體則只認識理念。個體原來只在他對意志的某一個別現象這關係中才是認識的主體，也是爲意志的現象服務的。所以這種個別的意志現象是服從根據律的，在該定律的一切形態中服從該定律。因此，一切與這認識的主體有關的知識也服從根據律，並且就意志的立場說，除此而外也更無其他有用的知識，而這種知識也永遠只含有對客體的一些關係。這樣認識著的個體和爲他所認識的個別事物總是在某處，在某時，總是因果鏈上的環節。而知識的純粹主體和他的對應物——理念——卻是擺脫了根據律所有那些形式的；時間，空間，能認識的個體，被認識的個體，對於純粹主體和理念都沒有什麼意義。完全只有在上述的那種方式中，一個認識著的個體已升爲「認識」的純粹主體，而被考察的客體也正因此而升爲理念了，這時，**作爲表象的世界**才〔能〕完美而純粹地出現，才圓滿地實現了意志的客體化，因爲唯有理念才是意志**恰如其分的客體性**。這恰如其分的客體性以同樣的方式把客體和主體都包括在它自身之內，因爲這兩者是它唯一的形式。不過在這種客體性之內，客體主體雙方完全保持著平衡；並且和客體在這裡僅僅只是主體的表象一樣，主體，當它完全浸沉於被直觀的對象時，也就成爲這對象的自身了，因爲這時整個意識已只是對象的最鮮明的寫照而不再是別的什麼了。正是這個意識，在人們透過它而從頭至尾依次想到所有一切的理念或意志的客體性的級別時，才眞正構成**作爲表象的世界**。任何時間和空間的個別事物都不是別的什麼，而只是被根據律（作爲個體的認識形式）化爲多數，從而在其純粹的客體性上被弄模糊了的理念。在理念出現的時候，理念中的主體和客體已不容區分了，因爲只有在兩者完全相互充滿、相互滲透時，理念，意志的恰如其分的客體性，眞正作爲表象的世界，才發生；與此相同，此時能認識的和所認識的個體，作爲自在之物，也是不分的。因爲我們如果別開那眞正**作爲表象的世界**，那麼，剩下來的除了**作爲意志的**世界以外，再沒什麼了。意志乃是理念的自在本身，理念把意志客體化了，這種客體化是完美的。意志也是個別事物以及認識這個別事物的個體的自在本身，這些物與人也把意志客體化了，但這種客體化是不完美的。作爲意志而在表象和表象的一切形式之外，則在被觀審的客體中和在個體中的都只是同一個意志；而這個體當他在這觀審中上升時又意識著自己爲純粹主體。因此被觀審的客體和個體兩者在它們自在本身上是並無區別的，因爲它們就「自在本身」說都是意志。意志在這裡是自己認識到自己；並且只是作爲意志如何得到這認識的方式方法，也即是只在現象中，借助於現象的形式，借助於根據律，才有雜多性和差別性的存在。和我沒有客體，沒有表象，就不能算是認識著的主體而只是盲目的意志一樣；沒有我作爲認識的主體，被認識的東西同樣也不能算是客體而只是意志，只是盲目的衝動。這個意志就其自在本身，亦即在表象之外說，和我的意志是同一個意志；只是在作爲表象的世界中，〔由於〕表象的形式至少總有主體和客體〔這一項〕，我們（——這意志和我的意志——）才一分爲二成爲被認識的和能認識的個體。如果把認識，把作爲表象的世界取消，那麼除了意志，盲目的衝動之外，根本就沒剩下什麼了。

至於說如果意志獲得客體性，成爲表象，那就一舉而肯定了主體，又肯定了客體；而這客體性如果純粹地、完美地是意志的恰如其分的客體性，那就肯定了這客體是理念，擺脫了根據律的那些形式：也肯定了主體是「認識」的純粹主體，擺脫了個性和爲意志服務的可能性。

誰要是按上述方式而使自己浸沉於對自然的直觀中，把自己都遺忘了到這種地步，以至他已僅僅只是作爲純粹認識著的主體而存在，那麼，他也就會由此直接體會到〔他〕作爲這樣的主體，乃是世界及一切客觀的實際存在的條件，從而也是這一切一切的支柱，因爲這種客觀的實際存在已表明它自己是有賴於他的實際存在的了。所以他是把大自然攝入他自身之內了，從而他覺得大自然不過只是他的本質的偶然屬性而已。在這種意義之下拜倫說：

「難道群山，波濤，和諸天
不是我的一部分，不是我
心靈的一部分，
正如我是它們的一部分嗎？」

然則，誰要是感到了這一點，他又怎麼會在和常住的自然對照時把自己當作絕對無常的呢？籠罩著他的反而應該是那麼一種意識，也就是對於《吠陀》中的《鄔波尼煞曇》所說的話的意識，那兒說：「一切天生之物總起來就是我，在我之外任何其他東西都是不存在的。」

（鄔布涅迦 I. 122）*

35

爲了對世界的本質獲得一個更深刻的理解，人們就不可避免地必須學會把作爲自在之物的意志和它的恰如其分的客體性區分開來，然後是把這客體性逐級較明顯較完整地出現於其上的不同級別，也即是那些理念自身，和（顯現於）根據律各形態中的理念的現象，和個體人有限的認識方式區別開來。這樣，人們就會同意柏拉圖只承認理念有眞正的存在（的做法），與此相反，對於在空間和時間中的事物，對於個體認爲眞實的世界，則只承認它們有一種假象的、夢境般的存在。這樣，人們就會理解同此一個理念如何又把自己顯示於那麼多現象之中，對於認識著的個體又如何只是片斷地，一個方面跟著一個方面，展出它的本質。這樣，人們就會把理念和它的現象按以落入個體的考察的方式方法區別開來，而認前者爲本質的，後者爲非本質的。以舉例的方式，我們將在最細微的和最巨大的（事物）中來考察這

* 第二卷第三十章是補充這裡的。

一點。——在浮雲飄蕩的時候，雲所構成的那些形相對於雲來說並不是本質的，而是無所謂的；但是作爲有彈性的蒸氣，爲風的衝力所推動〔時而〕緊縮一團，〔時而〕飄散、舒展、碎裂，這卻是它的本性，是把自己客體化於雲中的各種力的本質，是理念。雲每次所構成的形相，那只是對個體的觀察者的〔事〕。——對於在〔巨〕石之間滾滾流去的溪水來說，它讓我們看到的那些漩渦、波浪、泡沫等等是無所謂的，非本質的。至於水的隨引力而就下，作爲無彈性的、易於流動的、無定形的、透明的液體，這卻是它的本質；這些如果是**直觀地**被認識了的，那就是理念了。只對於我們，當我們是作爲個體而在認識著的時候，才有那些漩渦、波浪、泡沫。——窗戶玻璃上的薄冰按結晶的規律而形成結晶體，這些規律顯示著出現在這裡的自然力的本質，表出了理型；但是冰在結晶時形成的樹木花草則不是本質的，只是對我們而有的。——在浮雲、溪水、結晶體中顯現的〔已〕是那意志最微弱的尾聲了，它若出現於植物中那就要完滿些，在動物又更完滿一些，最完滿是在人類。但是只有意志的客體化所有那些級別的**本質上的**東西才構成理念；與此相反，理念的開展——因爲理念在根據律的諸形態中已被分散爲多種的和多方面的現象——對於理念卻是非本質的東西，這只在個體的認識方式以內，並且只是對這個體才有其實在性的。那麼，這種情況對於那一理念的開展——意志最完滿的客體性的那一理念——也必然是一樣的；所以人類的歷史，事態的層出不窮，時代的變遷，在不同國度、不同世紀中人類生活的複雜形式，這一切一切都僅僅是理念的顯現的偶然形式，都不屬於理念自身——在理念自身中只有意志的恰如其分的客體性——，而只屬於現象——現象〔才〕進入個體的認識——；對於理念，這些都是陌生的、非本質的、無所謂的，猶如〔蒼狗的〕形相之於浮雲——是浮雲構成那些形相——，漩渦泡沫的形相之於溪水，樹木花卉之於窗戶上的薄冰一樣。

誰要是掌握好了這一點，並且懂得將意志從理念、將理念從它的現象區分開來，那麼，世界大事對於這人來說，就只因爲這些事是符號，可以從而看出人的理念，然後才有意義；而不是這些事自在的和自爲的本身有什麼意義。他也就不會和別人一樣，相信時間眞的產生了什麼新的和重要的東西；相信根本有什麼絕對實在的東西是透過時間或在時間中獲得具體存在的；或甚至於相信時間自身作爲一個完整的東西是有始終、有計畫、有發展的，並且也許要以扶助活到三十歲的最近這個世代達到最高的完善（按他們的概念）爲最後目標。因此，這人就不會和荷馬一樣，設立整個的奧林帕〔斯山〕，充滿神祇的導演那些時間中的世事；同樣他也不會和奧希安❷一樣，把雲中形象當作具體事物；因爲上面已說過，〔世事和白雲蒼狗〕兩者就其中顯現著的理念來說，都是同樣的意味。在人類生活紛紜複雜的結構中，在世事無休止的變遷中，他也會只把理念當作常住的和本質的看待。生命意志就在這理念中有著它最完美的客體性，而理念又把它的各個不同方面表現於人類的那些特性，那些情欲、錯誤和特長，表現於自私、仇恨、愛、恐懼、勇敢、輕率、遲鈍、狡猾、伶俐、天才等

❷ 奧希安（Ossian），公元前三世紀凱爾特族人傳奇英雄。

等，等等；而這一切一切又匯合並凝聚成千百種形態（個體）而不停地演出大大小小的世界史；並且在演出中，推動這一切的是什麼，是胡桃或是王冠，就理念自在的本身說是毫不相干的。最後這人（還）發現在人世正和在戈齊❸的雜劇中一樣，在所有那些劇本中總是那些相同的人物，並且那些人物的企圖和命運也總是相同的；儘管每一劇本各有其主題和劇情，但劇情的精神總是那麼一個；（同時，）這一劇本的人物也一點兒不知道另一劇本中的情節，雖然他們自己是那一劇本中的人物。因此，儘管在有了上演前此各劇的經驗之後，（登場人物）班達龍並沒變得敏捷些或者慷慨些，達塔格利亞也沒變得謹嚴老實些，布瑞格娜沒有變得膽壯些，而哥隆賓涅也沒有變得規矩些。

假如有那麼一天，容許我們在可能性的王國裡，在一切原因和後果的聯鎖上看得一清二楚，假如地藏王菩薩現身而在一幅圖畫中為我們指出那些卓越的人物，世界的照明者和英雄們，在他們尚未發揮作用之前，就有偶然事故把他們毀滅了；然後又指出那些重大的事變，本可改變世界歷史並且導致高度文化和開明的時代，但是最盲目的契機，最微小的偶然，在這些事變發生之初就把這些事變扼殺了；最後（還）指出大人物雄偉的精力，但是由於錯誤或為情欲所誘惑，或由於不得已而被迫，他們把這種精力無益地消耗在無價值無結果的事物上了，甚至是兒戲地浪費了。如果我們看到了這一切，我們也許會戰慄而為損失了的曠代珍

❸ 戈齊（Graf Carlo Gozzi，一七二〇—一八〇六），義大利喜劇作家。

寶惋惜叫屈。但是那地藏王菩薩會要微笑著說：「個體人物和他們的精力所從流出的源泉是取之不竭的，是和時間空間一樣無窮無盡的，因爲人物和他們的精力，正同一切現象的這〔兩種〕形式一樣，也只是一些現象，是意志的『可見性』。那無盡的源泉是以有限的尺度量不盡的。因此，對於任何一個在發生時便被窒息了的變故或事業又捲土重來，這無減於昔的無窮無盡〔的源泉〕總還是敞開著大門、〔提供無窮的機會〕的。在這現象的世界裡，既不可能有什麼眞正的損失，也不可能有什麼眞正的收益。唯有意志是存在的，只有它，〔這〕自在之物；只有它，這一切現象的源泉。它的自我認識和隨此而有的，起決定作用的自我肯定或自我否定，那才是它本身唯一的大事。」——*

36

歷史是追蹤大事的那根線索前進的。如果歷史是按動機律來引申這些大事的，那麼，在這範圍之內歷史是實踐性的。而動機律卻是在意志被「認識」照明了的時候決定著顯現的

---

* 不閱讀下一篇，最後這一句是無法理解的。

意志的。在意志的客體性較低的級別上，意志在沒有「認識」而起作用的時候，自然科學是作爲事因學來考察意志現象變化的法則的，是作爲形態學來考察現象上不變的東西的。形態學借助於概念把一般的概括起來以便從而引申出特殊來，這就使它的幾乎無盡的課題簡易化了。最後數學則考察那些赤裸裸的形式，在這些形式中，對於作爲個體的主體的認識，理念顯現爲分裂的雜多；所以也就是考察時間和空間。因此這一切以科學爲共同名稱的〔學術〕都在根據律的各形態中遵循這個定律前進，而它們的課題始終是現象，是現象的規律與聯繫和由此發生的關係。——然則在考察那不在一切關係中，不依賴一切關係的，這世界唯一眞正本質的東西，世界各現象的眞正內蘊，考察那不在變化之中因而在任何時候都以同等眞實性而被認識的東西，一句話在考察**理念**，考察自在之物的，也就是意志的直接而恰如其分的客體性時，又是哪一種知識或認識方式呢？這就是**藝術**，就是天才的任務。藝術複製著由純粹觀審而掌握的永恆理念，複製著世界一切現象中本質的和常住的東西；而各按用以複製的材料〔是什麼〕，可以是造型藝術，是文藝或音樂。藝術的唯一源泉就是對理念的認識，它唯一的目標就是傳達這一認識。——當科學追隨著四類形態的根據和後果〔兩者〕無休止，變動不盡的洪流而前進的時候，在每次達到目的之後，總得又往前奔而永無一個最後的目標，也不可能獲得完全的滿足，好比人們〔向前〕疾走以期達到雲天和地平線相接的那一點似的。與此相反的是藝術，藝術在任何地方都到了〔它的〕目的地。這是因爲藝術已把它觀審的對象從世界歷程的洪流中拔出來了，這對象孤立在它面前了。而這一個別的東西，在那洪流中本只是微不足道的一涓滴，在藝術上卻是總體的一個代表，是空間時間中無窮「多」的一個對等物。因此藝術就在這兒停下來了，守著這個個別的東西，藝術使時間的齒輪停頓了。就藝術來說，那些關係也消失了。只有本質的東西，理念，是藝術的對象。——因此，我們可以把藝術直稱爲獨立於根據律之外觀察事物的方式，恰和遵循根據律的考察〔方式〕相對稱；後者乃是經驗和科學的道路。後一種考察方式可以比作一根無盡的，與地面平行的橫線，而前一種可以比作在任意一點切斷這根橫線的垂直線。遵循根據律的是理性的考察方式，是在實際生活和科學中唯一有效而有益的考察方式；而撇開這定律的內容不管，則是天才的考察方式，那是在藝術上唯一有效而有益的考察方式；前者是亞里斯多德的考察方式，後者總起來說，是柏拉圖的考察方式。前者好比大風暴，無來由、無目的向前推進而搖撼著，吹彎了一切，把一切帶走；後者好比寧靜的陽光，穿透風暴行經的道路而完全不爲所動。前者好比瀑布中無數的、有力的攪動著的水點，永遠在變換著〔地位〕，一瞬也不停留；後者好比寧靜地照耀於這洶湧澎湃之中的長虹。——只有透過上述的，完全浸沉於對象的純粹觀審才能掌握理念，而天才的本質就在於進行這種觀審的卓越能力。這種觀審既要求完全忘記自己的本人和本人的關係，那麼，天才的性能就不是別的而是最完美的客觀性，也就是精神的客觀方向，和主觀的，指向本人亦即指向意志的方向相反。準此，天才的性能就是立於純粹直觀地位的本領，在直觀中遺忘自己，而使原來服務於意志的認識現在擺脫這種勞役，即是說完全不在自己的興趣、意欲和目的上著眼，從而一時完全撤銷了自己的人格，以便〔在撤銷人格後〕剩了爲**認識著的純粹主體**，明亮的世界眼。並且這不是幾瞬間的事，而是看需要以決定應持續多久，應有多少思考，以便把掌握了的東西透過深思熟慮的藝術來複製，以便把「現象中徜恍不定的東西拴牢在永恆的思想中」。〔這就是天才的性能。〕——這好像是如果在個體中要出現天才，就必須賦予這個體以定量的認識能力，遠遠超過於爲個別意志服務所需要的定量；這取得自由的超額部分現在就成爲不帶意志的主體，成爲〔反映〕世界本質的一面透明的鏡子了。——從這裡可以解釋〔何以〕在天才的個人，他的興奮情緒竟至於使他心境不寧，原來〔眼前的〕現在罕有滿足他們的可能，〔這又是〕因爲現在不能塡滿他們的意識。就是這一點常使他們作無休止的追求，不停地尋找更新的、更有觀察價值的對象；又使他們爲了尋求和自己同道的，生來和他們一致的，可以通情意的人物，而幾乎永不得滿足。與此同時，凡夫俗子是由眼前現在完全充滿而得到了滿足的，完全浸沉於這現在中：並且他們到處都有和他們相類似的人物，在日常生活中他們也有著天才不可得而有的那種特殊舒服勁兒。——人們曾認爲想像力是天才性能的基本構成部分，有時甚至把想像力和天才的性能等同起來。前一種看法是對的，後一種是不對的。既然天才作爲天才，他的對象就是永恆的理念，是這世界及其一切現象恆存的、基本的形式，而認識理念卻又必然是直觀的而不是抽象的；那麼，如果不是想像力把他的地平線遠遠擴充到他個人經驗的現實之外，而使他能夠從實際進入他覺知的少數東西構成一切其餘的〔事物〕，從而能夠使幾乎是一切可能的生活情景一一出現於他面前的話，則天才的認識就會侷限於那些實際出現於他本人之前的一些客體的理念了，而且這種認識還要依賴把這些客體帶給他的一系列情況。並且那些實際的客體幾乎經常只是在這些客體中把自己表出的理念的很有缺陷的標本，所以天才需要想像力以便在事物中並不是看到大自然實際上已構成的東西，而是看到大自然努力要形成，卻由於前一篇所講述的它那些形式之間的相互鬥爭而未能竟其功的東西。我們在後面考察雕刻的時候，將再回頭來談這一點。因此想像力既在質的方面又在量的方面，把天才的眼界擴充到實際呈現於天才本人之前的諸客體之上，之外。以此之故，特殊強烈的想像力就是天才的伴侶，天才的條件。但並不是想像力反過來又產生天才性能，事實上每每甚至是極無天才的人也能有很多的想像。這是因爲人們能夠用兩種相反的方式觀察一個實際的客體，一種是那純客觀的，天才地掌握該客體的理念；一種是一般通俗地，僅僅只在該客體按根據律和其他客體，和本人意志〔所發生〕的關係中進行觀察。與此相同，人們也能夠用這兩種方式去直觀一個想像的事物：用第一種方式觀察，這想像之物就是認識理念的一種手段，而表達這理念的就是藝術；用第二種方式觀察，想像的事物是用以蓋造空中樓閣的。這些空中樓閣是和人的私欲、本人的意趣相投的，有一時使人迷戀和心曠神怡的作用；〔不過〕這時人們從這樣聯繫在一起的想像之物所認識到的經常只是它們的一些關係而已。從事這種玩意兒的人就是幻想家。他很容易把他那些用以獨個兒自愉的形象混入現實而因此成爲在現實〔生活〕中不能勝任的〔人〕。他可能會把他幻想中的情節寫下來，這就產生了各種類型的庸俗小說。在讀者夢想自己居於小說中主人翁的地位而覺得故事很「有趣」時，這些小說也能使那些和作者類似的人物乃至廣大群衆得到消遣。

這種普通人，大自然的產物，每天出生數以千計的這種普通人，如上所說，至少是斷不可能持續地進行一種在任何意義之下都完全不計利害的觀察——那就是眞正的靜觀——；他只是在這樣一種範圍內，即是說這些事物對他的意志總有著某種關係，哪怕只是一種很間接的關係才能把他們的注意力貫注到事物上。就這一方面說，所要求的既然永遠只是對於關係的認識，而事物的抽象概念又已足夠應用，在大多數場合甚至用處更大；所以普通人就不在純粹直觀中流連了，不把他的視線持久地注集於一個對象了；而只是迅速地在呈現於他之前的一切事物中尋找概念，以便把該事物置於概念之下，好像懶怠動彈的人要找一把椅子似的，（如果找到了，那麼）他對這事物也不再感興趣了。因此，他會對於一切事物，對於藝術品，對於美的自然景物，以及生活的每一幕中本來隨處都有意味的情景，都走馬看花似地瀏覽一下匆促了事。他可不流連忘返。他只找生活上的門路，最多也不過是找一些有朝一日可能成爲他生活的門路的東西，也就是找最廣義的地形紀錄。對於生活本身是怎麼回事的觀察，他是不花什麼時間的。天才則相反，在他一生的一部分時間裡，他的認識能力，由於占有優勢，已擺脫了對他自己意志的服務，他就要流連於對生活本身的觀察，就要努力掌握每一事物的理念而不是要掌握每一事物對其他事物的關係了。於此，他經常忽略了對自己生活道路的考察，在大多數場合，他走這條（生活的）道路是夠笨的。一個人的認識能力，在普通人是照亮他生活道路的提燈；在天才人物，卻是普照世界的太陽。這兩種如此不同的透視生活的方式隨即甚至還可在這兩種人的相貌上看得出來，一個人，如果天才在他的腔子裡生活並起作用，那麼這個人的眼神就很容易把天才標誌出來，因爲這種眼神既活潑同時又堅定，明明帶有靜觀、觀審的特徵。這是我們可以從罕有的幾個天才，大自然在無數千萬人中不時產出一二的天才，他們的頭部畫像中看得到的。與此相反，其他人們的眼神，縱令不像在多數場合那麼遲鈍或深於世故而寡情，仍很容易在這種眼神中看到觀審〔態度〕的眞正反面，看到「窺探」〔的態度〕。準此，則人相上有所謂「天才的表現」就在於能夠在相上看出認識對欲求有一種斷然的優勢，從而在相上表出一種對欲求沒有任何關係的認識，即**純粹認識**。與此相反，在一般的相中，突出的照例是欲求的表現，人們並且看到認識總是由於欲求的推動才進入活動的，所以〔「認識」的活動〕僅僅只是對動機而發的。

既然天才〔意味〕的認識或對理念的認識是那不遵循根據律的認識，相反，遵循根據律的都是在生活上給人帶來精明和審慎，也是把科學建立起來的認識；那麼，天才人物就免不了一些缺點，隨這些缺點而來的是把後面這一種認識方式忽略了。不過就我要闡明的這一點說，〔我們〕還要注意這一限度，即是說我所講的只是指天才人物眞正浸沉於天才〔意味〕的認識方式時而言，並且只以此爲限；但這決不是說天才的一生中每一瞬都在這種情況中；因爲擺脫意志而掌握理念所要求的高度緊張雖是自發的，卻必然又要鬆弛，並且在每次張緊之後都有長時間的間歇。在這些間歇中，無論是從優點方面說或是從缺點方面說，天才和普通人大體上都是相同的。因此，人們自來就把天才所起的作用看作靈感；是的，正如天才這個名字所標誌的，自來就是看作不同於個體自身的、超人的一種東西的作用，而這種超人的東西只是週期地占有個體而已。天才人物不願把注意力集中在根據律的內容上，這首先表現在存在根據方面爲對於數學的厭惡；〔因爲〕數學的考察是研究現象的最普遍的形式，研究時間和空間的，而時間空間本身又不過是根據律的〔兩〕形態而已；因此數學的考察和撇開一切關係而只追求現象的內蘊，追求在現象中表出的理念的那種考察完全相反。除此以外，用邏輯方法來處理數學〔問題〕也是和天才相左的，因爲這種方法不僅將眞正的體會遮斷，不能使人獲得滿足，而且只是赤裸裸地按認識根據律而表出一些推論連鎖；因而在所有一切精神力中主要的是要求記憶力，以便經常在心目中保有前面所有的，人們要以之爲根據的那些命題。經驗也證明了藝術上的偉大天才對於數學並沒有什麼本領。從來沒有一個人在這兩種領域內是同樣傑出的。阿爾菲耶里❹說他自己竟乃至於連歐幾里德的第四定理也從未能理解。歌德爲了缺乏數學知識，已被那些反對他的色彩學說的無知之徒指責得夠了；其實這裡的問題並不在於按假設的數據進行推算和測量，而是在於悟性對原因和結果的直接認識，〔所以〕那種指責完全是文不對題的、不恰當的。反對他的人們全然缺乏判斷力〔的事實〕，由於這一點正和由於他們像米達斯王的胡說一樣已暴露無遺了。至於在今天，在歌德的色彩學說問世已半世紀之後，牛頓的空談甚至在德國還是無阻礙地盤踞著那些〔教授

❹ 阿爾菲耶里（Graf Vittorio Alfieri，一七四九—一八〇三），義大利古典派戲劇家。

們的〕講座，人們還一本正經地繼續講什麼七種同質的光及其不同的折射度；——這，總有一天會要算作一般人性的，特別是德國人性的心靈特徵之一。由於上面這同一個理由，還可說明一個衆所周知的事實，那就是反過來說，傑出的數學家對於藝術美〔也〕沒有什麼感受〔力〕。這一點在一個有名的故事中表現得特別率眞，故事說一位法國數學家在讀完拉辛的《伊菲琴尼》之後，聳著兩肩問道：「可是這證明了什麼呢？」——並且進一步說，既然準確地掌握那些依據因果律和動機律的關係實際就是〔生活中的〕精明，而天才的認識又不是對這些關係而發的；那麼，一個聰明人，就他是精明人來說，當他正是精明的時候，就不是天才；而一個天才的人，就他是天才來說，當他是天才的時候，就不精明。——最後，直觀的認識和理性的認識或抽象的認識根本是相對立的，在前者範圍內的始終是理念，而後者卻是認識根據律所指導的。大家知道，人們也很難發現偉大的天才和突出的凡事求合理的性格配在一起，事實卻相反，天才人物每每要屈服於劇烈的感受和不合理的情欲之下。然而這種情況的原因倒並不是理性微弱，而一面是由於構成天才人物的整個意志現象有著不同尋常的特殊精力，要從各種意志活動的劇烈性中表現出來；一面是透過感官和悟性的直觀認識對於抽象認識的優勢，因而有斷然注意直觀事物的傾向，而直觀事物對天才的個人們〔所產生的〕那種極爲強烈的印象又大大地掩蓋了黯淡無光的概念，以至指導行爲的已不再是概念而是那印象，〔天才的〕行爲也就正是由此而成爲非理性的了。因此，眼前印象對於天才們是極強有力的，〔常〕挾天才沖決〔藩籬〕，不加思索而陷於激動、情欲〔的深淵〕。因此，由於他們的認識已部分地擺脫了對意志的服務，他們也會，根本就會在談話中不那麼注意談話的對方，而只是特別注意他們所談的事，生動地浮現於他們眼前的事。因此，就他們自己的利害說，他們的判斷或敘述也就會過於客觀，一些最好不說出來，含默反更為聰明的事，他們也不知含默都會要說出來了，如此等等。最後，他們還因此喜歡自言自語，並且根本也常表現一些眞有點近於瘋癲的弱點。天才的性能和瘋癲有著相互為鄰的一條邊界，甚至相互交錯，這是屢經指出過的，人們甚至於把詩意盎然的興致稱為一種瘋癲：荷瑞斯❺稱之為「可愛的瘋癲」（《頌詩》III. 4），維蘭特在《奧伯隆》的開場白中稱之為「可親的瘋癲」。根據塞內卡的引文（《論心神的寧靜》15, 16）說，亞里斯多德親自說過：「沒有一個偉大的天才不是帶有幾分瘋癲的。」在前述洞喻那神話裡，柏拉圖是這樣談到這一點的（《共和國》7），他說：「在洞外的那些人既看到眞正的陽光和眞正存在的事物（即理念）之後，由於他們的眼睛已不慣於黑暗，再到洞裡時就看不見什麼了，看那下面的陰影也再辨不清楚了，因此在他們無所措手足的時候，就會被別人訕笑；而這些訕笑他們的人卻從未走出過洞窟，也從未離開過那些陰影。」柏拉圖還在《費德羅篇》（第三一七頁）中直截了當地說：「沒有某種一定的瘋癲，就成不了詩人」；還說（第三二七頁）：「任何人在無常的事物中看到永恆的理念，他看起來就像是瘋癲了的。」西塞羅也引證說：「德謨

---

❺ 荷瑞斯（Horaz，公元前六五—八），羅馬詩人。

克利特否認沒有狂氣不能是偉大詩人〔的說法〕，〔然而〕柏拉圖卻是這樣說的。」（《神性論》I. 37）最後波普❻也說：

「大智與瘋癲，誠如親與鄰，
隔牆如紙薄，莫將畛域分。」

就這一點說，歌德的〔劇本〕《托爾括多·達索》特別有意義。他在這劇本中不僅使我們看到天才的痛苦，天才的本質的殉道精神，並且使我們看到天才常在走向瘋癲的過渡中。最後，天才和瘋癲直接鄰近的事實可由天才人物如盧梭、拜倫、阿爾菲耶里的傳記得到證明，也可從另外一些人平生的軼事得到證明。還有一部分證明，我得從另一方面來談談：在經常參觀瘋人院時，我曾發現過個別的患者具有不可忽視的特殊稟賦，在他們的瘋癲中可以明顯地看到他們的天才，不過瘋癲在這裡總是占有絕對的上風而已。這種情況不能〔完全〕歸之於偶然，因爲一方面瘋人的數量是相當小的，而另一方面，一個有天才的人物又是一個罕有的，比通常任何估計都要少得多的現象，是作爲最突出的例外而出現於自然界的現象。要相信這一點，人們只有數一下眞正偉大的天才，數一下整個文明的歐洲在從古到今的全部時間

❻ 波普（Pope，一六八八—一七四四），英國古典派詩人。

內所產生的天才，並且只能計入那些把具有永久價值的作品貢獻於人類的天才，——那麼，我說，把這些屈指可數的天才和經常住在歐洲，每三十年更換一代的二億五千萬人比一下罷！是的，我也不妨提一下我曾認識有些人，他們雖不怎麼了不得，但確實有些精神上的優越性，而這種優越性同時就帶有些輕微的瘋狂性。這樣看起來，好像是人的智力每一超出通常的限度，作爲一種反常現象就已有瘋癲的傾向了。夾在這裡，我想盡可能簡短地說出我自己關於天才和瘋癲之間所以有那種親近關係，純粹從智力方面看是什麼原因的看法，因爲這種討論多少有助於說明天才性能的眞正本質，這本質也即是唯一能創造眞藝術品的那種精神屬性。可是這又必然要求〔我們〕簡單地談一下瘋癲本身*〔的問題〕。

據我所知，關於瘋癲的本質〔問題〕至今還不曾有過明晰和完備的見解，對於瘋人所以眞正不同於常人至今還不曾有過一種正確和明白的概念。——〔我們〕既不能說瘋人沒有理性，也不能說他們沒有悟性，因爲他們〔也〕說話，也能聽懂話；他們的推論每每也很正確。一般說來，他們也能正確地對待眼前的事物，能理解因果的關係。幻象，和熱昏中的譫妄一樣，並不是瘋癲的一般症候；譫妄只擾亂直覺，瘋狂則擾亂思想。在大多數場合，瘋人在直接認識眼前事物時根本不犯什麼錯誤，他們的胡言亂語總是和不在眼前的和過去的事物有關的，只是因此才亂說這些事物和眼前事物的聯繫。因此，我覺得他們的病症特別和記

---

* 第二卷第三十一章是補充這裡的。

憶有關；但這並不是說他們完全沒有記憶，因爲很多瘋人都能背誦許多東西，有時還能認識久別之後的人，而是說他們的記憶的線索中斷了，這條線索繼續不斷的聯繫被取消了，始終如一地聯貫著去回憶過去已不可能了。過去的個別場面和個別的眼前〔情況〕一樣，可以正確地看到，但回憶往事就有漏洞了，瘋人就拿一些虛構的幻想去塡補漏洞。這些虛構的東西或者總是老一套。成爲一種定型的妄念，那麼這就是偏執狂、憂鬱症；或是每次是另一套，是臨時忽起的妄念，那就叫做痴愚，是「心裡不亮」。因此，在瘋人初進瘋人院時，要問明他過去的生活經歷是很困難的。在他的記憶中，愈問下去總是愈把眞的假的混淆不清了。即令〔他〕正確地認識了當前的現在，隨即又要由於扯到一種幻想出來的過去而與當前現在發生虛構的關係，而把「現在」也弄糊塗了。因此他們把自己和別人也同他虛構的過去人物等同起來，有些相識的熟人也完全認不出來了。這樣，當他們對眼前的個別事物有著正確的認識時，〔卻把這些和不在眼前之物的關係搞錯了，〕心裡都是些這樣錯誤的關係。瘋癲如果到了嚴重的程度，就會產生完全失去記憶的現象；因此這個瘋人就再不能對任何不在眼前的或過去的事物加以考慮了，他完全只是被決定於當前一時的高興，聯繫著他在自己頭腦中用以塡充過去的幻想。所以接近這樣一個瘋子，如果人們不經常使他看到〔對方的〕優勢，那就沒有一秒鐘能夠保證不受到他的襲擊或殺害。——瘋人的認識和動物的認識在有一點上是共同的，即是說兩者都是侷限於眼前的；而使兩者有區別的是：動物對於過去所以是根本無所知，過去雖以習慣爲媒介而在動物身上發生作用，例如狗能在多年之後還認識從前的舊主人，那就叫做從主人的面貌重獲那習慣了的印象；但是對於自從主人別後的歲月，它卻沒有什麼回憶。瘋人則相反，在他的理性中總還帶有抽象中的過去，不過，這是一種虛假的過去，只對他而存在，這種情況可以是經常的，也可以僅僅只是當前一時的。虛假的過去的這種影響又妨礙他使用正確地認識了的「現在」，而這反而是動物能夠使用的。至於劇烈的精神痛苦，可怕的意外事變所以每每引起瘋癲，我的解釋是這樣的：每一種這樣的痛苦作為眞實的經過說總是侷限於眼前的，所以只是暫時的，那麼這痛苦總還不是過分沉重的。只有長期持久的痛楚才會成爲過分巨大的痛苦。但是這樣的痛苦又只是一個思想，因而是記憶中的〔東西〕。那麼，如果有這樣一種苦惱，有這樣一種痛苦的認識或回憶竟是如此折磨人，以至簡直不能忍受而個體就會要受不住了，這時被威脅到如此地步的自然〔本能〕就要求助於瘋癲作爲救命的最後手段了。痛苦如此之深的精神好像是扯斷了記憶的線索似的，它拿幻想塡充漏洞，這樣，它就從它自己力所不能勝的精神痛苦逃向瘋癲了，——好比人們把燒傷了的手腳鋸掉而換上木製的手腳一樣。——作爲例證我們可以看看發狂的阿亞克斯、李爾王和奧菲莉亞；因爲眞正天才筆下的人物可以和眞人實物有同等的眞實性；在這裡人們也只能援引這些衆所周知的人物爲例證。此外，常有的實際經驗也一貫證實同樣的情況。從痛苦的這種方式過渡到瘋癲還有一種近乎類似的情況可以與之比擬，那就是我們所有的人，常在一種引起痛苦的回憶突然襲擊我們的時候，我們不禁要機械地要喊叫一聲或做一個什麼動作來驅逐這一回憶，把自己引向別的方向，強制自己想些別的事情。——

我們在上面既已看到瘋人能正確地認識個別眼前事物，也能認識某些過去的個別事物，可是錯認了〔其間的〕聯繫和關係，因而發生錯誤和胡言亂語，那麼，這正就是瘋人和天才人物之間的接觸點。這是因爲有天才的個體也拋棄了對事物關係——遵循根據律的關係——的認識，以便在事物中單是尋求，看到它們的理念，以便掌握理念在直觀中呈現出來的那眞正本質。就這本質說，**一個**東西就能代表它整個這一類的東西，所以，歌德也說「一個情況是這樣，千百個情況也是這樣」。——天才人物也是在這一點上把事物聯繫的認識置之不顧的，他靜觀中的個別對象或是過分生動地被他把握了的「現在」反而顯得那麼特別鮮明，以致這個「現在」所屬的連鎖上的其他環節都因此退入黑暗而失色了；這就恰好產生一些現象，和瘋癲現象有著早已被〔人〕認識了的近似性。凡是在個別現成事物中只是不完美的，和由於各種規定限制而被削弱了的東西，天才的觀察方式卻把它提升爲那些事物的理念，成爲完美的東西。因此他在到處都〔只〕看到極端，他的行動也正以此而陷入極端。他不知道如何才是適當的分寸，他缺少清醒〔的頭腦〕，結果就是剛才所說的。他完完全全認識理念，但他不是這樣認識個體的。因此，如人們已指出的，一個詩人能夠深刻而澈底地認識人，但他對於**那些**〔具體的〕人卻認識不夠；他是容易受騙的，在狡猾的人們手裡他是〔被人作弄的〕玩具。*

---

* 第二卷第三十二章是補充這裡的。

37

根據我們的論述，雖然要說天才所以為天才是在於有這麼一種本領：他能夠獨立於根據律之外，從而不是認識那些只在關係中而有其存在的個別事物，而是認識這些事物的理念；能夠在這些理念的對面成為這些理念〔在主體方面〕的對應物，亦即不再是個體的人而是「認識」的純粹主體；然而這種本領，〔就一般人說〕在程度上雖然要低一些並且也是人各不同的，卻必然地也是一切人們所共有的；否則一般人就會不能欣賞藝術作品，猶如他們不能創造藝術作品一樣；並且根本就不能對優美的和壯美的事物有什麼感受的能力，甚至優美和壯美這些名詞就不能對他們有什麼意義了。因此，如果不能說有些人是根本不可能從美感獲得任何愉快的，我們就必須承認在事物中認識其理念的能力，因而也正就是暫時撇開自己本人的能力，是一切人所共有的。天才所以超出於一切人之上的只在這種認識方式的更高程度上和持續的長久上，這就使天才得以在認識時保有一種冷靜的觀照能力，這種觀照能力是天才把他如此認識了的東西又在一個別出心裁的作品中複製出來所不可少的。這一複製就是藝術品。透過藝術品，天才把他所把握的理念傳達於人。這時理念是不變的，仍是同一理念，所以美感的愉悅，不管它是由藝術品引起的，或是直接由於觀審自然和生活而引起的，本質上是同一愉快。藝術品僅僅只是使這種愉悅所以可能的認識較為容易的一個手段罷了。

我們所以能夠從藝術品比直接從自然和現實更容易看到理念，那是由於藝術家只認識理念而不再認識現實，他在自己的作品中也僅僅只複製了理念，把理念從現實中剝出來，排除了一切起干擾作用的偶然性。藝術家讓我們透過他的眼睛來看世界。至於藝術家有這種眼睛，他認識到事物的本質的東西，在一切關係之外的東西，這是天才的稟賦，是先天的，但是他還能夠把這種天稟借給我們一用，把他的眼睛套在我們〔頭上〕，這卻是後天獲得的，是藝術中的技巧方面。因此，我在前文既已在最粗淺的輪廓中托出了美感認識方式的內在本質，那麼我就要同時討論現在接下去的關於自然中和藝術中的優美壯美兩者更詳盡的哲學考察，而不再〔在自然和藝術之間〕劃分界線了。我們將首先考察一下，當優美或是壯美使一個人感動時，在他內心裡發生了什麼變化。至於這個人是直接從自然，是從生活，或是間接借助於藝術而獲得這種感動，卻不構成本質上的區別，而只是一個表面上的區別。

38

我們在美感的觀察方式中發現了**兩種不可分的成分**：〔一種是〕把對象不當作個別事物而是當作柏拉圖的理念的認識，亦即當作事物全類的常住形式的認識；然後是把認識著主體不當作個體，而是當作認識的純粹而無意志的主體之自意識。這兩個成分經常合在一起出現的條件就是擺脫繫於根據律的那認識方式，後者和這裡的認識方式相反地，是爲意志和科學服務唯一適用的認識方式。——我們將看到由於審美而引起的愉悅也是從這兩種成分中產生的；並且以審美的對象爲轉移，時而多半是從這一成分，時而大半是從那一成分產生的。

一切欲求皆出於需要，所以也就是出於缺乏，所以也就是出於痛苦。這一欲求一經滿足也就完了；可是一面有一個願望得到滿足，另一面至少就有十個不得滿足。再說，欲望是經久不息的，需求可以至於無窮。而〔所得〕滿足卻是時間很短的，分量也扣得很緊。何況這種最後的滿足本身甚至也是假的，事實上這個滿足了的願望立即又讓位於一個新的願望；前者是一個已認識到了的錯誤，後者還是一個沒認識到的錯誤。在欲求已經獲得的對象中，沒有一個能夠提供持久的、不再衰退的滿足，而是這種獲得的對象永遠只是像丟給乞丐的施捨一樣，今天維繫了乞丐的生命以便在明天〔又〕延長他的痛苦。——因爲這個緣故，所以說如果我們的意識還是爲我們的意志所充滿；如果我們還是聽從願望的擺布，加上願望中不斷的期待和恐懼；如果我們還是欲求的主體；那麼，我們就永遠得不到持久的幸福，也得不到安寧。至於我們或是追逐，或是逃避，或是害怕災禍，或是爭取享樂，這在本質上只是一回事。不管在哪種形態之中，爲不斷提出要求的意志這樣操心慮危，將無時不充滿著激動著意識；然而沒有安寧也就決不可能有眞正的怡情悅性。這樣，欲求的主體就好比是永遠躺在伊克希翁❼的風火輪上，好比永遠是以妲娜伊德❽的穿底桶在汲水，好比是水深齊肩而永遠喝不到一滴的坦達努斯❾。

但在外來因素或內在情調突然把我們從欲求的無盡之流中托出來，在認識甩掉了爲意志服務的枷鎖時，在注意力不再集中於欲求的動機，而是離開事物對意志的關係而把握事物時，所以也即是不關利害，沒有主觀性，純粹客觀地觀察事物，只就它們是赤裸裸的表象而不是就它們是動機來看而完全委心於它們時；那麼，在欲求的那第一條道路上永遠尋求而又永遠不可得的安寧就會在轉眼之間自動光臨，而我們也就得到十足的怡悅了。這就是沒有痛苦的心境，伊比鳩魯譽之爲最高的善，爲神的心境，原來我們在這樣的瞬間已擺脫了可恥的意志之驅使，我們爲得免於欲求強加於我們的勞役而慶祝假日，這時伊克希翁的風火輪停止轉動了。

可是這就正是我在上面描寫過的那種心境，是認識理念所要求的狀況，是純粹的觀審，是在直觀中浸沉，是在客體中自失，是一切個體性的忘懷，是遵循根據律的和只把握關係的那種認識方式之取消；而這時直觀中的個別事物已上升爲其族類的理念，有認識作用的個體人已上升爲不帶意志的「認識」的純粹主體，雙方是同時並舉而不可分的，於是這兩者（分別）作爲理念和純粹主體就不再在時間之流和一切其他關係之中了。這樣，人們或是從獄室

❼❽❾ 此三人希臘神話人物。

中，或是從王宮中觀看日落，就沒有什麼區別了。

內在的情調，認識對欲求的優勢，都能夠在任何環境之下喚起這種心境。那些傑出的荷蘭人給我們指出了這一點。他們把這樣的純客觀的直觀集注於最不顯耀的一些對象上而在靜物寫生中爲他們的客觀性和精神的恬靜立下了永久的紀念碑。審美的觀衆看到這種紀念碑，是不能無動於衷的，因爲它把藝術家那種寧靜的、沉默的、脫去意志的胸襟活現於觀審者之前；而爲了如此客觀地觀審如此不重要的事物，爲了如此聚精會神地觀察而又把這直觀如此深思熟慮地加以複製，這種胸襟是不可少的。並且在這畫面也挑動他〔這個觀賞者〕對那種心境發生同感時，他的感動也往往由於將這種心境和他自己不寧靜的、爲劇烈欲求所模糊了的心情對比而更加加強了。在同一精神中，風景畫家，特別是羅伊斯達爾❿，畫了些極不重要的自然景物，且由於這樣做反而得以更令人欣慰地造成同樣的效果。

藝術胸襟的內在力量完全單獨地固已能有如許成就，但是這種純粹客觀的情調還可以由於愜意的對象，由於自然美歆動人去鑑賞，向人蜂湧而來的豐富多彩而從外面得到資助，而更輕而易舉。自然的豐富多彩，在它每次一下子就展開於我們眼前時，爲時雖只在幾瞬間，然而幾乎總是成功地使我們擺脫了主觀性，擺脫了爲意志服務的奴役而轉入純粹認識的狀況。所以一個爲情欲或是爲貧困和憂慮所折磨的人，只要放懷一覽大自然，也會這樣突然地

❿ 羅伊斯達爾（Ruisdael，一六二八—一六八二），荷蘭風景畫家。

重新獲得力量，又鼓舞起來而挺直了脊梁；這時情欲的狂瀾，願望和恐懼的迫促，（由於）欲求（而產生）的一切痛苦都立即在一種奇妙的方式之下平息下去了。原來我們在那一瞬間已擺脫了欲求而委心於純粹無意志的認識，我們就好像進入了另一世界，在那兒，（日常）推動我們的意志因而強烈地震撼我們的東西都不存在了。認識這樣獲得自由，正和睡眠與夢一樣。能完全把我們從上述一切解放出來，幸與不幸都消逝了。我們已不再是那個體的人，而只是認識的純粹主體，個體的人已被遺忘了。我們只是作爲那一世界眼而存在，一切有認識作用的生物（固然）都有此眼，但是唯有在人這隻眼才能夠完全從意志的驅使中解放出來。由於這一解放，個性的一切區別就完全消失了，以致這隻觀審的眼屬於一個有權勢的國王也好，屬於一個被折磨的乞丐也好，都不相干而是同一回事了。這因爲幸福和痛苦都不會在我們越過那條界線時一同被帶到這邊來。一個我們可以在其中完全擺脫一切痛苦的領域經常近在咫尺，但是誰有這份力量能夠長期地留在這領域之上呢？只要這純粹被觀賞的對象對於我們的意志，對於我們在人的任何一種關係再又進入我們的意識，這魔術就完了。我們又回到了根據律所支配的認識，我們就不再認識理念，而是認識個別事物，認識連鎖上的一個環節，——我們也是屬於這個連鎖的——，我們又委身於自己的痛苦了。——大多數人，由於他的完全缺乏客觀性，也就是缺乏天才，幾乎總是站在這一立足點上的。因此他們不喜歡獨自和大自然在一起，他們需要有人陪伴，至少也要一本書。這是因爲他們的認識經常是爲意志服務的，所以他們在對象上也只尋求這對象對於他們的意志有什麼關係；在所有一切沒有這種關係的場合，在他們的內心裡，好像數字低音似的，就會發出一種不斷的、無可奈何的聲音：「這對於我毫無用處。」因此，在他們看來，在寂寞中即令是面對最優美的環境，這種環境也有一種荒涼的、黯淡的、陌生的、敵對的意味。

在過去和遙遠（的情景）之上鋪上一層這麼美妙的幻景，使之在很有美化作用的光線之下而出現於我們之前的（東西），最後也是這不帶意志的觀賞的怡悅。這是由於一種自慰的幻覺（而成的），因爲在我們使久已過去了的，在遙遠地方經歷了的日子重現於我們之前的時候，我們的想像力所召回的僅僅只是（當時的）客體，而不是意志的主體。這意志的主體在當時懷著不可消滅的痛苦，正和今天一樣，可是這些痛苦已被遺忘了，因爲自那時以來這些痛苦又早已讓位於別的痛苦了。於是，如果我們自己能做得到，把我們自己不帶意志地委心於客觀的觀賞，那麼，回憶中的客觀觀賞就會和眼前的觀賞一樣起同樣的作用。所以還有這麼一種現象：尤其是在任何一種困難使我們的憂懼超乎尋常的時候，突然回憶到過去和遙遠的情景，就好像是一個失去的樂園又在我們面前飄過似的。想像力所召回的僅僅是那客觀的東西，不是個體主觀的東西，因此我們就以爲那客觀的東西在過去那時，也是純粹地，不曾爲它對於意志的任何關係所模糊而出現於我們之前，猶如它現在在我們想像中顯出的形象一樣，而事實上卻是在當時，那些客體的東西和我們意志有關，爲我們帶來痛苦，正無異於今日。我們能夠透過眼前的對象，如同透過遙遠的對象一樣，使我們擺脫一切痛苦，只要我們上升到這些對象的純客觀的觀審，並由此而能夠產生幻覺，以爲眼前只有那些對象而沒有我們自己了。於是我們在擺脫了那作孽的自我之後，就會作爲認識的純粹主體而和那些對象完全合一；而如同我們的困難對於那些客體對象不相干一樣，在這樣的瞬間，對於我們自己也是不相干的了。這樣，剩下來的就僅僅只是作爲表象的世界了，作爲意志的世界已消失〔無餘〕了。

由於所有這些考察，我希望已弄清楚了在審美的快感上，這種快感的主觀條件占有什麼樣的和多大的成分；而所謂主觀條件也就是認識從意志的奴役之下解放出來，忘記作爲個體人的自我，和意識也上升爲純粹的、不帶意志的、超乎時間的、在一切相對關係之外的認識之主體。和審美的觀賞這一主觀方面，作爲不可少的對應物而同時出現的是觀賞的客觀方面，亦即對於柏拉圖理念的直觀的把握。不過在我們更詳盡地考察這一點之前，在就這一點來考察藝術的成就之前，更適合的是還要在審美感的快感的主觀方面多停留一會兒，以便透過討論那依賴於主觀方面，由於這主觀方面的一種制約而產生的壯美印象來完成這主觀方面的考察。在此之後，我們對於審美的快感的探討將由於從客觀方面來考察而獲得全部的完整性。

但是首先有下面這一點〔應該〕還是屬於上文的。光明是事物中最可喜愛的東西：光明已成爲一切美好事物和多福的象徵了。在一切宗教中它都是標誌著永恆的福善，而黑暗則標誌著沉淪。歐馬茲特住在純潔的光明中，阿瑞曼住在永久的黑夜中⓫。在但丁的天堂裡看起來有些像倫敦的佛克斯霍爾水晶宮，因爲那兒的聖靈也現爲一些光點，這些光點又聚合成規則的形象。沒有光明會直接使我們憂愁，光明的回復又使我們愉快。各種色彩直接引起生動的喜悅，如果色彩是透明的，這種喜悅便達到了最高度。這一切都僅僅是由於光是完美的直觀認識方式的對應物和條件，而這也是唯一決不直接激動意志的認識方式。原來視覺不同於其他官能的感受，自身根本不可能直接地或透過視覺的官能效果而在器官上具有適不適的感覺，即是說和意志沒有什麼直接聯繫；而只有在悟性中產生的直觀才能有這種聯繫，那麼這種聯繫也就是客體對意志的關係。聽覺已經就不同了：聲音能夠直接引起痛感，並且也可以直接是官能上的快感，而並不涉及諧音或樂調。觸覺，作爲和全身的感觸相同的東西，那就更加要服從意志所受的這一直接影響了；不過也還有一種無痛的和無快感的觸覺罷了。至於嗅覺則經常是適的或不適的，味覺更然。所以最後這兩種也是和意志最有勾搭的感官，從而也是最低級的，康德稱之爲主觀的感官。光既是最純粹、最完美的直觀認識方式之客觀的可能性，因此對於光的喜悅，在事實上就只是對於這種客觀的可能性的喜悅；並且作爲這樣的喜悅就可以從純粹的，由一切欲求解放出來的，擺脫了欲求的認識是最可喜的〔這事實〕引申而得，而作爲這樣的東西就已經在審美的快感中占有很大的地位了。——〔我們〕從對於

⓫ 古波斯宗教，經教王瑣羅亞斯德（Zoroaster）改革成為一神教，歐馬茲特（Ormuzd）成為最高無上之神。

光的這一看法又可以推論我們何以認爲事物在水中的反映有那種難以相信的高度的美。物體之間這種最輕易、最快速、最精微的相互作用方式，就是我們在更大程度上最完美的、最純粹的知覺也要歸功於它，歸功於這種藉光線的反射〔而發生的〕作用：——在這裡這種作用完全清楚地、一覽無餘地、完善地，在原因與後果中，並且是充其量地擺在我們眼前的；因此，我們在這上面有美感的喜悅，而這種喜悅的根子主要地完全是在審美的快感的主觀根據中，並且也〔就〕是對於純粹認識及其途徑的喜悅。*

39

所有這些考察都是爲了突出審美的快感的主觀方面，就是說這快感和意志相反，是對於單純的、直觀的認識本身的喜悅。——現在要接上這些考察的，與此直接相關的，就是下面這一說明，說明人們稱爲**壯**美感的那種心情。

上面已經指出在對象迎合著純粹直觀的時候，轉入純粹直觀狀態也最容易。所謂對象

* 第二卷第三十三章是補充這裡的。

迎合純粹直觀，即是說由於這些對象的複雜而同時又固定的、清晰的形態很容易成為它們的理念的代表，而就客觀意義說，美即存在於這些理念中。比什麼都顯著，優美的自然（風景）就有這樣的屬性，由於這種屬性，即令是感應最遲鈍的人們，至少也能迫使他們產生一點飄忽的審美的快感。植物世界尤其令人注意，植物挑起（人們做）美感的觀賞，好像是硬賴著要人欣賞似的，以至人們要說這種迎上來的邀請和下面這一事實有關，即是說這些有機生物同動物身體不一樣，自身不是認識的直接客體，因此它們需要別人有悟性的個體（助以一臂之力），以便從盲目欲求的世界進入表象的世界，所以它們好像是在渴望這一轉進，以便至少能夠間接地獲得它們直接不能得到的東西。我這一大膽的，也許近乎囈語的思想可以根本存而不論，因為只有對於自然作極親切的、一往情深的觀察才能引起這種思想，才能為這種思想提出理由*。所以，把我們從服務於意志的，只是對於關係的認識轉入美感觀審，從而把我們提升為認識的不帶意志的主體時，如果就是自然界這種迎上來的邀請，就是自然界那些形式的重要意味和明晰性，——而在這些形式中個別化了的理念得以容易和我們招呼——，那麼，對我們起作用的也就只是美，而被激起來的也就是美感。可是現在，如果就

* 在我膽怯地、遲疑地寫下這一思想四十年之後，現在我發現了神聖的奧古斯丁也說過這種思想，這就更加使我高興，也是我始料所不及的。他說，「植物以其不同的形狀呈現於感官之前，以之為這可見的世界的裝飾，以便它們自己既不能有認識，卻顯得很願意被認識似的。」（《上帝之國》XI. 27）

是這些對象，以其意味重大的形態邀請我們對之作純粹的觀審，〔然而〕對於人的意志，對於自顯於其客體性中——亦即人身中——的意志根本有著一種敵對的關係，和意志對立，或是由於那些對象具有戰勝一切阻礙的優勢而威脅著意志，或是意志在那些對象的無限大之前被壓縮至於零；但〔這時的〕觀察者卻並不把自己的注意力集中在這觸目的、與他的意志敵對的關係上，而是雖然覺察著、承認著這關係，卻有意地避開這關係，因爲他這時以強力掙脫了自己的意志及其關係而僅僅只委心於認識，只是作爲認識的純粹無意志的主體寧靜地觀賞著那些對於意志〔非常〕可怕的對象，只把握著對象中與任何關係不相涉的理念，因而樂於在對象的觀賞中逗留；結果，這觀察者正是由此而超脫了自己，超脫了他本人，超脫了他的欲求和一切欲求，——這樣，他就充滿了**壯美感**，他已在超然物外的狀況中了，因而人們也把那促成這一狀況的對象叫做**壯美**。所以壯美感和優美感的不同就是這樣一個區別：如果是優美，純粹認識無庸鬥爭就占了上風，其時客體的美，亦即客體使理念的認識更爲容易的那種本性，無阻礙地，因而不動聲色地就把意志和爲意志服役的，對於關係的認識推出意識之外了，使意識剩下來作爲「認識」的純粹主體，以致對於意志的任何回憶都沒留下來了。如果是壯美則與此相反，那種純粹認識的狀況要先透過有意地、強力地掙脫該客體對意志那些被認爲不利的關係，透過自由的、有意識相伴的超脫於意志以及與意志攸關的認識之上，才能獲得。這種超脫不僅必須以意識獲得，而且要以意識來保存，所以經常有對意志的回憶隨伴著，不過不是對單獨的、個別的欲求的回憶，如恐懼或願望等，而是對人的總的欲求的回憶，只要這欲求是由其客體性——人身——普遍表示出來的。如果由於對象方面有眞實的、及於人身的迫害與危險，而有實際的、個別的意志活動進入意識，那麼，這眞正被激動的個人意志就會立即贏得上風，觀審的寧靜就成爲不可能了，壯美的印象就會消失，因爲這印象讓位於憂慮，個體人在憂慮中掙扎自救把任何其他念頭都擠掉了。——舉幾個例子將會有助於弄清楚美學的壯美理論並使之了無疑義；同時，這些例子還可指出壯美感在程度上的差別。因爲壯美感既和優美感在主要的決定因素方面，在純粹的、不帶意志的認識上，在與此同時出現的，對於理念——不在一切由根據律決定的關係中的理念——的認識上，是相同的；而僅僅只是由於一個補充（規定），即超脫那被認識了的，正在觀審中的對象對於意志的根本敵對關係，才和優美感有所區別；那麼，分別按這一補充（規定）或是強烈鮮明的、迫近的或只是微弱的、遠離的，只是示意而已，就產生了壯美的各級程度，產生了從優美到壯美的過渡。我認爲在說明上更適當的是，首先把這種過渡和程度較微弱的壯美印象用例子顯示出來；雖然那些對於美的感受力根本不太強而想像力又不生動的人們，只會了解後面那些有關程度較高、較明晰的壯美印象的例子。他們本可以只注意後面那些例子，對於這裡要先舉出的那些有關程度極微弱的壯美印象的例子，卻可以聽之任之。

人一方面是欲求的激烈而盲目的衝動（由生殖器這一「極」作爲其焦點而標誌出來），同時在另一面又是純粹認識永恆的、自由的、開朗的主體（由大腦這一極標誌出來），那麼，和人之有這兩方面的對立一樣，和這種對立相應，太陽也同時是光的源泉，是得到最完美的認識方式的條件的源泉，因而也是事物中最可喜愛的東西；——同時又是溫暖的源泉，也就是生命的，較高級別上的意志現象的第一個條件的源泉。因此，溫暖之於意志，就等於光之於認識。所以光就正是「美」的王冠上一顆最大的鑽石，對於每一美的對象的認識是最有決定性的影響的。光根本就是〔美的〕不可少的條件，而在有利的角度光還能使最美的東西更美。不過尤其顯著，和其他一切不同的是建築藝術，建築的美可以由於光的資助而增高，即令是最不值一顧的東西也可由此而成爲最美的對象。——在嚴寒的冬季，大自然在普遍的僵凍之中，這時，我們看一看斜陽的夕暉爲堆砌的磚石所反射，在這兒只是照明而沒有溫暖的意味，即只是對最純粹的認識方式有利而不是對意志有利；於是觀賞這光在磚石的建築物上的美化作用，如同一切美一樣，也會使我們轉入純粹認識的狀況。不過在這裡，由於輕微地想到那光線缺少溫暖的作用，缺少助長生命的原則，這狀況就已要求超脫意志的利益，已包含著一種輕微的激勵要在純粹認識中堅持下去，避開一切欲求；正是因此，這一狀況就已是從優美感到壯美感的過渡了。這是優美中有著一點兒壯美的意味，最微弱的一點意味，而這裡的優美本身也只是在較低程度上出現的。下面還有一個〔壯美的〕例子，〔在壯美感上〕幾乎是同樣輕微的例子。

假如我們進入一個很寂寞的地區，一望無際；在完全無雲的天空下，樹木和植物在紋絲不動的空氣中，沒有動物，沒有人，沒有流水，〔只是〕最幽靜的肅穆；——那麼，這種環境就等於是一個轉入嚴肅，進入觀賞的號召，隨而掙脫了一切欲求及其需要；可是單是這一點就已賦予了這只是寂寞幽靜的環境以一些壯美的色彩了。這是因爲這個環境對於這不斷需要追求〔什麼〕和達成〔什麼〕的意志不提供任何對象，不管是有利的或不利的對象，所以就只剩下純粹觀賞的狀況了。誰要是不能做這種觀賞，就會以羞愧的自卑而陷入意志無所從事的空虛，陷入閒著的痛苦。就這一點說，這個環境提供了測驗我們自己的智慧有什麼價值的機會，對於這種價值，我們忍受或愛好寂寞的能力到了什麼程度根本就是一個好的標準。所以這裡描寫的環境給低度的壯美提供了一個例子，因爲在這環境中，純粹認識的狀況在其寧靜和萬事已足〔的心情〕中，作爲〔這種心情的〕對照，〔仍然〕混雜著一種回憶，回憶到少不了要不斷追求的意志那種依賴性和可憐相。——這就是壯美的一個類型，北美洲內地無邊草原的風光就被譽爲這種類型〔的壯美〕。

現在讓我們把這樣一個地區的植物也去掉，只看到赤裸裸的岩石；那麼，由於完全缺乏我們保持生存所必要的有機物，意志簡直已感到威脅；這塊荒地獲得了一種可怕的氣氛，我們的心情也變得更有悲劇意味了。這裡上升至純粹認識是經過更堅決的掙脫意志所關心的利害而來的；在我們堅持逗留於純粹認識的狀況時，就明顯地出現了壯美感。

下面這種環境還能引起更高度的〔壯美感〕：大自然在飆風般的運動中；天色半明不黯，透過山雨欲來的烏雲；赤裸裸的、奇形怪狀的巨石懸岩，重重疊疊擋住了前面的視線；洶湧的、泡沫四濺的山洪；全是孤寂荒涼；大氣流通過岩谷隙縫的怒號聲。這時，我們就直觀地形象地看到我們自己的依賴性，看到我們和敵對的自然作鬥爭，看到我們的意志在鬥爭中被摧毀了。然而只要不是個體的危急焦慮占了上風，而是我們仍繼續著美的觀賞，那麼，認識的純粹主體的視線〔還能〕透過大自然的鬥爭，透過被摧毀了的意志那副形象而寧靜地、無動於衷地，不連同被震撼（不關心地）就在威脅著意志的、爲意志所恐懼的那些對象上把握理念。壯美感就正在於這種〔可怖的環境和寧靜的心境兩者之間的〕對照中。

不過〔有時候〕印象還要強烈些，那〔就是〕當我們在自己眼前看到激怒了的自然力在作大規模的鬥爭的時候，譬如在〔上述〕那環境裡有懸河〔下瀉〕，水聲翻騰喧囂，震耳欲聾，使我們不可能聽見自己的聲音了；——或者是當我們在遼闊的、颶風激怒了的海洋中時，〔看到〕幾幢房子高的巨浪此起彼伏，猛烈地衝擊著壁立的岩岸，水花高濺入雲；看到狂風怒吼，海在咆哮，烏雲中電光閃爍而雷聲又高於風暴和海濤〔之聲〕。於是，在觀察這一幕景象而不動心的人，他的雙重意識便達到了明顯的頂點。他覺得自己一面是個體，是偶然的意志現象；那些〔自然〕力輕輕一擊就能毀滅這個現象，在強大的自然之前他只能束手無策，不能自主，〔生命〕全繫於偶然，而對著可怕的暴力，他是近乎消逝的零；而與此同時，他又是永遠寧靜的認識的主體；作爲這個主體，它是客體的條件，也正是這整個世界的肩負人；大自然中可怕的鬥爭只是它的表象，它自身卻在寧靜地把握著理念，自由而不知有任何欲求和任何需要。這就是完整的壯美印象。這裡是由於看到威脅著生存的，無法比較的，勝於個體的威力而造成這個印象的。

在完全不同的方式之下，藉想像空間遼闊和時間的悠久也可產生〔壯美〕印象，遼闊悠

276

久、無際無窮可使個體縮小至於無物。上述一種我們可以稱之爲動力的壯美，而這一種則可稱爲「數學的壯美」，〔這便〕保留了康德的命名和他正確的分類〔法〕，不過在說明那種印象的內在本質時，我們和他完全不同，我們既不承認什麼道德的內省，也不承認來自經院哲學的假設在這裡有什麼地位。

當我們沉溺於觀察這世界在空間和時間上無窮的遼闊悠久時，當我們深思過去和未來的若干千年時，——或者是當夜間的天空把無數的世界眞正展出在我們眼前因而宇宙的無邊無際直印入我們的意識時，——那麼我們就覺得自己縮小〔幾〕至於無物，覺得自己作爲個體，作爲活的人身，作爲無常的意志現象，就像是滄海一粟似的，在消逝著，在化爲烏有。但是同時又有一種直接的意識起而反抗我們自己渺小這種幽靈〔似的想法〕，反抗這種虛假的可能，〔就是使我們意識著〕所有這些世界只存在於我們表象中，只是作爲純粹認識的永恆主體所規定的一些形態而存在；而我們只要忘記〔自己的〕個體性，就會發現我們便是那純粹認識的永恆主體，也就是一切世界和一切時代必需的，作爲先決條件的肩負人。原先使我們不安的世界之遼闊，現在卻已安頓在我們〔心〕中了；我們的依存於它，已由它的依存於我們而抵消了。——然而這一切卻並不是立刻進入反省思維的，〔其初〕只是作爲一種感到的意識而出現的，意識著在某種意義上〔唯有哲學把這意義弄清楚了〕人和宇宙是合一的，因此人並不是由於宇宙的無邊無際而被壓低了，相反地卻是被提高了。這是那感到的「意識」意識到了吠陀教《鄔波尼煞曇》在各種講法中反覆說過的東西，尤其是意識到上面已引用過的這句話：「一切無生之物總起來就是我，在我之外任何其他東西都是不存在的。」[12]這就是超然於本人的個體之上，就是壯美感。

只要有〔這麼〕一個空間，它和宇宙空間比固然很小，但由於我們是完全直接地覺知這種空間，它以三進向的全部容積對我們起作用，這就足以使我們感到自己身體幾乎是無限的渺小，這時我們就能直接地獲得數理壯美的印象了，如果所覺知的是一個空洞的空間，那可決不能做到這一點；決不能是露天的，而只能是在三進向都有際限而直接可以覺知的空間，所以只能是極高大的圓頂建築物如羅馬的聖彼得教堂，或倫敦的聖保羅教堂。這裡所以產生壯美感是由於〔人們〕在一個廣闊的空際之前感到了自己軀體渺小近於零；另一方面〔又意識到〕這種空際不過是我們表象中的東西，而我們作爲認識的主體又正是這表象的負荷人。所以這裡也和到處一樣，壯美感的產生是由於兩方面的對比，一方面是我們自己作爲個體，作爲意志現象的無關重要和依賴性，一方面是我們對於自己是認識的純粹主體這一意識。就是滿天星宿的穹窿，如果不是以反省的思維去考察的話，對於我們所起的作用也不過是和那磚石的圓頂建築一樣，這裡起作用的不是天空眞正的廣袤，而只是其表面上顯出的廣袤。——我們直觀的一些對象之所以引起壯美印象既是由於其空間的廣大，又是由於其年代的久遠，也就是時間的悠久；而我們在這種廣大悠久之前雖感到自己的渺小近於零，然而我

[12] 見第 §34 末尾。

們仍然飽嘗觀賞這種景物的愉快；屬於這類對象的是崇山峻嶺，是埃及的金字塔，是遠古的巨型廢墟〔等〕。

是的，我們對於壯美的說明還可移用於倫理的事物上，也就是用於人們稱爲崇高的品德上。這種品德的產生也是由於對象本來是適於激動意志的，然而意志究不爲所激動，這裡也是認識占了上風。那麼這樣的人物就會純粹客觀地觀察世人，而不是按這些人對他的意志有什麼可能的關係來看他們。譬如說他會察知世人的錯誤，甚至看到他們對他自己的憎恨和不義，但是在他那方面卻並不因此而被激起憎恨；他會看到他們的幸福而並不感到嫉妒；他會承認他們優良的性能，卻不希望和他們有更親近的聯繫；他會看到婦人們的美貌而並不想占有她們。他自己本人的幸不幸〔也〕不會劇烈地影響他，反而可說他像哈姆雷特所描寫的何瑞修[13]那樣：

「因爲你過去，
像這麼一個人，
在備嘗痛苦中並不感到痛苦，
像這麼一個人，

[13] 何瑞修（Horatio）是莎士比亞的悲劇《王子復仇記》中王子哈姆雷特的摯友。

不管命運爲他帶來的是打擊或是酬勞，
你都常以同等的謝意加以接受，」等等

（第三場第二幕）

這是因爲有崇高品德的人在自己的一生和不幸中，他所注意的大半是整個人類的命運，而很少注意到自己個人的命運；從而他對這些事的態度〔純〕認識〔的方面〕〔常〕多於感受〔的方面〕。

279

40

因爲相反的事物互相映證，在這裡來談一談人們初看並不以爲然，而實際上卻是壯美的眞正對立面的東西——**媚美**——，乃正是適當的地方。我所理解的媚美是直接對意志自薦，許以滿足而激動意志的東西。——如果壯美感的發生是由於一個直接不利於意志的對象成爲純粹觀賞的客體，而又只能由於不斷避開意志，超然於意志所關心的利害之上才能獲得這種觀賞，這〔才〕構成壯美的情調；那麼與此相反，媚美卻是將鑑賞者從任何時候領略美都必需的純粹觀賞中拖出來，因爲這媚美的東西由於〔它是〕直接迎合意志的對象必然地要激動鑑賞者的意志，使這鑑賞者不再是「認識」的純粹主體，而成爲有所求的、非獨立的欲求的主體了。——至於人們習慣地把任何輕鬆一類的優美都稱爲媚美，這是由於缺乏正確的區分而有的一個過於廣泛的概念，這種概念我只能完全置之不論或加以指摘。但在已確定和已闡明了的意義上，我認爲在藝術的領域裡只有兩種類型的媚美，並且兩種都不配稱爲藝術。一種是相當鄙陋的，譬如在荷蘭人的靜物寫生中如果走錯了途徑，描繪出來的對象是些食品，而由於畫中食品酷似眞物又必然地引起食慾。這當然就是意志的激動，這種激動把〔我們〕在事物上任何審美的觀賞都斷送了。畫出水果這是可以容許的，因爲水果是花卉往後發展的結果，並且還可由形狀和色彩來表現爲美麗的自然產物，還不至於直接強制人們就想到它是可吃的東西；可惜我們也經常看到酷似眞物，畫著陳列在桌上的，烹調停當的食品，如牡蠣啦，鰽白魚啦，海蟹啦，奶油麵包啦，啤酒啦，葡萄酒啦等等，等等，這些都全是要不得的東西。——在歷史的繪畫和雕刻中，媚美則在裸體人像中。這些裸體像的姿態，半掩半露甚至整個的處理手法都是意在激起鑑賞人的肉感，因而純粹審美的觀賞就立即消失了，而作者創造這些東西也違反了藝術的目的。這個錯誤和我們方才責備過荷蘭人的，完全同出一轍。古代藝術儘管形象極美而又全裸，然而幾乎一貫不犯這種錯誤，因爲〔古典的〕藝術家自己就是以純客觀的、爲理想的美所充滿的精神來創作這些人像的，而不是以主觀的、可恥的充滿肉欲的精神來創作的。——所以媚美在藝術〔的園地〕裡是到處都應該避免的。

還有一種消極的媚美，比方才闡述過的積極的媚美更糟，那就是令人厭惡作嘔的東西。這和眞正的媚美一樣，也喚起鑑賞者的意志因而摧毀了純粹的審美觀賞。不過這裡激起的是一種劇烈的不想要，一種反感；其所以激動意志是由於將意志深惡的對象展示於鑑賞者之前。因此，人們自來就已認識到在藝術裡是決不能容許這種東西的；倒是醜陋的東西，只要不是令人作嘔的，在適當的地方還是可以容許的。我們在下文中就會看到這一點。

41

我們這一考察的進度使我們在這裡有必要插入一段壯美的討論，其實在這裡關於優美的討論還只完成了一半，只完成了主觀一面的討論。可是區分壯美和優美的東西恰好只是這主觀方面所規定的一種特殊狀態。這就是說任何審美的觀賞所要求的，以之爲前提的純粹而無意志的認識狀況究竟是在客體邀請、吸引〔人們〕去觀賞時，毫無抵抗地，僅僅是由於意志從意識中消逝自然而然出現的呢，或者是要由於自願自覺的超脫意志才爭取得來的呢，並且〔這時〕這觀賞的對象本身對於意志本有著一個不利的、敵對的關係，惦念這一關係，就會取消〔審美的〕觀賞；——這就是優美和壯美之間的區別。在客體上，優美和壯美在本質上並沒有區別，因爲在這兩種場合中審美觀賞的客體都不是個別的事物，而是在該事物中趨向於展示的理念，也就是意志在一定級別上恰如其分的客體性。這客體性所必有的，和它一樣擺脫了根據律的對應物就是認識的純粹主體，猶如個別事物的對應物是認識著的個體人一樣，〔不過個別的物和個體的人〕兩者都在根據律的範圍之內罷了。

當我們稱一個對象爲美的時候，我們的意思是說這對象是我們審美觀賞的客體，而這又包含兩方面。一方面就是說看到這客體就把我們變爲客觀的了，即是說我們在觀賞這客體時，我們所意識到的自己已不是個體人，而是純粹而無意志的認識的主體了；另一方面則是說我們在對象中看到的已不是個別事物，而是認識到一個理念；而所以能夠這樣，只是由於我們觀察對象不依靠根據律，不追隨該對象和其自身以外的什麼關係（這種關係最後總是要聯繫到我們的欲求的），而是觀察到客體自身爲止。原來理念和認識的純粹主體作爲相互的對應物總是同時進入意識的；當其進入意識時，一切時間上的差別也立即消失了，因爲這兩者都完全不知有根據律及其一切形態，是在根據律所確立的一些關係之外的；可以比擬於虹與太陽，兩者都不參與雨點不停下降，前一點繼以後一點相繼不絕的運動。所以，比方說當我以審美的，也即是以藝術的眼光觀察一棵樹，那麼，我並不是認識了這棵樹，而是認識了這樹的理念；至於所觀察的是這棵樹還是其千年以前枝繁葉茂的祖先，觀察者是這一個還是任何另一個在任何時間任何地點活著的個體，那就立即無足輕重了；〔這時〕個別事物和認識著的個體隨著根據律的取消而一同取消了，剩下來的除理念與「認識」的純粹主體外，再沒有什麼了；而這兩者合起來便構成意志在這一級別上恰如其分的客體性。理念並且不僅是擺脫了時間，而且也擺脫了空間；因爲並非浮現於我眼前的空間形象，而是這形象所表現的，它的純粹意義，它的最內在的本質，對我洩露它自己，向我招呼的內在本質才算眞正的理念；並且儘管這形象的空間關係區別很大，這理念卻是同一理念，一成不變。

既然一方面我們對任何現成事物都可以純客觀地，在一切關係之外加以觀察，既然在另一方面意志又在每一事物中顯現於其客體性的某一級別上，從而該事物就是一個理念的表現；那就也可以說任何一事物都是美的。——至於最微不足道的事物也容許人們做純粹客觀的和不帶意志的觀賞，並且由此而證實它的美，這在上一節（38）就這一點而談及荷蘭人的靜物寫生時就已證實了。不過一物之所以比另一物更美，則是由於該物體使得純粹客觀的觀賞更加容易了，是由於它遷就、迎合這種觀賞，甚至好像是它在迫使人來做如是的觀賞，這時我們就說該物很美。其所以如此，一面是由於該物作爲個別事物，〔能夠〕透過它那些部分間甚爲明晰的、規定得清清楚楚的、一貫意味深長的關係，而把它這個類別的理念純潔地表示出來，透過在它這一類別可能的一切表現皆備於它一身而把這一類別的理念完善地顯露出來，這就使鑑賞人從個別事物過渡到理念容易多了，因此也使純粹的靜觀狀態隨之而容易了。另外一面一個客體特別美的那種優點，是在於從客體中向我們招呼的理念本身，它是意志的客體性〔很〕高的一個級別，所以是非常有意義的、含蘊豐富的。因此，人比其他一切都要美，而顯示人的本質就是藝術的最高目的。人的體態、人的表情是造型藝術最重要的對象，猶如人的行爲是文藝的最重要對象一樣。——不過任何一物仍然各有其獨特的美，不僅是每一有機的，表出於個體性的單位中的東西，而且是任何無機的、無形式的，乃至任何工藝品（都有這種美）。原來所有這些東西都顯示理念，意志透過這些理念而自行客體化於最低的級別上，好像是譜出了大自然最低沉的、餘音嫋嫋的低音符似的。重力、固體性、液體性、光等等，是表出在岩石中、建築物中、流水中的一些理念。風景園藝和建築藝術除了幫助岩石、建築物、流水等，明晰地、多方面地、完備地展出它們獨特的屬性，爲它們提供機會以便純潔地表示它們自己之外，不能有所作爲；不過它們由此得以邀請（人們）對它們作審美的鑑賞，減輕了鑑賞的困難。與此相反，不好的建築和景物，或是大自然所忽略了的或是被藝術所糟蹋了的，就很少或沒有這種功效；不過大自然的普遍基本理念就在它們那裡也不可能完全消失掉。在這裡基本理念還是要召喚尋求它的觀察者，即令是不好的建築物以及如此之類的東西也還可以作鑑賞的對象，它們那些物質最普遍的屬性的理念還可在它們身上看得出來，不過是人們有意賦予它的形式不成爲一個（使鑑賞）容易的手段，反而是一個障礙，使鑑賞更困難了。從而工藝品也是用以表達理念的，不過從工藝品中表達出來的並不是這工藝品的理念，而（只）是人們賦予以這人爲的形式的材料，它的理念。在經院學派的語言中，這一類可以很方便地用兩個字來表示，即是說在工藝品裡表出來的是其實體形式的理念，而不是其偶然形式的理念；而後面這一形式並不導向什麼理念，而只是導向這形式所從出的一個屬於人的概念。不言而喻，我們這裡所談的工藝品明明不是指造型藝術的作品而言。此外，經院學派在實體形式這一詞中所理解的，實際上就是我所謂意志在一物中客體化的程度。我們立即就會在考察美術的建築學時回頭來討論材料的理念這一詞。——根據我們的看法，那麼我們就不能同意柏拉圖的說法（《共和國》X，第二八四—二八五頁，又《巴門尼德斯》第七九頁，雙橋版），他主張桌子和凳子就是表示著桌子和凳子的理念；而我們卻說，桌子和凳子所表示的理念就是在其單純的材料之中已經表出的理念。然而據亞里斯多德卻說（《形上學》，第十一篇第三章），柏拉圖本人只承認自然界的事物有理念，「柏拉圖說，有多少自然事物，就有多少理念」；〔亞里斯多德〕又在〔同書第十一篇〕第五章裡說根據柏拉圖派的學者，並沒有什麼房屋和馬戲場的理念。無論如何，柏拉圖的及門弟子，——據阿爾基諾斯⑭給我們〔留下〕的報道（《柏拉圖哲學入門》第九章）說——都曾否認工藝品也有理念。阿爾基諾斯說：「他們把理念定義爲自然事物的超時間的原始形象。因爲柏拉圖大多數的學生都不承認工藝品有理念，例如盾或琴，以及和自然事物相反的東西，如熱病或霍亂症，還有個別生物如蘇格拉底或柏拉圖，還有那些瑣屑事物如垃圾和破片，還有那些關係如大於〔什麼〕和超出〔什麼〕的關係都沒有理念；因爲理念是上帝的永恆的、自身圓滿的思想。」——藉此機會我們還可以談一談我們在理念學說上大不同於柏拉圖的另外一點。這即是說他主張（《共和國》X，第二八八頁）美術企圖表出的對象，繪

⑭ 阿爾基諾斯（Alkinoos），與羅馬的凱撒同時代人，柏拉圖派哲學家。

畫和詩歌的典型都不是理念而是個別事物。我們到此爲止的全部分析恰好主張相反的一面；而柏拉圖這一看法愈爲人們所公認是這位偉人最大的錯誤之源泉，在這裡就愈不會使我們迷惑。他的錯誤就在於輕視和唾棄藝術，尤其是文藝；他把他關於文藝的錯誤判斷直接續在上面那段引文之後。

42

我現在再回頭來討論美感的印象。對於美的認識固然總是把純粹認識的主體和作爲客體而被認識的理念規定爲同時的、不可分的，不過美感的來源時而更在於領會已認識到的理念，時而更在於純粹認識擺脫了欲求，從而擺脫了一切個體性和由個體性而產生的痛苦之後的怡悅和恬靜。並且，是美感的這一成分還是那一成分取得優勢都要以直觀地領會到的理念是意志客體性的較高還是較低級別爲轉移。所以在無機物、植物和建築藝術中鑑賞自然美（實物的鑑賞或透過藝術的鑑賞），由純粹無意志的認識而來的美感就會占優勢，因爲這裡領會到的理念只是意志客體性的下層級別，從而也不是意味深長和含義豐富的現象。與此相反，如果動物或人是鑑賞的或藝術表現的對象，那麼，美的享受就會偏重在這些理念的客觀體會之中。理念〔於此〕是意志的最明晰的表出；因爲動物和人展出了最複雜的形態，展出了現象的豐富和深長意味，並且是最完整地給我們展出了意志的本質，不管這本質是在意志的激動中，恐怖中，滿足中，或在其挫折中（最後這一點在悲劇的演出中），最後或甚至在其方向變換或自我揚棄中。自我揚棄尤其是基督教教義繪畫的題材，正如故事畫和戲劇根本就是以被認識充分照明了的意志之理念爲對象一樣。——下面我們就要分別探討各種藝術，這樣探討之後這裡建立起來的美學理論就會獲得完整性和明確性。

43

物質作爲物質論不能夠是一理念的表出。因爲物質，如我們在第一篇裡已看到的那樣，澈底只是因果性。它的存在也全是些作用。可是因果性卻是根據律的形態，而理念的認識則相反，基本上排除了這條定律的內容。在第二篇裡我們又看到物質是理念所有的一切個別現象的共同基質，從而又是理念和現象或個別事物之間的聯繫。所以物質本身，無論是從這一理由或那一理由說，都不能表出一個理念。不過後驗地證實這一點總是這樣說的：即是說〔我們對於〕這樣的物質根本不可能有一個直觀的表象，而只可能有一個抽象的概念；唯有在表象中才能有形狀和屬性的展出。荷載形狀屬性的是物質，在這一切形狀屬性中才有理念的顯出。這和因果性（物質的全部本質）本身無法加以直觀的描述而只是某種因果聯繫這事實是相符的。——在另一面則相反，一個理念的每一現象，因爲這種現象既已進入根據律的形式或個體化原理，就必須在物質上作爲物質屬性而把自己展示出來。所以在這一點上，如已說過，物質是聯繫理念和個體化原理的環節，而個體化原理就是個體的「認識」之形式，或者就是根據律。——因此，柏拉圖認爲在理念及其現象、即個別事物之外，——這兩者本可包括世界上一切事物——，僅僅就只有作爲第三者而不同於這兩者的物質（《蒂邁歐篇》第三四五頁），是完全正確的。個體作爲理念的顯現，永遠是物質。物質的每一屬性也永遠是一個理念的顯現，並且作爲這種顯現也就可加以審美的鑑賞，而鑑賞就是認識現象中表出的理念。這一點，即令是就物質的最普遍的屬性說，也是有效的；沒有這些屬性就決不成其爲物質，而這些屬性的理念卻是意志的最微弱的客體性。這樣的屬性是：重力，內聚力，固體性，液體性，對光的反應，等等。

如果我們現在把建築藝術只當作美術來看，撇開它在應用目的上的規定，——（因爲在這些目的中它是爲意志而不是爲純粹認識服務的，按我們的說法也就不再是藝術了——；那麼，除了使某些理念——這些都是意志的客體性最低的級別——可加以更明晰的直觀以外，我們不能指定建築藝術還有其他的目的。此最低級別的客體性就是重力、內聚力、固體性、硬性；即磚石的這幾個最普遍的屬性，意志的這幾種最原始的、最簡單的、最冥頑的可見性，大自然的一些基本數字低音。在這些以外還有光，〔不過〕光在好些方面又和這些屬性相反。即令是在意志客體性的這種低級別上，我們已經看到意志的本質顯出於矛盾之中；因爲建築藝術在審美方面唯一的題材實際上就是重力和固體性之間的鬥爭，以各種方式使這一鬥爭完善地、明晰地顯露出來就是建築藝術的課題。它解決這類課題〔的方法〕是切斷這些不滅的力所由獲致滿足的最短途徑，而用一種迂回的途徑撐住這些力；這樣就把鬥爭延長下去了，兩種力無窮盡的〔各〕奔一趨向就可在多種方式之下看得見了。——建築物的整個質量，如果全委之於它原來的趨向，那就只會成爲整整一大塊的東西，盡可能緊貼在地面上；而這裡意志既顯爲重力，這〔塊然大物〕就會不停地向地面擠去；這時固體性，〔它〕也是意志的客體性，卻在抵抗著。然而正是這一傾向，這一衝勁，建築藝術就不許它有直接滿足而只許以間接的滿足，透過迂回曲折的滿足。譬如說橫梁就只有借助於直柱才〔間接地〕落到地面上；圓頂則必須自己負載自己，並且只有藉一些椿子才能滿足它指向地球的衝勁；如此等等。然而正是在這被強制的間接途徑上，正是由於這種阻礙，隱藏於頑石中的那些〔自然〕力才得以最明晰地、多樣化地顯露出來；〔除此以外，〕建築術也就不能再有什麼純藝術的目的了。因此，一個建築物的美，無論怎麼說都完整地在它每一部分一目了然的目的性中，〔然而〕這不是爲了外在的、符合人的意志的目的〔這種工程是屬於應用建築的〕，而是直接爲了全部結構的穩固；對於這全部結構，每一部分的位置、尺寸和形狀都必須有〔牽一髮而動全身〕這樣的一種必然關係，即是說如其可能的話，抽掉任何一部分，則全部必然要坍塌。這是因爲唯有每一部分所承載的恰是它所能勝任的，每一部分又恰好是在它必需的地方、必需的程度上被支撐起來，然後在構成頑石的生命或其意志表現的固體性和重力之間的那一相反作用，那一鬥爭才發展到最完整的可見性，意志客體性的最低級別才鮮明地顯露出來。同樣，每一部分的形態也必須由其目的和它對於全體的關係，而不是由人意任意來規定。圓柱是最簡單的，只是由目的規定的一種支柱的形式。扭成曲折的柱子是庸俗無味的。四方椿有時雖然容易做些，事實上卻不如圓柱的那麼簡單。同樣，飛簷、托梁、拱頂、圓頂的形式也完全是由它們的直接目的規定的，而這目的也就自然說明了這些形式。柱端等處的雕飾已屬於雕刻而不屬於建築範圍了，這既是附加的裝飾，是可有可無的。——根據這裡所說的，對於一座建築物如果要獲得理解和美感的享受，就不可避免地要在重量、固體性、內聚力〔幾方面〕對於〔建築〕材料有一直接的直觀認識，如果〔有人〕透露消息說這建築材料是浮石，那就會立刻減少我們對於這建築物的欣賞；因爲這樣一來，這個建築物就像是一種假屋似的。如果我們原來假定是麻石建築，卻有消息說這只是木頭的，這消息幾乎也會產生同樣的效果；因爲在木質房屋中那些自然力的表出既然要微弱得多，這就把固體性和重力的關係，從而〔建築物〕所有一切部分的意義和必然性都改變了更動了。所以以木材爲材料儘管也可有各種形式，卻不能成爲藝術的建築，而這一點是完全只能由我們的理論得到說明的。可是如果竟至於有人對我們說，有一座建築物，看起來使我們愛好，卻完全是由一些不同的材料建成的，材料的重量和耐性至不齊一，但又非肉眼所能分辨；那麼，這整個建築物就會因此而無法欣賞，正如用一種我們不懂的文字寫成的一首詩一樣。這一切正是證明了建築藝術的作用不僅只是數學的，而且也是動力學的；還證明了透過這一藝術而使我們欣賞的不僅是形式和勻整性，反而更應該是大自然的那些基本力，那些原始的理念，意志客體性那些最低的級別。——建築物及其各部分的規則性一面是由每一環節對於全部結構的直接目的性帶來的，一面又有使全面的概覽和理解更爲容易的功用，最後這些規則的圖形，由於它們顯露了空間之爲空間的規律性，還有助於美觀。但是這一切都只有次要的價值和必然性，而決不是主要的東西，須知即令勻整性也並不是萬不可少的要求，就是廢墟也是美的呢。

建築藝術的作品對於光還有一種很特殊的關係；這些作品在充分的陽光中，以蔚藍的天空爲背景，便可獲得雙重的美；而在月亮之下又表現出完全另一種效果。因此在營造一座建築藝術上的作品時，總要特別顧慮到光線的效果和坐落的方向才好。這一切一切的根據，固然大部分是在於只有明朗的、強烈的照明才能使〔建築物的〕一切部分及其關係看得充分明白；不過此外我還認爲建築藝術註定要顯露的自然是重力和固體性，同時也還有與這兩者相反的光的本質。即是說在光被那巨大的、不得透視的，界限明晰和形態複雜的龐然大物所吸收、所阻擋、所反射的時候，光得以最純潔地、最明晰地展出其本性和一些屬性，而使鑑賞者大受其賜；因爲光，作爲最完美的直觀認識方式的條件和客觀方面的對應物，是事物中最可喜愛的東西。

因爲由於建築藝術而進於明晰直觀的這些理念是意志客體性最低的一些級別，從而建築藝術展出於我們之前的東西，它的客觀意義也就相對地微小；所以〔人們〕在看到一個美麗的、適當照明了的建築物時，欣賞的享受與其說是在於把握了理念，毋寧說是在理念的，隨把握理念而起的主觀對應物方面，即是說欣賞的享受主要是在於鑑賞者在看到建築物時，擺脫了爲意志服務的、服從根據律的個體的認識方式，而上升爲純粹的、不帶意志的「認識」的主體了；也即是在純粹的，從欲求和個性的一切痛苦解放出來的觀賞本身中。——就這一點說，那麼和建築對立的那一極端，各種藝術排成系列的另一極端就是戲劇了；戲劇〔能〕使那些最重要的理念進入認識的領域，因此在戲劇的欣賞中客觀的那一面就占有壓倒的優勢了。

建築藝術和造型藝術，和文藝的區別乃在於建築所提供的不是實物的擬態，而是實物自身。和造型藝術、文藝不一樣，建築藝術不是複製那被認識了的理念。在複製中是藝術家把自己的眼睛借給觀衆，在建築上藝術家只是把客體對象好好地擺在觀衆之前，在他使那實際的個別客體明晰地、完整地表出其本質時，得以使觀衆更容易把握理念。

建築藝術的作品，和藝術的其他作品一樣，很少是純粹爲了審美的目的而完成的。審美的目的反而是附屬於其他的與藝術不相干的實用目的之下的；所以建築藝術家的大功就在於審美的目的儘管從屬於不相干的目的，仍能貫徹，達成審美的目的，而這是由於他能夠巧妙地用多種的方式使審美的目的配合每一實用目的，能夠正確地判斷哪一種建築藝術的美適宜於用在廟宇上，哪一種適宜於宮殿，哪一種適宜於武器陳列館，等等。嚴酷的氣候愈是加強了滿足〔特殊〕需要的要求、功用的要求，愈是呆板地規定了這些要求，愈是不容更改地指定了這些要求，那麼，美在建築藝術中也愈少活動的餘地。在印度、埃及、希臘和羅馬的溫帶氣候，那兒生活上必須提出的要求就減少了些，規定也要鬆一些，建築藝術就可以最自由地追求審美的目的了。在北歐的天空下，建築藝術的審美目的就要大受委曲；這裡的要求是鴿籠式的房子，尖頂的閣塔，建築藝術既然只能在很窄狹的範圍內展出其特有的美，就更加要借重雕刻的裝飾作爲代用品了，這是我們在哥德式藝術建築物上所看到的。

建築藝術在這種情況之下，雖有必然性和功利性〔兩方面〕的要求而不得不受到很大的限制，然而在另一方面這些要求和限制又大大地幫助了它；因爲建築如果不同時又是一種有實利有必要的工藝而在人類營爲中有著一個鞏固和光榮的地位，那麼，以其工程的浩大和經費的龐大而藝術效用的範圍又如此窄狹，它就根本不可能作爲純粹的藝術而保存到今天了。還有一種藝術雖就審美觀點說完全可以和建築藝術並列，然而因爲缺乏上述那些實用方面的意味，我們就不能把這種藝術和建築藝術列爲姊妹藝術；我的意思是指風景美的水利工程。原來在建築藝術上，重力的理念是和固體性聯帶出現的；而在風景美的水利工程中，重力的理念則是和液體性，也就是和形狀不定性、流動性、透明性爲伍的；兩種藝術都是爲同一理念服務的。有從懸岩之上傾注的巨流，咆哮洶湧，有飛濺著的瀑布，靜穆幽閒，有水柱般高聳的噴泉和明鏡般的湖水〔等等〕，其顯示沉重液體物質的理念恰和建築物顯露固體物質的理念是一樣的。但風景的水利工程不能從實用的水利工程方面獲得支援；因爲兩種水利工程的目的一般是冰炭不相容的，只在例外的場合可以合而爲一，羅馬的特萊維人工瀑布即其一例。＊

292

44

上面兩種藝術爲意志客體性的那些最低級別所做的，在一定範圍內也就是審美的園藝學爲植物界的較高級別所做的。一塊地方的風景美大部分有賴於聚集在這裡的自然對象豐富多彩，然後又在於這些對象各自有醒目的分類，分明不紊，然而又表出適當的互相配合和交替的變化。園藝的美所致力的就是這兩個條件，然而園藝遠不如建築藝術那樣能夠掌握自己的材料，因此園藝的效果就很有限了。園藝所展出的美幾乎全是屬於自然所有的，園藝本身在自然上面增加的部分卻很少。並且在另一方面，如果天公不作美，園藝就沒有多少辦法了；如果自然不留情而是幫倒忙的話，園藝的成就也就微不足道了。

＊ 第二卷第三十五章是補充這裡的。

植物界沒有藝術的媒介也到處可供欣賞，不過就其爲藝術的對象說，則主要的是風景畫的對象。和植物界同在這一領域的還有其餘一切無知的自然界。——在靜物寫生中和畫出的單純建築物、廢墟、教堂內部等場合，欣賞的主觀方面是主導的，即是說我們在這上面的怡悅主要的不直接在於把握了展出的理念，而更是在於把握理念的主觀對應物，在於純粹而無意志的認識；因爲在畫家讓我們借助於他的眼睛而看到事物的時候，我們在這時對於那雋永的心神之寧靜和意志的完全沉默就會同時獲得一種同感和餘味；而這是爲了〔我們〕把〔自己的〕認識完全浸沉到那些無生的對象中去，爲了以這樣的愛好——在這裡也就是以高度的客觀性——來領會事物所不可少的。眞正風景畫的效果總的說起來固然也屬於這一類型，不過由於所展出的理念已是意志客體性的較高級別，這些理念的意義就豐富得多，表現力也強得多；所以美感的客觀方面就要更突出些而同主觀的方面平衡了。這裡純粹的認識自身已不完全是主要的了，而是被認識了的理念，作爲表象的世界在意志客體化更顯著的級別上〔在那兒〕以同等的力量起作用。

可是動物畫和動物雕刻又展出一個高得多的級別。從古代遺留下來的動物雕刻還相當多，譬如馬，在威尼斯、馬山、厄爾琴的浮雕上都有；在佛羅倫斯還有銅馬和大理石的馬，這裡又有古代的野豬，嗥著的狼；此外在威尼斯的兵器展覽館還有雕刻的獅子像，在梵蒂岡還有整個一廳子大半都是古代的動物〔雕刻〕；不勝枚舉。在這些作品上，美感的客觀方面和主觀方面相比就已占有斷然的上風了。這裡認識理念的主體已把自己的意志鎮壓下去了，可是已有了主體的這種寧靜——在任何鑑賞都是這樣——，但鑑賞者並不感到這寧靜的效果，因爲我們的心情（在鑑賞時）已被我們面前展示出來的那意志的不安和激動所占據了。出現於我們眼前的就是構成我們本質的那一欲求，但這欲求在（雕刻的）形態中的顯現不同於在我們之中的顯現，不是由思考主宰節制的，而是在粗線條中以一種近乎離奇不經和粗獷凶頑的明顯性表出的；不過好在也並無僞裝，是天眞的、坦白的、無所掩飾的，我們對於動物發生興趣就正在於這一點。在畫出植物的時候就已顯出了種族的特徵，不過還只是在形狀中顯出罷了；在動物（雕刻）則特徵就要明顯得多，並且不僅在形態中顯出，而是在行動、姿勢、體態中顯出，不過總還只是種類的特徵而不是個性的特徵。——對於較高級別的理念之認識，我們在繪畫中透過別人的媒介而接受的那些認識，是我們在欣賞植物和觀察動物時也能直接獲得的，並且如果是動物，就應該在它們不受拘束，自然而舒展的時候進行觀察。客觀地觀察它們豐富多彩、稀奇美妙的形態和舉止行動是從大自然聽取富有教育意義的一課，是認出了眞正的「事物的標記」。*我們在這些標記中看到意志顯露的各種程度和方

* 雅各·波墨在他《事物的標記》那本書第一章第十五、十六、十七各節中說：「並且自然中沒有一物。不把它的內在形態顯露於外的：因為內在的總是掙扎著向外顯出……每一事物都有它顯現的一條出路。……每一物都是從它的特性作出表示，總是把自己顯露和呈現出來，這就是自然的語言。……因為每一物都顯露了它的母親，把本質和意志給予形態的就是母親。」

式，而在一切生物中又只是同一個意志，這意志所欲求的也到處是同一個東西，亦即變化如此無窮，形態如此各異而把自己客觀化為生命，為實際存在的東西；〔同時〕，所有這些形態又都是對不同的外在條件的一些適應，可比擬於同一主旋律的許多變調。如果我們要給觀賞者，為了〔他的〕反省思維，而用一句話來傳達〔我們〕對於動植物的內在本質所獲得的理解，那麼，我們最好就用常出現於印度神聖典籍中叫做摩訶發古亞，即大咒語的梵文公式：「塔特，都阿門，阿西」，意即：「凡此有情，無非即汝。」

45

最後直接地、直觀地把這種理念，即意志可以在其中達到最高度客體化的理念表達出來乃是故事畫和〔人像〕雕刻的巨大課題。在這裡欣賞的客觀方面絕對占著上風，而那主觀的方面則已引退到後臺去了。此外要注意的是還在比這低一級的級別上，在畫動物時，特徵和美完全是一回事；最能表出特徵的獅、狼、馬、綿羊、犍牛也總是最美的。這裡的理由是動物只有族類特徵而沒有個別的特徵。〔藝術〕在表達人的時候，族類特徵可就和個體特徵分開了；前者現在叫做美（完全在客觀意義上），後者保留「特徵」或「表情」的名稱。於是就產生了新的困難，亦即如何將兩者同時在同一個體中完善地表達出來〔的問題〕。

人的美是一種客觀的表現，這種表現標誌著意志在其可被認識的最高級別上，最完美的客體化上，根本是人的理念完全表出於直觀看得到的形式中。在這裡儘管是美的客觀方面如此突出，然而那主觀方面依然是這客觀方面永久的伴當。並且正因爲沒有一個對象能夠像美人的容貌和身段那樣迅速地把我們移入審美的直觀，在一看到這種容貌和身段時，我們立刻就爲一種說不出的快感所控制，使我們超然於我們自己，超然於一切使我們痛苦的事物之上；所以這種情況的可能性就僅僅在於意志可加以最明晰、最純潔的認識的可能性，也〔能〕最輕易地、最迅速地把我們移入純粹的認識狀態；在這狀態中，只要純粹的美感還在，我們的人格，我們的欲求及其經常的痛苦就都消失了。所以歌德說：「誰要是看到人的美，就沒有邪惡的東西能夠觸犯他；他覺得自己和自己，自己和宇宙都協調一致了。」——至於自然〔如何〕成功地〔產生了〕一個美的人體形象，我們必須這樣來說明：即是說當意志在這最高級別上把自己客體化於一個個體中時，由於幸運的情況和自己的力量〔它〕完全戰勝了一切障礙和阻力，較低級別的意志現象常使這些障礙與阻力和意志作對，——各種自然力就屬於這類現象——，意志總是必須先從這些阻力手裡奪取並贏得那本屬於一切現象的物質。再進一步說，在較高級別上的意志現象在其形式上總是有多種多樣的。一株樹已經是無數重複著的、成長著的纖維的一個有系統的組合體。這種組合到愈高的級別愈是有增無已，而人體就是極不相同的部分組成的最複雜的系統；其中每一部分都有著一個從屬於整體的，然而又是獨特的生命。至於所有這些部分又恰好是在適當的方式下從屬於整體，在適當的方式下互相配合，爲了整體的表出而和諧地同謀協力，不多出一點，也不委曲一點；——這一切就是這樣一些罕有的條件，就是說它的後果就是美，就是完全刻畫出來的種性。——大自然是這樣，然則藝術又是怎樣呢？人們的意見是：〔藝術是〕以模仿自然〔來創造美的〕。——但是如果藝術家不是在經驗之前就預期著美，要他從哪裡去識別在自然中已成功了的，爲我們要去模仿的事物呢？又如何從那些未成功的作品中去找這些已成功的呢？大自然又曾經創造過所有一切部位都十全十美的人嗎？——於是人們又曾認爲藝術家應該把分散在許多人身上的，各個不同的美的部位蒐集攏來，湊成一個美的整體，——〔這是〕一種顛倒的未經思考的意見。因爲這裡又要問藝術家從哪裡識別恰好這一形式是美的而那一形式又不美呢？——我們不是已看到那些古代德國畫家模仿自然嗎？然而在美〔的領域〕內他們又走了多遠呢？請看他們的裸體畫像罷！——純粹從後驗和只是從經驗出發，根本不可能認識美，美的認識總是，至少部分地是先驗的，不過完全是另一類型的先驗認識，不同於我們先驗意識著的根據律各形態。這些形態只管得著現象作爲現象論，它們的普遍形式以及這些形式如何根本就是認識的可能性的基礎，只管得著現象的普遍的無例外的如何，譬如數學和純粹自然科學就是從這種認識出發的。另外這一種先驗的認識方式，使美的表出有可能的認識方式，則與此相反，不是管現象的形式而是管〔現象的〕內容，不是管如何顯現，而是管顯現的是什麼。

如果我們看到人〔體〕的美，我們都能認識這種美，但是在眞正的藝術家，他認識這種美竟如此明晰，以致他表達出來的美乃是他從來未曾實際看到過的美，〔我們看到的美〕在他的表達中已超過了自然。而這所以可能又僅僅是由於意志——它的恰如其分的客體化，在其最高級別上，要在這裡來判斷，來發現——就是**我們自己**。僅僅是由於這一點，事實上我們對才能對於自然（自然也就是構成我們自己的本質的意志）努力要表出的東西有一種預期。在眞正的天才，這種預期是和高度的觀照力相伴的，即是說當他在個別事物中認識到該事物的**理念**時，就好像大自然的**一句話**還只說出**一半**，他就已經**體會了**。並且把自然結結巴巴未說清的話爽朗地說出來了。他把形式的美，在大自然嘗試過千百次而失敗之後，雕刻在堅硬的大理石上。把它放在大自然的面前好像是在喊應大自然：「這就是你本來想要說的！」而從內行的鑑賞家那邊來的回聲是：「是，這就是了！」——只有這樣，天才的希臘人才能發現人類體形的原始典型，才能確立這典型爲〔人體〕雕刻這一藝術的教規。我們所有的人也只有借助於這樣的預期，才可能在大自然在個別事物中眞正成功了的地方認識到美。這個「預期」就是**理想的典型**。只要理念，至少有一半是先驗地認識了的，並且在作爲這種理念從先驗方面來補充大自然後驗地提供出來的東西，從而對於藝術具有實踐的意義時，理念也就是理想的典型。藝術家對於美所以有這種先驗的預期以及鑑賞家對於美所以有後驗的讚賞，這種可能性就在於藝術家和鑑賞家他們自己就是大自然自在的本身，就是把自己客體化的意志。正如恩披陀克勒斯所說，同類的只能爲同類的所認識；所以只有大自然能理解它自己，只有大自然才會根究它自己，那麼，精神也只爲精神所理解。*

認爲希臘人所以找到已成定論的，人體美的理想典型完全是由於經驗而來，是由於蒐集各個不同的美的部分，這裡裸露一個膝蓋，留心一下，那裡裸露一隻膀子，又注意一下而來的錯誤見解**，還在文藝方面有著完全與此雷同的見解，亦即這樣一種看法，譬如說莎士比亞劇本中那麼多複雜的，那樣有眞實性的，那麼用心處理的，那麼精心刻畫出來的人物，都是他從他自己的生活經驗裡留心看出來，然後加以複製而寫出來的。這種看法的不可能和荒謬已沒有分析的必要。顯然的是一個天才，猶如他只是由於對於美有一種擬想的預期才創造造型藝術的作品一樣，他在文藝上的創作也是由於對人物特徵先有這樣的預期；然而這兩種創作都需要經驗作爲一種藍本，唯有在這藍本上，那先驗模糊地意識著的東西才能引出來變爲完全明晰〔的東西〕，這然後才出現了從容創作的可能性。

上面已經把人的美解釋爲意志的最完美的客體化，在其可以被認識的最高一級別上的客

---

* 最後這一句是黑爾維修斯（Helvetius）的名言 *il n'y a que l'esprit qui sente l'esprit* 的德譯，這在本書第一版我還無須加以註明。可是自此以後，由於黑格爾那種狗屁智慧的蒙昧影響，時代竟如此墮落，變得如此粗獷，以致可能有人亂想，認為這裡也是影射著「精神和自然」的對立，因此我才被迫採取防禦措施，不讓人將這種庸俗的詭辯栽在我身上。

** 儘管是由色諾芬（Xenophon，蘇格拉底的弟子）〔口中〕的蘇格拉底說出來的（斯多帕烏斯，《古希臘箴言集錦》Floril，第二卷第三八四頁）。

298

體化。這種美是由形式表達出來的，而這形式又只在空間中，和時間沒有什麼必然的關係，不像運動是有這麼一種關係的。單就這一點，我們可以說意志由於單純的空間現象而有恰如其分的客體化便是客觀意義上的美。植物，除了單是意志的這種空間現象之外，再不是別的什麼，因爲要表出植物的本質無需運動，從而也無需時間關係（撇開植物的發育不談）；單是植物的形態已表出了它全部的本質，已把它的本質揭露出來了。可是在動物和人，要完全顯露正在它們身上顯現出來的意志就還需要一系列的動作；由於動作，在它們身上的現象就獲得了對時間的直接關係。這些都是在上一篇裡闡述過了的，卻由於下面的這一點又和我們目前的考察掛上了鉤。如意志的純空間現象能夠在每一固定的級別上使意志完美地或不完美地客體化，——這就正是構成美或醜的東西——，意志在時間上的客體化，亦即行爲，並且是直接的行爲，也就是（身體的）動作，也能純潔地、完美地契合在動作中客體化了的意志，沒有外來的摻雜物，沒有多餘的或不足的地方，而恰好只是表出每次一定的意志活動；——也可以和這一切相反（，即或有餘或不足等等）。在前一情況，動作的完成是有儀態的，在後一情況則沒有。所以猶如根本就是意志透過它純空間的現象而有的相應表出，那麼，與此相似，儀態就是透過它在時間上的現象而有的相應表出，也即是每一意志活動透過使意志得以客體化的舉動和姿勢而有的完全正確的、相稱的表示。動作和姿勢既以身體爲前提，所以溫克爾曼[15]的說法很對很中肯，他說：「優雅是行爲的人和行爲之間一種特殊的關係。」（《全集》第一卷第二五八頁）結果自然是：我們固然可說植物有美，但不能說植物有優雅；如果要這樣說，也只能是擬人的意義。動物和人則兩者兼而有之。根據上面所說的，有優雅就在於每一動作和姿勢都是在最輕鬆、最相稱和最安詳的方式之下完成的，也就是純粹符合動作的意圖，符合意志活動的表現。沒有多餘，多餘就是違反目的的、無意義的舉措或蹩扭難看的姿勢；沒有不足，不足就是呆板僵硬的表現。優雅以所有一切肢體的勻稱，端正諧和的體形爲先決條件，因爲只有借助於這些，在一切姿勢和動作中才可能有完全的輕鬆的意味和顯而易見的目的性。所以優雅決不可能沒有一定程度的體型美。優雅和體型美兩者俱備而又統一起來，便是意志在客體化的最高級別上的最明晰的顯現。

如前面已提到過的，使人突出的標誌是人的族類特徵和個人特徵各自分離，以致每人，如在前一篇裡已說過的，在一定限度內部表現出一種特殊的理念。因此，以表出人的理念爲目的的各種藝術，除了作爲族類的特徵的美以外，還要以個人特徵爲任務。個人特徵最好就叫做性格。然而表出性格又只能在這樣一個範圍內，即是說不能把性格看作什麼偶然的、絕對專屬於這麼一個人的個體的東西，而是要把性格看作人的理念恰好在這一個個體中特別突出的一個方面，這樣性格的描寫才有助於顯出人的理念。於是性格，作爲性格說，固然是個

[15] 溫克爾曼（Winckelmann，一七一七—一七六八），著有《古代藝術史》，是德國研究古代藝術的創始人。

別的，卻仍然要按理想的典型來把握，來描寫，也即是說根本要就人的理念（性格以它的方式助成人的理念的客體化）來突出性格的特殊意義。在此以外，這一描寫也是一個人，作爲個別人的肖像、複製，包括一切偶然的東西。並且即令是肖像，正如溫克爾曼所說，也應該是個體（最）理想的典型。

應作爲理想的典型來體會的那種**性格**，亦即人的理念某一特殊方面的突出，它之所以顯爲可見的，一面是由於不變的相貌和體型，一面是由於情過境遷的感觸和熱情，由於「知」和「意」的相互影響，而這一切又都是在面部表情和舉止行動中表現出來的。個體既然總是屬於人類的，在另一方面人性又總是在個體中並且是包括個體特有的典型的意味而顯露出來的；所以既不可以以性格來取消美，也不可以以美來取消性格；因爲以個體特徵來取消族類特徵便是漫畫，而以族類特徵取消個體特徵，結果又會（空洞）無意義。因此，以美爲宗旨的藝術表現——主要的是雕刻——總還是以個別性格在某些方面把這種美（即族類特徵）加以修正和限制，總要在突出人的理念的某一方面時在一定的、個別的方式下表出人的理念；這是因爲人的個體作爲個體說，在一定程度上都有一個特有的理念（這麼一種）尊嚴，而就人的理念說，最重要的正是把它自己表出於有特殊重要意味的個體中。所以我們常在古代作品中看到他們清晰地體會到的美不是用一個，而是用好多帶有不同特性的形象來表出的，等於總是從一個不同的方面來體會的，從而阿波羅表出的是一個樣兒，（酒神）巴庫斯又是一個樣兒，（大力神）海克力斯又是一個樣兒，（青年美典型的）安迪諾奧斯又是一個樣兒。

並且特殊性格的方面對於美還有限制的作用，這種性格方面甚至可以出現爲醜，如大醉之後的〔酒鬼〕西勒諾斯，如森林神浮恩等等。如果性格方面竟至於眞正取消了族類特徵，也就是到了不自然的程度，那就會成爲漫畫。——但和美相比，優雅更不能受到性格方面的侵蝕。不管性格的表出要求哪種姿態和舉動，這種姿態和舉動務必以同本人最相稱的、最合目的的、最輕便的方式來完成。這一點不僅是雕刻家和畫家，而且也是每一個優秀的演員要遵守的，否則這裡也會由於姿勢不正，舉動彆扭，而產生漫畫式的形象。

在雕刻中，美的儀態依然是主要的。在感觸中、激情中，知和意的相互影響中出現的精神特徵是只能由面都表情和姿態表現出來的，〔所以〕精神特徵最好是**繪畫**的題材。原來眼神〔的表出〕和色彩〔的運用〕都在雕刻的範圍之外，這兩種手法固然很可以助長美，對於性格〔的表現〕則更不可少。此外，美對於從幾個觀點出發的鑑賞就會有更完整的展出；與此相反，如果是表情，是性格，從**一個**觀點出發也能完全被掌握。

因爲美顯然是雕刻的主要目的，所以**萊辛**曾企圖以驚呼和美兩不相容來解釋**拉奧孔不驚呼**。這個對象既已成爲萊辛自己一部書的主題或至少是該書的轉折點，並且在他以前以後還有那麼多著述討論這一對象，那麼，請容許我在這裡作爲插曲似地說出我對這事的意見，雖然這樣一種個別的討論本不應屬於我們的考察範圍之內，因爲我們的考察一貫是以「普遍」爲宗旨的。

46

至於拉奧孔在享有盛名的那一群雕刻形象中並不是在驚呼，那是顯然的。那麼，這一點所以一般總是使人一再感到訝異，自然是由於我們設想自己在拉奧孔的地位必然要驚呼；並且人的本能也會要這樣做，因爲〔他那時〕既有劇烈的生理上的痛苦和突然發生的、肉體上極大的恐懼，而可能使人沉默忍受下來的一切反省思維，這時已全被排擠在意識之外，〔那麼，〕自然的本能就會發爲驚呼，既以表示痛苦和恐懼，又以呼救而駭退來襲擊的敵人。溫克爾曼雖已發現〔拉奧孔〕沒有驚呼的表情，但是在他企圖爲〔創造這作品的〕藝術家辯護時，他竟把拉奧孔說成爲一個斯多噶派了，認爲拉奧孔矜持自己的尊嚴，不屑於隨自然的本能而驚呼，反而要在其痛苦之上再加上無補於事的抑制，咬牙忍住了痛苦的表情。因此溫克爾曼在拉奧孔身上看見的是「一個偉大人物的經得起考驗的精神，和極度的慘痛搏鬥而企圖抑制自己痛苦的表情，把痛苦隱藏於內心。他不像維吉爾⑯〔詩中的拉奧孔〕那樣衝口驚呼，而只是發出劇痛的歎息」如此等等（《〔溫克爾曼〕全集》第七卷第九八頁。——討論此事更詳細的是〔同書〕第六卷第一〇四頁及隨後幾頁）。萊辛在他的《拉奧孔》中就批

---

⑯ 維吉爾（Virgil，公元前七〇—一九），羅馬詩人，著有民族史詩 *Äneis* 等。

評了溫克爾曼的這個見解並以上面指出的意見修正了這個見解。萊辛以純粹美學的理由代替了心理學的理由，認爲美，認爲古代藝術的原則，不容許有驚呼這種表情。他還加上了另外一個論點，說一種靜態的藝術作品不容表現一種飄忽不定，不能經久的狀態；〔然而〕這個論點卻有數以百計的優美雕像的例子證明了它的反面，這些雕像都是在變化不定的運動中，譬如在舞蹈、搏鬥、追逐等等中捉住了的形象。歌德在他論拉奧孔的那篇文章中——該文是文藝雜誌《廟堂》的創刊詞（第八頁）——甚至以爲選擇運動中這條忽的一瞬恰好是必要的。——在我們今天，希幾特（《時代之神》，一七九七，第十期）在把一切歸結於表情的最高眞實性時是這樣解決問題的，他說拉奧孔所以不驚呼，是因爲他在窒息中即將死亡，已不能驚呼了。最後，費諾（《羅馬研究》第一卷第四二六頁及其後幾頁）把所有這三種意見都評述了，比較了，然而他自己卻沒補充什麼新的東西，而只是折衷調和那三種意見而已。

我不禁覺得奇怪，〔爲什麼〕這樣深思明辨的人們要辛苦地從老遠去找一些不充分的理由，要抓一些心理學的、生理學的論據來解釋這回事；〔其實〕這件事的理由就近在眼前，並且對於沒有成見的人也是顯然的理由；——尤其可怪的是萊辛已那麼接近正確的解釋，卻還是沒有得到眞正的要領。

在未作任何心理學的和生理學的研究之前，究竟拉奧孔在他那地位會不會驚呼這個問題——附帶地說我是完全站在肯定的一面——；首先應就這群雕刻形象自身來作決定，即是說在這群形象中不得把驚呼表達出來唯一的理由就是因爲表示驚呼〔的藝術手法〕完全在雕刻的領域之外。人們不可能從大理石中塑造一個驚呼著的拉奧孔，而只能雕出一個張著嘴的、欲呼不能的拉奧孔，一個聲音在喉頭就停住了的拉奧孔。驚呼的本質，從而驚呼對於觀眾的效果也完全只在於〔驚呼〕之聲，而不在於張開嘴。張開嘴這必然和驚呼相伴的現象，必須先有由於張嘴而發出的聲音爲動機才可理解；這然後作爲這一行爲的特徵，張嘴才是可以容許的，甚至是必要的，雖然這已有損於〔作品的〕美了。可是造型藝術自身對於驚呼的表現完全是外行，是不可能的。要在造型藝術中表出用以驚呼的手段，那種勉強的，破壞一切面容輪廓和其餘表情的手段，也就是表出嘴的張開，那可眞是不智已極；因爲即令人們這樣做了，也不過是把這種附帶地還要要求許多犧牲的手段擺到眼前而已，而這手段的目的，驚呼本身，和驚呼對於〔我們〕情緒的作用卻依然付之闕如。何況還不僅是付之闕如而已，當人們這樣做時，無非是塑出每當努力而終於無效的可憐相；直可比擬於一個更夫，在他睡熟之後，促狹鬼爲了取樂用蠟塞住了〔他的〕牛角，然後大叫失火以驚醒他時，徒然使勁而吹不響牛角的可憐相。——與此相反，如果是在敘述的或表演的藝術範圍內表出驚呼〔的神情〕，那又完全是可以容許的，因爲這樣做有助於〔藝術的〕眞實性，這眞實性也就是理念的完整表現。在文藝中就是這樣，——文藝要求讀者想像力〔的合作〕以使它所描寫的更有直觀的形象性——，因此在維吉爾〔詩中〕的拉奧孔就像公牛在著了一斧又掙脫捆索時那樣狂叫；因此荷馬（《伊利亞德》XX，第四八—五三頁）也讓戰神馬爾斯和智慧之神閔涅華發出十分可怕的叫聲，然而這既無損於他們神的尊嚴，也無損於他們天神的美。在戲劇藝術中也是這樣，在舞臺上的拉奧孔簡直不得不驚呼。索發克里斯也讓菲洛克德特呼痛，在古代的舞臺上（這個人物登場時）大抵也眞是呼號過的。我記得一個完全相似的情況，在倫敦我看見過著名演員肯帕爾在譯自德國的《皮查洛》這個劇本中扮演美國人洛拉。洛拉是一個野蠻人但品德高尚，然而在他受傷之後，他高聲劇烈地大叫，這在劇情上的效果很大很好，因爲這最足以表示人物的性格，大有助於（藝術的）眞實性。——相反，一個畫出來的或石雕的沒有聲音的呼號者，那就比畫出來的音樂還要可笑。在歌德的《廟堂》雜誌裡已對此指斥過，因爲（在造型藝術中）呼號比音樂更有損於其他的一些表情和（整個的）美；（在這裡）音樂大抵只是使手和臂有所操作，還可看作標誌其人的性格的行動；並且只要不要求身體的劇烈運動或歪嘴縮腮，還可畫得十分像樣，例如彈風琴的聖女塞西莉亞，羅馬斯希阿拉畫廊里拉菲爾的「提琴演奏者」等等。——所以說，由於藝術各有疆界而不能以驚呼來表現拉奧孔的痛苦，那麼，那位藝術家就得使出一切其他的手法來表現拉奧孔的痛苦了。正如溫克爾曼的大筆所描寫的，那位藝術家是十全十美地做到了這一點；而人們只要撇開溫克爾曼賦予拉奧孔以斯多噶派思想意識的渲染，溫克爾曼傑出的描寫仍可保有它充分的價值和眞實性。*

* 這一插曲在第二卷第三十六章也有補充。

47

因爲在儀態之外還有「美」是〔人體〕雕刻的主要課題，所以雕刻喜歡裸體，只在衣著並不隱蔽身段時，〔才〕可以容許衣著。雕刻利用藝術上的褶裙不是用以隱蔽，而是用以間接地表現身段。這種表現手法要求悟性作出很大的努力，因爲悟性只是由於直接顯出的效果，由於衣裙的褶縐就要直觀地看到這褶縐的原因，看到身段。那麼，褶裙之於雕刻，在一定限度內，正就是縮影之於繪畫。兩者都是示意，但不是象徵的，而是這樣一種示意，即在其成功時就會強制悟性把只是示意的地方當作和盤托出的來看。

這裡請容許我附帶地插入一個有關語文藝術的比喻。即是說少穿衣服或完全不穿衣服最有利於欣賞美的身段，所以一個很美的人，如果他既有審美的趣味，又可按趣味而行事的話，他最喜歡的就會是少穿衣服，最好是幾乎是全裸著身子過日子，僅僅和希臘人一樣著那麼一點兒衣服，——與此相同，每一個心靈優美而思想豐富的人，在他一有任何可能就爭取把自己的思想傳達於別人，以便由此而減輕他在此塵世中必然要感到的寂寞時，也會經常只用最自然的、最不兜圈子的、最簡易的方式來表達自己〔的思想〕。反過來，思想貧乏、心智混亂、怪癖成性的人，就會拿些牽強附會的詞句、晦澀難解的成語來裝飾自己，以便用艱難而華麗的詞藻爲〔他自己〕細微渺小的、庸碌通俗的思想藏拙。這就像那個並無俊美的威儀而企圖以服飾補償這一缺點的人一樣，要以極不馴雅的打扮，如金銀絲條、羽毛、卷髮、高墊的肩袖和鶴氅來遮蓋他本人的委瑣醜陋。有些作者，在人們強迫他改作他〔寫得〕那麼堂皇而晦澀的著作，〔以符合〕書中渺小的、一覽無餘的內容時，就會和一個人在要他光著身於走路時一樣的難爲情。

48

故事畫在美和優雅之外，還要以〔人物〕性格爲主要對象。這根本就要理解爲在意志客體化的最高級別上來表出意志。在這最高級別上，個體作爲人的理念在某一特殊方面的突出，已有它特殊的意味。並且這種意味不單是在形體上就可認識到的，而是要由於在面部表情和姿態上看得出的各種各樣的行爲，以及促成這行爲，與這行爲並存，由於認識和欲求帶來的影響才能夠認識到。人的理念既然要在這樣的範圍內來表出，那麼，人的理念在多方面的開展就必須透過有特殊意味的個體使我們親眼得見，而這些帶有特殊意味的個體又只能透過多種多樣的背景，故事和行爲才能使他們顯而易見。故事畫用以解決這些無數任務的方法就是把各種生活的情景，不分意義的大小，〔一一〕擺在〔我們〕眼前。既沒有一個個體，也沒有一種行爲能夠是毫無意義的。人的理念是在這一切個體一切行爲中，透過這一切個體一切行爲逐漸逐漸展開的。因此，絕對沒有一種生活過程是可以排斥於繪畫之外的。所以如果人們（先入爲主地）只承認世界史上的大事或聖經上的故事有重大意義，對於荷蘭派的畫家則只看重他們的技巧方面而在其他方面輕視他們，以爲他們大抵只寫出一些日常生活中的對象罷了，那是對於這些優秀的畫家太不公允了。人們首先就該考慮一下，一個行爲的內在意義和它的外在意義是完全不同的。兩者也每每各自分別出現（，不相爲謀）。外在的意義是就一個行爲對於實際世界的，在實際世界中的後果來說的重要性，所以是按根據律（來決定）的。內在的意義是（我們）對於人的理念體會的深刻。這種體會由於憑藉按目的而配置妥當的情況，讓那些表現明確而堅定的個性展出它們的特性因而揭露了人的理念不常見的那些方面，就顯示了人的理念。在藝術裡有地位的只是內在意義，外在意義則在歷史上有地位。兩者完全各自獨立，可以合併出現，但也可以分別單獨出現。在歷史上極爲重大的一種行爲在內在意義上很可能是平凡而庸俗的行爲。相反，日常生活中的（任何）一幕，如果個體的人以及人的作爲、人的欲求，直到最隱蔽的細微末節都能夠在這一幕中毫髮畢露，也可能有很大的內在意義。又外在意義盡可極不相同，而內在意義仍可相同或無非是同一個意義；例如：或是內閣大臣們在地圖上爲爭奪土地和臣民而相持不下，或是農民們在小酒店裡用紙牌和骰子互賭輸贏而拌嘴，這在內在意義上說，並沒有什麼不同；正如人們下棋，不管棋子是黃金製的或木頭製的，其爲博弈則一。何況單是由於這一理由，構成億萬人生活內容的這些情景和事態，他們的作爲和營謀，他們的困苦和歡樂，就有足夠的重要性作爲藝術的題材；並且由於這些情景和事態的豐富多彩，一定也能提供足夠的材料以展出人的理念的許多方面。甚至瞬息間的過眼煙雲，一經藝術掌握而固定於畫面（於今稱爲生活素描）之上，也要激起一種輕微的、別具意義的感動，原來在一些個別的，卻又能代表全體的事態中，把這瞬息萬變不停地改頭換面的世界固定在經久不變的畫面上，乃是繪畫藝術的成就。由於這種成就，在繪畫藝術把個別的東西提升爲其族類的理念時，這一藝術好像已使時間（的齒輪）本身也停止轉動了似的。最後，繪畫上歷史的、具有外在意義的題材常有這麼一種缺點，即是說這種題材的意義（有時）恰好不能有直觀的表現而必須以想當然來補充。就這一點說，我們根本就應區別一幅畫的名稱意義和它的實物意義；前者是外在的，但只是作爲概念而具備的意義；後者是人的理念的一個方面，是由這幅畫給直觀顯出的。例如前者是摩西被埃及的公主發現，是歷史上極爲重要的一個關鍵；而這裡的實際意義，眞正給直觀提出的東西則相反，只是一個貴婦從浮於水上的搖籃中救出一個棄嬰來，是可以常發生的一件事。在這裡，單是那一套穿戴已能使一個學者認出這一回歷史公案；但是穿戴服裝只在名稱的意義上有用處，在實物的意義上卻無關重要，因爲後者只認人本身，而不認（衣服，不認）隨意揀來的形式。（藝術）從歷史中取得的題材和從純粹可能性取得的題材，亦即並非個別的而只能稱爲一般的題材相比，並沒有什麼突出的優點；這是因爲在歷史題材中眞正有意義的並不是那個別的東西，不是個別事態本身，而是個別事態中普遍的東西，是由這事態表出的人的理念的一個方面。因此，在另一面，某些歷史題材卻也不可厚非，不過以眞正藝術眼光來看這些題材則不管是畫家還是鑑賞家，都決不在乎這些題材中個別的、單一的東西，恰好是構成歷史性的東西，而是在乎題材中表現出來的普遍的東西，在乎理念。並且也只有在主題眞可以表現出來，無須以「想當然」來補充的場合才可選用歷史題材，否則名稱意義和實物意義就會距離太遠，在畫面上想到的就會成爲最重要的〔東西〕而有損於直觀看到的〔東西〕。在舞臺上（譬如在法國的悲劇裡）已經不宜於使表現主題的劇情在幕後發生，如果在繪畫中這樣做，那就顯然是大錯特錯了。歷史的題材只在把畫家圈定在一個不是按藝術的目的而是任意按其他目的選定的範圍中時，才是肯定不利的。絕對不利的是這個範圍缺乏畫意和有意味的題材；例如說如果這個範圍是一個弱小的、被隔離的、冥頑的、爲教會立法所統治的，也就是被錯誤的妄念所支配的，爲東西方當代各大民族所藐視的卑微的民族——如猶太民族——的歷史。——在我們和一切古代民族之間既曾有一次民族大遷徙橫亙在中間，有如過去一度的海底變化橫亙在今日的和我們現在只能從化石認出其結構的兩種地殼之間一樣；那麼，根本要算我們大不幸的是，在主要成分上以過去的文化給我們的文化提供基礎的民族，一不是希臘人，二不是印度人，甚至連羅馬人也不是，而湊巧是這些猶太人。不過尤其不幸的是十五和十六世紀中義大利的天才畫家們，他們是人爲地被限制在一個狹窄的圈子裡在選擇題材，不得不抓住各種各樣的可憐蟲〔作題材〕。原來《新約全書》，就歷史的部分說，作爲繪畫題材的來源比《舊約全書》還要差勁，至於繼《新約全書》而起的殉道者和教會傳道人的歷史，那更是些糟透了的東西。不過〔又不可一概而論〕在這些畫中人們還得好好加以甄別，一種是那些專以猶太教和基督教的歷史或神話部分爲題材的畫，一種是使眞正的，亦即基督教的倫理精神可以直觀看到的畫，而所用的方法就是畫出充滿這種精神的人物。後一種畫事實上是繪畫藝術中最高的、最可敬佩的成就，也只有這一藝術中最偉大的巨匠，尤其是拉菲爾和科雷吉歐⓱——後者大體上是在其初期作品中——，才能獲得這樣的成功。這一類的繪畫本來不能算在歷史故事畫之內，因爲這些畫大多數並不寫一種事態的過程，不寫什麼行爲，而只是把一些神聖人物湊到一起而已，往往是救世主自己，大半還在幼兒期，和他的母親以及天使們等等。我們在他們的面部，尤其是在他們的眼神中，看到那種最圓滿的「認識」的表情和反映。這不是關心個別事物，而是把握了那些理念，亦即完全把握了宇宙和人生全部本質的認識。這一認識在那些神聖人物心中回過頭來影響意志的時候，就不同於別的認識，只是爲意志提供一些**動機**，而是相反，已成爲取消一切欲求的**清靜劑**了。從這種清靜劑可以產生絕對的無欲——這是基督教和印度智慧的最內在精神——，可以產生一切欲求的放棄，意志的收斂，意志的取消，隨意志的取消也可以產生最後的解脫。那些永遠可欽佩的藝術大師就是這樣以他們的作品直觀地表出了這一最高的智慧。所以這裡就是一切藝術的最高峰。藝術在意志的恰如其分的客體性中，在理念中追蹤意志，透過了一切

⓱ 科雷吉歐（Correggio，一四九四—一五三四），義大利名畫家。

級別，從最低級別起，開始是原因，然後是刺激，最後是動機這樣多方地推動意志，展開它的本質，一直到現在才終於以表示意志（自己）自由的自我揚棄而結束。這種自我揚棄是由一種強大的清靜劑促成的，而這清靜劑又是意志在最圓滿地認識了它自己的本質之後獲得的。*

49

我們前此關於藝術的一切考察，無論在什麼地方都是以這樣一個眞理爲根據的，即是說：藝術的對象——表出這個對象就是藝術家的目的，所以對於這個對象的認識，作爲（藝術品的）胚胎和根源，就必然要走在藝術家的作品之前了——就是柏拉圖心目中的理念，而決不是別的什麼；不是個別事物，不是理性思維的和科學的對象。理念和概念在兩者（各自）作爲單位的「一」而代表實際事物的多時，固然有些共同性，然而兩者的巨大區別，由於在第一篇裡關於概念和在本篇裡關於理念所說過的，應該是夠明確夠清楚的了。不過說柏

---

* 要理解這一段，非以下篇為前提不可。

拉圖也明白地體會了這一區別，我是決不主張的；反而應該說他有好些關於理念的例子，關於理念的討論都只能適用於概念。關於這一點，我們現在將置而不論，而只走我們自己的路。足以自慰的是我們雖然這樣屢次踏上了一個偉大的卓越的人物的舊路，卻並不是（一步一趨）踏著他的足印前進，而是追求我們自己的目標。——概念是抽象的，是從推理來的。概念在其含義圈內完全是不確定的，只在範圍上是確定的。概念是任何人只要有理性就得而理解和掌握的，只要透過詞彙而無須其他媒介就可傳達於人的，它的定義就把它說盡了。理念則相反，儘管可作概念的適當代表來下定義，卻始終是直觀的。並且理念雖然代表著無數的個別事物，卻一貫是確定的：它決不能被個體所認識，而只能被那超然於一切欲求、一切個性而已上升爲認識的純粹主體的人所認識；也就是說，只能被天才以及那些由於提高自己的純粹認識能力——多半是天才的作品使然——而在天才心境中的人們所獲得。因此，理念不是無條件地，而只是在條件之下才可以傳達於人的，因爲那既被把握又在藝術作品中被複製出來的理念只按各人本身的智力水準而（分別）引起人們的注意。因爲這一緣故，所以恰好是各種藝術中最優秀的作品，天才們最珍貴的產物，對於人類中遲鈍的大多數必然永遠是一部看不懂的天書。在這些作品與多數人之間隔著一條鴻溝，大多數人不能接近這種天書，猶如平民群眾不能接近王侯們的左右一樣。最無風雅的人固然也把公認的傑作當作權威，但那不過是爲了不暴露他們自己的低能罷了。這時他們雖口裡不說，但總是準備著大肆詆毀這些傑作；一旦有人容許他相信可以這樣做而不致暴露他們自己，那麼，他們對於一切偉大的、優美的東西——這些東西從來不引起他們欣賞，所以正是因此而傷害了他們的自尊心——，對於這些東西的創作者既然銜恨已久，現在就可以興高采烈地盡情發洩他們的憎恨了。原來一個人要自覺自願地承認別人的價值，尊重別人的價值，根本就得自己有自己的價值。這是（一個人）儘管有功而必須謙遜的理由所在，也是（人們）對於（別人的）這一德性往往加以過譽的理由之所在。在一切姊妹德性中，唯有謙遜是每一個敢於讚揚任何一個卓越人物的人，爲了化解和消除（人們自己）無價值的忿怒，每次都要添加在他的稱頌之後的。然則謙遜不是僞裝的卑躬屈節，又是什麼呢？難道謙遜不是人們因爲自己有優點和功績而在這充滿卑鄙嫉妒的世界裡（不得不）用以請求那些沒有任何優點和功績的人們加以原諒的手段？原來誰要是因爲無功可伐而不自高自大，這不是謙遜，而只是老實。

理念是借助於我們直觀體驗的時間、空間形式才分化爲多的一。概念則相反，是憑我們理性的抽象作用由多恢復的一，這可以稱之爲事後統一性，而前者則可稱之爲事前統一性。最後，人們還可以用這樣一個比喻來表示概念和理型之間的區別，人們可以說**概念**好比一個無生命的容器，人們放進去的東西在裡面一個挨一個，雜亂無章，可是除了人們原先放進去的（由於綜合判斷），也不能再拿出（由於分析判斷）什麼來。理念則不然，誰把握了它，它就在他心裡發展一些表象，而這些表象和它們同名的概念來說，都是新的。理念好比一個有生命的，發展著的，擁有繁殖力的有機體，這有機體所產生出來的都是原先沒有裝進裡面去的東西。

那麼，根據所說過的一切，概念，儘管它對於生活是這樣有益，對於科學是這樣有用，這樣必要，這樣富於後果；對於藝術卻永遠是不生發的。與此相反，被體會了的理念是任何地道藝術作品眞正的和唯一的源泉。理念，就其顯著的原始性說，只能是從生活自身，從大自然，從這世界汲取來的，並且也只有眞正的天才或是一時興奮已上躋於天才的人才能夠這樣做。只有從這樣的直接感受才能產生眞正的、擁有永久生命力的作爲。正因爲理念現在是，將來也依然是直觀的，所以藝術家不是在抽象中意識著他那作品的旨趣和目標；浮現於他面前的不是一個概念，而是一個理念。因此，他不能爲他的作爲提出一個什麼理由來。他是如人們所形容的，只是從他所感到的出發，不意識地，也可說本能地在工作。與此相反，模仿者、矯揉造作的人、效顰的東施、奴隸般的傢伙，這些人在藝術中都是從概念出發的。他們在眞正的傑作上記住什麼是使人愛好的，什麼是使人感動的；把這些弄明白了，就都以概念，也就是抽象地來理解，然後以狡猾的用心或公開或隱蔽地進行模仿。他們和寄生植物一樣，從別人的作品裡吸取營養；又和水蛭一樣，營養品是什麼顏色，它們就是什麼顏色。是啊，人們還可以進一步比方說，他們好比是些機器，機器固然能夠把放進去的東西碾碎、拌勻，但決不能使之消化，以致放進去的成分依然存在，仍可從混合物裡找出來，篩分出來。與此相反，唯有天才可比擬於有機的、有同化作用的、有變質作用的、能生產的身體。因爲他雖然受到前輩們及其作品的教育和薰陶，但是透過直觀所見事物的印象，直接使他懷胎結果的卻是生活和這世界本身。因此，即令是最好的教養也決無損於他的獨創性。一切模仿者，一切矯揉造作的人，都把人家模範作品的本質裝到概念裡來體會，但概念決不能以內在的生命賦予一個作品。時代本身，也就是各時期蒙昧的大衆，就只認識概念，株守著概念，所以他們情願以高聲的喝彩來接受那些裝模作樣的作品。可是這些作品，不到幾年便已〔明日黃花〕無鑑賞的價值了；因爲時代精神，也就是一些流行的概念，已自變換了，而那些作品本就是只能在這些概念上生根的。只有眞正的傑作，那是從自然、從生活中直接汲取來的，才能和自然本身一樣永垂不朽，而常保有其原始的感動力。因爲這些作品並不屬於任何時代，而是屬於〔整個〕人類的。它們也正因此而不屑於迎合自己的時代，這時代也半冷不熱地接受它們。又因爲這些作品每每要間接地消極地揭露當代的錯誤，所以〔人們〕即令承認這些作品，也總是踟躕不前，亦非衷心所願。然而可以抵消這一切的是它們能夠永垂不朽，能夠在最遼遠的將來也還能有栩栩如生的，依然新穎的吸引力。那時它們也就不會再任人忽視，任人錯看了，因爲那若干世紀以來屈指可數的幾個有判斷力的人物由於讚揚它們已給它們加了冕，批准了它們。這些少數人的發言逐漸逐漸增加了就構成了權威。如果人們對於後世有所指望的話，唯有這種權威才是人們心目中的裁判員。這完全只是那些陸續出現的少數個別人。原來後世的大衆和人群，不論在什麼時代還是同當代的大衆和人群一樣，過去是，現在是，將來也還是乖舛的、頑鈍的。——人們請讀一讀每一世紀的偉大人物對其當代人的控訴罷，這聽起來總好像就是今天發出來的聲音似的，因爲〔今昔〕都是同一族的人。在任何時代，在每一種藝術中都是以空架子的格局代替精神。精神永遠只是個別人的所有物，而格局卻是由最近出現的、公認的精神現象脫下來的一件舊衣服。根據這一切，如果要獲得後世的景仰，除了犧牲當代人的贊許外，別無他法；反之亦然。*

50

然則，如果任何藝術的目的都是爲了傳達一個被領會了的理念，〔即是說〕這個理念在透過藝術家的心靈所作的安排中出現，已肅清了一切不相干的東西，和這些東西隔離了，因而也能爲感受力較弱而沒有生產力的人所領會了；如果再進一步說，人們在藝術中也從概念出發，是要把事情弄糟的；那麼，要是有人故意地、毫不諱言地公然指定一件藝術作品來表示一個概念，我們當然也不能予以贊同。**寓意畫**就是這種情況。寓意畫是這樣一種藝術作品：它意味著不是畫面上寫出來的別的什麼東西。但是那直觀看到的東西，從而還有理念，都是直接而十分完美地把自己表現出來的，無需乎一個別的什麼作媒介，不必以此來暗示。所以凡是因自身不能作爲直觀的對象，而要以這種方式，要依靠完全不同的另一什麼來示

* 第二卷第三十四章是補充這裡的。

意，來當代表的，就總是一個概念。因此寓意畫總要暗示一個概念，從而要引導鑑賞者的精神離開畫出來的直觀表象，而轉移到一個完全不同的、抽象的、非直觀的、完全在藝術品以外的表象上去。所以這裡是叫繪畫或雕刻去做文字所做的工作，不過文字做得更好些罷了。那麼，我們所謂藝術目的，亦即表出只是直觀可以體會的理念，就不是這兒的目的了。不過要達成這裡的意圖，倒也並不需要什麼高度完美的藝術品，只要人們能看出畫的是什麼東西就足夠了；因為一經看清了是什麼，目的也就達到了。此後〔人們的〕精神也就被引到完全不同的另一種表象，引到抽象概念上去了。而這就是原來預定的目標。所以寓意的造型藝術並不是別的什麼，實際上就是象形文字。這些象形文字，在另一面作為直觀的表出仍可保有其藝術價值，不過這價值不是從寓意而是從別的方面得以保有的。至於科雷吉歐的《夜》、漢尼巴爾．卡拉齊的《榮譽的天使》、普桑的《時間之神》都是很美的畫，這些作品雖是寓意畫，還是要完全分開來看。作為寓意畫，這些作品所完成的不過是一種傳奇的銘刻罷了，或更不如。這裡又使我們回憶到前面在一張畫的實物意義和名稱意義之間所作的區別。名稱意義就正是這裡所寓意的東西，例如《榮譽之神》；而實物意義就是眞正畫出來的東西，這裡是一個長著翅膀的美少年，有秀麗的孩子們圍著他飛。這就表出了一個理念。但是這實物意義只在人們忘記了名稱意義，忘記它的寓意時才起作用。如果人們一想到這指及意義，他就離開了直觀，〔人們的〕精神又被一個抽象的概念占據了。可是從理念轉移到概念總是一種墮落。是的，那名稱意義，寓意的企圖，每每有損於實物意義，有損於直觀的眞實性；例如科雷吉歐的《夜》（那幅畫）裡違反自然的照明，雖然處理得那麼美，仍是從寓意的主題出發的，實際上並不可能。所以如果一幅寓意畫也有藝術價值，那麼這價值和這幅畫在寓意上所成就的是全不相干的，是獨立的。這樣一種藝術作品是同時爲兩個目的服務的，即爲概念的表現和理念的表出服務。只有後者能夠是藝術的目的；另外那一目的是一個外來的目的。使一幅畫同時又作爲象形文字而有文字的功用，是爲那些從不能被藝術的眞正本質所歆動的人們取樂而發明出來的玩意兒。這就等於說一件藝術品同時又要是一件有用的工具，這也是爲兩種目的服務，例如一座雕像同時又是燭臺或同時又是雅典寺院中楣梁的承柱；又譬如一個淺浮雕同時又是阿基里斯⑱的盾牌。眞正的藝術愛好者既不會贊許前者，也不會贊許後者。一幅寓意畫因爲也恰好能以這種寓意的性質在（人的）心靈上產生生動的印象，不過在相同的情況下，任何文字也能產生同樣的效果。舉例說：如果一個人的好名之心不但由來已久而且根深蒂固，以至於認榮譽爲他的主權所應有，不過是因爲他還沒拿出所有權證件來，所以一直還沒讓他來領取；那麼要是這樣一個人走到了頭戴桂花冠的《榮譽之神》的面前，他的全部心靈就會因此激動起來，就會鼓勵他把精力投入行動。不過，如果他突然看見牆壁上清楚地（寫著）「榮譽」兩個大字，那也會發生同樣的情況。又譬如一個人公布了一個眞理，這個眞理或是作爲格言而在實際生活上，或是作爲見解而在科學上都有其重要性，

---

⑱ 阿基里斯（Achill），荷馬史詩中最善戰的勇士，僅後跟可為刀劍所傷。

可是並沒有人相信他；這時如果有一幅寓意畫，畫出時間在揭開帷幕而讓〔人們〕看到赤裸裸的〔代表〕眞理〔的形象〕，那麼，這幅畫就會對他起強烈的作用；但是「時間揭露眞理」這個標語也會起同樣的作用。原來在這兒起作用的經常只是抽象的思想，不是直觀看到的東西。

如果根據上面所說，造型藝術中的寓意既是一種錯誤的、爲藝術莫須有的目的服務的努力；那麼，如果等而下之，以至生硬的、勉強的附會在表現的手法上竟墮落爲荒唐可笑的東西，那就完全不可容忍了。這類例子很多，如：烏龜意味著婦女的深居簡出；〔報復女神〕涅美西斯看她胸前衣襟的內面意味著她能看透一切隱情；貝洛瑞解釋漢尼巴爾．卡拉齊所以給〔代表〕酒色之樂〔的形象〕穿上黃色衣服，是因爲這個畫家要以此影射這形象的歡愉即將凋謝而變成和枯草一樣的黃色。——如果在所表出的東西和以此來暗示的概念之間，甚至連以這一概念之下的概括或觀念聯合爲基礎的聯繫都沒有了，而只是符號和符號所暗示的東西，兩者完全按習慣，由於武斷的、偶然促成的規定而連在一塊，那麼我就把這種寓意畫的變種叫做**象徵**。於是，玫瑰花便是緘默的象徵，月桂是榮譽的象徵，棕櫚是勝利的象徵，貝殼是香客朝聖的象徵，十字架是基督教的象徵。屬於這一類象徵的還有直接用單純色彩來示意的，如黃色表示詐僞，藍色表示忠貞。這類象徵在生活上可能經常有些用處，但在藝術上說，它們的價值是不相干的。它們完全只能看作象形文字，甚至可以看作中國的字體，而事實上也不過和貴族的家徽，和標誌客棧的灌木叢，標誌寢殿侍臣的鑰匙，標誌登山者的刀鞘同爲一類（的貨色）。——最後，如果是某一歷史的或神話中的人物，或一個人格化了的概念，可從一個一勞永逸而確定了的象徵辨認出來，那麼這些象徵就應稱之爲**標誌**。屬於這一類的有四福音書編纂人的動物、智慧女神閔涅華的梟、巴黎斯的蘋果、希望之錨等等。不過人們所理解的標誌大抵是指那些用格言說明的，寓意使道德眞理形象化的素描，這些東西J．卡美拉瑞烏斯、阿爾幾阿都斯和別的一些人都有大量的收藏。這些東西構成過渡到文藝上的寓言的橋梁，這種寓言到後面再談。——希臘雕刻傾向直觀，所以是**美感的**，印度雕刻傾向概念，所以只是**象徵的**。

關於寓意畫的這一論斷是以我們前此對於藝術的內在本質的考察爲基礎的，並且是和這考察密切相聯的。這和溫克爾曼的看法恰好相反。他和我們不一樣，我們認爲這種寓意是和藝術目的完全不相涉，並且是每每要干擾藝術目的的東西；他則到處爲寓意作辯護，甚至於（《全集》第一卷第五五頁起）確定藝術的最高目的就在於「表達普遍概念和非感性的事物」。究竟是贊同哪一種意見，則聽從各人自便。不過，由於溫克爾曼在美的形上學中的這些以及類似的意見，我倒明白了一個眞理，即是說人們儘管能夠對於藝術美有最大的感受力和最正確的判斷，然而不能爲美和藝術的本質提出抽象的、眞正哲學上的解釋；正和人們儘管高尙而有美德，儘管他有敏感的良心，能夠在個別情況之下作出天秤上不差毫釐的決斷，然而並不就能夠以哲理根究行爲的倫理意義而加以抽象的說明，如出一轍。

寓言對於**文藝**的關係完全不同於它對造型藝術的關係。就後者說，寓言固然是不適合

318

的；但就前者說，卻是很可容許的，並且恰到好處。因爲在造型藝術中，寓言引導〔人們〕離開畫出的、直觀看到的東西，離開一切藝術的眞正對象而轉向抽象的思想；在文藝中這個關係就倒轉來了。在文藝中直接用字眼提出來的是概念，第二步的目的才是從概念過渡到直觀的東西，讀者〔自己〕的想像力必須承擔表出這直觀事物〔的任務〕。如果在造型藝術中是從直接表出的轉到別的什麼，那麼這別的什麼必然就是一個概念，因爲這裡只有抽象的東西不能直接提出。但是一個概念決不可以是藝術品的來源，傳達一個概念也決不可以是藝術品的目的。與此相反，在文藝中概念就是材料，就是直接提出的東西。所以人們也很可以離開概念以便喚起與此完全有別的直觀事物，而〔文藝的〕目的就在這直觀事物中達到了。在一篇詩文的結構中，可能有些概念或抽象的思想是不可少的，儘管它們自身直接地全無直觀看到的可能性。這就要用一個概括在該概念之下的例子使它可以直觀地看到。在任何一轉義語中就有這種情況，在任何隱喻、直喻、比興和寓言中也有這種情況，而所有這些東西都只能以敘事的長短詳略來區別。因此，在語文藝術中，比喻和寓言都有很中肯的效果。塞萬提斯爲了表示睡眠能使我們脫離一切精神的和肉體的痛苦，他寫睡眠眞夠美：「它是一件大衣，把整個的人掩蓋起來。」克萊斯特又是如何優美地以比喻的方式把哲學家和科學家啟發人類這個事實表出於詩句中：

「這些人啊！

　他們夜間的燈，
　照明了整個地球。」

荷馬寫那個帶來災害的阿忒是多麼明顯和形象化，他說：「她有著纖弱的兩足，因爲她不踏在堅硬的地面上，而只是在人們的頭上盤旋」（《特洛伊遠征記》，XIX 篇九十一行）。門涅尼烏斯．阿格瑞巴所說胃與肢體的寓言對於遷出羅馬的平民也發生了很大的影響。柏拉圖在《共和國》第七篇的開頭用前已提到過的洞喻，也很優美地說出了一個極爲抽象的哲學主張。還有關於〔陰間女神〕波瑟芬妮的故事說她在陰間嘗了一顆石榴就不得不留在陰間了，也應看作有深遠哲學意味的寓言。歌德在《多愁善感者的勝利》中把這故事作爲插曲編在劇本中，由於他這種超乎一切讚美的處理，這寓言的意味就格外明白了。我所知道的有三部長篇寓言作品：一篇顯明的，作者自認作爲寓言寫的作品是巴爾達薩．格拉思⑲絕妙無比的《克瑞蒂鞏》。這是由互相聯繫的、極有意味的寓言交織成爲巨大豐富的篇章而構成的，寓言在這裡的用處卻成爲道德眞理的輕鬆外衣了。作者正是以此賦予了這些眞理以最大的直觀意味，他那種發明〔故事〕的豐富才能也使我們驚異。另外兩篇比較含蓄的則是《唐．吉訶德》和《小人國》。前一篇的寓意是說任何人的一生，〔如果〕他不同於一般人，不只是照

⑲ 巴爾達薩．格拉思（Balthasar Gracian，一六〇一——一六五八），西班牙耶穌會作家。

顧他本人的福利而是追求一個客觀的、理想的、支配著他的思想和欲求的目的，那麼，他在這世界上自然就要顯得有些離奇古怪了。在《小人國》，人們只要把一切物質的、肉體的東西看作精神的，就能領會這位「善於諷刺的淘氣鬼」——哈姆雷特會要這樣稱呼他——所指的是什麼。——就文藝中的寓言說，直接提出來的總是概念。如果要用一個形象使這概念可以直觀看到，有時可以是用畫好的形象來表示或幫助〔理解〕，那麼，這幅畫並不因此就可看作造型藝術的作品，而只能看作示意的象形文字，也不能具有繪畫的價值，而是只有文藝的價值。屬於這種象徵畫的有出自拉伐特爾[20]手筆的一幅美麗而含有寓言意味的，書本中補空的小畫。這副花飾對於一個擁護眞理的崇高戰士都必然有鼓舞的作用，〔畫著的〕是擎著一盞燈的手被黃蜂螫了，另外燈火上焚燒著一些蚊蚋，下面是幾行格言詩：

「哪管蚊蚋把翅膀都燒盡，
哪管牠們的小腦袋炸開血漿迸流，
光明依舊是光明。
即令可惱的蜂蠆毒螫我，
我哪能拋棄光明。」

[20] 拉伐特爾（Lavater，一七四一—一八〇一），德國作家，新教教士，與歌德有交往。

屬於這一類型的東西還有某人墓碑上的銘刻，碑上刻著吹滅了的、餘燼蒸發著的燭花及旁注：

「燭燼既滅，事實大白，
牛脂蜜蠟，判然有別。」

最後有一張古德國家族世系圖也是這類貨色。譜上有這源遠流長的世家最後一代單傳的子孫爲了表示他終身澈底禁欲不近女色，從而斷絕後嗣的決心，把他自己畫在一棵枝繁葉茂的樹根上，用一把剪刀將自己上面的樹幹剪掉。屬於這類畫的，凡是上面說過的，一般稱爲標記的象徵畫都是，〔不過〕這些畫人們也可稱之爲含有顯明教訓意味的圖畫寓言。——這類寓言總是文藝方面的，不能算作繪畫方面的東西，因此這也就是寓言可以存在的理由。並且這裡的畫面工夫總是次要的，要求也不過是把事物表達到可認識的程度而已。如果在直觀表出的形象和用此以影射的抽象事物之間，除了任意規定的關聯外並無其他關聯，那麼，在造型藝術也和在文藝一樣，寓言就變爲象徵了。因爲一切象徵實際上都是基於約定俗成的東西，所以象徵在其他缺點外還有一個缺點，那就是象徵的意義將隨日久年遠而被淡忘，最後完全湮沒。如果人們不是事先已經知道，誰能猜得出爲什麼魚是基督教的象徵呢？〔能猜得出的〕除非是一個商博良㉑，因爲這類東西已完全是一種語音學上的象形文字。因此，〔使徒〕約翰的啟示作爲文學上的寓言，直到現在仍和那些刻畫著《偉大的太陽神米特拉》的浮雕一樣，人們〔至今〕還在尋求正確的解釋呢。*

51

如果我們現在順著我們前此對於藝術的一般考察而從造型藝術轉到**文藝**方面來，那麼，我們就不會懷疑文藝的宗旨也是在於揭示理念——意志客體化的各級別——，並且是以詩人心靈用以把握理念的明確性和生動性把它們傳達於讀者。理念本質上是直觀的。所以，在文藝中直接由文字傳達的既然只是些抽象概念，那麼，〔文藝的〕宗旨顯然還是讓讀者在這些概念的代替物中直觀地看到生活的理念，而這是只有借助於讀者自己的想像力才可能實現的。但是爲了符合文藝的目的而推動想像力，就必須這樣來組合那些構成詩詞歌賦以及枯燥

㉑ 商博良（Champolion，又作 Champollion，一七九〇—一八三二），法國埃及學家。

* 第二卷第三十六章是補充這裡的。

散文的直接材料的抽象概念，即是說必須使這些概念的含義圈如此交錯，以致沒有一個概念還能夠留在它抽象的一般性中，而是一種直觀的代替物代之而出現於想像之前，然後詩人繼續一再用文字按他自己的意圖來規定這代替物。化學家把（兩種）清澈透明的液體混合起來，就可從而獲得固體的沉澱；與此相同，詩人也會以他組合概念的方式使具體的東西、個體的東西、直觀的表象，好比是在概念的抽象而透明的一般性中沉澱下來。這是因為理念只能直觀地被認識，而認識理念又是一切藝術的目的。（詩人）在文藝中的本領和化學（家在試驗室）中的本領一樣，都能夠使人們每次恰好獲得他所預期的那種沉澱。詩文裡面的許多修飾語就是為這目的服務的，每一概念的一般性都由這些修飾語縮小了範圍，一縮再縮，直到直觀的明確性。荷馬幾乎是在每一個名詞（的或前或後）都要加上一個定語，這定語的概念和名詞概念的含義圈交叉就大大地縮小了這含義圈；這樣，名詞概念就更接近直觀了；例如：

「誠然是太陽神光芒四射的餘暉落入海洋，
是黑夜逐漸籠罩在滋生萬物的大地上。」

又如：

「從蔚藍色的天空吹來一陣微風，
山桃靜立著還有月桂高聳，」——

少數幾個概念就使南國氣候迷人的全部風光沉澱於想像之前了。

節奏和韻律是文藝所有的特殊輔助工具。節奏和韻律何以有難以相信的強烈效果，我不知道有其他什麼解釋，除非是說我們的各種表象能力基本上是束縛在時間上的，因而具有一種特點，賴此特點我們在內心裡追從每一按規律而重現的聲音，並且好像是有了共鳴似的。於是節奏和韻律，一面由於我們更樂於傾聽詩詞的朗誦，就成爲吸引我們注意力的手段了，一面又使我們對於（人們）朗誦的東西，在未作任何判斷之前，就產生一種盲目的共鳴；由於這種共鳴，人們所朗誦的東西又獲得一種加強了的、不依賴於一切理由的說服力。

由於文藝用以傳達理念的材料的普遍性，亦即概念的普遍性，文藝領域的範圍就很廣闊了。整個自然界，一切級別上的理念都可以由文藝表出，文藝按那待傳達的理念有什麼樣的要求，時而以描寫的方法，時而以敘述的方法，時而又直接以戲劇表演來處理。不過，如果是在表出意志客體性的較低級別時，因爲不具認識的自然以及單純動物性的自然，都可以在掌握得很好的某一瞬間幾乎就完全揭露了它們的本質，那麼造型藝術一般就要比文藝強。人則與此相反，人表現他自己不僅是由於單純的體態和面部表情，而且是由於一連串的行爲以及和行爲相隨的思想和感情。就這一點來說，人是文藝的主要題材，在這方面沒有別的藝術能和文藝並駕齊驅，因爲文藝有寫出演變的可能，而造型藝術卻沒有這種可能。

那麼，顯示意志的客體性到了最高級別的這一理念，在人的掙扎和行爲環環相扣的系列中表出人，這就是文藝的重大課題。——固然還有經驗，還有歷史也教導我們認識人，不過那多半是教我們認識人們而不是教我們認識人。即是說經驗和歷史偏重於提供人們互相對待上的一些事實的紀錄，而很少讓我們深刻地看到人的內在本質。同時，我們也不能說經驗和歷史就不能談人的內在本質，不過凡是一旦在歷史或在我們個人自己的經驗中也能使我們看到人自己的本質，那麼我們理解經驗和歷史家理解歷史就已經是拿藝術眼光、詩人的眼光〔看問題了〕；即是說我們和歷史家已是按理念而不是按現象，已是按內在本質而不是按〔外在〕關係來理解〔各自的對象〕了。個人自己的經驗是理解文藝和歷史不可缺少的條件，因爲經驗就像是這兩者的語言相同可以共同使用的一本字典似的。不過歷史之於文藝就好比肖像畫之於故事畫，前者提供個別特殊中的眞，後者提供一般普遍中的眞；前者具有現象的眞實性，並能從現象中證明眞實性的來歷，後者則具有理念的眞實性，而理念的眞實性是在任何個別的現象中找不到，然而又在一切現象中顯出來的。詩人要透過〔自己的〕選擇和意圖來表出緊要情況中的緊要人物，歷史家卻只看這兩者是如何來便如何秉筆直書。是的，他不得按情節和人物內在的、道地的、表示理念的意義，而只能按外在的、表面的、相對的，只在關節上、後果上重要的意義來看待和選擇情節與人物。他不得對任何自在和自爲的事物按其本質的特徵和表現來觀察，而是對一切都必須按關係，必須在連鎖中，看對於隨後發生的事有什麼影響，特別是對於他本人當代的影響來觀察。所以他不會忽略一個國王的行爲，儘管這行爲並無多大意義，甚至行爲本身庸碌不堪；那是因爲這行爲有後果和影響。相反，個別人物本身極有意義的行爲，或是極傑出的個人，如果他們沒有後果，沒有影響，就不會被歷史家提到。原來歷史家的考察是按根據律進行的，他抓住現象，而現象的形式就是這根據律。詩人卻在一切關係之外，在一切時間之上來把握理念，人的本質，自在之物在其最高級別上恰如其分的客體性。雖然說，即令是在歷史家所必須採用的考察方式，也決不是現象的內在本質，現象所意味著的東西，所有那些外殼的內核就完全喪失了，至少是誰要找尋它，也還能把它認出來，找出來；然而那不是在關係上而是在其自身上重要的東西，理念的眞正開展，在文學裡就要比在歷史裡正確得多、清楚得多。所以儘管聽起來是如此矛盾，〔我們〕應承認在詩裡比在歷史裡有著更多眞正的、道地的內在眞實性，這是因爲歷史家必須嚴格地按生活來追述個別情節，看這情節在時間上、在原因和結果多方交錯的鎖鏈中是如何發展的，可是他不可能占有這裡必要的一切材料，不可能看到了一切，調查了一切。他所描寫的人物或情節的本來面目隨時都在躲避他，或是他不知不覺地以假亂眞，而這種情況又是如此屢見不鮮，以致我認爲可以斷定在任何歷史中假的〔總是〕多於眞的。詩人則與此相反，他從某一特定的、正待表出的方面把握了人的理念，在這理念中對於他是客觀化了的東西就是他本人自己的本質。他的認識，如上面論雕刻時所分析過的，是半先驗的；在他心目中的典型是穩定的、明確的、通明透亮的，不可能離開他。因此詩人在他那有如明鏡的精神中使我們純潔地、明晰地看到理念，而他的描寫，直至個別的細節，都和生活本身一樣的真實。*所以古代那些偉大的歷史家在個別場合，當他們無法找得資料時，例如在他們那些英雄們如何談話的場合，也就〔變成了〕詩人；是的，他們處理材料的整個方式也就近乎史詩了。可是這〔樣做〕正就是賦予他們的敘述以統一性，使這些敘述保有內在的真實性；326

---

* 不言而喻的是，我在任何地方都是專指少數偉大的、道地的詩人而言，而決不是指那膚淺的、平凡的一群詩匠、打油詩的作者和童話杜撰人。在今天的德國，這些東西有如雨後春筍，不過人們應從四面八方不斷對他們的兩隻耳朵高呼：

「詩人也庸碌平凡，
這是人們，是上帝，也是招貼柱所不能容許的。」

還有值得嚴重考慮的是，這批平凡詩人糟蹋了自己和別人的多少時間與紙張，他們的影響是多麼有害，因為讀者們中一部分總是嚮往新的東西，一部分卻仍嚮往錯誤的、低級的東西，這些東西既和他們更相近，他們從天性出發就更愛好這些東西了。這樣庸碌詩人的那些作品就把讀者們從真正的傑作和由此產生的教育作用引開了，把他們擋住了；從而這些庸碌作品對天才們的有益影響恰好起了反作用，更加破壞了欣賞力，也就阻礙了時代的進步。因此，批判和諷刺就應毫不姑息，不留情地鞭笞這些庸碌詩人，直到他們為了自己的好而回心轉意，與其寫些壞的東西，寧可讀點好的東西來利用他們的閒暇為止。——因為，當一些不稱使命的人以笨伯的拼湊甚至激怒了溫和的文藝之神時，這神也能剝掉馬爾蘇阿斯（希臘神話中的山精，敢於和阿波羅比賽吹笛，失敗後被剝皮。——譯者）的皮；所以我看不到庸碌的詩詞有什麼理由要求人們的寬容。

即令是在這些敘述無法達到外在的眞實性時，甚至是出於虛構時，也是如此。我們在前面既已以歷史比肖像畫，以文學比故事畫，兩兩相對照；那麼，我們看到溫克爾曼所說肖像應該是個體理想的典型這句格言也是古歷史家所遵守的，因爲他們描寫個體是使人的理念在個體中顯出的那一方面突出。現代的新歷史家則相反，除少數例外，他們大抵只是提供「垃圾箱和雜物存放間，最多〔也不過〕是〔記載〕一個重要的政治活動」。——那麼誰想要按人的內在本質——在一切現象中、發展中相同的本質——按人的理型來認識人，則偉大的、不朽的詩人們的作品就會讓他看到一幅圖畫，比從來歷史家所能提供的還要眞實得多、明晰得多；因爲最優秀的歷史家作爲詩人總還遠不是第一流的，何況他們也沒有寫作上的自由。就這一點說，人們還可用下面這個比喻說明兩者的關係。那單純的、專門的、僅僅是按資料而工作的歷史家就好比一個人沒有任何數學知識，只是用量長度短的方法來研究他偶然發現的圖形之間的關係，因而他從經驗上得到的數據也必然會有製圖中的一切錯誤。與此相反，詩人則好比另外一位數學家，他是先驗地在製圖中，在純粹的直觀中構成這些關係；並且他不是看畫出的圖形中實際上有什麼關係，而是看這些關係在理念中是如何的，他就如何確定這些關係；至於製圖只是使理念形象化罷了。所以席勒說：

「從來在任何地方也未發生過的，
這是唯一決不衰老的東西。」

就認識人的本質說，我甚至不得不承認傳記，尤其是自傳，比正規的歷史更有價值，至少是以習慣的方式寫成的歷史比不上的。原來一方面是傳記，自傳等和歷史相比，資料要正確些，也可蒐集得更完整些；一方面是在正規的歷史中，與其說是一些人，不如說是民族，是軍隊在起作用；至於個別的人，他們雖然也登場，可是都在老遠的距離之外，在那麼多親信和大群扈從的包圍之中，還要加上僵硬的禮眼或使人不能動作自如的重鎧；要透過這一切而看出人的活動，就眞太不容易了。與此相反，個人在一個小圈子裡的身世要是寫得很忠實，則（可）使我們看到一些人的形形色色的行爲方式，看到個別人的卓越、美德，甚至神聖，看到大多數人顚倒是非的錯誤，卑微可憐，鬼蜮伎倆；看到有些人的肆無忌憚（，無所不爲）。在寫這樣的個人身世時，單是就這裡考察的論點說，亦即就顯現之物的內在意義說，根本就不問發起行爲的那些對象，相對地來看，是瑣細的小事或重要的大事，是莊稼人的庭院或是國王的領土：因爲所有這些東西自身並無意義，其所以有意義，只是由於意志是被這些東西所激動的，也只在這個範圍內有意義。動機只有由於它對意志的關係才有意義；其他關係，動機作爲一事物對另一如此之類的事物而有的關係則根本不在考慮之列。一個直徑一英寸的圓和一個直徑四千萬英里的圓有著完全同樣的幾何特性；與此相同，一個村莊的事蹟和歷史同一個國家的事蹟和歷史在本質上也是同樣的；或從村史或從國史，人們都一樣能夠研究而且認識人類。還有人們認爲各種自傳都充滿著虛僞和粉飾，這也是不對的。倒是應該說在自傳裡撒謊（雖然隨處有可能）比在任何地方都要困難。在當面交談中最容易僞裝；聽起來雖是如此矛盾，可是在書信中僞裝究竟又要困難些。這是因爲人在這時是獨個兒與自己爲伍，他是在向內看自己而不是向外看，而別人離開〔我〕老遠的〔情況〕也很難挪到近處來，因而在眼前就沒有衡量這信對別人發生什麼印象的尺度了；而這位別人卻相反，他悠然自在，在寫信人無法知道的心情中瀏覽這封信，在不同的時間又可重讀幾遍，這就容易發現〔寫信人〕隱藏了的意圖。最容易認識到一個作家的爲人怎樣也是在他的作品裡，因爲〔上面講的〕所有那些條件在這裡所起的作用還要顯著，還要持久些。並且在自傳裡僞裝既如此困難，所以也許沒有一篇自傳，整個的說來，不是比任何其他的史書更要眞實些。把自己生平寫記下來的人是從全面、從大處來看他一生的，個別事態變小了，近在眼前的推遠了，遼遠的又靠近了，他的顧慮縮小了。他是自己坐下來向自己懺悔，並且是自覺自願來這樣做的。在這兒，撒謊的心情不那麼容易抓住他。原來任何人心裡都有一種熱愛眞理的傾向，這是每次撒謊時必須事先克服的，然而在這裡這個傾向恰好已進入了非常堅固的陣地。傳記和民族史之間的關係可以從下面這個比喻看得更清楚。歷史使我們看到人類，好比高山上的遠景使我們看到自然一樣：我們一眼就看到了很多東西，廣闊的平原，龐然的大物，但是什麼也不明晰，也無法按其整個的眞正本質來認識。與此相反，個別人生平的記事使我們看到人類，就好比我們遨遊於大自然的樹木、花草、岩石、流水之間而認識大自然一樣。可是如同一個藝術家在風景畫裡使我們透過他的眼睛來看大自然，從而使我們更容易認識自然的理念，更容易獲得這種認識不可少的、純粹的、無意志的認識狀況一樣；文藝在表出我們在歷史和傳記中能找到的理念時，也有許多勝過歷史和傳記的地方；因爲，在文藝裡也是天才把那面使事物明朗化的鏡子放在我們面前，在這面鏡子裡給我們迎面映出的是一切本質的和有意義的東西都齊全了，都擺在最明亮的光線之下；至於那些偶然的、不相干的東西則都已剔除乾淨了。*

表出人的理念，這是詩人的職責。不過他有兩種方式來盡他的職責。一種方式是被描寫的人同時也就是進行描寫的人。在抒情詩裡，在正規的歌詠詩裡就是這樣。在這兒，賦詩者只是生動地觀察、描寫他自己的情況。這時，由於題材（的關係），所以這種詩體少不了一定的主觀性。——再一種方式是待描寫的完全不同於進行描寫的人，譬如在其他詩體中就是這樣。這時，進行描寫的人是或多或少地隱藏在被寫出的東西之後的，最後則完全看不見了。在傳奇的民歌中，由於整個的色調和態度，作者還寫出自己的一些情況，所以雖比歌詠體客觀得多，卻還有些主觀的成分。在田園詩裡主觀成分就少得多了，在長篇小說裡還要少些，在正規的史詩裡幾乎消失殆盡，而在戲劇裡則連最後一點主觀的痕跡也沒有了。戲劇是最客觀的，並且在不止一個觀點上，也是最完美、最困難的一種體裁。抒情詩正因爲主觀成分最重，所以是最容易的一種詩體。並且，在別的場合藝術本來只是少數眞正天才的事；然而在這裡，一個人儘管總的說來並不很傑出，只要他事實上由於外來的強烈激動而有一種

* 第二卷第三十八章是補充這裡的。

熱情提高了他的心力，他也能寫出一首優美的歌詠詩；因爲寫這種詩，只要在激動的那一瞬間能夠對自己的情況有一種生動的直觀〔就行了〕。證明這一點的有許多歌詠詩，並且至今還不知是何許人的一些作品；此外還有德國民歌，——《奇妙的角聲》中蒐集了不少好詩——，還有各種語言無數的情歌以及其他民歌也都證明了這一點。抓住一瞬間的心境而以歌詞體現這心境，就是這種詩體的全部任務。然而眞正詩人的抒情詩還是反映了整個人類的內在〔部分〕，並且億萬過去的、現在的、未來的人們在由於永遠重現而相同的境遇中曾遇到的、將感到的一切，也在這些抒情詩中獲得了相應的表示。因爲那些境遇由於經常重現，和人類本身一樣也是永存的，並且總是喚起同一情感，所以眞正詩人的抒情作品能夠經幾千年而仍舊正確有效，仍有新鮮的意味。詩人究竟也是一般的人；一切，凡是曾經激動過人心的東西，凡是人性在任何一種情況中發洩出來的東西，凡是待在人的心胸中某個角落的東西，在那兒孕育著的東西，都是詩人的主題和材料；此外，還有其餘的整個大自然也是詩人的題材。所以詩人既能歌頌〔感性的〕享樂，也能歌頌神祕〔的境界〕；可以是安納克雷翁[22]，也可以是安格魯斯．西勒修斯；可以寫悲劇，同樣也可以寫喜劇，可以表出崇高的〔情操〕，也可以表出卑鄙的胸襟，——一概以〔當時的〕興致和心境爲轉移。因此任何人也不能規定詩人，不能說他應該是慷慨的、崇高的，應該是道德的、虔誠的、基督教的，應

[22] 安納克雷翁（Anakreon），公元前六世紀的希臘詩人。

該是這是那；更不可責備他是這而不是那。他是人類的一面鏡子，使人類意識到自己的感受和營謀。

如果我們現在更仔細點來考察眞正歌詠體的本質，而在考察時〔只〕拿一些優秀的，同時也是體裁純粹的模範作品，而不是以近於別的詩體，近於傳奇的民歌、哀歌、讚美詩、警句詩等等的作品作例子；那麼我們就會發現最狹義的歌詠體特有的本質就是下面〔這幾點〕：——充滿歌唱者的意識的是意志的主體，亦即他本人的欲求，並且每每是作爲解放了的、滿足了的欲求〔悲傷〕，不過總是作爲感動，作爲激情，作爲波動的心境。然而在此以外而又與此同時，歌唱者由於看到周圍的自然景物又意識到自己是無意志的、純粹的「認識」的主體。於是，這個主體不可動搖的、無限愉快的安寧，和還是被約束的、如飢如渴的迫切欲求就成爲〔鮮明的〕對照了。感覺到這種對照，這種〔靜躁〕的交替，才眞正是整篇歌詠詩所表示的東西，也根本就是構成抒情狀態的東西。在這種狀態中好比是純粹認識向我們走過來，要把我們從欲求及其迫促中解脫出來；我們跟著〔純粹認識〕走。可是又走不上幾步，只在刹那間，欲求對於我們個人目的的懷念又重新奪走了我們寧靜的觀賞。但是緊接著又有下一個優美的環境，〔因爲〕我們在這環境中又自然而然恢復了無意志的純粹認識，所以又把我們的欲求騙走了。因此，在歌詠詩和抒情狀態中，欲求（對個人目的的興趣）和對〔不期而〕自來的環境的純粹觀賞互相混合，至爲巧妙。人們想尋求，也想像過兩者間的關係。主觀的心境，意志的感受把自己的色彩反映在直觀看到的環境上，後者對於前者亦復如是。〔這就是兩者間的關係。〕眞正的歌詠詩就是刻畫這一整個如此混合、如此界劃的心靈狀態。——爲了使這一抽象的分析，對於一個離開任何抽象〔作用〕老遠的心靈狀態所作的抽象分析，也可以用例子來說明，人們可以從歌德那些不朽的歌詠詩中隨便拿一首爲例。而特別明顯地符合這一目的的我想只推薦幾首〔就夠了〕，這幾首是：《牧羊人的悲憤》，《歡迎和惜別》，《詠月》，《在湖上》，《秋日感懷》。此外，在《奇妙的角聲》中還有眞正歌詠詩的一些好例子，特別是以「啊，布雷門，現在我必須離開你」這一句開始的那一首。——作爲一首詼諧的、對於抒情氣質極爲中肯的諷刺詩，我認爲佛斯㉓的一首歌詠詩值得〔一談〕；他在該詩中描寫一個喝醉了的獄卒從鐘樓上摔下來，正在下跌之際他說了一句和那種情況極不吻合、不相干的閒話，因而要算是由無意志的認識說出來的一句事不干己的話，他說：「鐘樓上的時針正指著十一點半呢。」——誰和我對於抒情的心境有著同樣的見解，他也會承認這種心境實際上就是直觀地、詩意地認識在我那篇論文《根據律》裡所確立的，也是本書已提到過的那一命題：這命題說認識的主體和欲求的主體兩者的同一性可以稱爲最高意義的奇蹟；所以歌詠詩的效果最後還是基於這一命題的眞實性。在人們一生的過程中，這兩種主體——通俗地說也就是腦和心——總是愈離愈遠，人們總是愈益把他的主觀感受和他的客觀認識拆開。在幼童，兩者還是完全渾融的，他不大知道把自己和環境區分開

㉓ 佛斯（Voss，一七五一—一八二六），德國哥丁根詩社詩人，荷馬史詩的德譯者。

來，他和環境是沆瀣一氣的。對於少年人有影響的是一切感知，首先是感覺和情調，感知又和這些混合；如拜倫就很優美地寫到這一點：

「我不是在自己〔的小我〕中生活，
我已成爲周圍事物的部分；
對於我
一切高山〔也〕是一個感情。」

正是因此，所以少年人是那麼糾纏在事物直觀的外表上；正是因此，所以少年人僅僅只適於作抒情詩，並且要到成年人才適於寫戲劇。至於老年人，最多只能想像他們是史詩的作家，如奧西安、荷馬；因爲講故事適合老年人的性格。

在較客觀的文學體裁中，尤其是在長篇小說、史詩和戲劇中，〔文藝的〕目的，亦即顯示人的理念，主要是用兩種辦法來達到的：即正確而深刻地寫出有意義的人物性格和想出一些有意義的情況，使這些人物性格得以發展於其中。化學家的職責不僅在於把單純元素和它們的主要化合物乾脆地、眞實地展示出來，而是也要把這些元素和化合物置於某些反應劑的影響之下，〔因爲〕在這種影響之下，它們的特性就更明晰可見了。和化學家相同，詩人的職責也不僅在於像自然本身一樣那麼逼眞而忠實地給我們展出有意義的人物性格；而在於他必須爲了我們能認識這些性格，把那些人物置於特定的情況之中，使他們的特性能夠在這些情境中充分發揮，能夠明晰地在鮮明的輪廓中表現出來。因此，這些情境就叫做關鍵性的情境。在實際生活和歷史中，只是偶然很稀少地出現這種性質的情境，即令有這種情境，也是孤立的，給大量無關重要的情境所掩蓋而湮沒了。情境是否有著直貫全局的關鍵性應該是小說、史詩、戲劇和實際生活之間的區別，這和有關人物的選擇，配搭有著同樣充分的區別作用。但情境和人物兩者最嚴格的眞實性是它們發生效果不可少的條件，人物性格缺少統一性，人物性格的自相矛盾，或是性格根本和人的本質矛盾，以及情節上的不可能，或近乎不可能的不近情理，即令只是在一些次要的問題上，都會在文藝中引起不快；完全和繪畫中畫糟了的形象、弄錯了的透視畫法、配得不對的光線使人不快一樣。這是因爲我們要求的，不論是詩是畫，都是生活的、人類的、世界的忠實反映，只是由於〔藝術的〕表現〔手法〕使之明晰、由於結構配搭使之有意義罷了。一切藝術的目的既然只有一個，那就是理念的表出；不同藝術間的基本區別既然只在於要表出的理念是意志客體化的哪一級別，而表出時所用的材料又按這些級別而被規定；那麼，儘管是距離最遠的兩種藝術也可用比較的辦法使彼此得到說明。例如說，在寧靜的池沼中或平流的江河中觀水就不足以完全把握那些把自己顯示於水中的理念；而是只有水在各種情況和障礙之下出現的時候，障礙對水發生作用，促使水顯露其一切特性的時候，然後那些理念才會完全顯出來。因此，在銀河下瀉，洶湧澎湃，白沫翻騰，而又四濺高飛時，或是水在下瀉而散爲碎珠時，最後或是爲人工所迫而噴出如線條時，我們就覺得美。水在不同情況下有不同的表現，但總是忠實地保有它的特性。或是向上噴出，或是一平如鏡地靜止著，對於水都同樣地合乎自然；只看是哪種情況出現、這樣做或那樣做，水，它無所可否。於是，園藝工程師在液體材料上所施爲的，建築師則施之於固體材料；而這也就正是史詩和戲劇作家施之於人的理念的。使在每種藝術的對象中把自己透露出來的理念，在每一級別上把自己客體化的意志展開和明顯化是一切藝術的共同目的。人的生活最常見的是實際中的生活，正好比最常見的水是池沼河流中的水一樣。但是在史詩、長篇小說和悲劇中，卻要把選擇好了的人物置於這樣的一些情況之中，即是說在這些情況中人物所有一切特性都能施展出來，人類心靈的深處都能揭露出來，而在非常的、充滿意義的情節中變爲看得見〔的東西〕。文藝就是這樣使人的理念客體化了，而理念的特點就是偏愛在最個別的人物中表現它自己。

無論是從效果巨大的方面看，或是從寫作的困難這方面看，悲劇都要算作文藝的最高峰，人們因此也公認是這樣。就我們這一考察的整個體系說，極爲重要而應該注意的是：文藝上這種最高成就以表出人生可怕的一面爲目的，是在我們面前演出人類難以形容的痛苦、悲傷，演出邪惡的勝利，嘲笑著人的偶然性的統治，演出正直、無辜的人們不可挽救的失陷；〔而這一切之所以重要〕是因爲此中有重要的暗示在，即暗示著宇宙和人生的本來性質。這是意志和它自己的矛盾鬥爭。在這裡，這種鬥爭在意志的客體性的最高級別上發展到了頂點的時候，是以可怕的姿態出現的。這種矛盾可以在人類所受的痛苦上看得出來。這痛苦，一部分是由偶然和錯誤帶來的。偶然和錯誤〔在這裡〕是作爲世界的統治者出現的。並且，由於近乎有心〔爲虐〕的惡作劇已作爲命運〔之神〕而人格化了。一部分是由於人類鬥爭是從自己裡面產生的，因爲不同個體的意向是互相交叉的，而多數人又是心腸不好和錯誤百出的。在所有這些人們中活著的和顯現著的是一個同一的意志，但是這意志的各個現象卻自相鬥爭，自相屠殺。意志在某一個體中出現可以頑強些，在另一個體中又可以薄弱些。在薄弱時是認識之光在較大程度上使意志屈從於思考而溫和些，在頑強時則這程度又較小一些；直至這一認識在個別人，由於痛苦而純化了，提高了，最後達到這樣一點，在這一點上現象或「摩耶之幕」不再蒙蔽這認識了，現象的形式——個體化原理——被這認識看穿了，於是基於這原理的自私心也就隨之而消逝了。這樣一來，前此那麼強有力的動機就失去了它的威力，代之而起的是對於這世界的本質有了完整的認識，這個作爲意志的清靜劑而起作用的認識就帶來了清心寡欲，並且還不僅是帶來了生命的放棄，直至帶來了整個生命意志的放棄。所以我們在悲劇裡看到那些最高尚的〔人物〕或是在漫長的鬥爭和痛苦之後，最後永遠放棄了他們前此熱烈追求的目的，永遠放棄了人生一切的享樂；或是自願的，樂於爲之而放棄這一切。這樣做的〔悲劇人物〕有卡爾德隆〔劇本中〕剛直的王子；有《浮士德》中的瑪格利特；有哈姆雷特——他的〔摯友〕何瑞修自願追隨他，他卻教何瑞修留在這濁世痛苦地活下去，以便澄清他生平的往事，淨化他的形象——；還有奧爾良的貞女、梅新納的新娘。他們都是經過苦難的淨化而死的，即是說他們的生命意志已消逝於先，然後死的。在伏爾泰的《穆罕默德》中，最後的結語竟把這一點形諸文字；臨終時的帕爾密蕾對穆罕默德高叫道：「這是暴君的世界。你活下去吧！」——另外一面有人還要求所謂文藝中的正義。這種要求是由於完全認錯了悲劇的本質，也是認錯了世界的本質而來的。在沙繆爾．約翰遜博士對莎士比亞某些劇本的評論中竟出現了這種顢頇的、冒昧的要求，他頗天眞地埋怨〔劇本裡〕根本忽略了這一要求。不錯，事實上是沒有這種要求，請問那些奧菲莉亞，那些德斯德孟娜，那些柯德利亞又有什麼罪呢？——可是只有庸碌的、樂觀的、新教徒唯理主義的，或本來是猶太教的世界觀，才會要求什麼文藝中的正義而在這要求的滿足中求得自己的滿足。悲劇的眞正意義是一種深刻的認識，認識到〔悲劇〕主角所贖的不是他個人特有的罪，而是原罪，亦即生存本身之罪。卡爾德隆率直地說：

「人的最大罪惡
就是：他誕生了。」

和悲劇的處理手法更密切有關的，我只想容許自己再指出一點。寫出一種巨大不幸是悲劇裡唯一基本的東西。詩人用以導致不幸的許多不同途徑可以包括在三個類型的概念之下。造成巨大不幸的原因可以是某一劇中人異乎尋常的、發揮盡致的惡毒，這時，這角色就是肇禍人。這一類的例子是理查三世，《奧賽羅》中的雅葛，《威尼斯商人》中的夏洛克，佛朗茲．穆爾，優里皮底斯的菲德雷，《安迪貢》中的克內翁，以及其他等等。造成不幸的還可以是盲目的命運，也即是偶然和錯誤。屬於這一類的，索發克里斯的《伊底帕斯王》是一個眞正的典型，還有《特拉金的婦女們》也是這一類。大多數的古典悲劇根本就屬於這一類，而近代悲劇中的例子則有《羅密歐與朱莉葉》，伏爾泰的《坦克列德》，《梅新納的新娘》。最後，不幸也可以僅僅是由於劇中人彼此的地位不同。由於他們的關係造成的；這就無需乎〔布置〕可怕的錯誤或聞所未聞的意外事故，也不用惡毒已到可能的極限的人物；而只需要在道德上平平常常的人們，把他們安排在經常發生的情況之下，使他們處於相互對立的地位，他們爲這種地位所迫明明知道，明明看到卻互爲對方製造災禍，同時還不能說單是哪一方面不對。我覺得最後這一類〔悲劇〕比前面兩類更爲可取，因爲這一類不是把不幸當作一個例外指給我們看，不是當作由於罕有的情況或狠毒異常的人物帶來的東西，而是當作一種輕易而自發的，從人的行爲和性格中產生的東西，幾乎是當作〔人的〕本質上要產生的東西，這就是不幸也和我們接近到可怕的程度了。並且，我們在那兩類悲劇中雖是把可怕的命運和駭人的惡毒看作使人恐怖的因素，然而究竟只是看作離開我們老遠老遠的威懾力量，我們很可以躲避這些力量而不必以自我克制爲逋逃藪；可是最後這一類悲劇指給我們看的那些破壞幸福和生命的力量卻又是一種性質。這些力量光臨到我們這兒來的道路隨時都是暢通無阻的。我們看到最大的痛苦，都是在本質上我們自己的命運也難免的複雜關係和我們自己也可能幹出來的行爲帶來的，所以我們也無須爲不公平而抱怨。這樣我們就會不寒而慄，覺得自己已到地獄中來了。不過最後這一類悲劇在編寫上的困難也最大；因爲人們在這裡要以最小量的劇情設計和推動行爲的原因，僅僅只用劇中人的地位和配搭而求得最大的效果。所以，即令是在最優秀的悲劇中也有很多都躲避了這一困難。不過也還有一個劇本可認爲這一類悲劇最完美的模範，雖然就別的觀點說，這劇本遠遠不及同一大師的其他作品：那就是《克拉維葛》。在一定範圍內《哈姆雷特》也同於這一類，不過只能從哈姆雷特對勒厄爾特斯和奧菲莉亞的關係來看。《華倫斯坦》也有這一優點；《浮士德》也完全是這一類（的悲劇）。如果僅僅只從瑪格利特和她的兄弟兩人的遭遇作爲主要情節看的話。高乃伊的《齊德》同樣也屬於這一類，不過齊德本人並沒有一個悲劇的下場，而麥克斯（Max）和德克娜（Thekla）之間與瑪格利特兄妹類似的關係卻有一個悲劇的結局。*

337

52

我們在前此各節裡既已在符合我們的觀點的那種普遍性中考察了所有一切的美術文藝，

---

* 第二卷第三十七章是補充這裡的。

從建築的美術起，直到悲劇才結束了我們的考察。建築的目的作爲美術上的目的是使意志在它可見性的最低一級別上的客體化明顯清晰。意志在這裡〔還是〕顯爲塊然一物頑鈍的、無知的、合乎規律的定向掙扎，然而已經就顯露了〔意志的〕自我分裂和鬥爭，亦即重力和固體性之間的鬥爭。——最後考察的是悲劇。悲劇，也正是在意志客體化的最高級別上，使我們在可怕的規模和明確性中看到意志和它自己的分裂。〔可是〕在這些考察之後，我們又發現還有一種藝術被我們排斥於討論之外了，並且也不能不排斥於討論之外，因爲我們這個論述系統嚴密，其中全沒有適合這一藝術的地位。這〔一藝術〕就是音樂。音樂完全孤立於其他一切藝術之外。我們不能把音樂看作世間事物上的任何理念的仿製、副本，然而音樂卻是這麼偉大和絕妙的藝術，是這麼強烈地影響著人的內心；在人的內心裡作爲一種絕對普遍的，在明晰程度上甚至還超過直觀世界的語言，是這麼完整地、這麼深刻地爲人所領會；——以致我們在音樂中，除了一種「下意識的、人不知道自己在計數的算術練習」外，確實還有別的東西可尋。不過音樂所以吸引*萊布尼茲的就是這種「算術練習」；如果只從音樂直接的、外表的意義看，只從音樂的外殼看，萊布尼茲也並沒有錯。然而音樂如果眞的只是這麼一點而已，那麼音樂給我們的滿足必然和我們在得出一個算式的正確答案時所能有的滿足一般無二，而不能是我們看到自己本質的深處被表現出來時〔所感到〕的愉快。因

* 柯爾多爾蒂（Kortholti）蒐集的《萊布尼茲信札》第一百五十四封。

此，在我們的觀點上，我們注意的既然是美感的效果，我們就必須承認音樂還有更嚴肅的更深刻的，和這世界，和我們自己的最內在本質有關的一種意義。就這意義說，音樂雖可化爲數量關係，然而數量關係並不就是符號所表出的事物，而只是符號本身。至於音樂對於世界的關係，在某一種意義上說，必須和表現對於所表現的，仿製品對於原物的關係相同，那是我們可以從音樂和其他藝術的類似性推論出來的。一切藝術都有這一特徵，並且一切藝術對我們的效果，整個說來也和音樂對我們的效果差不多，後者只是更強烈，更是如響斯應，更有必然性，更無誤差的可能而已。此外，音樂對於世界那種複製的關係也必須是一種極爲內在的、無限眞實的、恰到好處的關係，因爲音樂是在演奏的瞬間當時就要被每人所領會的。這裡還看得出音樂沒有誤差的可能性，因爲音樂的形式可以還原爲完全確定的，用數字表示出來的規則；音樂也決不能擺脫這些規則，擺脫就不再是音樂了。——然而把音樂和世界對比的那一點，就音樂對世界處於仿造或複製關係來說的這一方面依然還隱藏在黑暗中。人們在任何時代都從事過音樂，卻未能在這一點上講出一個道理來；人們既以直接領會爲已足，就放棄了抽象地去理解這直接領會自身（是怎麼可能的）了。

當我既把自己的精神完全貫注在音調藝術的印象中之後，也不管這種藝術的形式是如何多種多樣，然後再回到反省，回到本書所述的思想路線時，我便已獲得了一個啟發，可從而理解音樂的內在本質以及音樂對世界的那種（關係，）按類比法必須假定的，反映世界的關係是什麼性質。這一啟發對於我自己固然是足夠了，就我探討（的目的）說，我也滿意了；

那些在思想上跟我走到這裡而贊同我的世界觀的人們也很可能同樣地明白了這一點。可是要證明這一理解，我認爲基本上是不可能的，因爲這一理解既假定又確定音樂，作爲表象（的音樂），和本質上決不可能是表象的東西兩者間的關係，又要把音樂看成是一個原本的翻版，而這原本自身又決不能直接作爲表象來想像。那麼在這一篇，主要是用以考察各種藝術的第三篇的末尾，除了談談我自以爲滿足的，關於美妙的音樂藝術的那種理解之外，我不能再有什麼辦法。（人們對於）我這見解的贊同或否定，一面必須取決於音樂對每人的影響，一面是必須取決於本書所傳達的整個的一個思想對於讀者的影響。此外，我認爲人們如果要以眞正的信心來贊同這裡對音樂的意義要作出的說明，那就必須經常以不斷的反省思維來傾聽音樂的意義；而要做到這一點，又必須人們已經很熟悉我所闡述的全部思想才行。

意志的恰如其分的客體化便是（柏拉圖的）理念；用個別事物的表現（因爲這種表現永遠是藝術作品本身）引起（人們）對理念的認識（這只在認識的主體也有了相應的變化時才有可能）是所有其他藝術的目的。所以這一切藝術都只是間接地，即憑藉理念來把意志客體化了的。我們的世界既然並不是別的什麼，而只是理念在雜多性中的顯現，以進入個體化原理（對於個體可能的認識的形式）爲途徑的顯現；那麼音樂，因爲它跳過了理念，也完全是不依賴現象世界的，簡直是無視現象世界；在某種意義上說即令這世界全不存在，音樂卻還是存在；然而對於其他藝術卻不能這樣說。音樂乃是全部**意志**的直接客體化和寫照，猶如世界自身，猶如理念之爲這種客體化和寫照一樣；而理念分化爲雜多之後的現象便構成個別事物的世界。所以音樂不同於其他藝術，決不是理念的寫照，而是意志自身的寫照，（儘管）這理念也是意志的客體性。因此音樂的效果比其他藝術的效果要強烈得多，深入得多；因爲其他藝術所說的只是陰影，而音樂所說的卻是本質。既然是同一個意志把它自己客體化於理念和音樂中，只是客體化的方式各有不同而已；那麼，在音樂和理念之間雖然根本沒有直接的相似性，卻必然有一種平行的關係，有一種類比的可能性；而理念在雜多性和不完美（狀態）中的現象就是這可見的世界。指出這一類比的可能性，作爲旁證，可使這一因題材晦澀所以艱難的說明易於理解。

我在諧音的最低音中，在數字低音中（好像）又看到了意志客體化的最低級別，看到了無機的自然界，行星的體積。大家知道所有那些高音，既易於流動而消失又較速，都要看作是由基低音的偕振產生的，總是和低音奏出時輕微地相與偕鳴的。而諧音的規律就是只許那些由於偕振而真正已和低音自然而然同時出聲（低音的諧音）的高音和一個低音合奏。那麼，與此類似，人們必須把自然的全部物體和組織看作是從這個行星的體積中逐步發展出來的，而這行星的體積既是全部物體和組織的支點，又是其來源，而這一關係也就是較高的音對數字低音的關係。——（音的）低度有一極限，超過這一極限就再不能聽到什麼聲音了；而與此相當的就是任何物質如果沒有形狀和屬性就不可覺知了。（所謂物質沒有形狀和屬性，）即是說物質中沒有一種不能再加解釋的「力」的表現，而理念又是表現在這力中的。更概括地說，就是沒有物質能夠完全沒有意志。所以聲音作爲（聽得見的）聲音是和一定程度的音高分不開的；物質也是如此和一定程度的意志表現分不開的。——所以在我們看來，在諧音中的數字低音就等於世界上的無機自然，等於是最粗笨的體積；一切皆基於此，一切都從此中產生發展。——現在更進一步，在低音和主導的，奏出樂調的高音之間是構成諧音的一切補助音，在這一切補助音中我好像看到理念的全部級別，而意志也就是把自己客體化在這些理念中的。〔這就是說〕較近於低音的音等於〔意志客體化的〕那些較低級別，等於那些還是無機的，但已是種類雜呈的物體；而那些較高的音，在我看來，就代表植物和動物世界。——音階上一定的間距和意志客體化的一定級別是平行的，和自然中一定的物種是平行的。對於這種間距的算術上的正確性有距離，或是由於間距偏差或是由於選定的樂調所致，都可比擬於個體和物種典型的距離。至於不純的雜音並無所謂一定的音差，則可以和兩個物種的動物之間或人獸之間的怪胎相比。——所有這些構成諧音的低音和補助音卻都缺乏前進中的聯貫。只有高音階的，奏出調兒的音才有這種聯貫，也只有這些音在抑揚頓挫和轉折急奏中有迅速和輕鬆的變化；而所有〔其他〕那些〔低音和補助〕音則變化緩慢，沒有各自存在的聯貫。沉低音變化最為滯重，這是最粗笨的物質體塊的代表。沉低音的升降都只是大音距的，是幾個第三、幾個第四或幾個第五音階的升降而決不**一個**音升降；即令是一個由雙重複諧音組轉換了的低音〔，也不例外〕。這種緩慢的變化也是這低音在物理上本質的東西。在沉低音中而有迅速的急奏或顫音，那是無法想像的。較高的補助音要流動得快些，然而還沒有曲調的聯貫和有意義的前進；這和動物世界是平行的。所有一切補助音不聯貫的音段和法則性的規定則可比擬於整個無理性的世界，從結晶體起到最高級的動物止。這裡沒有一事物有一種眞正聯續的意識，——而這意識才能使它的生命成爲一個有意義的整體——；沒有一樣是經歷過一串精神發展的，沒有一樣是由教養來使自己進於完善的；所有這一切在任何時候都是一成不變的，是什麼族類便是什麼族類，爲固定的法則所規定。——最後在曲調中，在高音的、婉轉的、領導著全曲的，在一個思想的不斷而充滿意義的聯貫中從頭至尾無拘束地任意前進著的，表出一個整體的主調中，我〔好像〕看到意志客體化的最高級別，看到人的有思慮的生活和努力。只有人，因爲他具有理性，才在他實際的和無數可能的〔生活〕道路上經常瞻前顧後，這樣才完成一個有思慮的，從而聯貫爲一整體的生活過程。與此相應，唯有曲調才從頭至尾有一個意義充足的、有目的的聯貫。所以曲調是講述著經思考照明了的意志的故事，而在實際過程中，意志卻是映寫在它自己一系列的行爲中的。但是曲調講述的還不止此，還講述著意志最祕密的歷史，描繪著每一激動，每一努力，意志的每一活動；描繪著被理性概括於「感觸」這一廣泛的、消極的概念之下而無法容納於其抽象〔性〕中的一切。因此，所以人們也常說音樂是〔表達〕感觸和熱情的語言，相當於文字是〔表達〕理性的語言。柏拉圖已把音樂解釋爲「曲調的變化模仿著心靈的動態」（《法律論》第七篇）；還有亞里斯多德也說：「節奏和音調雖然只是聲音，卻和心靈狀態相似，這是怎麼回事呢？」（《問題》第十九條）

人的本質就在於他的意志有所追求，一個追求滿足了又重新追求，如此永遠不息。是

343

的，人的幸福和順遂僅僅是從願望到滿足，從滿足又到願望的迅速過渡；因爲缺少滿足就是痛苦，缺少新的願望就是空洞的想望、沉悶、無聊。和人的這種本質相應，曲調的本質〔也〕永遠在千百條道路上和主調音分歧，變調，不僅只變到那些諧音的各階梯，變到第三音階和任何音調的第五音階，而是變到任何一個音，變到不調和的第七音階和那些超量音階；但是最後總是跟著又回到主調音。在所有這些道路上都是曲調在表出意志的各種複雜努力。不過由於最後重返諧音的一階梯，尤其是重返主調音的階梯，曲調也經常表示滿足。曲調的發明，在曲調中揭露人類欲求和情感的最深祕密，這是天才的工作；而在這裡天才的作用比在任何地方更爲明顯，遠離著一切反省思維和意識著的任何企圖，這就可叫做一個靈感。概念在這裡，和在藝術中的任何地方一樣，是不生發的。作曲家在他的理性所不懂的一種語言中啟示著世界最內在的本質，表現著最深刻的智慧，正如一個受催眠的夜遊婦人講出一些事情，在她醒時對於這些事情一無所知一樣。因此，在一個作曲家，比在任何其他一個藝術家，〔更可說〕人和藝術家是完全分立的、不同的。甚至在說明這一奇妙的藝術時，概念就已表現出它捉襟見肘的窘態和侷限性。然而我還想繼續貫徹我們的類比說明法。——從願望到滿足，從滿足到新願望的迅速過渡既是幸福和順遂，那麼急促的曲調而沒有多大的變音便是愉快的；緩慢的、落到逆耳的非諧音而要在許多節拍之後才又回到主調音的曲調，則和推遲了的、困難重重的滿足相似，是悲傷的。新的意志激動遲遲不來，沉悶，這除了受到阻撓的主調音外不能有其他表現；而這種主調音的效果很快就使人難於忍受了；與此接近的已是很單調的、無所云謂的那些曲調了。快板跳舞音樂短而緊湊的音句似乎只是在說出易於獲得的庸俗幸福；相反的是輕快莊嚴〔調〕，音句大，音距長，變音的幅度廣闊，則標誌著一個較巨大的、較高尚的、目標遠大的努力，標誌著最後達到目標。舒展慢調則是說著一個巨大高尚努力的困難，看不起一切瑣屑的幸福。但是小音階柔調和大音階剛調的效果又是多麼奇妙啊！使人驚異的是一個半音的變換，小第三音階而不是大第三音階的出現立刻而不可避免地就把一種焦灼的、苦痛的感觸強加於我們，而剛調恰又同樣於一瞬間把我們從這痛苦解救出來。舒展慢調在柔調中達成最高痛苦的表示，成為最驚心動魄的如怨如訴。在柔調中的跳舞音樂似乎是標誌著人們寧可蔑視的那種瑣屑幸福之喪失，似乎是在說著一個卑微的目的經過一些艱難曲折而終於達到。——可能的曲調〔變化〕無窮無盡，這又和大自然在個人，在〔人的〕相貌和身世上的變化無窮無盡相當。從一個調過渡到完全另一調，完全中斷了和前面的聯繫，這就好比死亡。不過這一比喻只是就死亡告終的是個體說的；至於在這一個體中顯現過的意志又顯現於另一個體中，那是不死的；不過後一個體的意識與前一個體的意識則無任何聯繫〔，相當於曲調的中斷〕。

可是在指出上面所有這些類比的可能性時，決不可忘記音樂對於這些類似性並無直接的而只有間接的關係，因為音樂決不是表現著現象，而只是表現一切現象的內在本質，一切現象的自在本身，只是表現著意志本身。因此音樂不是表示這個或那個個別的、一定的歡樂，這個或那個抑鬱、痛苦、驚怖、快樂、高興，或心神的寧靜，而是表示歡愉、抑鬱、痛苦、驚怖、快樂、高興、心神寧靜等**自身**；在某種程度內可以說是抽象地、一般地表示這些（情感）的本質上的東西，不帶任何摻雜物，所以也不表示導致這些（情感）的動機。然而在這一抽出的精華中，我們還是充分地領會到這些情感。由於這個道理，所以我們的想像力是這麼容易被音樂所激起。（想像力既被激起，）就企圖形成那個完全是直接對我們說話的，看不見而卻是那麼生動地活躍著的心靈世界，還要賦以骨和肉；也就是用一個類似的例子來體現這心靈世界。這就是用字句歌唱的淵源，最後也是歌劇的淵源。——因此歌劇中的唱詞決不可離開這一從屬的地位而使自己變成首要事項，使音樂成為只是表示唱詞的手段。這是大錯，也是嚴重的本末倒置。原來音樂無論在什麼地方都只是表出生活和生活過程的精華，而不是表出生活及其過程自身；所以生活和生活過程上的一些區別並不是每次都影響生活及其過程的精華。正是這種專屬於音樂的普遍性，在最精確的規定之下，才賦予音樂以高度的價值，而音樂所以有這種價值乃是因為音樂可以作為醫治我們痛苦的萬應仙丹。所以，如果音樂過於遷就唱詞，過於按實際過程去塑形，那麼音樂就是勉強要說一種不屬於它自己的語言了。沒有人比**羅西尼**㉔還更能夠保持自己的純潔而不為這種缺點所沾染的了；所以他的音樂是那麼清晰地、純潔地說著音樂**自己**的語言，以致根本無需唱詞，單是由樂器奏出也有其充分的效果。

㉔ 羅西尼（Rossini，一七九二—一八六八），義大利歌劇作曲家。

根據這一切，我們可以把這顯現著的世界或大自然和音樂看作同一事物的兩種不同表現，所以這同一事物自身就是這兩種表現得加以類比的唯一中介，而爲了體會這一類比就必須認識這一中介。準此，音樂如果作爲世界的表現看，那是普遍程度最高的語言，甚至可說這種語言之於概念的普遍性大致等於概念之於個別事物。〔音樂〕這種語言的普遍性卻又決不是抽象作用那種空洞的普遍性，而完全是另一種普遍性，而是和澈底的、明晰的規定相聯繫的。在這一點上，音樂和幾何圖形，和數目相似，即是說這些圖形和數目是經驗上一切可能的客體的普遍形式，可以先驗地應用於這一切客體，然而又不是抽象的，而是直觀地、澈底地被規定的。意志一切可能的奮起、激動和表現，人的內心中所有那些過程，被理性一概置之於「感觸」這一廣泛而消極的概念之下〔的這些東西〕都要由無窮多的、可能的曲調來表現，但總是只在形式的普遍性中表現出來，沒有內容；總是只按自在〔的本體〕而不按現象來表現，好比是現象的最內在的靈魂而不具肉體。還有一點也可以從音樂對一切事物的眞正本質而有的這一內在關係來說明，即是說如果把相應的音樂配合到任何一種景況、行爲、過程、環境上去，那麼音樂就好像是爲我們揭露了這一切景況、行爲等等的最深奧的意義；音樂出現爲所有這些東西的明晰而正確的注解。同樣，誰要是把精神完全貫注在交響樂的印象上，他就好像已看到人生和世界上一切可能的過程都演出在自己的面前；然而，如果他反省一下，卻又指不出那些聲音的演奏和浮現於他面前的事物之間有任何相似之處。原來音樂，如前已說過，在這一點上和所有其他的藝術都不同。音樂不是現象的，或正確一些說，不是意志恰如其分的客體性的寫照，而直接是意志自身的寫照。所以對世界上一切形而下的來說，音樂表現著那形而上的；對一切現象來說，音樂表現著自在之物。準此，人們既可以把這世界叫做形體化了的音樂，也可以叫做形體化了的意志。因此，從這裡還可以說明爲什麼音樂能使實際生活和這世界的每一場面、每一景況的出現立即具有提高了的意義，並且，音樂的曲調和當前現象的內在精神愈吻合，就愈是這樣。人們所以能夠使一首詩配上音樂而成爲歌詞，或使一個直觀的表演配上音樂而成爲啞劇，或使兩者配上音樂而成爲歌劇，都是基於這一點。人生中這種個別的情景雖可被以音樂的這種普遍語言，卻決不是以澈底的必然性和音樂聯在一起的，也不是一定相符合的；不，這些個別情景對於音樂的關係，只是任意的例子對於一般概念的關係。個別情景在現實的規定性中所表出的即音樂在單純形式的普遍性中所表出的。這是因爲曲調在一定範圍內，也和一般的概念一樣，是現實的一種抽象。這現實，也就是個別事物的世界，既爲概念的普遍性，同樣也爲曲調的普遍性提供直觀的、特殊的和個別的東西，提供個別的情況。但是在一定觀點上這兩種普遍性是相互對立的，因爲概念只含有剛從直觀抽象得來的形式，好比含有從事物上剝下來的外殼似的，所以完全是眞正的抽象；而音樂則相反，音樂拿出來的是最內在的、先於一切形態的內核或事物的核心。這種關係如果用經院哲學的語言來表示倒很恰當。人們說概念是「後於事物的普遍性」，音樂卻提供「前於事物的普遍性」，而現實則提供「事物中的普遍性」。譜出某一詩篇的曲子，它的普遍意味又可以在同等程度上和其他也是這樣任意選擇的，該詩篇所表出的普遍性的任何一特例相符合；所以同一樂譜可以配合許多詩章，所以又能有利用流行曲子隨意撰詞的小型舞臺劇。不過在一個樂譜和一個直觀的表出之間所以根本有互相關聯的可能，如前已說過，那是由於兩者都只是同一世界的內在本質的兩種完全不同的表現。如果在個別場合眞有這樣一種關係存在，而作曲家又懂得〔如何〕以音樂的普遍語言說出意志的激動，亦即構成任何一件事的那一內核，那麼歌詞的曲譜，歌劇的音樂，就會富有表現力。不過由作曲家在上述兩者之間所發現的類似性必須是由於直接認識到世界的本質而來的，必須是他理性所不意識的，且不得是意識著的有意的，透過概念的間接模仿；否則音樂所表出的就不是內在的本質，不是意志自身，而只是不充分地模仿著意志的現象而已。一切眞正模仿性的音樂就是這樣做的，例如海頓的《四季》，以及他那些作品裡許多直接模仿直觀世界現象的地方；還有一切描寫戰爭的作曲也是這樣的。這些東西整個兒都要不得。

一切音樂這種不可言說的感人之深，使音樂像一個這麼親切習見的，而又永久遙遠的樂園一樣掠過我們面前，使音樂這麼容易充分領會而又這麼難以解釋，這都由於音樂把我們最內在的本質所有一切的動態都反映出來了，然而卻又完全不著實際而遠離實際所有的痛苦。同樣，把可笑的〔東西〕完全排除在音樂的直屬範圍以外的，是音樂本身上的嚴肅性；這是從音樂的客體不是表象這一事實來說明的。唯有在表象中誤認假象，滑稽可笑才可能，但音樂的客體直接是意志，而意志，作爲一切一切之所繫，在本質上就是最嚴肅的東西。——音樂的語言是如何內容豐富，意義充沛，即令是重奏符號以及「重頭再奏」也可以證實。如果是在用文字寫的作品中，這樣的重複會令人難以忍受，而在音樂的語言中卻反而是很恰當，使人舒適；因爲要完全領會〔這些內容和意義〕，人們就有聽兩遍的必要。

如果我在闡明音樂這一整個討論中努力要弄清楚的是音樂〔如何〕用一種最普遍的語言，用一種特有的材料——單是一些聲音——而能以最大的明確性和眞實性說出世界的內在本質，世界自在的本身——這就是我們按其最明晰的表出在意志這一概念之下來思維的東西——；如果再進一步按照我的見解和努力的方向說，哲學〔的任務〕並不是別的，而是在一些很普遍的概念中全面而正確地複述和表出世界的本質，——因爲只有在這樣的概念中才能對那全部的本質有一個隨時足夠的、可以應用的概覽——；那麼，誰要是跟上了我而把握了我的思想方式，他就會覺得我在下面要說的並不很矛盾。我要說的是：假定〔我們〕對於音樂所作的充分正確的、完備的、深入細節的說明成功了，即是說把音樂所表示的又在概念中予以一個詳盡的複述成功了，那麼，這同時也就會是在概念中充分地複述和說明了這世界，或是和這種說明完全同一意義，也就會是眞正的哲學。並且我們立即就可以在我們對於音樂的看法較高的那種意味中，逢場作戲地用下面這句話來仿效前文所引萊布尼茲的那句名言——他在較低觀點上這樣說也完全是對的——：「音樂是人們在形上學中不自覺的練習，在練習中本人不知道自己是在搞哲學。」原來拉丁語的 *scire*，亦即「知」，無論什麼時候都是「已安頓到抽象概念中去了」〔的意味〕。但是再進一步說，由於萊布尼茲那句話的眞理已得到多方的證實，音樂，丟開它美感的或內在的意義而只是從外表，完全從經驗方面來看，就不是別的而是直接地，在具體中掌握較大數量及複雜的數量關係的手段，否則我們就只能間接地，以概念中的理解來認識這些數量和數量關係。既然如此，那麼，我們現在就能夠由於綜合〔上述〕關於音樂的兩種極不相同卻又都正確的意見，而想到一種數理哲學的可能性。畢達哥拉斯和中國人在《易經》中的數理哲學就是這一套。於是我們就可按這一意義來解釋畢達哥拉斯派的那句名言，也就是塞克斯都斯·恩披瑞古斯（《反對數學家論》第七篇）所引的一句話：「一切事物都可和數相配。」如果我們在最後把這一見解應用到我們在上面對諧音和樂調所作的解釋上去，那麼我們就將發現單純的道德哲學而沒有對大自然的說明——如蘇格拉底所倡導的——完全可以比擬於有樂調而沒有諧音——如盧梭獨自一人所想的那樣——。與此相反，單純的物理學和形上學如果沒有倫理學也就相當於單純的有諧音卻沒有樂調。——在這一附帶的考察之後，請容許我還加上幾點和音樂與現象世界兩者間的類比有關的看法。在前一篇裡我們已發現意志客體化的最高級別，即人，並不能單獨地、割裂地出現，而是以低於它的級別爲前提的，而這些較低級別又總是以更低的級別爲前提的。同樣，音樂也和這世界一樣，直接把意志客體化了，也只在完整的諧音中音樂才是圓滿的。樂調的領導高音要發生完整的印象，就需要所有其他音的伴奏，直到最低沉的低音，而這種低音〔又〕要作爲一切音的源泉看。樂調本身是作爲一個組成部分而攙入諧音的，猶如諧音也攙入樂調一樣。既然只有這樣，只有在諸音俱備的整體中，音樂才表現它預定要表現的東西；那麼，那唯一而超時間的意志也只在一切級別完整的統一中才能有其全部的客體化，而這些級別就在無數程度上以逐級有加的明晰性揭示著意志的本質。——很可注意的還有下面這種類似性。我們在前一篇中已經看到所有一切意志現象，就促成目的論的那些物種說，都是互相適應的。儘管如此，在那些作爲個體的現象之間，仍然有著不可消除的矛盾存在。這種矛盾在現象的一切級別上都可看到。這就把世界變成了同一個意志所有的現象之間無休止的戰場，而意志和它自己的內在矛盾也就由此顯露出來了。甚至於這一點，在音樂裡也有與此相當的地方。即是說完全純粹諧和的聲音系統不但在物理上不可能，並且是在算術上就已經不可能了。各音所由表現的那些數自身就含有不能化除的無理數。任何音階，即使要計算出來也不可得。在一音階中每第五音和基音的關係等於2對3，每大音階第三音和基音的關係等於4對5，每小音階第三音和基音的關係等於5對6，如此等等。這是因爲如果這些音和基音對準了，則這些音相互之間就再也對不準了；例如第五音對於第三音必須是小音階第三音等等，因爲音階上的音要比作一個演員，時而要扮演這一角，時而要扮演那一角。因此，完全準確的音樂就是要設想也不可能，更不要說製成樂譜了。由於這一緣故，任何可能的音樂都和絕對的純潔性有距離，而只能把不諧音分配到一切音上，也就是以離開音差的純潔性的變音來掩藏它本質上存在著的不諧音。關於這些，人們可參閱克拉尼㉕的《聲學》第

㉕ 克拉尼（Chladni，一七五五—一八二四），德國物理學家，聲學研究者。

三十節和他的《音響學概論》第一二頁。*

我還可以就音樂被體會的方式再談幾點，譬如說音樂僅僅只在時間中，透過時間，完全除開了空間，也沒有因果知識的干擾，亦即沒有悟性干擾而被體會的；因爲這些音作爲效果說，無需我們像在直觀中一樣要追溯其原因就已產生了美感的印象。——然而我不想再把這一討論延長下去，因爲我在這第三篇裡對於有些問題也許已經是過於詳盡了，或是過於把自己糾纏在個別事物上了。可是我的目的使我不能不這樣做。人們也更不會責備我這樣做，如果他在具體地想到藝術不常爲人充分認識到的重要性和高度的價值時，是在推敲著（下面這一觀點）：如果按照我們的見解，這整個可見的世界就只是意志的客體化，只是意志的一面鏡子，是在隨伴著意志以達到它的自我認識；並且如我們不久就會看到的，也是在隨伴著意志以達到解脫的可能性；同時，又如果作爲表象的這世界，要是人們把它和欲求分開，孤立地加以考察，僅僅只讓它來占領（全部）意識，就是人生中最令人愉快和唯一純潔無罪的一面；——那麼，我們都要把藝術看作這一切東西的上升、加強和更完美的發展；因爲藝術所完成的在本質上也就是這可見的世界自身所完成的，不過更集中、更完備，而具有預定的目的和深刻的用心罷了。因此，在不折不扣的意義上說，藝術可以稱爲人生的花朵。如果作爲表象的整個世界只是意志的可見性，那麼，藝術就是這種可見性的明朗化，是更純潔地顯出

＊ 第二卷第三十九章是補充這裡的。

事物，使事物更便於概覽的照相機；是《哈姆雷特》〔一劇中〕的戲中戲，舞臺上的舞臺。

從一切美得來的享受，藝術所提供的安慰，使藝術家忘懷人生勞苦的那種熱情——使天才不同於別人的這一優點，對於天才隨意識明瞭的程度而相應加強了的痛苦，對於他在一個異己的世代中遭遇到的寂寞孤獨是唯一的補償——，這一切，如下文就會給我們指出的，都是由於生命的自在本身，意志，生存自身就是不息的痛苦，一面可哀，一面又可怕；然而，如果這一切只是作爲表象，在純粹直觀之下或是由藝術複製出來，脫離了痛苦，則又給我們演出一齣富有意味的戲劇。世界的這一面，可以純粹地認識的一面，以及這一面在任何一種藝術中的複製，乃是藝術家本分內的園地。觀看意志客體化這幕戲劇的演出把藝術家吸引住了，他逗留在這演出之前不知疲倦地觀察這個演出，不知疲勞地以藝術反映這個演出。同時他還負擔這個劇本演出的工本費，即是說他自己就是那把自己客體化而常住於苦難中的意志。對於世界的本質那種純粹的、眞正的、深刻的認識，在他看來，現在已成爲目的自身了：他停留在這認識上不前進了。因此，這認識對於他，不像在下一篇裡，在那些已達到清心寡欲〔境界〕的聖者們那裡所看到的一樣，不是意志的清靜劑，不是把他永遠解脫了，而只是在某些瞬間把他從生活中解脫一會兒。所以這認識不是使他能夠脫離生命的道路，而只是生命中一時的安慰，直到他那由於欣賞而加強了的精力已疲於這齣戲又回到嚴肅爲止。人們可以把拉菲爾畫的《神聖的塞西莉亞》看作這一轉變的象徵。那麼，讓我們在下一篇裡也轉向嚴肅吧。

第四篇　世界作爲意志再論

在達成自我認識時，生命意志的肯定和否定

在認識一經出現時，情欲就引退。

——昂克敵・杜伯隆：《鄔布涅伽研究》第二卷第二一六頁

53

我們這考察的最後部分，一開始就可宣稱爲最嚴肅的一部分；因爲這部分所涉及的是人的行爲，是和每人直接有關的題材，沒有人能夠對之漠不關心或無所可否。並且把其他一切問題都聯繫到這個題材上來，也是如此的符合人的本性，以致人們在任何一個有聯貫性的哲學探討中，至少是在他對此感到興趣時，總要把其中有關行爲的這一部分看作整個內容的總結論。因此，人們對於其他的部分或許還不太認眞，對於這一部分他卻要予以嚴肅的注意。——如果就上面指出的情況而用通俗的話來說，人們也許要將我們這考察現在就要往下繼續的部分稱爲實踐的哲學，而把前此處理過的〔其他〕部分與此對立而叫做理論的哲學。不過在我的意見看來，我認爲一切哲學一概都是理論的；因爲哲學，不管當前討論的是一個什麼題材，本質上總要採取純觀察的態度，要以這種態度來探討而不是寫格言戒律。與此相反，要求哲學成爲實踐的性質，要求哲學指導行爲，改變氣質，那都是陳舊的要求；在有了更成熟的見解時，這種要求終久是該撤銷的。因爲在這裡，在這人生有無價值，是得救或是沉淪的關頭，起決定作用的不是哲學的僵硬概念，而是人自己最內在的本質；即柏拉圖所說的神明，指導著人但不曾選定人，而是人自己所選定的「神明」；又即康德所說的「悟知性格」。德性和天才一樣，都不是可以教得會的。概念對於德性是不生發的，只能作工具用；

概念對於藝術也是如此。因此，我們如果期待我們的那些道德制度和倫理學來喚起有美德的人、高尚的人和聖者，或是期待我們的各種美學來喚起詩人、雕刻家和音樂家，那我們就太傻了。

無論在什麼地方，哲學除了解釋和說明現成的事物，除了把世界的本質，在具體中的，亦即作爲感知而爲人人所體會的世界之本質納入理性的明確而抽象的認識以外，不能再有什麼作爲。不過哲學這樣做是從一切可能的方面，從一切觀點出發的。猶如我們在前三篇裡曾企圖在哲學專有的普遍性中從另外一些觀點來完成任務一樣，本篇也要以同樣的方式來考察人的行爲。人世間的這一方面，如我前已指出的，很可以說不僅在主觀的判斷上，而且也是在客觀的判斷上，都要被認爲是世間一切方面中最重要的一個方面。在進行考察時，我將完全忠於我們前此的考察方式，以前此提出的〔論點〕作爲我們依據的前提；並且，實際上我只是把構成本書整個內容的那個思想，和前此在所有其他的題材上所做過的一樣，現在又以同樣的方式在人的行爲上引申出來，而以此盡到我最後的力之所及，盡可能爲這一思想作出一個完整的傳達。

前面提出的觀點和這裡宣布過的討論方式，已明白指出人們在這一倫理篇裡不得期待什麼行爲規範，什麼義務論。這裡更不會提出一個普遍的道德原則，把它當作產生一切美德的萬應驗方。我也不會談什麼**無條件的**應然，因爲這在附錄中已說過，是包含著矛盾的；也不談什麼給自由立法，這同樣也是包含矛盾的。我們根本就不會談什麼應當，因爲人們只是對孩子們和初開化的民族才說這些，而不對已經吸收了文明成熟時代全部教養的人們說這些。這顯然是伸手便可碰到的矛盾，既說意志是自由的又要爲意志立法，說意志應該按法則而欲求：「應該欲求呀！」這就〔等於〕木頭的鐵！可是根據我們整個的看法，意志不但是自由的，而且甚至是萬能的。從意志出來的不僅是它的行爲，而且還有它的世界；它是怎樣的，它的行爲就顯爲怎樣的，它的世界就顯爲怎樣的。兩者都是它的自我認識而不是別的。它既規定自己，又正是以此而規定這兩者；因爲在它以外再也沒有什麼了，而這兩者也就是它自己。只有這樣，意志才眞正是自主自決的。從任何其他看法來說，它都是被決定的。我們在哲學上的努力所能做的只是解釋和說明人的行爲以及一些那麼不同而又相反的最高規範。行爲也就是這些規範活生生的表現。〔我們〕是按人的行爲和這些規範最內在的本質和內蘊，是同我們前此的考察聯繫起來，並且恰是同我們以往致力於解釋這世界的其他現象時，把這些現象最內在的本質納入明確而抽象的認識一樣〔來說明的〕。這時我們的哲學仍同在前此的整個考察中一樣，要主張那同一個內在性。和康德的偉大學說相反，我們的哲學將不利用現象的形式，以根據律爲其普遍表現的形式，作爲跳高的撐竿，用以飛越唯一能以意義賦予這些形式的現象而在空洞臆說❶的無邊領土上著陸。倒是這可以認識的眞實世界，在我們之中和我們亦在其中的世界，將繼續是我們考察的材料，同時也是我們考察所能及的領域。

❶ 指康德的「自在之物」。

這世界的內容是如此的豐富，即令是人類精神在可能範圍內作了最深入的探討，也不能窮盡（其所有）。因爲這眞實的、可認識的世界像在前此的考察中一樣，在我們的倫理考察方面也決不會使我們缺少材料和眞實性；所以我們無須求助於一些內容空洞只有否定意味的概念，沒有必要高聳著眉頭說什麼絕對、無限、超感性，以及如此之類還多著的純粹否定（尤利安努斯❷在《演講集》第五篇裡說：「除了否定的詞彙聯繫著晦澀的表象之外，什麼也不是。」），——不這樣而簡短些說「雲端裡的空中樓閣」也是一樣——，然後使我們自己相信這就眞是說了些什麼（有意義的東西）了。其實再沒有比這樣做更不必要的了，我們無須把這種蓋上蓋兒的空碗碟送到桌上來。——最後我們將和以往一樣，不講歷史上的故事，不把這種故事當哲學；因爲照我們的意見看來，一個人如果認爲我們能夠以某種方式從歷史來體會世界的本質，那麼，儘管掩飾得再巧妙些，這個人離開以哲學來認識世界還有天遠的路程。不過在一個人對世界本質自身的看法中只要冒出變易、變成、將變這些概念，只要某種先或後（在這兒）有著最小限度的一點兒意義，從而或是明顯地或是隱藏地將找到、已找到世界的一個起點和一個終點，外加這兩點之間的過程；甚至這位治哲學的個人還在這過程中看到他自己的所在；那麼，這就是上述那種歷史地把握世界本質的搞法。這樣以歷史治哲學，在大多數場合都要提出一種宇宙發生說，並且是種類繁多的發生說；否則就要提出一種

❷ 尤利安努斯（Julianus，公元四世紀），公元三六一—三六三年為羅馬帝。

發散系統說❸或人類始祖謫降人間說❹；或者是在這種路線上總是屢試無效而陷入窘境，最後逼上一條路，一反前說而從黑暗，從不明的原因、太始的原因、不成原因的原因和如此之類，還多著的一些廢話裡提出什麼永恆變易說、永恆孳生說、永恆的〔由隱〕趨顯說。可是整個的永恆，也就是直到當前一瞬無窮無盡的時間，既已過去，那麼一切要變的、能變的也必然都已變就了。人們很可以用一句最簡短的話一舉而推翻所有這些說法：因爲所有這樣的歷史哲學儘管神氣十足，都好像是康德從未到人間來過似的，仍然把**時間**看作自在之物的一種規定，因而仍停留在康德所謂的現象上，和自在之物相對立的現象之上，停留在柏拉圖所謂永不常住的變易上，和永不變易的存在相對立的變易上；最後也可說是停留在印度教所謂的摩耶之幕上。這些正就是落在根據律掌心裡的認識。從這種認識出發，人們永遠也到不了事物的內在本質，而只是無窮盡地追逐著現象，只是無終止、無目標地在盲動，好比是踏著輪圈兒表演的小松鼠一樣，直至最後〔養鼠〕人有些厭倦了，在或上或下的任意一點把輪圈兒停住，然後強求觀眾們對此表示敬意。〔其實〕在純哲學上考察世界的方式，也就是教我們認識世界的本質從而使我們超然於現象的考察方式，正就是不問世界的何來、何去、爲什麼而是無論在何時何地只問世界是什麼的考察方式。這就是說這個考察方式不是從任何一種

❸ Emanations system，即新柏拉圖派的學說。

❹ Abfallslehre，即《舊約全書》創世紀的說法。

關係出發的，不是把事物當作生長衰化看的考察方式。一句話，這不是從根據律四種形態的任何一形態來考察事物的方式；相反，卻恰好是以排除整個這一套遵守根據律的考察方式之後還餘留下來的，在一切關係中顯現而自身卻不隸屬於這些關係，常自恆同的世界本質，世界的理念爲對象的方式。從這種認識出發的有藝術；和藝術一樣，還有哲學。是的，在本篇我們即將看到從這種認識出發的還有那麼一種內心情愫，唯一導向眞正神聖性，導向超脫世界的內心情愫。

54

我們希望前三篇已導致了這樣一個明晰而確切的認識，即是說在作爲表象的世界中已爲意志舉起了一面反映它的鏡子，意志在這面鏡子中得以愈益明晰和完整的程度認識到它自己。明晰和完整程度最高的就是人，不過人的本質要由他行爲的有聯貫性的系列才能獲得完全的表現，行爲上自身意識的聯貫才使那讓人常在抽象中概觀全局的理性有可能。

純粹就其自身來看的意志是沒有認識的，只是不能遏止的盲目衝動。我們在無機自然界，在植物繁生的自然界，在這兩種自然界的規律中，以及在我們〔人〕自己生命成長發育的那些部分中所看到的意志現象都是這種衝動。這意志從後加的、爲它服務而開展的表象世界才得以認識它的欲求，認識它所要的是什麼；還認識這所要的並不是別的而就是這世界，就是如此存在著的生命。因此，我們曾把這顯現著的世界稱爲反映世界的鏡子，稱爲意志的客體性。並且意志所要的既然總是生命，又正因爲生命不是別的而只是這欲求在表象上的體現；那麼，如果我們不直截了當說意志而說生命意志，兩者就是一回事了，只是名詞加上同義的定語的用辭法罷了。

意志既然是自在之物，是這世界內在的涵蘊和本質的東西；而生命，這可見的世界，現象，又都只是反映意志的鏡子；那麼現象就會不可分離地隨伴意志，如影不離形；並且是哪兒有意志，哪兒就會有生命，有世界。所以就生命意志來說，它確是拿穩了生命的；只要我們充滿了生命意志，就無須爲我們的生存而擔心，即令在看到死亡的時候，也應如此。我們固然看到個體有生滅，但個體只是現象，只是對侷限於根據律和個體化原理中的認識而存在著的。對於這種認識說，個體誠然是把它的生命當作禮物一樣接收過來的，它從「無」中產生，然後又爲這禮物由於死亡而喪失感到痛苦並復歸於「無」。但是我們正要從哲學，也就是從生命的理念來考察生命；而這樣來考察，我們在任何方面就都會看到凡是生和死所能觸及的既不是意志，不是一切現象中的那自在之物，也不是「認識」的主體，不是那一切現象的旁觀者。誕生和死亡既屬於意志顯出的現象，當然也是屬於生命的。生命，基本上就得在個體中表出，而這些個體是作爲飄忽的，在時間形式中出現之物的現象而生而滅的。這在時間形式中出現之物自身不知有時間，但又恰好是從這一方式呈現以使其固有本質客體化的。誕生和死亡同等地都屬於生命，並且是互爲條件而保持平衡的。如果人們喜歡換一個說法，也可說誕生和死亡都是作爲整個生命現象的兩極而保持平衡的。一切神話中最富於智慧的印度神話是這樣表示這一思想的：神話恰好在給象徵著破壞和死亡之神（好比三個連環神祇中還有罪孽最深、最卑微的婆羅摩象徵著生育和發生，而毗濕奴則象徵保育一樣），我說恰好是給濕婆戴上骷髏頭項鏈的同時，又復給以林伽這一生殖的象徵一同作爲這個神的特徵。所以這裡的生殖就是作爲死亡的對銷而出現的；這就意味著生育和死亡是根本的對應物，雙方互相對消，互相抵償。促使古代希臘人和羅馬人恰好也是這樣來雕飾那些名貴棺槨的也完全是這同一心情。現在我們還看得到棺槨上雕飾著宴會、舞蹈、新婚、狩獵、鬥獸、醇酒婦人的歡會等，都無非是描寫著強有力的生命衝動。古代希臘人和羅馬人不僅在這種尋歡作樂的場面中爲我們演出這種生命的衝動，甚至還可見之於集體宣淫，直到那些長著羊足的森林神和母羊性交的場面中。這裡的目的是顯而易見的：目的是以最強調的方式在被哀悼的個體死亡中指出自然界不死的生命；並且雖然沒有抽象的認識，還是藉此暗示了整個自然既是生命意志的顯現，又是生命意志的內涵。這一顯現的形式就是時間、空間和因果性，由是而有個體化。個體必然有生有滅，這是和「個體化」而俱來的。在生命意志的顯現中，個體就好比只是個別的樣品或標本。生命意志不是生滅所得觸及的，正如整個自然不因個體的死亡而有所損失是一樣的。這是因爲大自然所關心的不是個體而僅僅只是物種的族類。對於種族的保存，大自然卻十分認眞，不惜以絕大超額數量的種子和繁殖衝動的巨大力量爲之照顧。與此相反，無窮的時間、無邊的空間，以及時間空間中無數可能的個體既然都是大自然管轄下的王國，那麼個體對於大自然就沒有什麼價值了，也不可能有什麼價值。因此大自然也總是準備著讓個體凋謝死亡。據此，個體就不僅是在千百種方式上由於極微小的偶然契機而冒著死亡的危險，而是從原始以來壓根兒就註定要死亡的；並且是從個體既已爲種族的保存盡了力的那一瞬起，大自然就在親自把死亡迎面送給個體。由於這一點，大自然本身就很率直地透露了這一重大的眞理：只有理念而不是個體才眞正有眞實性；即是說只有理念才是意志的恰如其分的客體性。於是，人既然是大自然本身，又在大自然最高度的自我意識中，而大自然又只是客體化了的生命意志；那麼，一個人要是理解了這一觀點並且守住這一觀點，他誠然可以由於回顧大自然不死的生命，回顧他自己就是這自然而有理由爲他〔自己〕的和他朋友的死獲得安慰。因此，掛上林伽的濕婆就應該這樣來理解，那些古代的棺槨也應該這樣來理解。那些古代棺槨似乎是以它們那些灼熱的生命情景在高聲對傷感的參觀者說：「大自然是哀怨不能入的。」

至於所以要把生殖和死亡看作是屬於生命的東西，看作意志的這一現象的本質上的東西，也是由於這兩者在我們看來都只是其他一切生命所由構成的〔一件事〕的加強表現。這〔件事〕始終不是別的什麼，而是形式恆存之下的物質變換，這就正是種族永生之下的個體生滅。〔身體上〕經常的營養和再生只是在程度上有所不同於生殖，經常的排泄也只是在程度上有所不同於死亡。前者從植物身上來看最是簡單明瞭。植物始終只是同一種衝動的不斷重複，只是它那最簡單的纖維的不斷重複，而這些纖維又自行組合為枝與葉。它是一些雷同而互相支持的植物〔質〕的一個有系統的聚合體，而這些植物〔質〕的繼續再生也是它們唯一的衝動。植物借助於形態變化的階梯逐漸上升到這一衝動更充分的滿足，最後則達到花和果，它的生存和掙扎的總結果。在這總結果中，植物經由一條捷徑達到了它唯一的目標，在一反掌之間千百倍地完成了它前此銖積寸累所尋求的〔目的〕：這植物自身的再孳生。植物結出果實的勾當對於它自身再孳生的關係就等於鉛字對印刷的關係。在動物顯然也是同樣一回事。吸收營養的過程就是一種不斷的孳生，孳生過程也就是一種更高意味的營養；而性的快感就是生命感一種更高意味的快適。另一方面，排泄或不斷拋棄物質和隨呼吸而外吐物質也就是和生殖相對稱的，更高意味的死亡。我們在這種情況之下既然總是以保有身體的形式為已足，並不為拋棄了的物質而悲傷；那麼，當這種同樣的情況，天天、時時分別在排泄時所發生的情況，又在更高的意味上毫無例外地出現於死亡中的時候，我們就應該採取和上面同樣的態度。對於前一情況我們既然漠不關心，那麼對於這後一情況我們也不應該戰慄退縮。從這一觀點出發，一個人要求延長自己的個體也是不對頭的。自己的個體由其他個體來替代，就等於構成自身的物質不斷由新的物質來代替。把屍體用香料油膠浸透也同樣是傻瓜，這正像是把自己的排泄物密封珍藏起來一樣。至於束縛在個人肉體上的個人意識〔也〕是每天被睡眠完全中斷了的。酣眠每每可以毫無痕跡地轉為死亡，譬如在沉睡中凍斃就是這樣的〔情況〕。沉睡正在繼續的當時是和死沒有分別的；分別只是就將來說的，即只是就醒後的方面說的。死是一種睡眠，在這種睡眠中個體性是被忘記了的；其他一切都要再醒，或者還不如說根本就是醒著的。*

首先我們必須認識清楚：意志顯現爲現象的形式，亦即生命或實在的形式，眞正說起來只是**現在**，而不是未來，也不是過去。過去和未來都只在概念中有之；在認識服從根據律的時候，過去和未來也只在認識的聯帶關係中有之。沒有一個人曾是在過去中生活的，也決不會有一個人將是在未來中生活的；唯有**現在**是一切生命、生活的形式，不過也是生命穩有的占有物，決不能被剝奪的。〔有生命、就有現在。〕現在〔這形式〕和它的內容一起，是常在的，雙方都站得穩，並無動搖，猶如彩虹在瀑布上一樣。這是因爲生命爲意志所穩

* 如果有人不覺得下面這一看法太深奧的話，則下列論點也能有助於他弄明白個體只是現象而不是自在之物。每一個體一方面是「認識」的主體，即整個客觀世界所以可能的補足條件；另一方面又是意志的個別現象，亦即在每一事物中自行客體化之物的個別現象。但是我們本質上的這種二重性並不是基於一種獨立自在的統一性的，否則我們單就我們自身而無待於「認識」的客體或「意欲」的客體就能夠意識到我們自己。然而這簡直是我們做不到的。為了想這樣做，我們一旦反躬內省，並在我們把「認識」向內轉的時候澈底思索一下，我們就會迷失在無底的空虛中；就會發現我們自己像個空心玻璃球，似乎從球內的空際中發出一種什麼聲音而又不能在球內找到這聲音的來源。於是在我們想把握自己的時候，我們會要戰慄悚懼，除了一個沒有實體的幽靈之外，我們什麼也拿不到手。

有，所確保，而現在則爲生命所穩有，所確保。誠然，如果我們回想已經過去了的幾十個世紀，回想在這些世紀中生活過的億萬人們，我們就會問這些人又是什麼呢？他們已變成了什麼呢？——不過我們對於這些問題只能回憶我們自己過去的生活，只能在想像中生動地重溫那些情景，然後再問：這一切是什麼呢？我們過去的生命變成了什麼呢？——和這一樣，那億萬人的生命也是如此。難道我們應該認爲這種過去，由於死亡已給貼上了封條就獲得了一種新的生存嗎？我們自己的過去，即令是最近的過去，即令是昨天，已經就只是想像的虛空幻夢；那些億萬人的過去當然也是同樣的東西。過去的是什麼？現在的又是什麼？——是意志，而生命就是反映意志的鏡子；是不帶意志的認識，而認識又在這面鏡子裡清晰地看到意志。誰要是還沒有認識到或不想認識這一點，他在問過以往若干世代的命運之後，必然還要加問：爲什麼恰好他，這個提問的人，有著這樣的幸運占有這寶貴的、飄忽的、唯一實在的現在呢？當那好幾百代的人們，那些世代所有的英雄們和哲人們都在這過去的黑夜裡湮沉，從而化爲烏有的時候；可是他，他那渺小的我爲什麼又實際地還在著呢？——或者更簡短些，當然也更奇特些，還可以這樣問：爲什麼這個現在，他的現在，卻恰好現在還在著而不是也早就過去了呢？——當這提問的人問得如此奇特時，他是把他的生存和他的時間作爲互不依存的來看，是把他的生存看作是投入在他時間中的。實際上他是假定了兩個現在，一個屬於客體，一個屬於主體，而又對兩個「現在」合到一起的幸遇感到驚奇。事實上卻只有（如在論根據律那篇論文中已指出的那樣）以時間爲形式的客體和不以根據律的任何一形態爲形式的主體〔兩者〕的接觸點才構成現在。但是就意志已變爲表象說，則一切客體便是意志，而主體又是客體的對應物；可是眞實的客體既只在現在中有之，過去和未來只含有概念和幻象，所以現在便是意志現象的基本形式，是和意志現象分不開的。唯有現在是常在而屹立不動的。在經驗的體會中比所有一切還要飄忽的現在，一到別開了直觀經驗的形式的形上眼光之下就現爲唯一的恆存之物，現爲經院學派的常住現在。它的內容的來源和負荷者便是生命意志或自在之物，——而這些又是我們自己。凡是在既已過去或尚待出現之際不斷生滅著的東西都是藉現象的，使生滅有可能的形式而屬於這種現象。那麼人們就想到：「過去的是什麼？過去的就是現在的。——將來的是什麼？——將來的就是過去的。」人們說這些話的意味是嚴肅的，不是當作比喻而是就事論事來理解的。這是因爲生命是意志所穩有的，現在又是生命所穩有的。所以任何人又可說：「一次以至無數次，我始終是現在〔這東西〕的主人翁，它將和我的影子一樣永遠伴隨著我；因此我不驚疑它究竟從何而來，何以它恰好又在現在。」——我可以把時間比作一個永遠轉動著的圓圈：那不斷下沉的半邊好比是過去，不斷上升的半邊好比是將來；而〔正〕上面那不可分割的一點，亦即〔水平〕切線和圓周接觸之處就好比是無廣延的現在。切線不隨著〔圓圈〕轉動，現在也不轉動。現在是以時間爲形式的客體和主體的接觸點。主體沒有任何形式，因爲它不屬於可認識的一類，而是一切〔事物〕得以被認識的條件。又可說：時間好比是不可阻遏的川流，而現在卻好比是水流遇之而分的礁石，但水流不能挾之一同前進。意志作爲自在之物，它不服從根據律也不弱於認識的主體；而認識的主體在某種觀點下最後還是意志自身或其表出。並且，和生命、意志自己的這一顯現，是意志所穩有的一樣，現在，生命的這唯一形式，也是意志所穩有的。因此，我們既無須探討生前的過去，也無須探討死後的將來。更應該做的倒是我們要把現在當作意志在其中顯現的唯一形式來認識*。現在不會從意志那裡溜掉，不過意志當然也不會從現在那裡溜掉。因此，要是如此這般的生命就滿足了一個人，要是這個人在任何場合都肯定生命，他也就可以有信心把生命看作是無窮無盡的而把死亡的恐懼當作一種幻覺驅逐掉。這種幻覺把不適當的恐懼加於他，使他覺得他可終於要失去這現在，爲他事先映現出一種其中並無「現在」的時間。在時間方面是這種幻覺，在空間方面又有另一種幻覺。人們由於這另一幻覺便在自己的想像中把自己正在地球上占據著的那一處當作上面，而所有其餘的他處則看作下面。與此相同，人們都把現在緊扣在自己的個體性上，認爲一切現在都是隨個體性的消滅而消滅的，好像過去和將來都沒有現在似的。可是〔事實上〕在地球上到處都是上面，與此相同，現在也是一切生命的形式。爲了死亡將剝奪我們的現在而怕死，並沒有比人們以爲他幸而是向上直立在圓圓的地球上，卻怕從地球上滑跌下去更聰明些。現在這形式對於意志的客體化是本質上必需的。作爲無廣延的點，現在切斷著向兩端無限〔延伸〕的時間而屹

* 「經院派學者們的學說主張永恆不是無始無終的一個時間系列，而是一個常住的現在，即是說我們所有的現在還是亞當所有的那同一現在，也即是說在現在和那時之間並沒有什麼區別。」（霍布斯：《利維坦》第四十六章）

立不動，好像永遠繼續是中午沒有晚風生涼的黃昏一樣：好比太陽本身不停地燃燒，只在人們看起來才像是沉入黑夜的懷抱中去了一樣。所以，當人們把死亡看作自己的毀滅而恐懼時，那就不是別的，而是等於人們在想像太陽會在晚邊哭訴道：「我糟了，我將沉淪於永久的黑夜了*！」再說，反過來誰要是被迫於生活的重負，誰要是雖然也很想要生命並且肯定生命，但又痛恨生活的煩惱困苦，尤其是痛恨恰好落在他頭上使他不想再繼續忍受的苦命；這樣一個人就不要想從死亡中指望解放，也不能以自殺而得救。黑暗陰森的地府所以能引誘他，是以騙人的假象把陰間當作停泊的無風港。地球自轉，從白晝到黑夜；個體也有死亡；但太陽自身卻是無休止地燃燒著，是永遠的中午。儘管那些個體，理型的那些現象，是如何像飄忽的夢境一樣在時間中生滅，生命意志總是穩保有生命的，而生命的形式又是沒有終點

---

* 在厄克爾曼（Eckermann）的《同歌德的對話錄》（第二版第一卷第一五四頁）中歌德說：「我們的精神在本性上是完全不可毀滅的東西，是從永遠到永遠繼續起作用的東西。這和太陽相似：太陽只是在我們的肉眼看來好像是下沉了，其實是永不下沉的，是無休止地繼續在照耀著。」——歌德這個比喻是從我這裡來的，而不是我用他的比喻。他在一八二四年舉行的這次談話中使用這個比喻，無疑地是由於對我上面這段話的回憶之餘而來的，也許是不意識的回憶；因為我用同樣的詞句說這段話的地方有幾處，一處是本書第一版第四〇一頁，五二八頁，一處是本篇 §65 的末尾。那第一版是在一八一八年十二月寄給歌德的，他在一八一九年三月的來信中表示了他對我的嘉許。我那時正在拿坡里（Neapel 即 Napoli——譯者），信是由我姊姊轉來的。歌德在信內附有一張紙條，上面註明了他特別喜歡的那些頁數。所以他是事先讀過我那本書的。

367

的「現在」。——在這裡，自殺行爲在我們看來已經是一種徒勞的，因而也是傻瓜的行爲；在我們的考察往前推進得更遠時，自殺行爲還要處於更不利的地位。

教條更替而我們的知識也〔常〕失眞，但是大自然卻不會錯。它的步伐是穩定的，它也不隱瞞自己的行徑。每一事物都完全在大自然之中，大自然也完全在每一事物之中。在每一動物中大自然有著它的中心：動物既已妥當地找到進入生存之路，正如牠還將妥當地找到走出生存之路一樣。在生存時，動物是無憂無慮地生活著，沒有毀滅的恐懼；意識著牠就是自然，和自然一樣是不滅的，牠是被這種意識所支持的。唯有人在他抽象的概念中常懷著自己必然會死〔的憂慮〕。好在〔想到〕這種必然性，並不是常有的事，只在個別的瞬間由於某種起因而使將來的死活現於想像之前的時候，才使人們有所憂懼。在大自然的強大氣勢之前，反省思維的能爲是微小的。在人和在不思維的動物一樣，都有一種內在的意識：意識著他即自然，即是世界本身。從這一意識中所產生的安全感，在人和動物都是常態而占著壓倒的優勢。因爲有這一安全感，所以沒有一個人在想到必然要來的，爲期也決不太遠的死亡時，就會怎麼顯著地使他不安；反而是每一個人都是這麼活下去，好像他必須永遠活下去似的。人們這樣活下去，竟至於沒有一個人對於自己必死的眞確性眞有一種鮮明活現的深信，否則這個人的情緒同判處極刑的罪犯的情緒就不能有這麼大的區別；而是每人固然在抽象的一般性中，在理論上承認死的必然性，可是他這種必然性和實際上無法應用的其他理論上的眞理一樣看待，放在一邊，而不怎麼把它放到自己現前的意識中去。誰要是好好注意到人類心靈的這種特點，他就會懂得要解釋這一點，那些心理學上的說明方式，從習慣，從自安於無可避免之事（的心情）來說明是不夠的；倒是應該說這種特點的根由還是上述那種更深刻的說法。用這同一根由還可以說明爲什麼一切時代，一切民族都有個體死後還有某種東西繼續存在的信條，並且尊重這種信條，而不管肯定這一點的證據必然總是極不充分的，不管反面的證據又多又有力。其實，這一點的反面本不需要什麼證據而是健全的悟性所公認爲事實的，而作爲事實，是由於確信自然既不會錯又不撒謊，而是坦然呈現其作爲和本質的，甚至是率眞地把這些透露出來而得到保證的；同時只是我們自己由於幻覺而把這一點的反面弄糊塗了，以便作出解釋來適合我們有限的見識。

至於我們現已在意識上弄明確了的，如意志的個別現象雖然在時間上起，在時間上止，但意志自身，作爲自在之物，和時間上的起止是不相涉的；如一切客體的對應物，亦即認識著而永不被認識的主體，也是和時間上的起止無關的；又如有生命意志便穩有生命等等；這些都不能算到死後有繼續的存在那類學說裡去。這是因爲意志作爲自在之物看，和認識的純粹主體這永恆的造物之眼一樣，既說不上什麼恆存，也說不上什麼消逝；因爲恆存與消逝都只是在時間上有意義的規定，而作爲自在之物的意志和純粹的主體都是超乎時間以外的。因此，個體（爲「認識」的主體所照明的這一個個別意志現象）的利己主義既不能從我們闡述過的見解中，也不能從他死後還有剩下的外在世界在時間上繼續存在這種認識中，爲這個體要無盡期地把自己保存下去的願望找到什麼營養和安慰。並且外在世界繼續存在的說法正是上述那一見解的表現，不過是從客觀方面，因而是從時間上來看的罷了。這是因爲每人固然只是作爲現象才是要滅亡的，在另一方面作爲自在之物固然又是無時間的，亦即無盡的；但是他也只是作爲現象才有別於這世界的其他事物；作爲自在之物他仍是顯現於一切事物中的那意志，而死亡又消除那隔離著人我各自的意識的幻覺：這就是〔死後的〕繼續存在。只有作爲自在之物，每人才是不爲死亡所觸及的。在現象上，他的不爲死亡所觸及則和其餘的外在世界的繼續存在合一了*。由於這一點所以那種內在的，只是感到的意識，意識到我們剛才使之上升爲明確認識的〔道理〕，固然如前所說，即令是對於有理性的生物也能防止死亡這個念頭毒化他的生命，因爲這種意識原是生命有勇氣的根基，即是說只要這生物是面對著生命，全神貫注著生命，這股勇氣就能維繫一切有生之物屹立不墜，使之朝氣蓬勃地活下去，好像沒有死亡這回事似的；然而，這並不是說當死亡個別地在現實中或只是在想像中出現於他眼前而不得不加以正視的時候，有了這種意識就能防止個體不爲死的恐懼所侵襲，不去想方設法逃避死亡。這是因爲當個體和他的認識一直在嚮往著生命之爲生命時，必然會看到生

* 這一點在《吠陀》中是這樣表示的：人在死的時候，他的視覺、嗅覺、味覺、聽覺、言談等就會依次分別和太陽、土、水、空氣、火等融合為一（《鄔布涅伽研究》卷一，第二九四頁起）。——又還有一種表示法：臨死的人透過一種特殊的儀式把他的感官及其全部功能依次一一傳給他的兒子，使這些東西在他兒子身上繼續起作用（同前書卷二，第八二一—八二三頁）。

命中的常住不滅；而在死亡出現於他眼前時，死亡本來是什麼，他同樣也不能不把死亡就看作什麼，也就是看作個別現象在時間上的終點。我們怕死決不是因為死中有痛苦，一方面，痛苦顯然是在死前這一邊的；一方面，我們正是每每為了躲避痛苦而投奔死亡。反過來也是一樣：儘管死是迅速而輕快的，然而只要能多活一會兒，我們有時候寧可承擔可怕的痛苦以躲避死亡。因此我們是把痛苦和死亡分作兩種完全不同的壞事來看的。我們所以怕死，事實上是怕個體的毀滅，死也毫無隱諱地把自己表現為這種毀滅。但個體既是在個別客體化中的生命意志自身，所以個體的全部存在都要起而抗拒死亡。——感情既這樣陷我們於無救助之地，於是理性又可出現而克服一大部分在感情上令人不快的印象；因為理性已把我們抬舉到一個較高的立場了，在這立場上我們的眼光所及，從此就不再是什麼個別的而是總體的整個〔問題〕了。因此，對於世界本質的這種哲學上的認識本身，既已達到我們這考察現在所達到的這一點，不過還沒再向前進的時候，站在這〔較高〕立場上就足以克服死的恐怖了。至於克服到什麼程度，則隨反省的思維在既定個體中對於直接的感受能占有多大的優勢而定。要是一個人把前此闡述過的那些眞理都已吸收到他的思想意識中去了，同時又並沒有由於自己的經驗或什麼更深的見解而認一切生命基本上都是持續不斷的痛苦，卻是在生活中有了滿足，在生活中過得十分如意，在他平心靜氣考慮的時候還希望他的一生又如他所經歷的那樣無限延續下去或重複又重複；他還有那麼大的生活勇氣，以致為了生活上的享受寧願且樂於附帶地忍受一切煩惱和痛苦；那麼，這樣一個人就是以「堅強的筋骨」屹立在搓得圓圓的、永恆的地球上了，他也沒有什麼要怕的東西了。他是由我們給他的認識武裝起來的，他毫不介意地迎著在時間的雙翼上急馳而來的死亡看去，把死亡當作騙人的假象，無能爲力的幽靈，可以駭唬弱者但無力支配那些知道自己即意志的人們；而整個世界就是這意志的客體化或意志的寫照。因此，他在任何時候都穩有生命，也穩有現在——意志現象這唯一眞正的形式。因此，無限的過去和將來都不能駭倒他，他似乎並不在過去未來中；他已把這些過去未來看作虛幻的戲法和摩耶之幕了。所以他無所懼於死亡，正如太陽無所畏於黑夜一樣。——在《薄伽梵歌》中被克利希納置於這一立場上的是他未經考驗的門徒阿容。阿容看到大軍（類似薛西斯❺的大軍）準備接戰，忽爲哀感所乘，躊躕欲罷戰以免萬千軍士生靈塗炭。克利希納當即以上述立場教導了阿容，於是萬千軍士的戰死沙場再不能阻止阿容了，他發出了戰鬥的命令。——歌德的《普羅米修士》也意味著這一立場，尤其是在普羅米修士這樣說的時候：

> 「在這兒，我坐著，
> 按自己的形象塑造人。
> 人這個族類，

---

❺ 薛西斯（Xerxes），古波斯國王，在公元前四九〇—四四五年間曾兩次派軍隊出征希臘，均遭慘敗。

要痛苦，要哭泣，
要享樂，要歡愉。
在我，這都一樣，不相干。
不管你這些——
那就是我！」

還有布魯諾和斯賓諾莎兩人的哲學也可能把一個人帶到這一立場上來，要是這個人信服眞理而不爲這兩種哲學的錯誤和缺點所干擾或削弱的話。布魯諾的哲學中本來沒有什麼眞正的倫理學，而斯賓諾莎哲學裡的倫理學雖然值得稱道，也寫得很好，可是又根本不是從他那哲學的本質出發的，而是藉一些無力的、隨手拈來的詭辯黏附在他學說上的。——最後，大概還有許多人，只要他們的認識和他們的欲求齊頭並進的話，即是說如果他們能夠排除一切妄覺把自己弄個清楚明白的話，也可能站到上面指出的這種立場上來：因爲從認識方面來說，這就是完全肯定生命意志的立場。

意志肯定它自己，這就是說：當它自己的本質已完全而明晰地在它的客體性中，亦即在世界和生命中作爲表象而爲它所知悉的時候，這一認識毫不礙於它的欲求，反而是這樣被認識了的生命正是作爲這樣的生命而爲它所欲求；不過前此是沒有認識的，只是盲目的衝動；現在卻是有了認識，是意識的，經過思考的了。與此相反，如果說欲求，因爲有了這種認識，就終止了，那就會出現生命意志的否定。因爲這時已不再是那些被認識了的個別現象在作爲欲求的動機而起作用，而是那整個的，對世界的本質——這世界又反映著意志——從理念的體會中生長起來的認識成爲意志的清靜劑，意志就這樣自願取消它自己。我希望這些全未經認識過的，一般說來難以理解的概念，透過下面即將接下去就要說明的一切現象，——這裡是指行爲方式的說明——，就會明確起來。在這些行爲方式中，一方面表現出各種程度上的肯定，另一方面也表現出否定。這是因爲肯定否定雙方雖然都是從認識出發的，卻不是從語言文字表出的抽象認識而是從一種活生生的認識出發的。這種活生生的認識僅僅只在舉止行動中表現出來，不依賴什麼教條。與此同時，教條作爲抽象認識是理性所從事的東西。唯有把肯定和否定雙方都表述出來，並使之成爲理性上明確的認識才能是我的目的，而不是要把肯定或否定的某一方式當作〔行爲〕守則寫下來或加以推薦。後面這種做法是既愚蠢又無意義的，因爲意志本身根本就是自由的，完全是自決的；對於它是沒有什麼法度的。——不過這種自由和這自由對必然性的關係是我們進入上述分析之前必須首先加以討論的；然後，生命的肯定和否定既是我們的問題所在，所以又還要對生命作一些一般性的，有關意志及其客體的考察。透過這一切之後，我們要按行爲最內在的本質而如〔我們〕所企圖的，認識到行爲方式的倫理意義，那就容易多了。如前所說，整個這一本書，既只是一個單一思想的展開，那麼，由此得出的結論便是：本書不僅是每一部分只對貼前的部分有必然的關係，而是一切部分都相互有著最親密的關係；〔本書〕不同於所有那些只是由一系列推論構成的哲學，因這〔推論的〕必然關係首先就只假定貼前的部分是讀者所記憶的。〔我們則不然，〕卻是全書的每一部分都和其他任何一部分相貫通而又以之爲前提的。既是這樣，所以〔我們〕才要求讀者不單是記住貼前的那部分，而是要記住前此的每一部分，以便他不管中間隔著若干東西仍然能夠把前此任何一部分聯繫到每次當前的這一部分上來。這也是柏拉圖對他的讀者曾經有過的一個指望，因爲他那些對話錄常是盤根錯節遠離本題思想路線的，每每要在冗長的插曲之後才能再回到主題思想，〔不過〕主題思想卻正是由此而更顯豁了。在我們這裡，這種指望〔也〕是必要的，因爲在這裡要把我們的這單一思想分爲若干部分來考察雖是傳達這一思想的唯一方式，但在思想本身上這並不是本質上重要的東西，而僅僅只是一種方便的手法。——把這單一思想分在四篇裡作爲四個主要觀點，把相近似的、性質相同的東西細心聯在一起，這會有助於減輕論述的困難和理解這一論述的困難。不過這一題材根本不容許像〔寫〕歷史那樣直線前進，而是要迂回錯綜地來闡述的，這就使本書有重複閱讀的必要了。也只有這樣，每一部分與其他部分之間的聯繫才會明顯，然後全書所有各部分才會交相輝映，才得以完全明白。*

* 第二卷第四十一至四十四章是補充這裡的。

55

意志作爲它自身是自由的。這一點，從我們把意志看作自在之物，看作一切現象的內蘊，已可推論出來。現象則與此相反，我們認爲它一貫是在根據律的四種形態之中服從根據律的。並且我們既知道必然性和後果來自已知的原因澈底是同一回事，是可交替使用的兩個概念；那麼，凡是屬於現象的一切，也就是對於作爲個體而認識著的主體的客體，一面都是原因，另一面又都是後果；而且在作爲後果的這一屬性中又必然是一貫被決定的，因而〔這客體〕是什麼就得是什麼，不能〔既是什麼〕又是別的什麼。所以大自然的全部內容，它所有的一切現象都是必然的；每一部分、每一現象、每一事態的必然性都是可以證驗的，因爲每次都必然有其原因可尋，都是作爲後果而依存於這原因的。這是不容有任何例外的，是隨根據律的無限妥當性而俱來的。但是另一方面，在我們看來，這同一個世界在它所有的一切現象中都是意志的客體性，而這意志自身既不是現象又不是表象或客體，而是自在之物，所以也不是服從根據律的，不服從一切客體所具的這個形式，所以不是由一個原因所決定的後果，所以不知有什麼必然性。這就是說意志是自由的。因此自由這概念其實是一個消極的否定的概念，因爲這概念的內容只是必然性的否定，也就是根據律上後果對其原因這一關係的否定。在這裡，一個巨大矛盾的統一點——自由和必然的統一——就非常清楚地擺在我們面前了。關於這一矛盾，近來也常討論過，可是據我所知卻是從來也沒有明確而適當地談過（這一問題）。（其實，）任何事物作爲現象，作爲客體，都澈底是必然的；而同一事物**自在的本身**卻是意志，意志永遠是完全自由的。現象，客體，是必然的，是在因果鏈中不容變更地被決定了的，而因果鏈又是不能中斷的。可是這客體的整個現實存在，這存在的方式，也就是理念，在客體中透露出來的理念，卻直接就是意志的顯現。換句話說，這客體的特性直接就是意志的顯現。如果（只）就意志的自由這一面說，這客體根本就可以不進爲現實存在，或原來就可以在本質上完全是些別的什麼，那麼這整個的因果鏈，它自身既然也是這意志的顯現，而這客體又是它的一個環節，也就會是另一個因果鏈了。但是這客體既已存在，既已有了它，它就已經進入因果系列了，就在這系列中永遠被決定爲必然的了；從而它既不能再成爲別的什麼，即是說不能（臨時）又變，也不能再退出這個系列，就是說不能又化爲烏有了。人，和大自然的任何其他部分一樣，也是意志的客體性，所以這裡所說的一切對於人也是有效的。大自然中每一物都有它的一些力和物性，這些又在一定的作用之下起一定的反應而構成每一物的特性。與此相同，人也有他的**性格**，而動機又以必然性而從這性格中導出行爲。人的驗知性格就是在這行爲方式中顯露出來的，但人的悟知性格，意志的自身，又是在驗知性格中顯露出來的，而人就是這意志自身的被決定了的現象。不過人乃是意志最完善的現象，這現象爲了要存在，如在第二篇裡所指出的，就必須爲這樣高度的認識所照明，即是說在這認識中，甚至要在表象的形式下完全恰如其分地映寫出世界的本質。這就是說理念的體會，世界的鏡子，也成爲可能了，有如我們在第三篇裡已認識到這種寫照一樣。所以說在一個人裡面，意志能夠達到完整的自意識，能夠明確而澈底地認識到它自己的本質以及這本質是如何反映在整個世界中的。眞正具備了這樣高度的認識，如我們在前一篇裡所看到的那樣，乃是藝術所從出（的源泉）。不過在我們全部考察的末尾，當意志把這一認識應用到它自己身上時，在它最完善的現象中還可出現意志的取消和自我否定的可能性；於是，原來在現象中決看不到的，只是自在之物所專有的自由，現在也出現於現象之中了。當這「自由」取消了現象所本的那本質，而現象卻還在時間上繼續存在的時候，就造成了現象和它自己的矛盾，由此又恰好表出了神聖性和自我否認的事象。可是所有這一切只能到本篇的末尾才能完全理解清楚。——目前只是在這裡概括地提一下人如何由於自由，也就是由於獨立於根據律之外而不同於意志的其他一切現象。這種自由或獨立性原來只是屬於作爲自在之物的意志的，並且是和現象相鑿枘的；然而在人，自由卻能在某種可能的方式之下也在現象中出現，不過這時的「自由」就要必然自呈爲現象的自相矛盾。在這一意義上，就不僅只有意志自在的本身，甚至人也誠然可以稱爲自由的，從而得以有別於其他一切生物。如何來理解這一點，那只有借助於後文的一切才能明白，目前我們還只能完全置之不論。這是因爲我們首先還要防止一種謬論，這種謬論以爲個別的、一定的人的行爲是不在必然性的支配之下的；而所謂不在必然性的支配之下就是說，動機的力量不如原因的力量或從前提推得的結論那麼可靠。作爲自在之物的意志的自由，如已說過，要是不計入上述那種只是例外而有的情況，決不直接轉入現象；即令這現象已達到最高度的明顯性，即是說即令是在具有個性的有理性的動物，在具有人格的人，意志的自由也不轉入現象。這人格的人儘管是自由意志的一個現象，他卻決不是自由的，因爲他正已是被意志的自由欲求所決定的現象了。並且當人格的人進入客體的形式，進入根據律時，他固然是把意志的單一性發展爲行爲的多樣性了；但是由於欲求自身超時間的單一性，行爲的多樣性仍然以一種自然力所有的規律性自行表現出來。不過，既然在人格的人和他的全部行事中所顯現出來的究竟是那自由的欲求，而這欲求對全部行事的關係又等於概念對定義的關係，那麼，人格的人的每一個別行動也就要算在自由意志的帳上了，個別行動直接對於意識也是這樣表出的。因此，如在第二篇裡已說過的，每人都先驗地（在這裡是按他原來所感的說的）認爲自己的個別行爲也是自由的，這即是說在任何一個現成情況之下不拘任何行動都是可能的；唯有後驗地，從經驗中和對經驗的反省思維中，他才認識到他的行爲必然完全是從性格和動機的合一中產生的。由於這一點，所以每一個最粗獷的人都要按他自己所感到的而激烈地爲個別行爲的完全自由辯護；但一切時代的大思想家，甚至有些意義較爲深遠的宗教教義卻都否認這種自由。可是誰要是明白了人的全部本質就是意志，人自己就只是這意志所顯現的現象；又明白了這現象有著根據律爲它必然的，從主體方面即可認識的形式，而這形式在這裡又是作爲動機律而形成的；那麼，他就會覺得在已有的性格和眼前的動機之下來懷疑一個行動一定要發生的必然性，就等於是懷疑三角形的三內角之和等於兩直角。——卜利士力❻在他著的《論哲學上的必然性》一書中很充分地闡明了個別行動的必然性；不過這必然性又是和自在的，亦即現象以外的意志自由並存的，則直到康德提出了悟知性格和驗知性格之間的區別時才得到證實*。這是康德的重大貢獻，我完全接受他所作的這種區分；因爲悟知性格在一定程度上出現於一定個體中時，就是作爲自在之物的意志的；而驗知性格，當它既在行爲方式中而從時間上，又在形體化中而從空間上呈現的時候，就是這兒出現的現象它自己。爲了使兩者的關係易於理解，最好還是採用序論中❼就已用過的說法，即是說把每人的悟知性格看作超時間的，從而看作不可分的不可變更的意志活動；而這意志活動在時間、空間和根據律的一切形態中展開了的、分散了的現象便是驗知性格；譬如在一個人的全部行爲方式中和一生的過程中隨經驗而呈現的就是這驗知性格。〔例如〕整個的一棵樹只是同一個衝動在不斷重複著的現象；這一衝動在纖維裡表現得最爲簡單，在纖維組合中則重複爲葉、莖、枝、幹；在這些東西裡也容易看到這一種衝動。與此相同，人的一切行事也是他的悟知性格不斷重複著的，在形式上有著變化的表

---

❻ 卜利士力（Priestley，一七三三—一八〇四），英國化學家，於一七七五年發現氧。

❼ 指《充足根據律的四重根》，見作者原序。

* 《純粹理性批判》第一版第五三二—五五八頁，第五版第五六〇—五八六頁；以及《實踐理性批判》第四版第一六九—一七九頁，羅森克朗茲版第二二四—二三一頁。

現；〔我們〕從這些表現的總和所產生的歸納中就可得到他的驗知性格。——此外，我在這裡不打算改頭換面地重複康德的傑出論述，而只是假定它爲衆所周知的就算了。

我在一八四〇年獲獎的那篇論文❽裡曾透澈而詳盡地論述過意志自由這重要的一章，並且我特別揭露了一種幻覺的根由；由於這種幻覺人們每以爲可以在自我意識中發現一種經驗提供的意志絕對自由，即一種不受制於內外動機的絕對自由，把它當作自我意識中的事實。當時有獎徵文正是很明智地針對這一點而發的。因此，我既已爲讀者指出這篇論文和與此一同發表的《倫理學的兩個基本問題》那篇獲獎論文的第十節，現在我就把〔本書〕第一版在這個地方對意志活動的必然性所作尚欠完善的論述刪掉，而要用一個簡短的分析來解釋上述的幻覺以代替刪去的部分；不過這一分析是以本書第二卷第十九章爲前提的，所以未能〔早〕在上述獲獎的論文中提出。

原來意志作爲眞正的自在之物，實際上是一種原始的、獨立的東西，所以在自我意識中必然也有一種原始性的、獨斷獨行之感隨伴著這裡固已被決定的那些意志活動；別開這一點不論，〔單是〕從第二卷第十九章，特別是第三點所述智力對意志所處的那種分立而又從屬的地位中，也產生一種經驗的意志自由（不是專屬於意志的超驗的意志自由）的假象，亦即個別行爲也有自由的假象。原來〔人的〕智力只在事後從經驗上才獲悉意志所作出的決定，

❽ 指《論意志自由》。

因此正在選擇未定的當時，對於意志將如何決定，智力並無〔判斷的〕資料。這是因爲悟知性格並不落到智力的認識中來，而在動機既具時，由於這悟知性格〔的性能〕就已只能有一個決定了，從而也就是一個必然的決定了。只有驗知性格，由於它的個別活動，才是智力所得以次第認識的。因此，在這認識著的意識（智力）看來，在一個當前的場合意志似乎有同樣的可能來作出相反的兩個決定。這種說法正等於一根豎著的杆子在失去平衡而開始晃動時，人們說：「這杆子可以向右，也可以向左倒下。」但是這個可以只有一種主觀的意義，實際上只是說「從我們所知的資料看」〔杆子可以向左或向右倒下〕；因爲在客觀上〔這杆子〕一開始傾斜的時候，下跌的方向就已必然被決定了。因此，〔人〕自己意志的決斷也只是在這意志的旁觀者，自己的智力看來才不是被決定的，同時只是相對地在主觀上，也就是對認識的主體說才不是被決定的。與此相反，在決斷自身和在客觀上，在擺在眼前的每一選擇當前如何抉擇，是立即被決定了的、必然的；不過這種決定性只是由於繼起的抉擇才進入意識罷了。我們甚至還可爲這一點獲得一個經驗上的例證，例如：當我們已面臨一個困難而重大的選擇時，還需要一個尚未出現而只是可望出現的條件〔才能作出決斷〕，以致我們在目前還不能有所作爲而不得不暫取消極的〔觀望〕態度。這時我們就考慮如果容許我們自由行動而作出決斷的那些情況出現了，我們會怎樣下決心〔的問題〕。在一些〔可能的〕抉擇中，一般是理性上有遠見的考慮會要爲某一決心多說些幫襯的話，而直接的嗜欲好惡又要爲另一決心多說些好話。當我們還在被迫採取消極〔觀望〕態度時，看起來很像理性方面會要占優勢似的；不過我們也能預見到當行動的機會到來時，另外那一方面將有多大的吸引力。在這機會未到來以前，我們使勁用贊成和反對的冷靜思考把雙方的動機放在光線最強的焦點上，以便每一方面的動機都能以它全部的威力影響意志，以便時機一到不致由於智力方面考慮的不周而誤導意志於歧途，不致使意志作出倘是在一切〔動機〕平衡地起作用時不會作出的決斷。但是這樣明確地把方向相反的動機展示出來，已經就是智力在作選擇時所能做的一切了。至於〔人自己〕眞正的決斷，智力也只能以一種緊張的好奇心消極地靜待其出現，正如一個人的智力是這樣去看別人的意志的決斷一樣。因此，在智力看來，從智力的立足點出發，〔理欲〕雙方的決斷必然是有同等可能性的，而這就正是經驗上的意志自由這一假象。在經驗上，一個決斷誠然完全是作爲一件事的最後分曉而進入智力的領域的，但是決斷還是從個體意志的內在本性中，從悟知性格在意志和當前動機的衝突中產生的，從而也是以完整的必然性而產生的。這時，智力除了從各方面鮮明地照亮一些動機的性質之外，再不能有所作爲。智力不能決定意志本身，因爲意志本身，如我們所看到的，完全不是智力所能達到的，甚至不是智力所能探討的。

如果一個人在相同的情況之下能夠這一次是這樣做，而另一次又是那樣做；那麼，他的意志本身必然是在這兩次之間已經變了，從而意志也就必然是在時間中的了，因爲只有在時間中才有「變」的可能。如果眞是這樣，那麼，要麼是意志即一種現象，要麼時間即自在之物的一個屬性。依此說來，則有關個別行爲是否自由的爭論，有關不受制於內外動機的絕對自由的爭論圍繞著的〔問題〕就只是意志是否在時間中的問題了。如果意志是自在之物，超乎時間和根據律的每一形式之外，正如既有康德的學說，又有我的全部論述把它肯定爲必然如此的那樣；那麼，不僅是每一個體必然要在同一情況之下經常以同樣的方式行動，不僅是每一惡行都是這一個體必然要做而**不能自**禁的無數其他惡行的可靠保證，而且是如康德所說的，只要驗知性格和動機全部都是已知的，則人在將來的行藏動靜也就可以和日蝕月蝕一樣事先計算出來。和大自然忠於自己的原則而有一貫性相同，〔人的〕性格也是如此。每一個別行爲必須按性格而發生，和每一〔自然〕現象必須按自然律而出現是一樣的。如在第二篇裡已指出過的，自然現象中的原因和行爲中的動機都只是一些偶然原因。意志，它的顯現既是人的全部存在和生命，就不能在個別場合〔又〕否定它自己；並且凡是人整個兒要的是什麼，那也永遠將是他在個別場合所要的。

主張經驗的意志自由，主張不受制於內外動機的絕對自由，這和人們把人的本質放在**靈魂**之中有著密切的聯繫。這種靈魂似乎原本是一個**認識著**的東西，眞正說起來還要是一個抽象地**思維著**的東西，並且是因此然後才也是一個**欲求著**的東西。這樣，人們就把意志看成第二性的了；而其實呢，認識倒眞是第二性的。意志甚至於被看作一個思維活動而等同於判斷；在笛卡兒和斯賓諾莎那裡就是這樣的。根據這種說法，任何人之所以是他，是由於他的**認識**然後才成爲他的。他是作爲道德上的零而來到這世間上的，是在世上認識了事物之後，然後才作出決定要成爲這，要成爲那，要這樣做，要那樣做的。他還可以由於新的認識又抓住一種新的行為方式，也就是說又變為另一個人。再進一步，照這種說法看來，人將首先把一個東西認為是**好的**，因為有了這認識才要這東西；而不是他先要這東西然後才說它是**好的**。從我全部的基本觀點看來，這一切說法都是把實際的關係弄顛倒了。意志是第一性的，最原始的；認識只是後來附加的，是作為意志現象的工具而隸屬於意志現象的。因此，每一個人都是由於他的意志而是他，而他的性格也是最原始的，因為欲求是他的本質的基地。由於後加的認識，他才在經驗的過程中體會到他是**什麼**，即是說他才認識到自己的性格。所以他是隨著，按著意志的本性而**認識**自己的；不是如舊說那樣以為他是隨著，按著他的認識而有所**欲求**的。按舊說只要他考慮他最喜歡是**如何如何**，他便是如何如何了：這就是舊說的意志自由。所以舊說〔的旨趣〕實際上是在說：在認識之光的照耀下，人是他自己的創造物。我則相反，我說：在有任何認識之前，人已是他自己的創造物；認識只是後來附加以照明這創造物的。因此，人不能作出決定要做這樣一個人，要做那樣一個人，也不能〔再〕變為另一個人；而是他既已**是**他，便永無改易，然後，逐次認識自己是**什麼**。在舊說，人是**要**他所認識的〔東西〕；依我說，人是**認識**他所要的〔東西〕。

古希臘人把性格叫做「埃多斯」❾，又把性格的表現，亦即生習，叫做「埃德」❿。這

❾ ηθος

❿ ηθη

兩個詞都是從「艾多斯」[11]，亦即從「習慣」一詞來的。他們所以選用這個詞兒是要用習慣的有恆來比喻性格的有恆。亞里斯多德說：「埃多斯（性格）這個詞兒的命名是由艾多斯（習慣）來的，因為倫理學這個名稱就是從『習於是』來的。」（《大倫理學》第一卷第六篇第一一八六頁，《倭依德摩斯倫理學》第一二二〇頁，《尼柯德摩斯倫理學》第一一〇三頁，柏林版）斯多帕烏斯曾引用過這樣一句話：「芝諾的門徒把習慣比喻為生命的源泉，由此源泉產生個別行為。」（第二卷第七章）——在基督教的教義中我們看到由恩選和非恩選（《給羅馬人的信》[12] 9，11-24）而來的命運註定說。這一信條所從出的見解顯然是：人不自變，而他的生活和行藏，亦即他的驗知性格，都只是悟知性格的開展，只是固定的、在童年即可認識的、不改變的根性的發展。這就好像是人在誕生的時候，他一生的行事就已牢固地被決定了，基本上至死還是始終如初的。對於這一點我們也表示同意，不過有些後果[13]是從這種完全正確的見解和猶太教原有的信條兩者的統一中產生出來的，這就發生了最大的困難，出現了永不可解的戈第安[14]無頭死結。教會裡絕大部分的爭論就是圍繞這一死結而進行

---

[11] ἔθος

[12] 使徒聖保羅著。

[13] 指教會裡關於宿命論和意志自由的爭論。

[14] 傳說古佛立其亞（Phrygia）一神廟中陳列舊戰車一輛，車後有一死結並有讖語謂「解此結者即為世界之王」。

的。這樣一些後果誠然不是我想承擔出頭來主張的。爲了解決這一問題，即使是使徒保羅本人曾設了一個製鉢匠的比喻，也未見得他就眞是成功了；因爲即令他是成功了，那最後的結果仍不外是：

「敬畏諸神罷，
〔你們〕人類！
神們握著統治權
在它們永恆的兩手。
它們能夠——
要如何，便如何！」

可是這樣一些考察本來就和我們的題材不相干，更符合我們目的的倒是應對性格和它的一切動機所依存的認識兩者之間的關係作幾點說明。

動機既然決定性格的顯現，亦即決定行爲，那是透過認識這個媒介來影響性格的。但認識是多變的，常搖擺於正誤之間，不過一般總會在生活進程中逐漸得到糾正的，只是糾正的程度不同罷了。那麼，人的行爲方式也就可以有顯著的變化，只是人們無權由此推斷人的性格也變了。凡是人在根本上所欲求的，也就是他最內在的本質的企向和他按此企向而趨赴的目標，決不是我們以外來影響，以教導加於他就能使之改變的；否則我們就能夠重新再製造一個人了。塞內卡說得很中肯：「意欲是教不會的。」斯多噶派倡導「德性是可以教得會的」，但在這問題上塞內卡寧可把眞理置於他〔所推崇〕的斯多噶派之上。從外面來的只有動機能夠影響意志，但是這些動機決不能改變意志本身，因爲動機只在這人〔本來〕是怎樣的便是怎樣的這個條件之下才能對他發生力量。所以動機所能做的一切一切，充其量只是變更一個人趨赴的方向，使他在不同於前此的一條途徑上來尋求他始終一貫所尋求的〔東西〕罷了。因此，教導，糾正了的認識，也就是外來影響，固然能告訴他是在手段上弄錯了，從而使他又在完全不同於前此的途徑上，甚至在完全不同於前此的另一對象上來追求他按自己的內在本質曾經追求過的目標；但決不能眞正使他要點什麼不同於他前此所要過的。前此所要過的保持一貫不變，因爲他原就只是〔這個「要」，〕這欲求本身，否則就必須取消這欲求了。同時，那前者，也就是「認識」的可糾正性，從而也是行動的可糾正性，竟能使他在他企圖達到他不變的目的時，可以一會兒是在現實世界，一會兒在幻想世界，並分別爲之考慮手段。例如這目的是穆罕默德的天國，那麼，要在現實世界達成這一目的就使用機智、暴力和欺騙爲手段；要在幻想世界達成這一目的就用克己、公道、布施、朝拜聖城麥加爲手段。但是並不因此他的企向本身就有了什麼變更，至於他自己本身則更說不上什麼變更了。儘管他的行爲在不同時期的表現很不相同，但是他所欲求的依然完全如故。「意欲是教不會的。」

要使動機發生作用，不僅需要動機已經具備，而且要求這動機是被認識了的：因爲依前面曾提到過一次的經院學派一個很好的說法，「動機不是按其實際存在，而是按其被認識的存在而起作用的。」譬如說：要使某人的利己心和同情心的相互關係顯露出來，單是這個人擁有些財富，看到別人的窮困，那是不夠的；他還必須知道用他的財富可以爲自己，又可以爲別人做些什麼；不僅是只要別人的痛苦出現在他眼前而已，他還必須知道什麼是痛苦，當然也得知道什麼是享受。當這個人第一次碰到這種機緣時，也許還不能如在第二次的時候那麼透澈知道這一切；如果現在是機緣相同而他前後的做法不同，那麼，儘管看來似乎前後都是那些情況，其實是情況已有所不同了，即是說有賴於他對此機緣的認識那一部分情況是已經不同了。——〔一面是〕對於眞正實有的情況無所認識將取消這些情況的作用，另一面全是幻想的情況卻也能和眞實情況一樣的起作用；並且不只是在個別的一次幻覺上，而是整個兒持久地起作用。例如說一個人已確確實實被說服了，深信做任何一件好事都會在來生得到百倍的善報，他這信心的功效和作用就會完全等於一張信用昭著的遠期支票一樣；並且他可以從這自私心出發而施捨，正如他在換了別的見解時又可從這自私心出發而取之於人一樣。他並沒有變。「意欲是教不會的。」在意志不變的時候，藉認識對於行爲的這種巨大影響，〔人的〕性格才得逐漸展開而現出它不同的輪廓。因此，年齡不同，性格也每每不同；隨暴躁不馴的青年時代而來的可以是一個沉著的、有節制的壯年時代。特別是性格上的惡將要隨年齡而更顯著有力；不過有時候青年時代所沉溺的情欲後來又自動被馴服了；但這不過是因爲後來又在認識上出現了相反的動機罷了。也是因爲這一點，所以我們大家在「人之初」的時候都是天眞無罪的，而這也不過是等於說我們自己和別人都不能（在那時）看到自己天性上的「惡」罷了。天性上的「惡」是有了動機之後才現出來的，而動機又是隨著歲月（的增長）而被認識的。到我們（年高）在最後認識自己時，那已完全是另外一個自己，不同於我們先驗地所認爲的那個自己了，因而我們往往要爲這個自己愕然一驚。

懊悔的產生決不是由於意志已有所改變（那是不可能的），而是由於認識有了變化。凡是我曾一度欲求過的東西，就其本質和原來的意欲說，到現在也必然還是我所欲求的，因我自己就是這一意志，而意志是超乎時間和變化之外的。因此，我決不能後悔我所欲求過的，但很可以後悔我所做過的；因爲我可以是被錯誤的概念所誘導而做出了什麼與我的意志不相符合的事，而在（事後）有了較正確的認識時看透這一點就是**懊悔**。這不僅是對生活上的明智，對手段的選擇，對目的是否符合我本意這種判斷而言，而且也是對眞正的倫理意義而言。例如我可以做出一些過分自私而不符合自己性格的行爲，這就是誤於誇大地想像自己所處的困難或別人的狡詐、虛僞、惡毒，或是誤於操之過急。而操之過急也就是未加考慮而行動，（行動）不是被在普遍性中明確認識了的動機所決定，而是被直觀的動機、眼前的印象和這印象所激起的情感所決定。這些情感又如此激烈，以致我未能眞正運用自己的理性；所以思考的回復在這裡也只是糾正懊悔所從產生的那認識，懊悔也就每次都是以盡可能彌補往事而表現出來。不過也得指出有些人爲了欺騙自己，故意安排一些操之過急的情況，而實際上卻是些暗地裡經過深思熟慮的行爲。這是因爲我們使用這樣細膩的手法，並不在欺騙或奉承別的什麼人，而只是爲了欺騙和逢迎自己。——此外還可以發生和上述例子相反的情況：對別人的過分信任，對生活資料的相對價值認識不足，或是我已失去信心的某一抽象教條，都可以引導我做出一些事情較少自私而不符合自己的性格，這就又爲我準備了另外一種懊悔。因此懊悔總是糾正對行動和本來意圖之間的關係的認識。——單就意志要在空間上，也就是要只從形態方面來顯示它的理念說，原已爲其他理念所支配的物質就不免對這意志有所抗拒——在這裡其他理念即各種自然力——，常不讓這兒向明朗化掙扎的形態出落得完全純潔、鮮明或優美。與此相同，要是意志單是在時間上，也就是只以行爲顯示自己，就又會在認識上碰到類似的阻礙。認識常不以正確的資料根據供應意志，從而行爲的發生也就不能完全準確地與意志相符。這就導致懊悔。因此懊悔總是從糾正了的認識中產生的，而不是從意志的改變產生的；改變意志也是不可能的。至於對做過的事發生良心上的不安，這卻一點也不是懊悔，而是對於認識到自己本身，亦即認識到作爲意志的自己，所感到的痛苦。良心不安正是基於人們確知自己總還是有著原來的意志。假如意志改變了，那麼良心不安也就只是懊悔了，從而良心不安也就自動取消了。這因爲往事既然是表現著一個意志的某些面貌，假如做出那事的意志已不是懊悔者（現在）的意志，那麼往事也就不能再喚起良心不安了。在更後面的地方我們還將詳細闡述良心不安（的問題）。

認識作爲動機的媒介，雖不影響意志本身，卻影響意志的出現爲行爲。這一影響，由於人禽的認識方式不同，就奠定了人類行爲和動物行爲之間的區別。動物只有直觀的表象，人由於有理性還有抽象的表象——概念。人雖和動物一樣都是以同等的必然性而爲動機所決定的，然而人卻以具有完整的抉擇力而優勝於動物。這種抉擇力也常被認作個別行動中的意志自由，其實這並不是別的什麼，而是在幾個動機之間經過澈底鬥爭過來的衝突的可能性，其中較強的一個動機就以必然性決定意志。不過要做到這一點，動機就必須具有抽象思維的形式，因爲只有借助於這種形式才可能有眞正熟慮的權衡，即是說才能衡量相反的理由而發爲行動。動物則只能在直觀地出現於眼前的動機之間進行選擇，因此這選擇也是侷限於它當前直觀覺知的狹窄範圍之內的。所以由動機決定意志的這一必然性——這是和原因決定後果的必然性相同的——只在動物才可以直觀地直接表達出來，因爲在這裡旁觀者也直接目睹這些動機及其作用。在人可不是這樣，動機幾乎總是抽象的表象，是旁觀者看不到的；甚至在行爲者本人，動機起作用的必然性也是隱藏在動機間的衝突之後的。這是因爲只有在抽象中才可能有好幾個表象作爲判斷和推論連鎖而並列於意識之中，不受一切的時間制約而相互影響，直至其中最強的一個壓倒了其餘的而決定意志爲止。這就是完整的抉擇力或熟慮的權衡能力。這就是人所以優越於動物的地方。人們就因這種權衡能力而把意志自由賦予人，誤以爲人的欲求是智力開動的結果，並不需要某種衝動作爲智力的基地；而實際上卻是動機只有在人的一定衝動的基礎上，在人的一定衝動的前提下才有發動的作用。在人，這種一定的衝動是個別的，也就是〔人各〕有一性格。人們可以在《倫理學的兩個基本問題》（第一版第三五頁起，第二版第三三頁起）中看到我已詳細論述過這種熟慮的權衡能力和由此引起的人禽意向的不同，因此我在這裡指出這一段作爲參考。此外，人的這種熟慮權衡能力又是屬於使人的生存比動物的生存更爲痛苦的那些東西之內的，因爲我們最大的痛苦根本不是作爲直觀表象或直接感受而存在於當前的東西，卻是作爲抽象的概念、惱人的思慮而存在於理性之中的東西；至於逍遙於這些之外的則是只在當前「現在」中生活的，從而也是在可羨的無憂無慮中生活的動物。

上面已論述過人的權衡能力有賴於抽象中的思維能力，也就是有賴於判斷和推理。既是使笛卡兒又是使斯賓諾莎走入迷途的好像就是這（「有賴於」的）依賴性，他們把意志的決斷和肯定否定的能力（判斷力）等同起來。笛卡兒由此引申而認爲不受制於動機的自由意志也要爲一切理論上的謬誤負責。斯賓諾莎又和他相反，認爲意志必然被決定於動機，有如判斷的必然被決定於根據*。後面這一說法本來有它的正確性，卻又是作爲前提錯誤、結論正確（的推理）而出現的。

前已指出人禽各自爲動機所推動的方式不同，這種差別對於人禽雙方的本質所發生的影響都很深遠；而且雙方的生存所以澈底而又顯著的不同也大半是這一差別所促成的。當動物總是只從直觀表象而具有動機時，人卻努力要完全擺脫這種動機的作用而只以抽象表象決定

---

*　笛卡兒：《默思錄》第四點；斯賓諾莎：《倫理學》第二部命題四八、四九等等。

自己。人由此得利用他理性上的特權以取得最大可能的優勢；他擺脫了現在，他不是趨避眼前隨即消逝的苦樂，而是考慮苦樂雙方的後果。除開一些根本無多大意義的行動外，我們在絕大多數場合都是被抽象的、從思想中產生的動機所決定，而不是被眼前印象所決定的。因此我們覺得只在眼前一時忍受任何個別的匱乏頗爲輕易，而任何有意的刻苦卻困難得可怕；因爲前者只涉及轉瞬即逝的現在，而後者卻和此後的將來攸關，因而還包含著無數次的匱乏在內；有意刻苦就等於無數次的忍受匱乏。因此，我們苦樂的原因所在大半不是實際的「現在」而是抽象的思慮。這思慮才是常使我們難於忍受的東西，才是給我們製造煩惱的東西。動物界的一切痛苦和這種痛苦相比是微不足道的。我們也常因這種痛苦而不感到自己生理上的創痛。在我們有激烈的精神痛苦時，我們甚至於還製造一些肉體的痛苦；其所以如此，只是在於以此使我們的注意力從精神痛苦轉移到肉體的痛苦上來。因此，人們在精神極度痛苦時要扯下自己的頭髮，要搥胸抓臉，要在地上打滾；而這一切無非都只是一種手段，用以驅散一個覺得難以忍受的思想。正因爲精神痛苦比肉體上的痛苦要大得多而能使後者不被感覺，所以絕望的人或是被病中苦惱所折磨的人，即令他從前在舒適狀態中一想到自殺這一念頭就要顫慄退縮，現在卻很容易瀕於自殺。同一個道理，憂慮和傷感，也就是思想上的一些玩意兒，比肉體上的創痛更容易傷身，損害身體也更爲嚴重。據此，愛比克泰特說得對：「使人煩惱的不是事物本身，而是人們對於這事物的信念或意見。」塞內卡也說得好：「虛聲恫嚇我們的事物多於實際脅迫著我們的事物，並且我們在見解上感到痛苦的次數也多於在實際上感到痛苦的次數。」（《信札》第五篇）歐伊連斯皮格⓯以自己上山時笑，下山時哭的做法也很中肯地諷刺了人的天性。還有孩子們在把自己弄痛了的時候，每每不是爲著痛而哭，卻是在人們對他表示憐愛時，爲了由於憐愛喚起的痛這個思想而哭。在人的行爲、生活和動物的行爲、生活之間有著一些那麼巨大的差別，那都是由於各自的認識方式不同而來的。此外，明確而堅定的個性之出現也是以在幾個動機中唯有藉抽象概念才可能作出的選擇爲先決條件的，這又是人類和幾乎只有種性的動物之間的主要區別。原來只有在事先作出選擇之後，在不同個體中各別作出的不同決斷才是這些個體的個性之標誌，這種個性也是人各不同的。可是動物的行爲卻只取決於眼前印象的有無，假定這印象對於這動物的族類本來就是一個動機的話。因此，就人來說，無論是對自己或對別人，最後唯有決斷而不是單純的願望才是他的可靠標誌。不過無論是就自己或就別人說，決斷也只有透過行動才會固定下來。願望則只是當前印象的必然後果，不管它是外來刺激的印象或內在情愫的飄忽印象；所以願望是直接必然而未經考慮的，是和動物的動作一樣的。因此，願望也和動物的動作一樣，只表現種性而不表現個性，即是說只提示*凡是人*可能做出什麼，而不是說感到這願望的*這個人*可能做出什麼。實際行動既是人的行爲，就總需要一定的考慮；又因爲人一般都掌握著自己

⓯ 歐伊連斯皮格（Eulenspiegel），十四世紀德國北部玩世不恭的滑稽人物，歿於一三五〇年，自一五一五年後民間傳說他的事蹟已蒐集成書。

的理性而有冷靜的頭腦，即是說人是按思考過的抽象動機才作出決斷的；所以唯有（實際行動）是他行爲上可悟知的最高規範的表現，是他最內在的欲求的結果，對於他的驗知性格所處的地位等於一個字母對於一個詞的關係；而他的驗知性格又只是他的悟知性格在時間上的表現。因此，凡在神志健全的場合，使良心感到負擔的是（人的）所作所爲，而不是願望和想念，只有我們的所作所爲才把一面反映我們意志的鏡子高舉在我們面前。前面提到過全未經考慮的，眞是在盲目激動中幹出來的行動，在某種意義上是單純願望和決斷之間的一種中介物，所以這樣的行動可以由於眞正的悔悟，不過也得是在行動中表現出來的悔悟，而從我們意志的寫照中抹掉，好像抹掉畫錯了的一根線條似的；而這張寫照就是我們一生的全部過程。——附帶地作爲一個奇特的比喻，在這裡指出願望和實際行動的關係同電的分布和電的傳導的關係有著完全偶然的，但精確相當的類似性，可說是適得其所罷。

對於意志自由和與此相關的問題作了這一整套的考察之後，我們隨之而發現：自在的意志本身在現象之外固然是自由的，甚至可以說是萬能的；但是這意志在它個別的，爲認識所照明的那些現象中，亦即在人和動物之中，卻是由動機決定的；而對於這些動機，每一各別的性格總是以同樣的方式作有規律而必然的反應。至於人，我們看到他藉後加的抽象認識或理性認識而以**抉擇力**超出動物之上，可是這種抉擇力只是把人變成了動機相互衝突的戰場，卻並沒有使他擺脫動機的支配。因此，這抉擇力固然是個性得以完全表出的條件，卻並不是個別欲求的什麼自由，即是說不能作爲對於因果律的獨立性來看；因果律的必然性是普及於人和任何其他一個現象的。於是理性或認識藉概念而在人的欲求和動物的欲求之間造成的區別，也就止於上述這一點而已，不再超過一步。可是當人拋棄了在根據律之下對個別事物之爲個別事物的全部認識，而藉理念的被認識以看透個體化原理時，還可能出現完全另一種在動物界不可能有的人類意志現象。這時作爲自在之物的意志專有的自由就有眞正出現的可能了，由於意志自由的這一出現，現象就進入自我否定這一詞所標誌著的某種自相矛盾了，最後現象的本質自身也自行取消了，——意志本身的自由也在現象中有這種特有的、唯一直接的表現，這是在這裡還不可能說清楚的，而是要到最後才是我們考察的對象。

不過我們由於當前的剖析既已明確了驗知性格的不變性，它只是超乎時間的悟知性格的開展；又已明確了行爲是從悟知性格和動機的融合中產生的這一必然性之後，我們首先就得排除一種爲了有利於邪惡嗜欲而很容易從這裡引申出來的推論。因爲我們既要把性格看作超乎時間的，隨而也是不可分的、不變的意志活動在時間上的開展或悟知性格在時間上的開展，而一切本質的東西，亦即我們生活行事的倫理含義又不可移易地被決定於悟知性格，且隨之而必然要表現於悟知性格的現象中，表現於驗知性格中；同時又只有這現象的、非本質的東西，亦即我們生活過程的外在結構，才是依賴動機得以表出的那一些形態的；那麼，人們就可推論說：致力於性格的改善或爲了抗拒那些邪惡嗜欲的力量而努力，就都要是徒勞的了，還不如屈從這種無法改變〔的情況〕更爲適宜；對於任何嗜欲，即令是邪惡的，也要立即欣然相從了。——可是這種說法和不可擺脫的命運之說有著完全相同的破綻，人們把由此作出的推論叫做「懶漢邏輯」，近些時又稱爲「土耳其人的信仰」。對於這一點的正確駁斥，據說是克利西波斯所提出的，也是西塞羅在《論命運》一書第十二章、十三章中曾加以闡述過的。

雖然一切都可以看作是命運註定的、不容更改的，這也不過是由於原因的鎖鏈（而如此）。因此沒有一個場合可以肯定後果是沒有它的原因而出現的。所以並非乾脆就是這事態（本身），而是這事態作爲先行原因的後果，才是被決定的。所以命運所決定的不單是這後果而是還有那些中介物，即這後果註定是作爲它們的後果而出現的中介物。那麼，如果這些中介物不出現，則這後果肯定也不會出現。兩者總是按命運的註定而出現，不過我們總要到事後才體會到這種註定罷了。

如同事態總是隨命運（的安排），也即是按無窮的原因鏈鎖而出現一樣，我們的作爲也將總是按我們的悟知性格而發生的。但是和我們不能預知事態的出現一樣，我們對於自己作爲的發生也沒有先驗的理解；我們只是後驗地，從經驗上既認識別人又認識我們自己。隨悟知性格而俱來的（理之當然），既然只有在對邪惡的嗜欲做過漫長的鬥爭之後我們才能作出一個善良的決斷；那麼，（在決斷之前）這一鬥爭必須先行而靜待其結局。對於性格的不變性，對於我們一切作爲所從流出的源泉的單一性所作的反省思考，不可誤導我們爲了偏袒這一面或那一面就搶先在性格的決斷之前（先有成見）；在隨鬥爭而繼起的決斷中我們自會看到我們是哪一種人，把我們的作爲當作鏡子照一照自己。從這裡正可說明我們用以回顧以往生活歷程的滿意或內疚（情緒）。兩者都不是從那些過去的作爲還有什麼實際的存在而來的；那些作爲是過去了，是往事了，現在已不存在了。那些作爲對於我們所以還有著巨大的重要性是從它們的意義上來的；是從那些作爲是性格的寫眞，是反映意志的鏡子，我們看這面鏡子就認識我們最內在的自我，認識意志的內核（這些事實）上來的。因爲這⑯不是我們事先，而是事後才能經歷到的，所以我們就得乘時掙扎鬥爭，以便使我們在看到我們用自己的作爲織成的這幅寫照告成時，會有最大可能的安慰而不是使我們惶恐悚懼。不過這種心安理得和神明內疚的意義，如已說過，還要在本文後面好遠的地方才能探討。在這裡還有下列一個獨立自成章片的考察。

在悟知性格和驗知性格之外，還有不同於這兩種的第三種性格要談一談，這就是人們在生活中由於社會風習而具有的**獲得性格**。人們在贊許一個人時說他有品格，或是在責備一個人時說他沒有品格，那就是指獲得性格而言。——雖然人們可能認爲驗知性格作爲悟知性格的現象是不變的，並且和每一自然現象一樣，在其自身都是前後一貫的，人也正因此總是必然要現爲和自己等同的，前後一貫的，那麼就沒有必要由經驗和反省思考而人爲地來爲自己獲得一種性格了。可是事實卻不如此，儘管人很可以經常是他自己，但他並不是時時刻刻都了解自己的，而是直到他在一定程度上獲得了眞正的自我認識爲止，每每是把自己認錯了

⑯ 指最內在的自我。

的。驗知性格作爲單純的自然衝動，其自身是非理性的。並且驗知性格的外露還要受到理性的干擾，人愈是有冷靜的考慮和思維能力，干擾愈是巨大。這是因爲考慮和思維總是責以人作爲種性根本應具有的是什麼，責以人在欲求和事功中根本可能的是什麼。這樣一來，就使這人要藉自己的個性而理解他從一切事物中唯一欲求的是什麼，唯一能做的是什麼，增加了困難。他發現自己對人類的一切企向和能力都有些稟賦，但這些稟賦在他個性中的不同程度卻是他沒有經驗就不能明白的。並且即令他現在只抓那些單是符合他性格的一些企向，他，特別是在個別關頭和個別情緒中還是會感到一種激動恰是指向相反的，因而是不能調和的企向；如果他要從事原來那些企向而不受干擾，就必然要壓制後來感到的這些企向。這是因爲我們在地面上所有物理性的道路總是一條線而不是一個面，在生活上也是如此；當我們要抓住而占有一條道路時，就必然要放棄左邊右邊的其他無數條道路而聽之任之。如果我們不能對此下決心而是像孩子們在新年趕集似的，走到哪兒看見有趣的東西就想伸手，那就會等於是把一條線型的路變成一個平面那樣的錯誤企圖。那是走「之」字路，就如我們夜間隨著磷火的閃光忽而這邊，忽而那邊，結果是哪兒也到不了。——或者另外用一個比喻：按霍布斯的法學所說，人對任何一物原來都有一份權利，但又是對任何一物都沒有獨占的權利；可是一個人仍可由於他放棄一切其他事物而獲致一些個別的事物。別的人則又相反，他從這個既已選定了什麼這一方面出發也是同一個〔取一捨萬的〕做法。在實際生活中就正是這樣。我們在生活中也只有放棄一切不相干的要求，對一切別的東西棄權才能眞正嚴肅地、幸運地追求任何一個一定的企圖，不管所追求的是享受，是榮譽，是財富，是科學，是藝術或是美德。因此僅有欲求和才能本身還是不夠的，一個人還必須知道他要的是什麼，必須知道他能做的是什麼。只有這樣，他才顯出性格，他才能幹出一些正經事兒。在他未達到這個境界之前，儘管他的驗知性格有著自然的一貫性，他還是沒有性格。並且他雖整個地必然是忠於自己，必然要經歷他的人生道路一直到底，他卻是被自己的惡魔所牽制，他不會走一條筆直的路，他會要走一條左彎右拐的曲線，會要搖擺不定，走失大路，迂回轉折，會要替自己準備懊悔和痛苦。這一切都是因爲他事無巨細，都只看到自己眼前有這麼許多人所能做、所能達成的東西，而不知道其中唯有什麼是和他相稱的，是他所能完成的，甚至不知道什麼是他所能享受的。因此他會爲了某種地位和境遇而羨慕一些人，其實這些都只是和那些人相稱而不是和他的性格相稱的，他果眞易地而處，還會要感到不幸，甚至要忍耐下來也不可能。和魚只有在水中、鳥只有在天空、鼴鼠只有在地下才感到舒適一樣，人也只能在和他相適應的氣氛裡感到舒適；例如宮廷裡的那種空氣就不是每一個人都能呼吸的。由於對這一切缺乏足夠的理解，有些人就會去做各種會要失敗的嘗試；在個別場合對自己的性格施加壓力，而整個的又仍必然要服從自己的性格。並且如果他是這樣違背著自己的天性，即令他辛勤地達成了什麼也不會使他有所享受，即令他學會了什麼也依然是死的（，不能活用）。甚至在倫理方面的行爲，如果不是由於一個人純潔、直接的衝動，而是由於一個概念，一個教條而產生的，就他的性格說又是過於高尚的，那麼這一行爲就會由於後來自私的懊悔而在這個人自己的眼裡也要喪失一切的功勞。「意欲是教不會的。」我們總要透過經驗才體會到別人的性格沒有可塑性；〔可是〕直到具有這體會之前，我們還幼稚地相信可以用合理的表象，用請求和懇禱，用榜樣和高貴的品質隨意使一個人背棄自己所屬的類型，改變他的行爲方式，脫離他的思想路線，甚至「增益其所不能」。同樣，我們還相信對於自己也可以這樣做。我們必須從經驗學會認識我們欲求的是什麼和我們能做的是什麼。在沒有認識到之前，這些是我們所不知道的，我們也就說不上有性格而常常要由外界的硬釘子把我們碰回到我們自己〔原來〕的軌道上來。——如果我們最後終於學會了認識這些，那麼我們也就已經具有世人所謂品格的**獲得性格**了。因此，具有獲得性格就不是別的而是最大限度完整地認識到自己的個性。這是對於自己驗知性格的不變屬性，又是對於自己精神肉體各種力量的限度和方向，也就是對於自己個性全部優點和弱點的抽象認識，所以也是對於這些東西的明確認識。這就使我們現在能夠透過冷靜的思考而有方法地扮演自己一經承擔而不再變更的，前此只是漫無規則地〔揣摩〕使之同化於自己的那一角色；又使我們能夠在固定概念的引導之下塡補自己在演出任務中由於任性或軟弱所造成的空隙。這樣我們就把那由於我們個人的天性本來便是必然的行爲方式提升爲明白意識到的，常在我們心目中的最高規範了。我們是這樣冷靜熟慮地按之而完成那些行爲方式，就如我們是〔重新〕學會了這樣做的似的；同時我們不會由於情緒上一時的影響或當前印象而搞錯，不會由於中途遇到細微事故的苦惱而被阻，不會遲疑，不會動搖，不會沒有一貫性。我們現在就再不會和新來的生手一樣要等待，要嘗試，要向周圍摸索以便看到我們究竟欲求的是什麼，能做的是什麼；我們已是一勞永逸地知道了這些，我們在每次要作選擇的時候，只要把一般命題應用到個別場合上，立刻就得出了結論。我們現在是在普遍性上認識了我們的意志，我們不再讓自己被一時的情緒或外來的挑動所誤，而在個別場合作出在全局中和意志相反的決斷。我們也同樣認識了自己各種力量和弱點的性質、限度，從而我們就可以爲自己減少很多的痛苦。這是因爲除了使用和感到自己的力量之外，根本沒有什麼眞正的享受，而最大的痛苦就是人們在需要那些力量時卻發現自己缺乏那些力量。如果我們已探得了我們的優點和弱點的所在，我們就會培養、使用，從各方面來利用自己有突出特長的自然稟賦，自己只向這些稟賦有用的地方、效力所及的地方鑽，但斷然要以自我克制（的功夫）來避免我們氣質上稟賦很少的那些企向，要防止自己去嘗試本不會成功的事。只有到了這個地步，一個人才能經常在冷靜的熟慮中完全和自己一致而從來不被他的自我所遺棄，因爲他已經知道能對自己指望些什麼了。這樣，他就會常常享有感到自己長處的愉快而不常經歷到要想及自己短處的痛苦。後者是羞辱，也許要造成最大的精神痛苦；因此人們看到自己的不幸比看到自己的不行要好受得多。——如果我們既已備悉自己的優點和弱點，我們就不會想炫示自己所沒有的力量，不會買空賣空（，冒充能手）。因爲這樣的花招最後還是達不到目的的。這是因爲整個的人既然只是他意志顯出的現象，那就再沒有比自己從反省的思維出發而要成爲不是自己的別的什麼更爲顚倒的了，因爲這是意志和它自己的直接矛盾。模仿別人的屬性和特點比穿別人的衣服還要可恥得多，因爲這就是自己宣告自己毫無價值。就這方面說，認識自己的存心，認識自己每一種才具及其固定不變的限度乃是獲得最大可能的自慰一條最可靠的途徑。因爲無論是就內在情況或外在情況說，除了完全確知哪是無可改變的必然性之外，我們再也沒有更有效的安慰了。我們已遭遇了的壞事還不如想到也許有某些情況可以避免這一壞事更使我們痛苦，因此，除了從必然性的觀點來看往事，我們就沒有更有效的安慰了。從這種觀點出發，一切偶然機緣都現爲支配〔一切〕命運的一些工具，而我們就隨而把這已發生的壞事看作是由於內外情況的衝突無可避免地引將來的，而這就是宿命論。〔譬如〕我們叫苦叫屈地一直鬧著，其實也只是以爲尙存希望可以以此影響別人或是激起自己空前緊張的努力。可是孩子們和成年人在他們一經看清楚事情根本無可挽回時，都很知道適可而止。〔這叫做：〕

「胸懷滿腔怨憤，
卻要勉強按納。」

我們好像捉將來關在籠裡的大象一樣，〔開始〕總要猛烈地叫囂跳蹦騰挪幾天，直到牠看到這是徒勞無益的，然後又突然處之泰然地拿脖子來就象軛，從此永遠馴服了。我們好像國王大衛一樣，當他的兒子一天還活著時，他就不停地以懇禱去煩擾耶和華，自己也裝出無可奈何的樣子；可是他兒子剛一死去，他就再也不想到要這樣做了。因此，所以有無數人若無其事地忍受著無數慢性的不幸，如殘疾、貧困、出身低微、醜陋、居住條件不堪等；他們對於這些甚至無所感覺，好像傷口已結了疤似的。這只是因爲這些人已明知這些情況由於內在和外在的必然性已沒有改變的餘地了，而較幸運的人們就不理解這些人怎麼能夠忍受這些不幸。無論是外在的或內在的必然性，除了對於這些必然性的明確認識之外，再沒有什麼可以如此融洽地消除人們對它們的怨憤了。如果我們一勞永逸地既認識了我們的優良屬性和長處，又認識了我們的缺點和短處，而以此爲繩準來確定我們的目的。對於力所不能及的則處之以知足不強求的態度；那麼，在我們個性可能的範圍內，我們便由此而最穩妥地擺脫了一切苦難中最尖銳的痛苦——自己對自己的不滿。這種痛苦是不認識自己個性，是錯誤的臆測，和由此產生的不自量力的當然後果。把奧維德⑰的詩句轉用於鼓勵自知之明這艱苦的一章倒是非常適合的：

「這是精神最好的幫手，一勞永逸
它拉斷了纏住人心、折磨人的捆索。」

關於獲•得•性•格就談到這裡爲止。這種性格對於正式的倫理學雖不如在世俗生活上那麼重

⑰ 奧維德（Ovid，公元前四三—公元後一七），羅馬詩人。

要，但是這種性格的闡述仍可和悟知性格、驗知性格的論述鼎立而作爲第三種與之並列。對於前面兩種性格我們曾不得不從事較爲詳盡的考察，這是爲了我們便於弄明白意志在它的一切現象中是如何服從必然性的，而它本身如何同時又是自由的，甚至是可以稱爲全能的。

56

這種自由，這種全能，——整個可見的世界，亦即它的現象，都是作爲它的表出和寫照而存在，並且是按認識的形式帶來的規律而向前發展的，——現在在它最完善的現象中，在它對自己的本質已獲得完全恰如其分的認識時，它又可重現出來，即是說它所以現出來〔不外兩途〕，或者是它在思慮成熟和自我意識的最高峰，仍然還欲求它曾經盲目地不自覺地欲求過的〔東西〕，那麼，認識在這裡無論是個別地或整個地依然總還是它的動機；或者是反過來，這一認識成爲它的清靜劑而平息，而取消一切欲求。這就是前面概括地提出過的生命意志之肯定和否定，這種肯定或否定，就個體的轉變這方面說，只校正一般的而不校正個別的意志表出，只校正而不破壞性格的發展，也不表現於個別行爲中；而或是由於前此整個的行爲方式愈益加強了作用，或是相反，由於這些行爲方式的取消，〔肯定或否定分別〕就生動地表出了意志於既獲認識之後所自由採用的那些最高規範。——要更明確地闡述這一切，亦即〔說明〕最後這一篇的主要任務，由於中間插入了有關自由、必然性、性格等等的考察，我們現在就容易多了，也更有準備了。在我們再次推遲了這一任務，首先考察了生命本身之後，那就會更容易，更有準備，而要不要生命正是大問題的所在。並且我們將這樣來考察生命本身，即是說我們將爭取概括地認識這無論何時都是生命最內在的本質的意志本身，由於它的肯定究竟會怎樣？這肯定是以什麼方式，在什麼程度上滿足意志的？何以能滿足意志？一句話，意志在它自己的，怎麼說也屬於它的這世界裡的處境，一般地、本質地應該看作什麼？

首先我希望人們在這裡回憶一下我們用以結束第二篇的那段考察。那兒所提有關意志的目標和目的的問題促使我們用那段考察結束第二篇。那時擺在我們面前的不是這問題的答案，而是意志在它現象的一切級別上，從最低到最高一級，如何完全沒有一個最後目標和目的；是意志如何總是向前掙扎，因爲掙扎是它唯一的本質；是如何沒有一個已達到的目標可以終止這種掙扎，因此掙扎也不能有最後的滿足，只有遇到阻礙才能被遏止，而它自身卻是走向無窮的。這是我們在最簡單的自然現象中，在重力上，就已看到過的。重力不停地向一個無廣袤的中心擠去，即令宇宙大全已縮成了一個球也不歇止；而眞達到這中心就會是重力和物質的毀滅。這也是我們在別的簡單自然現象上看到的：固體或由於熔化或由於溶解總是向液態掙扎。唯有在液態中固體原有的化學性能才能自由，因爲固體性是這些性能的牢獄，這些性能是被低溫關閉在這牢獄中的。液體又總是向氣態掙扎，只要解除了各種壓力，立刻就會發生〔液態轉氣態〕這一轉變。沒有一個物體沒有親和力，亦即沒有掙扎的企向，亦即雅各·波墨將要說的：沒有企求和貪欲。電就在無盡地傳導著它內在的自我分化，儘管地球的質量吞噬了這一作用。化學發電也只要電源金屬柱還活躍，同樣是一種沒有目的而不斷重複著的自我分化和中和的作用。植物的生存也是這樣一種無休止的、永無滿足的掙扎，是一個不停留的衝動，經過逐次上升的形式直到作爲終點的種子又成爲〔新的〕起點；如此周而復始以至無窮；沒有哪兒有一個目標，沒有哪兒有最後的滿足，沒有哪兒有一個休息處。同時我們將從第二篇裡回憶到各式各樣的自然力和有機物的形式到處都在互相爭奪物質。這些自然力和有機物的形式既都要在物質上出現，於是這一個所占領的只能是它從另一個奪過來的，這就經常維持著一種你死我活的鬥爭。從這種鬥爭中主要的是產生一種阻力，到處阻礙著構成每一事物最內在本質的掙扎，使之徒勞地衝動而又不能擺脫自己的本質，一徑折磨著它自己直到一個現象消滅而另一現象又貪婪地攫取了先前那現象的地位和物質。

我們早已把構成每一物自在的本身及其內核的掙扎，和最明晰地、在最充分的意識的光輝照耀下在我們身上把自己表出的，叫做**意志**的東西認作是同一回事。然後我們又把意志，由於橫亙於意志及其當前目標之間的障礙，所受到的阻抑叫做**痛苦**。與此相反，意志達到它的目的則稱爲**滿足**、安樂、幸福。我們也可將這些稱謂移用於無認識界那些在程度上較弱，在本質上相同的現象。我們看到這些現象也無不經常在痛苦中，沒有持久的幸福。原來一切追求掙扎都是由於缺陷，由於對自己的狀況不滿而產生的；所以一天不得滿足就要痛苦一天。況且沒有一次滿足是持久的，每一次滿足反而只是又一新的追求的起點。我們看到的追求掙扎都是到處受到多重阻礙的，到處在鬥爭中；因此，這種情況存在一天，追求掙扎也永遠就要被看成痛苦。追求掙扎沒有最後的目標，所以痛苦也是無法衡量的，沒有終止的。

在無認識的自然界只有加強注意力，很費勁地才能發現的這種〔情況〕，然而一旦到了有認識的自然界，到了動物生活中，那就很明顯地擺在我們面前了，也很容易指出它的經常的痛苦了。不過我們不在〔動物界〕這一居間階段逗留而是要立即轉向別的地方，轉向人的生活。在人的生活中，上述一切都被最明晰的認識照明了，所以也看得最清楚。原來隨著意志的現象愈臻於完美，痛苦也就日益顯著。在植物身上還沒有感性，因此也無痛〔感〕。最低等動物如滴蟲和輻射體動物就能有一種程度很微弱的痛〔感〕了。甚至昆蟲，感覺和感痛能力都還有限。直到脊椎動物有了完備的神經系統，這些能力才以較高的程度出現：而且是智力愈發達，〔痛苦的〕程度愈高。因此，隨著認識的愈益明確，意識愈益加強，痛苦也就增加了，這是一個正比例。到了人，這種痛苦也達到了最高的程度；並且是一個人的智力愈高，認識愈明確就愈痛苦。具有天才的人則最痛苦。我是在這種意義上，亦即根本是就認識的程度而不是就單純的抽象知識來理解和引用柯赫勒特那句話的，他說：「誰在知識上增加了，就在痛苦上增加了。」——哲人畫家或畫家哲人**迪希拜因**⑱曾經很巧妙地把意識程度和痛苦程度之間的精確比例關係，用直觀的、一望而知的形象表現在他的一幅畫中。畫面的上半幅繪出一些婦人，因爲她們的孩子們被劫走而各自成群在各種姿態中多方表現出慈母深刻的創痛、焦慮、絕望。下半幅以完全同樣的布局和安排，又畫著一些母羊被人帶走了牠們的羔羊。於是上半幅裡人的每一頭面、每一姿態，都在下半幅裡和有類似情態的動物頭面、姿態一一成爲對照。這樣，人們就看清了，在動物的模糊意識裡可能的痛苦感和〔所遭〕巨創是一種什麼樣的關係；還可看到眞正的痛苦只是由於認識的明確性、意識的清晰性才可能的。

因此我們要在**人的生存**中來考察意志的內在的、本質的命運。任何人也將容易在動物生命中看到意志的這種命運。不過要黯淡一些，表現的程度也不同而已；並且還可從痛苦的動物界得到充分的證驗，證實**一切生命**如何在本質上即是**痛苦**。

---

⑱ 迪希拜因（Tischbein，一七五一——一八二九），德國古典派畫家。

57

在認識所照明的每一級別上，意志都是作爲個體而顯現的。人的個體在無際的空間和無窮的時間中覺得自己是很有限的，和無盡的時間空間相比是一個近於消逝的數量，是投入到時間空間中來的。時間空間既無際限，人的個體也就永遠只有一個相對的而決不是有一個絕對的**某時某地**，個體所在的地點和時間原是無窮無盡中的〔極〕有限部分。——眞正個體的生存只在現在。現在毫無阻礙地逃入過去，也就是不斷過渡到死亡，也就是慢性的死。個體的以往的生命，除開對現在有某些後果，除開在過去銘刻了有關這個體意志的證據不論，既已完全了卻，死去，化爲烏有了；那麼，在合理情況下個體就必然要把過去置之淡然，不管那過去的內容是苦是樂了。可是在個體手裡現在又不停地變爲過去；將來則全不可捉摸，並且總是短促的。所以單從形式方面看，人的個體生存已經就是現在不停地轉入逝去的過去，就是一種慢性的死。如果我們現在從形體方面來看個體生存，那麼很顯然，和大家知道我們〔身體〕的走著走著只是經常被攔阻了的未即跌倒一樣，我們肉體的壽命〔活著活著〕也只是不斷被攔阻了的未即死亡，只是延期又延期了的死亡。最後，我們精神的活躍也只是不斷被推遲了的未即閒著無聊。每一口氣都在擊退時時要侵入的死亡。在每一秒鐘我們就是用這種方式和死亡進行著鬥爭；而在較長的間歇之間則以一日三餐、〔夜間〕入睡、〔時時〕取暖等等爲鬥爭方式。到了最後必然還是死亡戰勝，因爲我們的誕生就已把我們註定在死亡的掌心中了：死亡不過是在吞噬自己的捕獲品之前，〔如貓戲鼠〕逗著它玩耍一會兒罷了。在這未被吞滅之際我們就以巨大的熱誠和想方設法努力來延長我們的壽命，愈長愈好，就好比吹肥皂泡，儘管明知一定要破滅，然而還是要盡可能吹下去，吹大些。

我們既已在無知無識的自然界看到大自然的內在本質就是不斷的追求掙扎，無目標無休止的追求掙扎；那麼，在我們考察動物和人的時候，這就更明顯地出現在我們眼前了。欲求和掙扎是人的全部本質，完全可以和不能解除的口渴相比擬。但是一切欲求的基地卻是需要，缺陷，也就是痛苦；所以，人從來就是痛苦的，由於他的本質就是落在痛苦的手心裡的。如果相反，人因爲他易於獲得的滿足隨即消除了他的可欲之物而缺少了欲求的對象，那麼，可怕的空虛和無聊就會襲擊他，即是說人的存在和生存本身就會成爲他不可忍受的重負。所以人生是在痛苦和無聊之間像鐘擺一樣來回擺動著；事實上痛苦和無聊兩者也就是人生的兩種最後成分。下面這一事實很奇特地，也必然地道破這一點：在人們把一切痛苦和折磨都認爲是地獄之後，給天堂留下來的除開著無聊之外就再也沒有什麼了。

那不斷的追求掙扎構成意志每一現象的本質，其所以在客體化的較高級別上獲得它首要的和最普遍的基地，是由於意志在這些級別上顯現爲一個生命體，並附有養活這生命體的鐵則；而賦予這鐵則以效力的又恰在於這生命體就是客體化了的生命意志本身而不是別的。據此，人作爲這意志最完善的客體化，相應地也就是一切生物中需要最多的生物了。人，澈底是具體的欲求和需要，是千百種需要的凝聚體。人帶著這些需要而活在世上，並無依傍，完全要靠自己；一切都在未定之天，唯獨自己的需要和困乏是肯定的。據此，整個的人生在這樣沉重的，每天開門相見的需求之下，一般都充滿著爲了維護那生存的憂慮。直接和這憂慮連在一起的又有第二種需求，種族綿延的需求。同時各種各樣的危險又從四方八面威脅著人，爲了避免這些危險又需要經常的警惕性。他以小心翼翼的步伐，膽戰心驚地向四面瞭望而走著自己的路，因爲千百種偶然的意外、千百種敵人都在窺伺著他。在荒野裡他是這樣走著，在文明的社會裡他也是這樣走著，對於他到處都沒有安全。〔有詩爲證：〕

「在這樣黑暗的人生中，
在如此之多的危險中；
只要此生還在延續，
就是這樣、這樣度過！」

（路克內茲：《物性論Ⅱ》）

絕大多數人的一生也只是一個爲著這生存本身的不斷的鬥爭，並且明知最後還是要在這鬥爭中失敗。使他們經得起這一艱苦鬥爭的，雖也是貪生，卻更是怕死；可是死總是站在後臺，無可避免，並且是隨時可走到前臺來的。——生命本身就是滿布暗礁和漩渦的海洋。人是最小心翼翼地，千方百計避開這些暗礁和漩渦，儘管他知道自己即令歷盡艱苦，使出「全身解數」而成功地繞過去了，他也正是由此一步一步接近那最後的、整個的、不可避免不可挽救的船沉〔海底〕，並且是直對著這結果駛去，對著死亡駛去。這就是艱苦航行最後目的地，對他來說，〔這目的地〕比他回避過的所有暗礁還要兇險。

然而現在就很值得注意，一方面，人生的痛苦和煩惱是這樣容易激增，以致死亡——整個生命即以在它面前逃避為事——竟變為人所企求的〔東西〕，人們自願向它奔去；另一方面，困乏和痛苦如果一旦予人以喘息，空虛無聊又立即如此圍攏來，以致人必然又需要消遣。使一切有生之物忙忙碌碌運動不停的本是對於生存的掙扎，可是如果他們的生存已經鞏固，他們卻又不知道要拿這生存怎麼辦了。因此推動他們的第二種〔動力〕就是擺脫生存這負擔的掙扎，使生存不被感覺，也就是消滅時間，逃避空虛無聊的掙扎。這樣，我們就看到幾乎所有無虞困乏和無憂無慮的人們在他們最後丟了一切其他包袱之後，現在卻以他們自己為包袱了；現在是把消磨了的每一小時，也就是從前此全力以赴，盡可能延長的生命中扣除了一分，反而要算作收穫了。可是空虛無聊卻也不是一件可以輕視的災害，到了最後它會在人的臉上刻畫出真正的絕望。它使像人這樣並不怎麼互愛的生物居然那麼急切地互相追求，於是它又成為人們愛社交的源泉了。和對付其他一般災害一樣，為了抵制空虛無聊，單是在政治上考慮，就到處都安排了些公共的設備；因為這一災害和相反的另一極端，和飢餓一樣，都能驅使人們走向最大限的肆無忌憚。「麵包和馬戲」是群眾的需要。費城的懺悔院以寂寞和閒著無事使空虛無聊成爲懲罰的工具；而這是一種可怕的懲罰工具，已經導致囚犯們的自殺。困乏是平民群眾的日常災難，與此相似，空虛無聊就是上層社會的日常災難。在市民生活中，星期日代表空虛無聊，六個工作日則代表困乏。

於是任何人生澈底都是在欲求和達到欲求之間消逝的。願望在其本性上便是痛苦。願望的達到又很快地產生飽和。目標只是如同虛設：占有一物便使一物失去刺激：於是願望、需求又在新的姿態下捲土重來。要不然，寂寞、空虛無聊又隨之而起；而和這些東西作鬥爭，其痛苦並無減於和困乏作鬥爭。——〔只有〕願望和滿足相交替，間隔不太長亦不太短，把兩者各自產生的痛苦縮小到最低限，〔才〕構成最幸福的生活過程。因爲人們平日稱爲生活中最美妙的部分，最純粹的愉快的，——這又只是因爲這種愉快把我們從現實生存中撥了出來，把我們變爲對這生存不動心的旁觀者了——也就是純粹的、和一切欲求無關的認識，美的欣賞，藝術上的眞正怡悅等，只有少數人才能享受，——因爲這已要求罕有的天賦——，而就是在這些少數人，這也只是作爲過眼煙雲來享受的。並且這種較高的智力又使這些少數人所能感受的痛苦要比那些較遲鈍的人在任何時候所能感受的都要大得多；此外還使他們孤立於顯然與他們有別的人物中，於是連那一點〔美的欣賞〕也由此而抵消了。至於絕大部分的人們，他們可無法獲得這種純粹智力的享受，他們幾乎完全無力享受純粹認識中的怡悅而是完全在欲求的支配之下的。因此，如果有什麼要贏得他們的關心，使他們感興趣，就必須（這已包含在〔興趣〕這個字義裡）在某種方式上激動他們的意志，即令只是遙遠地，只在可能性中關涉到意志都行，但決不可沒有意志的參與；因爲他們在欲求中生存遠過於在認識中生存：作用和反作用就是他們唯一的〔生活〕要素。這種本性常常天眞地流露出來，人們可從細微末節和日常現象中蒐集這種材料，例如他們常把自己的名字寫在他們遊覽過的名勝地，因爲這地方既不對他們起〔什麼別的〕作用，他們就以此來表示他們對這地方的反應，以此對這地方起些作用。還有，他們也不容易止於只是觀看一隻來自遠方的罕見動物，而必然要去刺激牠，狎弄牠，和牠玩，而這都只是爲了感到作用與反作用。在撲克牌的發明和流傳上特別看得出意志奮起的那種需要，而這恰恰是表現著人類可憐的一面。

但是不管大自然做了什麼，不管命運做了什麼；不管人們是誰，不管人們擁有什麼；構成人生本質的痛苦總是擺脫不了的；〔正是〕：

「柏立德斯正浩歎，
舉眼望蒼天。」

又：

「雖是克羅尼德，宙斯的寵兒，
也不免，眞正的憂傷，忍痛沒完！」

消除痛苦的不斷努力除了改變痛苦的形態外，再也做不出什麼。痛苦的形態原來是缺陷，困乏，保存生命的操心慮危。如果消除這一形態中的痛苦成功了——這已極不容易——，立刻就有千百種其他形態的痛苦接踵而來，按年齡和情況而交替變換，如性慾、狂熱的愛情、嫉妒、情敵、仇恨、恐懼、好名、愛財、疾病等等。最後，痛苦如果再不能在另一形態中闖進門來，那麼它就穿上無名煩惱和空虛無聊那件令人生愁的灰色褂子而來。於是又得想辦法來消除空虛無聊。即令後來又把無聊攆走了，那麼，在攆走無聊時就很難不讓痛苦又在前述那些形態中跨進來而又從頭開始跳那〔原來的〕舞，因為任何人生都是在痛苦和空虛無聊之間拋來擲去的。儘管這一考察是這麼使人沮喪，我卻要引起人們注意這考察的另一方面與此並列，人們從這另一方面可以獲取一種安慰，是的，甚至可以獲得一種斯多噶派的滿不在乎以對付自己眼前的不幸。原來我們對於不幸的不耐煩之所以產生，大半是由於我們把這不幸看成是偶然的，看成是一串可以輕易更換的原因鎖鏈所促成的；因為我們經常並不為直接必然的、完全普遍的不幸，如年齡〔日增〕的必然性、死亡的必然性以及其他日常的不如意等而自尋煩惱。其實更應該說，使人感到刺的，是看到正在給我們帶來痛苦的那些情況具有偶然性。但是如果我們現在認識到痛苦之為痛苦是生命上本質的和不可避免的〔東西〕；認識到隨偶然而轉移的只是痛苦用以出現的形式，只是痛苦的形態而不是別的什麼，也就是認識到我們現在目前的痛苦只是填充著一個位置，在這位置上如果沒有這一痛苦，立刻便有另一痛苦來占領；不過這另一痛苦現在還是被目前的痛苦排拒在〔這位置以〕外罷了；認識到依此說來，命運在基本上並不能拿我們怎麼樣；那麼，當這種反省思維成爲有血有肉的信念時，就會帶來程度相當高的斯多噶派的不動心而大可減少圍繞著個人幸福的焦慮操勞。不過在事實上很難看到或決不可能看到理性有如此廣泛的權限，足以支配直接感到的痛苦。

除此之外，人們由於觀察到痛苦的不可避免，觀察到痛苦是一個擠掉一個，前一痛苦的下臺隨即又帶來新的痛苦，甚至就可以導致一個似乎矛盾的然而並非不可言之成理的假設，即是說每一個體在本質上少不了的痛苦，不管痛苦的形式是如何變換，而痛苦的定額卻是由於個體的天性一勞永逸地被決定了的，在定額之內既不能有所欠缺，也不能超額有餘。依此說來，人的痛苦和安樂根本就不是從外面而恰好只是由於這定額，這種天稟所決定的。這種天稟雖然也可在不同的時期由於生理狀況〔的變化〕而經歷一些增減，但整個卻是一成不變的。並且這也不是別的而就是被人們稱爲他的性情的東西；或更精確些說，就是一種程度，在這程度上他如柏拉圖在《共和國》第一卷所說的，或是情緒昂揚或是情緒低沉。支持這一假設的不僅有大家知道的這一經驗：即巨大的痛苦使一切較小的痛苦完全感覺不到了，相反，在沒有巨大痛苦時，即令是一些最瑣細的不舒服也要折磨我們，使我們煩躁；而且經驗還告訴我們：如果有一巨大的不幸，〔平日〕我們只要一想到它就會戰慄，現在果然眞的發生了，我們這時的情緒，整個說起來，只要忍過了第一陣創痛，以後也就沒有什麼很大的變化了。相反也是如此，我們想望已久的幸福到來之後，整個說來和持久下去，我們也就不覺得比前此更顯著的好受些，舒適些。只有在變化初發生的那一瞬間才異乎尋常地激動我們，或是作爲低沉的苦惱，或是作爲昂揚的歡樂激動著我們；但是苦樂雙方都很快就消逝了，因爲兩者都是基於幻覺的。原來苦樂都不是在眼前直接的享受或創痛上產生的，而是在一個新的將來的開端之上產生的，這開端又是人們在眼前享受或創痛中所預期的。只有從「將來」借支苦樂，音樂才能反常地加強，因而也就不能持久。——還「可引用下面這一觀察作爲上述假設的佐證，——按這假設，無論是在苦樂的認識中或在苦樂的感覺中，很大一部分都是主觀地和先驗地被決定的——，即是說人的憂樂顯然不是由外在情況，不是由財富或地位決定的，因爲我們在貧苦人們中至少可以和在富裕人們中一樣碰到那麼多的歡樂面容。還有，促成自殺的那些動機也是如此的極不相同，我們不能舉出任何一個夠大的不幸，可以勉強假定它會在任何性格都要引起自殺，卻能舉出少數的不幸，小得和自殺〔全〕不相稱卻又促成了自殺。如果我們歡欣和愁悶的程度並非在任何時候都是一個樣，那麼按這一看法說，這就不能歸之於外在變化，而只能歸之於內在情況，人身的生理情況。這是因爲我們的歡欣若眞正是在高漲時，儘管經常只是一時的高漲，甚至高漲到快樂的程度，這種高漲也慣於是沒有任何外來成因就發生的。我們固然常看到自己的苦痛只是從某一外在情況中產生的，看到我們顯然是爲這情況所壓抑，所困苦；於是我們就以爲只要解除了這一情況，必然就會有最大的滿足隨之而來。可是這只是幻覺。根據我們的假定，我們苦樂的定額在每一瞬點上，整個的都是主觀決定了的；對於這一定額說，引起煩惱的那外來動機只是身體上的一張瘡泡膏藥，原來分布開來的膿毒現在都向膏藥集結了。〔這即是說〕在我們生存的時期，基於我們本質因而不能擺脫的創痛，如果沒有痛苦的某種外因，原是分布在數以百計的點上的，並且是在對事物，有數以百計的瑣細煩惱和挑剔這個形態中出現的。我們現在所以忽視這些煩惱和挑剔，是因爲我們容納痛苦的定量已爲那主要的不幸⑲所充滿，這不幸把本來分散的痛苦都集中到一點了。和這〔現象〕一致的還有另一觀察：如果一種沉重的，壓抑我們的憂慮，最後由於幸運的結局而從我們胸懷中攆走了，那麼隨即又有另一憂慮取而代之。其實後一憂慮的全部成分早已存在，其所以〔尚〕未能作爲憂慮而進入我們的意識，只是因爲我們的意識已沒有容納它的多餘容量了；因此這些憂慮成分只得作爲未被覺察的陰暗霧團而停留在它地平線最遠的盡頭處。可是現在既已空出了位置，這個現成的成分立即走向前來並占住當日統治者的〔起支配作用的〕憂慮的寶座。儘管這成分在質料上比那消逝了的憂慮所有的成分要輕得多，然而它卻懂得把自己臌起來，在表面上和前一憂慮大小相等，而以當今主要憂慮〔的資格〕將那寶座塞得滿滿的。

過分的歡樂和非常激烈的痛苦經常只能在同一個人身上出現，因爲兩者既互爲條件又同以精神的高度活躍爲條件。有如我們剛看到的，兩者都不是由於單純現在的〔事物〕，而是由於對將來的預期所產生的。但痛苦既是生命本質上所不能少的，並且在程度上又是被主體的天性所決定的，那麼突然的變化，因爲它總是外在的變化，實際上就不能改變痛苦的程

⑲ 指痛苦的外因。

度；所以過分的歡樂和痛苦總是基於錯誤和幻覺的。因此這兩種情緒的過分緊張都可以由於真知灼見而得避免。任何一種過分的歡樂（狂歡，樂而忘形）總是基於這種幻覺，以為在生活中找到了其中根本不可能碰到的東西，也就是以為折磨著人而自身又不斷新生的願望或憂慮已經有了持久的滿足。人們在事後必然不可避免地要從這類任何個別的幻覺回過頭來，並且是幻覺的發生帶來了多少歡樂，在它消滅之後就要以多少的痛苦來抵償。就這一點說，幻覺就等於是一個陡坡，人們只有從上面摔下來，否則便下不來；所以這種陡坡是應該避免的。任何突然的、過分的痛苦正就只是從這樣的陡坡跌下，是這樣一種幻覺的消滅，從而也是以這幻覺為條件的。因此，假如人們做得到經常從全面，從聯繫而充分清晰地概觀事物，並且自己堅決提防著不真的賦予那些事物以人們想要它們有的那些顏色，則（過分的苦和樂）兩者都是人們能夠避免的。斯多噶派倫理學的主要旨趣就在於把心情從所有這些幻覺及其後果中解放出來，並以堅定的不動心賦予（人的）心情來代替幻覺。荷瑞斯在一篇有名的無韻古詩中就是充滿這種見解的：

「當你時運不濟，
不可一日忘懷：
堅持不要動心。

你如幸運多福，
同樣不得亂來：
避免歡樂無度。」

但我們多半是封鎖著自己，不使自己接觸到好比苦藥般的這一認識，即不讓自己認識到痛苦是生命本質上的東西，因而痛苦不是從外面向我們湧進來的，卻是我們每人在自己內心裡兜著痛苦的不竭源泉。我們反而要經常爲那從不離開我們的痛苦找些個別的原因當作藉口，好像自由人給自己塑造一座偶像，以便有一個主子似的。原來我們不倦地從一個願望又奔向一個願望，儘管每次獲得的滿足給我們許下那麼多好處，但到底是並未滿足我們，反而多半是不久就要現爲令人難堪的錯誤；可是我們仍然看不透我們是在用妲奈伊德的穿底桶汲水，而總是急奔新的願望：

「因爲我們所追求的，一天還未獲得，
在我們看來，它的價值便超過一切，
可是一旦已拿到了手，立刻又另有所求。
總是那一渴望緊緊掌握著我們，
這些渴求生命的我們。」

所以，願望相逐要麼就是這樣至於無窮，要麼是比較罕有而且要假定性格的某種力量爲前提的東西，（即是說）直到我們碰著一個願望，既不能滿足它又不能放棄它；於是，我們就好像是已有了我們所要尋求的東西了，有了隨時可以代替我們自己的本質以作爲我們痛苦的源泉來埋怨的東西了，這樣我們就和自己的命運決裂了，但是塞翁失馬，我們和自己的生存（卻反而因此）和解了，原來這時有關痛苦是這生存自己本質上的東西，而眞正的滿足是不可能的這一認識又被丟開了。最後這樣發展的後果是一種有些憂鬱的心情，是經常忍受一個單一的巨大創痛[20]和由此而產生的，對一切瑣細苦樂的輕視；因此，這和不斷追逐一個又一個幻象相比，這已是更爲莊嚴的一個現象了，不過追逐幻象是更爲普遍些。

[20] 指看透生命的痛苦。

58

一切滿足或人們一般所謂幸福，在原有意義上和本質上都只是消極的，無論如何決不是積極的。這種幸福並不是本來由於它自身就要降臨到我們身上來的福澤，而永遠必然是一個願望的滿足。因爲願望，亦即缺陷，原是任何享受的先行條件。但是隨著滿足的出現，願望就完了，因而享受也就完了。因此，滿足或獲致幸福除了是從痛苦，從窘困獲得解放之外，不能更是什麼。原來要得到這種解放，不僅要先有各種現實的顯著的痛苦，而且要先有各種糾纏不休，擾亂我們安寧的願望，甚至還要先有使我們以生存爲重負的、致命的空虛無聊。——可是要達成一點什麼，要貫徹一點什麼，又是那麼艱難；每一種打算都有無窮的困難和辛苦和它作對，每走一步之後，前面又堆積著障礙物。不過，即令是最後一切障礙都克服了，目的達到了，那麼，所贏得的除了是人們從某種痛苦或某種願望獲得解放之外，從而也就是除了回到這痛苦、這願望未起之前的狀態外，決不會還有別的東西。——直接讓我們知道的永遠只有缺陷，缺陷即痛苦。滿足和享受則是我們只能間接認識的，由於回憶到事前的、隨享受的出現而結束的痛苦和窘困然後才間接認識的。由於這個道理，所以我們常不感到自己眞正具有的財富和有利條件，也不認爲可貴，好像這是事之當然，此外就再無別的想法了。這是因爲這些財富和有利條件給我們帶來的幸福永遠只是消極的，只是在擋開痛苦而已。直到我們喪失了這些東西，我們才感覺到這些東西的價値；原來缺陷、困乏、痛苦，那〔才〕是積極的東西，是自己直接投到我們這裡來的東西。因此，回憶我們克服了的窘困、疾病、缺陷等等也使我們愉快，因爲這就是享受眼前美好光景的唯一手段。同時也無容否認，在這一點上、在自私自利這一立場上說，——利己即是欲求生命的形式——，眼看別人痛苦的景象或耳聽敘述別人的痛苦，也正是在這種路線上給我們滿足和享受；譬如路克內茲在第二卷篇首就很美而坦率地說出這一點：

「海中狂風怒濤，岸上人安穩逍遙。
眼看扁舟危急，且自快樂興豪。
何以他人有難，偏自意氣飛揚？
只因早已知道，岸上安全無恙。」

不過遠在本篇後面一點就會指出這種類型的歡愉，由於這樣間接的認識得到自己的安樂，已很近於眞正的積極的惡毒的源頭了。

至於一切幸福都只是消極性質的，不是積極性質的；至於一切幸福正因此故，所以又不能是持久的滿足和福澤，而一貫只是從痛苦或缺陷獲得解放，解放之後隨之必然而來的又或是一種新的痛苦，或是沉悶，亦即空洞的想望和無聊等等；這一切都是在世界的，和生活本質的忠實反映中，在藝術中，尤其是在詩中可以找到例證的。原來任何史詩或戲劇作品都只能表達一種爲幸福而作的掙扎、努力和鬥爭，但決不能表出常住的圓滿的幸福。戲劇寫作指揮著它的主人翁透過千百種困難和危險而達到目的，一達到目的之後，就趕快讓舞臺幕布放下〔，全劇收場〕。這是因爲在目的既達之後，除了指出那個燦爛的目標，主人翁曾妄想在其中找到幸福的目標，也不過是跟這主人翁開了個玩笑，指出他在達到目標之後並不比前此就好到哪兒之外，再沒剩下什麼〔可以演出的〕了。因爲眞正的常住的幸福不可能，所以這種幸福也不能是藝術的題材。田園詩的目的固然正是描寫這樣的幸福，可是人們也看到田園詩夠不上擔當這個任務。田園詩在詩人手裡總是不知不覺地變成了敘事詩，那也就只是一種極無意味的史詩，只是由瑣細的痛苦、瑣細的歡樂和瑣細的奮鬥所組成的：這是最常見的情況。田園詩或者是不知不覺地變成了單純寫景的詩，描寫大自然的美。這本來就是純粹的不帶意志的認識，事實上這誠然也是唯一的純粹的幸福，事前既無痛苦和需求，事後也不必有懊悔、痛苦、空虛、煩燥繼之而起。但是這種幸福並不能充滿整個生命，而只能充滿整個生命的一些瞬間。——我們在詩中看到的情況，又可在音樂中看到。在音樂的旋律裡我們又看到自我意識的意志最深邃的內心史有了一般化的表出，看到人類心靈最隱蔽的生活，想慕，苦和樂，潮和汐。曲調總是基音的變化，經過千百種巧妙的曲折直到了令人痛苦的非諧音之後，隨即又再回到基音。這基音表示著意志的滿足和安詳，可是過此以後，就拿它再沒有什麼用處了；如果再繼續下去就會只是可厭的、無意味的單調，和空虛無聊相彷彿了。

這些考察所要弄明白的一切，如持久滿足的無法達到，如一切幸福的消極性，都在第二篇結尾處所指出的那一點中解釋過了；即是說那裡已指出意志是一種沒有目標、沒有止境的掙扎，而意志的客體化就是人的生命以及任何一現象。我們還看到在意志的總現象所有的各部分上都打上了這種無止境的烙印；從這些部分現象最普遍的形式起，從時間和空間的無盡起，直到一切現象中最完善的一種，到人的生命和掙扎止（，都是這樣）。——在理論上人們可以承認人生有三種極端而把這些極端看作現實人生的基本因素。第一是強有力的意欲，是那些巨大的激情（開展的激情氣質）。這出現在偉大的歷史人物身上，是史詩和戲劇中所描寫的。不過這也是在狹小的生活圈子裡看得到的，因為目標的大小在這裡不是按外在情況而是按這些目標激動意志到什麼程度來衡量的。第二便是純粹的認識，是理念的體會，這是以「認識」擺脫為意志服務作前提的：即天才的生活（緊張的純善氣質）。最後第三是最大限的意志痲木和繫於意志的「認識」的痲木，即空洞冥想，使生命僵化的空虛無聊（慣性的遲鈍氣質）。個人的生活遠不是經常在這三極端之一中逗留著的，只是很少的接觸到這些極端，大半卻只是軟弱無力搖擺不定地時而挨近這一極端，時而挨近那一極端；是對於一些瑣事迫不及待的欲求永遠重複不已，也就是這樣逃避著空虛無聊。眞正難以置信的是，絕大多數人的生活，從外表看來是如何無意義而空洞地，在內心感到的又是如何遲鈍而無頭腦地虛度了。那是一種朦朧的追慕和苦難，是在夢中徜恍，是在一系列瑣屑思慮的相伴中經過四個年齡階段而到死的。這些人好像鐘錶機器似的，上好發條就走，而不知道為了什麼要走。每有一個人誕生了，出世了，就是一個「人生的鐘」上好了發條，以便一句又一句，一拍又一拍地再重奏那已演奏過無數次，聽得不要再聽的街頭風琴調子，這些調子即令有些變化也微不足道。——於是每一個體、每一張人臉和這張臉一輩子的經歷也只是一個短短的夢了，是無盡的自然精神的短夢，常住的生命意志的短夢；只不過是一幅飄忽的畫像，被意志以遊戲的筆墨畫在它那無盡的畫幅上，畫在空間和時間上，讓畫像短促地停留片刻，和時間相比只是近於零的片刻，然後又抹去以便爲新的畫像空出地位來。可是每一個這樣飄忽的畫像，每一個這樣膚淺的念頭，都必須由整個的生命意志，不管它如何激烈，用許多深刻的痛苦，最後還要用害怕已久而終於到來的死，苦味的死，來償還。人生有不好想的一面就在這裡。看到一具人的屍體會那麼突然使我們嚴肅起來也是由於這個道理。

任何個別人的生活，如果是整個地、一般地去看，並且只注重一些最重要的輪廓，那當然總是一個悲劇；但是細察個別情況則又有喜劇的性質。這是因爲一日之間的營營苟苟和辛苦勞頓，一刻之間不停的彆扭淘氣，一週之間的願望和憂懼，每小時的岔子，借助於經常準備著戲弄人的偶然巧合，就都是一些喜劇鏡頭。可是那些從未實現的願望，虛擲了的掙扎，爲命運毫不容情地踐踏了的希望，整個一輩子那些倒楣的錯誤，加上愈益增高的痛苦和最後的死亡，就經常演出了悲劇。這樣，命運就好像是在我們一生的痛苦之上還要加以嘲笑似的；我們的生命已必然含有悲劇的一切創痛，可是我們同時還不能以悲劇人物的尊嚴自許，而不得不在生活的廣泛細節中不可避免地成爲一些委瑣的喜劇角色。

但是，雖有大大小小的煩惱充塞每個人的一生，使人生常在不安和動盪中，然而仍不能彌補生活對於填滿精神的無能爲力，不能彌補人生的空虛和膚淺，也不能拒絕無聊，無聊總在等著去塡補憂慮讓出來的每一段空隙。由此又產生一個情況，人的精神還不以眞實世界加於它的憂慮、煩惱和窮忙爲已足，還要在千百種迷信的形態下另造一個幻想的世界；只要眞實世界一旦給他一點安閒，——那是他根本沒有能力來享受的——，便要以各種方式忙於對付這幻想的世界，把時間和精力都浪費在這一世界上。因此，這本來大半是氣候溫暖、土地肥沃而生活又容易的民族所有的情況，首先是在印度人那兒，其次是在希臘、羅馬人那兒，然後在義大利和西班牙人那兒，如此等等。人按自己的形象製造一些妖魔、神靈和聖者，然後又必須經常對這些東西奉獻犧牲、祈禱、修葺寺院、許願還願、朝香、迎神、裝飾偶像等等。敬神事鬼還到處和現實交織在一起，甚至使現實也蒙上了陰影。生活上發生的每一事態都要被當作是那些鬼神的作用。和鬼神打交道就占去了平生一半的時間而不斷維繫著希望；並且由於幻覺的魅力往往還要比同眞實的人物打交道更爲有趣。這是人們雙重需要的表現和症候，一重是對救援和幫助的需要，一重是對有事可做和消遣時間的需要。即令這樣（和神靈）打交道對於第一種需要往往恰好是起著反作用，因爲在事故和危險發生的時候，寶貴的時間和精力不是用在避免事故和危險上，而是無益地浪費在祈禱和犧牲上。可是對於第二種需要，由於人和夢想的鬼神世界保持著想入非非的聯繫，這種交道反因而有著更好的效用。這就是一切迷信大不可忽視的裨益。

418

59

我們既已由於最最概括地考察了，研究了人生初步的、起碼的基本輪廓，而在這範圍內使我們自己先驗地深信人生在整個根性上便已不可能有眞正的幸福，人生在本質上就是一個形態繁多的痛苦，是一個一貫不幸的狀況；那麼，我們現在如果多用事後證明的方法，願意鑽研更具體的情況，願意想像一些光景而在例子中描寫那無名的煩惱，經驗和歷史指出的煩惱，而不管人們是向哪一方面看，是在哪種考慮之下進行探討，我們就能夠在自己的心目中更鮮明地喚起〔人生只是痛苦〕這一信念了。不過，〔如果眞要是這樣做，〕這一章書就會沒有完結的時候了，就會使我們遠離哲學上基本不可少的「一般性」的立場。此外，人們還容易把這樣的描寫看作只是對人生苦惱有意的叫囂，猶如過去屢屢有過的叫囂一樣；何況這種描寫既是從個別事實出發的，人們還可以加以片面性的罪名。我們關於不可避免的、基於生命本質的痛苦所作的論證既完全是冷靜的哲學的，從一般出發的和先驗推論出來的，這樣的責備和嫌疑就加不到我們頭上來了。不過如果要後驗地證實這個信念卻是到處都容易辦到的。任何一個從青年的幻夢中清醒過來的人，只要他注意過自己和別人的經驗，在生活中，在過去和當代的歷史中，最後是在偉大詩人的作品中做過多方面的觀察的話，那麼，如果沒有什麼不可磨滅的深刻成見痲痹了他的判斷力，他就很可能認識到下面這個結論，即是說：這人世間是偶然和錯誤〔兩者〕的王國，它倆在這王國裡毫無情面地既支配著大事，也支配著小事。它倆之外還有愚昧和惡毒在一邊揮動著皮鞭，於是任何較好的東西只有艱苦地突圍，高貴和明智的東西很難露面而發生作用或獲得人們的注意；可是思想王國裡的荒謬和悖理，藝術王國裡的庸俗和乏味，行爲王國裡的惡毒和狡詐，除了被短促的間歇打亂之外，實際上都能維持其統治權。與此相反，任何一種卓越的東西經常都只是一個例外，是百萬情況中的一個情況。於是還有這樣的事：如果這卓越的東西在一部傳世的作品裡透露出來，那麼，在這作品歷盡當代人們的嫉惡之後，還是孑然孤立又被束之高閣的時候，它仍像一顆殞石似的，似乎是從另外一種事物秩序中而不是從支配著這世間的事物秩序中產生的。——至於個人生活，則任何一部生活史也就是一部痛苦史；因爲任何人的一生按規律說都是一連串不斷的大小不幸事故，儘管人們要盡可能隱瞞〔也是徒然〕。而人們所以要隱瞞，又是因爲他們知道別人在想到這些恰好是他現在得以倖免的災難時，必然很難得感到關切和同情，而幾乎總是感到滿足。——不過也許斷沒有一個人，如果他是清醒的，同時又是坦率的，會在他生命終了之日還願意重複經歷此生一遍；與其這樣，他寧可選擇壓根兒不存在，在《哈姆雷特》一劇中有一段世界著稱的獨白，把這獨白的基本內容概括起來就是：我們的景況是這樣苦惱，壓根兒不存在肯定會比這種景況強。如果自殺眞正給我們提供不存在，以致二中擇一的「存在或不存在」得以在這句話的充分意義中顯露出來，那麼就應該無條件地選擇自殺作爲最值得企望的〔功德〕圓滿〔應虔誠以求的終極圓滿〕。可是在我們內〔心〕

裡面還有點什麼東西在對我們說：事情還不是這樣的，這樣並不就是完了，死亡也並不就是絕對的毀滅。歷史的始祖*已作過與此相同的論述，大概後來也從沒有人反對過，他說：從來不曾有過這麼一個人，他不是好幾次不想再往下一天活下去了。照這個說法，則人們如此屢屢埋怨的生命之短促也許反而是合式的了。——最後，人們如果還要把那些可怕的，他的生活敞開門（無法拒絕）的痛苦和折磨展出在每一個人的眼前，這人就會被恐懼所籠罩而戰慄；如果人們還要帶領一個最死硬的樂觀派去參觀正規醫院、戰地醫院、外科手術室，再去看監獄、刑訊室、奴隸禁閉處，看戰場和刑場；然後給他打開一切黑暗的、疾苦的所在地，那兒，（在你去看時，）痛苦在冷酷的好奇眼光之前爬著躲開了；最後再讓他看看鄔戈林諾的餓牢㉑；那麼，他在最後一定也會看出這可能的最好世界究竟是怎麼回事了。但丁寫他的《煉獄》若不是取材於我們的現實世界，還到哪兒去取材呢？而我們的現實世界也眞已變成一個很像樣的地獄了。與此相反，在但丁著手來描寫天堂及其中的極樂時，要完成這一任務就有不可克服的困難橫亙在他面前了，因爲我們這世界恰好不能爲此提供一點兒材料；因此，除了不寫天堂的快樂而只給我們複述他的祖先、他的碧璀斯和一些聖者們在天堂裡對他講的教訓之外，就沒剩下可做的事了。可是由此卻充分表明了這是什麼樣的世界。誠然，

㉑ 鄔戈林諾（Ugolino），係十三世紀義大利比薩省的暴君，將兒孫四人囚於餓牢。

* 指希羅多德（Herodot）。

人們的生活也像一些低級商品一樣，外表上都敷有一層虛假的光彩。凡是痛苦總是掩飾起來的，相反，一切冠冕堂皇有光彩的東西就都要拿出來炫耀。愈是內心裡有欠缺，他愈是希望在別人眼裡被看作幸運兒。〔人的〕愚昧可以達到這種地步，以致別人的意見竟成爲每人努力的主要目標；儘管虛榮這一詞兒的原義在所有的語言文字中幾乎都是一致地意味著空洞和虛無，就已經表示了這種做法的毫無意義了。——可是即令是在這一切騙人的戲法之前，生命的痛苦還是很容易如此激增——而這是每天都發生的事——，以致人們在平日怕什麼也比不上怕死，現在卻渴望求死了。是的，命運如果眞使出它全部的陰險時，那麼，受苦的人連最後這一條退路也會要被遮斷，會要留在無情的敵人手裡忍受著殘酷的慢性折磨，不可救藥。這時，受折磨的人要向他的神靈呼救也不中用了，他只得留在命運的掌心裡得不到恩赦。但是，這個不可救藥正只是反映他意志不可馴服的一面鏡子，而意志的客體性就是他本人。——正和外來力量不能改變這一意志或取消這一意志一樣，任何異己的力量也不能爲他解脫痛苦；痛苦是從生命中產生的，而生命又是那意志顯出的現象。人總得回頭來依靠自己，既在任何一件事上是如此，在主要的大事上也是如此。完全徒勞的是人爲自己製造一些神祇，以期向它們求情獻媚而得到唯有自己的意志力可以獲致的東西。《舊約全書》既已把世界和人類當作一個上帝的創造物，那麼，《新約全書》爲了教人知道獲救和解脫這世界的痛苦都只能從這世界自身出發，就不得不讓那上帝變爲人。人的意志現在是，以後繼續還是他的一切一切賴以爲轉移的東西。各種信仰、各種名目的懺悔者、殉道者、聖者等所以甘願而樂意忍受任何酷刑，是因爲在這些人們那裡生命意志已自行取消了，所以即令是意志的現象的慢性毀滅也是他們所歡迎的了。不過這是後文要詳加論述的，這裡就不搶先來說了。——此外，我在這裡禁不住要說明一點，即是說在我看來，**樂觀主義**如果不是這樣一些人們的，亦即低陷的天庭後面除空話外不裝著什麼的人們，沒有思想的談論；那就不只是作爲荒唐的想法而且還是作爲一種眞正**喪德**的想法而出現的，是作爲對人類無名痛苦的惡毒諷刺而出現的。——人們切莫以爲基督教教義或許有利於樂觀主義，因爲相反的是，在《福音書》裡世界和災難幾乎是當作同義字使用的。*

60

我們既已完成必須插入的兩個分析，亦即分析了意志自身的自由和意志現象的必然性，然後又分析了意志在反映著它本質的世界裡所有的命運，而意志在認識了這世界之後就得肯定或否定它自己；那麼，我們現在就能夠使我們在上面只是一般地說到和解釋過的這種肯

---

* 第二卷第四十六章是補充這裡的。

定、否定本身獲得更高度的明確性，因爲我們現在就要論述意志的肯定和否定唯一得以表現的行爲方式，並按其內在意義來進行考察。

意志的肯定就是不爲任何認識所干擾的，常住的欲求本身，一般彌漫於人類生活的就是這種欲求。人的身體既已是意志的客體化，如意志在這一級別上，這個體中所顯現的那樣，那麼，意志的，在時間中開展的欲求就等於〔是和〕這身體〔平行〕的詮釋文章，是解說全身及其部分的意義，是同一自在之物的另一表出方式，而身體原也就是這自在之物的現象。因此我們也可說身體的肯定以代意志的肯定。一切複雜的意志活動，其基本課題總是滿足需要，而需要是在健康上和身體的生存分不開的，是已表現在身體的生存中而又都是可以還原爲個體保存和種族繁衍的。可是各種不同的動機就由此而間接獲得影響意志的力量，並產生那些複雜的意志活動。每一個這樣的活動根本只是這裡顯現著的意志的一個樣品，一個標本。至於這樣品是哪一種，以及動機所有的和賦予這樣品的是什麼形態，那都不是重要的；而只是根本有所欲求，以哪種強烈的程度而有所欲求，才是這裡的問題。意志只能在動機上看得出來，猶如眼睛只在光〔線〕上表現出視覺能力一樣。動機站在意志面前，根本就好像是有變化神通的〔海神〕普羅托斯一樣：永遠許以完全的滿足，許以解除意志的煩渴；可是如果目的達到了，它立即又出現於另一形態中，又在這一形態中重新推動意志，並且總是按意志的激烈程度和它對於認識的關係〔兩者〕來推動，而這兩者又正是由於那些樣品和標本而顯出爲「驗知性格」的。

人從他的意識〔開始〕出現起就發現自己是在欲求著，並且他的認識和他的意志一般都有著穩定的關係。人企圖澈底認識的，首先是他欲求的那些對象，然後是獲得這些對象的手段。他如果現在已知道有什麼要做，照例他就不追求再要知道別的了。他就行動起來，幹起來：總是向他欲求的目標幹下去的意識使他挺著腰，使他做下去；〔這時〕他的思維所涉及的〔只〕是方法的選擇。幾乎所有一切人的生活都是這樣的，他們有所欲求，也知道他們要什麼；他們對此追求，有那麼些成就足以保障他們不絕望，又有那麼些失敗足以保障他們不陷於空虛無聊及其後果。從這裡就產生一種一定的高興，至少是產生一種處之泰然的心境。在這〔些情緒〕上，無論是貧是富對此都不能眞有所改變，因爲窮人或富人都不是享受他們現在的所有，因爲，如上所說，這只是消極地起作用，而是享受他們希望透過自己的營謀而獲致的〔東西〕。他們很嚴肅地，是的，面色莊重地往前幹：孩子們幹他們的玩意兒也就是這樣。——這樣一種生活過程如果受到干擾，那總是一個例外；那是由於認識不爲意志服務而獨立，根本只注意世界的本質。從這一認識中要麼是產生了美感上觀賞的要求，要麼是產生了倫理上克制〔自己〕的要求。大多數人都是被困乏鞭策著過一輩子，不讓他們有深思的機會。不但不能深思，意志往往熾熱到遠遠超過肯定人身的程度，這是在劇烈的情欲和強烈的激情上看得出的。個體在意志熾熱到這種程度時，就不止是肯定自己的生存而已，而是遇著別人的生存有礙於他的時候，就要否定或取消別人的生存。

身體的維護如果是由於它自己的力量，那是意志肯定的程度有如此輕微，即是說如果意志眞願意這樣的話，則我們可以假定在人身中顯現的意志是隨身體的死亡而熄滅的。可是性慾的滿足就已超出了本人生存的肯定。本人生存在時間上是這麼短促，性慾的滿足卻肯定生命到個體的死亡以後，到無定期的時間。永遠眞實而守恆的大自然，這裡甚至是坦率的大自然，完全公開地把生殖行爲的內在意義擺在我們面前。自己本人的意識，衝動的強烈，也都告訴我們在這一行爲中表現出來的是最堅決的**生命意志之肯定**，純粹而不帶其他副作用（如不帶否定別的個體）；於是作爲這行爲的後果而出現於時間和因果系列中的，亦即出現於自然中的，就是一個新的生命。這被生的來到生之者的面前，在現象上和後者有別，但在本體上或理念上是等同的。因此生物的族系藉以各自聯成一整體的，作爲這樣的整體而永遠綿延下去的，就是這一行爲。就生之者來說，生殖只是他堅決肯定生命意志的表現或表徵；就被生者說，生殖並不是在他身上顯現的那意志的什麼根據，因爲意志自身既不知有什麼根據，也不知有什麼結論；而是生殖和一切原因一樣，只是這意志在此時此地顯現的偶然原因。作爲自在之物，生之者的意志和被生者的意志並沒有什麼不同，因爲只有現象而不是自在之物才是服從個體化原理的。隨著超出本人身體的那一肯定，直到一個新體的形成，附屬於生命現象的痛苦和死亡也一同重新被肯定；而由最完善的認識能力帶來的解脫的可能性，在這兒卻被宣布無效了。在這裡，（人們）對於生殖行爲的害羞有著深遠的根由。——這一見解在基督教教義中是以神話表述出來的，即是說對於亞當的陷於罪（這顯然只是性慾的滿足）我們一切人都有份；並且由於這次罹罪，我們就活該有痛苦和死亡。宗教教義在這裡已超出了按根據律進行的考察而認識到人的理念；理念的統一性則由於聯結一切的這根生殖的拴帶，而從散爲無數個體的分化中恢復過來了。根據這一點，這種教義一面把每一個體看作和亞當，和這肯定生命的代表是等同的；就這方面說，每一個體都是註定要犯罪（原罪），要痛苦，要死亡的。另一方面，對於理念的認識又爲這教義指出每一個體和救主，和這否定生命的代表㉒是等同的，就這方面說，每一個體對於救主的自我犧牲也都有份，都是由於救主的功德而得到解脫的，都是從罪惡和死亡，亦即從這世界的束縛得了救的（《給羅馬人的信》5, 12-21）。

我們把性的滿足當作超出個體生命的生命意志之肯定的看法，當作由於性的滿足才終於落到個體生命的掌心裡的看法，亦即等於當作重新寫賣身文契給生命的看法，還有著一個神話式的表述，那就是關於普羅塞賓娜㉓的希臘神話。普羅塞賓娜只要沒有吃陰間的果子，她就還有可能從陰間回轉來；但是由於她既已享受了一顆石榴，她就完全陷落在陰間了。這神話的意義在歌德無與倫比的筆下可以看得很清楚；尤其突出的是剛在〔普羅塞賓娜〕吃過石榴之後，忽然有司命女神巴爾貞在看不見的地方合唱起來：

㉒ 指耶穌基督。

㉓ 普羅塞賓娜（Proserpina），刻瑞斯（Ceres）之女，被劫往陰間，成為陰間王哈德斯（Hades）之妻。

「你是我們的人了！
你要清醒點回轉來；
嘗過一口石榴，
使你成爲我們的人了！」

值得注意的是克里門斯．亞歷山大㉔（《詩文雜鈔》第三卷第十五章）用同樣的形象和同樣的語言指出這一問題：「那些爲了天國而割捨自己一切罪惡的人們，他們是幸福的，清醒地不爲塵世所汙。」

性衝動作爲堅決的最強烈的生命之肯定還有一個證據，即是說在自然人和動物，這衝動都是生活的最後目的和最高目標。自我保存是它們第一種努力。一旦這一步已安排妥貼了，它們就只追求種族的繁衍了；此外的其他一切是作爲自然生物的它們所不能企求的。以生命意志本身爲內在本質的自然，也以它全部的力量在鞭策著人和動物去繁殖。在繁殖以後，大自然所求於個體的已達到了它的目的，對於個體的死亡就完全不關心了；因爲在它和在生命意志一樣，所關心的只是種族的保存，個體對於它是算不得什麼的。——因爲大自然的內在本質，亦即生命意志，在性衝動中把自己表現得最強烈；所以古代詩人和哲人——赫西奧

㉔ 克里門斯．亞歷山大（Klemens Alexanderinus），公元一五〇年在雅典闡揚柏拉圖學說。

德㉕和巴門尼德斯——很有意味地說愛神是元始第一，是造物主，是一切事物所從出的原則（見亞里斯多德：《形上學》I. 4）。斐瑞居德斯㉖曾說過：「宙斯在要創造世界的時候，把自己變成了〔愛神〕埃洛斯。」（《蒂邁歐篇》Ⅰ、Ⅳ、普羅克洛斯對柏拉圖）新近我們在G．F．薛曼著的《宇宙論上的愛欲》（一八五二年版）裡看到這問題有了詳盡的討論。印度人的摩耶也被意譯爲「愛」，她的紡事和織成品即整個的假象世界。

性器官比身體上任何其他外露的器官更是只服從意志而全不服從認識的。意志在這裡，幾乎和它在那些只憑刺激作用而爲植物性的生命，爲繁殖而服務的身體部分中——意志在這些部分中只是盲目地起作用的——，和它在無知無識的自然界中，是一樣的不依賴於認識。原來生殖只是過渡到一個新個體的再生作用，等於二次方的再生作用，和死只是二次方的排泄相同。——以這一切爲前提，性器官可說是意志的眞正焦點，從而是和腦，認識的代表，也就是和世界的另一面，作爲表象的世界相反的另一極。性器官是維繫生命，在時間上保證生命無盡的原則，因爲它有這樣的屬性，所以希臘人在「法盧斯」㉗中崇拜它，印度人在林伽中崇拜它，從而這些東西都是意志的肯定的象徵。認識則相反地提供取消欲求的可能性，

㉕ 赫西奧德（Hesiod），公元前八世紀希臘詩人。
㉖ 斐瑞居德斯（Pherekydes），公元前六世紀希臘神學家，為畢達哥拉斯之師。
㉗ 法盧斯（Phallus），象徵豐產的男性生殖器。

由於自由獲得解脫的可能性，超脫和消滅這世界的可能性。

我們在這第四篇的開始，就已詳細考察過生命意志在它的肯定中應如何看它對死亡的關係，也就是這樣看：死亡並不觸犯它，因爲死亡本身原已包含在生命中，並且是作爲附屬於生命的東西而有的；而死的反面，生，又完全和死保持著平衡，並且儘管個體死亡，還是永遠爲生命意志捍衛著，保證著生命。爲了表示這個意思，印度人就拿林伽加在死神濕婆身上作爲表徵。我們在那同一地方還曾指出，一個完全清醒而站在堅決肯定生命這個立場的人是如何毫不畏懼地面對面看著死亡。因此在這裡就不要談它了。最大多數人站在這一立場上是沒有清醒的思辨的，他們〔只是〕不絕地肯定著生命。作爲反映這一肯定的鏡子則有這世界在，它有著無數的個體，在無盡的時間和無窮的空間中，有著無窮的痛苦，在生和死之間，沒有止境。——可是對於這一點，在任何方面都沒有什麼要埋怨的，因爲意志是拿自己的本錢來演出這一偉大悲劇和喜劇的，何況意志又是自己的觀衆。這世界所以恰好是這樣一個世界，乃是因爲這意志——它的現象即世界——是這樣一個意志，乃是因爲意志要這樣。忍受痛苦所以是公平的，其理由是意志在這現象上還要肯定自己；而這一肯定所以是公道合理的又是由於意志忍受著痛苦，所以是兩頭扯平了。這裡就給我們在整個上看到了永恆公道的一點端倪；我們往後在下面還要在個別情況中更詳細更明確地認識它。不過首先還必須談一談有時間性的或人世間的公道。*

61

我們從第二篇裡還記得，在整個自然界，在意志客體化的一切級別上，在一切族類的個體之間，必然是一場不斷的鬥爭，而生命意志和它自己的內在矛盾也就正是由於這鬥爭表現出來的。在客體化的最高級別上，這一〔鬥爭〕現象，和其他一切現象一樣，也表現得更爲明確；因而還可繼續加以闡發。爲此目的，我們首先要從源頭來探討**利己主義**，它是一切鬥爭的出發點。

因爲只有由於時間和空間，也只有在時間和空間中，同類〔事物〕的雜多性才有可能，所以我們曾將時間和空間稱爲個體化原理。時間和空間是自然的認識的基本形式，也就是從意志中產生的認識的基本形式。因此意志會到處在個體的雜多性中對自己顯現。但這雜多性並不涉及作爲自在之物的意志，而只涉及意志的現象。意志在每一現象中都是完整的、未

* 第二卷第四十五章是補充這裡的。

經分割的，而在四周它卻看到無數複製著自己本質的肖像。可是這本質自身，也就是眞正的實在，那是它只能直接在自己內部找到的。因此每人都想一切爲自己，要占有一切，至少是控制一切，而凡是抗拒他的，他就想加以毀滅。加之在那些認識著的生物，個體便是認識的主體的負荷者，而認識的主體又是這世界的負荷者；即是說這個體以外的整個自然，從而一切其他個體都只在這個體的表象中存在。這個體永遠只是把其他個體當作它的表象，也即是間接地，作爲依賴於它的本質和生存的東西而意識著的；因爲這世界對於它，必然是隨同它的意識一起消滅的，亦即它的意識消滅時，這世界的存在或不存在對於它就會是同一個意義而不能加以區別了。所以每一認識著的個體在實際上是，也發現自己是整個的生命意志或這世界自身的本體，而作爲表象它又是補足這世界的條件；從而個體是一個小宇宙，是要和大宇宙等量齊觀的。到處永遠都是率眞的大自然本身，不依賴一切反省的思維，自始就已簡單地、直接確實地賦予了個體這一認識。從已提出的兩種必要規定㉘就可以說明每一個體，儘管它在無邊際的世界裡十分渺小，小到近於零，何以仍然要把自己當作世界的中心，何以在考慮其他之前首先要考慮自己的生存和幸福；何以在這一自然的立場上不惜爲它這生存而犧牲一切，不惜爲它自己這滄海一粟保存得更長久一點而毀滅這世界。這種心理就是利己主義，而這是自然界中每一事物本質上的東西。不過也正是由於這利己主義，意志和它自己的

㉘ 指個體既是意志又是表象。

內在矛盾才達到了可怕的公開表現。這是因爲利己主義所以有其存在和本質，是在於小宇宙和大宇宙的對立；或是在於意志，由於它的客體化有個體化原理爲形式，因而得以以相同的方式顯現於無數個體之中，並且在每一個體中在兩方面（意志和表象）都是整個地、完全地顯現。所以一面是每一個體自己都是作爲完整的意志和完整的意象者（或表象的表面出之者）而直接被知的，一面是其餘的個體就得次一步只是作爲它的表象而被知；因此，對於這一個體，它自己的本質及其保存就要放在所有一切之上了。對於自己的死，人人都視爲世界的末日似的；對於他那些熟人的死，如果他本人不一定參與喪事的話，就只當作一件滿不相干的事聽聽罷了。在已上升到最高度的意識裡，在人的意識裡，利己主義（的自私自利）也必然和認識、和苦樂一樣達到了最高的程度；而以利己主義爲前提的個體鬥爭也必然會以最可怕的形式出現。這一點是我們到處看在眼裡的，是在大小事情中都看得到的；不過有時是在可怕的方面，在無道的暴君和惡人們的生平中，在爲禍全世界的戰爭中看到，有時又在滑稽的方面看到。在滑稽的方面，這一點是喜劇的題材，並且特別是出現爲自高自大和虛榮。這些東西，還沒有人是像洛希福果那樣來了解的，是像他那樣抽象地把它們表示出來的。至於我們看到這一點則是在世界史和自己的經驗中。不過這一點表現得最顯著的是任何一群人在一旦解除了一切法律和秩序的〔約束〕時，那時立即就會出現最明顯的人自爲戰。霍布斯在《國家論》第一章裡很恰當地描寫了這一點。這裡看得出每人不僅是要從別人那兒奪取自己所要的，而是爲了稍微增加自己一點幸福就要毀滅別人整個的幸福或生命。這是利己主義的最高表現。就〔人我利害〕這方面說，還要超過這種自私現象的就只有眞正的惡毒那些現象了。惡毒完全是損人不利己地企圖給別人找痛苦、製造損失而無須有利於自己；下面就快要談到這一點了。——人們請拿我在獲獎論文《論道德的基礎》§14 裡關於利己主義所作的論述和這裡對於利己主義的來源的揭露對比一下。

上面我們已發現痛苦在一切生命中都是本質的，不可避免的。痛苦的一個主要來源，只要痛苦一旦是實際地而且是以一定的形態出現的，就是那〔紛爭之神〕厄莉絲，也就是一切個體的鬥爭，就是附著在生命意志之中，由於個體化原理而看得見的矛盾的表現。舉行人獸搏鬥就是直接而露骨地使這矛盾形象化的殘酷手段，在這原始的分歧對立中，儘管人們對此採取了措施，仍然存在著痛苦所自來的一個不竭的源泉。我們現在立即就來進一步考察這個源泉。

62

我們已經討論過初步的、簡單的生命意志的肯定僅僅只是自己身體的肯定。這就是說意志如何透過動作而在時間上表出它自己，要以身體在它的形式和目的性中如何在空間上表出這個意志爲限，不可超過。這種肯定表現爲身體的保存，是藉這身體本身各種力量的運用（來達到目的的）。直接聯繫到身體保存上來的是性衝動的滿足，而性器官既是屬於身體的，在這意義上性衝動的滿足也就是屬於身體保存的了。因此**自願的**，完全不基於動機而放棄性衝動的滿足已經就是生命意志的否定了，是生命意志在既已產生而起著**清靜劑**的作用的認識上自願取消它自己。準此，這樣的否定自己身體就現爲意志和它自己的現象之間的一個矛盾了。這是因爲在人的身體上，性器官雖然是繁殖這意志的客體化，可是現在不想要繁殖了。正是因爲這一點，也就是因爲否定自己的身體就是生命意志的否定或取消，所以這樣的放棄（色欲）是一種困難的和痛苦的自我克制。不過關於這一點且到後面再談。——但是意志既然在無數並列的個體中表出那種本人身體的**自我肯定**，那麼，意志在一個個體中憑著萬物無不具有的利己主義，就很容易超出這一肯定，（並超出很遠，）直到**否定**在其他個體中顯現的同一個意志。（這是）前一個體的意志侵入別人意志的肯定的範圍了，因爲這時前一個體或者是對別人的肉體本身加以毀滅或傷害，也可以是強制別人身體中的力量爲自己的意志服務而不爲在別人身體中顯現的意志服務。即是說如果這一個個體從顯現爲別人的身體的意志那裡抽走了別人身體的力量，並從而把**爲別人**的意志服務的力量加到他自身的力量之上去，那便是藉否定在別人身體中顯現的意志以超出他自身以外而肯定他自己的意志。——這樣侵入別人的意志之肯定的範圍，自來就是人們清楚地認識到了的，而這種侵入的概念便是用「**非義**」這個詞兒來標誌的。因爲（非義的施受）雙方固然不是像我們在這裡有著明確的抽象的認識，但在感情上都是立即認識到這問題的。承受非義的方面由於自己的身體被別的個體所否定，就感到侵入他的身體的肯定的範圍是一個直接的精神的痛苦；而這種痛苦和此外由於實際的動作而感到的肉體痛苦和由於〔物質的〕損失而感到的懊喪是不同的，完全分立的。另一方面，在施行非義的方面就有這樣一種認識：他在本體上，和同時也在對方身體中顯現的意志是同一個意志，不過這意志在它的一個現象中是那麼強烈地肯定自己，以致它由於超出自身和自身力量的範圍之外而成爲其他現象中的同一意志之否定；於是這意志作爲它本體自身看，就正是由於它的強烈而在和自己鬥爭，在自食其肉。——不過這種認識，我要說，在施行非義的人也不是一下子就在抽象中獲得的，卻〔只〕是作爲模糊的感受而獲得的。人們把這種感受叫做「良心的責備」，在這裡更狹義些說或者就叫做「**所行非義之感**」〔，亦無不可〕。

在這裡我們已在最一般的抽象中分析了**非義**的概念。具體說來，眞正吃人〔肉〕的野蠻行爲就是非義最完整、最恰當和最便於指出的表現。這是非義在意志客體化的最高級別上最顯著的類型，是意志對自己作最大鬥爭的可怕情景。而意志客體化的最高級別就是人。在僅次於吃人行爲的兇殺中，隨著兇殺的實行之後，我們剛才抽象地乾巴巴地指出其意義的良心責備立即以可怕的明確性隨而出現，並且在精神的安寧上留下一輩子也治不好的創傷；因爲我們對於已犯的兇殺發抖，和對於行將要犯的兇殺戰慄退縮一樣，都是和〔人們〕對生的無限留戀相符的。而一切有生之物，正因爲是生命意志的顯現，所以都是爲這種留戀所滲透的。(此外我們還要在後面一點更詳盡地分析隨非義和惡毒行爲而起的那種感情或良心的不安,並使之上升到概念的明確性。)要看作本質上和兇殺相同,只在程度上和兇殺有別的,是故意使別人的身體殘廢或只是受到傷害,以及任何打人的行爲。——非義還表現於束縛別的個體,表現於強制他爲奴隸;最後還表現於侵占別人的財產。如果財產是別人勞動的果實,那麼侵占別人的財產和奴役別人在本質上就是相同的,兩者之間的關係也等於單是傷害之於兇殺。

這是因爲根據我們對於非義的解釋,財產如果不行非義就不得拿走,則財產只能是別人自力勞動的獲得。所以拿掉別人的財產就是從已客體化於該人身體中的意志那裡拿掉這人的體力,以使這份體力爲在另一身體中客體化了的意志服務。只有這樣,施行非義的人雖不是侵犯別人的人身,而是侵犯一種沒有生命的、和別人的身體完全不同的東西,然而仍然是侵入了別人的意志之肯定的範圍;因爲別人的體力和勞動等於是同這東西乳水交融而等同起來了。由此推論,可知一切眞實的財產所有權,也就是道德的財產所有權,原來是,唯一無二的是以勞力加工爲根據的;正如在康德以前這就是頗爲人們所普遍承認的,並且也正如這就是最古老的一種法典說得明確而優美的:「熟習古代的智者們說,誰劃除了田野裡的樹木,把田野打掃乾淨,犁過了,這塊耕地就爲他所有;正同誰是第一個給予一隻羚羊致命傷的,這羚羊就屬於他。」(《摩奴法典》IX,第四四頁)在我看來,康德的全部法理學是一些互相牽混的錯誤很特別地交織在一起,我認爲這只能以康德老年的衰弱來解釋。就是這一點也是可以說明的，他是以優先占有作爲財產所有權的根據的。但是單憑我的意志宣告不許他人使用一件東西，怎麼就能立即賦予自己對於這東西的**合法權利**呢？顯然，這樣的宣告本身就需要一個法理根據，而不是如康德所認爲的這宣告本身就是一個法理根據。如果除了自己的宣告外別無其他根據就要獨占一件東西，那麼，又怎能說別人不尊重這種要求就是這人在實質上，亦即在道德上，行爲非義呢？在這件事上怎麼會使別人良心不安呢？這是很明白和容易理解的〔道理〕，即是說根本不能有什麼**合法的占取**，唯一能夠有的只是對一個東西的合法**領有**，合法**獲得**，〔而這是〕由於原來就是對這東西使用了自己的勞力〔來的〕。因此，一件東西只要是由於別人的辛勤加過工的、改良過的，或是防止了事故而得保存的，即令是這麼微小的辛勤，只是摘下或拾起一顆野生的果子，但是奪取這樣的東西顯然仍是那掠奪者拿走了別人用在這上面的勞力的果實，顯然仍是讓別人的身體爲**他的**意志服務而不是爲別人自己的意志服務；是超出了他那意志的現象而肯定他自己的意志，直到否定別人的意志：這就叫做行爲非義*。——與此相反，單是享受一樣東西，對此並無任何加工或並未採取任何安全措施以防破壞，那麼，這也和單憑他的意志宣告他自己的獨占，是一樣的沒有對此提出 434

* 所以要為自然的財產所有權樹立根據，並無須假定兩種法權根據相互並行，不需要**占領**根據和**造成**根據並列，而是後面這一根據就足夠應用了。不過「**造成**」這個詞兒並不十分恰當，因為對一樣東西加上某種勤勞無須一定是一種形式的賦予。

一種合法權利。所以說即令一個家族在一個世紀以來就是獨自在一個獵區行獵，但沒有做一點什麼來改進這個獵區；那麼，如果現在有新來的外人也要在這裡圍獵，這家族要不是在道德上非義，根本就不能加以反對。因此所謂優先占有權只是人們在白白享受過一樣東西之後，還要加以報酬，即還要求繼續獨享的權利，這是在道德上完全沒有根據的。對於單是立足於這種權利上的人，那後來的新客就有更好的理由來反駁他：「正是因爲你已享受了這麼久，所以現在也該由別人來享受了。」任何一件無法加工的東西，既不能加以改善，也無從採取安全措施以防事故，就都不能在道德上提供有根據的獨占權。這種東西的占有，可能是由於其他一切人的方面爲了報酬占有人在別方面的貢獻而自願讓出來的；不過這已假定了一個由傳統習俗所約束的集體，假定了國家。——在道德上有根據的所有權，如我們在上面所引申的，在其本性上就賦予所有人以支配其所有物的無限權力，和這所有人對於他自己的身體有著無限的支配權一樣；因而他可以用交換或贈與的方式把他的財產轉讓別人，而別人又得和他一樣以同一道德的權利占有這份財產。

根本說起來，非義的**施爲**不是用**暴力**就是用**陰謀**，而從道德上本質的東西看，兩者只是一回事。首先就兇殺說，我用的是匕首或是毒藥就並沒什麼區別。用類似的方式傷害人身，結果也是一樣。其他情況的非義一概可以還原爲我，作爲非義的施行人，總是強制別的個體不爲他的意志而爲我的意志服務，不按他的意志而按我的意志行動。在暴力的方式上達到這一目的是透過形體上物理的因果性，在陰謀的方式上則是透過動機的構成，亦即透過認識檢驗過的因果性，從而是我給他的意志敷陳一些假動機，使他以爲他憑這些動機是在服從他自己的意志，而其實他是在服從我的意志。認識既是動機所在的媒介，那麼，我要做到這一切就只有使他的認識錯誤，而這就是謊騙。謊騙的目的每次都是在於左右別人的意志，而不僅是在於影響他的認識；不是爲了他自爲的認識本身，而只是以影響他的認識爲手段，即只在認識決定他的意志這範圍內來影響他的認識。這是因爲我的謊騙是從我的意志出發的，這謊騙自身也需要一個動機，而這樣一個動機卻只能是〔左右〕別人的意志而不能〔止於影響〕別人自在的、自爲的認識而已；因爲〔別人〕這樣的認識決不能對我的意志有什麼影響，所以決不推動我的意志，決不能是我這意志所有的那些目的的動機，而只有別人的欲求和行動，〔要別人做什麼〕才能是這樣一個動機。由於這一點，從而也只是間接地，別人的認識也才能是這樣一個動機。這不僅在一切顯明從自私自利出發的謊騙上是這樣，就是在純從惡作劇產生的謊騙上——惡作劇是要在別人由此促成錯誤而產生的痛苦後果上取樂——，也是這樣。甚至只是單純的吹牛，因爲藉此可以從別人方面獲得較大的敬重或較好的評價，也是意在對別人的欲求和行動發生更大的更易獲致的影響。單是拒絕說出一個眞理，也就是根本拒絕說出什麼，這，本身還不是什麼非義，但以任何謊語騙人上當卻都是非義。誰拒絕爲走錯了路的人指出應走的路，這還不是對這人非義，但故意教他走錯卻是非義。——從這裡說出的〔道理〕推論起來，任何謊騙作爲謊騙論，都和暴行一樣的是非義；因爲謊騙既作謊騙論，其目的已經是在於把自己意志的支配權擴充到別的個體的身上去，也就是以否定別人的意志來肯定我的意志，正和使用暴力相同。——不過最澈底的謊騙卻要算毀約，因爲在契約裡一切條文規定都完備而清楚齊全。原來當作在簽訂一份契約時，別人承擔的義務直接而自明的是我此後承擔義務的動機。雙方互許的條款是經過考慮而正式交換過的。各人在契約中所作聲明的眞實性，按〔原來〕的認定，都在各自的掌握之中。如果對方破壞契約，那麼他就是欺騙了我。並且，由於他只是拿假動機來蒙混我的認識，以便按照他的企圖來左右我的意志，把他的意志的支配權擴張到別的個體上，所以他就是做出了完全非義〔的行爲〕。一切契約在道德上的合法和有效都以此爲根據。

就非義的施行者說，使用暴力還不如使用陰謀那麼可恥，因爲暴力的非義是從體魄的力量產生的，而體魄的力量在一切情況之下都是使世人震驚傾服的。陰謀的非義則相反，採取繞圈子的辦法就已洩露了其人的懦弱；所以這是同時從體魄方面和道德方面把他的爲人貶低了。加之哄和騙所以能夠成功，是因爲進行哄騙的人爲了取信於人，自己還不得不裝出對哄騙痛恨和鄙視的樣子；哄騙所以得逞是基於人們相信他的誠實，而這卻是他沒有的。——詭計多端、背信棄義和出賣行爲所以到處引起深惡痛絕，乃基於忠信誠實是一根拴帶，它從外面使一一分散於個體雜多性中的意志重行統一起來；並且也是由於這一作用才限制了由於意志分散而產生的利己主義的後果。背信棄義和出賣行爲卻是撕斷這根最後的、外在的拴帶，是由此而爲自私自利的後果提供無限的活動範圍。

在我們考察方式的聯帶關係中，我們已發現作爲非義這概念的內容的，是一個人的某種行為屬性；在這種行為屬性中他把顯現於他身體中的意志之肯定如此擴張了，以至這種肯定勢將否定顯現於別人身體中的那意志。我們還在一些只是一般的例證上指出了非義的範圍從哪兒開始的界限；同時，我們也曾用過少數的幾個主要概念從最高到較低一些的程度規定了非義的等第。據此，**非義**這概念乃是原始本然的、正面的；而與此相反的**正義**這一概念卻是派生的、反面的。因為我們必須不把自己侷限在字面上，而是應該在概念上說話。事實上，如果沒有非義，就決談不上**正義**，即是說**正義**這概念僅僅只含有非義的打消。任何行為，只要不超出上述界限，亦即不是否定別人的意志以加強本人自己的意志之肯定，便都包括在這一概念中。所以單是就純粹**道德**的規定這方面看，上述界限已把〔一切〕可能的行為的全部領域劃分為非義和正義〔兩個方面〕了。一種行為，只要不是按上面分析過的方式，在否定別人意志時侵入別人的意志之肯定的範圍，就不是非義。例如別人有急難而不予以援手，或自奉有餘而對別人的飢餓且死袖手旁觀，這固然是殘酷的、無人性的，但不是非義。〔在這種場合，〕能夠以充分的把握來說的只是：誰要是不仁而冷酷竟達到這種程度，那麼也完全可以肯定，只要他的願望要求這樣做而沒有什麼強制力加以阻攔，任何非義他也都幹得出來。

不過，從**正義**這概念作為非義的打消說，則這概念主要是使用在以暴力抵抗非義的圖謀這種情況上；並且無疑地，這概念的原始產生也是從這種情況來的。這種抵抗不可能本身又是非義，所以抵抗是正義的；儘管在抵抗時所施展出來的暴力行為就其本身孤立地看好像是非義，而只是在這裡由於行為的動機才算是公道的，也就是才成為正義的。如果有一個個體在肯定他自己的意志時，竟至於侵入我本人作為一個人格的人在本質上（具有）的意志之肯定的範圍，並以此否定我這意志之肯定，那麼，我抵抗這種侵犯就是否定這一否定。就這一範圍說，在我這一方面，除了肯定本質上必然地、原始地在我身體中顯現著的，僅由我身體的現象即已隨同包含在內而表出的意志之外，並沒有做什麼；所以這就不是非義而是**正義**。這就是說：我由此有一種**權利**來使用為了取消別人那否定而必需的力量來否定別人（對我）的否定；而在這樣做時，如易於理解的，甚至可以成為殺死別的個體。對他的侵害，作為侵入的外來暴力，加以抵抗是不算非義的，從而是有權用一種有些超過外來暴力的反作用來加以抵抗的；因為在我這方面所發生的一切，始終只在我本人作為這樣一個人本質上必有的，由於我這人即已表出在「意志之肯定」的範圍內（這就是鬥爭的舞臺）而不侵入到別人的這種範圍裡去，這就只是否定之否定，也就只是肯定，本身不又是否定。所以說，我的意志既顯現於我的身體中，又以自身的力量保全自身而不否定任何遵守同一界限的別人的意志，我就可以**不為非義而強制**那否定我的意志的別人意志不去實行這一否定，即是說在這一限度內我有一種**強制權**。

在我有強制權，有完整的權利以暴力對付別人的一切場合，隨情況的需要我也可以一樣地不為非義而以**詭計**來對付別人的暴力，從而是**恰在我有強制權的範圍內**，我也確有**謊騙之權**。因此，誰要是對一個搜索他身上財物的市井匪徒保證他身上再沒有什麼東西了，（即令是謊語也」完全是正義的行爲。同樣，誰要是用謊話把一個夤夜闖進來的強盜騙進地窖而把強盜反鎖在裡面，也是正義的。誰要是被綁匪擄去，例如被〔北非〕耙耙內斯克人㉙擄去，他爲了恢復自己的自由不僅有權以公開的暴力而且有權以計謀殺掉那些人。——因此，由直接對肉體的暴力行爲壓榨出來的諾言根本就沒有拘束力，因爲忍受這種強制的人完全有權用殺人的方式把自己從暴客手裡解救出來，更不用說用欺騙的方式了。誰要是不能以暴力取回被劫走的財物，而是用計謀弄了回來的，也不是做了非義之行。如果有人把從我手裡搶去的錢賭輸了，那麼我甚至有權對他使用假骰子，因爲我從他那裡贏回來的〔錢〕原來就是屬於我的。誰要否認這一點，就必然更要否認戰爭中用計的合法性，因爲這甚至是出之於行動的謊騙，是瑞典女王克瑞斯汀㉚所說〔名句〕的一個例證，她說：「人們說的話根本就不能作數，至於他們的行動幾乎也是不可信任的。」——依此說來，正義與非義之間的界限誠然是間不容髮。此外我認爲再要去證明這一切和〔我們〕上面關於謊騙與暴力都是非義的講法完全一致，是多餘的；這一切也可用以闡明關於〔迫不得已的〕急謊那一奇特的理論*。

㉙ Barbareske，在中古時代，人們把摩洛哥、阿爾及利亞、突尼斯、特立波立斯等地的人稱為耙耙內斯克人，以言其盜匪之多，今稱柏柏爾（Berber）人。

㉚ 克瑞斯汀（Christine，一六二六—一六八九，瑞典王 Gustav Adolf 的女兒，成年時登極，一六五四年遜位。

* 在我的獲獎論文《論道德的基礎》中還有關於這裡提出的法權理論更進一步的討論；請參照該書第一版 §17，第二二一—二三〇頁（第二版第二一六—二二六頁）。

根據前此所述的一切，那麼非義和正義就只是些**道德**的規定，也就是在人類行爲作爲這種行爲來考察的方面和就**這行爲本身的內在**意義看都有效的規定。這是直接呈現於意識中的，一方面是由於非義行爲有一種內在的痛苦與之相連，即施行非義的人單純地感到的一種意識，〔意識到〕他肯定自己的意志過於強烈，竟至於否定了別人的意志現象；也是由於〔意識到〕他作爲現象看固然有別於非義行爲的承受者，但在本體自身上又是和承受者同爲一個東西。進一步闡明良心不安的內在意義卻只能在更後面再談。在另一方面，非義行爲的承受者也痛苦地意識到他的意志被人否定；〔儘管〕這意志是由於他的身體和身體的自然需要就已表現出來了的，而大自然是教他指靠自己身體的力量來滿足這些需要的。同時他還意識到他可以不爲非義而用盡一切方式來抵禦那否定，只要他有力量做得到。這種純道德的意義是義與非義所有的唯一意義，但這是就人作爲人而不是作爲公民來說的；所以即令沒有一切現行法規而處於自然狀態中，這種意義依然存在，並且是構成一切現行法規的基礎和內容。這就是人們所以稱爲**自然**法的東西，但還不如稱之爲道德法；因爲它的效力管不到受害的方面，管不到外在的現實，而只及於〔人的〕行爲和由此而產生於人的自我認識，對於他個人的意志的自我認識——這就叫做**良心**——；自然法在自然狀態中不能在每一場合都能對外、對其他個體有效，不能在每一場合防止強權代替正義作統治者。在自然狀態中有賴於每一個人的只是他在任何場合都**不爲**非義，而決不是在任何場合不**承受**非義，〔承受非義與否〕則有賴於他偶然的外在的強有力。因此，義與非義的概念對於自然狀態固然也有效而決不是傳統習俗性的；但在那兒卻只是作爲道德的概念而有效，以便每人自己認識本人自己的意志。生命意志在人類個體中肯定自己，強烈的程度是極不相同的。這些道德的概念在刻畫強度的表上就等於溫度表上的冰點一樣，是固定的一點，也就是自己意志的肯定成爲別人意志之否定的那一〔臨界〕點；這就是說，由於施行非義而得指出意志的激烈程度和認識在個體化原理〔這是整個兒爲意志服務的「認識」的形式〕中被侷限的程度相結合〔的一點〕。不過如果有人把〔他對於〕人類行爲的純道德性的考察放在一邊或加以否認，而只就外在的作用和效果來考察行爲，那麼，他當然也可追隨霍布斯把義與非義說成是傳統習俗的任意採用的規定，因而也是在現行法以外根本就不存在的規定。並且我們也決不能用外在的經驗使他明白〔本來〕決不屬於外在經驗的東西。譬如上述這個霍布斯，他就有一種說法極爲突出地標誌著他那已經完成的經驗主義思維方式的特點。在他那本《幾何學原理》中他否認全部眞正純粹的數學，而頑固地斷言點有廣袤，線有寬度。可是我們也決不能指出一個沒有廣袤的點，一根沒有寬度的線，我們不能使他明白數理的先驗性，正如不能使他明白法理的先驗性相同，他反正是對任何非經驗的認識都關了門。

那麼，純粹法學就是道德裡面的一章了，並且直接只是和行動的施爲有關，不與行動的承受有關。原來只有行動是意志的表出，而道德又是只考察意志的。行動的承受則是赤裸裸的「事態」，道德只能間接地也考慮行動的承受，亦即僅僅爲了證明凡只是爲了不承受非義而發生的事並不是非義。——申論道德的這一章㉛，它的內容應是規定一個準確的界限，規定個體在肯定已在他身體中客體化了的意志時，可以走到哪兒，而不至否定那顯現於另一個體中的同一意志，然後又規定超出這界限的行爲必然是非義，因而是可以不爲非義而加以抵禦的。所以說考察的著眼點總是自己本人的行動。

可是在作爲事態看的外在經驗中，承受非義也就出現了。在非義的承受中，如已說過的，生命意志和它自己對抗的現象比在任何其他地方還要表現得更明顯些。這種對抗現象是從個體的衆多和利己主義兩者之中產生的，這兩者又是以個體化原理爲條件的；而對於個體的認識，這原理就是表象世界的形式。在上面我們還曾看到很大一部分人生本質上的痛苦都在這種個體對抗上有著它永不斷流的來源。

不過所有這些個體所共有的理性，並不是讓他們像動物一樣只看到個別個體，而是也讓他們抽象地認識到在聯繫中的整體；並且很快就已教會他們去理解痛苦的來源，使他爲減輕痛苦，或是可能的話就取消痛苦而想出辦法；也就是教大家作出同樣的犧牲，大家由此獲得的共同利益足以抵償這犧牲而有餘。在某些場合出現時，施行非義對於個別人的自私自利雖是那麼暢快，可是在另一個體的承受非義之中，卻有著它必然的對應物，對於這另一個體這可是大大的痛苦。於是，在這考慮整體的理性跳出它所屬個體的片面立場而暫時擺脫自己對

㉛ 指純粹的法學，亦即理論法學。

這個體的迷戀時，這理性就已看到施行非義在這一個體中的享受每次都要被在另一個體承受非義之中相對更大的痛苦所超過；此外還看到這裡既然是一切都憑偶然（機會的）擺布，所以每人都要怕自己覷便施行非義的享樂會要比承受非義的痛苦更難到手。由此，理性認識到或是為了減輕遍布於一切的痛苦，或是為了盡可能平均分攤這痛苦，唯一最好的辦法就是由一切人放棄那些以施行非義來追求的享受，而給一切人消除承受非義的痛苦。——所以說這個辦法，這個由於理性的運用，不難被按方法從事而擺脫自己片面立場的自私心想了出來，然後逐漸使之完備的辦法，就是國家契約或法律。像我在這裡指出國家的起源一樣，柏拉圖在《共和國》裡就已這樣把它表述過了。事實上也只有這才是本質上唯一的國家起源，是由這事的本性所確定的。在任何國土也沒有一個國家能夠另有一種起源，因為正就是這一發生方式，這一目的，才使國家成為國家；並且在成為國家的時候，就不問某一民族在事前的狀態是一群互不相屬而獨立的野人（無政府狀態），或是強者任意統治著的一群奴隸（專制狀態），這都無關宏旨。在這兩種情況之下還沒有什麼國家，直到那共同的協議成立，國家才誕生；並且是各按該協議或多或少地不攙雜無政府狀態或專制狀態，國家也就隨之而是較完善的或較不完善的。共和國傾向於無政府狀態，君主國傾向於專制狀態，為此而想出來的立憲君主這條中間道路又傾向於議會黨團的統治。〔眞〕要建立一個完善的國家，人們必須從創造一些人物著手，這些人的天性根本就能讓他們為了公共的福利而澈底犧牲自己的福利。不過在做到這一點以前，已經有一個差強人意的辦法，不無小補，即是說如果有那麼一個家族，這家族的福利和那一個國家的福利是分不開的，那麼，至少在主要的事務上就決不可能只推進其一而不推進其二。世襲君主制的力量和優點就在於此。

道德既然只涉及正義的或非義的**施為**，並能為那大致已下定決心不為非義的人精確地指出他行為的界限；那麼，政治學，亦即關於立法的學說，則相反，就只在非義的承受上說話了；並且如果不是為了非義的施為每次都有它必然的對應物，必然有非義的承受，也就決不會關心非義的**施為**。非義的承受，作為立法所反對的敵人，那才是立法的著眼點。進一步說，如果可以想像有一種非義的施為，並沒有另一方面的承受非義與之相聯，那麼，澈底說來，國家也就決不會加以禁止。——再進一步說，因為意志，（人的）居心，是**道德上**考察的對象，也是（道德上）唯一的實在，所以旨在必行非義，唯有外力才能加以制止或使之不起作用的堅決意志，在道德上和真正已經幹出來的非義完全是意味相同的；在道德的審判之前，這樣居心的人就被譴責為非義的。國家則與此相反，根本一點也不理會單純的意志和居心本身，而只關心（實際）**行動**（不論是還在圖謀中的或已見諸事實的），因為這行動在別的方面有其對應物，有**痛苦的承受**。所以，對於國家說，實際行動，事態，是唯一的實在，而居心，意圖之被追究只是為了從這些可以看出實際行動的意義。因此國家不會禁止任何人在他思想中對別人經常藏著謀害毒殺（的禍心），只要國家已確知對於劍和軋輪的恐懼會不斷阻止那禍心真正起作用。國家也沒這麼個愚蠢的計畫，要消滅不法行為的心理傾向，消滅惡毒的居心；而且是在每一種可藉以實現不法行為的動機旁邊，總要在無可倖免的刑罰中列上一個分量更重的，用以打消不法行爲的動機。這樣看來，一部刑法也就是一本盡可能完備的登記簿，〔詳載著〕所有一切可能假定的罪行的反動機。——〔罪行和反動機〕雙方都是在抽象中假定的，以便一旦有事時在實際上加以應用。於是政治學或立法〔事宜〕爲了它這目的就會向道德借用法學在規定義與非義的內在意義之外，還精確地規定了兩者間的界限的那一章，不過也只是爲了利用那一章的反面而把人們如果不想**施行**非義，道德就認爲不能逾越的一切界限，看作是人們如果不想承受非義就不能容許別人逾越的界限，亦即人們因而**有權**把別人從那兒趕回去的界限。因此，這種界限就要盡可能從消極方面用法律把它鞏固起來。由此，如果人們相當俏皮地把歷史學家稱爲笨拙的預言家，那麼法學家就是笨拙的道德家了；而本來意義上的法學，亦即關於人們可以伸張的**權利**的學說，在它講論那些不容損害的權利那一章裡，也就是笨拙的道德了。「非義」這概念，和「非義」的否定，「正義」這概念，本來都是**道德**〔性質〕的；〔但在這裡〕由於出發點從積極方面轉到了消極方式，也就是由於方向轉變而成爲**法律**〔性質〕的了。這一點，和康德的法學一起——康德非常錯誤地從他的絕對命令引申說國家的建立是一種道德的義務——，正在最近期間一再引起這樣一種很奇特的謬論，說國家是一種促進道德的設施。國家是從追求道德的努力中產生的，因而國家的建立是針對利己主義的。好像那唯一說得上道德或不道德的內在居心，永遠自由的意志，也能從外面來加以修正似的，也可由外來作用加以改變似的！更錯誤的一個「理論」說：在道德的意義上，國家是自由的條件，從而也是道德性的條件；可是自由卻是在現象的彼岸，更無庸說是在人類設施的彼岸了。國家，如已說過，既不是根本反對一切利己主義，也不是反對利己主義的利己；而是相反，國家恰好是從一切人有著自知之明而按方法辦事的，從片面立場走到普遍立場，由是而總括起來的共同的自私中產生的，是專為這種利己主義服務而存在的；是在純粹道德性的不可期，亦即純出於道德理由的正義行為不可期這一正確前提之下建立起來的，要不然國家本身也就是多餘的了。所以國家不是為了反對利己主義，而是為了反對利己主義那些有害的後果，亦即反對從自私的個體的眾多性中，在他們一切人彼此互施中產生而損害他們福利的後果，又以此福利為目的而建立的。因此**亞里斯多德**就已說過：「國家的目的是大家生活得好，而生活好就是生活幸福和美好。」（《論共和國》，IV）還有**霍布斯**也完全正確地、卓越地分析了國家的這一起源和目的。同樣，一切國家秩序的那一古老基本原則：「公共福利應是法律的第一條」也標誌著同一起源。——國家如果完全達到了它的目的，它就會產生這樣一個現象，等同於普遍都是澈底平正的居心在起作用似的。可是這兩種現象㉜的內在本質和起源〔在兩者之間〕卻是相反的。即是說在後面這一場合是沒有人想要**施行**非義，而在前面那一場合卻是沒有人想要**承受**非義，並且是為了這個目的，一切適當的辦法都已用上了。這就是同一根線得以從相反的方向來描畫；而一頭帶上了口罩的

㉜ 指國家完全達到目的前後兩種現象。

猛獸也會和一頭草食獸一樣不會傷人了。——可是要超過這一點而進一步，國家就無能爲力了；國家不能演出一種好像是從普遍的互惠互愛中產生出來的現象。這是因爲如我們剛已看到的，國家由於它的本性就不禁止非義（或不法）行爲，假如是根本沒有非義的承受在另一方面與之相應的話，只因爲這是不可能的事情，國家才禁阻一切非義（或不法）行爲。那麼反過來，國家按它以全體幸福爲目的的傾向，也將要樂於致力使每人都蒙受人類仁愛各種各樣的美意和善行，要不是這些美意善行的事業在具體實施中也有一種對應物㉝的話。可是在這種場合，國家的每一公民就都會想充當那被動的角色，沒有一個人會要想充當主動的角色了；並且也沒有一個什麼理由可以責成某人應在某人之先來充當這主動的角色㉞。因此，可以加以強制的只是消極的東西，那也就正是法律；而不是積極的東西，那也就是人們在好心腸的義務或不完全的義務這類名稱之下所理解的東西。

如已說過，立法從道德借來純粹法學或討論義與非義的本質和界限的學說，以便爲了那和道德不相干的立法目的而從反面來利用這種學說，並按以制訂現行法律和建立維護立法的工具，建立國家。所以實際的立法就是從反面來應用的純道德的法學。這種應用可以尊重每一特定的民族固有的條件和情況而見之於實施。但是，只有現行立法在本質上是澈底按純粹

㉝ 指實施中所貢獻的勞動或物質。

㉞ 主動被動的角色指施惠受惠者。

法學而規定的，並且要立法的每一條款都能在純粹法學中找到根據，然後所產生的立法才眞是積極的正義；而這國家也才是一個道義的集體，才是名副其實的國家，才是道德上容許的設施，不是不道德的設施。否則相反，現行立法就會是爲積極的非義奠定根據，立法自身就會公開自承是由強制而成的非義。屬於這一類型的是任何一種專制政體，是大部分回教國家的政體；甚至許多憲法的某些部分也屬於這一類型，例如人身所有權、強制勞役等等。純粹法學或自然法，更好是叫做道德的正義，固然總是要由於倒轉方向才成爲任何道義的現行立法的基礎，等於純粹數學是任何一支應用數學的基礎一樣。爲了這一目的，純粹法學和哲學一樣，也有它要向立法傳播的最重要的幾點：(1)說明義與非義兩概念內在的和本來的意義，以及兩概念的起源，兩概念在道德上的應用和地位。(2)財產所有權的引申。(3)契約的道德效力的引申，因爲這是國家契約的道德基礎。(4)國家的起源和目的的說明，說明這一目的對道德的關係，以及隨這一關係〔如何〕透過方向倒轉，按目的而移用道德的法學到立法上來。(5)刑法的引申。——法學的其他內容不過只是這些原則在一切可能的生活關係上的應用，是義與非義間界限的詳細規定，所以這些關係都是在某些一定的觀點和標題之下加以分合的。在這些〔如何分合〕特定的論點上，所有的純粹法學教科書都頗爲一致；唯獨在那些原則上則說法極不相同，因爲這些原則總是和某種哲學相聯的。在我們既已按我們的哲學體系簡單而概括地，然而也是堅定而明確地說明了〔上面〕那些重點的前四點之後，還有刑法〔這一點〕也正要用同樣的方式來談一談。

康德提出了一個根本錯誤的主張，他說在國家之外就沒有完整的所有權。根據我們上面的引申，在自然狀態中也有財產，附帶也有完整的、自然的，亦即道德的權利。這種權利，不行非義就不能加以損害，但拼著一切而加以保護卻不是非義。與此相反，在國家之外沒有什麼刑法，那倒是確實的。整個刑事處分權都只是由現行法奠定基礎的。現行法在〔人〕犯法之前就對這種犯法〔行爲〕規定了刑罰，而刑罰的恫嚇作爲反動機，就應該在分量上超過那一犯法行爲的一切動機。這種現行法應看作是這國家一切公民所批准，所承認的。所以現行法是建基於一個共同契約之上的，在任何情況之下國家的一切成員都有義務遵守這一契約，也就是在一方面有用刑的義務，在另一方面又有受刑的義務。所以強制受刑是有理由的。從而刑罰的直接目的，在個別場合是把法律當作契約來遵守的。可是法律的唯一目的是嚇住〔人〕不要侵犯別人的權利，因爲只是爲了每人都有保障而無須承受非義，人們才結集爲國家，才放棄施行非義而承擔維護國家的重責。所以法律和法律的執行——刑罰處分——基本上是著意於未來而不是著意於過去的。這就是刑罰和報復的區別，後者的動機單是在已經發生了的事故上，也就是只在過去作爲過去上。一切以痛苦加於人來伸雪非義，而對於將來又別無目的〔的行爲〕，就都是尋仇報復，並且是除了看到人們自己在別人身上造成的痛苦而以之安慰自己所受過的痛苦外，不能再有其他目的。這種事情是惡毒的、殘忍的，是倫理上不能爲之辯護的。人以非義加於我，並非使我有權以非義加於人。以怨報怨而別無其他意圖，既不是道德的，也沒有任何理性上的根據可以把它說成是合理的；而提出報復權作爲刑事處分權一個獨立的最後的原則，那是意義空洞的。所以康德的學說把刑罰看作單純的報復，只是爲報復而報復，是完全沒有根據而錯誤的見解。然而這種見解像幽靈似的，總還是在許多法學家的著作中以各種各樣的華麗詞句出沒，而結果都是些空泛的廢話，如說：罪將以受罰而得贖或是兩抵而取消等等，等等。但〔事實上〕任何人都無權把自己捧出來充當一個純粹道德的審判員和報復者；而以自己加於人的痛苦來找別人的過失算帳，也就是責成別人爲過失而懺悔。這反而是一種最不自量的妄自尊大，正是爲此，所以《聖經》上說：「上帝說報復是我的事，我會要報復的。」人很可以有權爲社會的安全謀劃，不過如果要行得通，就只能依法禁止所有那些以「犯罪」一語標誌出來的行爲，以便用反動機，亦即用有威懾性的刑罰，來預防；但這種威懾性如遇〔犯罪行爲〕仍然要出現的場合，就只有付之執行才能有效。刑罰的目的，或更恰當些說刑法的目的，就是嚇住不要犯罪，而這是一條如此普遍公認的，甚至自明的眞理，以至〔這眞理〕在英國皇家檢察官於刑事案件中至今還使用的那古老控訴程式中就已說出來了，原來那控訴程式的結尾說：「如果這被證明了，那麼你，即上述某某，應以法定的痛苦加以處分，以便在永久永久的將來制止別人再犯同樣的罪。」——目的是爲了將來，這才使刑罰不同於報復；並且只在刑罰是爲了**法律的有**效才付之執行的時候，刑罰才有這一目的。刑罰也恰好只是由於這樣才能對任何未來的情況宣稱爲不可倖免的。才爲法律保留了嚇住不犯罪的作用，而法律的目的就正在於此。——在這兒康德派又少不了要反駁說，根據這種見解，被罰的罪犯就「只是當作工具」使用罷了。但是所有康德派這樣不厭倦地跟著說的這句話：「人們只可一貫把人當作目的，決不可當作手段對待」，固然聽起來像是一句有意義的話，因而對於所有那些想要一個公式，用以免除他們一切深思〔之勞〕的人們，這也是非常適合的一句話；然而在光線〔充分的地方看清楚些〕，這不過是極空泛、極不確定，完全是間接達到他原意的一句話。在任何一個場合應用這句話，都需要先加以特別的說明、特別的規定和限制；〔單是〕這樣籠統地使用卻是不夠的，〔能〕說明的也不多，並且還是有問題的。既已依法判處死刑的殺人犯現在就必須只是當作工具來使用，而且〔人們〕完全有權這樣做。這是因爲公共治安，國家的主要目的，已被他破壞，如果法律還不生效的話，公共治安就會被取消了。而殺人犯，他的生命，他本人，現在就必須成爲使法律生效的工具，以便由此而成爲恢復公共治安的工具，並且爲了履行國家的契約〔人們〕也有充分的權利把他作爲這樣的工具。〔因爲〕這個契約，就這殺人犯過去是一公民說，也是他參與過的；而根據這個契約，他曾爲了享有他生命的安全、他的自由和財產，也是爲了一切人的安全，早就把他〔自己〕的生命、自由和財產作爲抵押品了；現在〔因爲他破壞契約〕就要沒收他這份抵押品了。

　　這裡提出來的，對於健全理性直接可以明白的刑罰理論，在主要的方面誠然不算什麼新的思想，而只是幾乎被一些新的謬論所排斥的思想；並且也〔只〕是在這一情況下才有必要〔再〕儘量明確地加以論述。在本質上，這一理論已包含在普芬多夫㉟在《論人民與國家的職權》第二卷第十三章中對這一點所說的那些話裡面。還有霍布斯的見解也同這理論一致，可參看《利維坦》第十五、第二十八章。在我們的時代大家知道**費爾巴哈**曾大力主張這一理論。甚至在古代哲人的說法裡就已有這個理論，柏拉圖在《普羅達哥拉斯》（蚩槐布祿根〔或雙橋〕版第一一四頁），其次在《高爾吉亞》（第一六八頁），最後在《法律論》第十一卷（第一六五頁）就曾明確地加以闡述了。塞內卡以寥寥數語說出了柏拉圖的意見以及有關一切刑罰的理論：「一個高明的人施行懲罰，不是爲了錯誤已經鑄成，而是爲了不使錯誤再發生。」（《論憤怒》I，第一六頁）

那麼，我們在國家裡就認識到一種工具，那以理性裝備起來的利己主義就是企圖透過這一工具來回避它自己的，它自己對自己發生的惡果；於是每人就都來促進全體的福利，因爲他已看到其中也包括著他自己的福利。如果國家完全達到了它的目的，那麼在一定範圍內，國家由於其中統一起來的人力，也會知道逐步征服其餘的自然界以爲己用；最後由於消滅了各種禍害，也可能有近乎極樂世界的某種情況出現。但是事有不然，一方面國家還停留在離這目標很遠的地方，一方面永遠還有生活在其本質上始終具有的無數壞事，依然和前此一樣把生活籠罩在痛苦中；〔因爲〕在這些壞事中，即令〔其餘〕一切的都已消除，最後還有那

451

㉟ 普芬多夫（Puffendorf，一六三二—一六九四），德國法學家。

空虛無聊會要立即進占其他壞事剛退出去的每一陣地。再一方面就是個體之間的爭端也不是國家完全消除得了的，因爲這種爭端，（一旦）大規模的被禁止了，小規模的又起而代之來作弄人。最後還有厄莉絲（這位女神），幸而把她從（國家）內部趕走了，最後她就轉移到外面去：作爲個體間的爭執而被國家制度驅逐了，她又從外面作爲國際戰爭而捲土重來。於是，人們在（國內）個別場合用英明的措施使她不得享有的血祭，現在她就立即大規模地做一次總的來討取，好像討取別人該她的積欠似的。再假定這一切一切由於建立在數千年經驗上面的聰明智慧，最後也都克服了，消除了，那麼，最後的結果將是這一整個行星上人口的眞正過剩，這個結果的可怕的禍害現在還只有大膽的想像力才能加以臆測*。

63

我們已經認識到在國家裡有著它一席的**一時的公道**是報復和懲罰（的公道）；並看到了這樣的公道唯有著眼於**將來**才能成爲公道，因爲沒有這種著眼點，則對於一種罪過所加的刑

---

* 第二卷第十七章是補充這裡的。

罰和報復都是不能自圓其說的，而只是單純的在發生了的禍害之上再添上第二個禍害，毫無意思和意義。可是**永恆的公道**就完全不同，這種公道也是前已提到過的。它不是支配著國家而是支配著世界，它不依賴人爲的設施，不在偶然和幻覺的支配之下，不是不穩定的，不是搖擺的和錯誤百出的；而是不會失誤的，堅定而可靠的。——報復這概念本身就包含時間在內，因此**永恆的公道**不能是一種報復性的公道，所以不能和報復性的公道那樣可以容許推延和限期而只藉時間以惡果抵消惡行那樣需要時間來實現。在這裡懲罰和過失必須是這樣的聯繫著，以至兩者是一個東西。

「難道你們相信，
罪惡振翅輕飛，
飛抵上天諸神？
那兒記錄有人，
罪惡無分大小，
宙斯簿內載明？
一經宙斯垂鑒。
皆作無罪判定？
果然簿內載明，

昊天尚恐太小，
何能容盡罪行？
檢閱已屬不能，
遑論依罪議刑。
不，不，不，
你們如願看取，
這兒便是處分。」

（優里皮底斯[36]原作。轉載於斯多帕烏斯《希臘古文分類選錄》第一卷第四章。）

至於在世界的本質中眞有這麼一種永恆的公道，那可以從我們前此所闡發的整個思想中（看出來），對於理解了這（整個）思想的人，這也是很快就可以完全明白的。

現象，這一生命意志的客體性，就是這世界，即在其部分和形態的一切複雜性中（的世界）。生存本身和生存的類別，無論在整個或在每一部分上，都只是從意志來的。意志，它是自由的，全能的。它在它自身和在時間之外是如何規定自己的，它也恰好就是這樣顯現於每一事物中的。世界只是反映這一（意志的）欲求的鏡子。世界所包含的一切有限性、一

㊱ 優里皮底斯（Euripides，公元前四八〇—四〇六），希臘悲劇作家。

切痛苦、一切煩惱都屬於它所欲求的那東西㊲的表現；其所以是如此這般的痛苦煩惱，也是因爲意志，它要這樣。依此說來，每一生物根本都是以最嚴格的公平合理在擔負著一般的生存，然後是擔負著它那族類的生存和它那特有個體的生存；並且完全要看它的個性是如何的，它所在的環境是如何的，所在的世界是如何的，它就是如何的擔負生存，也就是爲偶然和錯誤所支配，是有時間性的、無常的，永遠在痛苦中。凡在它身上發生的，凡能夠在它身上發生的，對於它都是活該的、公平的。這是因爲意志〔本〕是它的意志，而意志是怎樣的，這世界也就是怎樣的。能夠爲這世界的存在和本性負責的只有這世界自身，沒有別人。別人如何要負起這個責任來呢？——如果要知道人在道德上，整個的一般的有什麼價值，那麼，只看他整個的一般的命運便得。這命運就是困乏、貧苦、煩惱、折磨和死亡。永恆的公道在運行：如果人從整個說來不是一文不值，那麼他的命運從整個說來也就不會如此悲慘。在這種意義上我們可以說：世界本身就是世界法庭。要是人們能夠把全世界的一切苦惱放在**一個**秤盤裡，又把全世界的一切罪惡放在另一秤盤裡，那麼，天秤上的指針肯定就不再擺動了。

認識是爲了給意志服務而從意志發芽孳生的，當它一成爲個體本身的認識〔而爲個體服務〕時，這世界誠然就不會對這種認識表出它自己，像它對學者那樣最後揭露自己爲唯一的

㊲ 指生命。

一個生命意志——這即是意志自己——的客體性：而是模糊著未經訓練的個體的視線，好像印度人所說的摩耶之幕一樣。對於這樣的個體，呈現出來的不是自在之物，而只是在時間空間中，在個體化原理中，在根據律其他形態中的現象。在他有限的認識的這個形式中，他看不到事物的本質，那是唯一無二的；而只看到這本質的現象是特殊的、分立的、數不盡的、極不相同的，甚至是相反的。於是，在他看起來，狂歡是一回事，痛苦又完全是另一回事；這一個人是製造痛苦的，是殺人犯；那一人是承受痛苦的，是〔被害的〕犧牲者；惡行是一回事，惡行所肇的禍又是一回事。他看到這一個人生活在快意、饒富和狂歡之中，而在這人的〔朱漆〕門前同時有另一個人因飢寒而痛苦地死去。於是他就要問：公道到哪兒去了呢？而他自己則在強烈的意志衝動中，——那就是他的起源和本質——，緊緊抓住生活中那些狂歡和享受不放，卻不知道他正是由於他意志的這一活動〔同時也〕在抓住著，緊緊擁抱著在生活上他見而生畏的一切痛苦和折磨。他看到禍害，也看到世界上的惡行，但是他還遠不能認識到這兩者只是一個生命意志的現象的不同方面；他以爲兩者是極不相同的，甚至是相反的。他也常企圖透過惡行，也就是在別人身上製造痛苦，來避免禍害，避免他本人個體上的痛苦；被個體化原理所侷限，被摩耶之幕所蒙蔽。——正好像一個水手，在一望無涯的怒海上駕著一隻小船，山一般的波濤在起伏咆哮，他卻信賴這微小的一葉扁舟；一個個安然在充滿痛苦的世界正中坐著的人也就是這樣信賴著個體化原理，亦即信賴個體藉以認識事物，把事物認爲現象的方式。無邊的世界到處充滿痛苦，在過去無盡，在將來無窮，那是他體會不到的，在他看來甚至只是一個童話。而他那渺小的「厥躬」，他那沒有幅度的現在，瞬息的快適，在他看來卻是唯一具有眞實性的，一天沒有更高明的認識替他擦亮眼睛，他一天就想盡辦法來保有這些東西。在這一天未到來之前，僅僅只是在他意識的最深處有那十分模糊的冥悟在活躍著，亦即悟到所有那些痛苦究竟並不是那麼陌生的而是和他有關聯的；在這種關聯之前，個體化原理也不能庇護的。一切人（也許還有聰明的動物）所共有的，那麼無法消除的一種恐怖就是從這種冥悟中產生的。人們如果由於某種偶然發生的事故而在個體化原理上給弄糊塗了，也就是因爲根據律在它的某一形態中好像是碰到了例外，譬如有個什麼變動好像是無緣無故發生的，或是一個死去的人又來了，或是某種過去或將來的事出現在眼前了，遼遠的變近了；這種恐怖就會突然把人們攝住。對於這類事故的大爲駭怪都是基於人們突然在〔掌握〕現象的一些認識方式上給弄糊塗了；而保持著人們自己的個體和其餘的世界各自分立的〔東西〕也就只是這些認識形式。但是這種各自分立恰好只存在於現象之中而不存在於自在之物中：永恆的公道就正是基於這一點。——實際上一切暫時的幸福都建立在下面挖空了的基地上，一切聰明都是在這樣的基地上〔枉〕費心機。幸福和聰明保護著個人不遭遇意外事故，爲他找得享受；但個人只是單純的現象，他不同於其他個體，他所以免除了其他個體擔負著的痛苦，都是基於現象的形式，基於個體化原理。就事物眞正的本質說，只要一個人是堅強的生命意志，也就是他如果以一切力量肯定生命，那麼，世界上的一切痛苦也就是他的痛苦，甚至一切只是可能的痛苦在他卻要看作現實的痛苦。對於看穿個體化原理的認識，幸福生活在時間中，或是「偶然」〔機會〕相送的，或是藉聰明從偶然爭取來的；而〔這種幸福〕夾在無數別人的痛苦中，究竟只是乞丐的〔黃粱〕一夢，在夢裡乞丐是國王，但他必然要從夢中醒過來而體會到使他〔暫時〕和他生活的痛苦隔離的只是一個飄忽的幻象。

對於侷限於服從根據律的認識中的眼光，侷限於個體化原理中的眼光，永恆的公道是避不露面的；如果不是用什麼捏造來裝點門面的話，這種眼光裡就根本沒有什麼永恆的公道。這種眼光看到惡人做過各種壞事和暴行之後，卻生活在歡樂中，並且未經留難譴責就〔輕輕鬆鬆〕棄世而去了。這種眼光看到被壓迫的人拖著充滿痛苦的一生一直到死，而沒有出現一個〔為他〕報仇雪恨的人。但是永恆的公道，也只有一個人使自己超出了那在根據律的線索上前進的，束縛於個別事物上的認識而認識到理念，看透了個體化原理而體會到自在之物不能加以現象的形式之後，才能理解，才能領悟。也只有這樣一個人借助於這同一認識，才能懂得美德的眞正本質，而這是在和當前這考察相關的範圍內不久就會給我們表述出來的；不過美德的實踐卻並不要求這種抽象的認識。因此，誰獲得了上述這種認識，他也就會明白：意志既然是一切現象的本體，那麼，儘管那些現象——其中表出的時而有這，時而有那——都是作為完全不同的個體而存在著的，甚至是被長距離的時間和空間所隔開的，然而加於別人的痛苦和自己經歷的痛苦，惡行和所肇的惡果則經常只觸及那同一的本質。他將體會到製造痛苦的人和不得不承受這痛苦的人兩者間的區別只是現象而不觸及自在之物。這自在之物就是活躍在這兩人中的意志，這意志在這兒被那註定要爲它服務的認識所蒙蔽而錯認了它自己，而在它的**一個**現象中尋求激增的安樂，在它的**另一**現象中製造巨大的痛苦；它就是這樣在強烈的衝動中以自己的牙咬入自己的肉，而不知它永遠只是在傷害著自己，其爲傷害則是由於個體化這媒介暴露了原來藏在它內部的矛盾。痛苦的製造人和承受人是一（而非二）。前者錯在他以爲自己於痛苦無份，後者錯在他以爲自己於罪過無份。如果他倆的眼睛都擦亮了，那麼以痛苦加於人的那一個就會認識到他是生活在所有那些在廣大世界上承受痛苦的人和物之中，並且，如果他具有理性，還要徒勞地尋思這些人和物既看不到它們對於痛苦應負的責任，爲什麼卻要被召喚到這世上來受這麼大的痛苦。而承受痛苦的那一個就會體會到世界上現在或過去造成的一切惡都是從那同時也是構成**他的**本質，在**他身**上顯現的意志中流出來的；就會體會到他，由於這顯出的現象和這現象的肯定，就已承擔了從這意志中產生的一切痛苦；他一天是這意志，就理應忍受這些痛苦。——從這一認識出發，充滿冥悟的詩人卡爾德隆在《人生一夢》中說：

「因爲一個人最大的罪過
就是：他已誕生了。」

在永恆的規律之下，「生」的結局既然就是死，怎麼能教「生」不是一種罪過呢？卡爾德隆不過是用他那詩句說出基督教中那原罪的信條罷了。

要鮮明地認識永恆的公道，認識那秤桿兩端聯繫著二者不可缺一的罪行之害和懲罰之害，那就得完全超出個性及其所以可能的原理之上；因此，這種認識，就和隨即要談到的，與此相近的，對於一切美德的本質那種純粹而明確的認識一樣，都永遠是多數人無法問津的。——因此，印度民族睿智的遠祖，雖然在只容轉生了的三個種性才可讀的《吠陀》中，或在教內的經論中，亦即在概念和語言所能及的範圍之內，並且是在他們那種還是形象的，也是片段不聯貫的表達方式所能容許的範圍之內，直接地說出了這一認識；但在群眾的宗教中或教外的說教中卻只用神話來傳達（這認識）。《吠陀》是人類最高的認識和智慧的成果，經義的核心是在《鄔波尼煞曇》中作為本世紀最大的禮物終於傳到了我們的。在《吠陀》的經文中我們看到那種直接的說法是用好幾種方式表達出來的，尤其特別的是這一方式：世界上所有一切存在物，有生命的和無生命的，都依次放到門弟子的面前而一一對各物說一句已成公式而叫做摩訶發古亞（大乘）的大咒語：「達吐姆斯」，更正確些是「塔特·都阿門·阿西」，即是說「這就是你」。*——可是對於群眾，在他們的侷限性中所能理解的範圍內，這一偉大的眞理卻要翻譯為服從根據律的認識方式。這種認識方式雖在它本質上根本不能純粹地、逼眞地容納這一眞理，甚至是和這眞理正相反：不過在神話的形式

* 《鄔布涅伽》第一卷，第六〇頁。

中究竟獲得了這眞理的一種代用品。而這代用品已足夠作爲行爲的調節器了，因爲這代用品在和倫理意義本身永不相干的認識方式中按著根據律，畢竟是用形象的表現使行爲的倫理意義可以理解了。而這就是一切宗教教義的目的，因爲這些教義全都是爲那些鹵莽的人心無法問津的眞理披上一些神話的外衣。在這種意義上也可用康德的語言把這一印度神話稱爲實踐理性上的一個設準。作爲這種設準看，這神話倒有這麼個優點，即是說除了現實世界眼前的事物外，神話並不要包含什麼別的因素，因而神話的一切概念都可用直觀（的事物）來印證。這裡所指的是輪回這個神話。這種神話倡言人們在這一世中所加於其他人或物的痛苦，都必然要在來世，並且還是在這個世界上恰好以同樣的痛苦來抵償。這種說法竟至於以爲誰所殺的雖只是一隻動物，他在無盡的未來總有一次也要出生爲這樣一隻動物而遭到同樣的死法。神話說：惡行將在事後註定來生在世上變爲受苦的被鄙視的人或物；根據這種說法，人就可以轉生於較低等的種姓之中，或轉生爲女身，爲禽獸，爲巴內亞賤民或長陀羅賤民，爲痲瘋病者，爲鱷魚等等，等等。神話透過不自知犯了什麼罪過而受苦的人和物而以痛苦恐嚇（人），這些痛苦都是以從現實世界得來的直觀來印證的，因而神話也就無須再借助於別的什麼地獄了。與此相反，作爲善報則許以轉生於更美好更高貴的人身中，爲婆羅門，爲智者，爲聖者。最好的善報卻要留給最高尚的行爲和澈底的清心寡欲；此外對於這種善報有份的還有那連續七世自願死在她丈夫焚屍柴火上的婦人，以及從不打謊語而有著一張純潔的嘴的人。這種善報，神話用世人的語言只能以消極的意義來表示，也就是常見的許（人）以不再入輪回：「再不進入現象的存在」；或者是如既不承認《吠陀》又不承認種性制度的佛教徒所說的：「汝當入涅槃，涅槃之爲狀，其中無四苦：生、老、病與死」。

從來沒有一個神話，將來也決不會有一個神話，還能比這個最優秀、最古老的民族的這一上古教義更能緊密地配合這一如此少數的人所能問津的哲學眞理了。儘管這民族現在分裂成許多片段了，然而這上古的教訓，作爲普遍的民族信仰，在今天仍有支配作用，對於生活仍然有決定性的影響，並不亞於在四千年以前。因此畢達哥拉斯和柏拉圖就已驚奇地發覺而理解了，尊敬而應用了這無以復加的超級神話教義，不過他們可能是從印度或埃及接受過來的，並且，他們自己在我們無從知道的某種程度上也曾信仰過這種教義。——可是我們現在卻反而把英國的牧師們和赫爾恩胡特〔兄弟會〕的麻織工人派遣給婆羅門，說是由於同情他們而教他們一點比這上述神話更好的東西，給他們指出他們是從「無」中創造出來的，並應爲此充滿謝忱而歡樂。但是我們所遭遇的就等於是以彈丸擊石的那人所碰到的結果一樣。我們的宗教現在不能，將來也決不能在印度生根。人類最古老的智慧不會因加里利所發生的事故㊳而被擠掉。相反的是印度的智慧反過來流入歐洲而將在我們的知識和思想中產生一個根本的變化。

㊳ 加里利（Galiläa），耶穌誕生的地方，這裡指基督教的誕生。

64

但是我們現在就要從我們對於永恆的公道所作非神話的，而是哲學的表述繼續走向與此有關的一些考察，考察行爲和良心在倫理上的重要性；而良心就是對於永恆公道單純「感」到的認識。——不過在這個地方，我還想先指出人類天性的兩個特點，這些特點會有助於弄明白每一個人如何在意識上至少是模糊地感到那永恆公道的本質，感到意志在其一切現象中的統一性和同一性；而永恆的公道也就是基於這一點的。

完全和國家用刑的目的，和已論證過的爲刑法所本的目的無關，〔人們〕如果在〔看到〕一種惡行既已發生之後，〔又〕看到這給別人製造痛苦的人恰好也受到同等的痛苦，則不僅使那些多半是報仇心切的受害人，而且也使事不關己的旁觀者一樣的人心大快。我認爲此中透露的〔消息〕並不是別的，而正是對於永恆公道的意識；不過這種意識隨即爲未經純化的心思所誤會，眞面目被篡改了；因爲這心思侷限於個體化原理中，犯了潛移語義的毛病，冀圖向現象要求那只有自在之物才有的東西；也看不到在什麼地步迫害者和受害人在本質上是一〔而非二〕，看不到那同一的本質就是那在它自己的現象中認不出自己，既承擔痛苦又承擔罪過的東西，反而要求在承擔罪過的這一個體上又看到痛苦。——因此，大多數人都會要求一個有著高度邪惡心腸而同時又有遠勝於人的非凡精力的人，得以說不盡的災難橫加於億萬人的人，譬如那征服世界的人，——邪惡心腸是很多人都有的，不過不如在這種人身上還配搭有其他特性而已——；我說，大多數人會要求這樣的人（總有一天）在某時某地將受到質量相同的痛苦以抵償（他製造的）所有那些災難。這是因爲多數人認識不到折磨人的和被折磨的如何是一（而非二）；認識不到他們（倆）所由生存和生活的意志也正就是在前者那人身上顯現的同一個意志，並且恰好是透過前者這意志的本質才得到最明確的啟示；認識不到這意志在被壓迫者和在壓迫者是同樣的受苦，並且隨著壓迫者的意識更清晰更明確，意志更激烈，壓迫者也相應地更痛苦。——至於更深遠的，不再侷限於個體化原理的認識，一切美德和高尚情操所從出的認識，那就不再懷著那種要求報復的心情了，這是基督教的倫理已經證實了的。這種倫理乾脆就不容許任何以怨報怨，而（只）聽憑永恆的公道的支配，猶如是在不同於現象的，自在之物的領域中。（「報復是我的事，我會要報復的，上帝說。」《給羅馬人的信》第十二封，第十九封。）

在人類天性裡還有一種更觸目的，不過也是更罕有的特點。這個特點既透露一種要求——要求將永恆的公道納入經驗的範圍，也就是納入個體化的範圍——；又暗示著一種感到的意識，即我們前面說過的感到生命意志是拿自己的本錢在演出那宏偉的悲喜劇，感到活在一切現象中的乃是那同一個意志。我說，下面就是這樣一個特點：我們間或看到一個人，他對於自己能遭遇到的或只是作爲見證人而目擊的那些巨大暴行是那麼深爲憤慨，以至他爲了報復這罪行的禍首，從容地、義無反顧地不惜把自己的生命孤注一擲。我們可能看到這樣的人經年累月在窺伺一個有權勢的迫害者，最後把他殺掉，然後自己也死於斷頭臺上，一一如他所預見的那樣；甚至〔這種後果〕每每並不是他企圖逃避的，因爲他的生命已只是作爲報仇的手段才對他保有價值。——特別是在西班牙人那裡有著這樣的例子*。如果我們再仔細考察一下那種熱狂的報復精神，那麼我們就會發現這種熱狂大不同於普通的報仇。普通的恨仇是以看到〔自己〕加於〔仇人〕的痛苦來減輕自己所受到的痛苦。我們認爲報復狂的目的所在，與其稱爲報仇，毋寧稱爲懲罰更爲合宜，因爲在這種熱狂中本來就含有以榜樣來影響後世的用意在；並且在這種場合〔人們〕沒有任何自私的目的，既不是爲了進行報復的個人，因爲他是要在報復中毀滅的；也不是爲了一個社會，因爲社會是以法律來保障自己的安全的。這種懲罰卻是由個別人而不是由國家，也不是爲了使一條法律生效而執行的。這反而經常是指國家不願或不能懲罰的一項罪行，加以懲罰乃是國家並不同意的。這種義憤，它驅使一個人這麼遠遠地超出一切自愛的範圍，在我看來，它是從這樣一種最深遠的意識中產生的，就是意識到他乃是整個的生命意志本身。這意志顯現於一切人與物之中，經歷了一切時代都是如此；因此，最遙遠的將來和眼前的現在一樣，都是屬於這個人的。他不能對之漠不關心。他既肯定這一意志，就進而要求在演出他的本質的這齣戲裡不再發生那麼駭人聽聞的

* 在最近這次戰爭中，有一個西班牙的主教把他自己和他宴請的法國將軍們在餐桌上一起毒死，這和這次戰爭中發生的好幾件事都是屬於這裡的例子。在蒙田（Montaigne）《論文》第二卷第十二章裡也有這種例子。

罪行，並且要以沒有碉堡可以防禦，對於死的恐懼也不能阻攔的報復行爲作爲榜樣來嚇住任何未來的暴徒。在這裡，生命意志雖然還是肯定著自己，卻不再繫於個別現象，不繫於個體，而是擁抱著人的理念，要保持這理型的現象純潔而沒有那種駭人聽聞、使人憤慨的罪行。這是性格上罕有的、意義豐富的，甚至崇高的一個特點。由於這種特點，個別的人在努力使自己成爲永恆公道的左右手時犧牲了，可是他還是錯認了「永恆公道」的眞正本質。

65

有了〔我們〕前此對於人類行爲所做過的一切考察，我們就已爲最後的這一考察做好了準備，並已使我們〔下述〕的任務容易多了。我們的任務就是要使行爲的眞正倫理意義獲得抽象的和哲學上的明確性，並把它作爲我們主題思想的環節來論證。這種倫理意義，人們在〔日常〕生活上就用**善**和**惡**這兩字來標誌，而這個辦法也完全可以使人們互相了解。

我們今天哲學界的作者非常奇特地把**善**和**惡**兩概念當作簡單的，也就是不能再加分析的概念來處理。但是我首先要把這兩概念還原爲它們本來的意義，以使人們不爲一個模糊的什麼幻覺所束縛而以爲這兩概念比實際上所含有的還包括著更多的什麼，以爲這兩概念本身自

463

足地就已把這裡應有的一切都說盡了。這是我能做得到的，因爲我自己前此既未在美或眞這些字的後面找個藏拙的地方，現在在倫理學裡我也同樣不打算在善這個字後面去找這種藏拙之所，以便用一個加在這字後的什麼性，——這辦法在今天似乎有一種特別的靈驗，在好些場合可用以解圍——，以便用一副莊嚴的面孔使人相信我在說出眞、美、善這三個字時，我所做的還不只是用以指三個不著邊際的、抽象的，因而內容一點也不豐富的，來源和意義又各不相同的概念而已。誰要是熟知當今的文獻，而不得不千百次看到每一個最沒有思維能力的人是如何都相信，只要用一張大嘴和一副熱情的山羊面孔說出那三個字，就算他是說出了什麼偉大的智慧了；那麼，在看到這些之後，儘管那三個字原來所指的是那麼高貴的東西，可是現在在事實上，誰又不認爲已變成了肉麻的東西呢？

眞這一概念在論根據律一書的第五章裡，從 §29 起，已有了解釋。美這概念的內容，由於〔本書〕整個的第三篇才第一次獲得了應有的說明。現在我們就要把善〔好〕[39]這一概念還原爲它本來的意義，而這是不要費很多事就可以做得到的。這概念基本上是相對的，是指一客體對意志的某一固定要求的相適性。因此，一切一切，只要是迎合意志的，就不管意志是在它自己的哪一種表出中，只要滿足意志的目的，也不管這些東西在其他方面是如何的不同，就都用善〔好〕這一概念來思維。因此我們說好食品、好路、好天氣、好武器、好預

[39] 在德語中「善」與「好」是同一個字。

兆等等；總而言之是把一切恰如我們所願的都叫做善〔或好〕；所以，對於這一個人是善的〔或好的〕，對於另一個人又可以恰好是相反。善〔或好〕這概念又分爲兩類，也就是好受的和有益的〔兩類〕。——至於和這相反的概念，如果所說的是指沒有認識作用的事物，就用壞這個字來標誌；比較少用而更抽象的是用弊害一詞，不過都是指不迎合意志每次要求的一切。同其他能夠和意志發生關係的一切事物一樣，人們也把恰好是對〔自己〕要求的目的有利，有幫助而友好的那些人稱爲好的，這和稱其他事物爲好的是同一意義，並且總是保有相對的意味；例如通俗說：「這人對我好，但對你不好」就表示著這種相對性。但是有些人，和他們的性格而俱來的是根本就不妨礙，反而促成別人的意志的努力，一貫都喜歡幫助人，心腸好，和藹可親，樂善好施，這些人因爲他們的行爲方式對於別人的意志根本有著這樣的關係，所以都被稱爲好人。至於與此相反的概念，大約在近百年來，德語用以標誌有認識作用的生物（動物和人）和無認識作用的事物的，有所不同，法語也是這樣，都是用「惡」這一詞〔標誌前者〕。可是在所有其他語言中幾乎都沒有這種區別，希臘文、拉丁文、義大利文、英文都用「壞」這一詞，既以指人，又以指無生命的物；〔當然〕這些人或物都是和意志的某一特殊目的相反的。所以說這考察完全要從善的消極方面出發，以後才能轉到善的積極方面，才能不再要在〔行爲〕對別人的關係上而是在對〔行爲者〕他自己的關係上來探討所謂好人的行爲方式。〔這時〕尤其要盡力於〔從兩方面〕作說明，一方面是這行爲顯然在別人〔心裡〕所喚起的純客觀的敬意，另一方面是這行爲顯然在他〔自己心裡〕

464

喚起的一種特殊的滿足，因爲這兩方面甚至都是他以另一種犧牲爲代價換取來的。也還要說明這兩者的反面，說明內心的痛苦。儘管壞心腸爲那些有此心腸的人帶來那麼些身外的好處，壞心腸總是和內心痛苦相連的。由此就產生了那些倫理學體系，有哲學上的，也有依傍宗教教義的。這兩種倫理學體系總是想用個什麼辦法把幸福和美德聯繫起來。前者的做法或是用矛盾律，或是用根據律，也就是或使德行和幸福等同起來，或使幸福成爲德行的後果。不過這都是詭辯。後者的做法則主張在經驗可能認識的範圍以外另有一個世界*〔，以此來聯繫幸福和德行〕。根據我們的考察則相反，德行的內在本質就會現爲一種指向完全相反方

465

* 這裡還可附帶指出凡是能以巨大力量賦予任何宗教教義的，凡可用以使人心深服的始終都是這教義的倫理方面；不過不是直接當作倫理，而是緊密地和各宗教其餘那些特殊的、神話的信條相聯繫相交織的，好像單是由於這些信條就足以解擇那倫理方面似的。倫理和信條交織竟至如此緊密，以至行為的倫理意義雖不是按根據律可以說明的。每種神話卻都服從根據律；〔儘管這樣矛盾，〕教徒們仍然認為行為的倫理意義和他們的神話是完全不可分的，簡直是一個東西。於是他們就把對神話的任何攻擊看作是對正義和美德的攻擊。在那些一神教的民族中，這種看法竟使無神論或不信奉神成為不具任何道德性的同義語。神父們當然歡迎這種概念的混淆，也只是由於這種混淆才可能產生那可怕的怪物——宗教狂熱。這種狂熱不僅能支配個別突出錯誤和兇惡的個人，也能支配好些整個的民族。最後，總算是給人類留了一點面子，宗教狂熱在我們這西方世界體現為宗教迫害的法庭，在人類歷史上〔幸而〕還只出現過一次。按最近終於證實了的資料，單是在馬德里〔當時在西班牙還有好多這種宗教的害人坑〕於三百年間就有三十萬人因宗教案件而慘酷地死於火刑的柴堆上。任何一個熱衷的教徒，在他每次還要饒舌的時候，就該立即讓他回憶這一點。

向的努力，而不是指向幸福的努力：而幸福就是安樂和生命。

根據上面的說法，**善**在其概念上就是此對彼（的善），所以任何「善」在本質上都是相對的。這是因爲善只在它對一欲求的意志的關係中才有它的本質。準此，**絕對善**就是一個矛盾：最高善、至善都意味著矛盾，也就是意味著意志最後的滿足，此後再無新的欲求出現；意味著一個最後的動機，實現了這一動機就有了一種不再破滅的意志的滿足。根據我們在這第四篇裡前此所做的考察，這類事情都是不可想像的。猶如時間不能有起止一樣，意志也同樣不能由於任何一種滿足而停頓，而不再重新有所欲求。一個持久的、完全而永遠使意志衝動寧靜下來的滿足是意志所沒有的。意志是妲奈伊德的（穿底）桶。對於意志並沒有什麼最高善、絕對善，而是永遠只有一時的善。同時聽憑人們喜歡，也可把一個「榮譽職位」授予一個使用成習而不想完全丟掉的古老說法，好比是把一個榮譽職位授予退休的官員似的，即是說人們可以譬喻地、比興地把意志的完全自我取消和否定，眞正的無所欲求稱爲絕對善、至善，看作唯一根治沉痾的良藥，而一切其他的「善」都只是些（治標的）輕減劑、止痛劑；（因爲）唯有這才使意志衝動永遠靜默安寧下來，唯有這才提供那種不可能再破壞的滿足，唯有這才有解脫塵世之效；而這就是我們現在在我們整個考察的末尾隨即要討論到的。在這一意義上，希臘文終極目的這個詞，以及拉丁文善的終極倒是更合本題。——關於**善惡**這兩個字就只談這麼多了，現在且言歸正傳。

如果一個人在一有機會而沒有外力阻攔的時候，總有做出**非義**之行的傾向，我們就稱他

466

是惡。按我們對於非義的解釋，這就叫做這個人不僅是按生命意志在他身上顯現〔的程度〕**肯**定這意志，而是在這肯定中竟至於否定了那顯現於別的個體中的意志。而這又表現於他要求別人的各種力量爲他服務；如果別人和他的意志的趨向對抗，還表現於他要消滅別人。高度的利己主義是這裡的最後根源，而利己主義的本質是前面已分析過了的。這裡立即可以看到兩件事：**第一**，在這種人心裡透露出一種過分強烈的，遠遠超過肯定他自己身體的生命意志；**第二**，這種人的認識完全忠實於根據律而侷限於個體化原理，呆板地守著由此原理在他自己本人和所有別人之間所確定的全部區別；所以他單是求自己的安樂，對於別人的安樂則完全漠然；別人的生存對於他毫不相干，和他的生存之間有著鴻溝爲界。是的，眞正說起來，他只是把別人看作一些沒有任何眞實性的假面具。——所以這兩種特性就是壞性格的基本因素。

但是，欲求的那種高度激烈性本身就已直接是痛苦的永久根源。第一，這是因爲一切欲求作爲欲求說，都是從缺陷，也即是從痛苦中產生的。（所以一切欲求在剎那間的沉寂，就已正是審美的怡悅中的一個主要因素。從第三篇裡還可回憶欲求的這種暫時沉寂，是我們作爲認識的主體，純粹而不具意志，〔即理念的對應物〕[40]每次聚精會神於美的觀審時就會出現的。）第二，這是因爲事物的因果關係使大部分的貪求必然不得滿足，而意志被阻撓比

---

[40] 這個地方的方括弧是原文本來有的，與其他地方的方括弧不同。

意志暢遂的機會要多得多，於是激烈的和大量的欲求也會由此帶來激烈的和大量的痛苦。原來一切痛苦始終不是別的什麼，而是未曾滿足的和被阻撓了的欲求。即令是身體受傷或遭到殘害時，肉體的痛苦所以〔也〕能夠是痛苦，就單是由於身體不是別的，而是已成爲客體的意志本身。——就是這一緣故，就因爲大量而激烈的痛苦是和大量而激烈的欲求分不開的，所以在大惡人的眉宇之間都打上了內在痛苦的烙印。儘管這些人已經獲得一切表面上的幸福，可是只要不是他們正在歡愉的那一刹那，或是沒有僞裝的時候，他們經常有一副不幸的可憐相。從這種內在的痛苦中，從完全直接是他們本質上的痛苦中，最後甚至還產生一種不是從單純的自私出發，而是於自己無利單是基於別人的痛苦的快意，這就是眞正的惡毒。惡毒又可再進而演變爲殘忍。就惡毒說，別人的痛苦已不再是自己意志達到目的的手段，而就是目的本身。下面是對於這一現象更詳細的說明：因爲人是被最清晰的認識所照明的意志現象，所以他總是拿現實的，他的意志所感到的滿足去和「認識」給他指出的，僅僅只是可能的滿足較量長短。由此就產生妒嫉：〔自己的〕每一缺陷都會由於別人的享受而顯得無限地加強了，〔相反〕由於知道別人也忍受著同樣的缺陷，則自己的又將爲之減輕。凡是人所共有的，和人生不可分的苦難都不怎麼使我們難受，屬於氣候或整個鄉土方面的缺點也是這樣。回憶那些比我們自己的痛苦更大的痛苦會有鎭靜和止痛的作用，看到別人的痛苦景象會使自己的痛苦減輕。現在假如一個人有著過分激烈的意志衝動，他以火熱的貪心要攫取一切，以便解除利己主義〔誅求無厭〕的〔飢〕渴，而這時又如勢所必至的，他一定要經歷到一切滿足都只是表面上的假象，所獲得的東西從未實現過它在我們追求它時所作的諾言——使強悍固執的意志衝動得到最後的寧靜，而是在獲得〔滿足〕之後只是那願望改變了自己的形相，又在另一形相之下來折磨人；最後如果這願望再沒其他形相可變了，意志衝動也沒有了已認識到的動機而止於自身，而現爲可怕的荒涼空虛之感，而帶來了無可救藥的痛苦；如果從這一切一切之中，那在一般〔激烈〕程度上的欲求只是比較輕微地被感到，也就只產生一般程度的憂鬱感；而在另外一人，他已是到了顯著惡毒程度的意志現象，則必然產生一種過強的內在痛苦，永遠的不安，無可救藥的創傷；那麼，他就要間接來尋求他無力直接獲得的慰藉，也就是要以看到別人的痛苦景象，同時還認爲這痛苦是他的勢力〔起了作用〕的表現，來緩和自己的痛苦。對於他，別人的痛苦現在已是目的自身了，已是他可以趁心飽看的一副景色了。眞正的殘忍現象，嗜血現象，就是這樣產生的。這是歷史上屢見不鮮的，如在尼祿❹❶、圖密善❹❷這些皇帝，非洲那些覡師，羅伯斯庇爾這類人，都可看到。

報仇心理已類似惡毒，它是以怨報怨而不是爲將來著想。爲將來想，那是懲罰的性質。報仇只單純是爲了已經發生了的，已經過去了的事情本身，也就不是爲了於己有利，不是以

❹❶ 尼祿（Nero），公元五四—六八年為羅馬皇帝，歷史上有名的專制暴君，命人縱火焚燒羅馬城而以觀火為樂。從此迫害基督教徒，不遺餘力。

❹❷ 圖密善（Domitian，公元五一—九六）羅馬帝，專制暴君，以殘忍著名。

之爲手段而是以之爲目的，以便「欣賞」人們自己加於仇人身上的痛苦。使尋仇報復不同於純粹惡毒而又可爲報仇行爲原諒一些子的，是報仇在表面上有些正義意味；因爲這種行動在這裡固然是報仇，但如依法執行，也就是在一個集體中按集體所批准的，事先規定而爲衆所周知的規則執行，就會是懲罰，也就會是正義。

除開那已描寫過的，和惡毒從同一根子，從極強烈的意志中產生的，因而和惡毒分不開的那種痛苦之外，現在還要加上一種與此完全不同的特殊痛苦與惡毒相連在一起。這就是幹任何惡毒行爲時都可感到的痛苦，不管這行爲是出於自私的單純非義或是眞正的惡毒；而按這痛苦持續的久暫，就可分別叫做**良心不安或良心責備**。——誰要是對於這第四篇前此的內容，尤其是對於篇首已闡明了的那眞理，說生命本身作爲意志的寫照或鏡子，永遠是生命意志確實保有的；並且對於永恆公道的論述——都還記憶猶新的話，那麼他就會發覺，按這些考察說，良心責備除了下述意義外不能有別的意義；即是說良心責備的內容，抽象說來，就是下述這個內容：——在這內容裡人們〔又〕區分爲兩部分，而這兩部分又得完全融合一致，必須當作完全統一了的來設想。

儘管摩耶之幕是這麼嚴密地蒙蔽著惡人的心竅，即是說儘管這惡人是這麼呆板地侷限於個體化原理，以致他根據這一原理把自己本人看作絕對不同於其他任何一人，中間是由一條鴻溝分開來的；而這種認識，因爲唯有它符合他的利己主義，是利己主義的支柱，所以〔又〕是他以全力抓住〔不放〕的，猶如「認識」幾乎總是被意志所收買的；——儘管這樣，可是在他意識的最深處仍然有一種潛伏的冥悟在蠕動著（。所悟到的是）：事物這樣的一種秩序究竟只是現象，在本體上可完全是另一回事。也就是說時間和空間雖是這樣把他和其他個人以及這些人所忍受的無數痛苦，甚至是由於他而忍受的痛苦分開來，把這些顯示為和他全不相干的東西；然而在本體上，除開表象及其一些形式不論，顯現於所有他們（那些個體）中的仍然是同一個生命意志，這生命意志在這裡誤認了它自己，拿起自己的武器對付自己。並且當這意志在它的某一現象中尋求激增了的安樂時，就正是以此把最大的痛苦加於它的另外一些現象時；而他，這惡人，又恰好是這整個的意志（自身），因而他就不僅是加害者，同時也正是受害人了。把他和受害人的痛苦分開，使他得以倖免（於痛苦）的，只是一個以時間和空間為形式的幻夢；如果這幻夢一旦消逝了，那麼，按眞實情況說，他就必須以痛苦為代價來抵償歡樂。並且一切痛苦，他認為僅僅只是可能的痛苦，都實際到了作為生命意志的他身上來了；因為可能性和現實性，時間上和空間上的遠和近只是對於個體的認識，只是藉個體化原理才是有區別的；在本體上卻並不是這樣。這個眞理就是以神話表達的，也就是使之合於根據律，由此轉入現象的形式而以輪回（之說）表達出來的那一眞理；不過這眞理不帶任何副產品的最純淨的表現卻在那模糊感到而又無可慰藉的痛苦之中。這痛苦，人們就稱為良心不安。——但是，良心不安在此以外又是從**第二個**直接的，和那第一個密切聯繫著的「認識」中產生的，即是由於認識到生命意志在兇惡的個體中用以肯定它自己的強度，遠遠超出了它的個體現象之外，以致完全否定了顯現於其他個體中的同一個意志。

所以，一個惡棍對於自己的行爲那種內心的，要向自己隱瞞的厭惡和痛恨，除了是模糊地感到個體化原理和由此樹立的人我界限這兩者的虛無性、表面性之外，同時包括有對他自己意志的激烈性、暴力的認識；這種激烈性也就是他用以把握生命，將自己緊緊吸住在生命上的。正是這生命，它那可怕的一面就是惡棍在被他壓迫的人們的痛苦中所看到的，然而這惡棍又是那麼緊密地和這痛苦交織爲一體的，以致恰好是由於這一點，然後作爲他更充分地肯定他自己的意志的那手段才是由他自己發起的最慘酷的事。他認識到自己是生命意志集中顯現的現象，感到自己陷入生命已到什麼程度，由此又感到自己陷入那些無數的、生命本質上的痛苦已到什麼程度；因爲生命有著無盡的時間和無窮的空間以取消可能性和現實性之間的區別，以使現在只是他**認識到的**一切痛苦變爲**感覺到的**痛苦。千百萬年的生生不已固然只在概念中存在，和整個的過去、未來一樣；但具有內容的時間，意志顯現的形式，卻只是「現在」。時間對於個體是常新的：個體覺得自己永遠是新發生的。原來生命是不能從生命意志分開的，而生命的形式又只是「現在」。死好比是太陽的西沉（請原諒我又重複使用這一比喻）。太陽只是看起來好像被黑夜吞噬了，其實它是一切光明的源泉，不停地在燃燒著，給新的世界帶來新的日子，無時不在上升；無時不在下沉。起和止都只涉及個體，是借助於時間，借助於（個體）這現象的形式爲了表象而有的。在時間以外的就只有意志，亦即康德的自在之物，和意志的恰如其分的客體性，亦即柏拉圖的理念。因此自殺並不提供什麼解脫：每人在他內心的最深處**欲求**什麼，他就必須也**是**這個什麼；每人**是**什麼，他就正是**欲求**這個什麼。——所以說把良心刺痛了的，除開那僅僅是感到的認識，認識到使個體分立的表象之形式的表面性和虛無性之外，還有對於自己意志及其強烈的程度的自我認識。生活過程編織著驗知性格的肖像，這肖像的藍本則是悟知性格。惡棍看到這副肖像必然要吃一驚，不管這肖像是以那麼龐大的輪廓織成的，以致這世界得以和他共有一個深惡痛絕之感，或只是以那麼纖細的線條織成的，以致單只有他自己看見，因爲同這副肖像有關的就是他自己。要是性格在它一天不否定它自己的時候，果然不覺得自己是超然於一切時間之外的，不覺得自己是歷盡一切時間而不變的話，那麼，過去的往事，作爲單純的現象就也許是不足輕重的了，也許就不能使良心不安了。〔然而這是不可能的，〕因此，過去好久了的事總還是要壓在良心上面。譬如這懇禱：「求主不要使我受試探」㊸，就〔等於〕是說：「不要讓我看到我是什麼人」。——惡人在他用以肯定生命的暴力上，在從他加於別人的痛苦中對他顯現出來的暴力上，他估計著和他距離有多遠的就正是這意志的放棄或否定，〔放棄或否定生命意志〕也就是對於這世界及其疾苦唯一可能的解脫。他看到自己依附於這暴力的程度，看到自己是如何牢固地被束縛在這暴力上。在別人身上認識到的痛苦將不能使他有動於衷，他只是掉在生命和感到的痛苦的手心裡。而這一點能否摧毀而克服他意志的激烈性，則尚在未定之天。

關於惡的意義及其內在本質的這一分析，如果作爲單純的感受，亦即不作爲明確的抽象

㊸ 基督教《主禱文》中的一句。

的認識，便是**良心不安**的內容；並且這一分析，由於以同樣方式考察作爲人類意志的屬性的善，和在最後由於考察這屬性達到最高程度之後，從這屬性中產生澈底的無欲和神聖性，就會獲得更大的明確性和完整性，這是因爲相反的對立面總是互相闡發的，斯賓諾莎說得非常好：「白晝既顯示它自己，同時也顯示黑夜。」

66

一個不具理由的道德訓條，也就是單純的道德說教，是不能起作用的，原因是它不成爲動機。**但一**個有動機作用的道德訓條，它之所以能起作用，也只是由於它對〔人的〕自愛起了作用。凡是從自愛產生的可就沒有什麼道德價值。由此可知道德訓條和任何抽象的認識根本不能導致什麼美德，美德必然是從直觀認識中產生的，直觀認識〔才〕在別人和自己的個體之中看到了同一的本質。

原來美德雖然是從認識產生的，卻不是從抽象的，用言語可以表達的認識產生的。如果是後者，那麼美德也就是可以教得會的了；那麼，當我們在這兒抽象地說出美德的本質時，說出爲美德奠基的「認識」時，我們就會把每一個理解這種說法的人在倫理上改造好了。可是事實並不是這樣。事實卻是人們不能以倫理學的演講或傳道說教來造就一個有美德的人，正如所有的美學，從亞里斯多德起，從來沒有造就一個詩人一樣。原來概念對於美德的眞正內在本質是不生發的，而且對於藝術也是如此。概念完全是次要的，只能作爲工具而爲實現或保存從別的方面認識到的、已成定論的東西服務。「欲求是教不會的。」事實上，抽象的教條對於美德，也就是對於心意上的善，是沒有影響的。錯誤的教條並無害於美德，正確的也難加以促進。假如人生的首要大事，他倫理上的，永遠有意義的價值，果然有賴於教條、宗教教義、哲學理論之類的東西，而獲得這些東西又是那麼出於偶然，那可眞的太糟了。教條對於道德僅僅只有這樣的價值，就是說一個由於別方面來的，（我們）就要討論到的認識原已有了美德的人，可以從教條得出一種格式，一種公式，按這公式他可以爲自己那無私的行動向自己的理性交出一個多半只是爲了過關而虛構的理由；（其實）這理性，也就是這個人自己，並不理解這行爲的本質，（不過）他早已使自己的理性習慣於以這種交代爲滿足罷了。

教條和習慣，和模範（後者所以如此是因爲普通人不相信自己的判斷，他已意識到判斷的弱點，只追從自己或別人的經驗）相同，對於行爲，對於外在的行動雖然有很大的影響，但有了這影響並不就是改變了（人的）居心*。一切抽象的認識都只提供動機，而動機則如

---

* 教會可能要說這只是表面功夫，如果不是「天惠」賜以信仰的話，這是作不得用的：信仰才導致再生。詳見後文。

上述，只變更意志的方向，決不變更意志本身。但一切可以傳達的認識都只是作爲動機才能對意志起作用。所以不管那些教條是如何指引意志的，一個人眞正欲求的，在根本上欲求的是什麼，他也永遠仍然是欲求那同一個東西。他只在如何獲得這東西的途徑上得到了一些別的想法。並且幻想的動機也能和眞實的動機一樣地引導他。所以說，例如一個人或是以莫大恩德施於窮苦無告的人，而堅信在來世可以回收十倍於所施的總數；或是把同一金額用於田產的改良上，則將來獲利雖遲一點，卻會更可靠、更可觀；這〔兩種行爲〕從倫理價值上來看就並無高下之分了。——和爲了謀財而害命的匪類一樣，那信心虔誠而把異教徒讓火燒死的人，那在聖地[44]扼死土耳其人的人，如果這前後兩人是爲了在天國裡取得一席之地而分別地是他們那樣做，那麼他們也是殺人犯。原來這些人只是替自己，替他們的自私自利盤算，和那匪徒一般無二；他們不同於匪徒的只是手段上的荒唐罷了。——如前所說，要從外面來影響意志就只有動機，而動機又只改變意志把自己表出的方式，決不改變意志本身。「意欲是教不會的。」

有些善良行爲〔每〕引教條以爲其實施的根據，人們在這兒就必經常區別那教條果眞是動機，還只是我們在前面說的，是表面上的托詞交代而不是別的。那人爲了來自另一來源的一件好事而企圖以這種交代來使他自己的理性不要見怪。這件好事是他做的，因爲他是

---

[44] 指耶穌出生地，在中世紀長期為土耳其人所占領，歐洲的十字軍即為收復聖地而發。

好人：但他不懂得如何作恰當的解釋，因爲他不是哲學家而偏要爲這件事想出點什麼〔理由〕〔，於是他就引教條爲依據了〕。可是這一區別很難找到，因爲這是深藏在心情內部的。因此，在道德上我們幾乎決不能正確地判斷別人的行動，也很少能正確地判斷自己的行爲。——個別人的或一個民族的行動和行爲方式，很可以受到教條、模範和風俗習慣的影響而改變，但在本身上一切行動（「表面功夫」）都只是空洞的形象，唯有導出行爲的居心才以道德意義賦予行爲。在很不相同的外在現象之間，道德意義卻可以眞正完全是相同的。〔兩人之間〕惡的程度相等，但可以是一個死於軋輪的酷刑之下，一個安寧地死於親人的懷抱之中。同一程度的惡，在一個民族可以粗線條地表現於兇殺和吃人的野蠻行爲，在另一些民族又可以靜悄悄地、精細地、小型纖巧地表現於宮闈的陰謀、欺壓和各種縝密的詭計；但是本質卻是一個。可以想像：一個完善的國家，或者甚至只是一個堅信死後有獎懲的信條，都能制止任何一種罪行；這在政治上將是很大的收穫，但在道德上則還是一無所得，反而是〔以假亂眞〕，徒使意志的寫照受到生活的障礙。

因此，居心的純善、無私的美德和純潔的慷慨仗義都不是從抽象的認識出發的；但仍然是從認識出發的，是從一種直接的直觀的認識出發的。正因爲這種認識不是抽象的，所以也是不容轉達的，必須由各人自己領悟；在言語中不能求得它眞正適當的表現，而是完全只能求之於人的作爲、行動和生平事蹟之中。我們在這裡是找美德的理論，因而就得抽象地表達美德所依據的認識的本質；可是我們並不能在這一論述中提出這認識本身，而是只能提出這認識的概念。這時，我們總是從行爲出發，也唯有在行爲中才可以看到這認識，並且總是把行爲指爲這認識唯一恰當的表現，我們只是對這表現加以闡明和解釋而已，也就只是抽象地談出這兒究竟是怎麼回事。在我們以已描述過的惡爲對照而談到眞正的善以前，作爲中間階段現在就要涉及僅止於否定惡（的問題）了。這就是公道。什麼是義，什麼是非義，上面已有充分的分析；因此我們在這裡就可以不費事地說：一個人要是自願承認義與非義之間純道德的界線，在沒有國家或其他權力加以保障時也承認這界線有效；按我們的解釋也就是說：一個人在肯定自己的意志時決不走向否定在另一個體中顯現的意志，——那麼、這人就是公道的。這也就是說這個人不會爲了增加自己的安樂而以痛苦加於別人；亦即他不會犯罪，他會尊重每一個人的權利，每一個人的財產。——這樣，我們就看到個體化原理在這樣一個守公道的人那裡已有所不同於在惡人那裡，已不再是絕對的界牆了；看到這守公道的人已不是惡人那樣只肯定自己意志的現象，否定一切別人的意志的現象；看到別人對於他已不再只是一些假臉子，——假臉子的本質和他的本質是完全不同的——，而是他已由於自己的行爲方式表明了他在別人的，對於他只是表象的現象裡認出了他自己的本質，即認出了作爲自在之物的生命意志；也就是說他在一定程度上，在不爲非義，不損害人的程度上，又在別人的現象裡發現了自己。他也正是在這一程度上看穿了個體化原理，看穿了摩耶之幕；在這範圍內他把在自己以外的本質和自己的（本質）等同起來：他不傷害這個本質。

如果看透這種公道的內在的深處，那麼在公道裡就已包含一種預定傾向，不要在肯定自己意志的時候太走遠了，以免自己意志的肯定在強制別人意志的現象爲之服務時又否定了別人的意志的現象。所以人們從別人享受了多少，就要對別人報效多少。存心公道如果到了最高的程度，則往往已可和不再只是消極性質的純善相匹敵了。這時人們甚至要懷疑自己對於承繼得的財產應有的權利，而只以自己精神的或肉體的力量來維持身體；甚至感到別人對自己的任何服務，自己的任何奢侈都是罪過，感到一種責備，最後只有以自願的貧苦爲出路。我們看到巴斯卡[45]就是這樣的。在他已轉到禁欲〔主義〕的方向時，儘管他有足夠的僕從，卻不許別人侍候他；儘管他經常多病，卻要自己鋪床，自己到廚房裡取飲食，如此等等。（他妹妹寫的《巴斯卡傳》第一九頁）和這完全相彷彿的報導說，有些印度人，甚至王公們，他們擁有巨大財富而只用以維持他們的親屬、他們的宮庭和僕從；他們自己卻以嚴格的拘謹態度奉行著那些最高的行爲準則，除了自己親手種的親手收的之外，什麼也不吃。他們這樣做卻是基於某種誤解而來的：原來個別的人正是由於他們富有而又有權勢，他們很可以爲人類社會全體作出相當可觀的貢獻，以使這些貢獻和他們所繼承的，藉社會〔之力〕而得到保障的財產兩兩相稱。眞正講起來，這種印度人的過分公道已經超過了公道，也就已經是眞正的清心寡欲，是生命意志的否定，是禁欲了。這些都是我們〔在本篇〕最後將要談到的。與此相反，乾脆一事不做而只藉別人之力來生活，憑藉繼承的財產而一無所貢獻，這在

[45] 巴斯卡（Pascal，一六二三—一六六二），法國神祕主義哲學家、數學家。

道德上就已可視爲非義，儘管在現行法律上這必然還是合法的。

我們已看到自覺自願的公道，它的眞正來源是在一定程度上看穿了個體化原理；而不公道的人卻是整個兒侷限在這個原理中的。看穿個體化原理（這回事），這不僅是在公道所要求的程度上，而且在更高的程度上，在促成積極的善意、慈惠和博愛的程度上，也可以出現；並且，不管那顯現於這一個體內的意志自身是如何強而有力，都可能出現。（意志雖強，）認識常能替這個體保持（知與意的）平衡，教他抵抗那欲爲非義的試探，甚至教他發揮任何程度的善；是的，甚至發揮任何程度的清心寡欲。因此，決不可把一個好人看作原來就是比惡人更爲軟弱的意志的現象，（實際上只）是認識在好人心裡主宰著盲目的意志衝動。不過也有些這樣的人，他們只是由於顯現於他們身上的意志是薄弱的面貌似心腸好；但他們（究竟）是怎樣的人，只要看他們沒有足夠的自制力以完成一件公道的或善良的行動就明白了。

如果我們現在又遇到這樣一個人，作爲一個罕見的例外，他雖擁有一份相當可觀的收入，但是他只以其中一小部分作爲己用，而把所有其餘的都贈與貧困的人們，自己卻缺這缺那，少了許多享受和舒適，而我們又想要解釋這個人的行爲；那麼，完全別開這人自己也許要用以使他的理性了解他的行爲的那些教條不論，我們就會發現他比常見的情況更加不作人我之分是他那行爲方式最簡單而普遍的表現，是他那行爲方式最基本的特徵。如果在別的一些人眼裡看起來，人我之分是那麼巨大，（譬如）惡人直以別人的痛苦爲自己的快樂，非義之人也喜歡以別人的痛苦作爲增進自己福利的手段；即令單純只是公道的人也不過止於不去爲別人製造痛苦而已；也就是說，根本絕大多數人都知道而且熟悉在自己的附近有著別人的無數痛苦，可是沒有決心來減輕這些痛苦；因爲他們如果要這樣做，自己就必然要減少一些享受。如果說對於所有這些人裡面的任何一個，都好像是在自己的我和別人的我之間橫亙著巨大差別似的，那麼，對於我們想像中這位崇高的人則相反，對於他，人我之分就不是那麼重要了，個體化原理，現象的形式就不再是那麼嚴密地侷限他了，而是他在別人身上看到的痛苦幾乎和他自己的痛苦一樣使他難受。因此他想在人我之間建立平衡的均勢，他割捨自己的享受，擔待自己缺這缺那以緩和別人的痛苦。他體會到在他和別人之間的區別——對於惡人是一條鴻溝的區別——只是屬於無常的、幻變的現象〔的東西〕。他無庸作邏輯的推論而直接認識到他自己這現象的本體也就是別人那現象的本體，這本體也就是構成一切事物的本質，是存在於一切事物中的那生命意志。不錯，他認識的這一點甚至可以推及動物和整個的自然，因此，他也不折磨一個動物*。

* 人對於動物生命和獸力所以有〔主宰的〕權利，是基於痛苦是隨意識的明瞭而相與俱增的〔這一事實〕。動物，或由於死亡或由於服勞役而忍受的痛苦還不及人僅是由於不得享有肉食或使用獸力所受痛苦的巨大，因此人在肯定自己的生存時可以走向否定動物的生存，因為這樣，整個的說來，生命意志所受的痛苦就會比反其道而行之要小一些。同時這也規定著如何才算不是過分使用〔獸力〕的限度；不過人們往往超過了這種限度，尤其是在使用馱重獸和獵犬時是這樣。因此保護動物協會的活動特別注重這一點。我個人認為上述權利並不能用於活體解剖，

479 他現在已不至於在自己有著多餘的，可以缺少的〔東西〕時而讓別人忍飢挨餓，正如一個人不會今天餓上一天，以便明天有享受不了的多著在那兒。這是因為「摩耶之幕」對於那博愛行善的人已經是透明的了，個體化原理的騙局也收了場了。他在任何生物中，從而也在受苦的生物中所看到的都是他自己，他本身，他的意志。從他那兒撤走了的是這種荒唐的錯誤：生命意志常以這種錯誤而錯認了自己，它時而在這裡在某一個體中享受著飄忽的虛假的歡樂，時而在那裡在**另一**個體中又為此而忍飢挨餓，也就是這樣製造著痛苦又忍受著痛苦而不能自已，和杜埃斯特一樣貪婪地饕餮著自己的肉；〔時而〕在這裡為無過受罪而叫屈，〔時而〕在那兒卻當著〔報復之神〕涅美西斯的面肆無忌憚地胡作非為；永遠是在別人的現象裡認不出自己，因而也覺察不到有永恆的公道，只是被侷限於個體化原理之中，根本也就是被侷限於根據律所支配的那種認識方法之中。治好這種妄念，擺脫摩耶的騙局，這和行善布施是一回事。不過後者是〔看穿個體化原理的〕那種認識不可少的標誌罷了。

480 良心痛苦的來源和意義，我們在前面已說明過了。和良心痛苦相反的是**心安理得**，是我們在每次無私的行動之後所感到的滿足。心安理得的來因是由於無私的行為既是從我們也在別的現象中直接認出自己的本質自身而產生的，又給我們證驗了這種認識：即認識到我們

至少不能用之於高等動物。在另外一面，一隻昆蟲由於牠的死亡而受的痛苦還不如人由於被牠螫傷所受痛苦之甚。——印度人則不理解這一點。

眞正的自己不僅是在自己本人中，不僅在這一個別現象中，而且也在一切有生之物中。這樣，〔人們〕就覺得心胸擴大了，正如〔人〕自私自利就覺得胸懷窄狹一樣。這是因爲自私〔心〕把我們的關懷都集中在自己個體這一個別現象上，這時，認識就經常給我們指出那些不斷威脅這一現象的無數危險，因而惶恐的憂慮就成爲我們情緒的基調了。那麼〔相反〕，一切有生之物，和我們本人一樣，都是我們自己的本質這一認識就把我們這份關懷擴充到一切有情之上，這樣就把胸懷擴大了。由於對我們自己本身的關懷縮小了，爲了自己本人的那種惶恐的操心盤算也就在根子上被削弱，被限制了：所以就有寧靜的自得的喜悅心情，那是善良的存心和無內疚的良心所帶來的。所以在〔多〕有一次善行之後，這種心情的出現就愈爲明顯，因爲這善行給我們證驗了這種心情所依據的理由。〔而〕利己主義者〔則〕覺得自己被陌生的敵對現象所包圍，他全部的希求都寄託在自己的安樂上。善人卻生活在一個現象互相親善的世界裡，每一現象的安樂都是他自己的安樂。所以說，即令由於他認識到人類整個的命運，沒有給他的情緒帶來愉快的氣氛，然而經久不變的認識到在一切有情中的都是他自己的本質，卻爲他提供了情緒上一定的穩定性，甚至歡悅的氣氛。這是因爲廣被於無數現象上的關懷不能像集中於**一個**現象上的那麼使人誠惶誠恐。個別人遭遇到的偶然事故有幸有不幸，對於個體的總和來說，偶然事故〔的幸災〕又互相抵消而拉平了。

所以如果說別的人確立了一些道德原則，把這些原則當作實現美德的格言和必須服從的準則，但是我，如已說過的，卻不能夠這樣做；因爲我沒有什麼應該、什麼準則要向永遠自由的意志提出。和他們相反，在我這考察相關的範圍內，從某方面說和他們那種做法相當而又相似的，就是那純理論上的眞理。單是申論這一眞理就可看作我這論述的全部〔旨趣〕，這眞理是說意志是任何一現象的本體，但作爲本體來說卻又不在現象的那些形式中，從而也不具雜多性。就這眞理對行爲的關係說，我不知道還有什麼更莊嚴的表示法，除非是用前述《吠陀》的公式：「這就是你！」誰要是能以清晰的認識和內心的堅定信心，指著他所接觸到的每一事物而對自己說出這一公式，那麼，他就正是由此而確實具有了一切美德和天福，並且已是在通向解脫的大路之上了。

可是在我再往下談，作爲我這論述的最後部分而指出仁愛——仁愛的來源和本質我們認爲即看穿個體化原理——如何導致解脫，導致生命意志的放棄，亦即導致一切欲求的放棄之前，並且也是在指出一條有欠溫和卻是更常被採用的途徑如何引導人達到上述境界之前；在這裡首先還得說一句似乎矛盾的話並加以解釋。其所以要這樣做，倒並不是因爲它是這麼一句話，而是因爲這句話是眞的，並且也是屬於我要闡明的這思想的完整性以內的。這句話就是：「一切仁愛（博愛、仁慈）都是同情。」

67

我們已看到如何在較低程度上看穿個體化原理就產生公道，如何在較高程度上看穿這個原理又產生心意上眞正的善，看到這種善對於別人如何現爲純粹的，亦即無私的愛。這種愛如果到了完善的程度，就把別人的個體和別人的命運和自己的完全等同起來。過此以上便決不能再進一步，因爲不存在任何理由要把別人的個體放在自己的個體之上。不過其他個體如果是多數，如果他們全部的幸福或生命受到了危險，則在分量上又很可以超過個別人對自己的幸福的考慮。在這種場合，那已達到最高善和（有了）完人心境的當事人就會爲了多數別人的幸福而整個犧牲自己的幸福和生命。這樣死去的有柯德羅斯[46]，有列奧尼達[47]，有雷古陸斯[48]，有德西烏斯·繆斯[49]，有阿諾爾德·馮·文克爾瑞德[50]。任何人，只要是志願地、意識地爲了他的親人、鄉鄰，爲了祖國而不避一死，就都是這一類人物。站在（最高善）這

---

[46] Kodros，相傳為雅典王，化裝入敵營，以自己的死使神話應驗而退敵。

[47] Leonidas，斯巴達國王，率三百人守關抗波斯軍，全部犧牲。

[48] Regulus，第一次迦太基戰爭中的羅馬統帥。

[49] Decius Mus，父子皆羅馬執政，死於戰事。

[50] Arnold von Winkelried，傳說中的瑞士英雄，隻身撲敵，身為長矛洞穿。

一級的〔還大有人在，〕每一個為了堅持那些造福全人類的，為全人類所應有的東西，也就是為了〔堅持〕普遍而重大的真理，消滅重大的錯誤而甘願承擔痛苦和死亡的人〔都是〕。這樣死的有蘇格拉底，有焦爾達諾．布魯諾，還有為真理奮鬥的一些英雄也是這樣在活焚的柴堆上死於神父祭師們之手。

不過現在就上面說的〔愛即同情〕那句矛盾語來看，我還得回憶我們前已看到痛苦對於生命，整個的說來，是本質的，與生命不可分的〔東西〕；已看到每一願望如何都是從一種需要、一種缺陷產生的，因而任何滿足也只是消除了痛苦，並不是獲得了什麼積極的幸福；已看到歡樂雖是對願望撒謊說它是一種積極的好事，實際上它只是消極性質的，只是一件壞事的結束〔，等等〕。因此，好心善意、仁愛和慷慨〔等等〕替別人做的事永遠也只是減輕那些人的痛苦而已，從而可知能夠推動這些好心善意去行善布施的，永遠只是**對於別人的痛苦的認識**。而這種痛苦是從自己的痛苦中直接體會到的，和自己的痛苦等同看待的。可是由此就得出一個結論：純粹的愛（希臘語的「博愛」，拉丁語的「仁慈」），按其性質說就是〔同病相憐的〕同情，至於由此所減輕的痛苦則可大可小，而任何未曾滿足的願望總不出乎大小痛苦之外。因此，我們也無庸客氣和**康德**正相反，他認為只有從抽象的反省中，並且是從義務和絕對命令這些概念中產生的一切善和美德才是真正的善，真正的美德，而主張〔人們〕感到的同情是脆弱，並不是美德；和他正相反，我們說：單是概念對於真正美德，和對於真正的藝術一樣，是不生發的，一切真純的愛都是同情；而任何不是同情的愛就都是自顧之私。自顧之私就是希臘文的「自愛」，而同情就是希臘文的「博愛」。這兩者的混合（情緒）也是常有的。甚至眞純的友誼也常是這種混合。自顧之私表現在樂於和個性相投的朋友晤對，這是（混合中的）較大部分：而同情則表現於對朋友的哀樂有眞摯的關懷，表現於人們對朋友所作忘我的犧牲。甚至斯賓諾莎也說：「對別人的好意並不是別的什麼，而是導源於同情的情意。」（《倫理學》第三卷，前提二十六，副定理三，論說項）作爲一個證據，證實我們那句似乎矛盾的話（「愛即同情」），人們還可注意純愛的言語和撫愛動作中的音調、詞彙完全符合於同情的音調。附帶的還可注意在義大利語中，同情和純愛都是用同一個詞「慈愛」來表示的。

這裡還得談一談人類天性最顯著的一個特點，談一談「哭」。哭和笑一樣，都屬於所以別人禽的表情。哭並不正就是痛苦的外現，因爲在最輕微的痛楚時也哭得出來。據我的看法，人們甚至決不是直接爲了感覺到痛而哭，而經常只是爲了重現於反省中的痛而哭。也就是說人們從感覺到的痛，即令是肉體上的痛，過渡到痛的單純表象，於是覺得他自己的情況是如此的值得同情，即是說他眞摯地堅信，如果別人是受這痛苦的人，他將以滿腔同情和熱愛予以援助。不過在這裡卻是這個人自己是他眞摯同情的對象，他充滿幫助人的好意，而自己卻是那需要幫助的人，覺得他所忍受的更甚於他可能看到另一個人所忍受的。在這種奇特地錯綜著的心情裡，直接感到的痛苦先要從一條分爲兩節的繞道才進入知覺，即首先是作爲別人的痛苦來想像，作爲別人的痛苦而予以同情，然而又突然覺察到這直接是自己的痛苦；——〔這時〕，人的天性自然就以那種奇特的肌肉抽搐來獲得痛苦的減輕。這樣說來，**哭就是對自己的**同情或被回擲到它出發點的同情。因此，哭是以愛的能力、同情的能力和想像力爲前提的；所以容易哭的人既不是心腸硬的人，也不是沒有想像力的人。哭，甚至於往往被當作性格上一定程度的善看待，可以解人之怒，因爲人們覺得誰要是還能哭，就必然還能愛人，還能對別人同情，正因爲同情是以上述方式參與那致哭的心情的。——同這裡提出的解釋完全相符的，有佩脫拉克在坦率而眞實地說出自己的感情時，對他自己眼淚的發生所作的描寫：

「我充滿思慮，在信步而閒遊，
對我自己深厚的同情襲擊了我。
如此深厚——我不得不大聲而哭，
而平時我並不習於這樣做。」

證明這裡所說的還有一種事實，那就是弄痛了的孩子們多半要在人們加以撫愛的時候才哭，這就並非爲著痛而哭，而是爲著「痛」的表象而哭。——如果我們不是由於自己的而是由於別人的痛苦所激動，以至於哭，那麼，我們哭是因爲我們在生動的想像中爲痛苦的人設身處地，或是因爲我們在這個人的命運中看到全人類的命運，從而首先是看到自己的命運；

484

所以，透過老遠的繞道總還是爲了自己而哭，總還是對我們自己感到同情。這似乎也就是在喪事中通常無例外的，自然要哭的主要原因。哀悼者所哭的不是他自己的損失。人們應以爲可恥的是這種自私自利的眼淚，而不是因爲他有時沒有哭。哀悼者首先當然是爲死者的遭遇而哭；不過即令死者經歷了長期沉重的不治之症而巴不得一死以求解脫，哀悼者也還是要哭。控制著他（感情）的東西主要的是同情整個人類的遭遇，人類註定的最後結局；任何那麼上進的，往往那麼有作爲的一生，都必然要隨這種結局而消逝，而歸於死。可是在人類命運中，（哀悼者）首先看到的卻是他自己的命運；並且，死者和他的關係愈親密，就愈是先看到自己的命運；所以死者如果是他父親，那就更加是先看到自己的命運了。這個父親，即令是由於年老而多病痛，活著已屬苦惱，由於他需要侍候而已成爲兒子的重負，可是由於上述理由，兒子還是要爲父親的死而痛哭*。

* 第二卷第四十七章是補充這裡的。我們幾乎無庸回憶這裡在 §61 到 §67 提出的，粗具輪廓的倫理學，在我論道德基礎那篇獲獎論文中已有過更詳盡更完備的論述了。

68

在離題而漫談到純愛和同情的同一性之後，——同情折回到自己個體則有哭的現象以爲表徵——，現在我又回到分析行爲的倫理意義這條線索上來，以便此後指出我所謂生命意志的否定如何同一切善、仁愛、美德和慷慨〔等〕一樣，都是出於同一來源的。

在前面我們已看到了憎恨和惡毒都是以自私自利爲條件的，也看到這種利己主義是以侷限於個體化原理的認識爲基礎的。和以前看到這些一樣，我們也曾把看透這個體化原理作爲公道的來由和本質；並且再進一步，也就是愛和慷慨達到極點的來由和本質；只有看穿這個原理，由於這樣而取消了人我個體之間的區別，才使居心的全善直至無私的愛，直至爲別人作出最豪俠的自我犧牲成爲可能，才解釋了〔這一切〕。

可是，如果這樣看穿個體化原理，這種直接認識到意志在它一切現象中的同一性，都已達到了高度的明確性，那麼，這兩者立即就會對意志顯示更進一步的影響。就是說如果那摩耶之幕，個體化原理，在一個人的視線之前揭開了這麼寬，以致這人不再在人我之間作出自私自利的區別，而是關心其他個體的痛苦，在程度上和關心自己的痛苦一樣；因此他就不僅是在最高程度上樂於助人而已，而且是準備著犧牲自己的個體，只要一旦可以由此而拯救其他一些個體的話。於是這樣一個人，他在一切事物中都看到自己最內在的、眞實的自我，就會自然而然把一切有生之物的無窮痛苦看作自己的痛苦，也必然要把全世界的創痛作爲自己所有的〔創痛〕。對於他，已再沒有一個痛苦是不相干的了。別人的一切痛苦煩惱，〔儘管〕是他看到而不是常常能使之減輕的；一切痛苦，〔儘管〕是他間接得到消息的，甚至只是他認爲可能的，都和他自己的痛苦一樣影響他的精神。在他眼裡的已不再是他本人身上交替起伏的苦和樂，那只有侷限於利己主義中的人們才是這樣；而是他，因爲看穿了個體化原理，對待所有的一切都是同等的關切。他認識到整體大全，體會了這整體的本質而發現這本質永在不斷的生滅中，在無意義的衝動中，在內在的矛盾和常住的痛苦中；不管他向哪兒看，他都是看到這受苦的人類，受苦的動物界，和一個在消逝中的世界。但是現在他關心這一切，正如利己主義者只關心他自己本人一樣。對於世界既有了這樣的認識，那麼，怎麼教他用不停的意志活動來肯定如此這般的生命，由此而更緊密地把自己束縛在這生命上，總是更緊緊地抱住這生命呢？所以說，如果一個人還侷限於個體化原理，侷限於利己主義，只認識到個別事物和這些事物對他本人的關係，於是這些事物就成爲他欲求的一些總是〔花樣〕翻新了的**動機**；那麼，相反的是上述對於整體大全的認識，對於自在之物的本質的認識，就會成爲一切欲求的，和每一欲求的**清靜劑**。意志從此便背棄生命：生命的享受現在使他戰慄，他在這些享受中看到了生命的肯定。〔這時〕這個人便達到了自動克制欲求與世無爭的狀態，達到了眞正無所爲和完全無意志的狀態。——如果我們另外一些人，在沉重地感到自己的痛苦時，或在生動地看到別人的痛苦時，有時候也接觸到生命空虛、辛酸的認識，而想以澈底、永遠堅決的克制來拔去貪欲的毒刺，來堵塞一切痛苦的來路，想純化和聖化我們自己：〔可是〕我們依然還是被摩耶之幕所蒙蔽的人們，那麼，現象的騙局仍然會要立即纏住我們，現象〔中〕的動機又會重新推動意志：我們〔還是〕不能掙脫。希望〔給人〕的誘惑，眼前〔生活〕的迷人，享受〔中〕的甜蜜，〔以及〕我們在一個痛苦世界的呻吟中，在偶然和錯誤的支配之下所分享的安樂〔等等〕又把我們拖回到現象的騙局而重新拉緊捆著〔我們的〕繩索。所以耶穌說：「富人進入天國比錨纜穿過針眼還要難些。」

如果我們把人生比作灼熱的紅炭所構成的圓形軌道，軌道上有著幾處陰涼的地方，而我們又必須不停留地跑過這軌道；那麼，被拘限於幻覺的人就以他正站在上面的或眼前看得到的陰涼之處安慰自己而繼續在軌道上往前跑。但是那看穿個體化原理的人，認識到自在之物的本質從而〔更〕認識到整體大全的人，就不再感到這種安慰了。他看到自己同時在這軌道的一切點上而〔毅然〕跳出這軌道的圈子。——他的意志掉過頭來，不再肯定它自己的，反映於現象中的本質；它否定這本質。透露這〔一轉變〕的現象就是從美德到**禁欲**的過渡。即是說這個人不再滿足於愛人如己，爲人謀有如爲己謀〔等等〕，而是在他〔心裡〕產生一種強烈的厭惡，厭惡他自己這現象所表現的本質，厭惡生命意志，厭惡被認作充滿煩惱的這世界的核心和本質。因此，他正是否認這顯現於他身上的，由他的身體便已表現出來的本質，而他的行動現在就來懲罰他這現象哄騙〔人〕，和這現象公開決裂。基本上不是別的而是意志現象的他，已無所求於任何事物，他謹防自己把意志牽掛在任何事物上，對於萬

〔事萬〕物他都要在自己心裡鞏固一種最高度的漠不關心〔的境界〕。——性衝動是他的身體——〔這身體〕既健康又強壯——透過性器官表示出來的，但是他否定意志而懲罰這身體哄騙〔人〕：在任何情況之下，他也不要性的滿足了。自願的、澈底的不近女色是禁欲或否定生命意志的第一步。戒淫以不近女色而否定了超出個體生命的意志之肯定，且由此預示著意志將隨這身體的生命一同終止，而這身體就是這意志的顯現。大自然永遠是篤實無欺而天眞的，它宣稱如果這條戒律普及了的話，人種就會絕滅；而按第二篇所說一切意志現象的關聯，我認爲還可以假定隨同最高的意志現象〔，人〕〔的消滅〕，意志那些較弱的反映，動物界也會消逝；猶如半明半暗的光線將隨同充分的光線〔的消逝〕一起消逝一樣，隨著「認識」的澈底取消，其餘的世界也自然消滅於無有，因爲沒有主體就沒有什麼客體。我甚至要把《吠陀》中的一段也扯到這上面來，那裡說：「和這世界上飢餓的孩子們圍繞著他們的母親一樣，一切生物也是這樣指望神聖的祭品。」（《亞洲研究》卷八；柯勒布魯克：《論吠陀》摘自《傞馬吠陀》；又柯勒布魯克：《雜論》卷一，第八八頁）祭品根本是意味著無欲無求，而其餘的自然界都得從人類指望它們的解脫，人是祭師同時又是祭品。誠然，這裡值得以最大的注意來指出的，是這一思想已由那可敬佩的、深刻無邊的安格魯斯．西勒修斯在題爲《人把一切獻給上帝》的短詩中說過了，詩裡說：

「人啊！一切都愛你，你的周圍多麼擁擠：

一切都向你走來，以便〔隨你同〕見上帝。」

但是還有一個更偉大的神祕主義者：邁斯特爾．埃克哈特，他那些絕妙的著作最近〔一八五七年〕由佛郎茲．普菲費爾出版了，才終於成爲可讀的〔作品〕。埃克哈特在書中第四五九頁完全以這裡闡述的意義說：「我是跟著基督證實這一點的，因爲他說：當我離地飛升時，我要把一切事物隨我帶去（《約翰福音》第十二章第三十二段）。所以好人也應這樣把一切事物，在這些事物最初方生之際〔就〕送呈上帝。大師們爲我們證實這一點，說一切造物都是爲人而設。驗之於一切造物，都是互相爲用：如草之於牛，水之於魚，空氣之於鳥，森林之於野獸。而一切造物也是這樣有益於這好人：一個好人把一物連一物帶給上帝。」〔在這裡〕埃克哈特是要說：人，爲了在他本身中，又和他本身一起，也把動物解脫；所以他才在這世間利用這些動物。——我甚至認爲《聖經》中艱深的一段，《給羅馬人的信》第八通第二十一至二十四句，也得以這種意味來解釋。

在佛教裡也不乏有關這問題的說法，例如世尊還在當婆提薩陀華太子時，爲了最後一次備馬逃出他父親的寢宮前往荒野，他對馬說出這一偈語，「汝在生死中，〔歷劫〕無已時。自從今日後，不再馱與拽。僅止此一次，坎達坎納兮，馱我出此地。我若悟道時（成佛時），不忘汝〔功德〕。」（《佛國記》，亞倍爾．雷繆莎譯，第二三三頁）

此外禁欲主義還表現於自願的，故意造成的貧苦；這種貧苦不是偶然產生的，因爲〔在這裡〕財產是爲了減輕別人的痛苦而散盡了的。在這裡貧窮自身即目的，是用以經常壓制意志，以便不使願望的滿足、生活的甜蜜又來激動意志，〔因爲〕自我認識對於這意志已懷著深惡痛絕〔之心〕了。達到了這種地步的人，作爲有生命的肉體，作爲具體的意志現象，總還是覺得有各種欲求的根子存在；但是他故意地抑制著這種根子，於是，他強制自己不去做他很想要做的一切，反而去做他不願做的事，即使這些事除了用以抑制意志外並無其他目的存在。他既然自己否定在他本人身上顯現的意志，那麼他也不會反對別人〔對他自己的意志〕這樣做，即是說不反對別人對他加以非義〔之行〕。因此，他會歡迎任何外來的，由於偶然或由於別人的惡意而加於他的痛苦；他將欣然接受任何損失、任何羞辱、任何侮慢，他把這些都當作考驗他自己不再肯定意志的機會，來證實他是欣然站到意志現象——即他自己本人——的任何敵對的方面去了。因此，他能以無限的耐心和柔順來承受這些羞辱和痛苦，他毫無矯情地以德報怨，他既不讓憤怒之火，也不讓貪欲之火重新再燃燒起來。——和抑制意志本身一樣，他也抑制意志的可見性，意志的客體性，也就是抑制他的肉身。他很菲薄地贍養著這軀殼，不使它豐滿地成長和發達，以免它重新又使意志活動起來，更強烈地激動起來；〔因爲〕身體乃是這意志的單純表出，是反映意志的鏡子。所以他要採取齋戒絕食的措施，甚至採取自鞭自苦的辦法，以便用經常的菲薄生活和痛苦來逐步降服和滅絕意志；他把這意志看作自己和這世界在痛苦中生存的根源，是他所深惡痛絕的。——〔在未死以前，〕這意志的本質由於自願的否定它自己，除了那一點微弱的殘餘現爲這軀殼的生機外，是早已死去了的。如果死亡終於到來而解散了意志的這一個現象，那麼，死，作爲渴望的解脫，就是極受歡迎而被欣然接受的了。在這裡和別的人不同，隨著死亡而告終的不僅只是現象，而且是那本質自身也取消了。〔在未死前〕本質在這現象中，由於這現象，還有著一種只是微弱的生存*；現在〔在死到來時〕卻是這根最後的、已腐朽的紐帶也扯斷了。對於這樣結局的人，這世界也同時告終了。

491

我在這裡既不善於辭令，又只是以一般的表現方式所描寫的，倒並不是什麼獨自杜撰出來的哲學童話，也不是今天才有的。不，這是那麼多聖者們和高貴心靈的可羨慕的生活。基督教徒中就有這樣的人，在印度教和佛教徒中更多，其他教派中也不是沒有。儘管注入他們理性中的教條是如此大不相同，然而一切美德和神聖性唯一能夠從而產生的那種內在的、直接的直觀認識，卻都是以同一方式透過〔他們的〕生平事蹟表現出來的。原來這裡也表出了直觀認識和抽象認識之間的巨大區別，這區別在我們整個考察中是如此重要而又是到處貫穿著的，〔只是〕以前注意得太少了。兩種認識之間有著一條鴻溝，就認識這世界的本質說，

---

* 這一思想已在上古的梵文哲學著作《僧佉頌》裡用一個美妙的比喻表示出來了：「靈魂暫時還留存在肉體的外殼中，猶如製缽的土胚在已成器之後由於前此所受的力仍然繼續轉動一樣。直到飛升的靈魂脫離肉體，大自然對它不起作用了，靈魂才得澈底的解脫。」柯勒布魯克：《雜論：關於印度人的哲學》第一卷第二五九頁。荷雷斯・威爾遜（Horace Wilson）：《僧佉頌》，§67，第一八四頁。

唯有哲學是渡過這鴻溝〔的橋梁〕。從直觀方面，也就是從具體方面說，任何人都已意識了一切哲學眞理；但是把這些眞理納入抽象的知識，納入反省的思維，卻是哲學家的事，在此以外，哲學家不應再搞什麼，也不能再搞什麼。

那麼，也許這裡才是第一次抽象地，不帶神話地把神聖性、自我否定、頑強意志的消滅、禁欲等等的本質說成是**生命意志的否定**；而否定生命意志是完全認識了意志的本質，這認識又成爲意志的清靜劑之後才出現的。與此相反，一切聖者和禁欲主義者都是直接認識到這一點的，並且是透過行動來表出這一點的。在內在的認識上他們都相同，卻各按他們原來在理性中所接受的信條而各自說著一種極不相同的語言。他們各按這些信條，印度教的、基督教的、喇嘛教的聖者們必然地各有一套理由來解釋他們的行爲，但在事情的本身上，這些都完全不相干。一個聖者可以有滿腦子最荒唐的迷信，或者相反，也可以是一個哲學家：兩者的效果完全一樣。唯有他的行動才顯示他是聖者，因爲他的行動，在道德方面說，不是從抽象的，而是從直觀的理解直接認識到世界及其本質而產生的，只是爲了滿足他的理性才由他用某種教條加以解釋。因此，一個聖者不必一定是哲學家，同時一個哲學家也不必一定是聖者；這和一個透頂俊美的人不必是偉大的雕刻家，偉大的雕刻家不必是一個俊美的人，是同一個道理。要求一個道德宣教者除了他自己所有的美德之外就不再推薦別的美德，這根本是一種稀奇的要求。把世界的整個本質抽象地、一般地、明確地用概念來重述，並給理性把這種本質作爲反映出來的寫照固定在不變的、經常備用的概念中，這就是哲學；也再沒有別的什麼是哲學。我們可以回憶一下在第一篇裡引過培根的那一段話。

但在上面對於生命意志的否定，或是對於一個高貴心靈的事蹟，一個謙心無欲，自動懺悔的聖者的事蹟，我的描寫也恰好只是抽象的、概括的，因而也是冷靜的。意志之否定所從出的認識既然是直觀的而不是抽象的，那麼這種認識也不能在抽象概念中而只能在行爲和事蹟中有其完整的表現。因此，爲了更充分地理解我們在哲學上所說的生命意志之否定，人們還得從經驗和實際中熟悉一些範例。人們當然不能在日常的經歷中碰到這些例子，斯賓諾莎說得好：「因爲一切卓越的東西既難能又稀少」，那麼，如果沒有特殊的幸運作一個親眼的見證，人們就只得以這類人物的傳記滿足自己了。如我們在至今還只是由翻譯才得知的少數幾篇〔經文〕中所看到的，印度的文獻有很多聖者們、懺悔者們的生活記述；他們都叫做什麼「印度修行的聖者」、「印度懺悔者」等等。在德．波利爾夫人所著有名的，但在任何觀點上也不值得稱道的《印度神話》中就包含許多這一類卓越的例子（尤其是在第二卷第十三章中）。在基督教徒中也給這裡打算要作的說明提供了些例子。人們可以閱讀那些時而叫做「聖者之心」，時而叫做「虔教徒」、「清教徒」、「虔誠的宗教幻想家」等人物的傳記。〔不過〕這些傳記大半都寫得不好。這種傳記也在不同的時代出過集子，如特爾斯特根[51]的《聖心傳》，萊茲的《再生者的軼事》。在我們的時代則有坎尼所蒐集的一些傳記，其中

[51] 特爾斯特根（Tersteegen，一六九七—一七六五），德國宗教改革派的神祕主義者、宗教詩歌作者。

多數都寫得很壞，不過也有一些寫得好的，特別是《倍阿達．斯督爾明傳》是我認為寫得好的〔一篇〕。《聖芳濟．馮．阿西西傳》完全是屬於這兒的，他是禁欲主義眞正的人格化，是一切托鉢僧的模範。比他較年輕的同時代人，也是經院學派中的有名人物聖波拿文都辣曾為他寫過傳，這本傳記最近又重版了，就叫做《聖芳濟傳：聖波拿文都辣編》（蘇埃斯特版，一八四七年）。不久以前在法國還出版過沙文．德．馬蘭精心整理，利用一切有關資料寫成的一本詳細傳記：《聖芳濟．馮；阿西西傳》。和這些寺院文獻平行的還有遠東方面的姊妹作，這是斯賓斯．哈代一本極為可讀的書：《東方僧侶主義，瞿曇佛創始的托鉢僧派述事》（一八五〇年）。這本書在另外一件外衣下給我們指出了同一件事。人們也可看到在〔聖者禁欲〕這件事的本身上，不論從有神論宗教或無神論宗教出發，都沒有什麼分別。但是作為最卓越的一本傳記，我可以介紹蓋恩夫人的自傳。對於我所確定的概念，這本書提供了特別適合和最詳盡的例證，乃是一個事實的說明。每一緬懷這高貴而偉大的心靈，我心裡總是充滿敬意。認識這一心靈而公正地對待她心靈上的優點，同時又原諒她理性上的迷信，必然是任何一個善良的人所樂為的。這恰好和思想卑鄙的人，亦即大多數人，看這本書總要認為有問題，是一個道理，因為〔仁者見仁，智者見智，〕任何人無論在哪裡一貫都只能賞識那些和他自己相投的東西，至少也得他和這些東西稍微有點天性〔相近〕。〔這個道理〕在知識的領域內可以這樣說，在倫理的領域內也可以這樣說。在一定程度上人們甚至還可把那在著名的法文斯賓諾莎傳看作是屬於這裡的〔又〕一個例子，如果人們把斯賓諾莎那篇極不夠完善的論文《智力的校正》開始那一段卓越的文字作爲閱讀這本傳記的鑰匙（，那就更好了）。就我所知，我可以介紹這段文字是平伏洶湧的激情最有效的一服清涼劑。最後還有偉大的歌德，儘管他是那麼有希臘氣質的人，他卻並不認爲把人性中最高貴的這一方面，表現在他的使事物明朗的文藝這面鏡子裡，有什麼和他的氣質不相稱的地方。所以他在《一個優美的心靈之自白》裡，以理想化的手法爲我們描述了克勒登柏爾格小姐的生平；後來在他的自傳裡又對這事提出了歷史的資料。此外他還給我們講過兩遍有關聖者菲利波．奈瑞的一生。——世界史固然總是要，並且必然要對這些人物保持緘默，而這些人物的事蹟對於我們這考察中最重要的這一點卻是最好的、唯一充分的說明，這是因爲世界史的題材完全是另一套，是相反的一套，亦即不是生命意志的否定和放棄，而是這意志的肯定和這意志在無數個體中的顯現。在這顯現中，意志和它自己的分裂以充分的明確性出現於意志客體化的最高峰；於是出現於我們眼前的時而是個別人由於他的聰明機智而勝過別人，時而是群衆由於他們的數量而具有的暴力，時而是偶然機會人格化爲命運之後的權威，而常見的卻是這一切掙扎的徒勞和虛空。但是我們，因爲我們在這裡並不追求現象在時間上的線索，而是作爲哲學家在探討行爲的倫理意義，並且是拿這一點作爲唯一的繩準來衡量我們認爲有意義的和重要的東西，所以我們就不會因畏懼庸俗和平凡總是多數（人的屬性）而被阻止不去坦白承認世界上所能出現的最偉大、最重要、最有意義的現象不是征服世界的人，而是超脫世界的人，——事實上也就不是別的什麼而是（後者）這樣一個人靜悄悄的、不爲人所注目的生平事蹟。這樣一個人由於〔上述〕那種認識使他茅塞頓開，他根據這認識放棄了、否定了充塞一切，在一切事物中推動著、掙扎著的生命意志。意志的這一自由直到這裡才僅僅在他身上出現了，由此，他這個人的行動才恰好是一般的行動的反面。所以對於哲學家來說，聖者們，否定自己的人們的那些傳記儘管寫得那麼壞，甚至是混雜著迷信和荒唐而寫出的，但因爲題材的意義重大，故仍然要比普魯塔克和利維烏斯[52]重要得多，教育意義豐富得多。

此外，爲了更詳細和更充分地認識到在我們這論述的抽象性和一般性中叫做生命意志之否定的是什麼，再考察一下那些充滿這種精神的人們在這種意義上所定出來的倫理訓誡〔也〕是有很大幫助的。這些訓誡同時也會指出我們的〔這一〕見解，儘管在純哲學上的表出是這麼新穎，〔實際上〕是如何的古老。同我們最接近的是基督教，基督教的倫理就完全在上述精神的範圍之內，並且不僅是導向最高度的博愛，而且也導向克制欲求。最後，〔否定意志〕這個方面在耶穌門徒的著作中顯然已有了萌芽，不過直到後來才有充分的發展，才明顯地說了出來。我們看到使徒們〔已有這樣〕的訓誡：愛你鄰近的人要和愛自己一樣；要行善，要以德報怨，以愛報怨；要忍耐，要柔順，要忍受各種可能的侮辱而不反抗；飲食要菲薄以抑制佚蕩，要抗拒性衝動，如果可能的話就完全戒色〔等等〕。這裡我們已看到禁欲或眞正否定意志的初階。否定意志這一詞所說的正就是福音書裡所講的否認自己，揹起十字

---

[52] 利維烏斯（Livius，公元前五九－後一七），羅馬歷史學家，著有《羅馬史》。

架。（《馬太福音》第十六章二十四、二十五兩段；《馬可福音》第八章三十四、三十五兩段；《路加福音》第九章二十三、二十四兩段，第十四章二十六、二十七、三十三段。）這一傾向不久就愈益發展而成爲懺悔者、隱士和僧侶的緣起了。這本來是純潔而神聖的，然而也正是因此所以完全不能適合於大多數人，（所以，這種傾向既在許多人中間流行起來，）由此而發展出來的就只能是僞裝的虔誠和可怕的醜行了。這是因爲「濫用最好的即是最壞的」。在後來建成了的基督教裡，我們才在基督教聖者和神祕主義者的著作中看到那種禁欲的萌芽發展成爲茂盛的花朵。這些人的布道除了講求純潔的仁愛而外，還講求澈底的清心寡欲，自願的澈底貧困，眞正的寧靜無爭，澈底漠然於人世的一切；講求本人意志的逐漸寂滅和在上帝中再生，完全忘記本人而浸沉於對上帝的直觀中〔等等〕。關於這一切，人們可在芬乃倫[53]著的《聖者們所論內在生活規範解說》中找到完整的記述。但是基督教精神在它這方面的發展，可以說沒有哪裡比在德國神祕主義者的著作中，也就是在邁斯特爾．埃克哈特理當有名的《德國的神學》一書中，還有更完善、更有力的說明了。路德在他給這本書寫的序言中說，除了《聖經》和奧古斯丁外，他從任何一本書也不能像從這本書一樣更懂得什麼是上帝，什麼是基督，什麼是人。——我們一直到一八五一年才從普菲費爾校訂的斯圖加特版本得到了這本未經改篡的原文。這本書裡所記載的規範和訓誡對於我所論述過的生命

[53] 芬乃倫（Fénelon，一六五一—一七一五），法國作家，總主教。

意志之否定是一種最完備的，從內心深處的信心中產生的分析。所以人們在以猶太教加新教的自信而對此作出否定的武斷之前，應該好好地拿這本書學習一下。在同一卓越的精神中寫下來而不能和這本書完全同樣評價的是陶•勒的《基督貧困生活在後世的模仿》和《生命的神髓》。我認爲這些眞誠基督教神祕主義者的說教比之於《新約全書》，就好比是酒精對酒的關係一樣。或者這樣說：凡是我們在《新約全書》中像是透過一層輕紗或薄霧看到的東西，在神祕主義者的著作中卻是毫無遮攔地、充分清晰明確地擺在我們眼前的，最後人們還可把《新約全書》看作第一次的超凡入聖，把神祕主義看作第二次的超凡入聖——「小神祕和大神祕」。

可是我們在上古的梵文著述裡就看到我們所謂生命意志之否定已有了進一步的發展，已有更多方面的說法和更生動的描寫，〔這些〕都是基督教和西方世界所不能及的。至於人生的這一重要倫理觀點所以能在印度獲得更進一步的發展和更堅定的表現，主要原因可能是由於這兒完全沒有外來因素的侷限，不像猶太教之於基督教。基督教崇高的創始人，或意識地或不意識地不得不遷就猶太教以使新的教義與舊的猶太教相銜接；於是基督教便有了兩種性質大不相同的組成部分，我想其中純倫理的部分首先應該是基督教的因素，而且是基督教專有的因素，並想以此區別基督教和原有的猶太教教義。如果人們在以往就曾多次擔心過這一卓越的、造福人類的宗教有一天會要完全瀕於崩潰，特別是在現在這個時代更要擔心，那麼，我認爲可以爲這種擔心找得到的理由，只是這個宗教不是由一個單一的因素所組成的，而是由來源不同，單憑世事變遷牽合到一起去的兩種因素組成的。由於這兩種組成部分對於逼到頭上來的時代精神關係不同、反應不同而產生分化，在這種情況下，基督教的解體可能是勢所必然的。不過在解體之後，基督教的純倫理部分仍可永保不受損害，因爲這是不可能毀滅的部分。——儘管我們所知道的文獻還很不充分，我們現在就已看到在《吠陀》中、在《普蘭納》中，在詩歌、神話、聖者軼事、語錄和生活戒律*中已從多方面有力地表出了印度教的倫理。在這種倫理中，我們看到有這樣一些訓誡：要完全否定一切自愛以愛親鄰；慈悲不僅以人類爲限，而要包括一切有情；施捨要不惜散盡每日辛勤的所得；對一切侮辱我的人要有無邊的容忍，不論對方如何惡劣，要以仁德報冤仇；欣然甘願忍受一切羞辱；禁各種肉食。追求聖道的人則絕對戒色並禁一切淫逸之樂，要散盡一切財產，拋棄任何住所、親人，要絕對深密的孤寂，在靜默的觀照中度此一生；以自願的懺悔和可怕的、慢性的自苦而

498

* 例如人們可參考昂克敵．杜柏隆的《鄔布涅伽研究》第一三八、一四四、一四五、一四六頁。——德．波利爾夫人著《印度神話》第二卷第十三、十四、十五、十六、十七各章。——《亞細亞雜誌》第一卷克拉卜洛特（Klaproth）著文《論佛教》；同一出處還有《薄伽梵歌》或《克利希納》和《阿容對話錄》，在第二卷裡有《摩訶牧伽華》。再就是威廉．瓊斯的《印度教戒律纂編或摩奴法典，譯自梵文》，德譯者許特勒（Hüttner）一七九七年版，特別是第六章和第十一章。——最後在《亞細亞研究》中還有很多地方（論及這一點）（最近四十年來，印度文獻譯成歐洲語文的不斷增多，如果我現在要補充本書第一版（有關這問題）的注釋，可能會要占去好幾頁的篇幅）。

求完全壓制住意志〔等等，等等〕。這種自苦最後可以至於以絕食，葬身鱷魚之腹，從喜馬拉雅山聖峰上墜崖，活埋，以及投身於優伶歌舞歡呼簇擁著的，載著菩薩神像遊行的巨型牛車之下〔等等爲手段〕而甘願自就死亡。這些訓誡的來源已達四千餘年之久，直到現在，儘管這〔印度〕民族已四分五裂了，依然還是他們所遵守的，個別的人還不折不扣地履行到極端*。一面要求最沉重的犧牲，一面又能夠在一個擁有幾千萬人口的民族裡這樣長期地保有實踐的效用，這種東西就不可能是任意想出來的怪癖，而必然是在人性的本質中有其根據的。但是還有這麼回事，那就是人們在讀一個基督教和一個印度懺悔者或聖者的傳記時，對於雙方那種互相符合的地方還有不勝驚異之感。在各有著基本不同的信條、習尚和環境的同時，雙方的追求和內在生活卻完全相同。雙方的訓誡也是相同的，例如陶勒談到澈底的貧苦時說：人們應該自求貧苦，而辦法就是完全散盡一切可從而獲得任何安慰或獲得人世間任何滿足的東西。顯然，這是因爲這一切東西總是給意志提供新的營養，而這裡的目的原是要這意志完全寂滅。在印度方面，我們在佛的戒律裡看到與此相對應的說法，這些戒律禁止懺悔者不得有住所和任何財物，最後還禁止頻頻在同一棵樹下棲息，以免對此樹又發生任何親切或愛好之感。基督教的神祕主義者和吠檀多哲學的布道人還有一點是相同的，他們都認爲一

---

* 一八四〇年在耶格爾惱特（Jaggernaut）地方舉行宗教遊行時，有十一個印度教教徒投身於車輪之下而立刻被輾斃。（一八四〇年十二月三十日《泰晤士報》刊出東印度一個地方的通訊。）

切外在的善行和宗教作業對於一個已經功德圓滿的人都是多餘的。——時代這樣不同，民族這樣不同，而有這麼多的互相一致之處，這就在事實上證明這裡所表明的，並不是像樂觀的庸俗精神喜歡堅持的那樣，只是神智上的一種什麼怪癖或瘋癲，而是人類天性本質的，由於其卓越故不常見的一個方面。

至此我已指出一些資料，從這些資料中人們可以直接地以生活爲來源而認識到那些表出意志之否定的現象。在一定的範圍說，這是我們整個考察中最重要的一點。然而我仍然完全只是大致地談到這一點，因爲指出那些以親身經驗現身說法的人（，請人們自己去）參考，要比無力地重述他們所說過的而毫無必要地再脹大本書的篇幅好得多呢。

我只想還加上幾句以便一般地指出這些人的〔心理〕狀態。我們在前面已看到惡人由於他欲求的激烈而受著經常的、自傷其身的內在痛苦；最後在一切可欲的對象都已窮盡之後，又以看到別人痛苦來爲頑固的意志的饞吻解渴；那麼，與此相反的是那已經領悟生命意志之否定的人；從外表看儘管他是那麼貧苦，那麼寡歡而總是缺這缺那，然而他的〔心理〕狀況卻充滿內心的愉快和眞正天福的寧靜。這已不是那個不安的生命衝動，不是那種鼓舞歡樂了。歡樂是以激烈的痛苦爲事前、事後的條件的，譬如構成貪生的人們一生的那種歡樂；〔這裡不是歡樂〕而是一種不可動搖的安定，是一種深深的寧靜和內心的愉快。這種境界如果出現於我們眼前或出現在我們的想像之中，那是我們不能不以最大的嚮往心情來瞻仰的；因爲我們立即認爲這是唯一正確的，超過一切一切無限遠的東西，因爲我們的良知〔常〕以

「戰勝自己，理性用事」這響亮的口號召喚我們到那兒去。於是我們覺得〔下面這個比方〕很對，即是說我們的願望從人世間贏得的任何滿足都只是和〔人們給乞丐的〕施設一樣，〔只能〕維持他今天不死以使他明天又重新挨餓。而清心寡欲則相反，就好比是繼承了的田產，使這田產的主人永遠免除了〔生活上的〕一切憂慮。

從第三篇裡我們還記得這一點，即是說對於美的美感，那種怡悅，大部分是由於我們進入了純觀賞狀態〔而來的〕。在這瞬間，一切欲求，也就是一切願望和憂慮都消除了；就好像是我們已擺脫了自己，已不是那爲了自己的不斷欲求而在認識著的個體了，已不是和個別事物相對應的東西了；而客體成爲動機就是對這種對應物而言的。〔在這瞬間，〕我們已是不帶意志的認識的永恆主體，是理念的對應物了。我們也知道這些瞬間，由於我們這時已擺脫了狠心的意志衝動，好比是已從沉重的煙霧中冒出來了似的，是我們所能知道的一切幸福的瞬間中最幸福的〔一瞬〕。由此我們就可以想像，要是一個人的意志不只是在一些瞬間，如美感的享受，而是永遠平靜下來了，甚至完全寂滅，只剩下最後一點閃爍的微光維持著這軀殼並且還要和這軀殼同歸於盡，這個人的一生必然是如何的幸福。一個這樣的人，在和他自己的本性作過許多艱苦的鬥爭之後終於完全勝利了，他所剩下的就只是一個純認識著的東西了，就只是反映這世界的一面鏡子了。再沒有什麼能使他恐懼，能激動他了；因爲他已把「欲求」的千百條捆索，亦即將我們緊縛在這人世間的捆索，作爲貪心、恐懼、嫉妒、盛怒，在不斷的痛苦中來回簸弄我們的捆索，通通都割斷了。他現在是寧靜地微笑著在回顧這世間的幻影。這些幻影過去也能夠激動他的心情，能夠使他的心情痛苦，但現在卻是毫無所謂地出現在他眼前，好比棋局已終之後的棋子似的；又好像是人們在狂歡節穿戴以捉弄我們，騷擾我們，而在翌晨脫下來了的假面具和古怪服裝似的。生活和生活中的形形色色只好像是飄忽的景象在他眼前搖晃著，猶如拂曉的輕夢之於一個半醒的人，這時現實已曦微地從夢中透出而夢也不能再騙人了。正是和這夢一樣，生活的形形色色也終於幻滅，並無須越過什麼巨大的障礙。從這些考察中我們可以學會理解蓋恩夫人在她那部傳記的末尾是在什麼意味之下要屢屢地說：「我覺得一切都無所謂，不相干，我不能再對什麼有所欲求；我每每不知道我自己的有無。」——為了說明如何在意志寂滅之後，肉體的死亡（肉體只是意志的顯現，故隨意志的取消而失去一切意義）已不能再有什麼苦的意味，而是很受歡迎的，請再容許我把這位神聖的懺悔者自己的話引在這裡，儘管這些話是沒經修飾過的（，她說）：「光榮的高峰如日中天；是一個再沒有黑夜繼之而起的白晝，是即令在死亡中也不怕任何死的一生；因這一死已戰勝了那一死，又因為誰已經歷了第一個死，就不再品味到第二個死了。」（《蓋恩夫人傳》第二卷第一三頁）

這時我們可不能以為生命意志的否定，一旦由於那已成為清靜劑的認識而出現了就不會再動搖，人們就可在這上面，猶如在經營得來的財產上一樣高枕無憂了。應該說，生命意志的否定是必須以不斷的鬥爭時時重新來爭取的。這是因為身體既是意志本身，不過是在客體性的形式中，或只是作為表象世界中的現象而已；那麼，這身體要是一天還活著，整個的生命意志就其可能性說也必然還存在，並且還在不斷掙扎著要再進入現實性而以其全部的熾熱又重新燃燒起來。因此，我們認爲在那些神聖人物的傳記中描寫過的寧靜和極樂只是從不斷克服意志〔這種努力〕產生出來的花朵，而同生命意志作不斷的鬥爭則是這些花朵所由孳生的土壤：因爲世界上本沒有一個人能夠有持久的寧靜。因此，我們看到聖者們的內心生活史都充滿心靈的鬥爭，充滿從天惠方面來的責難和遺棄；而天惠就是使一切動機失去作用的認識方式，作爲總的清靜劑而鎮住一切欲求，給人最深的安寧敞開那條自由之門的認識方式。所以我們看到那些一度達成了意志之否定的人們，還是以一切的努力把自己維持在這條路上，拿從自己身上逼出來的各種克制，拿懺悔的嚴酷生活方式和故意找些使自己不快的事，拿這一切來抑制不斷再要抬頭的意志。最後，因爲他們已認識到解脫的可貴，所以他們爲了已爭取到手的福田還有那種戒慎恐懼的心情，在任何無傷大雅的享受時或他們的虛榮心有任何微弱的激動時還有那種良心上的顧慮。〔再說〕虛榮心在這裡也是最後才死去的，在人的一切嗜欲中，也是最活躍、最難消滅、最愚蠢的一種。——在我已多次用過的禁欲這一詞裡，從狹義說，我所理解的就是這種**故意的**摧毀意志，以摒棄好受的和尋找不好受的來摧毀意志；是自己選定的，用以經常壓制意志的那種懺悔生活和自苦。

我們如果看到那些已達成意志之否定的人們實行〔上述〕這些辦法以保持自己在這種狀態〔不退步〕，那麼，忍受痛苦，有如命運所加於人的痛苦，根本就是達到這種狀態的第二條道路（第二條最好的途徑[54]）。是的，我們可以認定大多數人都是在這一條道路上達到意志之否定的；還可認定把澈底的清心寡欲帶給人的，最常見的是本人感到的痛苦而不是單純被認識了的痛苦，〔並且〕往往是臨近將死的時候。這是因為只能在少數人那裡，單純的認識，——因看穿個體化原理而後產生心意上的至善和普泛的博愛，最後讓這些人認識到人間一切痛苦即是他們自己的痛苦——，就足以導致意志的否定。即令是在那些接近著這一點的人們，他本人的舒適情況，剎那間的誘惑，希望的招引，和經常是一再要自薦的意志之滿足，亦即快樂，幾乎都是否定意志的經常障礙，都是重新肯定意志的經常誘惑。因此，人們在這方面的意義上〔特地〕把所有這些誘惑都當作魔鬼人格化了。所以大多數人都必須先由本人的最大痛苦把意志壓服了，然後才能出現意志的自我否定。這樣，所以我們看到人們在激烈的掙扎抗拒中經過了苦難繼續增長的一切階段，而陷於絕望的邊緣之後，才突然轉向自己的內心，認識了自己和這世界；他這整個的人都變了樣，他已超乎自己和一切痛苦之上，並且好像是由於這些痛苦而純潔化、聖化了似的。他在不可剝奪的寧靜、極樂和超然物外〔的心境〕中甘願拋棄他前此極激烈地追求過的一切而欣然接受死亡。這是在痛苦起著純化作用的爐火中突然出現了否定生命意志的紋銀，亦即出現了解脫。即令是過去很壞的人，間或我們也看到他們透過最深刻的創痛也純化到這種程度：他們成為另一個人了，完全轉變

[54] 關於「第二條最好的途徑」請參看斯多帕烏斯的《箴言集錦》，第二卷，第三七四頁。

了。因此，以往的惡行現在也不再使他的良心不安了；不過他們還是情願以死來贖這些惡行；並且〔也〕樂於看到〔自己〕那意志現象消滅，現在這意志對於他們已是陌生的和可厭惡的了。關於這種由於大不幸，由於一切解救都已絕望所帶來的意志之否定，偉大的歌德在他不朽的傑作《浮士德》裡葛麗卿小姑娘的痛苦史中，給我們作了明確的形象化了的描寫，這樣的描寫是我平日在文藝裡還沒看到過的。這是從第二條道路達到意志之否定的標準範例；它和第一條道路不一樣，不單是由於認識到全世界的痛苦，自願承擔這痛苦，而是由於自己感到本人過度的痛苦。很多悲劇在最後雖然也是把劇中有著強烈欲願的主人翁引到完全清心寡欲的這一點；〔但〕到了這一點之後，一般就是生命意志及其現象的同歸於盡。就我所知道的說，像上述《浮士德》中的描寫使我們這樣明確而不帶任何雜質地看到這種轉變中最本質的東西，那是沒有的。

在實際生活中，我們〔還〕看到一些不幸的人們，因爲他們在一切希望都被剝奪之後，還要神智完全清醒地走向斷頭臺上不光榮，不自然，經常充滿痛苦的暴死，所以他們是必須嘗盡最大限痛苦的人們，他們也常是在這〔第二條〕道路上轉變的。我們雖然不能認爲在這些人的性格和大多數人的性格之間有著很大的區別，猶如他們的命運所顯示的區別那麼大，命運上的區別絕大部分要歸之於環境〔的不同〕；但是他們仍然是有罪的，在相當大的程度上也是惡人。不過我們現在看到他們之中的好多人，在完全絕望已成事實之後，還是在上述方式之下轉變了。他們現在表現著心意上眞正的善良和純潔，表現眞正痛恨做出了任何有些微惡意或不仁的行爲；他們寬恕了自己的仇敵，即令是使他們無辜而受罪的仇敵。他們不只是在口頭上這樣做，不是害怕陰間的判官而假意這樣做，而是在實際行動上，出於內心的嚴肅這樣做，並且絕對不想報仇。是的。他們終於歡迎自己的痛苦和死亡，因爲生命意志的否定已經出現了。他們每每拒絕人家提供的救援而欣然地、寧靜地、無上幸福地死去。在過分的痛苦中，生命的最後祕密自行向他們透露出來了，即是說受害與爲惡、忍痛和仇恨、折磨人的人和被折磨的人，在服從根據律的認識裡儘管是那麼不同，在本體上卻是一回事，是同一個生命意志的顯現。生命意志（只是）藉個體化原理而使它的自相矛盾客體化：他們已充分認識到爲惡與受害的雙方，而當他們終於體會了雙方的同一性時，他們現在就把雙方拒絕於自身之外，就否定了生命意志。至於他們用那種神話或信條來對他們的理性說明這種直觀的、直接的認識和他們的轉變，如已說過，那是完全無關宏旨的。

當**馬迪亞斯**·**克勞第烏斯**[55]寫下那篇大可注意的文章時，無疑地他是這種心靈變化的見證人。那篇文章刊在《范德斯白克的使者》（第一卷第一一五頁）中，題目是《××的皈依史》。文章有著如下的結束語：「一個人的想法可以從圓周上的這一點轉移到正對面的一點，又可再回到原先的那一點，如果情況給這人指出（來）去的那段弧線的話。在人，這些變化並不一定就是些什麼大事或有趣的事。但是那**大可注意的**、**羅馬正教的**、**超絕的轉變**，

[55] 馬迪亞斯·克勞第烏斯（Mathias Claudius，一七四〇—一八一五），德國詩人。

505

〔由於〕這時那整個的圓周已無可挽回地被扯斷以至心理學的一切規律都空洞無用了，〔由於〕這時已發生了脫胎換骨的變化，至少也是發生了洗心革面的變化，以致人們好像眼睛裡去掉了翳障似的，卻是這種〔人生〕的大事；即是說任何人只要他一息尚存，如果他能對於這種事情聽到一點什麼確實可靠的東西或有所經歷，他就離父別母〔而去〕了。」

此外，就這種由痛苦而來的純化說，死的迫近和絕望〔心情〕並不是絕對必要的。沒有這些，〔單〕是由於大不幸和創痛，對於生命意志自相矛盾的認識也會不可阻攔地湧上心頭，而一切掙扎的虛無性也就會被理解了。因此，我們常看到一些人在激情的衝動中過著非常波動的生活，如帝王、英雄、追求幸福的冒險者〔等〕突然地變了樣，轉向清心寡欲和懺悔，成爲隱士和僧侶。屬於這類型的是一切道地的皈依史，例如萊孟德．陸盧斯[56]的皈依史就是〔其中之一〕。他追求已久的一個美婦人終於允許他到閨房去幽會，這時他眼看自己的願望就要得到滿足了；可是正在這時，那婦人解脫了自己的護胸帶，露出她那慘遭癌毒糜爛的乳房給他看了。從這一瞬間起，他好像是看過了地獄似的，糾正了自己，悔改了；他離開了馬約卡國王的朝廷而到沙漠裡懺悔去了*。與此很相似的是朗賽[57]神父的皈依史，這是我

---

56 萊孟德．陸盧斯（Raymund Lullius，一二三四—一三一五），西班牙哲學家。

57 朗賽（Rancé，一六二六—一七〇〇），法國僧侶，天主教特拉比斯會創始人。

* Bruckeri 著《哲學史》第四卷第一篇第一〇頁。

在〔本書〕第二卷第四十八章中簡述過了的。如果我們詳察這兩人〔悔改〕的契機都是從人生的歡樂過渡到人生的慘痛，這就給我們解釋了一個很突出的事實，解釋了何以歐洲一個最富於生命之歡，最開朗愉快，最肉感最輕浮的民族，——法國民族——，反而產生了一個宗教組織，比一切宣誓守戒的僧侶組織還要嚴格得多的組織，即特拉比斯會。這個組織一度崩壞之後，又由朗賽恢復舊規，並且儘管有過那些革命，那些教會的改革和風行一時的不信神道，這個組織直到今天還保持著它的純潔性和可怕的嚴格〔戒律〕。

上述這種關於人生性質的認識仍然又可隨同〔獲得這認識的〕契機一同消逝，而生命意志和以前的性格又相偕捲土重來。我們看到激情的本韋努托．切利尼[58]一次在監獄裡，又一次在重病中，本已由於痛苦而改邪歸正了；但在痛苦消逝之後，他仍然故態復萌。從痛苦中產生意志之否定根本沒有從因生果那種必然性，意志仍然是自由的。原來這唯一的一點就正是意志的自由直接出現於現象中的地方，這也就是阿斯穆斯所以要對「超絕的轉變」強烈地表示驚異〔的原因〕。隨著每一痛苦都可設想還有一種在激烈程度上超過痛苦，因而更不受拘束的意志。這就是柏拉圖所以在《費桐》中講述那種人，直到行刑之前的頃刻還在大吃大

[58] 本韋努托．切利尼（Benvenuto Cellini，一五〇〇—一五七一），義大利文藝復興晚期的雕刻家和金銀器製造家。

507

喝，還在享受性的快感，至死還在肯定生命。莎士比亞在波福主教*〔的形象〕中給我們看到一個肆無忌憚的壞蛋的可怕結局，看到他因爲任何痛苦和死亡都未能壓服那凶頑到了極度的意志而死於無可奈何的絕望之中。

意志愈是激烈，則意志自相矛盾的現象愈是明顯觸目，而痛苦也愈大。如果有一個世界和現有的這世界相比，是激烈得無法相比的生命意志之顯現，那麼這一世界就會相應地產出更多的痛苦，就會是一個〔人間〕地獄。

因爲一切痛苦，〔對於意志〕既是壓服作用，又是導致清心寡欲的促進作用，從可能性上說〔還〕有著一種聖化的力量；所以由此就可說明何以大不幸，深創巨痛本身就可引起別人的某種敬重之心。但是這個忍受痛苦的人若要眞正是我們所敬重的，那就必須是這樣：即是說在他把他的生平當作一連串的痛苦來回顧時，或是在爲一個巨大的治不好的創痛而哀傷時，他所看到的並不只是這恰好陷他一生於悲苦的一系列情況，並不止於他所遭遇到的個別的大不幸；——因爲若還只是這樣看時，則他的認識還是服從根據律的，還是膠著在個別現象上的，他還是一貫的要活命，不過是不想在輪到他的這些條件下活命而已——；而是他的眼光已從個別上升到一般，他已把自己的痛苦看作整個痛苦的一個特例；而是當他在倫理方面成爲天才時已把自己的痛苦只算作千百種痛苦中的一個情況，因而這人生的全部既被理解

*《亨利第四》第二部第三幕第三場。

爲本質上的痛苦，已使他達到無欲無求〔的境界〕；這樣，他在我們面前才眞正是值得敬重的。因此，歌德所著《托爾括多．達索》一劇中的公主，在她訴說自己和親人們的一生是如何傷感寡歡時，她自己卻完全只朝普遍一般看，也就值得敬重。

我們想，一種極高超的人物性格總帶有幾份沉默傷感的色彩，而這種傷感決不是什麼對於日常不如意的事常有的厭惡之心（這會是一種不高尚的氣質，甚至還令人擔心是否存心不良），而是從認識中產生的一種意識，意識著一切身外之物的空虛，意識著一切生命的痛苦，不只是意識著自己的痛苦。但是，必須由於自己本人經歷的痛苦，尤其是一次巨大的痛苦，才能喚起這種認識，例如佩脫拉克就是那麼一次沒有滿足的願望竟使他對於整個一生抱著那種無欲無求的傷感〔態度〕。他的著作透露這種哀傷，非常動人；原來他所追求的達芙妮[59]不得不擺脫他的追求以便爲他留下詩人不朽的月桂冠來代替她自己。如果意志由於這樣重大不可挽回的損失而被命運斲傷到一定的程度，那麼，在別的方面幾乎就不會再有什麼欲求了；而這人物的性格也就現爲柔和、哀怨、高尚、清心寡欲了。最後如果那股怨忿之氣再沒有固定的對象了，而是泛及於生命的全部，那麼，這怨氣在一定範圍內就可說是一種「反轉向內」，是一種回縮，是意志的逐漸消逝；還甚至於是不聲不響地，卻是在最內在的深處傷害著意志的可見性，亦即傷害著身體。人在這時就覺得綁著自己的捆索鬆了一些，輕微地

[59] Daphne，希臘神話中人物，為庇護藝術神阿波羅而化為月桂樹。

預覺到宣告身體和意志同時解體的死亡，於是這股怨忿之氣又是有一種隱蔽的喜悅之情隨伴著的。這種喜悅，我相信，即一切民族中最憂鬱的那民族〔英國民族〕叫做「哀怨之樂」的東西。然而也正是在這裡橫亙著**感傷性**這一暗礁，在生活本身中有之，在文藝的生活描述中亦有之；即是說人們老是哀傷，老是怨訴，卻不自振作，不上進於清心寡欲；這就把天上人間一同都喪失了，而剩留下來的就只是淡而無味的多愁善感。痛苦，唯有在進入了純粹認識的形式，而這認識作爲意志的清靜劑又帶來眞正的清心寡欲時，才是〔達到〕解脫的途徑，才因而是值得敬重的。就這一點說，我們在看到任何一個大不幸的人物時，可總要感到幾分敬意，和美德高風令人起敬相彷彿；同時，我們對於自己的幸福狀態也覺得有點兒慚愧似的。我們不免要把每一痛苦，不管是自己感受的或別人的，至少是當作可能接近美德和神聖性〔的階梯〕看；相反，對於享受和人間的滿足則要看作與此相去愈遠。甚至還可以進一步這樣看，即是說每一個在肉體上或精神上擔負著巨大沉重痛苦的人，乃至任何一個人，在完成一項最費勁的體力勞動之後，汗流滿面，顯然已精疲力竭，卻耐心地忍受著這一切而無怨言；我說，每一個這樣的人，如果我們仔細觀察他，我們就覺得他活像一個病人在接受一種痛苦的治療似的，他甘願甚至是滿心歡喜地忍受著由治療引起的痛苦，因爲他知道所忍受的痛苦愈大，則致病的因素被消滅的也愈多，因此眼前痛苦〔的大小〕就是衡量他病癒的尺度。

根據前此〔所說〕的一切，生命意志之否定，亦即人們稱爲澈底的清心寡欲或神聖性的東西，經常總是從意志的清靜劑中產生的；而這清靜劑就是對於意志的內在矛盾及其本質上的虛無性的認識。〔至於〕這種矛盾和虛無，則是在一切有生之物的痛苦中表現出來的。我們論述過的兩條道路的區別就在於喚起這種認識的〔原因〕究竟只是純粹**被認識到**的痛苦，藉看穿個體化原理而自願以之爲自己的痛苦，還是自己本人**直接感受**到的痛苦。沒有澈底的意志之否定，眞正的得救，解脫生命和痛苦，都是不能想像的。在眞正解脫之前，任何人都不是別的，而是這意志自身。這意志的現象卻是一種在幻滅中的存在，是一種永遠空無所有，永不遂意的掙扎努力，是上述充滿痛苦的世界；而所有一切人都無可挽回地以同一方式屬於這一世界。這是因爲我們在上面已看到，生命總是生命意志所保有的，而生命僅有的眞正形式則是「現在」。這一形式，〔因〕現象中既然還有生和死起支配作用，〔所以〕是上述一切人永遠擺脫不了的。印度神話是用這麼一句話來表示這一點的，神話說：「衆生皆〔入輪回〕轉生」。性格在倫理上的巨大區別有著這樣的意義，即是說：壞人要達到意志之否定所由產生的那種認識，還有無限遠的距離；所以在生活中有**可能**出現的一切痛苦，他卻在事實上**眞正的**面臨這些痛苦了；因爲他本人眼前的什麼幸福狀況也只是一個借助於個體化原理而有的現象，只是摩耶的幻術，只是那乞丐的黃粱夢。他在他意志衝動激烈而兇猛時所加於別人的痛苦就是衡量〔他自己〕那些痛苦的尺度，而這些痛苦的經驗並不能壓服他的意志，也不能導致最後的否定〔意志〕。一切眞正的、純潔的仁愛，甚至於一切自發的公道則相反，都是從看穿個體化原理而產生的。個體化原理的看穿如果發揮充分的力量就會導致完整的神聖性和解脫；而神聖和解脫的現象就是上述清心寡欲無企無求的境界，是和清心寡欲相隨伴而不可動搖的安寧，是寂滅中的極樂*。

69

在我們的考察方式的範圍內現已充分闡述過的生命意志之否定，是意志自由出現於現象中唯一的活動；因而也就是阿斯穆斯所謂超絕的轉變。再沒有什麼還比眞正取消意志的個別現象——**自殺**——更有別於這生命意志之否定的了。自殺離意志的否定還遠著，它是強烈肯定意志的一種現象。原來（意志之）否定的本質不在於人們對痛苦深惡痛絕，而是在於對生活的享樂深惡痛絕。自殺者要生命，他只是對那些輪到他頭上的（生活）條件不滿而已。所以他並沒有放棄生命意志，而只是在他毀滅個別現象時放棄了生命。他要生命，他要這身體暢遂無阻的生存，要肯定這身體；但是錯綜複雜的環境不容許這樣，這就給他產生了巨大的痛苦。生命意志本身覺得自己在這一個別現象中被阻攔到這種程度，以致它不能開展它的追求了。於是意志就按它自己的本質自身來作出決定，即是說這本質自身是在根據律的那些形

511

* 第二卷第四十八章是補充這裡的。

態之外的，所以它並不在乎任何個別現象；因爲本質自身不與一切生滅相涉，而是一切事物的生命中內在的東西。原來前述牢固的、內在的，使我們一切人甭經常在死的恐怖中生活的那種確定不移之理，亦即意志決不會少了它的現象這一確定不移之理，在自殺這事上也支持這一行動。所以說，生命意志既顯現於這自表其生〔濕婆〕中，也顯現於「自我保存」〔毗濕奴〕的舒泰狀態中和生殖〔婆羅摩〕的淫欲中。這就是連環三神祇三位一體的內在意義，而任何一個人都完全的是這統一性，儘管這統一性在時間上忽而抬舉三位一體中的這一神，忽而又抬舉那一神。——和個別事物對理念的關係一樣，自殺對意志之否定也是這樣一個關係：自殺者所否定的只是那個體而不是物種。我們在上面已看到，由於生命意志是確實不怕沒有生命的，而痛苦之於生命又是本質的〔東西〕，那麼，自殺，亦即一個個別現象的自甘毀滅，也就是一個完全徒勞的、愚蠢的行爲；〔因爲現象毀滅時，〕自在之物卻依然無恙，猶如不管彩虹所依存的雨點是如何迅速地在替換更易，彩虹自身仍堅持不收一樣。此外，這種行爲，作爲生命意志自相矛盾最囂張的表現，也是摩耶的傑作。這種矛盾，我們既在最低的那些意志現象上，在各種自然力以及一切有機個體爲了物質、時間和空間而爭求外現的不斷鬥爭中看到它，又在意志客體化上升的各級別上看到它愈來愈顯著，愈明顯可怕；那麼，在最高級別上，亦即在人的這理念上，這個矛盾終於達到了這樣的程度，即是說不僅是表出這同一理念的個體間在互相殘殺，而且是同一個體對自己本身宣戰。〔而這時〕個體用以追求生命和抗擊生命的障礙與痛苦的激情竟至於使個體來毀滅自己；也就是那個體的意志在痛苦尚未摧毀意志之前，先自以一次意志活動來取消這身體，而身體就只是意志自己的成爲可見罷了。正是因爲自殺者不能中止欲求，所以他停止活下去；而意志在這裡就正是以取消它的現象來肯定自己，因爲它〔此外〕已再無別法來肯定自己了。但是正因爲它所逃避的痛苦，作爲壓制意志的作用，可能導致它自己的否定，可能導致解脫，所以自殺者在這方面就等於一個病人，在一個痛苦的、可能使他痊癒的手術已開始之後，又不讓做完這手術，而寧願保留病痛。痛苦已來到面前，並且作爲痛苦也就開闢了到達意志之否定的可能性，但是他，由於毀滅意志的這現象，身體，以保留意志不被扼殺，他把痛苦攆走了。——這就是幾乎一切倫理學，不管是哲學上的或宗教上的。何以要譴責自殺行爲的理由，雖然它們自己對於這一點除了古怪的、詭辯的理由之外，並不能提出別的理由。可是如果有那麼一個人，他是由於純道德的衝動而制止了自殺行爲的，那麼這種自我克制的最深意義（不管他的理性用些什麼概念把這意義裝扮起來）就是這樣：「我不逃避痛苦，以便痛苦能有助於取消生命意志，——這意志的現象是如此悲慘——，因爲痛苦正在這方面加強我現在對於世界的眞正本質所獲得的認識，即是說這認識將成爲我意志最後的清靜劑而使我得到永久的解脫。」

大家也知道時常一再發生自殺行爲株連兒女的情況：作父親的先弄死他痛愛的孩子們，然後自殺。我們想想，良心、宗教，以及所有那些流傳下來的觀念都教他知道殺人是最嚴重的罪行，然而他在自己死的時候還要幹出這殺人的事，並且是雖然不可能有任何自私的動機，還是幹出來了；那麼，這種行爲就只能這樣解釋，即是說個體的意志在這裡是直接在孩子們身上認出它自己的，不過還是拘限在把現象當本質的錯覺中；同時因認識到一切生命的痛苦而深受感動，於是就誤認本質自身也可以隨同現象來取消；所以，他既直接看到自己又在孩子們身上活下去，就想把自己和孩子們從生存和生存的痛苦中拯救出來。——還有一個與此完全類似的錯誤，那就是人們妄想以在射精時使大自然的目的落空的辦法⑩來達到自願的戒色所成就的事；或是著眼於生命不可避免的痛苦，甚至於不盡一切力量來爲每一個闖進生命裡來的〔小寶貝〕保障它生命的安全，反而要助長新生嬰兒的死亡。這是因爲如果已經有了生命意志，那麼，生命意志作爲形而上唯一的東西，作爲自在之物，就沒有一種暴力能夠打破它，暴力只能消滅生命意志在此時此地的現象。至於它自身，除了透過**認識**以外，什麼也不能取消它。因此得救的唯一途徑就是意志無阻礙地顯現出來，以便它在這顯現出來的現象中能夠**認識**它自己的本質。唯有借助於這認識，意志才能取消它自己；同時也能隨之而結束和它的現象不可分的痛苦：卻不可能借助於物質的暴力，如殺死精子，如斃嬰，如自殺。大自然正是把意志引向光明，因爲意志只有在光明中才能得到解脫。因此，一旦生命意志——那是大自然的內在本質——已經作出了決定，就該以一切方式來促進大自然的那些目的。——

另有一種特殊的自殺行爲似乎完全不同於普通一般的自殺，可是人們也許還未充分注

---

⑩ 指避孕方法。

意到。這就是由最高度的禁欲自願選擇的絕食而死，不過這種現象在過去總是混雜著好多宗教的妄想甚至迷信，因而眞相反而不明了。然而澈底否定意志似乎仍能達到這樣的程度，即是說藉吸收營養以維持肉體的生機所必要的意志也消失了。這一類型的自殺決不是從生命意志中產生的，與生命意志風馬牛不相及；這樣一個澈底清心寡欲的禁欲主義者只是因爲他已完完全全中斷了欲求，才中斷了生命。這裡除了絕食而死之外，別的什麼死法大概是想不出來的（如其有可能，則是從一種特殊迷信中產生的）；因爲（任何）縮短痛苦的企圖確已是一定程度的肯定意志了。在絕食時，充滿這樣一個懺悔者的理性的那些信條則反映著他的幻想，好像有一種什麼更高超的東西曾命令他絕食似的，而（其實只）是內心的傾向驅使他這樣做。這方面較早的例子可以在下列書刊中找到：《布累斯勞（地區）自然史、醫學史彙編》一七九九年九月份，第三六三頁起；貝爾：《文哲園地消息》一六八五年二月份，第一八九頁起；齊默曼：《論孤寂》卷一，第一八二頁；在一七六四年的《科學院史》中呼杜英的一篇報告重印於《開業醫師用病例選集》卷一，第六九頁。較晚近的報導也可在下列書刊中找到：胡非南編的《實用醫學雜誌》卷一第一八一頁，卷四八第九五頁；納塞編的《精神病醫生專用雜誌》一八一九年度第三期第四六〇頁；《愛丁堡地區醫學和外科手術雜誌》一八〇九年度第五卷第三一九頁。在一八三三年各報都登載了英國歷史家林廓德博士在元月間自行餓死於（英國）多維爾地方的消息，根據後來的報導又說死者並不是他本人而是他的一個親屬。不過這些消息大部分都是把那些當事人當作精神病患者來描寫的，現已無法查明這種說法究竟眞實到什麼程度。雖然只是爲了更妥善地給人性這一觸目的、不同尋常的，前已提過的現象保存一個少有的例子，我還是想在這裡記下這類報導新近的一條消息。這一現象至少在表面上屬於我想把它納入的這範圍之內，此外，這也將是一個難於解釋的現象。我所說的新近消息刊登在一八一三年七月二十九日的《紐倫堡通訊》中，原文如下：

「據來自伯爾尼的報導說在杜爾恩地方的一座密林中發現了一個小茅屋，內有一具男屍，距生前大約已有一月光景，現已在腐臭中。所著衣履，不能據以判斷死者生前的身分。屍旁放著兩件很精美的襯衣。最重要的遺物是一本《聖經》，書中夾著白色紙頁，其中一部分是死者塗寫過的。在這些紙頁上他記下了離家的日期（但未註明籍貫），此後他說：上帝之靈驅使他到荒野去禱告和絕食齋戒。他在到此的旅程中已絕食七日，然後他又進了飲食。從此在他新居之地他又開始絕食若干日。每絕食一日都畫上一筆作記號，共有五畫，五畫之後這個朝山的香客可能就死去了，此外還有一封寫給某牧師的信，信的內容是關於死者聽到這牧師所講過的一篇宣道辭，可是也沒寫上收信人的住址。」——在這種由於極端禁欲和一般由於絕望產生的兩種故意死亡之間，還可能有些中間階段和兩者相混雜的情形，這些固然是難於解釋的，不過人類心靈本有一些深邃、陰暗，和錯綜複雜的地方，要揭露和展出這些地方是極度困難的。

70

我們現已結束了我所謂意志之否定的全部論述，人們也許可能以爲這一論述和以前有關必然性的分析不相符。〔那兒說〕動機之有必然性正和根據律其他每一形態相同，從而動機和一切原因一樣，都只是些偶然原因。在這些偶然原因上人的性格展出它〔自己〕的本質，並且是以自然規律的必然性透露著這本質，所以我們在那兒曾乾脆否認過自由作爲「不受制於內外動機的絕對自由」。這裡根本不是要取消這一點，我反而是要人們回憶這一點。事實上，意志只是作爲自在之物才能有眞正的自由，而自由亦即獨立於根據律之外。〔至於〕意志的現象，它的基本的形式無論在什麼地方都是根據律，都是必然性手心裡的東西，那是沒有這種自由的。可是還有這麼唯一的一個情況，直接在現象中也能看出這種自由，那就是這樣一個情況：這自由在給那顯現著的東西辦最後結束時，因爲這時那單純的現象，就它是原因鎖鏈中的一環說，亦即就它是被賦予生命的身體說，仍然還在只充滿現象的時間中繼續存在著，所以那以這現象自顯的意志，由於它否定這現象透露出來的東西，就和這現象處於矛盾的地位了。譬如性器官，作爲性衝動具體可見的表現，儘管還是在那裡並且還是健全的，可是已沒有，在內心裡已沒有性的滿足的要求了，這就是剛才講的那種〔矛盾〕情況。〔同樣，〕整個的身體也只是生命意志的具體表現，然而迎合這一意志的那些動機已不再起作用了；是的，現在卻要歡迎並渴望這軀殼的解體，個體的了結，因而對於自然的意志的最大障礙也是受歡迎的了。這一現實的矛盾是由於不知有任何必然性的意志自身，自由地直接侵入意志現象的必然性而產生的。我們一面主張意志有按性格所容許的程度而被動機決定的必然性，一面主張有澈底取消意志的可能性，從而一切動機都失去了作用；那麼，這兩種主張的矛盾就只是這一現實的矛盾在哲學的反省思維中的重複罷了。但是這裡卻有統一這些矛盾的鑰匙在，即是說性格得以擺脫動機的支配力的那種情況不是直接從意志，而是從一個改變過了的認識方式出發的。也就是說，如果〔人的〕「認識」還是侷限於個體化原理，乾脆服從根據律的認識，而不是其他的認識，那麼動機的巨大力量就還是不可抗的；但是，假使個體化原理被看穿了，那些理念，亦即自在之物的本質作爲一切事物中的同一意志，又直接被認識了，而從這認識又產生了欲求的普遍〔可用〕的清靜劑，那麼個別動機就失去效力了，因爲和動機相呼應的認識方式已被完全不同的又一認識方式所遮沒而引退了。因此，性格固然永遠不能有局部的變更，而必須以一種自然規律的守恆性個別地執行意志〔的所欲〕，而性格整個地又是這意志的顯現。然而正是這個「整個」，這性格自身，又可以由於上述認識的改變而完全被取消。這種性格的取消，如前已引證過的，就是阿斯穆斯對之驚異而稱之爲羅馬正教的、超絕的轉變的東西。這也正是在基督教教會裡很恰當地被稱爲再生的東西，而這所由產生的認識也就是那被稱爲「天惠之功」的東西。——正是由於這裡所談的不是性格的一種改變，而是整個兒的被取消，所以儘管那些性格在被取消之前——〔現在，〕取消性格已生效——是那麼不同，但在既被取消之後就在行爲方式上表現出很大的相似性，雖然各按其概念和信條不同，各自**說**的話還是很不相同的。

在這種意義上說，關於意志自由即這一古老的，常被反駁又常被堅持的哲理也就並不是沒有根據的了，而教會裡關於天惠之功和再生的信條也不是沒有意思和意義的了。我們現在不過是出乎意料地看到〔這種哲理和教義〕兩者的符合一致，並且此後我們也就能理解那卓越的馬勒布朗希是在什麼意義上〔才〕能夠說「自由是一個神祕」了，〔其實〕他也說得對。原來基督教的神祕主義者所謂的**天惠之功和再生**在我們看來只是**意志自由**唯一直接的表現。只有意志獲得它本質自身的認識，又由這認識獲得一種清靜劑而恰是由此擺脫了**動機**的效力，才會出現意志的自由。〔至於〕動機則在另一種認識方式的領域內，這認識方式的客體就只是些現象而已。——所以自行表出自由的可能性是人類最大的優點，動物永遠不可能有這種優點；因爲理性的思考力不爲眼前印象所侷限而能通觀生活的全盤乃是這一可能性的條件。動物不自由，沒有自由的一切可能性，甚至也不可能有一個眞正的、經過考慮的選擇作用；〔因爲〕眞正的選擇要在事前結束動機之間的衝突，而動機在這裡又必須是抽象的表象。因此，那飢餓的狼就會以石子要落到地面上來的那種必然性一口咬入山雞野兔的肉，而不可能認識到它既是被撲殺的〔對象〕，又是正在撲殺的〔主體〕。**必然性是大自然的王國；自由是天惠的王國。**

因爲**意志的自我取消**，如我們已看到的，是從認識出發的；而一切認識和理解按其原意都是不隨人意爲轉移的，所以欲求的否定，亦即進入自由，也不能按預定意圖強求而得，而是從人〔心〕中的認識對欲求的最內在關係產生的，所以是突然地猶如從外飛來的。正是因此，所以教會稱之爲**天惠之功**。可是教會認爲這仍有賴於天惠的接受，那麼清靜劑起作用仍然還是意志的一種自由活動。因爲隨這種天惠之功之後，人的全部本質壓根兒變了，反過來了，以致他不再要前此那麼激烈追求過的一切了，也就是猶如眞有一個新人替換了那個舊人似的；而天惠之功的這一後果，教會就稱之爲再生。原來教會所謂**自然人**，是他們認爲沒有任何爲善的能力的，這就正是生命意志。如果要解脫我們這樣的人生，就必須否定這生命意志。也就是說在我們的生存後面還隱藏著別的什麼，只有擺脫了這世界才能接觸到〔這個什麼〕。

不是依根據律看，不是朝個體看，而是朝人的理念，在理念的統一性中看，基督教的教義在**亞當**身上找到了**大自然**的象徵，即**生命意志之肯定**的象徵。亞當傳給我們的〔原〕罪使我們一切人都得分受痛苦和永久的死亡。原罪也就是我們和亞當在理念中的統一，這理念又是由生生不已這根鏈帶而在時間上表出的。在另一面，教義又在人化的上帝[61]身上找到了**天惠**的，**意志之否定**的，**解脫**的象徵。這人化的上帝不帶任何罪尤，也就是沒有任何生命意志，也不能像我們一樣是從堅決肯定意志而產生的，不能像我們一樣有一個身體，——身體

[61] 指耶穌。

澈底只是具體的意志，只是意志的顯現——，而是由純潔的童貞女所生，並且也只有一個幻體。最後這一說本是以掌教（神父），亦即堅持此說的教會長老為根據的。阿伯勒斯是特別主張這一說的，特土良[62]又起而反對阿伯勒斯及其追隨者。但是奧古斯丁也是這樣注解《給羅馬人的信》第八通第三段的，他說：「上帝派遣他的兒子在有罪的肉體形相中」，也就是說：「原來這不是一個有罪的肉體，因為它不是從肉欲中誕生的；然而有罪的肉體形相仍然在他身上，因為那究竟是要死的肉體」（第八十三篇問題部分第六十六題）。在他另一部叫做《未完稿》[63]的著作中（第一篇第四十七節）他又教導說原罪既是罪，同時又是罰。在新生的嬰兒身上已帶著原罪，不過要在他成長時才顯出來。然而這種罪的來源還是要溯之於犯罪者的意志。這個犯罪者據說就是亞當；而我們所有的人又都在亞當中生存。亞當不幸，我們所有的人也在亞當中不幸。——實際上原罪（意志的肯定）和解脫（意志的否定）之說就是構成基督教的內核的巨大真理，而其他的一切大半只是（這內核的）包皮和外殼或附件。據此，人們就該永遠在普遍性中理解耶穌基督，就該作為生命意志之否定的象徵或人格化來理解（他）；而不是按福音書裡有關他的神祕故事或按這些故事所本的，臆想中號稱的真史把他作為個體來理解。因為從故事或史實來理解，無論是哪一種都不容易完全使人滿足。這

[62] 特土良（Tertullian，公元二〇〇年前後），基督教的哲學辯護人之一，拉丁基督文學的奠基人。
[63] 指奧古斯丁的主要著作《上帝之國》。

都只是爲一般群衆（過渡到）上述這種理解的寶筏，因爲群衆他們總要要求一些可捉摸的東西。——至於基督教在近代已忘記了它的眞正意義而蛻化爲庸俗的樂觀主義，在這裡不與我們相干（，也就無庸贅述了）。

此外基督教還有一個原始的、福音的學說，奥古斯丁在教會首腦的同意之下曾爲捍衛這個學說而反對伯拉奇烏斯[64]的庸俗（理論）[65]，（馬丁·）**路德**曾在他所著《關於遵守最高決議》一書中特別聲明他以剔除錯誤，保護這個學說的純潔性爲努力的主要目標。——這個學說就是：**意志不是自由的**，最初原來是臣服於爲惡的傾向之下的；因此意志所做的事蹟總有些罪過，總是有缺陷的，決不能上躋於公道；所以最後使人享天福的不是（人們）所做的事蹟，而只是信仰。這信仰本身又不是從預定的企圖和自由的意志中產生的，而是由於**天惠之功**，無須我們的參與，好像是從外面降臨到我們身上來的。——不僅是上面提過的那些信條，就是最後這一道地福音的教義也在現代那種粗獷庸俗的看法所認爲荒謬而加以拒絕或諱言的範圍之內；因爲這種看法，雖有奥古斯丁和路德在前，仍然信服伯拉奇烏斯派那種家常的理智——這正是今日的理性主義——，恰好廢止了那些意味深長的、狹義的基督教所特有的本質上的教義，反而單是保留了淵源於猶太教而遺留下來的，只是在歷史的過程中和基

520

---

[64] 伯拉奇烏斯（Pelagius），公元四〇〇年前後的英國僧侶。

[65] 指否認原罪，主張人能自救的理論。

督教糾纏在一起*的那些信條，並把這些信條當作主要事項。——但是我們卻在上述的教義
中看到和我們的考察結果完全相符合的眞理，也就是說我們看到心意中眞正的美德和神聖 521
性，其最初來源不在考慮後的意願（事功）而在認識（信仰）；這恰好和我們從我們的主題
思想中所闡明的〔道理〕相同。如果導致天福的是從動機和考慮過的意圖中產生的事功，那
麼，不管人們怎麼辯來辯去，美德永遠就只是一種機智的、有方法的、有遠見的利己主義
了。——但是基督教教會許以天福的信仰卻是這樣一個信仰：我們一切人既是由於人的第一
祖先已陷於罪，部分有其罪，都逃不掉死亡和災害；那麼，我們一切人也只能由於天惠和神
性的居間人[66]承擔了我們的無量罪惡才得解救；這並且完全不需要我們的（本人的）功德， 522

---

[66] 指耶穌。

* 這一情況真實到什麼程度，可以從下面這一點看出來，即是說人們如果剝落了猶太教的基本信條而認識到人不是別人的產物，而是自己意志的產物，則包含在奧古斯丁前後一貫地由他系統化了的基督教教義中的矛盾和疑難——引起反對面的伯拉奇烏斯派庸俗觀點的正是這些矛盾——，就都可冰釋了。於是，一切就立即清楚而正確了，於是就無須什麼事功中的自由了，因為自由本在存在中，而罪惡作為原罪也是在存在中；可是天惠之功卻是我們自己所有的。——在當今理性主義的看法則相反，以《新約全書》為根據的奧古斯丁教條中，就會有好多說法都好像站不住腳了，甚至像是難堪的了，例如「萬事皆前定」就是〔這些說法之一〕。根據這種看法，人們就把真正基督教的東西丟掉了而回到了粗獷的猶太教。可是這裡的失算或基督教教義的原始缺點，卻在人們從來不去尋找的地方，也就正是在人們認為已成定論，確實無疑而不加任何檢驗的地方。除開這一點，則全部教義是合理的，因為那一信條（指上帝創造人——譯者）既有損於其他一切科學，也有損於神學。如果人們在《上帝之

因爲凡是人有意（由動機決定的）的作爲所能得出的東西，人的事功，就決不能，在人的天性上斷然不能，使我們有理由獲得解救，正因爲這是**有意**的、由動機產生的行爲，是表面功夫。所以在這種信仰中，首先是（說）我們人的處境原來是，在本質上是不幸的，於是我們需要**解脫**這種處境；其次是（說）我們自己在本質上是屬於惡（這一面）的，是和惡如此緊密地纏在一起的，以致我們按規律和定則，亦即按動機所做的事情決不能滿足公道所要求的，也不能解救我們。解救只能由於信仰，也就是由於改換過的認識方式才能獲得，而這個信仰又只能來自天惠，所以好像是從外來的。這就是說：得救對於我們本人是一件陌生的事，而暗示著要獲得解救恰好就必須否定和取消我們這個人格的人。（人的）事蹟，即服從

國》（尤其是第十四篇）一書的各篇裡研究奧古斯丁的神學，則人們所發現的情況將類似於（人們）想放穩一個重心落在外面的物體，隨你怎麼顛來倒去，隨你怎麼放，這個物體還是要摔倒。那麼在這裡，儘管有奧古斯丁的那些努力，那些詭辯，這世間的罪惡和痛苦還是永遠要回落到上帝身上去的；上帝不是創造了一切和一切中的一切，並且早就知道了事情會如何發展的嗎？至於奧古斯丁自己也覺察到這個困難，（而且是）在這困難之前愕然無所措手足；這一點我已在我的獲獎論文《論意志自由》（第四章，第一版和第二版第六六—六八頁）一書中指出來了。——同樣，上帝至善和世間痛苦的矛盾，意志自由和上帝預知（一切）的矛盾，曾是笛卡兒派、馬勒布朗希、萊布尼茲、貝爾、克拉克、阿諾爾德等人之間將近百年來爭論不休的論題。在爭論中只有上帝的存在及其屬性是各造認為唯一固定不移的信條，在他們企圖使這些東西調和一致的時候，總是不停地在繞圈子，等於是分解一個算式而總是得不出結果，那餘數在一個地方除盡了，仍然不是在這裡，就要在那裡又要冒出來。但是沒有一個人想到要在基本前提中去找困難的根源，雖然這是瞭如指掌的事。唯有貝爾讓人看到他是看到了這一點的。

規律之爲規律的行事，因爲總是隨動機而有的行爲，所以決不能爲人開脫﹝罪惡﹞而成爲獲救的根據。路德要求（在《關於基督教的自由》一書中）在信仰既已獲得之後，則嘉言懿行﹝應該﹞完全是自然而然從信仰中產生的，是這信仰的表徵和果實，但決不是邀功的根據，不是應得之數或要求報酬的根據，而完全是自動甘願的，不望報的。——所以我們也認爲在愈益清楚地看穿個體化原理的時候，首先出現的只是自願的公道，然後是仁愛，再進爲利己主義的完全取消，最後是清心寡欲或意志的否定。

基督教的教義本身和哲學並無關係，我所以要把這些教義扯到這裡來，只是爲了指出從我們整個考察中產生的，和這考察所有各部分既完全一致又相聯貫的這種倫理學，雖在措詞上是嶄新的，聞所未聞的；但在本質上卻並不是這樣，而是和眞正基督教的信條完全一致的；在主要的方面甚至已含蘊在這些教義中，是教義中已經有了的東西，正同這種倫理學和印度的神聖經典在完全另一形式下提出的教義和倫理規範也完全相符合一樣。同時回憶基督教教會的信條還有助於解釋和闡明一種表面上的矛盾，這矛盾一面是性格的各種表出在眼前動機之前的必然性（大自然的王國），另一面是意志本身否定自己的自由，取消性格以及取消一切基於性格的「動機的必然性」的自由（天惠的王國）。

71

當我在這裡結束〔我的〕倫理學基本論點，與此同時也結束我的目的所要傳達的這一思想的全部論述時，我不想隱瞞還有一個責難是對這最後一部分論述而發的，反而要指出這個責難是在情的本質中根本免不掉的。這個責難說：在我們的考察終於達到了這一步之後，即是說我們完善的神聖性中所看到的就是一切欲求的否定和取消，也就是由此而解脫一個世界，其整個存在對我們現為痛苦的世界；那麼，在我們看起來，這似乎就是走向空洞的無了。

關於這一點我首先要說明的是：無這個概念基本上是相對的，總是對它所否定的，所取消的一個一定的什麼而言的。人們（亦即康德）把這種屬性只賦予空乏的無。這是用〔負號〕－來標誌的，和以〔正號〕＋來標誌的相反，而這〔負號〕－在觀點倒換時又可變為〔正號〕＋。和空乏的無相對稱人們又提出否定的無，而這在任何方面都應該是無，人們用邏輯上自相抵消的矛盾作為這種無的例子。過細考察起來，可並沒有〔什麼〕絕對的無，沒有眞正否定的無，就是想像這種無也不可能。任何這一類的無，從更高的立足點看，或是總括在一個較廣泛的概念之下來看，永遠又只是一個空乏的無，任何無之為「無」都是只在對別的什麼的關係中來設想的，都是以這一關係從而也是以那別的什麼為前提的。即令是一個邏輯的矛盾，也只是一個相對的「無」。邏輯的矛盾（固然）不是理性（所能有）的一個思想，但它並不因此就是一個絕對的無。原來這矛盾（只）是一些詞的組合，是不可思議（之事）的一個例子；這是人們在邏輯上爲了論證思維的規律必不可少的東西。因此，當人們爲了這一目的而屬意於這樣的例子時，人們就會堅持（自相矛盾的）無意義爲他們正在尋求的正，而（順理成章的）有意義作爲負，則將跳過（不問）。所以每一否定的無或絕對的無如果置之於一個更高的概念之下，就會顯爲一個單純的空乏的無或相對的無；而這相對的無又永遠可以和它所打消的互換正負號，以致那被打消的又被認作負而相對的無卻又被認作正。柏拉圖在《詭辯派》（蚩槐布祿報〔雙橋〕版第二七七—二八七頁）中對於無曾作過艱深的、辯證的研究。這個研究的結果也和這裡說的相符合，他說：「我們既已指出有另一種存在的性質，而且是分散和分布於在其相互關係之間的一切存在物之上的，那麼，我們就可以肯定說：和個別存在物對立的存在，在事實上就是那不存在著的。」

一般作爲正而被肯定的東西，也就是我們叫做存在物的東西；無這概念，就其最普遍的意義說，就是表示這存在物的否定。作爲正的就正是這表象的世界，我已指出這是意志的客體性，是反映意志的鏡子。這意志和這世界也正就是我們自己。整個的表象都是屬於這世界的，是這世界的一面。這表象的形式便是空間和時間，因此，在這立場上看的一切存在物都必然要存在於某時和某地。意志的否定、取消、轉向，也就是這世界——意志的鏡子——的取消和消逝。如果我們在這面鏡子中再看不到意志了，那麼我們要問意志轉移到哪裡去了也是徒然；於是我們就埋怨說意志既再沒有它所在的時間和地點，那麼它一定是消失於無之中了。

一個倒轉過來的立足點，如果在我們也有這種可能的話，就會使正負號互換，使我們認爲存在的變爲「無」，而這「無」則變爲存在的。不過我們如果一天還是生命意志本身，那個無就只能在否定的方面被我們所認識，只能從否定的方面加以稱呼；因爲恩披陀克勒斯說的那句老話：「同類只能被同類所認識」恰好把我們在無這方面的認識剝奪了。相反，我們一切眞實的認識的可能性，亦即世界作爲表象，或者是意志的客體性，最後也正是基於這句老話的。因爲這世界就是意志的自我認識。

如果斷然還要堅持用個什麼方法從正面來認識那哲學只能從反面作爲意志的否定來表示的東西，那麼我們沒有別的辦法，只有指出所有那些已達到了澈底否定意志的人們所經歷的境界，也就是人們稱爲吾喪我、超然物外、普照、與上帝合一等等境界。不過這種境界本不能稱爲認識，因爲這裡已沒有主體和客體的形式了，並且也只是他們本人自己的，不能傳達的經驗所能了知的。

可是我們，完全站在哲學觀點上的我們，在這問題上就不能不以反面的消極的認識自足，達到了正面的積極的認識門前一口界碑就算滿足了。我們既然認爲世界的本質自身是意志，既然在世界的一切現象中只看到意志的客體性，又從各種無知的自然力不帶認識的衝動起直到人類最富於意識的行爲止，追溯了這客體性，那麼我們也決不規避這樣一些後果，即是說：隨著自願的否定，意志的放棄，則所有那些現象，在客體性一切級別上無目標無休止的，這世界由之而存在並存在於其中的那種不停的熙熙攘攘和蠅營狗苟都取消了；一級又一級的形式多樣性都取消了，隨意志的取消，意志的整個現象也取消了；末了，這些現象的普遍形式時間和空間，最後的基本形式主體和客體也都取消了。沒有意志，沒有表象，沒有世界。

於是留在我們之前的，怎麼說也只是那個無了。不過反對消逝於無的也只是我們的本性，是的，正就是這生命意志：它既是我們自己又是這個世界。我們所以這樣痛惡這個無，這無非又是另一表現，表現著我們是這麼貪生，表現著我們就是這貪生的意志而不是別的，只認識這意志而不認識別的。——如果我們把眼光從自己的貧乏和侷限性轉向那些超脫這世界的人們，〔看〕他們的意志在達到了充分的自我認識之後又在一切事物中認識到這意志自己，然後〔又看到〕它自由地否定自己以待它賦予肉體以生命的那最後一點餘燼也與此肉體同歸寂滅；那麼，我們所看到的就不是無休止的衝動和營求，不是不斷地從願望過渡到恐懼，從歡愉過渡到痛苦，不是永未滿足永不死心的希望，那構成貪得無厭的人生平大夢的希望；而是那高於一切理性的心境和平，那古井無波的情緒，而是那深深的寧靜，不可動搖的自得和怡悅。單是這種怡悅在〔人類〕面部的反映。如拉菲爾和科雷吉歐所描畫的〔人相〕，已經就是一個完整的可靠的福音。〔在超脫世界的人們，〕意志已是消失了，剩下來的只是那認識。但是我們則以深沉而痛苦的傾慕心情來看這種境界，而我們自己那種充滿煩惱而不幸的狀況與此並列。由於兩相對照，就昭然若揭了。然而這一考察，當我們一面已把不可救藥的痛苦和無盡的煩惱認作是意志的現象，這世界，在本質上所有的，另一面在意志取消之後又看到世界消逝而只剩下那空洞的無在我們面前的時候，究竟還是唯一能經常安慰我們的一個考察。於是，在這種方式上，也就是由於考察聖者們的生平及其行事——要在自己的經歷中碰到一個聖者誠然是罕有的事，不過他們那些寫記下來的史事和具有內在眞實性這一圖記爲之保證的藝術[67]卻能使他們歷歷如在目前——，〔我們就應知道〕無是懸在一切美德和神聖性後面的最後鵠的，我們〔不應該〕怕它如同孩子怕黑暗一樣；我們應該驅除我們對於無所有的那種陰森森的印象，而不是回避它，如印度人那樣用神話和意義空洞的字句，例如**歸於梵天**，或佛教徒那樣以進入**涅槃**來回避它。我們卻是坦率地承認：在澈底取消意志之後所剩下來的，對於那些通身還是意志的人們當然就是無。不過反過來看，對於那些意志已倒戈而否定了它自己的人們，則我們這個如此非常眞實的世界，包括所有的恆星和銀河系在內，也就是——無*。

[67] 指聖者們的畫像。

* 這正是佛教徒們的禪波羅密 pradschna-paramita，是「一切知的彼岸」，亦即主體和客體不再存在的那一點。（見J．J．斯密特〔J. J. Schmidt〕《關於大智〔摩訶閃那〕Mahajana和禪波羅密》。）

附錄　康德哲學批判

眞正的天才，尤其是開闢新途徑的天才，
他們可以鑄成大錯而不受責難，這是他們的特權。

——伏爾泰

在一個精神偉大的人物的作品裡指出一些缺點和錯誤，這比明確而完備地闡發這作品的價值要容易得多。這是因爲這些錯誤總是個別的、有限的，所以是可以一覽無餘的。與此相反，天才打在他作品上的烙印卻正是這些作品的優越性，既不可究詰，又取之不盡。這些作品因此才成爲連續好些世紀不衰的導師。一個精神上眞正偉大的人物，他的完美的傑作對於整個人類每每有著深入而直指人心的作用；這作用如此廣遠，以致無法計算它那啟迪人心的影響能夠及於此後的多少世紀和多少遙遠的國家。這是經常有的情況：因爲這種傑作產生的時代儘管是那麼有教養而豐富多彩，然而天才好像一棵棕櫚樹一樣，總是高高地矗立在它生根的土地上。

不過這種深入而廣泛的影響，由於天才和普通人之間有著很大的距離，是不能夠突然出現的。天才在一個世代裡直接從生活和這世界中汲取而獲得的認識，爲別人採掘而處理妥貼的認識，只因爲人類的接受能力遠趕不上天才的授予能力，所以不能立刻成爲人類的財產。而是相反，這種認識，在和不相稱的、卑鄙的敵手，和那些在不朽的事物剛誕生時就想剝奪這些事物的生命，就想扼殺人類福音的嫩苗的人們（可以比擬於〔大力神〕海克力斯搖籃上的毒蛇）交鋒而取得勝利之前，必須先經歷無數次被人曲解和誤用的曲折途徑，必須戰勝自己附和陳舊的謬論而與之合流的試探而在鬥爭中生活，直到有了一個新的、不受拘束的世代爲這〔新〕的認識成長起來。這新的一代逐漸逐漸地，經由千百個疏通了的水道，在青年時代就已局部地接受了從那精神偉大的人物流向人類的那股泉水的內容，逐步逐步吸收了消化了這內容，然後得以分享（天才的）這一善舉。人類這一世代，天才的這一既幼稚又倔強的學童，它的教育就是這麼緩慢地漸進的。——那麼，康德學說的全部力量和重要性，也只有透過時間，在時代精神自己有朝一日逐漸被這學說所改造，在最重要的和最內在的方面都已轉變而爲那精神偉大的巨人的威力提出了活生生的證據時，才會顯著起來。可是我在這裡並不想不自量力地跑到時代精神之前，而扮演卡爾卡斯❶和卡桑德拉❷那種不討好的角色。我只但願容許我根據上面所說的，將康德的作品看作還是很新穎的；在今天卻已有好多人將這些作品看作是陳舊了，是已作罷論而放在一邊了；或如他們所說，是已過時而在他們背後了。由於後面這種看法另外一些人就狂妄起來，竟完全無視（康德）這些作品而厚顏地以舊的實在主義的獨斷論及其煩瑣哲學爲前提繼續談著上帝和靈魂的「哲理」；——這就好比人們要使煉丹術士的學說還在近代化學中起作用一樣。——此外，康德的作品也不需要我人微言輕的頌贊，這些作品自會永遠讚揚它們傑出的作者；它們即令不在作者的文字中，但在作者的精神中是永垂不朽的。

可是我們如果在康德之後已過去的這一段時間裡回顧他那學說最切近的後效，那麼誠

---

❶ Kalchas，荷馬史詩中特洛伊的祭師，預言太子巴黎斯將亡國，反忤國王。

❷ Kassandra，特洛伊公主預言海倫將引來亡國之禍，而人皆不信反以為瘋癲。（海神為公主所惑，授以預知未來之術；公主背約，神不能收回其術，但能使公主所言不為人信。）

然，歌德那句令人沮喪的話，在我們看來就被證實了。歌德說：「謬誤和水一樣，船分開水，水又在船後立即合攏；精神卓越的人物驅散謬誤而為他們自己空出了地位，謬誤在這些人物之後也很快地自然地又合攏了。」（《詩意與眞情》第三部第五二一頁）然而這一段時間究竟只是一個插曲，要算是上述每一新出的、偉大的認識的命運。不過現在這插曲顯然已臨近結束的時候了，因為這樣持續不斷吹大了的肥皂泡是終於要破滅的。人們普遍地開始覺得眞正的、嚴肅的哲學還停留在康德把它放下的地方。不管怎樣，我不承認在他和我之間，在哲學上已發生過什麼新事情，所以我是直接上接著他的。

我在本附錄中的意圖只是要就我在拙著中所闡述的學說在許多論點上和康德哲學不一致，甚至相反的這方面來證明我的學說有它的理由，為之辯解。在這問題上可就少不了一番討論，因為我的思想路線儘管在內容上是如此不同於康德的，卻顯然是澈底在康德思想路線的影響之下，是必然以之為前提，由此而出發的；並且我還坦白承認在我自己論述中最好的東西，僅次於這直觀世界的印象，我就要感謝康德的作品所給的印象，也要感謝印度教神聖典籍所給的印象，要感謝柏拉圖。——可是雖然如此，還是有我那些反對康德的異議在；並且為了使這些異議具足理由，站得住，我根本只能透過一個辦法，即是說我得就那些和我相反的謬誤論點指責康德，揭露他所造成的錯誤。因此，在這個附錄中我必須對康德採取澈底反駁的態度，並且是嚴肅地、不遺餘力地進行反駁，因為只有這樣才能做到這一點，即是說黏附在康德學說上的謬誤得以剔除而這學說的眞理得以更加彰明，更鞏固地發揚光大。因此，人們就不得指望我對康德確然在內心中感到的敬仰也會包含他的弱點和錯誤，不得指望我除了以小心翼翼的回護態度之外不以其他態度揭露這些弱點和錯誤，並且這樣小心翼翼做也必然會由於繞圈子說話而使我的論述陷於軟弱和黯淡。對於一個在世的人，那確實需要這種照顧，因爲在糾正〔人的〕一個錯誤時，儘管是理所應當的，然而人〔心〕的弱點卻只能在溫情和阿諛之下才受得住〔批評〕，何況即使是這樣也還是難受；那麼一個幾百年一出的大師，人類的恩人，人們至少也應該對他的這種心靈上的弱點照顧一下，以便不給他製造痛苦。但是一個死者卻已丟掉了這種弱點。他的功績已屹立不可動搖。時間會逐步清洗掉一切過高的評價或貶低。必須使他的錯誤脫離他的功績，不再有損於功績，然後把錯誤付之淡忘。因此在我將要發聲對康德進行反駁的時候，在我心目中簡直就只有他的錯誤和缺點；我對這些東西採取敵對的態度而將進行一場毫不容情的毀滅戰；並且總是想到不要姑息地掩飾這些東西，反而是要把這些東西置之於光天化日之下，以便更妥當地加以消滅。由於上面列舉的理由，我在這樣做時既不覺得我對他不起，不公平，也不覺得我是忘恩負義。爲了在未進行討論之前，也在別人眼裡去掉〔我有〕任何一點惡意的形跡，我將透過簡單表述康德的主要功績，在我眼中看來的主要功績，而首先把我對於康德深深感到的崇敬和謝忱公布於世；並且在我簡述他的功績時，我將從這麼一般的觀點出發，使我不致被迫去觸及此後我要反駁康德的那些論點。

康德的最大功績是劃清現象和自在之物〔兩者之〕**間的區別**，——〔他的〕根據是這樣一個論證：在事物和我們之間總有〔居間的〕智力在，所以這些事物就不能按它們自身在本體上原是什麼而被認識。康德是由**洛克**引到這條路上來的（見《每一形上學的序論》§13，注二）。洛克曾指出事物的第二級屬性如音響、香臭、顏色、軟硬、光滑等，因爲都是基於官能感受的，〔所以〕並不是屬於客觀物體的，不是屬於自在之物本身的；至於自在之物本身洛克卻只賦予第一級的屬性，亦即那些僅僅只以空間和不可透入性爲前提的屬性，如廣延、形狀、固體性、數量、運動等。但是這種容易發現的洛克式的區別還是在事物的表面上說話，對於康德式的區別只等於是一個幼稚的前奏。原來康德作的區別，從一個高到不能比的立足點出發，卻宣稱**洛克**曾認爲可以成立的一切，他所謂的第一級屬性，亦即自在之物本身的屬性，同樣也只在我們的理解力之內而是屬於自在之物的現象的；並且其所以如此，正是因爲理解力的條件，空間、時間和因果性是被我們先驗地認識了的。這就是說，**洛克**把感覺器官在自在之物的現象上所有的那一份從自在之物身上剝落了，可是**康德**現在卻又把腦力功能（雖然不是用這樣的字眼）所有的那一份也〔從自在之物身上〕剝落了。從此現象和自在之物間的區別就獲得了一種絕大的意義和更深遠得多的旨趣。爲了這一目的，他必須在我們的先驗認識和後驗認識之間作出明顯的區分，而這是在他以前還從沒以適當的嚴格性和澈底性，也沒有在明確的意識中做過的。於是這就成爲他那意義深遠的探討的主要題材了。——在這裡我們立即就要指明康德哲學對於他的前輩的三重關係：第一，對於**洛克**的哲學是一種肯定和擴充的關係，這是我們剛才已看到的；第二，對於休謨的哲學是一種糾正和利用的關係，人們可以看到將這一點說得最明確的是那篇《每一形上學的序論》（在康德的主要著作中這是最優美最易理解的，只是研讀它的人太少了，其實它可以大大減輕研究康德的困難）的前言；第三，對於萊布尼茲—沃爾夫哲學是一種堅定的駁斥和破壞的關係。在著手研究康德哲學之前，所有這三種學說都是人們應該通曉的。——如果根據上面所述，現象和自在之物，亦即關於觀念的東西和實在的東西兩者完全不同這一學說，乃是康德哲學的基本特色，那麼，此後隨即出現的，關於這兩者絕對同一的主張❸就給了前面引述歌德的那一句話一個糟透了的證明；尤其更糟的是，這一主張除了亂吹什麼「智力的直觀」外並無其他依據，從而只是在以典雅的儀態，以誇誇其談和夾七夾八的雜燴使人懾服的假面具之下回到庸俗見解的粗陋罷了。這個主張對於笨拙而無性靈的黑格爾那種更魯莽的胡說倒很相稱，已經成爲這胡說的出發點了。——於是可以說，就康德以上述方式對現象和自在之物所作出的區別，從論據的意義深刻和思慮周詳來說既遠遠超過了以往曾經有過的一切，那麼，在這區別所產生的那些後果上，也是無限豐富的。因爲既已完全從自己出發，自然而然地，在一個完全新的方式之下，從一個新的方面，在一條新的途徑上發現了〔眞理〕，康德於此就已表出了這同一個眞理，亦即柏拉圖就已不厭重複說過的眞理。在柏拉圖的語言中多半是這樣表

❸ 指謝林。

示這一眞理的：對官能顯現著的這個世界並無任何眞正的存在，而只有一個不息的變易，它存在，也不存在，對於它的了解與其說是一種認識，毋寧說是一種幻象。這也就是柏拉圖在本書第三篇就已引過的一段中，在他所有作品中最重要的一段中，也就是在《共和國》第七篇篇首所說過的東西；他在那裡說：在黑洞裡綁緊了的人們既看不到道地的原本的〔陽〕光，也看不到眞實的事物，而只看到洞裡面黯淡的火光和眞實事物的陰影。這些〔眞實〕事物在他們背後靠近火光移動，而他們卻以爲陰影就是實物，〔能作出〕陰影前後相繼的規定就〔算〕是眞正的智慧了。——這同一眞理，完全不同地表達出來，也就是《吠陀》和《布蘭納》的一個主要教義，即關於摩耶的教義。人們在這裡所理解的也不是別的而是康德叫做現象，與自在之物相反的東西；因爲摩耶的製作正是指我們所在的這個可見世界；這是變出來的魔術，是一個沒有實體的，本身沒有存在的假象，可比擬於光學上的幻覺，也可比擬於夢寐，是蒙住人類意識的幕幔；是那麼一種東西，說它存在和說它不存在，是同樣的錯誤，也是同樣的眞實。——可是康德現在卻不僅只是在一個完全新的獨創的方式之下表出了這同一學說，而是藉最冷靜最清醒的實事求是的論述使這學說成爲被證明了的、無可爭辯的眞理；而柏拉圖和那些印度人卻只是把他們的主張建立在一個一般的世界觀上，只是把這主張當作他的意識的直接宣洩而托出來的，並且與其說是在哲學上明確地，不如說更是神話式的，詩意地表出了他們的主張。就這方面說，他們對於康德的關係等於是早就主張地球圍繞靜止的太陽運動的畢達哥拉斯派希給塔斯、菲羅勞斯和阿利斯塔克對哥白尼的關係。對於整個世界的夢境般的這種本性有如此明確的認識和冷靜的、思慮周詳的論述，這本是康德全部哲學的基礎，是康德哲學的靈魂和最大最大的貢獻。康德所以能達成這一點，是由於他以可敬佩的清醒頭腦和技巧拆散了，逐一指陳了我們認識能力的全部機括，而客觀世界的幻象就是憑藉這些機括而成立的。前此所有的西方哲學和康德哲學相比，都顯得難以形容的粗笨，都沒認識到這一眞理：也正是因此，所以總好像是在夢境中說話似的。直到康德才突然把他們從夢中喚醒，所以那些最後還在睡大覺的人（孟德爾頌）也曾稱康德為粉碎一切的人。康德指出了不能用那些在（一切事物的）實際存在中，也就根本是在經驗中以不可破的必然性在支配著的法則來引申和說明這實際存在本身；指出了這些法則的效用還只是一種相對的效用，也就是說在這實際存在或整個經驗世界已經確立，已經是現成的之後，這種效用才開始；結果是這些法則，在我們著手說明這世界的，和我們自己的實際存在時，不可能是引導我們的線索。這些法則，現象倒是按之而互相聯接起來的，我已將它們全部時間和空間以及因果性和推論都總括在根據律這一詞中。所有較早期的西方哲學家都誤以為這些法則是絕對的，是不以任何東西為條件的，是永恆眞理。（他們認為）世界本身就只是由於這些法則，按這些法則（而成立）的，因此整個宇宙之謎也必然可以遵循這些法則的線索而得揭穿。為此而作出的那些假定，亦即康德在理性的觀念這個名字之下批判過的假定，實際上只有助於將單純的現象，摩耶的產品，柏拉圖的陰影世界，提升為唯一的、最高的眞實性，置之於事物最內在的、眞正的本質的地位，由此而使眞正認識這本質成為不可能，也就是一言以蔽之：使做夢的人睡得更酣些。康德曾指出這些法則，從而也指出了世界本身都是由於主體的認識方式所決定的；由此得出的結論乃是人們遵循這些法則的線索儘管再探討，再推論，儘管已走了這麼遠，然而人們在主要的事情上，亦即在世界自身的，表象以外的本質的認識上，並未前進一步，而只是像小松鼠在圈輪中一樣地運動著。因此人們也可把一切獨斷論者比作那些以爲只要一直向前走得相當遠了就能達到世界盡頭的人們，而康德卻可說是已航行世界一周並指出了：因爲地球是圓的，所以不能由於和地面平行的運動走出地球，然而由於垂直運動也許不是不可能走出地球。人們也可說康德的學說給〔了我們〕這一見解，即是說世界的盡頭和起點不是要到我們以外而是要在我們裡面去找的。

不過這一切都是基於獨斷哲學和**批判**哲學或超絕哲學之間的根本區別的。誰要弄明白這一區別，在一個例子上生動地看到這一區別，他只要把**萊布尼茲**的一篇文章當作獨斷哲學的標本讀一遍，就可極簡便地做到這一點。這篇文章的標題叫做《事物的根本起源》，第一次發表於厄爾德曼出版的《萊布尼茲哲學著作集》第一卷第一四七頁。在這裡就正式是以實在論—獨斷論的方式，利用著本體論和宇宙論的論證，以那些永恆眞理爲根據，先驗地描繪了世界的起源及其優異的屬性。——〔文章〕附帶地也有一次承認過經驗提示的恰好和這裡指證的世界的優異性正相反，可是這就得對經驗示意說：經驗對於這一點一無所知，哲學既已先驗地說過了。經驗就應該住嘴。——作爲整個這一方法的敵對方面，現在就有**批判哲學**隨**康德**而出現於世了。這個哲學恰好是把那些爲這一切種類的獨斷論奠基的永恆眞理變成了它的問題，恰好要探討這些眞理的起源，於是就發現了這起源是在人的頭腦中；即是說在這裡這些永恆眞理是從專屬於人的頭腦的，爲了了解一個客觀世界而裝在頭腦中的那些形式中產生的。所以說這裡，在腦髓中，〔才〕是爲那堂皇的獨斷論建築物提供材料的石礦。而這批判哲學，由於要達到這一結果就必須超出前此所有獨斷論所根據的那些永恆眞理之上，而使這些永恆眞理自身成爲探討的對象，就也成爲超絕哲學了。從這一點出發就可進一步得出結論說這個客觀世界，如我們所認識的那樣，不是屬於自在之物自身的本質的，而是這自在之物的單純現象，〔同時這客觀世界又〕正是爲先驗地即在人類智力〔亦即腦髓〕中的那些形式所決定的，所以客觀世界除了現象之外也不能包含什麼。

康德雖然沒有達到現象即作爲表象的世界，而自在之物即意志這樣的認識，但是他已指出這顯現著的世界既是以主體也同樣是以客體爲條件的。當他把這世界的現象的，也就是表象的最普遍的形式孤立起來時，他指出了人們不僅可以從客體出發，而且同樣也可從主體出發認識到這些形式，並得按其全部的規律性概覽這些形式。又因爲這些形式本是主體客體之間的共同界線，他作出結論說人們由於追究這個界線，既不能透入客體的內部，也不能透入主休的內部，隨之而是〔人們〕決不能認識到世界的本質，決不能認識自在之物。

如我即將指出的那樣，康德並不是從正確的方式而是藉〔論點的〕前後不一貫導出自在之物的，爲此他不得不多次地、不能自禁地侵犯他學說的這一主要部分而自食其果。他沒有直接在意志中認識到自在之物，但是他已向這認識走了開闢〔新途徑〕的一大步，因爲他論述了人類引爲不可否認的道德意義是完全不同於、不依賴於現象的那些法則的，也不是按這些法則可以說明的，而是一種直接觸及自在之物的東西。這就是用以看他的功績的第二個主 540 要觀點。

我們可以把澈底摧毀經院哲學看作第三個主要觀點。這裡我想以經院哲學這個名詞一般地稱呼從教會長老奧古斯丁起直至緊接康德之前而結束的那一整個時期，因爲經院哲學的主要特徵究竟是鄧勒曼很正確地提出的特徵，也就是各地占勢力的宗教對哲學的統制監護作用。〔在這種監護之下，〕給哲學剩餘下來的〔工作〕除了證明和粉飾宗教規定的那些主要信條之外，實在什麼也沒有了。那些正式的經院哲學家，直至蘇阿瑞茲，毫不隱諱地坦然承認這一點。後繼的那些哲學家比較是無意識地做著這種事情，或者總不是自認是在這樣做。人們認爲經院哲學〔的時期〕只可算到笛卡兒約一百年前，然後隨笛卡兒就開始了一個自由研究，不依傍一切現行宗教教義的嶄新的時代；可是在事實上，這〔種自由研究〕卻不得歸之於笛卡兒及其繼起的後輩*，可以歸功於他們的只是自由研究的外表以及多少有些嚮往自 541

* 在這裡布魯諾和斯賓諾莎是完全要除外的。他們每人都是各自獨立的，既不屬於他們所在的那一世紀，也不屬於他們所在的〔這一〕大陸。為此他們一個得到了死刑，一個得到迫害和辱罵作報酬。他們在西方世界的那種困苦生涯和死亡等於熱帶植物〔移植〕到歐洲的生涯。神聖的恆河兩岸才是他們真正的故鄉。在那兒他們可能度過平靜的、受人尊敬的一生，在心志相同的人們之中。——布魯諾在所著《論主因和「一」》的篇首寫了幾行詩，而這首詩就給他準備了活焚的柴堆。在詩裡他明確而優美地說出了他在他那個世紀中是如何的感到孤獨，同時還透

由研究的努力。笛卡兒是一個精神非常卓越的人物，如果人們念及他的時代，他所成就的也就很大了。但是如果人們把這種爲他曲諒的考慮放在一邊，而從人們後來追譽他的〔一些角度，如從〕解脫了一切束縛的思想自由和不受拘束的個人探討那種新時代的開始〔等〕來衡量他，那麼，人們就必然會發現他雖然是以他那種還缺乏眞正嚴肅〔意味〕的，因而是那麼快那麼壞地表達出來的懷疑來裝出一副面孔，好像他想一下子就把早年注入的，屬於時代和

露了他已預感到自己的命運。這種預感使他遲疑不去發表他所從事的〔學說〕，直到那種在高貴心靈中要傳播他所認為真〔理〕的東西的強烈衝動〔終於〕戰勝了的時候〔。下面就是這首詩〕：

「是什麼在阻止你，我這有病的心靈，不趕快去生育；
對這個無價值的世紀，你是不是給它這份禮物呢？
即令是陰影已在那些下沉的大地上和水一樣的洶湧，
我們的奧林帕斯山〔呵〕，
把你的頂峰向著宙斯，高聳入清泰的光明罷。」

誰要是閱讀布魯諾的這一主要作品以及他的其他著作，閱讀〔他那些〕從前只是那麼少數幾個人，現在由於一個德國版本卻已是任何人所能接觸的義大利文著作，他就會和我一起看到在所有的哲學家中，就哲學的力量之外還有強烈的詩情的力量和傾向那種副產物，並且還是特別加以戲劇性的表出這一方面說，唯有布魯諾在有些地方是和柏拉圖相近的。在他的這一著作中，我們迎面看到的是一個嬌嫩的、通靈的、有思想的人物，試想這樣一個人落到那些粗暴發狂的禿驢們手裡，這些傢伙還是他的審判員和劊子手呢！要感謝時間，時間帶來了一個較光明較溫和的世紀，遂使這後代，其詛咒應該是對準那些魔鬼宗教熱狂者的後代，現在已經就是〔我們的〕當代了。

民族的那些成見的一切束縛丟個一乾二淨似的；但是他只是一時在表面上這樣做，以便隨即又把這些東西拾起來，並且愈是牢固地握住不放了。笛卡兒所有的後輩也正是這樣做的，一直到康德。因此歌德的一首詩倒很可以用到這類獨立自由思想家身上來（，歌德寫道）：

「我看他，請你閣下允許我這樣說，
就活像腿兒細長的一隻鳴蟬，
牠總是飛，邊飛著邊跳，
於是立即又在〔叢〕草中唱起了牠的老調。」

康德有他的理由〔故意〕裝出那副面孔，好像他也只有這麼個意思❹。但是從這次僞裝的一躍——這是被允許的，因爲人們原已知道這一躍是要回到草裡來的——，卻變成了一飛〔沖天〕，站在下面的那些人現在只有趕著看的份兒了，再也不能將他捕回來了。

所以康德是敢於從他的學說出發，指出所有那些據說已是多次被證明了的信條是不可證明的。思辨的神學以及與之相聯的唯理主義心理學都從康德手裡受到了致命的打擊。自此以後，這些東西在德國的哲學裡就絕跡了。可是人們不得因爲人們在放棄了原來的精神之後，

❹ 指高飛之後又回到叢草中，也就是指脫離傳統仍回到傳統。

有時在這兒，有時在那兒還保留著那些字眼，或因爲某一個可憐的哲學教授心目中有他對於主子的畏懼而讓眞理自爲眞理〔不敢去管它，〕就被弄糊塗了。康德這一功績的偉大，只有在一切作家中，甚至在十七和十八世紀最卓越的作家中注意過〔經院哲學的〕那些概念在自然科學以及哲學上的不良影響的人們才能衡量。自康德以來德國自然科學的著作在語調和形上學的背景上所發生的變化是顯著的；在康德以前的情況正和現在在英國的情況一樣。——康德的這一功績和這種情況有關，即是說在上古、中古以及近代過去的一切哲學中，一貫占統治地位的是毫不思索的遵循現象的規律，把這些規律提升爲永久的眞理，又由此而提升飄忽的現象爲世界的眞正本質；一句話，就是在他那幻想中不爲任何思考所擾亂的實在主義。貝克萊和他以前已有馬勒布朗希一樣，曾經認識到實在主義的片面性，甚至錯誤，卻無力推翻實在主義；因爲他的進攻只侷限於一點。那麼這就要留待康德來促使唯心主義的根本觀點——這在整個未曾回教化的亞洲，在本質上甚至是宗教的根本觀點——在歐洲至少是在哲學上取得統治地位。所以說在康德之前是我們在時間中，現在卻是時間在我們之中，如此等等。

〔在此以前，〕即令倫理學，實在主義哲學也是按現象的規律來處理的；這些規律被認爲是絕對的，對於自在之物也是有效的：因此，〔倫理學〕時而是基於幸福論，時而是基於世界創造者的意志，最後又是基於完善這個概念。完善這個概念自身，就它自身說，是澈底空洞而沒有內容的，它只標誌著一種關係，而這關係又得先從這關係應用得上的那些事物獲得意義；因爲「是完善的」除了是「符合一個爲此而預先假定的、已給與的概念」之外再不意味著別的什麼，所以必須事先樹立這一概念，沒有這概念，（所謂）完善就只是一個未知數，從而單獨說完善就等於根本沒有說什麼。如果人們現在想在這兒將「人道」這概念作爲默認的假定，而確定「爲完善的人道而努力」作爲道德的原則，那麼人們由此而說出的也只是「人們應該是他們應是的那樣」——還是和前此一樣糊塗。「完善」本來就幾乎只是「全數十足」的同義語，因爲「完善」是說在一個特定的場合或個體中，所有那些在他那種族概念中的謂語都具備了，也就是眞正湊齊了。因此，「完善」這一概念如果是這麼絕對地抽象地使用，就只是一個思想空洞的字眼兒：還有閒扯什麼「至高最完善的存在」等等也正是這樣（的貨色）。這一切都是廢話。雖然如此，這卻並無礙於完善和不完善的概念在上一世紀裡成爲一時的風尚；是的，這概念幾乎是一切說道論德，甚至談神講道圍繞著旋轉的樞紐。任何人的口裡都不離這概念，以致最後將這概念弄得烏煙瘴氣，搞出了眞正莫名其妙的勾當。即令是當時最好的作家，譬如萊辛，我們就看到他糾纏於完善和不完善之中，左衝右突不能脫身，眞是可憐到極點。其實說起來，任何一個在思維著的頭腦至少也應該模糊地感到這一概念並無任何積極內容，因爲這概念和一個代數符號一樣，只意味著抽象中的一個關係而已。——康德，如已說過的，曾將各種行爲不可否認的巨大倫理意義和重要性完全從現象和現象的規律分開來，並指出前者直接涉及自在之物，涉及世界的最內在本質；與此相反，後者，亦即時間和空間以及一切充塞時間空間，在時間空間中按因果律而把自己排列起來的東西，都要看作無實體、無實質的夢幻。

但願上述這一點點〔意見〕，怎麼也沒有窮盡這個題材的一點點〔意見〕，已足以證明我尊重康德的功績；這裡提出這點證明既是爲了安慰我自己，同時也是因爲公道要求那些要隨我而不客氣地揭露康德的錯誤的人們回憶一下這些功績。現在我就開始揭露康德的錯誤。

至於康德的偉大成就必然也有巨大的錯誤與之相伴，這一點單在歷史上從下述事實就已可觀測到，即是說康德雖然促成了哲學上最偉大的革命，結束了延續一十四個世紀的經院哲學——廣義的經院哲學——而在哲學上發起一個眞正全新的、世界性的第三紀元；但是康德問世的直接後果卻幾乎只是消極的，不是積極的，因爲他並未樹立一個完全新的體系可使他的信徒多少能夠經歷一段時期而有所遵循；人人都明白已發生了一個巨大的變化，但是沒有一個眞正知道發生了什麼變化。他們固然看透了所有以往的哲學都是沒有結果的在做夢，現在新時代卻是從這夢中醒過來，但是他們現在究竟何所適從，他們卻不知道。這就產生了一個巨大的空隙，一個巨大的需要；激起了一般的注意力，甚至較爲廣泛的群衆的注意力。由於這一緣因所促使，但不是爲內在的衝動和力量〔充沛〕之感（這種力量在不利的時代也有表現，如在斯賓諾莎）所驅迫，一些沒有卓越才學的人們作了各種各樣的、軟弱無力的、不入調兒的嘗試，其中甚至有顚三倒四的嘗試。這時廣泛的群衆，一旦已被激動了，還是注意到了這些東西；他們以巨大的耐性——只有在德國找得到的這種耐性——長期地傾聽這些東西。

和這裡一樣，在大自然中必然也曾經過像大革命一樣的過程，地球的整個表面都變了，滄海桑田互相易位而爲新創一個世界的計畫鋪平了道路。在大自然能夠產生一個新的系列的，各自相互而又和其餘〔一切〕相諧和的新形式之前，〔中間〕有一段漫長的時期；這時，各種奇奇怪怪的有機體都出現了。這些東西自己和自己以及相互之間都不諧和，是不能久存的；但是這些東西至今還留存的殘餘卻正是給我們留下的紀念品，由此可以看到重新構成自己的大自然，它那些舉棋不定的情況以及〔各種的〕嘗試。——那麼，在哲學上完全類似自然界發生的危機，由康德所引起的怪物叢生的時代，如我們大家都知道的，就已夠讓我們推論他的功績不是十全十美的了，而是附有巨大缺點的，必然是消極的、片面的。現在我們就要追溯這些缺點。

我們首先要檢查一下全部純粹理性批判旨趣所在的根本思想，把它弄明白。——康德站在他前輩，獨斷哲學家的立場上，又根據這個立場和他們一起從下列前提出發：㈠形上學是關於一切經驗的可能性之彼岸的事物的科學。——㈡一個這樣的事物決不能按一些自身先要從經驗汲取而來的基本定律來獲得（《每一形上學序論》§1）；而只有我們在經驗之前，不依賴於經驗而知道的東西才能超出可能的經驗之外。——㈢在我們理性中眞有幾個這樣的基本定律可以碰到：人們在來自純粹理性的認識這一名義之下了解這些定律。——和他的前輩一起，康德就只走到這兒爲止，在這裡他就和他們分道揚鑣了。他們說：「這些基本定律或來自純粹理性的認識是事物絕對的可能性的表現，是永恆眞理，是本體論的源泉。它們站在世界秩序之上，如同命運站在古代神祇之上一樣。」康德說：「這不過是我們智力所有的形式，是規律，但不是事物實存的規律，而我們從這些事物得來的表象的規律只在我們對事物的理解上有效，所以不能超出經驗的可能性以外，而按〔上面〕第一點，這原是爲超出經驗的可能性而設的。原來正是這些認識形式的先驗性，由於這先驗性只能基於認識形式的主觀來源，才給我們永遠斷絕了對事物的本質自身的認識，將我們侷限於一個只是現象的世界，以致我們不能後驗地，更不要說先驗地去認識一下事物在它本身自己究竟是怎樣的了。這樣說來，形上學就不可能了，於是對純粹理性的批判就起而代之。和陳舊的獨斷主義對峙，康德在這裡是完全勝利了；於是此後出現的一切獨斷論的嘗試就不得不採取完全不同於從前的途徑了。現在我就要按〔我〕當前這批判所說出的意圖而引向我的獨斷論所根據的理由了。原來在仔細檢驗上面的立論時，人們不得不承認這一立論第一個首要的基本假定就是一個丐詞；這假定包括在這一（尤其是在《每一形上學序論》§1 明白提出的）命題裡：「形上學的來源決不可是經驗的，它的基本命題和基本概念既不能取自內在經驗，也不能取自外在經驗。」然而除了來自形上學這個詞的詞源學上的論據以外，再沒提出什麼來證明這一首要的斷定了。可是實際上卻是這麼回事：世界和我們自己的生存對於我們必然是一個謎，於是就毫不猶豫地認定這一謎底的揭穿不能從澈底了解世界自身而來，而必須求之於一個完全不同於這世界的什麼（因爲這就叫做「超乎一切經驗的可能性之外」）；並且從這〔啞謎的〕解答中必須除掉一切我們在任何方式上能夠有**直接**認識（因爲這就叫做可能的經驗，或是內在的，或是外在的）的東西；（啞謎的）解答必須求之於我們只能間接地，也就是藉來自先驗的一般命題的推論而獲得的東西。在人們以這種方式將一切認識的主要來源除開而遮斷了達到眞理的那條大路之後，人們就無庸驚奇獨斷論那些嘗試的失敗，而康德卻能指出這種失敗的必然性。原來人們事先就已認定形上學和先驗的認識是同一的了。可是爲了（肯定）這一點，人們必須事先證明解決世界之謎的材料簡直不可能包含在世界之內，而只能求之於世界之外，求之於人們只能按那些我們已先驗地意識著的形式那根線索而達到的什麼。在這一點還未被證明的時候，我們沒有任何理由，在（解決）一切任務中最重要最困難的課題時，來堵塞一切認識來源中最豐富的來源，堵塞內在和外在的經驗，而單是以內容空洞的形式來進行操作。所以我說世界之謎的解答必須來自（我們）對這世界本身的理解。（既然如此，）那麼形上學的任務就不是（跳過，）飛越經驗——這世界即在其中的經驗——，而是澈底理解這些經驗；因爲經驗，外在的和內在的，無不是一切認識的主要來源。因此，只有將外在經驗聯結到內在經驗上，由於在適當的那一點上作成的這種應有的聯結以及由此而達成的，兩種這麼不同的認識來源的結合，世界之謎的解答才有可能。不過這還是在一定的，和我們天性不可分的侷限之內，隨後是我們對於世界雖有了正確的認識，然而對於世界的實際存在卻並未獲得一個結案的，取消了一切其他問題的解釋。由此就可以說「走多遠算多遠罷」，而我的途徑則位於以前獨斷論的一切皆已知之說和康德批判（主義）的絕望之間。但是康德

547

所發現的重要眞理，亦即以前形上學各種體系由之而被推翻的眞理，卻給我的形上學體系提供了論據和材料。人們請比較一下我在〔本書〕第二卷第十七章關於我的方法所說的〔部分〕。——關於康德的基本思想就只說到這裡爲止，現在我們就來考察一下這基本思想的闡發和個別論點。

康德的文體一貫帶有一種精神卓越的標誌，帶有道地的、穩定的固有特性和極不平常的思想力的標誌。這種文體的特徵也許可以恰當地稱之爲**輝煌的枯燥**性，康德藉此乃善於以極大的穩妥性拈出而牢固地掌握那些概念，然後又極自由地將這些概念拋來擲去，使讀者驚奇不置。在亞里斯多德的文體中我也看到這種輝煌的枯燥，可是要簡單得多。——然而康德的論述每每還是不清晰、不確定、不充分的，有時是晦澀的。當然，這一點，一部分由於題材的艱難和思想的深刻是應加以原諒的，不過誰要是自己澈底明白而十分清楚地知道了他所想的，所要的是什麼，他也就決不會寫出模糊的東西，決不會提出恍惚不定的概念，決不會爲了給這些概念一個名稱又從古代語言中搜尋一些極艱深極複雜的措詞以便此後經常加以使用，決不會像康德那樣從較古老的哲學，甚至從經院哲學採取一些詞彙和公式，又把這些東西按他的目的相互聯結起來。譬如單是統一一詞已盡夠用的地方，他每次卻要說什麼「了知的超絕綜合統一性」，或根本就用「綜合之統一性」。一個澈底知道自己想什麼、要什麼的人就不會在事後又一再重新解釋已經解釋過一次的東西，不會像康德那樣做，一再去解釋理性、範疇、經驗以及其他主要概念。一個這樣的人根本就不會禁不住一再重複他自己，並且不會在每次重新表達這已有過百多次的思想時，在新表達中恰好還是給這一思想留下了原來的那些晦澀之處；他會一次就明確地、澈底地、盡其所有地說出他的見解而以此爲已足。笛卡兒在他第五封信裡說：「原來我們對於一件事物的了解愈透澈，我們就愈有決心以一種唯一的方式來表示它。」而康德間或有些晦澀的論述曾經有過的最大壞處，卻在於這種晦澀之處偏是起著一種以缺點引人模仿的示範作用，更有害的是甚至還被曲解爲有權威的根據。〔讀者〕群衆被迫於勢而不得不體會到晦澀的東西本不一定是無意義的，不過無意義的東西卻馬上就以晦澀的講法爲逋逃藪了。費希特是第一個攫得這種特權的人，他也儘量利用了這特權；謝林在這方面至少是可以和費希特並駕齊驅的，而一群飢餓的作家，既無靈性又不誠實，在這一點上一會兒就超過了他們兩人。提出赤裸裸的胡說，拼湊空無意義的、瘋狂的詞組，如人們前此只在瘋人院裡聽到過的最大的狂妄，最後卻出現在黑格爾身上。這種狂妄已成爲歷來最粗笨的普遍的神祕化的工具，曾有過後世看來難以相信的成功而將成爲德國人狂妄變態心理的一個紀念碑。在此期間尚．保羅❺無益於事地寫了他那些優美的篇章《更高地推崇講壇上的哲學瘋狂和舞臺上的文學瘋狂》（《美學補授》）；原來歌德也徒勞無功地說過：

❺ 尚．保羅（Jean Paul，一七六三—一八二五），德國文學家。

「人們就這樣不被干擾地瞎聊著、講授著，
誰想認眞管那些傻子的閒事呢？
人們在習慣上相信，只要聽到人說話，
那麼話裡總也有令人想想的什麼。」

我們還是回到**康德**罷。人們免不了要承認康德完全缺乏那種古代的、壯闊的簡潔，完全缺乏質樸、率眞、坦率（的氣質）。他的哲學和希臘建築術毫無相似之處。希臘建築現出偉大的、簡潔的、一眼可以看到的比例關係。康德哲學卻很使人想到哥德式的建築術。原來康德的精神有一種極爲個別的特性，他特別喜歡**整齊勻稱**的格局；而勻整性又喜歡五花八門的雜多性以便使勻稱成爲井井有條的秩序，而又在低一級的分布中再重複這秩序，如此類推，恰好像在哥德式教堂上的秩序一樣。是的，他有時候搞這一套已近乎兒戲，這時由於曲從他那種嗜好，竟至於顯明地強姦了眞理。對待眞理就和古佛蘭克式的園藝家對待大自然一樣；這些園藝家的作品就是些勻整的林蔭道，四方形和三角形，金字塔式和球形的樹木，彎曲有規律的樹籬等。這一點我要以事實來證明。

在他單另論述了空間和時間，然後以「直觀的經驗內容就被**給與**我們了」這句並未說出什麼的話來了結充塞時間和空間的，我們既存在於其中又生活於其中的整個直觀世界之後，——他立刻一躍而到了他**整個哲學的邏輯基礎**，**到了各種判斷的表式**。從這一表式他演繹出整整一打的範疇，勻整地分屬於四個標題之下。這些範疇後來成爲可怕的「普洛克祿斯特胡床」❻，他把世界上的一切事物，在一個人心裡面發生的一切都強塞到這張胡床裡去，不忌諱任何蠻不講理，不鄙棄任何詭辯，只是爲了能夠到處重複那張表式的勻整格局。可以從這張表式勻整地引申出來的，首先第一項就是自然科學一般原理的純生理學上的表式，也就是直觀的一些定理、覺知的預期、經驗的類比和整個經驗思維的必要假定。其中前兩個是簡單的，但後兩個又勻整地各自帶出三個分支。單是範疇則是康德稱之爲**概念**的東西，但這些自然科學的基本命題卻是**判斷**。按他那一套達到一切智慧的最高超的引線，也就是（他的）勻整性，現在就輪到**推理**來表現它自己是豐富多產的了，並且推論又是勻整地、合拍地做著這一點。這是因爲和經驗以及其全部先驗的基本命題都是由於應用範疇於感性之上而是爲**悟性**而產生的一樣，「理性的**觀念**」也是由於應用**推理**於範疇之上而產生的；而應用推理於範疇之上這一業務卻是由理性按它（用以）尋求所謂絕對的那原理來完成的。這過程是這樣的：關係這一（類）的三個範疇提供從（大小）前提到結論僅有的三種可能類型，結論又隨之而也爲三種，其中每一種都要看作理性從而孵出一個觀念的蛋，即是說：從定言推理孵出**靈魂**的觀念，從假定推理孵出**宇宙**的觀念，從選言推理孵出**上帝**的觀念。在這三者之間居中的那個宇宙的觀念中又重複著一次範疇表的勻整性，因爲範疇的四個柱頭又產生四個論

❻ 普洛克祿斯特（Prokrusters），希臘神話中的強盜，置賓客於特製的長凳而折磨之至死。

題，每一論題又各有其反對面以爲勻稱的對仗。

我們對於這一精緻的建築所導出的，眞正極度機智的排比組合固然要表示我們的驚奇讚歎，但是我們也將繼續在這建築的基礎上及其各個部分上作澈底的檢查。——不過事先還必須有下列一段考察。

551

令人感到奇怪的是康德如何不再作任何其他考慮就循著自己的道路而進，如何遵循他那勻整性，按那勻整性而鋪擺一切，卻從不爲這樣處理了的任何一個對象自身加以考慮。我就要進一步說明這個意思。在他單只在數學中考察了直觀的認識之後，他完全忽略了其他的直觀認識，而只抱住抽象的思維。〔其實，〕世界是在這些直觀認識中展開於我們之前的，抽象思維要從直觀的世界才獲得一切意義和價値，直觀的世界比我們的認識的抽象部分更爲無限的重要，普遍，內容豐富。是的，康德從沒在哪兒——而這就是主要的一點——從沒明確地區分過直觀的和抽象的認識；並且，如我們此後就將看到的，他正是由此而被裹入不可解決的自相矛盾之中去了。——在他用並不說明什麼的「她被給與了」〔的字樣草草〕了結全部官能世界之後，他就，如已說過的，把判斷的邏輯表式作爲他那建築的奠基石了。但是他在這裡也是一剎那都不想想在他面前進行的是怎麼回事。判斷的這些形式原只是一些詞和詞組。究竟也得先問問這些東西直接標誌著什麼。〔這麼一問，〕也可能發現這些都是概念。那麼接著再一問就是問這些概念的本質。從這問題的答案中就會得出這些概念對直觀的表象，世界即在其中的表象，有著怎樣的關係。這樣，直觀和反省思維就會分道揚鑣了。不僅是在純粹的，只是形式的，先驗的直觀進入意識時，而且是在這一直觀的內容，經驗的直觀，進入意識的時候就必須加以檢查。那可就會指出**悟性**在這事上有著怎樣的一份〔功能〕，也會根本指出**悟性**和與之相對稱的**理性**究竟是什麼，而〔康德〕在這兒寫的就是對於這理性的批判。最爲觸目的是康德對於理性也從沒作過一次正式的充分的規定，而只是相機地看每次〔上下〕關聯的需要而作出一些不完備的、不正確的說明，完全和前面引述過的笛卡兒的準則相反。例如在《純粹理性批判》*第一一頁，亦即第五版第二四頁，理性是〔認識〕先驗原理的能力；在第二九九頁，亦即第五版第三五六頁卻又這樣說：理性是〔認識〕**原理**的能力，並且把理性置於和悟性相對的地位，因爲他已把悟性看作〔認識〕**規律**的能力了！於是人們就得想想，在原理和規律之間就必然有天淵之別，因爲正是這一區別才〔使人〕有理由爲原理和規律分別採用一種特殊的認識能力。可是〔他又說〕這個巨大的區別只在於這一點，即是說凡從純粹的直觀或由於悟性的形式而先驗地認識到的就是一個**規律**，而只有先驗地單從概念產生的東西才是原理。這種任意的、不能容許的區分法，我們將在以後

552

* 這裡要說明一下，我引《純粹理性批判》一書，任何地方都是指**第一**版的頁碼，原來在羅森克朗茲的〔康德〕全集版本中自始至終都註明了這種頁碼的。此外，在頁碼前加上V，這就是第五版的頁碼。從第二版起，所有其餘的版本都與此相同，所以在頁碼上一定也相同。

〔考察〕辯證法時再回頭來談。在第三三〇頁，亦即第五版第三八六頁，〔他又說〕理性是推理的能力；而單是判斷，他就更常常（第六九頁，第五版第九四頁）稱之爲悟性的事務了。可是這樣一來，他實際上就是以此說：只要判斷的根據是經驗的、超絕的或超邏輯的（《論根據律》§31，32，33），則判斷是悟性的事務；但如果這根據是邏輯的，——三段論法本在邏輯中——，那麼這兒起作用的就是一個完全不同的、優越得多的認識能力，亦即理性。是的，還有更甚於此的，在三〇三頁，亦即第五版第三六〇頁，〔他〕剖析說從一個命題直接得出結論還是悟性的事，而只有使用一個間接概念的地方，那兒的推理才是由理性來完成的。他還舉例說：從命題「一切人都會死」得出推論「有些會要死的是人」，這還只是由悟性作出的推論；而相反的是這一推論：「一切學者都會死」卻要求一個完全不同的、優越得多的〔認識〕能力，亦即理性。一個偉大的思想家居然能夠拿出這樣的東西來，這怎麼可能呢！在第五五三頁，亦即第五版第五八一頁，理性忽然一下子又是一切有意行動的經常條件。在第六一四頁，亦即第五版第六四二頁，理性〔之爲物又〕在於我們能夠爲我們的主張提出理由，而在第六四三—六四四頁，亦即第五版的第六七一—六七二頁，卻又在於理性將悟性的概念統一爲觀念，猶如悟性統一客體的雜多性爲概念一樣。在第六四六頁，亦即第五版的第六七四頁，理性又不是別的，而是從一般引申特殊的能力。

悟性也是同樣一再重新加以解釋的；在《純粹理性批判》就有七處〔不同的解釋〕：在第五一頁，亦即第五版第七五頁，悟性是產生表象的能力；在第六九頁，亦即第五版第九四頁，是判斷的能力，亦即思維的能力，亦即以概念來認識的能力。在第五版第一三七頁悟性一般的又是各種認識的能力，而在第一三二頁，亦即第五版第一七一頁，則是〔認識〕規律的能力。但在第一五八頁，亦即第五版第一九七頁，卻又說：「悟性不僅是〔認識〕規律的能力，而且是基本定理的源泉，一切都按這些基本定理而在規律之下」；然而，如上所說，悟性卻仍然被置於和理性相對立的地位，因爲〔他說〕後者是唯一〔認識〕原理的能力。在第一六〇頁，亦即第五版第一九九頁，悟性是〔構成〕概念的能力；在第三〇二頁，亦即第五版第三五九頁，卻〔又〕是憑藉著規律而統一現象的能力。

對於這兩種認識能力我曾提出過固定不移的、界限分明的、確定的、簡潔的、和一切民族一切時代的語言習慣經常相符的解釋。對於〔上述〕這種〔儘管來自康德的〕確實混亂而無根據的說法我沒有必要爲我的解釋進行辯護。我引證這些不過是當作我責備康德在追求他那匀整的、邏輯的體系時，沒有充分考慮由他如此這般處理了的對象〔這一事〕的證據罷了。

如我在前面已說過的，假如康德認眞地檢查了兩種如此不同的認識能力——其中之一又是人類的特異之處——究竟在什麼程度能讓人認識，按一切民族和所有哲學家的語言習慣，理性和悟性又作何解釋；那麼，他也決不至於除了經院派在完全另一意義之下使用過的理論智力和實踐智力之外並無其他所本，就把理性歧分爲理論的和實踐的兩種，並以後者爲德行的源泉。與此相同，康德在周詳地區分悟性的概念（按他的說法，一部分是他的範疇，一部分是所有的共同概念）和理性的概念（即他所謂（理性的）觀念）而使兩者成為他那哲學的材料之前——他的哲學絕大部分也只是討論所有這些概念的有效、應用和起源而已——；我說他在此以前眞也應該檢討一下一個概念根本是什麼。可是這麼必要的檢討也可惜全未實現過，這就大有助於混淆直觀的和抽象的認識，（使這種混淆）無法挽救。這一點我不久就要加以證明。——同樣，他以缺乏充分的思考而忽略了：什麼是直觀？什麼是反省的思維？什麼是概念？什麼是理性？什麼是悟性？這些問題；而這又使他忽略了下列同等必要而不可回避的檢討，亦即我認爲與表象有別的那對象應該如何稱呼？什麼是實際存在？什麼是客體？什麼是主體？什麼是眞理、假象、謬誤？——但是他並不思考，也不瞻前顧後，就追求他那邏輯的格式和他的勻整性了。〔依他說來，〕那份判斷〔分類〕表應該就是，必然就是達到一切智慧的鑰匙了。

前面我已羅列了那麼幾點作爲康德的主要功績，即是說他曾將現象從自在之物區別開來，曾宣稱這整個可見的世界爲現象，因而也否認了現象的規律在現象之外還有任何效力。然而總有些奇怪，他不從「無一客體無主體」這個就在手邊的簡單的、不可否認的眞理，去引申現象的那種只是相對的存在；其實這樣引申，就已可壓根兒指出客體由於它始終總只是存在於對主體的相關中，是有賴於主體的，是以主體爲前提的，從而只是現象，而現象不是自在地，不是無條件地存在著的。康德對於貝克萊的功績是不公平的。貝克萊就已把這一重要的命題當作他的哲學的奠基石並於是而爲自己創立了一個不朽的紀念，雖然他自己並未從這一命題得出應有的結論，以致一面沒有被人了解，一面沒有得到充分的注意。在我這〈書〉第一版裡，我曾解釋康德回避貝克萊的這一命題，是由於對堅定的唯心主義有著顯然的羞怯；同時另一方面，我又在《純粹理性批判》中好多地方發現康德鮮明說出了這種堅定的唯心主義；因此我曾責備過康德的自相矛盾。如果人們和我那時的情況一樣，只是在第二版或以後連續出過的五版中看到《純粹理性批判》，那麼，我這個責備也是有根據的。可是後來當我在現在已變得稀少了的第一版中讀到康德的主要作品時，我很愉快地看到所有那些矛盾都消失了，並發現了康德雖沒有用「無一客體無主體」的公式，仍然如貝克萊和我一樣，以堅定的態度宣稱在空間和時間中陳列著的外在世界只是認識著的主體的表象；因此，例如在第三八三頁，他就無保留地說：「如果我將思維著的主體拿走，那麼整個形體世界也必然要垮，因爲它不是什麼而是在我們主體的感性中的現象，是主體的一種表象。」但是從第三四八到三九二頁整個的那一段，也就是康德極爲優美而明確表出他堅定的唯心主義的那一段，卻被他在第二版裡壓縮了，反而插入了一堆矛盾的說法。由於這一刪改，從一七八七年到一八三八年流行的《純粹理性批判》在文字上已走了樣，已被損壞了，已經是一本自相矛盾的書了。正是因爲這一點，沒有一個人能完全弄明白和懂得這部書。關於這一點的詳情以及我所猜想的那些足以推動康德這樣來損壞他那不朽傑作的理由和弱點，我在寫給羅森克朗茲教授先生的一封信裡都交代過了。他已將信內主要的一段收錄在他所經手的康德全集第二卷的序文中，這裡我特指出以便參閱。原來羅森克朗茲教授先生在一八三八年根據我的一些看法，決心要恢復《純粹理性批判》的本來面貌，這時他就在上述第二卷中將一七八一年的第一版重印了。這樣他就在哲學上樹立了不可估計的功績，甚至可說他挽救了德國文獻中最重要的作品免於沉淪，而人們也不應忘記他這一點。但是誰也不要在他只讀了《純粹理性批判》的第二版或後續的任何一個版本的時候，就妄自以爲他已看到了《純粹理性批判》，對康德的學說已有了明確的概念；這簡直是不可能的，因爲他只是讀了一種在文字內容上被削減了的，被糟蹋了的，在一定程度上不眞實的版本。在這兒斬釘截鐵道破這一點而對任何人提出這一警告，這是我的義務。

可是康德用以提出自在之物的方式，對於《純粹理性批判》第一版裡明確表示過的堅定的唯心主義基本觀點仍然立於不可否認的矛盾地位。無疑地，這就是他爲什麼要在第二版裡壓縮上述那段唯心的主要文字而宣稱自己正是反對貝克萊唯心主義的根由；不過由此他只是使他的著作前後不一貫罷了，卻並不能有補於這著作的主要缺點。大家知道這個主要缺點就是他所選擇而用以提出自在之物的方式，這個方式的不恰當，不可容許，已由舒爾則在《厄耐齊德穆斯》中作了廣泛的論述，不久也就被公認爲康德學說體系中站不住的一點了。這一點可用很少幾句話說明白。康德把自在之物的假定，儘管隱蔽在一些迂回曲折的說法之下，建立在一個遵守因果律的推論之上，即是說建立在經驗的直觀，更正確地說亦即在我們官能中的感覺——此即假定所從出發者——必須有一個外因之上。可是就按他自己正確的發現，因果律是我們先驗知道的，那麼也就是我們智力的一個機能，所以是從**主觀**發源的。再說官能感覺本身，亦即我們在這裡應用因果律的地方，也不可否認地是**主觀**的。最後甚至空間，我們藉因果律的應用將感覺的原因作爲客體而置之於其中的空間，也是先驗就已有的，那麼也是我們智力的**主觀**形式。隨後所有經驗的直觀始終都停留在**主觀**的基地上，只是我們內部的一種過程，而沒有什麼與此完全不同的、獨立於此外的東西可以當作一個**自在之物**而輸入進來，或說成是必要的假定。實際上經驗的直觀現在只是，也將繼續只是我們的表象：這就是「作爲表象的世界」。要達到表象世界的本質自身，我們只有採取完全不同的，由我開闢的那條途徑才有可能；而採取這一途徑是以請出自我意識來爲手段的，自我意識曉諭（我們）意志就是我們自己的現象的本體。只有這樣，然後自在之物才是和表象及其元素在所有一切屬性上不同的東西，如我已論述過的那樣。

如已說過的，康德的體系在這一點上早被指出的大缺點是「沒有無梗的蓮花」這句優美的印度諺語的佐證。錯誤地引證自在之物在這裡就是梗，不過是「梗」的也只是引證的方式，而不是對已有的現象承認它有一個自在之物。可是費希特就在最後這一點上誤解了康德的體系。〔其實〕費希特也只能這樣，因爲他的問題本不在眞理而在聳人聽聞以促進他個人的目的；所以他有足夠的狂妄和輕率以完全否認自在之物而〔另〕樹一個體系。在這體系中，不像在康德那裡只有表象的形式方面，而是如費希特所說的連同表象的質地方面，表象的全部內容都是先驗地從主觀引申出來的。在這裡他完全正確地估計到讀者群衆的缺少判斷力和顢頇心情。群衆把惡劣的詭辯，變戲法和毫無意義的胡扯當作證明，以致使他成功地把群衆的注意力從康德引到他自己身上來而爲德國哲學造成了一個流派；在這一流派中後來有謝林繼續發展德國哲學，直至最後在黑格爾無意義的冒牌智慧中達到了它的終點。

前面提到過康德的大錯，現在我就回到這一點來。他錯在沒有適當地分清直觀的和抽象的認識，由此便產生了不可挽救的混亂。我們現在就得進一步來考察這種混亂〔情況〕。如果他鮮明地分開了直觀的表象和只是在抽象中被思維的概念，那麼他就會把這兩者各自放在一邊而每次都會知道他在兩者之中是和哪一邊在打交道。然而事實上可惜並不是這麼一個情況，儘管這一責備還不曾露面，因而也許是未曾意料到的。他那經常說到的「經驗的客體」，亦即範疇的眞正對象，並不是直觀的表象，也不是抽象的概念，而是既不同於兩者，又同時是兩者，是一種完全不知所云的怪東西。這是因爲他，儘管似乎不可信，要麼是缺乏思考，要麼就是缺乏善意在這一點上來和自己把帳算清而對自己和別人說明白他所謂「經驗的對象，亦即由於應用範疇而成立的認識的對象」究竟是空間和時間（我的第一類表象）中的直觀表象還只是抽象的概念。在他面前，儘管如此奇特，經常是浮現著一種兩者之間的中介物。而那糟糕的混亂也就是由此而來的，現在我就必須揭露這種混亂了。爲此目的我還得一般地研討一下〔康德〕學說的整個元素論部分。

超絕的感性學❼是這樣突出地富於功績的作品，以至單是這一作品就足以使康德名垂不朽了。這感性學的證明有如此充分的說服力，以致使我把其中表示他的主張的一些命題算作不可推翻的眞理；無疑地，這也是屬於最富於後果的那類眞理，隨而也要看作世界上最稀有的東西，也就是要看作形上學一個眞正的偉大的發現。由他嚴密證明了的這一事實，亦即我們有一部分認識是我們先驗意識的（這事實），除了說這一部分認識構成我們智力的一些形式之外，根本不容有其他說明。並且與其說這是一種說明，毋寧說這恰好只是這事實本身的一個明確的說法。原來先驗並不意味著別的，而是意味著「不是從經驗的途徑獲得，亦即不是從外面來到我們心裡的」。然則那不從外面而來就已在智力之中的也正就是智力自己所原有的，是智力自己的本質。如果這個如此這般在智力自身中現有的東西是存在於一般方式、樣態中的，而智力的一切對象又必須把自己對智力呈現出來；那麼，這就是說智力中原有的東西乃是智力的認識之形式，亦即智力如何執行它這一功能時，一次確定便再不改易的方式和樣態。準此，「先驗知識」和「智力自有的形式」基本上就只是一件事的兩種說法，在一定範圍內也就是同義語。

因此我不知道有什麼是要從超絕感性學的學說中刪去的東西，只曉得有幾點是要增補的。原來康德特別是在這一點上沒有把他的思想引申到盡頭，也就是說他既已說過（第八七

❼這是康德《純粹理性批判》的第一部分，而感性學一詞在歐洲文字中和美學是同一詞。

頁，第五版第一二〇頁），一切幾何學的知識都在直觀中有其直接的證明，卻又不摒棄歐幾里德的整個證明方法。極可注意的是他的反對者之一、並且是最尖銳的一個，舒爾則（《理論哲學批判》卷二，第二四一頁）就作出了結論說從康德的學說將會產生一種完全不同的治幾何學〔的方法〕，和實際上通行的有別。舒爾則以為他是用此反證在反對康德，事實上卻是發動了反對歐幾里德〔治學〕方法的鬥爭而不自知。我這是以本書第一卷第十五節為據而言的。

在超絕感性學對於直觀的普遍**形式**提出了詳細的論述之後，人們必然有這樣的期待，以為可以得到關於直觀的**內容**的解說了。可以得到關於**經驗**的直觀如何進入我們意識的方式，對於在我們〔看來〕如此真實如此重要的整個這一世界的認識如何在我們心裡產生的方式的一些解說了。可是在這一點上，康德的全部學說除了屢次重複過的，並不說明什麼的「直觀的經驗是從外面**給與的**」一句話外，實在再沒包含別的什麼了。——所以康德在這裡也是一躍而從直觀的**純粹形式**就達到了**思維**，達到了**超絕的邏輯**。[8]就在超絕邏輯開始的地方（《純粹理性批判》第五〇頁，第五版第七四頁），亦即康德無法避免不提到經驗直觀的物質內含時，他就走錯了第一步，犯了基本錯誤。他說：「我們的認識有兩個來源，亦即印象的接受力和概念的自發性。前者是接受表象的能力，後者是以這些表象來認識一個對象的

[8]《純粹理性批判》的第二部分。

能力。由於前者就給了我們一個對象，由於後者這對象才被思維。」——這是錯誤的：因爲我們只是對印象才有接受力，所以印象是從外來的，是唯一「被給與的」。而按康德的說法，印象就已經是一個表象了，甚至已是一個對象了。可是印象並不是別的，而只是官能上的感覺，在運用悟性（亦即因果律）和空間時間的直觀形式之後，我們的智力才將這單純的感覺變爲一個表象。從此這表象就作爲對象而存在於空間和時間之中，並且和後者（對象）沒有別的辦法加以區別了；除了是在人們追問自在之物的時候，表象和對象乃是同一的。我在論根據律那篇論文第二十一節裡已詳細論述了這一過程。悟性和直觀認識的職責至此即已完成，並無需加上任何概念和任何思維；因此動物也有這種表象。概念和思維當然可以說有自發性，如果加上概念和思維，那麼直觀的認識就完全被拋棄了，而另外一種完全不同的表象，即非直觀的、抽象的概念就會出現於意識中：這就是理性的作爲，不過理性思維的全部內容仍然只是從前此有過的直觀和以思維與其他直觀、其他概念作比較而來的。可是這樣康德就已將思維帶進直觀裡來了，這樣就給無可挽救地混淆直觀的和抽象的認識打好了基礎。這裡我正在從事於譴責這種混淆。單就直觀本身看，他以爲直觀是沒有悟性的，完全是感性的，所以完全是被動的；而只有由於思維（悟性的範疇）才得把握一個對象。這樣他就把思維帶進了直觀。然後他卻又說思維的對象是一個個別的、實在的客體，由此思維〔又〕損失了它那種普遍性和抽象性的基本特徵，所獲得的已不是一般概念而是以個別事物爲客體。由此他又把直觀帶入了思維。上述不可挽救的混淆就是從這裡產生的，而這錯誤的第一步的後果又遍及於他的整個認識論。直觀表象和抽象表象的完全混淆貫穿著他的認識論的全部而抵於兩者之間的一種中介物。他將這種中介物叫做由於悟性及其範疇而認識的對象，而這種認識則稱爲經驗。很難相信康德自己在這種悟性的對象中曾想過什麼完全確定的東西，眞正明確的東西。這一點我就要以貫穿整個超絕邏輯的絕大矛盾來加以證明。這個矛盾也就是將超絕邏輯籠罩起來的黑暗的眞正來源。

原來在《純粹理性批判》的第六七—六九頁，第五版第九二—九四頁；第八九頁、第九〇頁，第五版第一二二頁、一二三頁；再就是第五版第一三五頁、一三九頁、一五三頁，他一再重複並叮囑說：悟性不是一個直觀的能力，悟性的認識不是直觀的而是推證的；理性是作出判斷的能力（第六九頁，第五版第九四頁），而判斷卻是間接的認識，是一個表象的表象（第六八頁，第五版第九三頁）；悟性是思維的能力，而思維則是透過概念的認識（第六九頁。第五版第九四頁）；悟性的諸範疇並不是對象在直觀中被給與的條件（第八九頁，第五版第一二二頁），而直觀在任何情況下也不需要思維的職能（第九一頁，第五版第一二三頁）；我們的悟性只能思維，不能夠直觀（第五版第一三五、一三九頁）。再就是在《每一形上學的序論》第二十節：直觀、感知、知覺都只是屬於感官的，唯有悟性有判斷：又第二十二節：感官的職司是直觀，悟性的職司是思維，亦即作出判斷。——最後還在《實踐理性批判》第四版第二四七頁，羅森克朗茲版第二八一頁：悟性是推證的，它的表象是思想不是直觀。——所有這些都是康德自己的話。

由此得出的結論就是這個直觀的世界，即令我們並無任何悟性，對我們也還是存在的，就是這直觀的世界是在一種完全不可解的方式之下進入我們頭腦的。這一點正是他經常用他那古怪的說法「直觀是被給與的」來標誌的，而再也不進一步來解釋這一不確定的、象徵的說法。

可是他對於悟性、悟性的範疇和經驗的可能性還有其他的說法，這是他在超絕邏輯中所講述的。這些說法卻彰明昭著地和上面所引的一切相矛盾。原來〔他〕在《純粹理性批判》第七九頁，亦即第五版第一〇五頁〔說〕悟住由於它的範疇而在直觀的雜多中找出統一性，〔說〕純粹的悟性概念先驗地就是指向直觀對象的。在第九四頁，第五版第一二六頁，〔又說〕範疇是經驗的條件，不管在經驗中碰到的是直觀的或思維的條件。在第五版第一二七頁說悟性又是經驗的發起人。在第五版第一二八頁說範疇規定對象的直觀。在第五版第一三〇頁說我們在客體中（客體總該是直觀的東西而不是一個抽象）作爲聯繫著意象的一切都是先由悟性的一個行動聯繫起來的。在第五版第一三五頁又重新解釋了悟性，〔說〕它是先驗的聯繫能力，是把現有表象的雜多納入統覺的單一性的能力，但是按所有的語言習慣，統覺並不是對一個概念〔而有〕的思維而是直觀。在第五版第一三六頁就直觀對悟性的關係說，我們甚至發現一個一切直觀所以可能的最高定則。在第五版第一四三頁，一切官能的直觀都是被範疇決定的〔這句話〕甚至是作爲標題寫的。在同一個地方〔又說〕判斷的邏輯職能也把現有直觀的雜多納於一個根本的統覺之下，而一個現存的直觀的雜多又必然地在諸範疇之下。在第五版第一四四頁，〔又說〕統一性是由於悟性借助於諸範疇而來到**直觀**中的。在第五版第一四五頁，悟性的思維又有很奇特的解說，即是說悟性綜合、**聯繫**直觀的雜多而使之井井有條。第五版第一六一頁〔說〕經驗只是由於範疇才可能並且存在於**覺知**之聯繫中，而這些覺知總還得是些直觀。第五版第一五九頁〔說〕範疇是對於一切直觀對象的先驗知識。——再就是在這裡和第五版第一六三頁和一六五頁還講述了康德的一個主要學說，也就是這樣一個學說：由於悟性給自然制定一些先驗的規律，而自然又遵循悟性的規律性等等，〔所以〕最初**使自然成爲可能的**是悟性。可是這自然究竟是一個直觀的東西而不是一個抽象物，按此，悟性也就必然是一種直觀的能力。在第五版第一八六頁又說悟性的概念是經驗的可能性的原則，而經驗的可能性根本就是現象在空間時間中的規定，而這些現象究竟也是在直觀中的。最後在第一八九—二一一頁，第五版第二三二頁到二五六頁還有著那一冗長的證明（在我論根據律一書第二十三節已詳盡地指出這個證明的錯誤），說客觀〔事物〕的前後相續以及經驗對象的同時存在都不是由感官覺知的，而只是由悟性帶進自然中來的，自然本身又是由此才可能的。可是確定不移的是：自然、事態的相續和情況的同時存在都是許多直觀的東西而不是單純抽象地被思維的東西。

我邀請每一個和我一樣敬仰康德的人來統一這些矛盾，並指出康德在〔談〕他那關於經驗的客體的學說以及這客體如何被悟性的〔作用〕，被它十二個職能的作用所規定的方式時，曾經想到過一些完全明晰而確定的東西。我深信這已被證明的，貫穿著全部超絕邏輯的矛盾是這部分論述所以極爲晦澀的眞正根由。原來康德自己也模糊地意識到這一矛盾，內心裡在和這種矛盾作鬥爭，但還是不想或不能使這矛盾達到明確的認識，因而對自己和別人都把這矛盾掩飾起來，躲躲藏藏地走著羊腸小徑去回避這矛盾。由此也許可以推論他〔何以要〕從認識能力中搞出一套如此奇特、如此複雜的機器，帶著這麼多輪子，既有十二範疇，想像力的和內在官能的超絕綜合，統覺的超絕統一性的超絕綜合，又有純粹悟性概念的表格公式等等。外在世界究竟是我們認識中的主要事項，〔可是〕儘管有那麼一套龐大的機器，康德竟未曾做過一次嘗試來說明外在世界的直觀；而是相當貧乏地總是用那句並不說明什麼的、象徵性的老話：「經驗的直觀是被給予我們的」來搪塞這一迫切的要求。在第五版第一四五頁我們還看到經驗的直觀是由客體給與的，隨而這客體就必然是一種不同於直觀的什麼東西了。

如果我們致力於探討康德內心的，他自己沒有明自說出的見解，那麼我們就發現在康德〔心目中〕眞有這麼一種不同於**直觀**，卻又決不是**概念**的客體是悟性的眞正對象，並且正是要有這個奇特的假設，假設一個這樣不可想像的對象，直觀才成爲經驗。我相信在康德〔心目〕中的那一陳舊的、根深蒂固的、一切探討已不關心的成見，乃是假定這樣一個**絕對客體**，假定一個沒有主體自身便是客體的客體的最後理由。這決不是**直觀**看到的**客體**，而是由概念把它作爲和直觀相符合的什麼東西而被想到直觀上去的：於是直觀就是經驗並具有價值和眞實性。從而直觀就是由於〔它〕對一概念的關係而獲得價值和眞實性的了〔和我們的論述成直徑的相反，按我們的論述，概念只是從直觀獲得價值和眞實性的）。那麼把這不可直接加以意象的客體想成爲直觀就是諸範疇的眞正職能了。「唯有由於直觀、對象才被給與，然後又按範疇而被思維。」（《純粹理性批判》第一版第三九九頁）這在另外一處，在第五版第一二五頁尤爲顯著：「現在就要問是否概念也先驗地作爲條件而先行，唯有在這些條件之下，即令不是直觀地看到，然而根本仍是作爲對象而被思維。」他肯定了這個問題，這裡就鮮明現出了錯誤的來源，籠罩著他的〔思想〕混亂的來源。原來對象作爲對象說，任何時候都只是對於直觀，在直觀中存在的，而直觀可以是由官能，或者在官能有缺陷時也可以是由想像力完成的。與此相反，被思維的東西在任何時候都是一個一般的、非直觀的概念，不過在任何情況之下這概念根本只能是某一個對象的概念。但思維只是間接地，借助於概念才關涉到對象，而對象自身任何時候都是，也將繼續是直觀的。這是因爲我們的思維的功用不在於以現實性賦予直觀。直觀是有現實性的，如果直觀由於它自己還能具有現實性（經驗的現實性）的話。思維的功用在於概括共同的東西和諸直觀的結果，以便能夠保留和更容易操縱這些結果。但康德卻把對象自身都寫在思維的帳上，以便由此而使經驗和客觀世界不依靠悟性，卻又不讓悟性是一個直觀的能力。就這方面說，他固然是把直觀和思維分開了，但又使個別的事物一部分成爲直觀的對象，一部分成爲思維的對象。但實際上個別事物只是直觀的對象：我們經驗的直觀當下便是客觀的，正因爲經驗的直觀是從因果聯繫出發的。直觀的對象直接就是諸事物，不是和事物不同的表象。個別事物是在悟性中被感官作爲個別事物直觀看到的，這時落在感官上的片面印象立即從想像力得到了補足。與此相反，當我們一轉到思維時，我們就離開個別事物而只和不具直觀性的一般概念打交道，儘管我們事後又把我們思維的結果應用到個別事物上來。如果我們堅持這一點，那麼對於事物的直觀，先要透過應用十二範疇的思維，也正就是對該事物的思維，才獲得現實性而成為經驗的這一假定是理所不容的，也就昭然若揭了。其實應該說在直觀本身中已有經驗的現實性，隨後也有了經驗。不過直觀也只能由於應用因果聯繫的認識於官能的感覺之上才能成立，而應用這種認識於感覺之上也就是悟性的唯一職能。據此，直觀確是理智的，康德則恰好否認這一點。

除了上面引述過的各處之外，人們還可在別的地方看到康德在這裡被批判過的假定，而特別說得清楚的地方是在《判斷力批判》第三十六節剛開始的地方，此外就是在《自然科學的形上學初階》和初步解釋《現象學》的注解中。不過人們在康德派的一本書中，也就是在基塞維特的《普通邏輯學綱要》第三版，論述的第一部分第四三四頁和第二部分第五十二、五十三兩節中，還可看到這一假定以一種康德〔自己〕在這一棘手的問題上還不敢自信的坦率態度說得一清二楚，淋漓盡致；此外，在迪夫特隆克的《在純德國裝束中的思維理論》（一八二五年）中也有同樣的東西。這就正是表現了一個思想家的自己不思想的弟子們如何成為他〔老師〕的缺點的放大鏡〔這回事〕。康德在論述他那一經決定〔便不再改〕的範疇學說時，始終還是輕手輕腳的，他的弟子們則相反，是大膽放肆的，這就暴露了問題中的錯誤了。

據上所說，在康德（看來）範疇的對象雖不是自在之物，然而已是自在之物的近親：那是**自在的客體**，是一個客體，（但）不需要主體；是一個別之物，卻又不在時間和空間中，因爲它不是直觀的；是思維的對象，卻又不是抽象的概念。準此，康德原是作了三種區分：㈠表象；㈡表象的對象，㈢自在之物。第一項是感性之事，而感性在康德除感覺外，還包括純粹的直觀形式空間和時間。第二項是悟性之事，是悟性透過它的十二範疇加**想**（到表象）上去的。第三項則在一切認識的可能性的彼岸。（作爲這裡的依據，人們請參看《純粹理性批判》第一版第一〇八和一〇九頁。）可是表象和「表象的對象」兩者間的區分是沒有根據的。貝克萊已經證明了這一點，從我這本書第一篇的整個論述裡，尤其是從補充篇的第一章裡，甚至是從康德自己在第一版裡十足的唯心主義觀點都可以看得出來。如果人們不想把表象的對象算作表象，不和表象同一，那麼就必然要把它拉到自在之物（那邊去）；這在最後還是要以人們賦予對象這個詞的意義爲轉移。不過有一點總是確定不移的，即是說在清晰的思考上除了表象和自在之物外，再沒有什麼東西了。並無理由地插入那麼一個中介物，插入「表象的對象」，乃是康德的錯誤的來源。可是如果除去這個中介物，則作爲先驗概念的範疇學說也就隨之而化爲烏有了；因爲這些範疇本來既無補於直觀，又不能在自在之物上有效用，我們只是藉以思維那些「表象的對象」，並由此而化表象爲經驗罷了。原來每一經驗的直觀就已是經驗，並且凡從官能感覺出發的直觀都是經驗的。悟性又藉它唯一的職能（對因果律的先驗認識）而將這感覺聯繫到感覺的原因上，這原因也就由此而在空間和時間中（純粹直觀的形式）自呈爲經驗的對象，如空間中歷時不變的物質客體；不過即令是作爲這樣的客體仍然總還是表象，正和空間與時間自身一樣。如果我們要超出這個表象以外，那麼我們就到了自在之物的問題，而回答這一問題就是我的全部著述以及一切形上學的根本論題。和這裡敘述了的康德的錯誤有聯帶關係的是他前已被（我們）指責過的缺點。他沒有提出一個關於經驗的直觀（如何）產生的理論，而是毫不費事地說經驗的直觀是「被給與的」就完了，把它和單純的官能感覺等同起來；而他又只以直觀的形式空間和時間賦予後者，將空間時間兩者包括在感性這個名稱之下。可是從這些材料中還是不能產生一個客觀的表象。更當說的是，這客觀的表象根本要求將感覺關聯到感覺的原因上去，也就是要求因果律的應用，要求悟性；因爲沒有因果律，則感覺總還是主觀的，並且即令感覺也被賦予空間，要是沒有因果律也還是沒有把一個客體置於空間中。可是在康德那兒就不得應用悟性來進行直觀。（在他那兒）悟性只能思維，以便（使它）留在超絕邏輯的範圍之內。康德還有一個錯誤是與此相聯的，就是說他把這個證明，從客觀經驗的直觀之可能性來證明（他所）正確認識到的因果律的先驗性這唯一有效的證明，留給了我。他不這樣做，反而提出一個顯然錯誤的證明，這是我在論根據律那篇論文第二十三節中已指出過的。——由上所述可以清楚地看到康德的「表象的對象」（上述三項區分中的第二項）之組成，一部分是他從表象（上述三項區分之一），一部分是他從自在之物（上述三項區分之三）所剽竊來的。經驗如果真只是這樣才成立的，即是說，只有我們的悟性應用十二個不同的功能來以同樣多的先驗的概念，去思維那前此只是被直觀看到的諸對象〔才成立的〕，那麼每一眞正的物之爲物，就必然有一〔大〕堆規定，而這些規定作爲先驗具有的，正如空間和時間，根本就不得想像是一物所沒有的，而是本質上屬於該物的實際存在的，然而卻又不是可以從空間和時間的屬性引申出來的。但事實上只有一個這樣的規定是〔眞正〕可以碰得到的：這就是因果性的規定。物質性就是基於這因果性的，因爲物質的本質就在於〔有〕作用，所以物質徹始徹終是因果性（見第二卷第四章）。可是唯有物質性才是實物和幻象之間的區別，而這幻象原來本只是表象而已。這是因爲作爲恆存的物質才賦予〔實〕物以經歷一切時間的恆存性，〔不過〕這是就一物的物質〔內容〕說，至於一物的形式則是按因果性而變換的。此外，在一物之上所有其他的東西，要麼是空間的規定，要麼是時間的規定，要麼是〔人對〕該物的經驗的屬性，而所有這些屬性又都來自該物的作用，這種作用也就是因果性的較細密的一些規定。可是因果性是已作爲條件而進入經驗的直觀了的，故直觀是悟性之事。悟性就已使直觀可能了，不過在因果律之外〔悟性〕並無助於經驗和經驗的可能性。充滿陳舊的本體論的，除這裡所指出的以外，無非是諸物的相互關係，或諸物對我們反省思維的關係以及拼湊起來的雜燴，此外再沒什麼了。

範疇論的講述〔方式〕本身已經就是這部分學說並無根據的一個標誌了。就這方面說，超絕感性學和超絕分析學之間有著多大的距離啊！前者是多麼明晰，多麼確定，多麼妥當啊！他毫不隱諱而準確無誤地給人們傳達的信念又是如何堅定啊！在那兒一切都是通明透亮的，沒有留下一個黑暗的角落。〔在那兒〕康德知道他要的是什麼，並且知道他是正確的。後者則相反，一切都是晦澀的、混亂的、不確定的、搖擺的、不妥當的；他的論述小心翼翼唯恐有失，到處在請求諒解，甚至以留下並未吐露的東西為依據。第二版裡關於純粹悟性概念的引申那兩節，即整個第二和第三節❾都是完全改動過了的，因為康德自己對此也不滿意；並且〔雖〕已完全不同於第一版，然而也並沒比第一版清楚明晰些。人們真是看到了康德為了貫徹他在學說上的既定主張，〔反而是〕在和真理作鬥爭。在超絕感性學中，他那學說的一切命題都真正是意識上不可否認的事實所證明了的；在超絕的分析學裡則相反，如果置之於光線充分的地方來看，我們就只看到一些斷語說某事是這樣並且必然是這樣。所以說這裡和任何地方一樣，論述〔的形式〕總帶有它所從出的那一思想的烙印，因為筆調和文體本來就是精神的臉譜。——還可指出康德在他屢次為了詳細的論證而要舉一個例子的時候，他幾乎每次都是舉因果性這一範疇為例，這時他所說的也就是正確的，——因為因果律是悟性真正的形式，不過也是悟性唯一的形式，而其餘的十一個範疇都只是些死胡同。在第一版中範疇的引申也比在第二版中簡明些，少一些轉彎抹角。他在努力想說明他自己的意思，想說明悟性如何在由感性得到直觀之後又藉範疇的思想而使經驗成立。在這樣做時，他把再認識、複製、聯想、了知、統覺的超絕統一性等詞重複到使人疲倦的程度，然而還是沒有〔從

❾ 指超絕分析學第一篇第一章第二、三兩節。

而〕獲得什麼明確性。但最可注意的是他在這樣分析時，從沒有一次觸及過任何人都必然要首先想到的事情，也就是說他從不把感覺關涉到外在原因上去。如果他想不承認這一點，那麼他就該明白否認這一點，但是他又不這樣做。所以他在這件事上是繞著圈子在溜，而所有的康德派也正是這樣跟著他溜。這裡有一個隱蔽的動機在，那就是他在現象的根由這一名稱下把因果聯繫留作他錯誤地引申自在之物〔之用〕；其次就是由於關涉到〔外在〕原因上去，直觀就會是理智的，而這是他不可承認的。此外他好像是擔心過，如果人們承認官能感覺和客體之間的因果聯繫，則後者立即就會成爲自在之物並且也就輸入了洛克的經驗主義。其實這一困難是可以由於這樣一種思考來克服的，即是說這種思考使我們看到因果律和官能感覺自身一樣，兩含的來源都是主觀的，並且我們自己的身體，只要是在空間中顯現的，也就已經屬於表象了。可是康德害怕貝克萊式的唯心論，這卻阻止了他承認這一點。

　　直觀的雜多事物之聯繫一再被指爲是悟性憑藉它十二個範疇〔而有〕的基本功能，可是這也從未有過適當的解說，也從未指出過直觀的這種雜多事物在未經悟性加以聯繫以前究竟是什麼。可是時間和空間，空間在它所有的三進向中，既然是聯續〔體〕，也就是說時間和空間的一切部分本來都不是分離的而是聯續的，而時間和空間既是我們直觀一貫的形式，那麼一切自陳於〔被給與〕時間空間中的也原來就已是聯續了；也就是說，這一切〔東西〕的部分已經是作爲聯續的而出現的，而無須再加上什麼雜多事物的聯繫了。可是如果人們要這樣解釋直觀的雜多事物的這種聯繫，說我不過是將從一個客體得來的各種感官印象歸之於這一客體而已，例如說直觀地認識一口鐘，那使我眼睛感受到黃，使我手感受到滑和硬，使我耳感受到有聲的究竟只是同一個物體；那麼，就更應該說這是先驗地認識了因果聯繫（悟性這一眞正的唯一的功能）的後果，借助於這種先驗認識，我的各種官能所得到的那些不同感受還是只將我引向所有這些感受的一個共同原因，亦即引向我眼前這物體的樣態，以致我的悟性，儘管那些感受是不同的多種多樣，還是將這原因的統一性當作一個單一的，正是由此而直觀地自陳的客體來了知。——康德在《純粹理性批判》第七一九至七二六頁或第五版第七四七至七五四頁複述他的學說時，曾作過一個優美的摘要，他在這裡解釋範疇（的意義）也許要比他在任何地方所作的解釋更明確，也就是解釋爲綜合一些從感知後驗地得來的東西的單純規則。當他這樣說時，似乎是在他心目中浮現著這樣一種東西，好像是在繪製三角形時，這些角度就提供了組合邊線的規則一樣；至少人們可以從這一比喻弄清楚康德所說的範疇的功能是怎麼回事。在《自然科學的形上學初階》的序言裡有一段冗長的注解，也同樣提出了範疇的解釋，說除了在判斷中主語謂語經常可以互易其位而外，範疇「毫無別於悟性在判斷中的那種形式的活動」；然後在同一個地方根本就給判斷下了這麼個定義說：判斷是「由於已知的表象才成爲認識一客體的活動」。如此說來，動物既不判斷（什麼），也就根本不認識任何客體了。依康德的說法，對於客體根本就只有概念，沒有直觀。我則相反，我說：客體最初只是對直觀而存在，而概念在任何時候都是從這個直觀得來的抽象。因此抽象的思維必須準確地按照直觀中現有的世界進行而與之一致，因爲只有對這世界的指及才使概念具有內容，並且除了去作反省思維的能力之外，我們根本不能爲概念假定任何其他先驗規定的形式。而反省的思維能力，它的本質就是概念的構成，亦即構成抽象的、非直觀的表象，如我在第一篇裡已指出的，這便是理性唯一的職能。準此我就要求我們把範疇中的十一個都拋出窗戶外而單是留下因果性這一範疇，不過同時要體會這一範疇的作用已經就是經驗的直觀之條件，從而經驗的直觀就不只是感性的而是理智的了；要體會這樣直觀看到的對象就是經驗的客體，和表象是一〔個東西〕，而與此有別的就僅僅只有自在之物了。

當我在不同的年齡一再研究過《純粹理性批判》之後，我對於超絕邏輯學的產生不期然而獲得一種堅定的見解，並認爲這一見解大有助於理解這一部分學說，今特述之於此。以客觀的理解和人的最高深思爲基礎的發現僅僅只有這一頓悟，即悟到時間和空間是先驗地爲我們所認識的。被這一幸運的發現所鼓舞，康德還想再探索這新礦的礦脈，而他對於結構勻整的嗜好又給了他〔探求的〕線索。這就是說如同他既發現了經驗的直觀有先驗的純粹直觀作爲條件而爲之奠基一樣，同樣，他就認爲從經驗獲得的概念一定也有在我們認識能力中作爲前提的某種純粹概念爲之奠基，認爲經驗的實際思維必須先有一種先驗的純粹思維才有可能——其實這種思維沒有任何對象，而必須從直觀取得對象——，這樣，就和超絕感性學成爲數學的先驗根據一樣，邏輯學也必然有這麼一種根據；由是超絕感性學因爲有了超絕邏輯學就獲得了一個勻稱的對仗。自此以後康德就不再是沒有成見，不受拘束的了，對於意識中現有的東西已不再是在純眞的探討和觀察的狀態中了，而是被一個假定引導著，在追求一個企圖，也就是要找到他所假定的〔東西〕以便在他那麼幸運地發現了的超絕感性學之上作爲第二層樓而搭上與之相似的，也就是與之勻整對稱的超絕邏輯學。爲此目的他就想到判斷的〔分類〕表上去了，在情況容許之下他又盡可能地從這一〔分類〕表制出了範疇〔分類〕表。〔範疇〕作爲十二個先驗的純粹概念的學說，是說這些純粹概念正就是我們對於事物進行思維的條件，而直觀地看這些事物又是由感性的兩種形式所決定的。於是現在就有了一個純粹悟性勻整地和純粹感性相對稱了。此後他又看中了另一種考察，藉純粹悟性概念的離形格式論，這個假定、這一考察就給他提供了一個辦法可以提高事情的合理性；可是由於假定這種離形格式卻恰好暴露了他自己所不意識的論證過程。原來在他著意要爲認識能力的每一經驗的功能找到一個與之相配的先驗的功能時，他覺察到在一面是我們經驗的直觀和一面是我們經驗的、在抽象的非直觀的概念中完成的思維之間，還有雖不是經常的卻是很常見的一種中介作用。也就是說，這種中介作用的出現正是因爲我們不時要試圖從抽象的思維回到直觀——不過也只是試圖而已——，實際上這是爲了使我們深信我們的抽象思維沒有遠離直觀這個可靠的基地，不是憑空的，也不是已成爲空洞的字眼了；大約和我們在黑暗中行進隨時要摸一摸給我們指示方向的牆壁那種情況差不多。那麼，我們也正只是隨時試著回到直觀罷了，因爲這時我們是在想像中喚起一種直觀與我們正在從事的一些概念相符合而已，而這種直觀對於概念又永遠不是恰如其分的，卻只是概念的臨時代表罷了。至於說明這一點所必要的〔論證〕我已在《論根據律》那篇論文第二十八節中列舉出來了。康德認爲這種類型的飄忽幻象和想像中完整的形象相反而稱之爲一個離形格式，說這好像是想像力的一種簡縮了的徽記，並主張在一面是我們對於經驗地獲得的概念所作的抽象思維，和一面是我們明晰透過感官達成的直觀之間既有這種飄忽的幻象，那麼與此相同，在純粹感性的先驗直觀能力和純粹悟性的先驗思維能力（亦即諸範疇）之間也有這樣的**先驗的純粹悟性概念**的離形格式。他在那篇古怪的《關於純粹悟性概念之離形格式的要點》裡，卻把這些離形格式當作先驗的純粹想像力之徽記逐一加以描寫，而又將其中的每一個分屬於一個與之相應的範疇。這個《要點篇》是以最晦澀著名的，因爲從來沒有一個人能夠弄清楚這是怎麼回事。可是如果人們從這裡指出的立足點來看，這種晦澀卻又可豁然開朗；不過在這立足點上也會比在任何地方更能顯露康德論證的企圖，和他事先下定決心要找到那和排比相似，有助於結構勻整的東西，而這在某種程度上就已把事情弄到滑稽可笑的地步了。原來當他給經驗的離形格式（或我們眞實概念透過想像得來的代表）又假定相應的、純粹的（沒有內容的）、先驗悟性概念（範疇）的離形格式時，卻忽略了這種離形格式在這裡已完全沒有什麼用處可言了。這是因爲（我們）在（作）經驗的（眞實的）思維時，這種離形格式的用處完全只是對這樣一些概念的**物質內容**而言：即是說這些概念既是從經驗的直觀抽出來的，我們就這樣來幫助自己，使自己不致迷失，也就是當我們在進行抽象的思維時，間或要飄忽地回顧一下這些概念所自來的直觀以保證我們的思維還具有實際的含義。可是這（樣做）就必須有個前提，即是說我們心目中的概念是從直觀中產生的，並且這（樣做）也只是回顧概念的物質內容而已；

是的，只是〔補救〕我們弱點的一個輔助工具而已。可是就先驗的概念說，它們既還沒有什麼內容，那麼，一望而知像內容這樣的東西必然是不存在的：因爲這些概念並不是從直觀產生的，而是從人心內前來和直觀遇合以便從直觀獲得內容的，所以這些概念還並沒有可以回顧的東西在。我所以在這裡不厭其煩地談到這一點，是因爲這恰好照明了康德哲學思維的隱祕過程。準此，這一過程就在於康德既幸運地發現了兩個先驗的直觀形式之後，於是就以類比法爲前進的線索，努力要爲我們的經驗的認識之每一規定指出一個先驗的對等物，而這對等物，在那些雛形格式中，最後甚至擴展到一個只是心理的事實上去了；而在這樣做時，那種貌似深刻的意義和論述的艱深恰好有助於瞞過讀者這論述的內容依然完全是一個不可證明的、任意的假定。然而誰要是終於深入到這一論述的意義，又容易被誘致把這艱難獲得的理解當作是事實眞相的信念。假如與此相反，康德在這裡也和發現先驗的直觀一樣，採取不受拘束和純粹觀察的態度，那麼他就必然已發現了附加到空間和時間的純粹直觀之上來的——如果從這純粹直觀得出了經驗的直觀——一面是感覺，另一面是因果性的認識，而因果性的認識又將單純的感覺變爲客觀經驗的直觀。並且正是由於這一點，所以因果性的認識不是從經驗的直觀假借來的、學來的，而是先驗地既存的。這也正是純粹悟性的形式和功能，不過也是它唯一的然而又是有如此重大後果的一個功能，以致我們所有一切經驗的認識都要以這一功能爲基礎。——倘若如經常所說的，要駁斥一個謬誤只有從心理學上指出謬誤的發生過程才算澈底，那麼就〔反駁〕康德的範疇學說和範疇的雛形格式學說而論，我相信我在上面的論述中已經滿足了這一要求。

康德既已在一個關於表象能力的學說的初步簡單基本論點中納入了這樣重大的錯誤之後，他就想到了一些多種多樣的，極爲複雜的假設。屬於這類假設的首先就是統黨的綜合統一性。這是一個很古怪的東西，說法也很古怪〔，他說〕：「這『我思』必須能夠隨伴我所有的一切表象。」〔既說〕「必須」——〔又說〕「能夠」：這既是一種問題式的，又是一種不容反駁的申論方式。用德語〔說得明白些〕，這就是一個把一隻手拿出來的東西又用另一隻手拿回去的命題。然則這一在尖頂上保持著平衡的命題究竟是什麼意思呢？是說一切表而出之的意象作用都是思維嗎？——那又不是。如果是這樣，那就更不可救藥了，那就會是除了抽象的概念之外什麼也沒有了；尤其是更不會有那種純粹的，不帶反省思維和意志的直觀了，而這種直觀中就有美的觀審，美的觀審也就是對於事物眞正的本質——亦即柏拉圖的理念——最深刻的體會。並且如果眞是這樣，那麼那些動物要麼也在思維，要麼連表象都沒有，二者必居其一。——或者這一命題是要說：沒有無主體的客體？如果是這個意思，那麼這種表示的方式就太不好了，並且也太說遲了點兒。如果我們把康德的一些說法概括起來，我們就會看到他所了解的統覺的綜合統一性就好比是我們所有一切表象這個球體裡的無廣延的中心，球體的半徑都彙集於這一中心。這就是我叫做認識的主體的東西，亦即我叫做一切表象的對應物的東西。同時這也就是我在第二卷第二十二章叫做大腦活動的輻射線彙集的焦點而詳加描寫和論述過的東西。我在這裡提出該處作為參考，就不必再重複了。

我所以摒棄整個的範疇學說而把它算作康德裝入認識論而使之更繁重的那些無根據的假定之一，是從上面對於這個學說所提出的批判而來的；與此相同，又是由於指出超絕邏輯學中的矛盾而來的，〔因為〕這種邏輯學是以混淆直觀的和抽象的認識而有其根據的。此外，我所以這樣做還有一個來由，那就是〔我〕指出了康德對悟性和理性的本質缺少一個明確而固定的概念，我們反而在他的著作中只看到一些關於這兩種精神能力的不聯貫、前後不符、簡陋而不正確的說法。最後，〔我所以這樣做〕也是由於我自己在第一篇及其補充中，更詳盡地是在《論根據律》一文的二十一、二十六和三十四各節中關於這兩種精神能力所作過的那些說明。這些說明都是很固定的明確的，是考察我們認識的本質顯而易見的結果，並且和一切時代一切民族的語言習慣與著述中，關於這兩種認識能力已露端倪只是尚未臻於明確的各概念完全符合一致。針對康德與此極不相同的論述而捍衛我這些說明，在揭露他那論述的錯誤時就已大部分做到了。——康德以判斷〔分類〕表作為他的思維理論的，甚至作為他全部哲學的基石，不過就判斷〔分類〕表自身說，總的說來還是有它的正確性。既然如此，我就還有責任要指出一切判斷的這些普遍形式是如何在我們的認識能力中產生的，並使之和我對於認識能力的論述調和一致。——在闡述這一點時，我將一貫地把我的說明所賦予悟性和理性兩概念的意義和這兩概念聯繫起來，因此我假定讀者們已熟悉我的那一說明了。

在康德的方法和我所遵循的方法之間有一個本質的區別，這區別在於他從間接的、反省思維的認識出發，我則相反，從直接的、直觀的認識出發。他可以比作那丈量塔影以測知塔高的人，我則可以比作那直接用皮尺測量實物的人。因此，哲學對於他是〔一種〕由概念〔構成〕的科學，對於我卻是〔一種〕在概念中的科學，是從直觀的認識，一切證明的這唯一來源上汲取得來而納之於、固定於普遍概念中〔的科學〕。他跳過了這整個的，圍繞著我們的，直觀可見的，形態萬千的，意義豐富的世界，而把自己膠著在抽象思維的形式之上。同時，儘管他從未說出來，卻是以這樣一個前提爲基礎的，即是說反省思維是一切直觀的原始基型，因而直觀所有一切本質的東西就必然已在反省思維中表現出來了，並且是表現於極緊湊的，從而易於概覽的形式和基本輪廓之中的。準此，抽象認識所有本質的和規律性的東西就已將所有一切的線都放在一隻手裡了，〔可以〕在我們眼前使直觀世界豐富多彩的木偶戲活動起來。——只要康德明確地說出了他那方法的這一最高基本原則並且前後一貫地遵守這一原則，那麼他至少也得把直觀的和抽象的東西分清楚，而我們也就無須和一些不能解決的矛盾與混淆狀況作鬥爭了。可是從他那種解決問題的方式看，人們看到他那方法的基本原則對於他〔自己〕也還只是極不明確的，恍恍惚惚的，以致人們在澈底研究了他的哲學之後，還得又來猜測這個原則。

至於就〔康德〕所提出的方法和基本定律本身說，那倒是不可厚非的，並且是一個輝煌的思想。一切科學的本質原就在於我們將直觀可見的、無窮無盡的森羅萬象概括於比較少的一些抽象概念中，並從這些概念中整理出一個系統來，以此系統便能完全掌握所有那些現象於我們「認識」的權力之下，便能說明過去和預測將來。不過各種科學乃是按現象的特殊的、複雜的種類而各自分擔現象的廣泛領域〔的一部分〕的。於是，別開概念的內容，將如此這般的概念上絕對本質的東西孤立起來，以便從如此發現的一切「思維」的形式來看出什麼東西對於一切直觀的認識，從而根本是對於作為現象的世界，也是本質的，就是一個大膽而幸運的思想了。並且因為這是先驗的，由於思維那些形式的必然性而被發現的，所以是來自主觀的，所以正是導向康德的目的。——可是現在在這兒，在人們還沒再向前進之先就必須探討一下反省思維和直觀認識是一種什麼關係（這當然要以康德對兩者所忽略的區分為前提），前者究竟是怎樣反映而代表後者的，是完全乾淨純粹地反映，還是已經由於納入它自己的〔反省思維的〕形式而〔使後者〕改了樣並使之部分地認不清了呢？究竟是這抽象的、反省思維的認識的形式更加被決定於直觀認識的形式，還是〔直觀認識〕由於被一直不變而附著在它自己，這反省思維的認識上的本性所決定，以致在直觀認識中極不相同的東西一進入反省思維的認識之後就再不能加以區別了呢？或是反過來，我們在反省思維的認識方式中覺知到的有些區別也就是從這認識自身產生的，而決不是指直觀認識中和這些區別相應的區別呢？但是這一探討的結果就會得出這樣的結論：直觀認識在被納入反省思維時所遭受到的變更幾乎和食品在被納入動物有機體時一樣。〔食品的〕形狀和混合〔情況〕都被有機體所決定，以致從這些混合的組成中根本再看不出食品的本性了；——或者〔因為剛才說的有些過甚其詞〕至少會有這樣的結論：反省思維，對直觀認識的關係決不等於水中的倒影對於被反映的對象的關係，而幾乎只能等於這些對象的影子對於這些對象本身的關係；而這影子卻只反映一些外表的輪廓，但影子是把極複雜的東西部合到同一個形態中去了，是以同一輪廓表出極不相同的東西，以致決不能從這輪廓再完整地、可靠地重構事物的〔原來〕形態了。

整個反省思維的認識或理性，只有一個主要形式，而這個主要形式就是抽象概念。這個形式是理性自身本有的，直接和直觀可見的世界並無必然的聯繫，所以動物完全不具理性而直觀的世界對於動物還是存在著，並且還可能是完全另一個直觀世界，不過反省思維的那一形式仍可同樣恰當地適合於這另一世界。但是聯合概念以成判斷卻有某種確定的合於規律的形式，這些形式既是由歸納獲得，便構成了判斷〔分類〕表。這些形式大部分是要從反省思維的認識方式本身，也就是直接從理性來引申的，這是就這些形式是由於四個思維規律〔我稱之爲超邏輯的眞理〕和由於全部和全不的〔全稱〕命題所發生而說的。這些形式中的另外一些〔形式〕卻在直觀的方式中，也就是在悟性中有它們的根據，但另外這些形式並不因此就是指出悟性有同樣多的特殊形式，而是完全只能從悟性所有的唯一功能，從因和果的直接認識來引申的。最後，上述那些形式中又還有一些則是從反省思維的認識方式和直觀的認識方式兩者的會合和聯繫中產生的，或者本是從容攝後者於前者之中而產生的。此後我將逐一討論判斷的各關鍵並從已說過的來源指出每一判斷的發生。由此自會得出結果，即是說從這些判斷來引申各範疇是落空了的，並且範疇的假定之無根據和範疇的論述之被認定爲混亂而自相矛盾的正不相上下。

㈠所謂判斷的量是從概念之爲概念的本質中產生的，所以只在理性中有其根據，和悟性與直觀的認識根本沒有直接的聯繫。如在〔本書〕第一篇裡已評論過的，下列情況對於概念之爲概念原是〔最〕基本的，即是說概念都有一個範圍，有一個意義圈，而較廣泛的、較不確定的概念則包含著較窄狹的、較確定的概念，所以後者又可以被單獨提出來；並且可以這樣來做，亦即將後者根本稱爲只是那較廣泛的概念之不確定的部分；或者也可以這樣做，亦即由於賦予後者一個特殊的名稱就把它規定了而且使之完全分立了。完成這一程序的判斷，在第一種情況就叫做特稱判斷，在第二種情況就叫做全稱判斷。例如「樹」這概念的意義圈中的同一個部分就可以用一個特稱判斷，也可用一個全稱判斷使之〔和其餘部分〕隔離，這兩種判斷先後是：「有些樹結苦栗子」；「一切橡樹都結苦栗子」。——可見兩種方式的區別是很微小的，是的，這區別的可能性就有賴於語言詞彙的豐富。康德卻不顧這一點而宣稱這個區別透露了純粹悟性兩種基本不同的行動、功能、範疇，而純粹悟性又正是以這些〔東西〕先驗地規定著經驗。

最後，人們也可以爲了獲得一個確定的、個別的、直觀可見的表象而使用一個概念，而這概念自身〔又〕是從這一表象，同時也是從許多其他表象剝落下來的：這就是由個別判斷來完成的。一個這樣的判斷僅僅只是標誌著抽象認識轉向直觀認識的界線，〔這裡〕概念是直接過渡到直觀認識的〔，例如說〕：「這裡的這一棵樹是結苦栗子的。」——〔可是〕康德從這種判斷也造成了一個特殊的範疇。

根據上面所說過的一切，這裡就沒有再加以反駁的必要了。

㈡同樣，判斷的質也完全在理性的範圍之內，而不是使直觀有可能的悟性的任何一規律之陰影，就是說並不在悟性的規律上說話。抽象概念的本性，也就正是客觀地被理解了的理性自身之本質，如在第一篇已闡述過的，它自身就帶有概念的意義圈分合的可能性，並且同一律和矛盾律的一般思維規律即基於這可能性作爲概念的前提。這些思維規律，因爲它們純粹是從理性產生而不能再加以說明，我曾賦予以超邏輯的眞實性。它們規定著凡合在一起的必然仍舊合著，凡分開了的必然仍舊分著，也就是既確立的不得同時又加以取消，所以是以意義圈分合的可能性——也就正是以判斷——爲前提的。可是在形式上這判斷（作用）僅僅只在理性中，而這形式又不像判斷的內容那樣是從悟性的直觀認識連同帶過來的，所以也不能在直觀認識中給判斷的形式找到一個對應物或類似物。直觀既一旦由於悟性，爲著悟性而產生，這就完結了，談不上什麼懷疑和錯誤，因而既不知有什麼肯定也不知有什麼否定。這是因爲直觀是自己表出自己，和理性的抽象認識不一樣，不是按認識的根據律而在對直觀之外的什麼的關係中有其價值與內含的。所以直觀全都是一些現實，任何否定對於直觀的本質都談不上；否定只能透過反省思維才被加到直觀上去，可是也正因此否定總是留在抽象思維的領域之內的。

康德利用著舊經院學派的一個怪癖想法，還在肯定的和否定的判斷之外加上無盡的判斷。這是挖空心思想出來塡空的東西，根本不值得加以分析，是一個不透氣的死窗戶，正如康德爲了促成他那勻整的結構已安裝過好多這樣的死窗戶一樣。

㈢在關係這個極廣泛的概念之下，康德蒐集了判斷的三種全不相同的本性。爲了認識這些本性的來源，我們不得不逐一加以闡明。

（甲）**假言判斷**根本就是我們一切認識的那一普遍形式的抽象表示，亦即根據律的抽象表示。而根據律有著四種完全不同的意義，在每種意義中又是從各不相同的認識能力發源的，並且各自關涉到另一種類的表象，〔這些都是〕我一八一三年在我那篇論根據律的論文裡已論述過的了。從這篇論文已足夠看出假言判斷這一普遍思維形式的來源並不只是如康德所主張的那樣，只能是悟性及其因果範疇，而是說因果律——按我的說法是純粹悟性唯一的認識形式——只是包括一切純粹或先驗認識的根據律的形態之一；另一面這根據律在其任何一意義中卻都以判斷的這一假言形式爲其表現。——可是在這裡我們就看得相當清楚，在來源和意義上完全不同的一些認識當理性在抽象中加以思維時，如何在聯繫概念與概念，判斷與判斷的同一形式中出現而根本不能再加以辨別，並且如果要加以辨別就必得完全放棄抽象認識而回到直觀認識。因此康德所採取的途徑，從抽象認識的立足點出發也要找直觀認識的因素及其最內在的動態，那是完全錯了的。此外我那整個的導論篇《論根據律》在一定的意義上可以看作是對於假言的判斷形式之意義的一個澈底的討論；因此我在這裡就不再在這問題上逗留了。

（乙）定言判斷的形式不是別的什麼、而是任何判斷本義上的形式。這是因爲嚴格講起來，判斷就只是思維著諸概念意義圈的聯繫或不可合一的不一致性。因此假設的聯繫和二者不可得而兼的選擇聯繫實在本不是判斷的特殊形式，因爲它們都只應用於已經現成的判斷之上，而這些判斷中的概念聯繫仍是定言的並無所改易；但它們卻把這些現成判斷聯接起來，並且如果是假言的形式則表示著兩判斷的相互依賴性，如果是二中選一的形式則表示著兩判斷的不可合一（，不可同時皆眞）。但單是概念就只有一種相互的關係，也就是定言判斷中所表示的那種關係。這一關係更細緻的規定或再分類就是概念意義圈的相互交叉和完全分立，也就是肯定和否定。康德則從這種再分類中又在完全不同的標題下，在質這標題下製造出特殊的範疇。〔概念的〕相互交叉和完全分立又有再低一級的分類，亦即意義圈的完全或部分交叉，這種規定就構成判斷的量；康德從這個規定也制出了一個完全獨特的範疇類。他就是這樣拆散著極爲相近的東西，甚至同一的東西，拆散單純概念相互之間唯一可能的一些關係的容易全面看到的變化，另一方面，與此相反，他又把極不相同的東西都集合到「關係」這一標題之下來了。

定言判斷有同一律和矛盾律的思維規律以作超邏輯的原則。但是聯繫概念意義圈的根據——這根據以眞實性賦予判斷，而判斷也就只是這種聯繫——卻可以有極不相同的種類，從而判斷的眞實性就可以或是邏輯的，或是經驗的，或是形而上的，或是超邏輯的；而這些東西既已在導論篇的三十節到三十三節裡論列過了，這裡就無庸再重複了。不過由此自可看出直接的認識可以是如何的極不相同，而所有這些認識卻在抽象中由於兩概念的意義圈的聯繫而表出為主語和謂語；也可看出人們不能舉出悟性的任何一功能是和這聯繫相符而產生這聯繫的。例如這些判斷：「水沸騰了」；「正弦可以測定角的度數」；「意志作了決定」；「做事可以使人有所寄託」；「作區別是困難的」，都是以同一個邏輯的形式表示一些最不相同的情況。我們從這裡又一次獲得證實：站在抽象認識的立足點上來分析直接的、直觀的認識如何一開始就是錯了的。——此外，從一個眞正的悟性認識中，我所謂的定言判斷只在一個地方，也就是在這判斷表示一個因果性的時候，才能產生；不過在所有那些指出一個物理屬性的判斷中也同是悟性認識。原來當我說「這一物體是重的、硬的、流動的、綠的、酸性的、鹼性的、有機的等等，等等」時，這永遠是指這物體的作用。那麼這也就是透過純粹悟性才可能的一種認識。在這一認識以及許多與之不同的認識（例如極抽象的概念居於從屬地位）在抽象中由主語和謂語表示出來之後，人們就已把這種單純的概念關係又回頭轉移到直觀認識上去了，人們並認為這判斷的主語和謂語都必然在直觀中有著一個固有的、特殊的對應物，亦即實體和偶然屬性。不過在更後面一些我將弄清楚實體這個概念除了物質這個概念以外並無其他眞正內容，而偶然屬性則完全和作用的方式同一意義；所以所謂實體和偶然屬性的認識仍然還是純粹悟性對原因和後果的認識。至於物質這個表象是如何產生的（這個問題），則一部分是已在我們的第一篇第四節，更精闢的是在《論根據律》第二十一節末尾第七七頁闡明過了，一部分我們將在探討實體恆存這個基本命題時更詳細地看到。

（丙）選言判斷是從排除第三者的思維規律中產生的，而這思維規律又是一個超邏輯的眞理，所以選言判斷完全是純粹理性的所有物，在悟性中沒有選言判斷的來源。從它們引申出共同性或相互作用的範疇可正就是一個顯著的例子，（足以）說明康德爲了滿足他自己對於結構勻整的嗜好，不時容許自己侵犯眞理的那些暴行。這種引申法所以不可容許已屢被指責，也指責得對，並且是從好幾種理由來闡明的；尤其是G．E．舒爾則在他的《理論哲學批判》中和柏爾格在他的《哲學的後批判》中曾對此加以指責並闡明了理由。——在一個概念尙待相互排斥的謂語來作出的規定和相互作用這個思想之間究竟有什麼眞正的類似性呢？這兩者甚至是完全處於對立地位的，因爲在選言判斷中兩分支之一的眞正確立，必然同時是其另一支的取消；與此相反，當人們想著兩個事物在相互作用的關係中時，則一物的確立正是另一物必然的確立，反之亦然。因此相互作用在邏輯上的眞正類似物無可爭辯地就是以「待證」爲前提的錯誤推論了，因爲在這種循環推論中，正如上述相互作用中錯誤的循環推論一樣，被證明的也就又是根據，反之亦然。那麼正和邏輯斥責這種循環推論一樣，從形上學中也得驅除相互作用這個概念。這是因爲我現在要十分嚴肅地有意來闡明在眞正的意義上根本就沒有什麼相互作用，闡明這個概念儘管恰是由於思想的不明確而爲人們最樂於使用，然而仔細考察起來卻是空洞的、錯誤的、毫無意義的。首先人們得思考一下因果性根本是什麼，作爲輔助（資料）請參看我在導論篇第二十節和我的獲獎論文《論意志自由》第三章第二七頁起（第二版第二六頁起），以及最後在我們的第二卷第四章對這問題所作的論述。因果性是這樣一個規律，按這規律凡發生了的物質**狀態**（得以）自己規定它們在時間上的位置。因果性所談的只是狀態，實際上也只是談**變化**；而既不是說物質之爲物質，也無關於無變化的恆存。**物質**作爲物質說並不在因果律的支配之下。因爲物質既不生也不滅：所以（因果律）並不如人們一般所說的是（支配著）那整個的**物**，而是（只支配）物質的各種**狀態**。並且因果律和**恆存**也不發生關係，因爲在什麼也不**變**的地方也就沒有**作用**可言，也沒有因果性，而只是一個常住的靜態。現在假如這樣一個狀態變了，那麼這新生的狀態要麼是恆存的，要麼不是，而是立即又引出第三個狀態來；那麼這些狀態所以發生的必然性也就正是因果律。因果律是根據律的一個形態，所以不得再加以說明；因爲根據律就是一切說明和一切必然性的準則。由此就看得清清楚楚，原因後果這回事是在準確的銜接和必然的關聯中而建立在**時間秩序**之上的。只有甲狀態在時間上先於乙狀態，而它們的相續是一個必然的而不是一個偶然的（聯繫），亦即不僅是後續而是隨之而有的結局；——只有這樣，甲狀態才是原因，乙狀態才是後果。可是**相互作用**這概念卻含有這個意思：兩個（狀態）都互爲因又互爲果。但這就正是等於說兩者中的每一（狀態）都是在前的一個，可是又都是在後的一個，也就是胡思亂想。原來兩個**狀態**同時並存，並且是必然地同時，那是不可承認的：因爲兩個狀態作爲必然聯繫著而又同時並存就只構成**一個**狀態。這狀態的常住不變固然要求它所有一切的規定恆常與之俱存，可是這就根本不是在談變化和因果，而是在談經久不變和靜止不動了。並且這也再沒有說到其他的什麼，而是說如果整個狀態的**一個**規定變動了，那麼由此而產生的新狀態就不能是固定（不生發的），而是成為第一狀態所有其他的規定也變動的原因，由此就恰好又出現了一個新的第三狀態；而這一切都只是按單純的因果律而發生的，卻並沒有為一個新的規律，相互作用的規律，提出了什麼根據。

我還乾脆地斷言相互作用這概念沒有一個實例可以為佐證。人們要想認為是相互作用的一切一切，要麼是一個靜止狀態，這就根本用不上因果性這概念，因果性的概念是只對變化有意義的；要麼就是名同實異而互為條件的一些狀態在交替相續，（如果是這樣，那麼）說明這種交替相續簡單的因果性已足夠用了。兩秤盤由於相等的重量而進入靜止狀態，這是第一種情況的一個例子。這裡根本沒有發起什麼作用，因為這裡並沒有什麼變動，這是靜止狀態。（兩邊的）重力平均分配了，和在任何一個支持在重點上的物體中一樣，（兩邊）都在下沉，但不能由一種作用把它們的力表現出來。至於拿掉一邊的重量就產生一個第二狀態，這一狀態又立刻成為第三狀態的原因，亦即成為另一秤盤下沉的原因；這都是按單純的因和果的規律而發生的，並不需要悟性的一個什麼特殊範疇，連一個特殊的稱謂都不需要。另外一個情況（，第二種情況）的例子就是火的繼續燃燒。氧和燃燒著的物體相結合是熱的原因，而熱又是這種化合再發生的原因。但這並不是別的而是一根因和果的鎖鏈，這鎖鏈上的環節都是交替著同名的：燃燒甲發起熱（量）乙的發射，熱（量）乙又發起一個新的燃燒丙（也就是說一個新的作用和原因甲同名，但不就是個體上的同一物），燃燒丙又發起新的熱（量）丁（這和作用乙不是實際的同一而只是在概念上同一物，也就是與之同名），如此遞推，繼續不已。人們在一般生活中叫做相互作用的還有一個恰當的例子，這是從馮．洪堡❿關於沙漠〔問題〕所提出的一個理論（《大自然的面面觀》第二版第二卷第七九頁）引來的。原來在沙漠中是不下雨的，可是在環繞著沙漠的樹山上卻下雨。這原因不是樹山對雲的吸引，而是從沙地上升的熱空氣柱阻礙了蒸氣小泡的分解而將雲氣沖到上空去了。在樹山上垂直上升的氣流要弱些，雲霧下降而在冷空氣中凝聚為雨。這樣，缺雨和沙漠中無植物就成為相互作用了：所以不下雨是因為灼熱的沙漠地發散著更多的熱；沙漠所以不成為草原或牧場又是因為不下雨。但是這裡和上面的例子一樣，顯然又只是同名的原因和後果的前後相續而根本不是什麼和單純的因果性本質上有別的東西。鐘擺的擺動也是同樣的情況，是的，有機物體的自我保存也是這種情況。在後一情況也正是每一狀態都引發一個新狀態，這新狀態和引發它的那一狀態是同一種類的，但在個體上卻是新的；不過這裡的情況更為複雜，因為這裡的鎖鏈不是由兩種而是由好多種的環節所構成的，以致一個同名的環節要間隔好幾個中間環節才又重現。但是我們在自己眼前總是看到〔那〕唯一的一個簡單的因果律的應用，——這因果律給狀態的繼起立下了規則——，而不是看到什麼別的必須由悟性的一個新〔出〕的、特殊的功能來理解的東西。

或者是人們甚至要提出作用與反作用相等作為相互作用這概念的佐證嗎？但是這〔作

❿ 馮．洪堡（Alexander Humboldt，一七六九—一八五九），德國自然科學家。

用與反作用相等〉卻正在於我如此極力主張過而在論根據律那篇論文裡詳細闡明過了的〔那一點〕，也就是說原因和後果並不是兩個物體，而是一些物體的兩個相續的狀態，從而兩狀態中的每一個都包含著一切參與〔該狀態〕的物體；所以後果，亦即新出現的狀態，例如在撞擊這回事上，就是以同一情況分屬於兩物體的，因此被撞擊的物體變到什麼程度，那來撞擊的物體也就恰好變到這個程度（各按其質量和速度的關係）。如果樂意將這也叫做相互作用的話，那麼任何一個作用也就一概是相互作用了，因此也就無需一個新的概念，悟性更無需為此而有一個新的功能了，而只是因果性有了一個多餘的同義語罷了。可是康德在《自然科學的形上學初階》裡毫不留意地公然說出了這一見解，在開始證明力學第四定律時他說：「世界上一切外來的作用都是相互作用。」那麼在悟性中怎麼又要先驗地有著不同的功能以〔分別〕應付簡單的因果性和相互作用呢？怎麼甚至說事物的眞正前後相續就只是由於前者，而事物的同時並存就只是由於後者才可能，才可認識呢？據他說來，如果一切作用都是相互作用的話，那麼前後相續和同時並存也就是同一回事了，從而世界上的一切一切也都是同時的了。——如果眞有相互作用，那麼永動機也就可能了，並且甚至是先驗的必然了。其實斷言永動機的不可能倒是以先驗地深信沒有眞正的相互作用，以沒有一個悟性的形式是爲此而設的爲根據的。

亞里斯多德也否認本來意義上的相互作用，因爲他曾指出兩物雖然可以彼此互爲原因，但只是在人們對每一物的了解各有另一種意義的時候才可能，譬如說一物對另一物是作爲動機而起作用的，但後者對於前者則是作爲前者運動的原因而起作用的。原來我們在兩處地方，一處是〔他的〕《物理學》第二卷第三章，一處是〔他的〕《形上學》第五卷第二章，看到同樣的一句話：「固然也有些事物是互爲原因的，例如〔搞好〕體操是體力旺盛的原因，體力旺盛又是〔搞好〕體操的原因，然而這並不是在同一方式上互爲原因，而是一個是作爲目的，一個是則是作爲運動過程的發起作用。」如果他在此外還承認有一個眞正的相互作用，那麼他就會在這裡把它提出來，因爲他在這兩處都是從事於列舉所有一切可能的各種原因。在《後分析》第二卷第十一章內他曾談到因果的循環，卻沒有談到相互作用。

590

(四)〔屬於〕**樣態**〔這一類〕的各範疇卻有一個優點，那是所有其他的範疇沒有的；就是說由每一種〔樣態範疇〕所表示出來的東西究竟還眞正符合這東西所由引申，所來自的判斷形式；而在所有其他的範疇則幾乎全不是這種情況，因爲它們大多是以任意的蠻幹從諸判斷的形式中演繹出來的。

所以，導致疑問的、直陳的、斷言的各種判斷形式的東西誠然就是可能、眞實、必然這些概念，這一點也不假。但是說這些概念是悟性的一些特殊的、原始的，不能再從什麼地方引申而得的認識形式，那就並非眞是如此。其實更應該說這些概念是從一切認識唯一原始的形式，因而也是我們先驗意識著的形式中產生的，是從根據律中產生的；並且**必然**性的認識還直接是從根據律產生的；與此相反，應用反省思維於這必然性之上才產生偶然性、可能性、不可能性、眞實性等概念。因此所有這一切〔概念〕都不是從**一種**精神力，從悟性產生的，而是從抽象認識和直觀認識的衝突產生的，這是人們立刻就會看到的。

我斷言必然是和從已知的原由得出結果根本就是交替概念並且完全是等同的。除了作爲一個已知原由的結果，我們再也不能把什麼認爲必然的，甚至連想像也不可能；而必然性這概念，除了這一依存性，除了這由於另一事物的確立和從這事物少不了要產生的結果之外，乾脆就不再包含什麼了。所以這個概念僅僅是，唯一的是由於應用根據律而產生而存在的。因此按根據律的不同形態就有一個物理的必然（由原因得後果），一個邏輯的必然（由於認識根據，在分析的判斷中，在三段論法中，等等），一個數學的必然（按空間和時間中的存在根據），最後還有一個實踐的必然。說實踐的必然，我們不是想拿它來指被決定於一個所謂絕對命令，而是指有了一個固定的經驗性格之後按現有動機必然發生的行爲而言。——但一切必然的之爲必然也只是相對的，也就是說只是在這必然所由產生的原由這個前提之下的；因而絕對的必然性也就是矛盾了。——此外我還指出《論根據律》那篇論文的第四十九節作爲參考。

〔與此〕相對的反面，亦即必然性的否定，則是偶然性。因此這概念的內容是消極的，也就是除了說缺少根據律所表示的聯繫之外，再也沒有什麼了。所以偶然之事也總只是相對的，也就是對一個不是它的原由的什麼而言，它才是偶然之事。任何客體，不管它是哪一種客體，譬如現實世界的每一事項，在任何時候都同時是必然的又是偶然的。必然，是就對於是該事項的原因這一事的關係而言；偶然，是就對其他一切的關係而言。這是因爲該事項在時間和空間中和其他一切的接觸僅只是一個遇合，沒有必然的聯繫；所以德語、希臘文、拉丁文的「偶然」（分別有「碰上」（Zu-fall）、「遇合」（συμπτωμα）、「遭遇」（contingens）的意思）。因此一個絕對的偶然之事正和一個絕對的必然之事一樣，都是不可想像的。因爲如果要這樣想，則前者就正是這樣一個客體：它對任何一個其他客體都沒有後果對原由的關係。這種客體的不可想像卻恰好是根據律所表示的消極內容，所以要使絕對的偶然之事可以想像就非得先推翻根據律不可。但是這樣一來，這偶然之事自身也就失去一切意義，因爲偶然這概念只是在根據律上說而有其意義的，並且是意味著兩客體不在原由到後果的相互關係中。

在大自然中，就自然是直觀的表象說，凡所發生的一切都是必然的，因爲這所發生的都是由其原因發生的。但是我們（一旦）就一個單一事物對其他不是其原因的事物的關係來考察，那麼我們就認它爲偶然的，不過這已經是一個抽象的反省思維了。如果我們現在再進一步把自然中的一客體完全從它對其他客體的因果關係剝離開來，也就是從必然性和偶然性剝離開來：那麼包攬這一類認識的就是眞實這個概念。就這個概念說，人們是只看**後**果這一面而不去追尋其原因；否則就對這原因的關係說，人們就必須稱這後果（或作用）爲**必然**的，而就對其他一切的關係說，人們又必須稱之爲**偶然的**了。這一切最後都基於判斷的樣態所指的（是什麼），這與其說是事物的客觀本性，不如說是我們的認識對這種本性的關係。可是在大自然中，任何一事都是從一個原因發生的，所以每一**眞實**（**事物**）也是**必然的**；不過這也只是就**此時此地**說，因果律的規定僅僅只對此時此地有效。但如果我們離開直觀可見的自然而過渡到抽象思維，那麼我們就能在反省思維中想像我們所有那些一部分先驗就知道的，一部分要後驗才知道的自然規律，而這一抽象的表象就包括自然中在**任何**一個時間，**任何**一個地點的一切，同時也是從任何一個固定的地點和時間剝離開了的，而我們則正是這樣透過這種反省思維而跨進了**可能性**的廣闊領域了。然而甚至在這廣闊領域裡也有找不到它的地位的東西，那就是**不可能的事物**。顯然的是，可能性和不可能性都只是對於反省思維，對於理性的抽象認識，而不是對於直觀的認識而有其存在的，儘管把可能性或不可能性的規定交到理性的手裡的還是這直觀認識的那些純粹形式。按我們在想到可能之事或不可能之事時所從出發的自然規律或是先驗被認識的，或是後驗被認識的，這可能性或不可能性也就分別是形而上的或僅僅只是〔形而下的，〕物理的。

〔上面〕這個論證並不需要任何證明，因爲這論證既是直接基於根據律的認識，又是直接基於「必然」、「眞實」、「可能」這些概念的發展的。從這個論證已足夠看出康德爲這三個概念而假定悟性有三種特殊功能是如何完全沒有根據；也可看出他在這裡又一次不讓任何考慮來干擾他那勻整結構的發展。

可是在此以外還有一個很大的錯誤，那就是他把必然和偶然的概念彼此互混了；誠然，他是在追隨以往哲學的先例。原來以往的哲學把抽象作用誤用到下面這種用途上去了：顯然的是凡一事，如果它的根由已經確立了，它就會不可避免地隨此根由而發生，也就是說它不能不有，那也就是說它是必然的。但是人們卻單是守住最後這一規定說：必然就是那不能是另一個樣兒的〔東西〕，或〔這東西〕的反面是不可能的。可是人們把這種必然性的來由和根子忽略了，忽視了一切必然性由此而有的相對性，又由於這種忽視而製造了**絕對必然之事**這麼一個完全不可想像的神話，也就是關於這樣一個東西的神話：它不可避免地一定會有，猶如後果來自原因一樣，但又不是一個原由的後果、因而也不依賴於什麼。後面這一附加語正是一個荒謬的丐詞，因爲這丐詞是違反根據律的。人們從這種神話出發，和眞理相反，恰好把由於一個根由所確立的一切都宣稱爲偶然的，因爲人們這時原來只看到這一切的必然性的相對面，並且又拿這種必然性來和那完全憑空虛構的，在其概念中自相矛盾的**絕對**必然性*作比較。對於偶然之事這是一個根本錯誤的規定，然而康德卻還是保留著這種規定，而且在《純粹理性批判》第五版第二八九至二九一頁；第一版第二四三頁；第五版第三〇一頁；第一版第四一九頁；第五版第四四七、四八六、四八八頁〔等處〕仍以之爲說明。於是

* 人們請參看克里斯蒂安．沃爾夫的《關於上帝、宇宙和靈魂的合理思想》五百七十七至五百七十九節。——奇怪的是他只把那按變易根據律而有的必然之事，亦即從原因發生之事，說成是偶然的；與此相反，按根據律的其他諸形態而有的必然之事，他還是承認其為必然，例如由本質（定義）產生的判斷，也就是那些分析判斷，此外還有數學的真理。他說他的理由是只有因果律有無窮的系列，其他各種根據卻只有有限的系列。可是就根據律在純粹空間和時間中的諸形態說，並不是這麼一回事；只在邏輯的認識根據才是這樣的情況。可是他又把數理的必然性當作這種認識根據。——比較：《論根據律》第五十節。

他甚至陷入了最觸目的自相矛盾，他在第一版第三〇一頁就這樣說：「一切偶然之事都有一個原因」，又補上一句：「偶然的，就是其不存在是可能的。」可是實際上凡有一個原因的，其不存在就是絕不可能的，也就是必然的。——再者，對於必然之事和偶然之事這種完全錯誤的解說，在亞里斯多德那兒，並且是在《生長和衰化》第二篇第九、第十一章就已能找到它的來源。原來在那兒必然之事被解釋爲其「不存在不可能」之物，與之相對峙的是其「存在不可能」；兩者之間則有可存在也可不存在之物，——也就是有生有滅之物，並說這就是偶然之事。按前面所說過的，可以看清楚這種解釋和亞里斯多德的好多解釋一樣，都是由於停留在抽象概念，不回溯到具體之物、直觀之物而產生的；其實直觀乃是一切抽象概念的來源之所在，抽象概念必須經常以此來檢驗。說「有個什麼，其不存在是不可能的」，在抽象中固然可以這麼想；但我們如果以此來看具體事物、現實事物、直觀的事物，那麼除了只有上述一個已知原因的後果外，我們找不到任何東西可以證實這個思想，即令證實這思想有可能性也不能夠；——然而這後果的必然性仍是一個相對的、有條件的必然性。

在這當兒關於樣態（類）這幾個概念我還補充幾點。——一切必然性既然都基於根據律並且正是以此而爲相對的，那麼一切**定言**判斷就原來是，在其最後意義上，是**假言**的了。定言判斷只是由於再來一個肯定的小前提，也就是在結論命題中，才成爲**無條件**的（，不許還價的）。如果這小前提還是未定的，並且表示了這種未定，那麼這（定言判斷）就成爲**疑問**判斷。

凡普遍（作爲規律）確然的（一個自然律）東西就個別情況說總只是未定的，因爲要有定就還必須眞正具備了使這情況符合規律的條件才行。相反，凡作爲個別事物而是必然（確然）的東西（每一個別的，由於其原因而必然的變化）如果是籠統地、一般地表達出來也只是〔存疑〕未定的，因爲這已出現的原因只和這個別情況有關而定言的，經常亦即假言的判斷卻一貫只是表出普遍規律而不直接表出個別情況。——這一切的理由都在於可能性只在反省思維的領域中有之，只是對於理性而有的；而眞實〔事物〕則在直觀的領域內有之，是對於悟性而有的；必然則是對於兩者而有的。眞正說起來，必然、眞實、可能〔三者〕間的區別甚至也只在抽象中並且是在概念上而有的；在現實世界則相反，所有三者都合而爲一了。這是因爲一切一切的發生，都是**必然**發生的，因爲都是從原因發生的；而這原因自身又有原因，以致這世界所有的一切過程，無論巨細，都是嚴格的一串必然發生之事。準此，一切眞實的同時也就是必然的，在現實中眞實和必然之間並沒有區別。同樣，在眞實性和可能性之間也沒區別，因爲凡未曾發生的，亦即沒有成爲眞實的，也就是不可能的。這〔又〕因爲這未曾發生之事必然賴以出現的原因——無此原因則決不能出現——自身並未曾出現，在原因的大聯鎖中也不能出現，故未曾發生的也就是不可能的。據此說來，則任何一過程要麼就是必然的，要麼就是不可能的。這一切都只是對經驗的現實世界說的，而經驗的現實世界也就是個別事物駁雜的複合體，所以也就是完全對個別事物作爲個別事物說的。與此相反，如果我們憑理性而在一般性中考察事物，抽象地理解這些事物，那麼，必然性、眞實性、可能性又各自分立了。於是我們就把一切先驗地合乎我們智力所有的規律的認爲根本是可能的，把符合經驗的自然律的認爲是在這個世界上可能的，儘管它從未成爲眞實的（，還是可能的）；也就是說我們明確地把可能的和眞實的區別開來。而眞實的雖然就其本身說永遠也是一必然之物，卻是只被那認識其原因的人理解爲必然的，如果別開這原因說就叫做偶然的。這一考察也給了我們〔理解〕麥珈利派蒂奧多羅斯和斯多噶派克利西波斯〔兩人〕之間關於可能性的那一爭辯。西塞羅在《論命運》一書中敘述了這一爭論；蒂奧多羅斯說：「只有成爲眞實的〔東西〕才是可能的；而一切眞實的也是必然的。」——克利西波斯則相反，「有好多可能的〔東西〕從不成爲眞實的，因爲只有必然的才成爲可能的。」——這一點我們可以這樣解釋：眞實性是一個推論的結論，可能性則爲推論提供前提。不過這裡不僅需要大前提而且也需要小前提，大小兩前提才產生充分的可能性。原來大前提只在抽象中提供理論的、一般的可能性，這本身還根本沒有使什麼有可能，而有可能也就是能成爲眞實的。要成爲眞實的，還需要小前提，因爲小前提在它將個別事物納入規律之中時才給個別事物提供可能性。個別事物恰是由此而立即成爲眞實性。例如：

大前提：所有的屋子（也包括我的屋子）都可能燒光。

小前提：我的屋子著火了。

結論：我的屋子燒光了。

這是因爲每一普遍命題，也就是每一大前提，就眞實性說，總只是在一個前提之下才規定事物，隨而也就是假言的：例如「可以燒光」就以「著火」爲前提。這一前提是由小前提帶出來的。每次都是大前提給大炮裝上火藥，可是必須小前提來點火才能發射，也就是才有結論。從可能性到眞實性的關係一概都是這樣的。結論乃是眞實性的表出，但結論既永是必然產生的，那麼就由此可見凡是眞實的，也就是必然的。這還可以從是必然的也就只是是一個已給予的根據的後果（這事實）看出來，而就眞實事物說這根據就是一個原因。所以說一切眞實的都是必然的。準此，我們在這裡就看到可能、眞實和必然這些概念都合一了，還看到不僅是後一概念以前一概念爲前提，而且相反亦然。把這（三者）各自拆開來的是我們智力的有限性透過時間的形式才拆開的，因爲時間是從可能性過渡到眞實性的媒介。個別事態的必然性可以由於該事態的全部原因充分看出來，但是所有這些不同的、互不依賴的原因湊到一起在我們看來卻是偶然的；是的，這些原因的各自獨立就正是偶然性的概念。可是這些原因中的每一原因既然又還是它們的原因的必然後果，而原因又有原因，原因的鎖鏈是沒有一個起點的；這就指出偶然性只是一個主觀的現象，是從我們悟性有限的地平線產生的，和視線的地平線上天與地相接是同樣的主觀。

必然性和由已知根據得後果既是同一回事，那麼在根據律中的每一形態也就必須現爲一個特殊的必然性，而在可能性與不可能性上也有其反面。這個反面總是由於應用理性的抽象考察於對象之上才產生的。因此和上述四種必然性對立的也有同樣多種類的不可能性，也就是：物理的、邏輯的、數學的、實踐的〔四種〕。此外還可指出，如果人們完全留在抽象概念的範圍之內，則可能性總是附屬於較普遍的概念的，而必然性總是附屬於較窄狹的概念的，例如：「一個動物**可以**是一隻鳥，一尾魚，一個兩棲類等等。」——「一隻夜鷺**必然**是一隻鳥，鳥必然是一個動物，動物必然是有機體，有機體必然是一個物體。」——原來這是因爲邏輯的必然性是從一般走向特殊而決不是反過來的；這種必然性的表出就是三段論法。——與此相反，在直觀可見的大自然中（在第一種表象中）一切本是必然的，由於因果律而是必然的。只是由於後加的反省思維才能同時把它們理解爲偶然的，是拿它們和那些不是它們的原因的東西相比較，也是由於撇開一切因果聯繫而單是作爲純粹的眞實〔看〕的。本來只在這一類別的表象才眞有**眞實**這個概念，有如這個詞兒的語源來自因果性概念就已指出了的。——在第三類表象中，在純粹數學的直觀中，如果人們完全留在這種直觀以內，那就全是必然性；可能性在這裡也只是由於關涉到反省思維的概念而產生的，例如：「一個三角形可以是直角的、鈍角的、等角的；**必然**有三個角，加起來等於兩直角」。所以人們在這裡只是由於從直觀的〔東西〕過渡到抽象的〔東西〕才達到**可能的**〔東西〕。

〔上面〕這一論述既以回憶到論根據律那篇論文，又以回憶到本書第一篇內所說過的爲前提，在這一論述之後，〔我們〕希望判斷的那些形式——在表式中看到的——的眞正而極不相同的來源已不再有疑義；假定悟性有十二種特殊功能並用以說明判斷諸形式，這是不可容許的，是全無根據的；對於這一點同樣也不應再有疑問了。一些個別的，很容易作出的評語就已指出了最後這一點，譬如這樣說就是一個例子：如果要假定肯定的、絕對的和斷言的〔三種〕判斷是三個這樣根本不同的東西，以致它們使人有權假定悟性對於三者中任何一種判斷都各有一種完全獨特的功能，那就必須對於勻整性有很大的嗜好，對於按此嗜好而採取的途徑有很大的信心才行。

康德自己是這樣洩露了他〔也〕意識到他那範疇學說是站不住腳的：他在分析基本命題（現象和本體）的第三章裡把第一版中冗長的幾段（即第一版第二四一、二四二、二四四、二四六、二四八、二五三頁）都在第二版中刪去了，那幾段〔本也〕太無遮飾地暴露了範疇學說的弱點。譬如在第一版第二四一頁他說所以沒有給個別的範疇下定義，是因爲範疇是不容有定義的，即令他想要給範疇下定義，他也不能夠這樣做。——他在這樣說時卻忘記了他在第一版八二頁曾說過：「我有意地免除了自己給範疇下定義〔之勞〕，儘管我想獲得這些定義。」——所以，請容許我這樣說，這就是〔康德的〕胡說。但是最後這一段他卻沒刪掉。所有後來精明地刪掉了的各節都是這樣洩漏了〔一點，即〕人們對於範疇沒有什麼明確的東西可以想像而整個這一學說都站不太穩。

〔康德〕現在卻說這個範疇〔分類〕表乃是研究任何形上學、任何科學的指導線索。（《每一形上學的序論》第三十九節）事實上這個表不僅是整個康德哲學的基礎和該哲學到處完成其勻整性所遵照的模式，如我在上面已經指出的，而且還不折不扣的成了普洛克祿斯特的胡床。康德一味蠻幹將任何可能的考察都塞入這個胡床，我現在還要詳細一點來考察他這種蠻幹的做法。可是那些模仿者們，那些奴性的傢伙既有這樣一個機會，還有什麼幹不出來的！這是人們已看到了的，所以那種蠻幹是這樣做出來的：人們把那些表示〔分類〕表，表示判斷形式和範疇的詞兒的意義完全撇開了，忘記了，而僅僅只株守著這些詞兒本身。這些詞兒一部分的來源是從亞里斯多德的《前分析》Ⅰ，23（關於三段論法的質和量的術語）取得的，然而卻是任意選來的；因爲除了用量這個詞以外，人們還很可以用其他方式來標誌概念的範圍，儘管正是這〔一詞〕還比範疇的其他標題究竟更適合它的對象些。質這個詞已顯然只是人們由於質量對稱的習慣任意選來的，因爲拈出質這個名稱來管肯定和否定畢竟是夠任意的了。可是康德在他所著手的每一考察中就把時間、空間上的任何數量，事物任何可能的屬性，物理的、道德的等等屬性，一概納入這兩個範疇的標題之下，而不管除了這偶然的任意的名稱之外，在這些事物和判斷形式與思維形式的那些名稱之間並無絲毫共同之處。人們必須把自己在別的方面對康德應有的一切敬意放在心上，以便不把自己對於〔他〕這種搞法的反感用苛刻的字句表示出來。——又一個例子是自然科學一般基本定理的純生理學上的圖表給我們提出來的。請問判斷的量和每一直觀都有一個廣延上的大小〔這事〕到底有什麼關係？請問判斷的質和每一感覺都有一個程度〔這事〕到底有什麼關係？——其實前者倒是基於空間是我們外在直觀的形式〔這事實的〕；後者也不是別的，而只是一個經驗的，並且是完全主觀的覺知，只是從考察我們官能的本性得來的。——再就是在給純理論心理學奠基的那張表上（《純粹理性批判》第三四四頁，第五版第四〇二頁），心的單一性又被列在質的下面，可是這恰好是一種量的屬性，和判斷的肯定或否定根本沒有什麼關係。然而他又說量是要由心的統一性來塡滿的，而心的統一性本是包含在單一性裡面的。然後〔他〕又以可笑的方式將樣態強塞進去，說心是處在它對於可能的對象的相關中；但相關已屬於關係，可是這〔關係〕又早已爲實體所據有了。再然後就是宇宙論的四種觀念，亦即二律背反的材料，〔也〕被還原爲範疇的〔四類〕標題。關於這一點在後面檢查這些二律背反時再評論。還有幾個可能更爲刺目的例子是《實踐理性批判》中自由的各範疇（！）那張表；——再就是在《判斷力批判》中按範疇的四〔類〕標題來論證趣味判斷的第一篇，最後〔一個例子〕是〔《〕自然科學的形上學初階〔》〕。這本書的體制完全是依據範疇表裁定的，也許主要的正是由此造成了書中的錯誤部分，這些錯誤部分又在這兒那兒一再參雜在這本重要著作的正確和卓越的部分中。人們只要在第一篇末尾看一看線的方向的單一性、雜多性、全整性要如何符合那些按判斷的量而命名的各範疇〔就夠了〕。

在康德實體恆存這個基本定理是從潛存和內涵兩範疇引申出來的。可是這〔些範疇〕只是我們從定言判斷的形式中，也就是從兩個概念〔分別〕作爲主語和謂語的聯繫中認識到的。因此，〔他〕使這重大的形上學基本定理〔反而〕有賴於這簡單的、純邏輯的形式，這是多麼勉強啊！不過這也只是在形式上和爲了勻整性而這樣做的。在這裡給這個基本定理提出來的證明，將該定理來自悟性和來自範疇這種誤認了的來源完全丟在一邊，乃是從時間的純粹直觀引出來的。可是這一證明也完全不正確。說單是在時間中就有同時存在和持續，那是錯誤的。這兩個表象是從**空間**和時間的統一中才眞正出現的，如我在《論根據律》第十八節已指出的，如我在本書第四節進一步詳論過的，我〔也〕不得不以這兩處分析作爲理解下列〔各點〕的前提。說在一切變更中時間自身是**常住的**，這〔也〕是錯誤的。時間自身反而正是流動不居的，一個常住不動的時間〔實〕是一個矛盾。康德的證明是站不住腳的，儘管他以那麼多的詭辯作支柱〔也是枉然〕；是的，他在這樣做時已陷入了最顯著的矛盾。原來他在（第一版第一七七頁，第五版第二一九頁）錯誤地將**同時存在**確定爲時間的一個樣態之後，他又完全正確地說：「**同時存在**不是時間的一樣態，因爲時間中全沒有同時的部分，而全是前後相繼的。」——實際上在同時存在中既會有空間又會有時間，程度恰相等。這因爲兩物既同時然而又不是一物，那麼它們就是在空間上不同了；如果是**一**物的兩個狀態同時（例如鐵的發光和熱），那麼這兩狀態就是一物同時的兩個作用，因而兩狀態是以物質爲前提的，而物質又以空間爲前提。嚴格說起來，這同時是一個消極的規定，這個規定含有的意思只是說兩個東西或兩個狀態不是由於時間而不同，所以它們的區別是要到別的方面去找的。——可是不管怎樣，我們對於實體恆存或物質不滅的認識必須基於一個先驗的見解，因爲這認識是超乎一切懷疑之上的，因而是不可能從經驗汲取來的。我是這樣來引申這一認識的：我們先驗地意識著的萬物生滅的原理〔或〕因果律在本質上完全只是對**變化**，也就只是對前後相繼的物質狀態而言的，所以是只限於形式的，〔作爲內容的〕物質⓫卻不受影響，因而物質在我們意識中就是不爲生滅所波及的，隨之是一切事物永遠既存，永遠常在的基底。人們在本書第一篇第四節可以看到實體恆存〔還有〕一個更深遠的，從分析我們整個經驗世界的直觀表象而取得的根據，那兒曾指出物質的本質即在於空間和時間完全的合一。這種合一唯有藉因果性的表象才有可能，從而也只是對悟性〔而有〕的。悟性不是別的，而只是因果性在主觀方面的對應物，因而物質，除非是作爲「作用」，也就是澈底作爲因果性也決不能在別的方式下被認識；就物質說，存在和作用是一回事，實在性這一詞已經有這一點的寓意了⓬。那麼空間和時間緊密的合一——因果性、物質、實在性——就是一個東西，而這一個東西的主觀對應物就是悟性。物質必須以一身而承擔它所從出的兩個因素⓭互相刺謬的屬性，而消除兩者的矛盾，使兩者的共存爲悟性所了解的就是因果性這個表象。物質只是由於悟性，只是對於悟性而存在的，而悟性的全部功能就在於認識原因和後果。那麼爲悟性而自行結合於物質中的就是不居的時間之流和空間的僵硬不動，前者是作爲偶然屬性的變更而出現的，後者則表現爲實體的恆存。這是因爲如果和偶然屬性一樣，實體也消逝的話，那

⓫ 在歐洲語言中「物質」如和「形式」對稱即是「內容」。
⓬ 請參照本書第一篇第四節第一段。
⓭ 指時間和空間。

麼現象就和空間拆開了而僅僅只屬於單另的時間了，經驗的世界就會由於物質的消滅而整個毀滅解體。——因此，作爲每人先驗地既已認定的實體恆存這一基本定理就必須從空間在物質中，也就是在現實世界的一切現象中所占有的那一份——空間原是時間的反面和對手方，因而單是在空間自身而不和時間結合就不知有變易——引申出來和加以說明，而不是從單純的時間來引申。康德爲了要從時間引申出這個定理卻十分荒謬地單憑幻想將常住（這一屬性）賦予了時間。

〔康德〕於是接著又單從事態在時間上的先後秩序來證明因果律的先驗性和必然性，這種證明的錯誤我在《論根據律》第二十三節已詳細論證過，所以我在這裡只要點明一下就夠了*。關於相互作用的證明，情況也完全相同，我在前面甚至不得不指出這一概念的無稽。——〔康德〕接著就談到樣態的一些基本命題，關於樣態，必要說的也就已說完了。——

在往下追述超絕分析學時還有些地方是我要駁斥的，可是我怕讀者耐不住疲勞，因而就把這些地方留給讀者自己去思考了。不過我們在《純粹理性批判》中總是一再遇到康德全不區分抽象推理的認識和直觀的認識這一主要的、基本的錯誤，〔也就是〕我在前面已詳爲

603

* 人們可以隨意比較一下我對康德這一證明的反駁和前此費德爾（Feder）在《論時間、空間和因果性》第二十八節以及舒爾則在《理論哲學批判》第二卷第四二二—四四二頁對同一證明的攻擊。

駁斥過的錯誤。使康德的整個認識論蒙上一層不散的陰霾的就是這種全沒分曉。這並且會使讀者決無法知道他每次所談的究竟是指什麼，以致讀者由於每次都要試著先後從思維和直觀方面來體會那所說的而常在搖擺不定中，也就不是眞理解了〔他〕所說的，而總是只在猜測而已。〔康德〕對於直觀表象和抽象表象的本質，這樣令人難以相信地缺乏思考使他在〈關於一切對象區分爲現象和本體的區劃〉一章裡，如我就要詳論的，竟提出那極爲荒誕的主張，說沒有思維，也就是沒有抽象概念，根本就不會認識一個對象；還說直觀因爲不是思維也就完全不是一種認識，直觀除了是感性的激動，是單純的感覺外，就什麼也不是！〔他〕還說直觀如沒有概念則會是空洞的，但概念沒有直觀總還有點兒意思（第一版第二五三頁，第五版第三〇九頁）。這恰好和事實相反，因爲概念所以獲得任何意義、任何內容，只是從概念對直觀表象的關聯來的，概念是從直觀表象抽出，剝落下來的，也就是由於去掉一切非本質的東西而構成的；因此如果抽去直觀這基底，概念就空了，什麼也不是了。直觀則與此相反，自身便有著直接的、很重大的意義（自在之物在直觀中客體化了）：直觀自己代表自己，表出自己，不像概念那樣只有假借來的內容。原來根據律只是作爲因果律而支配直觀的，並且作爲因果律也只規定直現在空間和時間中的位置，但並不決定直觀的內容和意義；這就和根據律對概念有決定內容和意義的作用不同，在這兒根據律是從認識根據而有其效力的。並且康德在這裡好像正是要眞正著手來區分直觀表象和抽象表象似的，他責備萊布尼茲和洛克，說前者將一切變爲抽象表象，後者又將一切變爲直觀表象。可是他也畢竟並沒有作

604

出什麼區分。並且即令洛克和萊布尼茲眞的犯了那樣的錯誤，那麼康德自己也就背上了一個第三種錯誤，包括前兩種錯誤的包袱，也就是將直觀的〔東西〕和抽象的〔東西〕混淆到這種地步，以致產生了一個荒唐怪異的、兩不像的雜種，產生了一個怪物，〔人們〕不可能對這怪物有一個明確的想像；這就必然只有使後輩學者混亂昏瞶而陷入爭吵了。

在〈關於一切對象區分爲現象和本體的區劃〉這一章裡，思維和直觀分道揚鑣固然要比在任何地方還要顯著；可是這樣的區分在這裡卻是根本錯誤的。在第一版第二五三頁，第五版第三〇九頁原來是這樣說的：「如果我從一個經驗的認識裡去掉任何思維（透過範疇〔的思維〕），那就根本沒有留下什麼對於對象的認識了；這是因爲單是由於直觀就什麼也沒有被思維，而官能的感受又是在我身上的，〔所以〕並未構成這樣的表象對任何一客體的關係。」——在一定程度上這一句話，這一命題，就把康德所有的錯誤概括於這一點之內了，因爲由這一句話就揭露了康德把感覺、直觀和思維之間的關係都搞錯了，並據此而把直觀和單純的主觀的感覺，在官能上的感覺等同起來了，——其實直觀的形式畢竟應該是空間，並且是三進向的空間——，他認爲一個對象的認識是由於和直觀不同的思維才加〔到直觀〕上來的。與此相反，我說：客體首先就是直觀的對象而不是思維的對象；並且對於對象的任何認識本身原始都是直觀。直觀卻決不是單純的感覺，在直觀中已現出悟性的活動。唯有在人而不是在動物，後起的思維才是直觀的抽象化，思維根本不重新提出什麼新的認識，並不是思維確立了前所未有的對象，只不過是改變了已由直觀獲得的認識的形式罷了，也就是使直觀認識成爲概念中的抽象認識罷了。〔在思維中〕直觀的形象性雖由此喪失，但概念的聯繫卻可能了，這就無限地擴大了概念的應用〔範圍〕。和概念相反，我們思維的素材卻不是別的而是我們的直觀自身，不是沒有包含在直觀中，要由思維才帶來的什麼〔東西〕。因此凡是出現於我的思維中的東西也一定可以在我們的直觀中得到證驗，否則那就是一個空洞的思維。儘管這素材是如何多方被思維所加工，變形，這素材還要可以再被恢復過來，而思維也要可以還原到這素材才行；——好比人們將一塊黃金經過各種溶解、氧化、昇華和化合之後終於還原爲不含雜質、不減成色的純金一樣。如果說思維本身在對象上增益了什麼，甚至是增益了主要的東西，那是做不到的。

繼此之後〔康德〕論雙關語義的整個一章⑭只是對萊布尼茲哲學的批判。作爲批判說，這大體上是正確的，不過全部的體裁只是按結構勻整的嗜好而確定的，這種勻整性在這裡也成了指導線索。於是爲了向亞里斯多德的《思維工具論》看齊而取得一種類似性，他就提出了一個超絕的論點，說任何一個概念都要從四個方面加以考慮，然後才能弄明白這概念應放在哪一種認識能力之下。可是那應考慮的四個方面完全是任意假定的，人們以同樣的權利加上另外的十個方面亦無不可。〔不過〕方面有四個可就符合範疇〔分類〕的標題了，因此他就把萊布尼茲的主要學說盡可能地分配到各類範疇下。由於〔康德的〕這一批判，原來不過

⑭ 超絕分析學第二篇第三章附錄：「反省思維概念的雙關意義……」。

是萊布尼茲的錯誤抽象現在在某種意義上都打上了理性的自然錯誤這一烙印了。萊布尼茲不向哲學上和他同時代的偉大人物斯賓諾莎和洛克學習，卻寧願把他自己那些奇特的發明和盤托出。〔康德〕在〔論〕反省思維的雙關意義那一章裡最後〔還〕說，可能有一種和我們的直觀完全不同的另一種直觀，然而我們的這些範疇仍然可以應用到這種直觀上去；因此這種假設的直觀的客體就是本體之物，是只容我們思維的一些東西。可是我們既缺少〔能〕賦予這思維以意義的那種直觀，何況這種直觀根本就成問題，那麼這種思維的對象也就只是完全未定的一種可能性了。透過已經引述的各段，我在前面已指出了康德在最大的矛盾中，時而以範疇爲直觀表象的條件，時而又以之爲只是抽象思維的功能。在這裡範疇就單單是在後一種意義中出現的，並且完全好像是他只將一種推理的思維歸之於範疇似的。如果這眞正是他的意思，那麼他就必得在超絕邏輯學開始的時候，在他那麼不厭其煩地區分思維的各種功能之前，根本就要指出思維的特徵，從而使思維和直觀區別開來，就得指出單是直觀產生哪種認識，在思維中又新加上了哪種認識。這樣人們就會知道他在說什麼，或者更可能的是他也就會有另一種說法了；也就是說直觀就說直觀，說思維就說思維，而不是像他那樣總是和兩者之間的一個什麼東西在打交道，而這個東西〔其實〕卻是一個怪物。這樣，在超絕感性學和超絕邏輯學之間也就不會有那麼巨大的空隙了。在超絕邏輯學裡，他論述了直觀的單純形式之後，就只以「它們是被給與的」〔幾個字〕便將直觀的內容，整個的經驗的覺知都對付完了，而不問這些是如何來的，不問是否有悟性在場，卻縱身一跳就到了抽象思維，並且還不是只到思維本身，而是立刻就到了某些思維形式；並且又一字不提什麼是思維，什麼是概念，不提抽象和推理對具體和直觀是哪種關係，人的認識和動物的認識區別在哪裡，也不提理性是什麼。

抽象認識和直觀認識之間的區別，爲康德所忽略的這一區別，就是古代哲學家以現象和本體來稱呼的區別*，並且兩者的對立和不能互通曾使他們大傷腦筋。可是在伊利亞派哲學理論中，在柏拉圖理念學說中，在麥珈利派辯證法中，和後來在經院學派唯名論和實在論互爭中的就正是這一區別。至於唯名論和實在論之爭，〔其實〕柏拉圖和亞里斯多德兩人相反的精神傾向已含有這種爭論的萌芽了，不過後來才發展出來罷了。但康德卻以不負責任的方式，忽略了〔前人〕已用現象和本體兩詞所標誌的事物，就強用這些字樣來指他的自在之物和他的現象，好像這些字樣還不曾有過主人翁似的。

康德既曾拒絕亞里斯多德的範疇學說，我同樣也不得不拒絕康德的範疇學說。在既拒絕範疇學說之後，我在這裡仍想以建議的方式指出達到〔該學說的〕意圖的第三條道路。原來他們兩人在範疇這個名稱之下所尋求的無非是一些最普遍的概念，人們必然要在這些概念下來總括所有一切儘管是那麼不同的事物，因此一切已有的事物都得經由這些概念來思維。正

* 參看塞克斯都斯·恩披瑞古斯的《畢隆的活現》第一篇第十三章：「阿納克薩哥拉斯將所思維的和所覺知的對立起來。」

是這一緣故，所以康德將範疇體會爲一切思維的形式。

語法對邏輯的關係猶如衣服對身體的關係一樣。那麼，難道這些最高無上的概念，理性的這一數字低音——它是一切更特殊的思維的基石，不採用它根本就不能發爲思想——最後不是〔仍〕在那些由於其過分飽和的普遍性（超絕性）而不在個別的詞上，卻是在許許多多的詞的一些整個類別上而有其表示的概念中嗎？而這又是因爲每提到一詞，不管是哪一個詞，總是同時就想到了這些詞類之一了，所以人們就不得在字典中，而只能在語法書中去找這些詞類的稱呼了。難道概念的那些區別最後不是表示概念的那詞藉以〔分別〕爲名詞、形容詞、動詞，或副詞、介詞、代詞，或其他小品詞，一句話，藉以〔分爲〕各詞類的區別嗎？這是因爲這些〔詞類〕無可爭辯地標誌著一切思維首先採取的那些形式，而思維直接就在這些形式中活動。因此，詞類正是語言的基本形式，是任何一種語言的根本因素；我們也不能設想一種語言不是至少由名詞、形容詞、動詞所構成的。那麼，要放在這些基本形式之下作爲次一級〔形式〕的就是由基本形式的變化，亦即變格和變位所表示出來的那些思想形式了；至於人們在指及這些思想形式時是否用冠詞和代詞來幫助則無關宏旨。然而，我們還得更詳細一點來檢查一下並重新提出哪些是思維的形式這一問題。

㈠思維始終一貫是由判斷構成的。凡判斷都是整個思想網中的線。原來不用一個動詞，我們的思維就無法動步，而只要我們是在使用一個動詞，那麼，我們就是在作判斷了。

㈡任何判斷都是由於認識到主語謂語之間的關係構成的，判斷或是將主語謂語拆開，或是將它們合一而加以某些限制。將它們合一是從認識到兩者間眞正的同一性開始，——這也只在兩個交替概念之間有可能——；然後是認識到在想到甲時便已同時想到了乙，但反之則不然，——這是一般的肯定命題——；最後是認識到在想到甲時有時候也想到了乙，這就是特稱肯定命題。各種否定的命題則反其道而行之。準此，在任何判斷中都必然有主語、謂語和繫詞可尋，而繫詞可以是肯定的，也可以是否定的。主語、謂語、繫詞三者中的每一項大多數都是由一個特有的詞指出的，但並不一定是這樣。一個詞往往既指謂語又指繫詞，如「凱亞斯老了」；有時候一個詞又指所有三者，如「展開肉搏」，意思是說「兩軍進入肉搏戰」。由此就可見人們並不得直截了當地在字面上，甚至不能在句子成分上去尋求思維的諸形式；因爲同一個判斷可以用不同的字面，甚至在同一種語言中也可用不同的詞彙，甚至用不同的句子成分來表示，而那個思想則仍然未變，同時思想的形式也隨之而未變。這是因爲思維本身的形式要是不同的話，則思想就不能是同一個思想了。可是在思想相同，思維形式相同的時候，字面上的結構卻很可以不同，因爲字面結構只是思想的表面裝束，而思想則與此相反是和它的形式分不開的。所以說語法只是闡明思維形式的裝束而已。因此各詞類是可以從原始的，不依賴於任何語言的思維形式本身引申而得的，將這些思維形式及其一切變化表達出來就是詞類的使命。詞類是思維形式的工具，是這些形式的衣服；衣服必須準確地和思維形式的體形相適合以便在衣服中看得出這種體形。

㈢這些眞正的、不變的、原始的思維形式，當然就是康德那邏輯判斷表中的諸形式；只是多了些對此開著的，有利於勻整性和範疇表的死窗戶罷了，所有這些〔死窗戶〕都必須去掉；並且〔表中的〕秩序也排錯了。大體上應是：

（甲）質：肯定或否定，也就是概念的或合或分兩個形式。質是附在繫詞上的。

（乙）量：提出的是主語概念的全部或部分：全整性或雜多性。個體性主語也屬於前者：蘇格拉底意味著「一切蘇格拉底」。所以也只是兩個形式。量是附在主語上的。

（丙）樣態：確有三個形式。樣態決定質爲必然的、實有的，或偶然的。從而樣態也是附在繫詞上的。

這三種思維形式是從矛盾律和同一律的思維規律產生的。但從根據律和排中律產生的則是：

（丁）關係：只在對已有的判斷作出判斷時才有關係出現，並且只在於指出一個判斷有賴於另一個判斷（兩者都是複數也可以），隨也即是在假言命題中將兩判斷聯合起來；或者是指出判斷互相排斥，隨後也即是在選言命題中將兩判斷拆開。關係是附在繫詞上的，在這裡繫詞〔的作用〕是拆開或聯合已有的判斷。

句子成分和語法形式是判斷的三因素主語、謂語和繫詞的表現方式，也是這三者可能具有的關係，亦即方才列舉各思維形式的表現形式，又是後者更細緻的規定和變化的表現方式。因此名詞、形容詞和動詞是任何語言最重要的基本成分，所以是一切語言所必具的。不過也可以想像一種語言，其中形容詞和動詞永遠是互相溶合爲一的，猶如在一切語言中也間或有這種情況一樣。初步可以這樣說：名詞、冠詞和代詞是規定表示主語的；形容詞、副詞、介詞是表示謂語的；不過動詞除「是」是例外，卻已包括著謂語在內。表現思維形式的那種準確機械作用須由語法哲學來說明，猶如思維形式本身的操作須由邏輯來說明一樣。

注意：既是用以警告不走到一條岔路上去，又是藉以闡明上面所說的，我提出斯特爾恩的《語言哲學初基》一八三五年版，作爲一個從語法形式來構成範疇的嘗試，一個完全失敗了的嘗試。原來他整個兒將思維和直觀搞顚倒了，因此他要從語法形式而不從思維的範疇來引申所謂直觀的範疇，隨而乾脆將語法形式聯繫到直觀上去了。他陷在這個大錯之中，以爲語言是直接關聯到直觀上的，而不知語言直接只是關聯到思維這種東西上的，也就只是關聯到抽象概念上，然後才由此關聯到直觀上的；這時語言對直觀〔雖〕有一種關係，〔但〕與這關係而俱來的是形式完全變更了。凡是在直觀中的，包括從時間、空間中產生的各關係當然要成爲思維的一對象；所以也必然有語言形式以資表達，然而總是只在抽象中表達，只是作爲概念來表達。思維第一步的材料總是概念，邏輯的形式只是對概念而不是直接對直觀而言的。直觀永遠只確定命題在內容上的眞實性，決不確定命題在形式上的眞實性，因爲形式上的眞實性僅僅只遵循邏輯的規則。

我再回到康德哲學而談談超絕辯證法。康德以他對於理性的說明來揭開超絕辯證法這部分學說的序幕，亦即說明是哪一種能力應在理性中擔任主角，因爲前此在舞臺上的只是感性和悟性而已。前文中我已在康德對於理性所作過的各種不同解釋中也談及過這裡提出的解釋，也就是所謂「理性是〔認識〕原理的能力」。〔他〕在這裡卻宣稱前此所考察過的一切先驗知識，使純粹數學和純粹自然科學有可能的先驗知識，都只提供**規則**而不提供**原理**；因爲先驗知識是從直觀和認識的形式，而不是單從**概念**產生的，但必須是從概念產生的才能叫做原理。準此，這種原理就該是一個單**從純概念**來的認識，並且又是**綜合**的認識。可是這是乾脆不可能的。單是從概念產生的除了**分析**命題之外，決不能有其他命題。概念如果要綜合而又是先驗地聯在一起，這種聯繫就必須借助於第三者的中介才行，即借助於一種在形式上有經驗可能的純粹直觀；如同後驗的綜合判斷以經驗的直觀爲中介一樣。從而一個先驗的綜合命題決不能單從概念產生。根本除了在不同形態中的根據律之外，再沒有什麼是我們先驗意識著的東西了，因此除了那些從賦予根據律以內容的東西⓯中產生的判斷外，不可能還有其他的先驗綜合判斷。

在這當兒康德終於帶著一個和他的要求相符的所謂理性之原理而上場來了，不過也只**此一**個〔原理〕，亦即後來其他推論命題所從派生的一個〔原理〕。原來這就是沃爾夫在他的《宇宙論》第一篇第二章第九十三節和他的《本體論》第一百七十八節裡所確立和闡明了的那一命題。現在也和前面在雙關語義的標題之下，將萊布尼茲的哲學觀點當作理性自然而

⓯ 指直觀。

又必然有的錯誤途徑曾加以批判一樣，這裡對沃爾夫的哲學觀點也正是這樣如法炮製的。〔不過〕康德還是不鮮明，不確定，支離破碎地，朦朦朧朧地提出這個理性之原理的（第一版第三〇七頁、第五版第三六一頁和第一版第三二二頁、第五版第三七九頁）。唯有下面這一點倒是說得明明白白的〔，他說〕：「如果那被條件所決定的是已知的〔或被給與的〕，那麼它的〔一切〕條件的總和也必須是已知的〔或被給與的〕，隨後那**不受條件限制的**〔絕對〕也得同時是已知的〔或被給與的〕；唯有這樣，條件的總和才是充量具足的。」如果將那些條件和那些被條件決定的〔東西〕設想爲一根懸著的鏈條上的環節，那麼人們就會最鮮明地感到〔康德〕這命題表面上的眞實性。然而這根鏈條上面的頂端是看不見的，因此這鏈條可以〔往上〕延伸至於無窮無盡。可是這根鏈條既不掉下來而是懸掛著的，那麼上面必須有一個環節是第一環節，並且是以某種方式掛穩了的。或者簡單些說：理性要爲上溯至於無窮的因果鏈找到一個出發點。對於理性這倒是很方便的。可是我們想不〔再〕在比喻上而要就這命題自身加以檢查。這命題當然是綜合的，因爲分析地從「被條件決定的」這概念所得到的〔東西〕除了條件這概念之外，再沒有別的了。但這命題並無先驗的眞實性，也沒有後驗的眞實性，而是以一種很巧妙的方式剽竊了表面上的眞實性。現在我不得不揭穿這種巧妙的方式。我們直接地、先驗地具有的認識都是根據律在其四種形態中所表示出來的。根據律所有一切抽象的說法，尤其是這些說法的推論命題都已經是從這些直接認識假借來的，所以都是間接的。我在前面已闡述過**抽象的**認識如何每每將複雜的**直觀**認識統括於**一個**形式或一個概念之中，以致無法再去辨別這些直觀認識了。因此抽象認識對直觀認識的關係就好比影子對實物的關係一樣，實物有極豐富的多樣性，這影子卻只以一個包括所有這些多樣性的輪廓來反映。所謂理性之原理就是利用這個影子。不受條件限制的〔絕對〕和根據律是正相矛盾的，爲了仍然要從根據律推論這絕對理性之原理，就狡黠地拋棄了那對於根據律在其各別形態中的內容的直接、直觀的認識，而僅僅只利用從後者剝落下來的，由於後者而有其價值和意義的抽象概念，以便在這些概念的廣泛範圍中將這理性原理的絕對用個什麼方式偷運進來。加上辯證的外衣，這一手法就清楚到了極點，譬如這樣：「如果有了被條件決定的〔東西〕，那麼它的條件必然也是已知的〔或被給與的〕，並且是整個的，也就是完全無缺的，也就是它所有的條件的總和；那麼，如果這總和構成一個系列，也就是這整個系列；則〔這總和〕也包括這系列最初的起點，也就是包括了不受條件限制的〔絕對〕。」——這裡說一個被條件決定的〔什麼〕之上的諸條件，作爲條件就能夠構成一個系列，這就已經錯了。其實倒是對於每一被條件決定的〔什麼〕，它所有的一切條件的總和必須包含在它最近的根據中，它是直接由這最近的根據產生的，最近的根據也以此才是充足根據。譬如說一個狀態是原因，那麼這狀態所有一切不同的規定就必須都齊備了，然後才會有後果出現。但這系列，例如一個原因鎖鏈，卻只是這樣產生的，即是說剛才還是條件的東西，我們現在又把它看作是一個被條件決定的東西，於是整個〔由果溯因〕的操作過程立即又從頭開始，而根據律〔也〕帶著它的要求重新出現了。可是在一個被條件決定的〔東西〕之上決不能眞正有一**系列**連續〔不斷〕的條件，〔說〕這些條件單是作為這種系列並且是為了這末尾最後被決定的〔東西〕而有的；其實這永遠是被條件決定的〔東西〕和條件相互交替的系列，並且每次越過了一個環節，這鎖鏈也就中斷了，而根據律的要求也〔因〕完全〔滿足而〕消滅了。當條件又變為被條件決定的〔東西〕時，根據律的要求才又重新開始。所以**充足**根據律永遠只要求**最近一個條件**的完整而決不是要求一個**系列**的完整。但正是條件的完整性這個概念沒被確定下來究竟是同時的完整性還是前後相續的完整性；那麼在後者被選定的時候，就要求一個條件前後相續的完整系列了。只是由於任意的抽象，一系列的因和果才被看成全是一系列的原因，〔說〕這一系列的原因只是為了這最後的結果而有的，因此也是作為這結果的**充足**根據而被要求的。過細而清醒地看起來，從抽象〔設想〕的、不確定的一般性下降，降到個別確定的實物，則相反地可以看到一個**充足**根據的要求只及於最近原因的各種規定的完整性而止，而不在於一個系列的完整。根據律的要求在每一個現有的充足根據中已完全〔滿足了，〕消滅了。不過這種要求在這根據一旦又被看成後果時，就隨即又重新開始，但〔仍〕決不是直接要求一系列的根據。如果人們與此相反，不管事物的本身而自囿於抽象的概念之內，那麼上述這些區別就消失了。於是因果交替的鎖鏈，或交替的邏輯根據和後果的鎖鏈就被當作全是達到最後效果的一串原因或根據了；而**條件的完整性**——由此完整性，一個根據才成為**充足的**——也就好像是那假定的，全是由根據組成的**系列**的完整性了，這完整性又似乎只是為了最後後果而有的了。於是這抽象的理性之原理就在這兒帶著它對於「絕對」的要求毫不客氣地登場了。不過爲了認識到這個要求的無效，倒並不需要借助於那些二律背反及其解決來批判理性，而只需要以我所了解的批判來批判理性，也就是只要探討一下抽象認識對直接的直觀認識的關係，而探討的途徑是從前者不確定的一般性下降到後者堅定不移的確定性。那麼來自這一探討的後果，在這裡就是〔：〕理性的本質並不在於要求一個不受條件限制的〔絕對〕，因爲理性只要是完全清醒地履行任務，它自己就必然要發現一個不受條件限制的〔絕對〕簡直是不存在的怪物。理性作爲一種認識能力永遠只能和客體〔事物〕打交道，但對於主體〔而存在〕的一切客體都必然地、無可挽回地要服從根據律，是落在根據律掌心中的，無論是從事前的或事後的方面看〔都是如此〕。根據律的妥當性在意識的形式中是如此根深蒂固，以致人們根本就不能想像一個客觀的東西，說它再沒有一個爲什麼可問，也就是不能想像一個無條件的絕對，猶如盲人面牆，眼前漆黑。至於這個人或那個人的好逸惡勞要他們在什麼地方停下來而任意假定這麼一個絕對，這〔辦法〕和那不可推翻的先驗眞理相對抗是無能爲力的，儘管人們同時裝出一副尊嚴的面孔也無濟於事。事實上所有這些關於絕對的說法——康德以後〔人們〕所嘗試過的哲學幾乎以此爲唯一的題材——並不是別的而是隱匿身分的宇宙論上的證明⑯。原來這個證明，由於康德和它打了一場〔筆墨〕官司的結果，已被褫奪了一切權利而被置於法外了，故已不得再以它的眞面目出現，因而就〔只

---

⑯ 是神學裡證明有上帝的各種推證法之一。

得〕以各種僞裝登場，時而以有理智的直觀或純粹的思維爲高貴的外衣，時而在比較謙遜的哲學理論中又像一個可疑的流浪兒，而他所得到的則一半是乞求來的，一半是強要來的。如果這些先生們絕對地想要一個絕對，那麼我就要把一個絕對交到他們手裡，這個絕對比他們瞎聊的那些雲不雲霧不霧的東西更能滿足這種絕對的一切要求：這就是物質。物質是不生也不滅的，也就是眞正獨立而無所依的，是「由自身而存在，是自生自育的」；一切都是從它的懷中產生的，一切又回到它那裡去；人們對於一個絕對還有什麼可要求的呢？——其實是應該對那些還沒有開始對理性作任何批判的人們大聲疾呼：

「不要像那些婦人家，
人們討論理性已大半天，
她們總是回頭說她們的第一句話！」

至於上溯一個不受條件限制的原因，一個最初的肇端，這並不是基於理性的本質的。這一點並且已有了事實的證明，即是說我們人類的一些原始宗教，在世界上現在還擁有最多信徒人數的宗教，也就是婆羅門教和佛教，就並不知道有這種假定，也不容許有這種假定，而是〔認爲〕現象互相決定的系列〔可以〕上溯至於無窮。關於這一點我指出後面在批判第一個二律背反時所作的注解作參考；此外人們還可看看歐卜罕姆的《佛教的教義》（第九頁），關於亞洲宗教的任何第一手報導也都可一讀。〔可是〕人們不要將猶太教和理性等同起來。——

康德也決不主張他所謂「理性原理」是客觀有效的，他認爲這只是主觀上必然的。〔可是〕即令是作爲主觀必然的，他也只是藉一種膚淺的詭辯（第一版第三〇七頁，第五版第三六四頁）來引申這原理的，即是說，因爲我們企圖將我們所知的每一眞理盡可能概括於一個更普遍的眞理之下，所以這就不會是別的而已經就是在追求絕對了，而這絕對卻是我們所假定的。但是事實上由於這種追求，我們所做的並不是別的而是應用和有目的地使用理性以概括來簡化我們的認識；而理性也就是那抽象的、一般的認識能力，區別著意識明瞭，有著語言而思維著的人和動物——這些眼前當下的奴隸。原來理性的使用正是在於藉一般以認識特殊，藉規律以認識個別情況，藉更普遍的規律以認識這些規律，所以我們是在尋求最普遍的觀點。正是由於這種概括，才能使我們的認識這樣簡易和完美，以至於由此在生活過程上產生了動物和人之間，有教養和無教養的人之間的巨大區別。認識根據只存在於「抽象」的領域內，也就是只存在於理性的領域內；在認識根據的系列到了無法再證明的地方，亦即到了一個按根據律的這一形態不再被條件決定的表象時，當然總有一個盡頭；也就是不管先驗或後驗，在推論連鎖的最高前提的直接可以直觀的根據上有一個盡頭。我在《論根據律》第五十節已指出認識根據的系列在這裡實已轉爲變易根據或存在根據了。可是要使這種情況能夠成立，以便證明一個因果律上的絕對，即令只是當作要求，人們也只有在根本尚未區別根據律的各形態，而是株守著抽象意味（的根據律），混淆了所有這些形態時才做得到。但康德居然企圖以普遍和全體這種文字上的遊戲來爲這種混淆找根據（第一版第三二二頁，第五版第三七九頁）。——因此說我們尋求更高遠的認識根據，更普遍的眞理，是從假定一個在其實際存在上不受條件限制的客體或僅是與此有共同之處的什麼東西所產生的，那是根本錯誤的。怎麼能說假定這樣一個理性只要加以考慮就必然要認爲是荒唐的怪物，對於理性是本質的呢？其實倒是除了在個體的懶惰中決不能在別的什麼裡面找到絕對這概念的來源，個體儘管沒有任何理由，卻想以此擺脫別人和自己再進一步的一切追問。

康德自己雖然剝奪了這所謂「理性原理」的客觀有效性，卻仍把它當作一種必然的主觀的前提，並於是而給我們的認識帶來了一個不可解決的矛盾，他也隨即讓這個矛盾更鮮明地顯露出來了。爲此目的他（又）按他所偏愛的結構勻整繼續闡述了理性原理（第一版第三二二頁，第五版第三七九頁）。從關係（類）的三個範疇中產生三種推論，每一種推論又各自爲尋求一特殊的絕對提供了線索，因此絕對亦復有三：即靈魂，宇宙（作爲客體自身和封鎖了的大全），上帝。這裡立即就要注意一個重大的自相矛盾，可是康德因爲這個矛盾對於勻整性非常不利，竟全沒覺察到。這些絕對中的（前）二者又復是以第三者爲條件而被決定的，即是說靈魂和宇宙都是以上帝爲條件而被決定的，上帝是產生前二者的原因。所以前二者和後者並不共有絕對性這一謂語，——然而這卻正是這裡的問題所在——而是前二者只是按經驗的一些原則，（又）超出經驗可能性的範圍以外已被推求得的這一個謂語。

〔上面〕這一點且置而不論，我們在這三個絕對中——康德認爲任何理性服從自己的基本法則就必然要達到這三個絕對——又看到了基督教影響之下的哲學，從經院學派到克里斯蒂安．沃爾夫圍繞著轉的三個主要對象。儘管這些概念經過所有這些哲學，對於單純的理性已成爲這樣的家常便飯了，但這並不是說這些概念即令沒有啟示也必然會從任何理性的發展中產生出來，而且是理性本質上固有的產物這種說法就已經是定論了。要作出這樣的定論還得借助於歷史的研究而探討古代的和歐洲以外的民族，尤其是信奉印度教的民族和最早的希臘哲學家，是否也眞正達到了這些概念，或者只是我們心腸太好了要把這些概念歸之於他們，猶如我們將印度教的「梵」和中國人的「天」完全誤譯爲「上帝」，說希臘人則到處遇到他們的那些神祇一樣。是不是更應該說只有在猶太教和從此發生的兩種宗教中才能找到眞正的有神論，〔是否〕這些宗教正是因此而將世界上所有其他宗教的信奉者都包括在不信神的異教徒這名稱中呢？——附帶說一句，這是一個極爲愚笨和粗陋的措詞，至少在學者們的著述中不要再用這種字樣，因爲這個名稱把婆羅門教徒、佛教徒、埃及人、希臘人、羅馬人、日耳曼人、高盧人、北美印第安族依洛克斯人、南美印第安族巴塔哥尼亞人、加勒比人、奧達海特人、澳大利亞土著等等都等同起來做一鍋熬了。就僧侶禿驢們說，這種措詞是適合的；但在學者界，這種措詞就應立即逐出門外，這種措詞可以到英國去旅行而在牛津地方落戶。——至於佛教，這在世界上擁有最多數信奉者的宗教，根本不包含什麼有神論，甚至引以爲戒而排斥之，這是早已成爲定論了的。就柏拉圖說，我卻認爲他之所以有時糾纏在有神論中，那是要歸咎於猶太人的。努美紐斯因此稱他（根據克里門斯·亞歷山大的《希臘詩文雜鈔》第一篇第二十二章；倭依塞柏烏斯的《福音前導》XIII，12以及努美紐斯之下的蘇依達斯）為希臘人的摩西：「因為柏拉圖除了是說著亞迪克方言的摩西之外，還是什麼呢？」還責備柏拉圖從有關摩西的文獻中剽竊了（「偷竊了」）上帝和上帝創造世界之說。克里門斯還屢次複述柏拉圖讀過並且利用過摩西篇，例如《詩文雜鈔》第一卷第二十五章和第五卷第十四章第九十節等處，《教育學》第二篇第十和第三篇十一章；還有《告誡同胞書》第六章。在最後一書的第五章裡克里門斯以僧侶的頭巾氣痛責而諷刺了所有的希臘哲人不是猶太人，在第六章裡他獨頌揚柏拉圖並且喜不自禁滔滔地說柏拉圖既從埃及人學得了幾何學，從巴比倫人學得了天文學，從色雷斯人學得了神術，還從亞述人學了很多東西；同樣，柏拉圖的有神論也是從猶太人那裡學來的：「你的師傅我都知道，儘管你想隱瞞他們……你所以有上帝的信仰是直接得力於希伯來人的。」這是（人在）新有所悟時動人的一幕。——不過在下列事實中我還發現了一個奇特的證據足以說明這件事。根據普魯塔克（在《馬瑞烏斯》中），更好是根據拉克坦茲（第一篇第三章第十九節）所說，柏拉圖曾感謝上蒼他已成為人而不是禽獸，他已成為男人而不是女身，他已成為一個希臘人而不是外邦人。而在伊沙克·倭依歇爾用希伯來文寫的猶太人的祈禱文中——一七九九年第二版第七頁——也有一篇晨禱文，在該文中猶太人感謝並讚美上帝說：致感謝人已成為猶太人而不是異教徒，已成為自由人而不是奴隸，已成為男人而不是女身。——這樣幾段歷史的探討應該可以使康德免於他所陷入的一種糟糕的必然性了，因爲他原是說那三個概念[17]是從理性的本性中必然產生的，然而卻又說明這些概念是站不住的，理性也不能爲它們找到根據，從而康德就把理性本身變成一個詭辯家了，因爲他在第一版第三三九頁亦即第五版第三九七頁是這樣說的：「這不是人的詭辯而是純粹理性自身的一些詭辯，這些詭辯，即令是聰明絕頂的人也擺脫不了；在莫大的努力之後他雖然也許可以防止謬誤，但決不能擺脫經常煩擾而嘲弄他的假象。」準此，康德這些「理性的觀念」就可比擬於這樣一個焦點，在這焦點之中，從凹鏡集於一點而投射過來的光線都聚向鏡面前幾英寸的地方，結果是由於一種不可避免的悟性過程，這兒就對我們現出一個對象，而這對象卻是一種沒有眞實性的東西。

然而很不幸的是，康德爲這純粹理論的理性的所謂三個必然產物恰好選中了**觀念**[18]這個名稱。並且這個名稱是從柏拉圖那裡斷章取義來的，柏拉圖是以此稱呼那些常住不滅的完型的，這些完型由於時間和空間所複製，在無數的、個別的、有生滅的事物中是看得出的，〔但〕不完美了。準此，柏拉圖的觀念（「理念」）完全是可以直觀的，正如他所選擇的這個詞兒是這樣明確地標誌著的一樣，人們也只能以直觀可能性或可見性來恰當地翻譯這一詞。而康德採用這一詞卻是用以指一種如此遠離直觀的任何可能性的東西，以致即令是抽象

---

[17] 即靈魂、宇宙、上帝。

[18] 本書正文第三篇中的「理念」和這裡的「觀念」在西方文字中同為 Idee。

思維也只能到半途而上。觀念〔理念〕這個詞最早是柏拉圖使用過的，此後二十二個世紀以來一貫仍保有柏拉圖所使用過的意義；原來不僅是古代的哲學家，而且所有的經院學派，甚至中古時代的教會長老和神學家們都只是以柏拉圖所賦予的意義在使用這一詞，也就是以拉丁字「模式」這個意義使用這一詞，如**蘇阿瑞茲**特意在他那第二十五辯[19]第一節中所列舉的，——至於後來英國人和法國人由於他們語言的貧乏而導致這一詞的誤用本是夠糟的了，不過這還沒有什麼重要。所以康德以添入新意而濫用**觀念**這個詞，是根本不能言之成理的。這種新意只是從非經驗的客體這根纖細的線索上來的，這雖和柏拉圖的觀念有其共同之處，可是這和一切可能的幻象也有著共同之處。短短幾十年的誤用和多少世紀的權威相比是微不足道的，所以我一貫總是以這一詞舊有的、原始的、柏拉圖的意義來使用這一詞的。

〔康德〕對於**唯理主義心理學**的駁斥，在《純粹理性批判》第一版比在第二版以及此後各版都要詳細澈底得多，因此人們在這裡乾脆就用第一版好了。這一駁斥總的說來有很大的貢獻和很多眞實的東西。然而我的意見卻一貫認爲康德只是爲了偏愛他的勻整性才借助於應用〔人們〕對絕對的要求於**實體**這概念——亦即「關係」類的第一個範疇——之上，將靈魂這概念作爲必然的從〔下述〕那錯誤推論中引申出來，並從而主張凡靈魂的概念在任何思辨

[19] 指《辯論集》中記載的第二十五個辯論。

的理性中都是以這種方式產生的。如果假設一物所有的謂語〔必有〕一個最後的主語，而靈魂這概念果眞來自這一假設的話，那麼人們就不會只是認爲人而且也會認爲一切無生物也同樣必然地有靈魂了，因爲一個無生物也要求它所有的謂語有一個最後的主語〔呀！〕。可是當康德說有個什麼東西只能作爲主語而不能作爲謂語存在的時候（例如《純粹理性批判》第一版第三二三頁，第五版第四一二頁；《每一形上學的序論》第四節和第四十七節），雖在亞里斯多德的《形上學》第四篇第八章已有先例可尋，康德根本〔還〕是使用了一個完全不容許的說法。原來根本就沒有什麼作爲主語或謂語而存在的東西，因爲這些說法只單是屬於邏輯的，標誌著抽象概念相互的關係。那麼在直觀的世界裡這些說法的對應物或代替物就該分別是實體和偶然屬性了。然則我們就無須再遠求那永遠只是作爲實體而決不是作爲偶然屬性的東西了，我們可以直接得之於物質。物質對於事物的一切性質說就是這實體，而這些性質就是實體的偶然屬性。如果人們要保留剛才駁斥過的，康德的那種說法，物質倒眞是任何經驗上已知之物的一切謂語的最後主語，也就是在剝落一切任何種類的一切性質之後還剩下來的東西。對於人可以這樣說，對於動物、植物，或對於一顆石子也可以這樣說。這是如此顯然自明的，是除非堅決不想看見就沒有看不到的〔道理〕。至於物質眞是實體概念的原始基型，那是我隨即就要指出的。——更應該說的是，主語和謂語對實體和偶然屬性的關係就等於充足根據律之在邏輯對因果律之在自然的關係；和後二者不容許彼此互混或等同起來一樣，前二者也是如此。可是康德在《每一形上學的序論》第四十六節竟把前二者的互混和互相等同推到十足加一的地步以便使靈魂的概念能夠從一切謂語的最後主語這概念中，從定言推論的形式中產生出來。要揭露這一節的詭辯，人們只要想到主語和謂語都純粹是邏輯的規定，僅僅只涉及抽象概念，並且只是按這些概念在判斷中的關係而涉及的；與此相反，實體和偶然屬性則屬於直觀世界，屬於〔人們〕在悟性中對兩者的體會；在這兒實體和屬性只分別等同於物質和形式或性質。關於這一點現在立即再說幾句。

〔使人們〕認定肉體和靈魂爲兩種根本不同的實體的起因實際上便是客觀之物和主觀之物這一對立。人們如果是在向外看的直觀中客觀地理解自己，那麼他就會看到一個在空間延伸的，根本具有形體的東西；與此相反，如果他只是在自我意識中，也就是純粹主觀地理解自己，那麼他就會發現一個只是意欲著和表出意象的東西，不帶直觀的任何形式，也就是不帶形體所具的任何一種屬性。於是，如同所有超絕的，康德稱爲觀念的那些概念一樣，他現在就這樣來構成靈魂的概念，即是由於他將根據律這一切客體的形式轉用於不是客體的東西上面，在這裡並且是用於認識和意欲的主體之上。原來他是將認識、思維和意欲當作一些效果看的，他尋求這些效果的原因卻不能認肉體爲原因，於是他就給那些效果另立一個與肉體完全不同的原因了。〔在哲學上〕一個是第一個，一個是最後一個獨斷論者，也就是一個是柏拉圖在《費德羅篇》⑳中，一個是沃爾夫，他們都是這樣來證明靈魂的實有的，亦即從思

⑳《費德羅篇》（Phaidros），柏拉圖的一篇對話錄。

維和意欲作爲效果，這些效果又導致那一原因（——靈魂），來證明的。既在這種方式下，由於假設一個與效果相應的原因而產生了一個非物質的、單一的、不滅的東西這樣一個概念之後，這一學派才從**實體**的概念來發展和證明（靈魂）這個概念。不過這個實體概念本身又是這學派事先以下述值得注意的手法專爲這一目的之用而構成的。

和第一類表象，也就是和直觀的，眞實的世界（一同）被給與的還有物質這一表象，因爲在眞實世界中起作用的因果律決定著狀態的變化，而這些狀態又以一個恆存不變的東西爲前提，狀態即這東西的變。前面在（談到）實體恆存律時，我曾根據早先（有關這問題）的幾段而指出了物質這概念的產生是由於在悟性中——（物質）這表象也只爲悟性而存在——時間和空間被因果律（悟性唯一的「認識形式」）緊密地結合起來了，而空間在這一產物上的那一份就現爲物質的不滅，時間的那一份則現爲**狀態**的變化。物質單就本身說，也只能在抽象中被思維而不能直觀地被看到，因爲物質顯現於直觀總已經是在形式和物性中了。於是**實體**又是從物質這概念抽象而得的，從而也是更高的一個種屬；它的產生是由於人們在物質概念上僅僅只保留恆存性這一謂語而將物質的其他基本屬性，如廣延、不可透入性、可分性等等都剝落了。和任何較高種屬一樣，**實體**概念**所含有**的也**少於物質**概念，但實體概念並不因此就和其他較高種屬一樣同時又**在它下面**包羅**更廣泛**，因爲實體概念並不在物質以外還包羅有若干較低的種屬，物質就是實體概念下面唯一眞正的種屬，唯一可以加以證明的東西。實體概念的內容是由物質而得現實化，而獲得一個佐證的。所以理性在平日透過抽象而產生一個較高概念的目的，是爲了在此概念中同時想到若干由於次要規定而不同的低一級分類，但在這裡卻根本沒有這麼回事。從而〔實體〕這一抽象要麼是全無目的的，是無所爲而來這麼一著，要麼就是另有一種隱蔽的附帶意圖。這種意圖，在人們在實體概念之下給這概念眞正的亞種——物質——再拼湊第二亞種，亦即使非物質的、單一的、不滅的實體——靈魂——與物質並列的時候，就暴露出來了。可是〔靈魂〕這概念卻是由於在構成實體這一較高概念時就已採用了非法的，有背於邏輯的手法竊取而得的。理性在其合法的操作中總是這樣來構成一個較高的屬概念的，即是說理性將若干類概念並列起來，然後採取比較推理的方法存同去異而獲得那包羅這一切類概念含義卻更少的屬概念。由此可見這些類概念必然總是先於這一屬概念的。在〔構成實體概念的〕這場合卻相反。僅僅只有物質的概念是先於實體這屬概念而有的，而這實體概念又是無因無由的，從而也是無所依據多餘地從物質概念構成的，並且是由於任意去掉後者的一切屬性而只留下〔恆存〕這一規定而構成的。此後才在物質概念的旁邊又湊上一個非純種的第二亞種，這第二亞種就這樣偷偷地被運進來了。但是要構成這第二亞種，除了特意否定人們事先在較高的屬概念中就已不聲不響地去掉了的東西——亦即廣延、不可透入性、可分性——之外，並不再需要什麼。所以說實體概念的構成只爲了它是偷立非物質的實體這概念的寶筏罷了。從而實體概念還遠不能算作一個範疇或悟性的必然功能，其實反而是一個很可略去的概念，因爲它唯一眞實的內容在物質概念中就已具備了，而在這物質概念之外，實體概念就只還包括一個巨大的眞空，除了偷立起來的非物

質實體這一亞種之外再沒有什麼可以塡滿這種眞空了。實體概念也就只是爲了吸收這一亞種而構成的，因此，嚴格地說，實體概念是應完全加以拒絕的，任何地方都應以物質的概念來代替它。

範疇對於任何可能的事物都是一張普洛克祿斯特的胡床，不過推論的三個類型只對三種所謂觀念提供這種胡床。靈魂的觀念，就被迫要在定言的推論形式中去尋求它的來源。現在就輪到關於宇宙大全的那些獨斷的表象了，只要這宇宙大全作爲客體自身，是在最小（原子）和最大（時間和空間上的宇宙邊際）兩界之間來設想的。這些界限就必須從假言推論的形式產生。這裡就其本身說並不需要什麼特別的勉強。這是因爲假言判斷的形式是從根據律來的，並且所有這些所謂觀念，不僅是宇宙論的觀念而已，都是由於毫不思索，毫無條件地應用根據律，然後又任意置之不顧而產生的，也就是由於按這條定律總只是尋求一客體的有賴於另一客體，直到最後想像力疲勞了而製造了這行程的終點。這時被忽視了的是任何客體，乃至客體的整個系列和根據律自身都（比這裡所假定的）更是密切，更是嚴重地有賴於認識著的主體；根據律也就只是對主體的客體，亦即對表象有效，因爲客體或表象在空間和時間中的單純位置就是由根據律來決定的。所以說這裡單是一些宇宙論的觀念所從引出的這認識形式，也就是根據律，既然是巧為推論的三位一體[21]每一體的源泉；那麼，就這一點說這一次倒並不需要什麼詭辯；可是要將這些觀念按範疇的四大標題來分類那就反而更需要詭辯了。

(一)這些宇宙論的觀念，從時間和空間方面來看，也就是從宇宙在時間空間中的邊際來看，被大膽地看作是由量這一範疇所決定的。〔其實，〕除了邏輯上偶然用量這個詞來指判斷中主語概念的範圍外，這些觀念和量這一範疇顯然沒有任何共同之處；而這裡量這一詞〔只〕是一個比喻的說法，隨便另選一個別的說法同樣也行。然而這對於康德的嗜好勻整性，要利用這命名上幸運的偶合而將有關宇宙的廣袤的超絕教條扣到量這範疇上去，卻已足夠了。

(二)更大膽的是康德將關於物質的超絕觀念扣到質上面去，也就是扣到判斷中的肯定或否定上去；而在這裡甚至要一個字面上偶然的巧合作根據都沒有，因為物質在物理（不是化學）上的可分性原只和物質的量而不是和物質的質有關。但是更有甚於此者是關於可分性的整個觀念根本不屬於那些服從根據律的推論，從根據律——作為假言形式的內容——發源的倒應該是一切宇宙論的觀念。原來康德在這裡立足於其上的主張是說部分對全體的關係即是條件對被條件決定之物的關係，所以也是遵循根據律的一種關係。這一主張雖然是巧妙的詭

[21] 指靈魂、宇宙、上帝三位一體。

辯，但畢竟是沒有根據的詭辯。反而應該說前一種關係是以矛盾律爲支點的，因爲全體不是由於部分，部分也不是由於全體〔而來的〕；而是兩者必然地在一起，兩者是一〔而不是二〕，把兩者拆開只是一個任意的行動。按矛盾律，問題就在於如果設想去掉了部分，那麼全體也去掉了，並且相反亦然；但決不在於以作爲根據的分來決定作爲後果的全，不在於我們從而按根據律又必然被迫去尋求最後的部分，以便以此爲全部的根據，從而理解全部。——對於勻整性的偏愛在這裡竟要克服一些這麼大的困難。

㈢現在是世界第一因這觀念本應隸屬於關係這大標題之下，可是康德卻必須將這個觀念留給第四大標題，留給樣態，否則第四大標題之下就空無所有了。〔既保留了這一觀念，〕他就以偶然（也就是按他那種和眞理恰相反的解釋，〔以〕任何後果來自它的根由〔爲偶然〕）由於第一因而成爲必然〔的說明〕將這個觀念強塞在第四大標題之下。——因此，爲了勻整性起見，自由這概念就作爲第三個觀念而登場了，但實際上卻是以此指唯一適合於這裡的世界因那一觀念的，有如第三個二律背反正面論點的注釋明明說過的。基本上第三和第四個二律背反只是同語反覆。

但在所有這些之外，我還覺得而且肯定整個這一二律背反只是一種花招，一種佯戰。唯有反面論點的主張是眞正基於我們認識能力的那些形式的，如果客觀地說，也就是基於必然的、先驗眞確的、最普遍的自然規律的。因此唯有反面論點的證明是從客觀根據引出來的。與此相反，那些正面論點的主張和證明除了主觀的根據外並無其他根據，完全只是基於個體理性活動的弱點的；（即是說）個體的想像力在遞進無盡的上溯過程上疲勞了，因而就以一個任意的，盡可能加以美化的假定（在這過程上）製造了一個終點；並且在此以外，個體的判斷力由於早先根深蒂固的成見在這（終點的）地方（也）被痲痹了。由於這個緣故，所有四個二律背反正面論點的證明處處都只是一種詭辯，而不是像反面論點的證明那樣，是理性從我們先驗已意識到的表象世界之規律不可避免地一定要推論出來的結論。康德也只有費盡心機和技巧才能使正面論點站穩，才能讓正面論點在表面上攻擊具有原始氣力的對手方。他在這兒用的第一個手法，也是一貫的手法，就是他不和別人一樣，在意識到他那命題的眞理時突出地指出那論證的脈絡而盡可能單獨地、赤裸裸地、明確地敷陳出來，反而是掩蓋和混雜於一堆多餘的、散漫的命題之下，在（正反）雙方提出論證的脈絡來。

這裡在爭論中出現的正面論點和反面論點令人想到蘇格拉底使在亞里斯多芬㉒的《雲》中爭吵著登場的正義之事和非正義之事。然而這種比附只能就形式方面說，可不能就內容方面說；不過也很有些人喜歡這樣說，他們說理論哲學中這些最富於思辨性的問題對於道德有影響，因而認眞起來以正面論點爲正義之事，又以反面論點爲非正義之事。至於要照顧這些頭腦有限的、本末倒置的渺小人物，我在這裡並不想作這樣的遷就；不是尊重他們而是尊重眞理我才揭露康德對各個正面論點所作的證明是詭辯，同時那些反面論點的證明卻完全是誠

㉒ 亞里斯多芬（Aristophanes，公元前四五〇—三八五），雅典喜劇作家。

意的、正確的，並且是從客觀的根據引申出來的。——我假定人們在〔我們作〕這一檢討時自己總還記得康德的二律背反。

人們如果要認爲在第一個爭論中，正面論點的證明是可以成立的，那麼所證明的就太多了；因爲這個證明既可用於時間本身，又可用於時間中的變動，因而就會要證明時間本身必然有個起點，而這卻是悖理的。並且這個詭辯還在於起初談的是情況的系列的無始，突然又偷天換日將情況的系列的無終（無窮性）來代替其無始，於是又來證明無人懷疑的東西，也就是證明完成了在邏輯上和沒有終結相刺謬，可是任何現在卻又是過去的終結。但一個無始的系列總可以想像它有一個終結，這和該系列的無始並不抵觸；反之亦然，要**想像**一個無窮的系列有一個開端也是可能的。可是這對於反面論點的眞正正確的論證，對於世界上的變化，〔如果〕**向上逆溯**，絕對必然要假定一個無盡系列的變化爲前提〔的說法〕並沒提出什麼可以加以反對的東西。因果系列在一個絕對靜止狀態中，中斷而告結束，這種可能性我們可以想像，但〔因果系列〕有一個絕對開端的可能性卻是不可想像的*。

* 至於宇宙在時間上有一際限的立論並不是理性上必然的一種思想，這甚至還可以從歷史上加以證明。如印度人，不要說是在《吠陀》中，就是在民間宗教中也從不講論這樣的際限，而是企圖神話式地以巨大週期的記時法來表示這現象世界——摩耶的這無實體、無實質的編織物——的無窮無盡，並且他們在下列神話（波利爾〔夫人〕：《印度神話》第二卷第五八五頁）中同時還很有意義地強調了一切時間久暫的相對意味。〔神話說〕四劫共包括四百三十二萬年，而我們則在最後一劫運中，造物的梵每一晝一夜則各有一千個這樣的四劫，而梵的一年又有

就宇宙在空間方面的際限說，則所證明的是：如果宇宙可以說是一個**已知的大全**，那麼宇宙也必然有際限。這裡結論是對的，只是這結論的前一環節卻是要加以證明而並未得證明的。全整性假定邊際爲前提，邊際假定全整性爲前提，但是這裡卻是任意地將兩者一起作爲前提了。——可是反面論點畢竟也沒有爲這第二點，如同爲第一點㉓那樣提出令人滿意的證明；這是因爲因果律只在時間方面而不在空間方面提供必要的規定，並且因果律雖然先驗地賦予我們以確然性，〔說〕從來沒有一個充滿〔事態〕的時間和前此空洞的時間接界，沒有一個變化能夠是第一個變化；但並不提供這樣的確然性，〔說〕一個充滿〔事物〕的空間不能在其以外更有空洞的空間。關於最後這一點一直到這裡還不可能先驗地作出一個決定。不過將宇宙作爲在空間上有邊際的來設想，困難還是在於空間本身必然是無盡的；因而一個有邊際的、有盡的宇宙，不管有多麼大，在這空間中還是一個無限小的體積；在這種誤會上想像力碰到了一個不可克服的阻礙；因爲這樣說來，要麼是將宇宙設想爲無窮大，要麼就是設想爲無窮小，想像力就只有〔在二者中〕作選擇了。古代哲學家就已看到了這一點，「伊比

三百六十五日和同樣多的夜數：梵總是在造物化育，活上它的一百年：它死之後，立即又誕生一個新的梵，如此永劫無窮。在波利爾的著作第二卷第五九四頁複述著《普蘭那》還有一個獨立的神話，也表示著時間的這同一相對性，那兒〔說〕一個王公朝覲毗濕奴，在毗濕奴的天宮裡只耽擱了幾剎那，而在他回到地上來時已過了幾百萬年，已是一個新的劫運開始了；原來毗濕奴的一天就等於四劫一百次的循環。

㉓ 指時間的有無終始，第二點即空間的有無際限。

鳩魯的老師墨特羅陀羅斯教導說：不對頭的是說在一大片田地裡只長一根麥穗，在無窮的空間裡只產生了一個宇宙」（斯多帕烏斯：《希臘古文分類選錄》第一卷第二十三章）。——所以他們很多人（緊接著墨特羅陀羅斯之說）都以「無窮的空間中有無窮多的宇宙」爲說。這也是康德給反面論點所作論據的意思，只是由於一種經驗學派的矯揉造作的論述，他將這〔個意思〕弄得面目全非了。人們用同一論據也可以反駁宇宙在時間上有際限，要是人們不是在因果性的線索上已經有了一個更好的論據的話。並且既假定一個在空間上有邊際的宇宙，就會產生一個不可回答問題：空間充滿事物的這部分和那無窮的，還是空空洞洞的那部分相比究竟又有什麼優先權呢？焦爾達諾．布魯諾在他所著《論宇宙與世界的無限》一書第五篇的對話中對於贊成和反對宇宙有限的論據都有詳盡和值得一讀的論述。此外康德自己在他的《自然史和天體學說》第二部第七章也曾嚴肅地，並且是從客觀的根據主張宇宙在空間中的無窮。亞里斯多德也承認這一點，見《物理學》第三篇第四章；就這個二律背反說，這一章和後續的幾章都很值得一讀。

在第二個二律背反中由於正面論點開頭說：「任何合成的實體都是由個別的部分構成的」，立即就犯了一個很不巧妙〔地使用〕丐詞〔的錯誤〕，從這裡任意認定的「合成」當然隨後就很容易證明個別的部分。但是問題所在的「一切物質是合成的」這一命題恰好是還未被證明的，這命題原就是一個無根據的假定。和個別對立的原不是那合成的，而是那延伸的，那有部分的，那可分的〔東西〕。但這裡卻本是不聲不響地假定了部分是先於全體而有的，並且是湊到一起來〔之後〕，全體才由此產生的；因爲合成的這個詞就是這個意思。可是這一點和其反面一樣，都是不容這樣說的。可分性是說整體分爲部分的可能性，但決不是說整體是由部分合成的，是由於合成而產生的。可分性講的部分只是部分在後，合成〔之說〕講的部分是部分在前。在部分和全體之間基本上並無什麼時間關係，部分和全體倒反而是互爲條件的，並且在這種意義上永遠是同時的；因爲只有部分和全體同時存在才有空間上的廣延。因此康德在這正面論點的注釋中所說的「本來人們不得將空間稱爲複合體，而應稱爲整體等等」這句話對於物質也完全可以這樣說，物質原不過是已成爲了可覺知的空間罷了。——與此相反，反面論點主張物質有無盡的可分性卻是先驗地、不可反駁地從空間有無盡的可分性推論出來的，〔因〕空間是物質所充滿的。這個命題毫無自相矛盾之處，所以康德在第一版第五一三頁（第五版第五四一頁）也是將這命題作爲客觀眞理表出的，他在這個地方並且是認眞地以他本人的身分而不再是作爲非義之事的代言人在說話。與此類似，在《自然科學的形上學初階》中力學第一定律的證明的開頭處又有一個作爲既定眞理的命題說：「物質是可以分至無窮的」，這是康德在這一命題在動力學中已作爲第四定律出現過並經證明過之後說的。可是在這裡由於康德有著一個狡猾的意圖，不使反面論點的證據確鑿遮沒了正面論點的詭辯，以致論述的極端混亂和贅詞堆砌〔反而〕將反面論點的證明搞糟了。——〔不可分的〕原子並不是理性所必有的一個思想，而只是用以說明物體比重不同的一個假設而已。至於除了原子論之外還可以用其他方法來說明比重不同，並且說明得更完善更簡潔，那是康德自己在他那部《自然科學的形上學初階》的動力學中就已指出了的；（不過）在他之前普利斯萊在《論物質和精神》第一節中也已指出了這一點。是的，在亞里斯多德的《物理學》第四篇第九章已可看到這一點的基本思想了。

爲第三個正面論點辯護的論證是一種很巧妙的詭辯，並且本來也就是康德所謂純粹理性的原理本身，一點不參雜，完全未經篡改。這個論證要從一個原因，爲了（能夠）是一個充足的原因，就必須包括繼起的那狀態，那後果，所由產生的諸條件之總和（這事實）來證明原因系列的有盡頭。於是這個論證就偷換了在本是原因的那狀態中同時齊備的規定的完整性而代之以該狀態從而成爲現實的那些原因系列的完整性；而完整性又以封鎖性爲前提，封鎖性又以有限性爲前提，那麼，這個論證就由此推論出一個最初的，結束該系列的，因而不受條件限制的原因了。可是這種戲法是瞞不住人的。爲了將甲狀態理解爲乙狀態的充足原因，我就假定甲狀態包含著成爲乙狀態所必要的諸規定之總數，由於這些規定的齊備，乙狀態才不可避免地隨之而出現。這樣，我對於甲狀態作爲充足原因的要求就已完全滿足了；（乙狀態的）充足原因和甲狀態本身又是如何成爲現實性的這問題（也）並不直接相關，而應該說這已屬於完全另一考察，在這考察中我已不仍是將原來的甲狀態看作原因，而是又將它看作後果了；同時又有另一狀態對它必然也有著它對乙狀態那一樣的關係。可是在這樣考察時，並沒有什麼地方看得出有必要以原因系列和後果系列的有盡爲前提，正如當前瞬間的現在無須以時間本身有一個起點爲前提一樣；這種前提反而是由於思辨的個體的懶惰才追加上去的。所以，說這種前提是由於假定一個原因作爲**充足根據**而來的，那是竊取論點，並且也是錯誤的。這是我在上面，在考察康德的，和這一正面論點同一旨趣的理性原理時就已詳細指出過的。爲了闡明這一錯誤論證的主張，康德在該論點的附註中竟不自慚地舉「離座起立」作爲一個絕對起點的例子，好像說他沒有動機而起立不是那麼不可能似的，好像〔人的〕起立有如圓球的無因自滾一樣。〔康德〕由於感到〔論證的〕無力而援引古代哲學家，不過這些引證的毫無根據，我大概已無須從奧克洛斯·陸干諾斯，從伊利亞派等等來證明了，更不必從印度教徒〔那裡〕來證明了。〔我〕對於〔這裡的〕反面論點，也和在前一反面論點一樣，都沒有什麼要指責的地方。

第四個正反之爭，如我已指出的，和第三個本是同語反覆。這裡正面論點的證明在本質上也就是第三爭論中正面論點的那一證明。這證明的主張是任何被條件所決定的東西都是以一個完整的，從而是以一個以「絕對」結尾的條件**系列**爲前提的，這種主張是一個丐詞，人們必須直截了當予以否認。任何被條件決定的東西除了它的條件之外並不要什麼爲前提。至於這條件又是爲條件所決定的，這是發起一個新的考察，而並不是直接包含在當前這一考察之中的。

二律背反有一定的似眞性乃是不可否認的，然而值得注意的是，康德哲學中沒有哪一部分能像這個極度矛盾而難明的學說那樣遭到那麼少的反對，獲得那麼多的贊同。幾乎所有的哲學派別和教科書都保留了並且重複了這一學說，當然也加過工；而康德所有其他學說幾乎都有人反對，甚至超絕感性學也爲人所指責。這種個別歪頭歪腦的〔學者〕從來就不乏其人。與此相反，二律背反卻獲得衆口一詞全無異議的贊許。這種贊許所從來，最後可能是由於某些人以內心的快慰看到了悟性碰到一個同時具有是非兩面的東西，因而眞正說起來就到了應該停住不動的那一點，這樣，他們在自己面前就眞的看到了利希頓伯格廣告招貼中的費城第六絕技㉔了。

隨後就是康德對宇宙論上的爭端所作的**批判的斷案**。這個斷案，如果人們查究一下它眞正的意義，則並不是康德自己所認爲的那種意思，亦即以揭露〔正反〕雙方同出於錯誤的前提，在第一和第二個爭論中雙方都不對，但在第三和第四個爭論中雙方都對〔這說法〕來解決爭論；而是由於闡明了那些反面論點所陳述的，在事實上證實了那些反面論點。

在〔爭論的〕解決中康德首先就顯然錯誤地宣稱〔正反〕雙方都是從一個作爲大前提的假定出發的，說和被條件決定的東西一起，還有這東西的諸條件的完整（所以也是封閉的）**系列**也（同時）是已知的（或被給與的）。唯有正面論點是以這一命題，亦即康德的純粹理性原理，作爲該論點的那些主張的根據的；反面論點則相反，到處都在明顯地否認這一命題而主張這命題的反面。此外康德還以宇宙自身自在的存在著，也就是無待於其被認識，獨立於被認識的諸形式以外存在著的這樣一個假設作爲雙方的包袱，但這一假設又只是正面論點

㉔ 大約是指當時轟動歐洲的雜技表演。

又一次製造出來的，而並不是反面論點那些主張的所本，甚至是和反面這些主張根本無法調和的。和一個無盡系列的概念正面相牴觸的就是這系列的完全被知，所以對於這系列說，基本重要的是這系列的存在總只是就通過這一系列而說的，而不是無待於通過這個系列。與此相反，在假定有固定邊際時也就假定了一個全整體，這全整體自爲地存在著而無待於（人們）對它的幅度進行測量。所以說只有正面論點才造成了一個自身存在的，亦即在一切認識之前即已有了的宇宙大全，而認識只是後來加上去的這樣一個錯誤的假定。反面論點自始就一貫否認這種假定。原來這個假定只是按根據律的指導而認定的無盡系列，在逆溯（這系列）完畢之後才能有其存在，不是無待於逆溯。即是說和客體根本以主體爲前提一樣，這一由於作爲條件的無盡聯鎖所決定的客體，也必然要以主體中與之相應的認識方式，亦即逐一追溯聯鎖中的各環節爲前提。但這正就是康德作爲爭論的解決而提出，那麼屢次重複過的東西：「宇宙的無窮大只是由於逆溯過程而不是在逆溯過程之前」。所以他解決這一爭論本來只有利於反面論點的斷案，（其實）在反面論點的主張中已有著這一眞理，並且這眞理和正面論點的那些主張也是完全不能調和的。如果反面論點主張這宇宙是由原因和後果的無盡系列所構成，而同時又獨立於表象和表象的逆溯系列之外，也就是自存自在因而構成一個已知的全整體；那麼反面論點就不僅是和正面論點而且也是和自己相刺謬了，因爲一個無窮的東西決不能是完全已知的，如果要無盡的去通過的話，也不能有一個無盡的系列；同時一個沒有邊際的東西也不能成爲一個全整的東西。因此康德所認爲的，導雙方於錯誤的那一前提

〔其實〕只能是單獨對正面論點而言。

亞里斯多德的學說已經就說一個無窮盡的東西決不是現實的——現實的等於可以是眞已有的——，而只是可能的。「無窮的東西不能於現實性中有之——而不可能的是存在於現實中的那無窮」（《形上學》第十章）。——還有：「原來在實際上說並沒有什麼無窮，但在可能性上就可分的作用說則確有無窮」（《論生長和衰化》第一篇第三章）。——亞里斯多德對這一點作了漫長的論述，〔如〕在《物理學》第三篇五、六兩章。就在這裡他已在一定程度上給所有一切二律背反的矛盾作出了完全正確的解決。他以他簡短的辦法敘述了各個二律背反，然後說：「這需要一個中介（居間人），」他就按此提出了〔二律背反的〕解決說：無窮的東西，不管是宇宙在空間上的無窮或是在時間上和可分性上的無窮，決不在逆溯過程之前，或決不是前進過程，而是在逆溯過程之中。——所以說這一眞理已存在於正確理解了的無窮這概念中。那麼，如果人們以爲可將無窮，不管是哪種無窮，作爲一種客觀現存已具有的東西，無待於逆溯過程來設想，那就是自己誤會了自己。

是的，如果人們從相反的方向著手，以康德作爲爭論的解決而提出的東西爲出發點，那麼由此而來的就正是反面論點的主張。這主張是：如果宇宙不是一個無條件的全整體，而且不是自存自在而只是在表象中存在；如果宇宙的根據系列和後果系列不在這些表象的逆溯過程之前，而是由於透過這逆溯過程才有的；那麼，宇宙就不是包含一些固定的有限的系列，——因爲〔要是這樣的話〕宇宙的固定性和有限性就必然無待於在這情況下只是後加上去的表象作用了——，而是世界所有的系列都必然是無盡的，就是說不能是表象作用所能窮盡的。

在第一版第五〇六頁，亦即第五版第五三四頁，康德想從〔正反〕雙方都不對來證明現象的超絕觀念性，開頭就說「宇宙如果是一個自存自在的全整體，那麼它要麼是有限的要麼是無限的。」——可是這句話就錯了，一個自存自在的全整體根本就不能是無限的。——其實上述觀念性倒可以按下列方式從宇宙中無盡的系列推論出來：如果宇宙中根據系列和後果系列澈底是無盡頭的，那麼這宇宙也不能是一個無待於表象作用而有的全整體；因爲這樣一個全整體總要以固定的邊際爲前提，正如與此相反，無盡系列要以無盡的逆溯過程爲前提一樣。因此這被假定的無盡系列就必然是被根據和後果這一形式所決定的，而這個形式又必然是被主體的認識方式所決定的；那麼這宇宙，如人們所認識的，也必然只存在於主體的表象中。

至於康德自己是否已知道他對爭論的批判性斷案實際上是一種有利於反面論點的宣判，我無法斷定。因爲這決定於：是謝林在有一個地方很中肯地稱之爲康德的適應辦法的東西在這裡起作用呢，還是康德的精神在這裡已經是拘限在一種對時代和環境不自覺的適應狀態中了呢〔究竟怎樣，我們無從知道〕。

第三個二律背反的主題是自由這觀念。我們看來很可注意的是康德恰好在這裡，在自由這觀念上，被迫詳細地來談一談前此只是在背景中看到的自在之物，在這一點上，第三個二律背反的解決值得單另加以考察。而康德這樣做，在我們既已將自在之物認爲即是意志之後，對於我們就很可理解了。這裡根本就是康德的哲學導向我的哲學那一點的所在，也可說這就是我的哲學以康德的哲學爲宗所從出的那一點。人們如果細心地在《純粹理性批判》中研讀第一版第五三六和五三七頁，亦即第五版第五六四和五六五頁，就會對此深信不疑。和這一段相比較人們還可讀《判斷力批判》的導論，第三版第 XVIII 面和 XIX 面或羅森克朗茲版第一三頁。在這裡甚至有這樣的話：「自由這概念能在其客體（這究竟就是意志）中，但不是在直觀中使一個自在之物成爲表象；與此相反，自由這概念固然能使其對象在直觀中成爲表象，卻不是作爲自在之物而成爲表象的。」關於這些二律背反的解決人們尤其要讀《每一形上學的序論》的第五十三節，然後請公正地回答這一問題，看那裡所說的一切是否都像一個謎似的，而我的學說是否就是謎底。康德並沒有走到他思想的盡頭處，而我不過是把他的事業貫徹到底罷了。準此，我是把康德只就人類現象說的〔道理〕根本轉用於一切現象之上，因爲後者只是在程度上不同於前者，即是說一切現象的本質自身是一個絕對自由之物，也就是說是一個意志。而這一見解和康德關於空間、時間和因果的觀念性的學說一起，是如何富有後果，自可由我的著作中看出。

康德從來沒有把自在之物作爲一個單獨分析或明確申論的主題。而是這樣：每當他需要的時候他隨即以這樣一個推論來召喚自在之物，這推論說現象，也就是可見的世界畢竟需要一個根據，一個可以悟知的原因，而這原因卻不是現象，所以也不屬於可經驗的範圍之內。在他這樣做之前，他先已不斷教人銘刻於心說，那些範疇，也包括因果範疇絕對只有著限於可能的經驗的用途，只是悟性的一些形式，其功用是聯綴官能世界的現象如同將字母拼成一個詞一樣，除此以外別無任何意義，如此等等；所以他嚴格地禁止使用範疇於經驗彼岸的事物，也正確地以這一規律的違反解釋了，同時也推翻了所有以前的獨斷論。康德在這裡面所犯的難以相信的前後不符的毛病隨即被那些最早反對他的人們所發覺並用以攻擊〔康德〕，康德的哲學對此則毫無招架的能力。這是因爲我們固然是完全先驗地並在一切經驗之前應用因果律於我們感覺器官中所感到的變化之上，可是正是因此因果律的來源同樣是主觀的，無異於這些感覺本身，所以並不導致自在之物。事實是人們在表象這條途徑上決不能超出表象之外。表象是一個封鎖的全整體，在表象自己的那些辦法中沒有一條線索是導向種類完全不同的，自在之物的本質的。如果我們僅僅只是一個作成表象的生物，那麼對於我們說，達到自在之物的道路就完全切斷了。唯有我們自己的本質的另外那一面才能給我們揭露事物本質自身的另外那一面。我採取的就是這條道路。不過由於下述各點康德自己所非議的，關於自在之物的推論也還可獲得幾許的美化。他不是像眞理所要求的那樣，簡單而乾脆地規定客體要以主體爲條件，主體要以客體爲條件；而只是規定客體顯現的方式爲主體的認識形式所決定，所以這些形式也是先驗地來到意識中的。可是，與此相反，凡只是後驗地認識到的東西在他〔看來〕就已是自在之物的直接後果，而這自在之物只是在通過那些先驗已有的形式這一過道中才成爲現象的。從這一見解出發可以少許解釋康德怎麼會沒看到〔客體〕之爲客體根本就已屬於現象的形式，並且根本就是被〔主體〕之爲主體所決定的，一如客體顯現的方式之被主體的認識形式所決定；沒看到由於這一緣故，如果要認定一種自在之物，這自在之物也決不能是客體，——然而康德總是假定自在之物爲客體——；而是〔應該說〕這樣的自在之物必須處於一個在種類上完全不同於表象〔不同於認識和被認識〕的領域內，因此也沒有可能按客體相互聯繫的規律來推求自在之物。

康德論證自在之物，結果恰好和他論證因果律的先驗性一樣，兩說的立論都是對的，但兩說的求證方法都錯了，因此兩說都屬於從錯誤前提得出正確結論〔這一類推論形式〕。我把這兩說都保留下來了，不過我是用完全不同的方式而妥當地予以證明的。

這自在之物，我既不是按那些將自在之物除外的規律偷偷摸摸竊取來的，也不是按這些規律推論來的，因爲規律已經是屬於自在之物的現象的了；我也根本不是繞圈子得來的，其實倒是我直接證明了的，證明了它直接就是意志，而意志對任何人都直接顯示爲他自己的現象的自在本體。

而對於自己的意志這一直接的認識也就是人的意識中**自由**這概念之所從出，因爲意志作爲創造世界的東西，作爲自在之物誠然是不屬於根據律所管轄的，因而談不上任何必然性，所以完全是無所待的、自由的，並且是全能的。不過在事實上這又只是對意志的自存自在說，而不是對意志的現象，對個體說的；正是由於意志自己〔的顯現〕，這些個體作爲意志的現象已是無可移易地被決定了的。可是在一般的、未經哲學淳化的〔思想〕意識中，也就隨即將意志和它的現象混淆了而將只屬於意志的〔東西〕歸之於意志的現象了，個體絕對自由的假象就是由此產生的。正是這個緣故所以斯賓諾莎說得對，〔假如個體是自由的，〕那麼被擲出的石子，如果它有意識的話，也會相信它是自願地在飛著。這是因為石子的本體固然也是那唯一自由的意志，但是和在意志的一切現象中一樣，在這裡當它作為石子而顯現的時候，卻已完全是被決定的了。不過關於這一切在本書的正文部分裡早已充分談過了。

康德由於他不曾認識到而忽視了自由這概念是在任何人意識中直接產生的，就將這概念的來源置於一個極深奧而難於捉摸的思辨中了（第一版第五三三頁，亦即第五版第五六一頁），說理性應常以絕對為歸宿，而這絕對則促成自由概念成為一種個別屬於人的東西，並說實踐上的自由概念這才也要基於這一超絕的自由觀念。然而在《實踐理性批判》第六節和該書第四版第一八五頁，羅森克朗茲版第二三五頁，他卻又從別的方面來引申實踐上的自由概念，說絕對命令是以這概念為前提的：為了保證這一前提所以上述那思辨的觀念㉕只是自由概念的第一個來源，可是在這裡這概念卻真正獲得了意義和應用。然而這兩種說法都不符合事實。這是因為個體在他個別的行動中有著完全的自由這一幻想，在最粗鹵的人的信念中最為顯著，這種人從來就沒思索過，所以這幻想也並不是基於什麼思辨的，卻每每被拿到思

㉕ 指絕對原因。

辨那邊去〔濫竽充數〕。〔能〕免於這種幻想的只有哲學家，並且是些最能深思的哲學家；再就是教會裡最〔有〕思想而最開明的那些作家們。

根據上述種種，自由這概念的眞正來源基本上既決不是從絕對因這一思辨的觀念，也決不是從絕對命令要以這概念爲前提而推求出來的結論，而是直接從意識中產生的，在意識中每人都無待他求就將自己認作**意志**，也就是作爲自在之物而不以根據律爲形式的東西，自身無所待而倒是其他一切所依存的東西；但並沒有同時以哲學的批判〔眼光〕和周到的思慮把人自己，作爲這意志已進入時間而被決定了的現象——〔這裡〕人們也可說意志的活動——和那生命意志本身區別開來；因而不是將人的整個生存看作他的自由之活動，反而是到人〔自己〕個別的行動中去尋求自由。關於這一點我要指出我那篇關於意志自由的得獎論文作參考。

如果康德有如他在這裡所揚言的，並且似乎也是他在以前有機會時所做過的那樣，僅僅只是從推理求得了自在之物，並且還是用他自己也絕對不容許的一種推論上的極不澈底求得的；——那麼，當他在這裡第一次著手詳論自在之物而加以闡明的時候，立即就在自在之物中看到了**意志**，自由的，在世界上只是由於時間上的現象而宣示它自己的意志，這會是怎樣奇特的一種偶然之事啊！——因此，儘管〔我這裡說的〕是不可證明的，我卻眞是認定每當康德談到自在之物時，在他精神最陰暗的深處總是朦朧地想到了意志。在《純粹理性批判》第二版序言中的 XXVII 面和 XXVIII 面，在羅森克朗茲版補遺的第六七七頁給我這裡所說的提供了一個佐證。

此外使康德有機會極爲優美地談出他全部哲學最深刻的那些思想的，也正是對於這所謂第三個〔正反的〕爭論預定要作的解決。譬如在《純粹理性的二律背反》的整個第六節中就是這樣一個情況，尤其是驗知性格和悟知性格這一對立的分析討論（第一版第五三四—五五〇頁，亦即第五版第五六二—五七一頁），我將這分析算作人類自來所說過的最卓越的東西（在《實踐理性批判》第四版第一六九—一七九頁或羅森克朗茲版第二二四—二三一頁的一個與此平行的說明應視爲上述一段的補充說明）。因此更值得惋惜的是這裡並非說這些話的地方，也就是在下述這樣一個範圍內不是說這些話的地方：一方面這一點並不是在〔康德該書的〕論述所規定的路線上找得的，所以除了在這裡所作的引申外也可用別的方式來引申；一方面也不能達到所以有這一點的目的，亦即所謂二律背反的解決。〔這裡〕自在之物是由於已經備受指責，前後矛盾的使用因果性範疇於一切現象之外，從現象推論其可悟的根據而求得的。這一次以一個無條件的應然，亦即以不假思索就被假定的絕對命令爲依據而被確立爲這個自在之物的〔東西〕卻是人的意志了（康德名之爲理性，這是極不可容許的；這樣破壞語言的一切習慣也是不可原諒的）。

那麼，就不必用上述這些辦法而應該代之以那更老實更坦率的辦法，亦即直接從意志出發來證明意志乃是我們自己的現象的，無需任何中介即被認識到的自在本體，然後再來提出驗知性格和悟知性格那一論述以闡明一切行爲如何雖是由於動機而不得不然，然而不管是從行爲的發起人〔看〕還是從旁觀者〔看〕，仍必然地、乾脆地要算在行爲發起人的帳上，也只能算在他的帳上；因爲行爲僅僅是以他爲轉移的，所以功過也都只能按行爲〔的後果〕而歸之於他。——這是達到認識那不是現象的東西唯一的一條直路。這東西既然不是現象，所以也不是按現象所有的一切規律找到的，而是由現象展露出來得以認識的，把自己客體化了的東西——生命意志。那麼，單是按類比法就必須將這生命意志作爲任何一現象的自在本體看。不過既然是這樣，那就自然不能說（〔在〕第一版第五四六頁，亦即第五版第五七四頁〔卻是這樣說的〕）在無生命的自然界，甚至在動物界，除了被感性決定的〔認識〕能力之外，就沒有其他的〔認識〕能力可以想像了。在康德的語言中，這樣說原是意味著遵循因果律的說明就已將〔無機自然界和動物界〕那些現象的最內在本質說盡了。這樣一來，也是前後極爲矛盾地，就這些現象來說，自在之物就落空了。——由於康德〔在書中〕論述自在之物的部位不適當，由於遷就這部位而繞著圈子的引申，連自在之物的整個概念也搞錯了。這是因爲由於探討一個絕對因而獲得的意志或自在之物，在這裡〔竟〕是在原因對後果這一關係中進入現象的。可是這種關係只在現象的領域內有之，所以〔有這關係〕先就已假定了現象；並且這關係也不能將現象本身和現象之外與現象完全不同類的東西聯繫起來。

再進一步說，由於肯定〔正反〕雙方各在另一意義上都有理由，這個斷案根本沒有達到原來預定要解決第三個二律背反的這一目的。這是因爲無論正面論點或是反面論點所談的都完全不是自在之物，而澈底是談現象，談客觀世界，談作爲表象的世界。就正是這〔表象世界）而決不是別的什麼，乃是正面論點要以前已指出的詭辯從而闡明表象世界包括絕對因（這一點）的（東西），也就是反面論點正確地從而否認這一點的東西。因此，這裡替正面論點辯護而指出的，關於超絕的意志自由的整個論述，就意志即自在之物說，不管這種論述自身是如何完善，在這裡卻實在完全是一種張冠李戴（的勾當）。原來這裡講的超絕的意志自由決不是一個原因的絕對因果性，如正面論點所主張的那樣，因爲一個原因在本質上必然是現象，而不是一個在一切現象的彼岸（和現象）完全不同類的什麼。

如果所談的是原因和後果，那就決不可像（康德）在這裡所作的，扯到意志對它的現象（或悟知性格對驗知性格）的關係上去，因爲這種關係和因果關係是完全不同的。夾在這裡，在這二律背反的解決之中也（曾）符合事實地說到人的驗知性格，和自然界中任何其他原因的驗知性格一樣，是不可更改地被決定了的；準此，行爲也就是按外來影響的尺度必然地從人的「驗知性格」中產生的了。因此還可說，儘管有那些超絕的自由（亦即意志自身不以它現象的關聯的法則爲轉移的獨立性），卻並無一人有自發地發起一系列行爲的能力。然而與此相反，正面論點正是主張人有這種能力。所以自由也沒有因果性，因爲唯有意志是自由的，而意志（又）是在自然或現象之外的。自然或現象正就只是意志的客體化，但自然或現象對於意志卻並不是因果性的關係，因爲這種關係只是在現象的領域之內碰得著的，也就是說已預定了以現象爲前提；（現象）不能把它自己封閉起來，也不能和顯然不是現象的東西聯繫起來。世界本身只能是由意志（因爲就意志顯現說，世界正就是意志本身）而不是由因果性來解釋的。但**在世界上**因果性卻是說明一切的唯一原則，而一切一切都只是按自然規律而發生的。於是理由就全在反面論點這一邊了。這反面論點抓住了問題所在，又使用了對此作說明的有效原則，因此也就不需要〔爲自己作〕什麼辯解了。與此相反，正面論點卻需要一種辯解才能脫掉干係；這種辯解先是跳到一個完全不是問題所在的別的什麼上面，然後又〔從這邊〕拿去一種就在這邊也不能用以作說明的原則。

第四個爭論如已說過的，按其最內在的含義說〔本〕是第三個爭論的同語反覆。在這一爭論的解決中康德更加發展了正面論點的無稽〔之談〕，並且是沒有給這論點的眞實性和所謂與反面論點並存〔之說〕提出任何根據；猶如他反過來也未能提出任何抵制反面論點的根據一樣。他完全只是以請求的方式來導致〔人們〕採納正面論點；可是他自己（第一版第五六二頁，亦即第五版第五九〇頁）也稱之爲一個任意的假設，而這假設的主題自身大概也是不可能的，只是表現一種完全無力的掙扎，要在反面論點〔說理〕透闢的威力之前爲這主題找一席安全的地方，而這又只是爲了不揭露出來他曾愛好的，關於人類理性中必有二律背反的全部假說原是無稽的罷了。

接下去便是論超絕理想的那一章。這一章忽然一下子就把我們送回到中世紀僵硬的經院哲學中去了。人們以爲是聽到坎特伯利的安塞姆㉖本人在講話。那最實在的存在物，一切現實性的總括，一切肯定命題的內容又出現了，並且還附有這樣一個要求說這是理性的一個必然的思想！——在我本人我不能不坦白說，對於我的理性，這樣的思想是不可能的；並且我也不能想像那些標誌著這思想的字句究竟是指的什麼。

我並且不懷疑康德之所以寫下這奇怪的，和他〔的令名〕不相稱的一章，是由於他對結構勻整的癖好所促成的。經院哲學（如已說過的，從廣義的理解說，經院哲學可以一直算到康德爲止）的三個主題：靈魂、宇宙和上帝，儘管昭然若揭都是唯一無二地由於無條件的應用根據律而產生的，才能產生的，卻被康德說成是從推論的三種可能的前提引申出來的。於是在靈魂既被強塞入定言判斷而假言判斷又已用於宇宙之後，給第三個觀念留下的就除了選言的大前提之外再無其他了。就這一意義說幸而已有了一種預備功夫，亦即經院學派的「最實在的存在物」以及初步由坎特伯利的安塞姆所樹立然後由笛卡兒所完成的，在本體論上的上帝存在的證明。康德樂得抓住這一點而加以利用，同時，他對於自己青年時代的一篇拉丁文作品大概也有些回憶。這時，爲了他對於結構勻整的愛好，康德由這一章造成的犧牲可太大了。和一切眞理相牴觸，〔他竟〕使包括一切可能的現實的總念這樣一個表象，人們不得

㉖ 坎特伯利的安塞姆（Anselmus von Kanterbury，一〇三三—一一〇九），英國大主教、神學家和哲學家，被稱為「經院哲學」之父。

不稱爲怪異的表象，成爲理性上一個本質的和必然的思想！爲了引申這一思想，康德抓住了一個錯誤的立論，說我們對於個別事物的認識是由於繼續不斷地次第縮小一些普遍的概念，從而也是由於縮小一個最普遍的，包含一切實在於其中的概念而產生的。在這說法中他既和他自己的學說，又和眞理相牴觸，並且牴觸的程度也正相同；因爲我們的認識恰好是倒過來從個別出發而擴展至於一般的，而所有一切一般性的概念又都是由於抽去實在的、個別的、直觀地認識到的事物而產生的。這樣抽去又抽去，可以繼續到最普遍的概念爲止，於是這最普遍的概念就包括了一切於其下，但幾乎是不包括任何東西於其中。所以康德在這裡恰好是將我們認識能力的做法顚倒過來了，因此甚至還很可以歸咎於他，是他促成了我們今天哲學上一種有名的江湖腔。這種哲學上的江湖腔不但不將概念認作從事物抽象來的思想，反而使概念成爲原始的東西而在事物中則只看到具體的概念；〔並〕以在這種方式顚倒了的世界作爲哲學上的一齣丑劇搬到墟場上上演，那自然是一定要獲得人們大爲叫好的。

如果我們也假定任何理性都必須，至少是能夠沒有〔宗教的〕啟示也能達到上帝的概念，那麼這顯然只是沿著因果性的線索而做到的。這是一目了然，無須什麼證明的。所以沃爾夫也說（《一般宇宙論》序言第一頁）：「我們在自然神學中是結論正確地從宇宙論的基本原理來證明最實在之物的存在的。宇宙的偶然性和自然秩序中又沒有發生偶然事件的可能性是人們從這可見的世界上升到上帝的階梯。」在沃爾夫之前，萊布尼茲在談到因果律時就已說過：「沒有這一重大的原則我們就決不能證明上帝的存在。」（《原神》第四十四節）

在萊布尼茲和克拉克的爭論中（第一百二十六節）他也這樣說：「我敢說人們沒有這一重大的原則就不能獲得上帝存在的證明。」與此相反，在〔康德〕這一章裡推演出來的思想遠不是一個理性上本質的和必要的思想，距離如此之遠，以致應將這一章裡的思想看作怪異產物中的眞正傑作，而這卻是一個由於離奇的情況而陷於極罕見的歧途和錯誤的時代所產生的。譬如經院哲學的時代就是這樣的時代，是世界歷史上獨一無二的，並且一去不復返的時代。這種經院哲學在發展到頂點時，固然曾從最實在的存在物這概念爲上帝的存在提出了主要的證明，並且只是附帶地在主要證明之外利用著其他的證明，然而這只是教學方法，對於人類精神中神學的來源並沒證明什麼。康德在這裡把經院哲學處理問題的辦法當作理性〔自己〕的辦法，康德根本就經常碰到過這種辦法。至於說上帝的觀念是按理性的基本規律而在最實在的存在物這一觀念的形態之下從選言推論產生的，如果這是眞的，那麼在古代哲學家們那裡一定已有過這一觀念，可是任何地方都找不到最實在的存在物的蹤跡，沒有一個古代哲學家那裡有這蹤跡，雖然其中有幾位誠然有世界創造者這種說法，然而這是作爲以形式賦予沒有這創造者既已有了的物質說的，所指的是建成世界的造物，是他們僅僅只是按因果律推論出來的。塞克斯都斯．恩披瑞古斯（《反對數學家論》第九篇§88）固然也引過克•勒•安•特•斯一段論證，有些人以爲這就是那本體論上的證明。可是這論證並不是本體論上的證明而只是由類比法得來的推論，即是說因爲經驗告訴我們在世界上的存在物總是一個比一個優越，而人作爲最優越的一個固然結束了這一〔切存在物的〕系列，然而人還是有許多缺點，所以必然還有更優越的東西，最後是一個最優越最優越的東西（至尊，至高無上），而這就該是上帝了。

此後（康德）接著就詳細地駁斥了思辨的神學。關於這一駁斥我要說的只有簡短的幾句話。這一駁斥，根本和對於所謂理性三「觀念」的整個批判一樣，也是和純粹理性的全部辯證思維一樣，在一定意義上固然是全書的宗旨和目的，然而這一駁議部分實際上並不和前此的論斷部分，亦即感性學和分析學一樣，有著一種十分普遍的、經久不衰的、純哲學的意味；卻更可說是只有著一時一地的意味，因爲這駁議部分和直到康德還在歐洲占統治地位的哲學的一些主要關鍵（還）有著特殊的關係，不過這種哲學是由於這一駁斥而全部崩潰的，這卻仍要算作康德不朽的功績。他將有神論從哲學裡刪去了，因爲哲學作爲一種科學而不是作爲（宗教）信仰的教義，在哲學裡就只能有在經驗上已知的或由可靠的證明已確立了的東西。當然，這裡所講的哲學只是指眞正的，以嚴肅態度理解的，唯眞理是務而無心於任何其他事物的哲學而言，卻決不是指各大學的兒戲哲學而言；因爲在後面這種哲學裡至今仍和以往一樣，還是思辨哲學在擔任著主角；也正如靈魂之在這種哲學裡至今和以往一樣，仍是作爲一個熟悉的人物可以不待通報而登堂入室。原來這種哲學是以工資俸祿，甚至是以宮廷顧問的頭銜配備起來的哲學。這種哲學從它高聳的瓊樓俯瞰著，四十年來根本就不把我這樣的小人物放在眼裡，也衷心唯願擺脫康德這老頭兒以及他的一些批判，（因爲）這就可以神氣十足地爲萊布尼茲乾杯了。——此外這裡還得指出康德關於因果概念的先驗性的學說是如何由**休謨**在這一概念上的懷疑所促成的，康德自己也承認是休謨促成的；康德對於一切思辨神學的批判可能也是以**休謨**對於一切通俗神學的批判爲契機的。休謨在他的《自然宗教史》和《關於宗教的對話》中論證了通俗神學，這兩本書都很值得一讀。以致康德在某種意義上曾發心要爲這兩本書作補充。原來上述**休謨**的第一篇著作本是對通俗神學的一個批判，是要指出通俗神學的粗陋，另一面又要虔敬地指出理論的亦即思辨的神學爲眞純的神學。但康德卻揭露了思辨神學的無根據，在另一面反而沒有觸動通俗神學，甚至在淳化了的形態中，作爲以道德感爲支柱的信仰還肯定了通俗神學。這種信仰後來卻被搞哲學的先生們歪曲爲理性的領悟，爲上帝意識，或爲悟性對於超感性之物，對於上帝的直觀等等；而康德在他破除陳舊的、爲人所尊重的謬誤卻又看到這事的危險性時，反而只是以道德觀點的神學臨時支起幾根無力的撐柱，以便贏得走避的時間，不爲〔危房的〕倒塌所傷。

至於說到論證的內容，則駁斥**本體論**上的上帝存在的證明根本就不還要什麼理性的批判，因爲沒有感性學和分析學這樣的前提，也很容易弄明白那種本體論上的證明除了是一種沒有任何說服力的、狡黠的概念遊戲之外，什麼也不是。在亞里斯多德的《工具論》中已經有過完全足以駁倒本體論神學的證明那麼一章，好像是有意爲了這個目的而寫的，這就是《後分析》第二篇的第七章。夾在別的東西之中那裡明白寫著：「『實有』決不屬於事物的本質。」

在駁斥**宇宙論上**（的上帝存在）的證明時，這駁斥就是將講述到那兒的批判學說應用到一個一定的場合之上，並且也沒有什麼（可以）反對的要回憶。——**物理神學**的證明只是宇宙論上的證明的擴大，是以後者爲前提的，並且要到《判斷力批判》裡才有它詳盡的駁斥。關於這一點我請讀者們參閱拙著《論自然中的意志》裡在「比較解剖學」這標題之下的項目。

康德在批判這些證明時，如已說過的，他只是和思辨的神學打交道，並且只限於學術的範圍之內。如果與此相反，他在心目中還注意到生活和通俗神學，那麼他就必須在三個證明之外再加上第四個證明。這第四證明在廣大群衆中本是最有力的證明，如用康德的術語則稱之爲**敬畏心理**的證明該是最恰當的了。這是基於下述論點的一個證明：人在比自己強大無限倍的，不可究詰的，常以災害相威脅的自然力之前感到自己需要救助，力窮（智竭），感到自己的依賴性；加以人的天性又有將一切擬人化的傾向，最後還希望以祈禱、諂媚和祭祀犧牲來達到一些什麼目的。在人所從事的一切事務中原來總有點什麼是超出我們的權力之外而不能由我們計算的東西，爲自己獲得這些東西的願望就是神祇的來源。「唯有畏懼是信奉神的來源」是佩特羅尼烏斯㉗一句古老的眞言。休謨所批判的主要的就是這一證明，在（他）上述的著作中根本可以將他看作康德的先行者。——然則由於康德對思辨神學的批判而經

㉗ 佩特羅尼烏斯（Petronius），公元一世紀羅馬尼祿帝的寵臣。

常陷於窘境的人們〔自然〕就是那些哲學教授們了。他們是從信奉基督教的政府那裡領取薪水的，〔當然〕不能置這首要的信條於絕境而不顧*。那麼，這些先生們怎樣替自己解圍呢？——他們就正是肯定上帝的存在是自明之理。——原來如此！爲了證明上帝的存在，在舊的世界既以良心上的損失爲代價而作出過奇蹟，新的世界〔又〕以悟性上的損失爲代價而將本體論的、宇宙論的、物理神學的證明送到戰場上之後，——在這些先生們看來，上帝的存在就是自明之理了。於是他們又從這個自明之理的上帝來說明世界，這就是他們的哲學。

直到康德，在唯物論和有神論之間，也就是在或以爲世界是由盲目的偶然〔性〕促成的，或以爲世界是由一個在世界外按目的和概念而部署著、整飭著的心智促成的兩種看法之間，確曾有過眞正的兩難之處，〔兩難之外，〕「第三種〔可能〕是沒有的」。因此無神論和唯物論就是一個東西了。因此又有這麼一個疑問：是不是眞能有無神論者呢？無神論者也

---

* 康德曾說過：「既要期待理性的啟發和澄清，卻又事先規定理性必須倒向哪一邊，很不對頭的就是這種事情。」〔《純悴理性批判》第一版第七四七頁，亦即第五版第七七五頁〕與此相反又有我們當代一個哲學教授下面一段話天真地說：「如果一種哲學否認基督教一些基本觀念的真實性，那麼，這種哲學要麼是錯誤的，要麼，即令是真的，畢竟還是作不得用的——」對於哲學教授們這是可理解的。說這話的就是已故的巴赫曼教授，他在一八四〇年七月份的《延納文藝雜誌》一二六期上這樣不留神地洩露了他所有的同行〔奉為金科玉律〕的格言。同時就大學〔講壇〕哲學的特點說，可注意的是真理在不遷就不屈從的時候如何〔被人們〕毫不客氣地攆出了大門。人們說：「走罷，真理！我們不能拿你作用。我們該欠你什麼嗎？你給我們薪水嗎？——那麼，開步走罷！」

就居然能夠將大自然的，尤其是有機自然界的這麼富於目的性的局面部算在盲目偶然的帳上，作爲例子大家請看培根的《論文集》（《虔誠的說教》）第十六篇《無神論》。在廣大群衆和英國人的意見裡仍然存在著這種情況，在這些事情上英國人完全是屬於群衆一夥的。甚至英國的有名學者也有這種情況，大家只要看看理查·歐文㉕的《比較骨骼學》一八五五年版，序言第一一—一二頁；他在這裡依然還是處於兩難之間，這兩難一面是德謨克利特和伊比鳩魯，一面是這樣一種**心智**，在這心智中「在人尚未進入他的現象之前就已存在著對一個像人這樣的生物的認識了」。一切目的性必然是從一個心智出發的，在這一點上加以懷疑，他做夢也還沒有想到。一八五三年九月五日他以這裡的序言爲藍本略加修改在〔法國〕科學院作了一次演講，在演講中他天真幼稚地說：「目的論，亦即科學的神學」（一八五三年九月科學院編輯），在他看來兩者乾脆就是一個東西！如果說在大自然中有什麼是合乎目的的，就〔得說〕這是意圖、思考、心智的產物，那當然，純粹理性的批判〔也好〕，或者甚至是我論自然中的意志那本書〔也好〕，和這樣一個英國人或這種科學院又有什麼相干呢？這些先生們〔才〕不〔屑於〕降尊相就呢！這些顯赫的同道們還看不起形上學和日耳曼哲學：——他們還是抱住長褂子哲學〔不放〕。但那選言判斷的大前提，亦即唯物論和有神論之間那種兩難狀態，所以有成立的可能卻是基於現前世界即自在之物的世界，從而在經

㉘ 理查·歐文（R. Owen，一八〇四—一八九二），英國生物學家。

驗的事物秩序之外更無其他的事物秩序這一假定的。可是在世界及其秩序已由於康德而成爲僅僅是現象之後，而現象的規律主要的又基於我們悟性的形式，那麼事物和世界的實際存在與本質就無須再接我們在世界中所覺知的或引起的變化而類比地加以說明了，而我們理解爲手段和目的的東西也不必是從這樣的認識的後果中產生的了。所以說在康德由於他在現象和自在之物兩者間作了重要的區別而挖掉了有神論的牆腳時，他在別的方面卻開闢了一條道路可以用完全不同的方式，意義深刻地說明〔宇宙人生的〕實際存在。

在談到理性的自然辯證法那些最後宗旨的一章裡，〔康德〕聲稱三個超絕觀念作爲校正的準則，校正〔人們〕對自然的知識之進步是有價值的。可是康德在這樣說時未必就是嚴肅認眞的。至少可說任何一個對於自然有研究的人不會懷疑這種說法的反面，也就是不懷疑這些假設[29]對於一切探討自然的工作都有阻礙和窒息的作用。爲了在一個例子上檢驗這一點，請大家考慮一下，看認定一種靈魂作爲非物質的、單一的、思維著的實體對於卡本尼斯[30]敘述得那麼優美的眞理，對於弗盧龍[31]、馬歇爾．霍爾、查爾斯．貝爾[32]的發現究竟是有

[29] 指三個超絕「觀念」。

[30] 卡本尼斯（Cabanis，一七五七—一八〇八），法國醫學家和哲學家。

[31] 弗盧龍（Flourens，一七九四—一八六七），法國生物學家。

[32] 查爾斯．貝爾（Ch. Bell，一七七四—一八四二），蘇格蘭解剖學家。

促進作用的呢，還是必然極爲有害的呢？是的，康德自己〔也〕說（《每一形上學的導論》第四十四節）：「這些理性的觀念和以理性來認識自然的那些準則是相反的，並且也是有害的。」——

康德能夠在腓特烈大帝治下發展起來又可以發表《純粹理性批判》，這肯定是這位君主非同小可的一個功績。在任何其他一個政府之下，一個拿薪俸的教授都很難有此膽量。到了這位偉大人君的繼承人，康德就已經不得不提出不再著書的保證了。

在這裡對康德哲學的倫理部分進行批判，就我於本批判後二十二年在《倫理學的兩個基本問題》中已提出過更詳盡更澈底的批判說，我本可以認爲是多餘的了。不過這裡從第一版中保留下來的，單是爲了完整性起見就已不可略去的〔這部分〕還可以作符合目的地預習後出的更澈底的那一批判之用。因此，主要的我還是請讀者參看後出的那一批判。

以偏愛結構勻整的嗜好爲準則，理論的理性也必須有一個對仗。經院哲學的實踐理智就已是這個對仗的名稱躍然紙上了，而實踐理智又是從亞里斯多德的實踐理性（《精神論》第三篇第十章，又《政治學》第七篇第十四章：「原來理性一面是實踐的，又一面是理論的」）來的。然而在〔康德〕這裡卻完全是以此指另外一回事，和〔亞里斯多德〕那兒理性〔只〕是指技術而言的不同。在〔康德〕這裡實踐理性卻是作爲人類行爲不可否認的倫理意義的源泉，作爲一切美德，一切高尚胸懷的源泉，也是作爲可以達到的任何一程度上的神聖性的源泉和來歷而出現的。準此則所有這些美德和神聖性都是從**理性**來的，除理性外再不需要什麼了。這樣，合理的行為和道德的、高尚的、神聖的行為就會是同一個東西了，而自私的、惡毒的、罪惡的行為〔也〕就會只是不合理的行為罷了。不過任何時代、任何民族、任何語言總認為這兩兩之間很有區別，完全是兩種東西。所有那些直到今天對於〔康德〕這新學派的語言還無所知的人們都是這樣看，也就是除了一小撮德國學者之外的人們全世界都是這樣看：他們將美德的生平行事和一個合理的生涯澈底理解為兩種全不相同的東西。至於基督教崇高的發起人，他的生平可以確立為我們一切美德的模範，〔但〕如果說他曾是一個**最有理性的**人。人們就會說這是一種很不敬的，甚至是褻瀆神聖的說法了。如果說耶穌的箴言僅僅只包含一些最好的指示使人有完全**合理的**生活，那麼人們也會有同樣的看法，幾乎也要認為是褻讀神聖。再說，誰要是遵循這些箴言，不帶任何其他目的，總是只解除別人當前的更大困難而不想到自己，不去預計自己將來的需要；是的，把他全部的所有都贈與貧苦無告，以便從此擺脫一切可以資用的東西而前去布道，以自己遵行的美德勸導別人；那麼，這種事情受到任何人的崇敬都是對的，但是誰敢將這種事情作為**合乎**理性的最高峰來稱道呢？最後還有阿諾爾德．馮．文克爾瑞德㉝，洋溢著豪情俠意把敵人的梭鏢抱作一捆戳入自己的胸膛，為他的同胞們獲致勝利而〔使他們〕得免於危亡，誰〔又〕把這種事情當作一種突出

㉝ 見本書正文第六十七節第一段。

合理的行動來讚揚呢？——與此相反，如果我們看到一個人，他從青年時代起就以罕有的謀慮致力於爲無虞匱乏的家計，爲妻兒子女的贍養，爲在鄰里中有一個好名聲，爲表面上的尊榮和顯耀〔等等〕獲致各種憑藉；而同時他〔又〕不爲眼前快樂的刺激，不爲打擊權貴氣焰的技癢，不爲因受辱或無辜丟臉而想報復的願望，不爲在精神上從事並無實用的藝術或哲學工作的吸引力，不爲到値得觀光的國家去旅行的吸引力——不爲這一切以及類似的東西所惑，也不讓這些東西把自己導入迷途以致一時失去〔他〕心目中的目標，而是堅決始終一貫地專心致志於這一目標；〔那麼，〕誰又敢否認這樣一個市儈眞是非常**有理性的**呢？甚至於在他容許自己採取一些不光彩，但並無危險的措施時，人們也還是不敢〔否認他有理性〕。是的，還有：如果一個惡棍以考慮過的狡詐，按一個思想精密的計畫爲他自己獲取了財富、榮譽，甚至坐上了龍椅，戴上了王冠，然後又以最細緻的詭計使鄰國都陷入他的羅網，一個一個壓服了它們而自己卻成了世界的征服者；同時，他也不因爲任何正義或人道的顧慮而有所動搖，而是以酷辣的一貫性踐踏、搗毀著一切阻礙他計畫實現的東西，毫無同情心地陷千百萬人於各種的不幸，使千百萬人死傷流血，卻以南面之尊的氣概酬謝他的隨從和幫手，時時包庇著他們，從來不遺忘什麼，這樣終於達到了他的目的；〔那麼，〕誰又看不到這樣一個〔惡棍〕必然是特別合乎理性地在從事他的勾當呢？看不到如在擬定計畫時需要強有力的理智一樣，在計畫的實施時也要求**理性**有完全的支配力呢？是的，還正式是要求**實踐的理**

性呢？——或者，那聰明多智、思慮周到、眼光遠大的馬基維利㉞給與人君的指示難道還**不合乎理性**嗎？*

和惡毒很可以好好的同理性站到一起一樣，並且也是在這一結合中惡毒才眞可怕；反過來，高貴的情操有時也和非理性結合在一起。柯利奧蘭奴斯㉟的事蹟就可算作這種情況之一。爲了向羅馬人報仇，多年以來他把全部精力都花在這上面，可是後來在時機終於到來的時候，他又讓自己給元老院的懇求、他母親和妻子的哭泣軟化了，放棄了那麼長久，那麼艱難準備起來的復仇〔計畫〕；是的，甚至於因爲他做過這樣的準備反而將浮爾斯克人㊱不爲無因的憤怒引到自己頭上來了，他曾領教過這些羅馬人的忘恩負義，也曾做過那麼大的努力想要懲罰他們，可是現在他卻〔要〕死在他們手裡了。——最後，〔也是〕爲了論述周遍，

㉞ 馬基維利（Machiavelli，一七七四—一八四二），義大利政治家，歷史學家，著有《君王篇》。

㉟ Coriolanus，羅馬傳說中的貴族，反對平民。

㊱ Volsker，義大利土著，公元前五三八年為羅馬人征服，這裡用以指羅馬人。

* 這裡順便說幾句：馬基維利的任務是解決人君不怕內外有敵人，如何能夠**無條件**地保有王位的問題。所以他所從事的決不是一個人君在倫理上作為人應否這樣做的問題，而純是政治上**假令**人君要保有王位的話，如何措施的問題。他在這個問題上提出方案猶如人們寫棋譜指示棋術似的，如果認為這些指示裡缺少了道德上根本宜否博奕這問題的答案，那就傻了。責備馬基維利說他的著作不道德，正等於向一個劍術教師提出質問，說他不合在傳授劍術之前未曾先作道德的訓詞斥責謀殺和打死人的行為。

面面俱到而談的是，理性還很可以同「非理智」結合起來。譬如在人們選定了一個愚蠢的宗旨但又以〔堅定的〕一貫性來實行的時候，就是這種情況。腓力普二世的女兒伊薩白娜公主就爲這種情況提供了一個例子。她曾發誓〔她的丈夫〕一天沒有攻克奧斯特恩德〔城〕就一天不穿乾淨內衣，她居然遵守了誓言，三年如一日。根本一切誓約都屬於這一套，其來源是缺乏符合因果律的見解，也就是叫「非理智」；但人們既以這樣有限的理智來宣誓，〔那麼，〕遵守誓約倒並不因此就降低了合乎理性的程度。

和上述〔論點〕一致，我們還看到緊接康德之前出現的作家們把良心作爲道德衝動的所在，放在和理性相對立的地位。在《愛彌兒》第四篇中盧梭就是這樣做的〔，他說〕：「理性可以騙我們，但良心決不騙我們」；在該書稍後一點又說：「從我們天性的後果來說明獨立於理性之外的良心的直接原則，那是不可能的。」再後一點〔又說〕：「我的自然情感是爲公共利益說話的，但我的理性卻把一切都聯繫到我自身〔的利益〕上來。——人們固然很想將美德單是建立在理性之上，人們究能爲美德提供哪種堅固的基礎呢？」——他在《散步中的夢想》第四次散步中說：「在一切困難的道德問題上，我每次都是按良心的判斷來解決的，〔並且〕解決得很好，比按理性的照明來解決要好得多。」——是的，亞里斯多德就已明說（《大倫理學》第一篇第五章）各種美德都坐落於「精神的非理性部分」中而不是在「理性的部分」中。與此相符，斯多帕烏斯（《希臘古文分類選錄》第二卷第七章）在談到亞里斯多德學派時說：「對於倫理上的美德，他們相信這是和精神的非理性部分有關的，因爲在這方面他們認爲精神是由兩個部分，一個理性的部分和一個非理性的部分所組成的；又認爲屬於理性的部分則有：慷慨仗義，思慮周詳，眼光敏銳，聰明智慧，學問淵博，記憶力強，以及如此之類；另一面屬於非理性部分的則有：節約寡欲，正直勇敢，以及其他所謂倫理上的美德。」而西塞羅也作了廣泛的分析，（《論神的本性》第三篇二十六到三十一章）〔認爲〕理性是搞一切罪惡活動必要的手段和工具。

我曾宣稱**理性**即**概念的能力**。區別人和動物而以地球上的統治權授與人的就是這些完全構成另一類別的，一般性的而不是直觀的，只以語言文字來象徵、來固定的表象。如果說動物是眼前事物的奴隸，除了直接感到的動機之外不知有其他的動機，因而在這些動機出現在牠面前時，就必然的或是被這些動機所吸引或是被這些動機所推開，一如鐵之如磁石；那麼在人則相反，人由於理性的稟賦發起了智慮。智慮使人在前瞻後顧時很容易全面地概覽他的一生和世事的變遷，使人脫離眼前事物的羈絆，考慮周到而有計畫地、審愼地著手幹起來，不管是幹壞事還是幹好事。不過無論他做什麼，他都是以充分的自我意識做的。他清楚地知道他的意志是如何裁決的，知道他每次選擇的是什麼，按情況還可能有哪些其他的選擇。並且是由於這種自意識的欲求他也認識了自己，在他的行動人反映了他自己。理性在所有這些與人的行爲有關的方面，都可以稱之爲**實踐的**，只在理性所從事的那些對象，對於思維著的人的行爲不發生關係而僅有一種理論上的興趣時，理性才是理論的，而這〔又只〕是極少數人所能做到的。在這種意義上叫做**實踐理**性的東西，用拉丁文的 *prudentia* ❸❼ 來表示頗爲相近；據西塞羅說（《論神的本性》II. 22）這個字就是〔拉丁文〕*providentia* ❸❽ 的縮寫。與此相反的是〔拉丁文〕*ratio* ❸❾，這若爲一種精神的心力所使用，大概就意味著眞正「理論的理性」；不過古人並不嚴格地遵守這種區別。——幾乎所有一切的人，理性差不多單是只有一個實踐的方面，不過如果實踐理性也不要了，思想對於行爲就失去了控制力；到了這種場合那就叫做「比較好的，我知道，我也讚美；但比較壞的，我就跟著走」，或是「在早晨我確定了自己的計畫，到了晚上我還是做些蠢事」。那就是一個人不讓他的行爲由他的思想來指導，而是由眼前印象來指導，幾乎是按動物的方式來指導行爲；這樣人們就說他是**非理性的**（並沒有以此責備他在道德上不對的意思），而他也不是眞正缺乏理性，不過是沒有把理性用到他的行爲上來罷了，所以人們可以在一定意義上說他的理性僅僅只是理論的而不是實踐的。這時他很可以不失爲一個好人，譬如有些人看不得不幸的人們，看見就要幫助他們，甚至不惜有所犧牲，但另一面卻把自己的債務拖著不清償。這種非理性的人物根本沒有能力去做大壞事犯大罪，因爲做這些事總少不了計畫性、僞裝和自我控制，但這些東西對於他來

---

❸❼ 即從思想出發的謹言愼行、行為妥當等。

❸❽ 即「先見之明」，亦有「精明」、「中庸」之意。

❸❾ 即思維上的理性或不加價值規定的理性。

說，都是不可能的。不過要達到極高度的美德，他也難辨得到；這是因為即令他在天性上再有向善的傾向，然而任何人所不能免的，個別的、罪惡的和惡毒的衝動還是存在的，並且，如果理性不自陳為實踐的，不以不變的準則和堅定的決心對抗這些衝動，這些衝動也必然要變為行動。

最後，理性之表現為實踐的（性質）是在真正有理性的一些人物，因此人們在日常生活中就把這些人物叫做實踐的哲學家。這些人特有的標誌是一種不同於尋常的恬靜心情，不管所發生的事情是令人不快還是令人欣慰（，他們都不放在心上）；是穩定的情緒和作出決定之後便堅持貫徹（的精神）。事實上這就是理性在他們這些人心中起著壓倒的作用，也就是說他們偏於抽象而不近於直觀的認識；由此，他們對於生活便有了借助於概念的，在一般在全盤和大體上的概覽。理性一勞永逸地將生活的蓋子揭開了，連同眼前一時印象的虛偽性，連同一切事物的變化無常，生命的短促，享受的空虛，幸運的消長，以及偶然事故對人大大小小的惡作劇都揭穿了。因此在他們看來沒有什麼是意外的，凡是在抽象中已知道的，如果一旦個別地成為事實而出現於他們之前，都不能出其不意地使他們感到驚異，不能使他們喪失自制的能力，不像不如此有理性的人（常）有這種情況那樣。眼前的、直觀的、現實的東西對於後面這種人（可以）發揮這麼大的力量，以致那些冷靜的、暗淡無色的概念都退入意識的後臺，而忘記了既定原則和規範的他們（自然）就要陷入各色各樣的感觸和激情中去了。我在本書第一篇結尾處已經討論過斯多噶派的倫理學，依我看來這本來並不是別的什麼，而〔只〕是指示一種在上述意義上眞正合乎理性的生活。這樣的生活也是荷瑞斯在許多地方一再稱頌過的。他的心不逐物也是屬於這種生活的，還有德爾費〔神廟〕上的標語「勿感情用事」同樣也是屬於這種生活的。「心不逐物」譯作「什麼也不驚奇嘆服」是完全錯誤的。這一荷瑞斯式的格言用意所在既不是理論的也不是實踐的，實際上要說的是：「不要無條件地珍愛任何東西，不要看見什麼就忘掉了自己，不要以爲占有任何一物能夠帶來圓滿的幸福：對於一件事物任何難以形容的欲望都只是作弄人的幻象，要擺脫這種幻象；與其靠掙來的占有〔權〕，毋寧靠弄明白了的認識，效果是一樣，但更容易得多。」西塞羅也是在這種意義上來使用 *admirari*〔「羨物之情」這一詞〕的（〔見〕《論預言》II. 2）。所以說荷瑞斯的意思是「〔大〕無畏」，是「不傾心」，也是「無動於衷」，而這些東西德謨克利特早就已稱之爲最高的善了（見克里門斯．亞歷山大的《希臘詩文雜鈔》II. 21，並比較斯特拉博I．第九八頁和第一〇五頁）。——〔總之〕在談行動上的這種合理性時，是毫不涉及善惡問題的，不過也是由於這樣在實踐上應用理性才使人對動物而有的眞正優越性樹立起來了，並且也只有在這方面看才有意義，才容許說人有他的尊嚴。

在所有已論述過的和所有可以想得到的場合，合乎理性與不合乎理性的兩種行爲之間的區別歸根結蒂仍在於動機是抽象的概念還是直觀的表象。所以我對於理性所作的解釋完全和一切時代一切民族的語言習慣相符，而人們也大不可將語言習慣當作什麼偶然的或隨便的東西看，而是要看清語言習慣是從每人對於不同的精神能力所意識到的那種區別中產生的；

任何人說話都是符合這種意識的；不過，〔人們〕當然也沒有把這種意識提升到抽象定義的明晰性罷了。我們的祖先造字，並不是沒有賦予一定的意義，以便若干世紀之後才出現的哲學家們拿到現成的字，又由他們來決定每一字應作何解釋。〔不，〕我們的祖先乃是以每一字標誌完全有定規的概念的。所以這些詞就不再是無主的了，而在這些詞前此原有的意義之外另塞入一個完全不同的意義；那就叫做誤用這些詞，叫做發起一種特有用法〔——文學上濫用詞彙的自由——〕，按這種用字法每人都可以任意地以一種意義來使用任何一個字，這就必然要引起無限的混亂。洛克就已詳細地論述過哲學上的分歧大多數都是由於誤用詞彙來的。為了解釋清楚〔這一點〕，大家只要看一看當今思想貧乏的自命哲學家的人們在實質、意識、眞理以及其他等等字眼上搞出來的那種可恥的誤用亂用〔情況〕。除了最近代之外，一切時代的一切哲學家對於理性的說法與解釋，和我對於理性的解釋都是一致的，這種一致並不減於在一切民族中對於人的這一特權流行著的概念和我對此所作解釋的一致。人們且看柏拉圖在《共和國》第四篇和無數散見的地方叫做「合理思維能力」或「心靈合理思維部分」的東西，西塞羅所講的東西（《論神的本性》III. 26-31），以及本書第一篇在幾處已引述過萊布尼茲、洛克關於這一點所講過的東西。如果人們要指出康德以前所有的哲學家，總的講來，是如何在我所講的意義中來談理性的，那就不勝枚舉了；雖然他們還並不知道把理性的本質還原到一點而以充分的明確性和固定性來加以解釋。蘇爾則在他《哲學雜文》第一卷的兩篇文章中，總起來指出了緊接康德出現之前人們在理性〔這概念〕之下所理解的是什麼，其中一篇是〈理性這概念的分析〉，另一篇是〈論理性和語言的相互關係〉。在另一面，人們如果讀到最近的時代，由於康德的錯誤所影響——這種錯誤後來像火山噴出熔岩似的擴散起來——〔有些人〕是如何談到理性的，那麼人們就會被迫去假定所有古代一切睿哲，以及康德以前的一切哲學家根本就不曾有過一點理性：因爲現在〔爲人們〕所發現的〔所謂〕理性的覺知、直觀、了覺、冥悟〔等等〕對於他們都是陌生無法理解的，猶如蝙蝠的第六種官能之於我們一樣。至於就我來說，我不得不承認在我的侷限性中，我對於這種理性——直接覺知著，或也是了解著，或以智力直觀著超感性的東西，絕對的東西，以及與此相投的一些冗長故事中的那種理性——，我除了把它當作蝙蝠的第六官能之外，也和古人一樣不能以別的方式來理解和想像。不過這一點卻不能不歸功於這種理性的發明或發現，即是說這種理性對於凡是它中意的東西就立即加以直接覺知，也就是說這種理性是一個再好不過的權宜辦法，藉此就可以置任何康德及其「理性的批判」於不顧而以世界上最簡便的方式使這辦法本身及所偏愛的，已成定型的那些「觀念」安然脫去〔理論的〕糾纏。〔我也要恭維，〕這種發明及其獲得〔人們的〕承認給這時代帶來了光榮！

所以理性的本質上的東西整個地，一般地固然是一切時代的一切哲學家已正確認識了的，不過還沒加以嚴格的規定，也沒有歸結到一個解釋罷了；與此相反的是他們並沒弄明白什麼是悟性，因此他們常把悟性和理性混淆了；也正是由於這樣所以他們又未能十分完美地、簡潔地說明理性的本質。由於理性和啟示的對立，在基督教哲學家的手裡理性這概念又獲得一種十分生疏的副意義，於是許多人又從這種對立出發正確地主張單從理性，亦即沒有啟示也能認識到爲善的義務。在這方面的考慮甚至對於康德的論述和用詞遣字都肯定有過影響。可是上述這種對立本是事實的、歷史意義的〔東西〕，因而是與哲學不相干的一種因素，哲學也必須擺脫這種因素。

人們本可指望康德在他的純粹理性和實踐理性的批判中會從根本論述理性的本質出發，然後在既規定了「屬」之後才進而解釋〔這「屬」之下的〕兩個「種」，指出同是一個理性如何在兩種那麼不同的方式下表出它自己，可是由於保有主要的〔共同〕特徵又仍得證明爲同一個理性。然而關於這一切的〔論述〕〔他那兒〕一點也沒有。他在純粹理性批判中對於他在批判著的這一〔精神〕能力屢次隨手拈來的那些解釋是如何的不充分，如何搖擺不定和互不協調，那是我已經指出了的。在《純粹理性批判》中，未經介紹就大談其實踐理性，後來到了專爲實踐理性而設的批判中這就已經是既成事實了，〔康德〕沒有再作交代，也沒有讓被蹂躪了的一切時代和一切民族的語言習慣，或前此最偉大的哲學家們〔對於〕這概念的規定發揮它們的作用。總的說來，人們可以從各別〔散見〕的地方看出康德的意見之所在〔，他的意見是〕：對於先驗原則的認識既被說成是理性的本質的特徵，而對於行爲的倫理意義的認識也不是以經驗爲來源的，那麼這種認識也就是一個先驗的原則，因而也是從理性發生的，於是在這種意義上理性也就是實踐的了。——這樣解釋理性是不正確的，關於這一點我已充分地談過了。不過即令把這一點置而不論，在這裡單是利用「無待於經驗」這唯一的標誌來統一互不爲謀到極點的東西，同時忽視它們之間其他方面基本重要的、無法測量的距離，那又是多麼膚淺而無根據呃！這是因爲即令假定——可不是承認——（人們）對於行爲的倫理意義的認識是從一種位於我們（心）中的命令，從一個無條件的應然產生的，然而這樣的應然和認識的那些普遍形式又是如何根本的不同啊！在《純粹理性批判》裡康德指出這些認識形式是我們先驗意識著的，藉此意識我們能夠事先說出一個對於我們可能有的一切經驗都作得用的絕對必然。可是在這個必然，一切客體在主體中既被決定的這一必有的形式和那道德上的應然之間還是有天淵之別；並且這區別是如此顯著，以致人們雖然可以把兩者在非經驗的認識方式這一標誌上的相同當作一個俏皮的對比，但不能把這一點確立爲哲學上肯定兩者同源的一個理由。

並且實踐理性這個「嬰兒」，這無條件的應然或絕對命令，他的出生地卻不是《實踐理性批判》而是《純粹理性批判》，見第一版第八〇二頁，第五版第八三〇頁。（這嬰兒的）誕生是很吃力的，只有用「因此」這把產鉗才生了下來。這個「因此」冒失而大膽地，人們甚至要說不知羞恥地夾在絕不相干而沒有任何聯繫的兩個命題中間，把它們作爲原因和後果接聯起來。原來決定我們（行爲）的不僅是直觀的動機而且還有抽象的動機（這句話）乃是康德所從出發的那一命題；他是這樣表示這個命題的：「決定人的意欲的不僅是引起刺激的東西，亦即不僅是直接使官能有所感受的東西，而是我們有一種能力，能以距離較遠間接的有利或有害之物的表象來戰勝我們官能欲求能力上的那些印象。這種考慮，就我們的整個情況考慮值得欲求的，亦即良好和有益的東西，乃是基於理性的。」（完全正確，但願他經常是這樣合乎理性地來談「理性」！）「**因此**（！）這理性也產生了一些準則，這些準則就是（道德）命令，亦即自由在客觀方面的規律，並且說出了什麼是應該發生的，儘管這也許是決不發生的。」——！就是這樣，再沒有其他證明文件，這絕對命令就闖進世界裡來用它那無條件的**應然**——一根由「木的鐵」製成的王笏——在世界上發號施令了。原來在**應然**這概念中一貫地、本質地就寓有以預定的懲罰或約定的報酬爲必然條件的意味，這是不能和這概念分開的，分開就會取消這概念並剝奪其一切意義；所以**無條件的應然**是定語（和名詞）的矛盾。儘管這個錯誤是和康德在倫理學上的偉大功績緊密相連的，但仍必須加以駁斥。（至於）這個功績卻正是在於他把倫理學從經驗世界的一切原則，也就是從一切直接間接的幸福論解放出來了，在於他十分別致地指出了美德的王國不是從這個世界來的。這一功績，因爲古代所有的哲學家——柏拉圖是唯一的例外——，也就是亞里斯多德派、斯多噶派、伊比鳩魯派，都曾以極不相同的手法時而要按根據律使美德和幸福互相倚賴，時而要按矛盾律把美德和幸福等同起來，所以就更加重大了。直到康德以前所有一切的近代哲學家也要受到同樣的駁斥，不減於古人。所以康德在這一點上的功績就很重大了，不過公道（地說話）也應在這裡想到一方面有康德的申述與論證和他的倫理學的傾向與精神常不相符，這是我們隨即就要看到的；另一方面卻是他即令有功，但並不是使美德擺脫一切幸福原理的第一人。原來柏拉圖，尤其是在他以此爲主要傾向的《共和國》一書中，就已明白地教導說美德的選擇只是爲了美德自身，即令災難和屈辱是不可避免地和這美德聯在一起（，亦在所不惜）。不過基督教的傳道更是著重一種完全不自私的美德，這種美德不是爲了死後某種生活中的報酬，而是完全無償的，是由於對上帝的愛而履行的；因爲可以作得用的不是事功而只是信仰，美德有如只是信仰的朕兆而陪同著信仰的，所以美德的履行是全不要求報酬的，自發的。請參閱路德的《論基督教的自由》。〔關於這一點〕我還不想把印度人牽涉在內，〔儘管〕在他們那些神聖典籍中到處都已將爲自己的事功而望報，描寫爲決不能達到極樂世界的黑暗道路。我們覺得康德的道德學說還沒有這麼純潔，或者更應說他的論證遠遠落在他的精神之後，甚至陷於前後不一貫。在他後來討論最高善時，我們又看到美德和幸福搭配在一起了。原來被說成那麼無條件的應然後來還是給自己訂立了一個條件，這實際上是爲了擺脫上述那一內在矛盾的，然而背著這個包袱，這種「應然」就不能成立了。於是他就說最高善之中的幸福固然不應該是〔履行〕美德的動機，然而還是有幸福在，好比是一項祕密條款，有此則一切其餘的條款都成爲具文，都只是表面上的東西了。幸福並不是美德的正式報酬，然而總仍是一種自願的贈品，對於這個贈品，美德在忍受過勞苦而完成功德之後是偷偷地伸著兩手的。人們閱讀《實踐理性批判》（第四版的第二二三—二二六頁，或羅森克朗茲版的第二六四—二九五頁）就可使自己信服這一點。康德的整個道德上的神學也有著同樣的傾向。正是由於這種傾向，可以說道德就消滅了它自己。原來，我再說一遍，一切美德如果是爲了任何一種報酬而履行的，則都是基於一種機智的、有方法的、有遠見的利己主義。

這絕對應然的內容，亦即實踐理性的基本準則，就是為人們所稱道的（這句話）：「你當如是行動，以便你那意志的行為規範在任何時候又都可當作一種普遍立法的原則。」——〔康德〕這一原則竟給那為他自己的意志要求一個準繩的人，分配了一個為一切人的意志尋找一個準繩的任務。——於是就得問如何去找這樣一個準繩。顯然，為了尋獲我（自己）為人處世的規則，我應該不只是考慮我自己，而應考慮所有一切個人的全體總數。那麼，不是我自己的福利而是一切人的福利，無分軒輊，就會是我的目的了。然而這一目的總還是福利。於是我就發現唯有每人都以別人的利己主義作為自己的利己主義的界限，一切人才能這樣同等地過好日子。由此自然就會得出結論說：我不應該侵犯任何人，因為，在認定這是一個普遍原則時，我自己也不得被侵犯，而這就是我在尚未具有而正待尋找一個道德原則時，為什麼能夠情願以此為普遍準則的唯一理由。可是顯然地，在這種情況下，追求幸福的願望，亦即利己主義，依舊是這一倫理原則的源泉。以此作為政治學的基礎那是好極了的，以此為倫理學的基礎那就不中用了。這是因為在這個道德原則中除了責成（一個人）為一切人的意志確定一個準則之外，尋求這個準則的人自己必然也需要一個準則，否則他對於一切就會冷淡而無可無不可了。可是只有自己的利己主義才能是這個準則，因為別人的舉動只是對準這利己主義而發的，並且因此也只有憑藉這利己主義和朝這利己主義看，這個別人，就他對於自己的行為說，才能有一個意志，才不會對之漠然無所可否。在《實踐理性批判》第一版的第一二三頁（羅森克朗茲版第一九二頁）康德自己很直率地使人看出這一點，他在這兒是這樣申論爲意志尋找規範的：「在每人都是完全漠不關心地看著別人的困難時，如果你也同樣在這樣的世態中，你會在這一點上予以同意嗎？」——「我們是如何輕率地批准了對我們自己有害的東西呵！」這就會是這裡所問的同意與否的準則。在《道德的形上學基礎》第三版第五六頁，羅森克朗茲版的第五〇頁，也有同樣的申論：「一個決心不對任何一個在困難中的人假以援手的意志，由於可能發生一些情況，它又需要別人的情誼和關懷，這意志就會自相矛盾」如此等等。因此如果把這一倫理的原則看清楚了，這原則就不是別的而只是「己所不欲，勿施於人」這古老而簡明的基本原則的一個間接的、加過修飾的說法罷了；所以這原則首先直接地也是指被動的、忍耐的方面說，然後以這些方面爲手段才涉及行爲。因此，如已說過的，作爲建立國家的指南這原則倒是完全可用的；國家乃是爲防止忍受不義而設的，並且也想爲一切人，每一個人獲致最大量的幸福。可是在倫理學中，研究的對象既然是作爲行爲論的行爲，是在行爲對於行爲者的直接意義上說話，而不是行爲的後果——對於這行爲的忍受——，也不是行爲對別人的關係，那麼上面那種考慮就是決不可容許的了，因爲這種考慮在基本上仍然又歸結到幸福原則上，也就是歸結到利己主義上去了。

因此，儘管康德由於他的倫理原則不是具有內容的，亦即不是確立一對象以爲動機的，而只是形式的，因而這倫理原則就和純粹理性批判教給我們的那些形式上的法則勻整地對稱起來了而感到快慰，但我們卻不能和他共享這種快慰。這個原則當然不是一種行爲準則而只是獲致行爲準則的公式。不過一方面我們在「己所不欲，勿施於人」〔這句話〕中已有了這種公式，並且還要簡明些；一方面這一公式的分析已指出賦予這公式以內容的僅僅只是對自己幸福的考慮，因此這公式也就只能為合乎理性的利己主義服務而已。而一切立法的來由也是歸之於這種利己主義的。

另外還有一個錯誤，因為它同任何一個人的感情都相牴觸，所以是常被駁斥的；席勒在一篇箴言詩裡就曾加以譏刺。這就是那迂腐的規定，硬說一個行為，如果眞要是善的，值得稱頌的，那麼這行為就僅僅只能是由於尊重已認識到的準則和義務概念，只能按理性在抽象中意識到的規範來完成，而不是由於志趣，不是由於對別人懷有好意，不是由於好心腸的關懷、同情或一時的情緒高昂來完成的；說這些東西（《實踐理性批判》第一版第二一三頁，羅森克朗茲版第二五七頁）對於善於思想的人們反而要干擾他們經過考慮的規範，甚至是很累贅的東西，行為則必須是勉強地在自我強制之下來完成的。請記住在〔這樣完成一個行為的時候〕仍然要求不參雜任何希望報酬之心，再請估量一下這種要求〔是如何〕太不合理。可是，更甚於此的是這種要求和美德的眞正精神恰好相反。使一行為成為功德的不是行為〔自身〕，而是甘於這樣做的心願，而是這行為所由產生的愛；無此〔心願，無此愛〕則行為只是一種死板的機械操作。所以基督教也正確地教導說，如果不是從那種以眞正甘於從事的心願和純愛為內容的純正心志中產生的，則一切外在的事蹟都是沒有價值的；而使人獲得天福和解脫的也不是「做過了的事蹟」，而是信仰，而是單由聖靈所賦予，卻不是那自由的，考慮周詳的，心目中只有規律準則的意志所產生的純正的心意。——康德要求任何有德行的行爲都應該是從純潔的、考慮過的尊重準則的心情中發生的；並且是按照這些準則的抽象規範，冷靜地，沒有情趣甚至和情趣相反而發生的。這種要求恰好等於人們主張任何眞正的藝術品都必須是由於熟慮，妥當地應用美學規則而產生的。〔以上〕這兩種說法彼此都是同樣的錯誤。柏拉圖和塞內卡所討論過的美德是否可以教得會的問題是應加以否定的。人們必須最後下定決心來體會基督教的「恩選」之說是從何而來的，體會美德在主要的方向，從內在〔精神〕上看，在一定意義上和天才一樣都是天生的。猶如所有的美學教授以統一起來的力量也不能使任何一個人具有〔創造〕天才作品——亦即純眞的藝術品——的能力一樣，所有的倫理學教授和傳道勸善的人也不能把一個不高尚的人物改造成一個有德的、高尚的人物。這種事情的不可能比煉白鉛爲黃金的不可能更明顯得多；而要找到一種倫理學和倫理學的一個最高原則，可以影響實踐而眞正變化人類〔的氣質〕，把人類改善，那就完全等於去找既可點石成金又能醫治百病的仙丹。——然而人有不借助於抽象認識〔倫理學〕而借助於直觀認識（「天惠作用」）來完全改變心境的可能性（再生），關於這種可能性我已在本書第四篇末尾詳細談過了；而第四篇的內容根本就使我沒有必要在這裡浪費更多的時間。

至於康德並未鑽進行爲的倫理含蘊之本義，最後這也是他以他自己關於至善的學說指出來的。他以最高善爲美德與幸福的必然結合，並且是以美德爲幸福的尊嚴的外貌而結合的。這兒單是下面這一邏輯的責難就已擊中了他〔的要害〕，就是說構成這裡的標準的「尊嚴」這個概念是〔又〕已假定了一種倫理學爲其標準的，因此也就不得從這一概念出發。在本書

第四篇裡曾得出結果說一切眞正的美德在達到了最高的程度之後，最後則導致完全的絕欲，此時一切意欲都告結束了；幸福則與此相反，是滿足了的意欲，所以〔美德和幸福〕兩者是根本合不攏來的。對於已經洞悉我的論述的人，已無須再來分析康德關於至善這一見解的整個錯誤了。而獨立於我的正面論證之外，我在這裡再沒有要提出來的反面論證了。

我們在《實踐理性批判》中也看到了康德對於結構勻整的偏愛。原來他完全是拿《純粹理性批判》的體制來處理《實踐理性批判》的，並且還套用了原來的那些標題和形式。這顯然都是任意的，在自由的範疇表中更可明晰地看到這一點。

《法學》是康德最晚期的著作之一，並且是如此無力的一本著作，以致我雖然完全否定它，卻認爲對它進行辯駁是多餘的；因爲它，好像不是這個偉人的著作，倒像是一個普通凡夫俗子的作品似的，是必然會由於它自己的衰竭無疾而終的。因此，我是以反面論證的法學爲旨趣而聯繫到正面論證的，也就是聯繫到本書第四篇所確立的簡單法學綱要上面去。關於康德的法學這裡只提出幾點一般的評論就算了。在考察《純粹理性批判》時我已駁斥過的，到處糾纏著康德的那些錯誤，在〔他的〕法學裡竟如此氾濫起來，以致人們以爲是在讀著模仿康德口氣的諷刺文，或至少也要以爲是在聽康德派〔的鸚鵡學舌〕。這裡有兩個主要的錯誤。〔第一，〕他要（此後還有許多人這樣要過）把法學和倫理學嚴格地加以劃分，然而又不令法學依從於實際的立法，也就是不依從於任意的強制，而要保持法理概念的純潔性、先驗性和獨立性。可是這是不可能的，因爲〔人的〕行爲，除了它的倫理上的重要性以外，除了對別人的物理關係以及由此而有的，對外在強制的關係而外，即令只是在可能範圍內也決不容有第三種看法。從而當他說「法理上的義務是可以加以強制的義務」時，那麼這個「可以」要麼就是作物理的來理解，則一切法理都是現行法的和任意的，也就是說一切可以見諸實行的任性就是法理了。要麼這個「可以」就是作倫理的來理解，則我們又到了倫理學的領域裡來了。所以康德的法理概念是徜徉於天淵之間而無一個立足之地的。在我這裡，法理這概念是屬於倫理學的。第二，他對於法理概念的規定完全是消極的，因而也是不夠的*；他說：「凡是按一個普遍的準則而和在人群中並存的個人的自由協調一致的，那就是合法的。」——自由（這裡是指經驗的自由，也就是物理性質的自由，不是指意志在道德上的自由）的意思就是不受阻礙，所以只是一種否定。而「並存」也完全是不受阻礙這個意義，於是我們就停留在許許多多的否定之上而得不到一個肯定的正面的概念了；是的，要不是我們已從別的方面知道了的話，根本還摸不著這裡到底是在談什麼呢！——後來在細述中〔康德〕還展開了這樣一些最荒謬的看法，如說在自然狀態中，也就是在國家以外，根本無所謂所有權；這實際上就是說一切法權都是現行實際性質的，於是自然法倒要以現行法爲根據而

* 雖然合法〔或「義」〕這概念和非法〔不義〕這概念對立，前者本是消極的，後者才是積極面的出發點，但這些概念的說明不可因此就始終都是消極的。

不是應該反過來的那種場合了；還有以占有爲合法獲致的根據，爲制訂公民權利法規的倫理義務和刑法的根據等等說法。所有這一切，如已說過的，我認爲根本不值得加以反駁。後來康德這些錯誤也發生了一種極不利的影響。長期以來公認的、已成定論的眞理又給弄糊塗混亂了，導致了奇奇怪怪的學說，許許多多的文章和爭吵。這當然是不能持久的，而我們已經看到了眞理和健全的理性如何在爲自己掃清道路了。尤其是J·C·F·邁斯特爾的《自然法》和某些怪僻的理論相反，證實了這一點，雖然我並不因此就認爲這〔本書〕是已夠完美的模範。

在有了前此所說過的一切之後，我在**判斷力批判**〔這問題〕上也就很可以從簡了。人們不得不驚歎康德，〔這樣一個康德，〕他對於藝術大概始終是很生疏的，從各種跡象看他對於「美」也像是很少接受力似的，加之他也許從沒有機會看到一件有分量的藝術品，最後無論是從〔他〕那個世紀或是從〔我們〕這個民族來說，對於應該和他雁行的巨人兄弟歌德他也好像一無所知似的，——我說這就值得驚歎康德在這一切情況之下是怎麼能夠在關於藝術和美的哲學考察上獲得一個重大而永久的功績的。這一功績在於〔以往〕儘管對美和藝術做過那麼多的考察，然而實際上人們總是只從經驗的立足點出發來看事物，以事實爲根據來研究把叫做**美**的任何一類客體和同一類的其他客體區別開來的究竟是哪種特性。在這條途徑上人們在開始時曾獲得了一些極爲特殊的命題，然後是更一般的命題。人們企圖區別純正的和非純正的藝術美，企圖找到這種純正性的標誌，於是這些標誌也就又可當作規則使用了。什麼是，什麼不是作爲美而使人愉快的；從而什麼是應模仿的、應爭取的，什麼是應避免的；哪些規則，至少是在消極方面應該遵守的；一句話，什麼是激起美學上的快感的手段，也就是說達到這一目的的是存於客體中的哪些條件；在過去這些〔問題〕幾乎就包括了對藝術作任何考察時的〔全部〕題材了。亞里斯多德曾採取過這條途徑，最近代在同一條途徑上〔走〕的我們還看到霍姆[40]、伯爾克[41]、溫克爾曼、萊辛、赫德爾等等。已經獲致的這些美學原理的普遍性最後固然也歸結到主體上來，並且人們〔也〕看到如果在主體中的感應相當明白了，那麼也就能夠先驗地決定這感應在客體中〔有什麼樣〕的原因了，也唯有如此這一考察才能獲得一種科學的妥當性。這又不時一再引起心理學上的討論，在這方面尤其是亞歷山大．鮑姆加登[42]確立了所有各種美的一般美學。他是從感性認識到的，也就是從直觀認識到的完美性這概念出發的，可是在樹立了這個概念之後，他隨即也就把主觀的一面丟開了，此後就走向客觀方面和關係到客觀方面的實踐方面去了。——不過在這裡也給康德保留了認眞而深入地研究我們所以稱客體爲美而在我們心中引起的欣賞衝動本身，以便在有可能的時

[40] 霍姆（Home，一六九六—一七八二），英格蘭哲學家。

[41] 伯爾克（Burke，一七二九—一七九七），英國政論家。

[42] 亞歷山大．鮑姆加登（Alexander Baumgarten，一七一四—一七六二），德國美學家。

候在我們心性中找到這種衝動的組成部分和條件的功勞。因此康德的探討完全採取了主觀的路線。這顯然就是那條正確的路，因爲要解釋一個從後果中看出的現象，要澈底規定其原因的性質，就必須首先正確地認識這後果本身。然而康德的功績，除指出了這條正確的道路，並以一種臨時的嘗試提出了人們大約應怎樣走這條路的例子外，也並未超出（這個範圍）太遠。這是因爲他所提出的東西並不能就看作客觀的眞理和實際的收穫。他提出了研究（美學）的這個方法，開闢了道路，可是同時也迷失了目的地。

就美感的判斷力批判說，首先迫使我們注意的事項就是康德保留了他全部哲學特有的，我在前面已詳細考察過的方法；我的意思是指從抽象認識出發來探究直觀的認識，從而好像是拿前者當作一間黑屋子用，以便把後者都收押在裡面而加以忽視似的。和在《純粹理性批判》中一樣，他說判斷的那些形式可以給他打開認識我們整個直觀世界的大門，在這美感判斷力批判裡他也不從美自身，從直觀的直接的美出發，而是從美的判斷，從名稱極爲醜陋的所謂趣味判斷出發的。他認爲這就是他的總題。特別引起他注意的是這一情況，即是說這樣一種判斷顯然是主體中的一個過程的陳述，然而同時卻又是那麼普遍妥當，就像是對客體中一種特性而言似的。使他驚絕的是這一點而不是美自身。他總是從別人的陳述，從（人們）對於美的判斷，而不是從美自身出發的。因此，這就好像他完全只是從道聽途說，而不是直接認識到美似的。一個冰雪聰明的盲人幾乎也能同樣地從他所聽到的，關於色彩的一些精當的陳述構成一個色彩學說。而事實上我們也幾乎只能用這種比喻來看康德關於美的一些哲學理論。那麼我們就會看到他的學說也很有意思，甚至一再作出了中肯的、正確的、一般的論述；但是他對問題的正式解決卻是這樣不能容許的，是這麼遠遠夠不上這題材的尊嚴，以致我們想也不會想到把他得到的解決當作客觀眞理看。因此我甚至以爲我可以省掉駁斥這一點〔的麻煩〕而在這裡也指出本書的正文部分作參證〔就夠了〕。

就他整個這一部書的形式方面說，應指出這形式是從這樣一個念頭產生的，亦即在目的性這概念中來找解決美的問題的鑰匙。把這個念頭加以引申，這倒並沒有什麼困難，我們從康德的追隨者們那裡已看到了這一點。這樣，對於美的認識和對於自然物體符合目的的認識這個離奇的結合就產生在叫做**判斷力**的這**一個**認識能力之中了，而性質不同的兩個題材也合併到一本書裡來論述了。在這以後，他又拿理性、判斷力和悟性這三種認識能力玩了一些結構勻整的玩意兒取樂；他對於這些東西的嗜好根本就在這部書裡有著多次的表現，在全書勉強按《純粹理性批判》來配置的體裁中就已有了這種表現；但尤其是在辭不勝義，羅掘俱窮的美感判斷力的二律背反中更爲顯著。而在《純粹理性批判》中既已不斷地重複著說悟性是用以判斷的能力，既已把悟性的判斷的諸形式作爲所有一切哲學的奠基石之後，現在又跑出一個與此完全不同的，完全又是單獨一種的判斷力，人們也可拿這一點來責備他的前後不一貫。此外，至於我所謂判斷力，也就是將直觀認識翻譯爲抽象認識並正確地再把後者應用到前者上的能力，那是在本書正文部分裡已論述過了的。

在《美感判斷力批判》中遠過於〔其他部分〕的最卓越的東西就是關於壯美的學說，

這和關於優美的學說相比，有著不可倫比的良好成績；並且不僅是指出了這個研究的一般方法，而且也指出了一段正確的途徑；已有了這樣可觀的成績，即是說雖沒有提出問題的眞正解決，然而畢竟是很近乎問題的解決了。

因爲題材的簡單，人們在《目的性判斷力批判》中也許要比在任何其他地方更能認識到康德把一個思想翻來覆去地搬弄，以多種的方式來表達，直到由此而構成一部書的那種罕有的天才。全書所要〔說〕的僅僅只是這一點：儘管那些有機體在我們看起來必然都像是按一個在它們之先便早已有了的目的概念組成的，然而這並不使我們就有理由認爲在客觀上也是這樣的。原來我們的智力，〔因爲〕只是從外界間接地知道事物，所以決認識不到事物所由發生和存在的內部，而只認識到事物的外表，〔所以〕不能以別的方式理解有機自然產物專有的某種本性，除非是用類比法來比較這些有機物和人有意製作的器物，而這些器物的性能就是由一個目的和這目的的概念所規定的。這一類比已足以使我們理解有機物體的部分對全體的協調，由此甚至還足以得出研究它們的線索；可是決不可因此就把這一類比當作說明這些物體的來源和實際存在的根據。這是因爲不得不這樣來理解這些物體的必然性是從主觀方面來的。——我大約就是這樣來總述康德在這方面的學說的。〔其實〕就主要的方面說，他在《純粹理性批判》第一版第六九二至七〇二頁，第五版第七二〇至七三〇頁就已闡述過這一學說。但是就**這一**眞理的認識說，我們也看到**休謨**是康德的值得稱譽的先行者。休謨在他的《關於自然宗教的對話》的第二部分中也尖銳地駁斥了上述那個假定。在休謨和康德兩人對於那假定的批判之間的區別主要是休謨把那假定當作基於經驗的，康德則相反，是把它當作先驗的來批判的。兩個人都有道理，他們的論述也互相補充。我們在辛普利丘斯[43]對亞里斯多德的《物理學》所作的注釋中便看到康德這一部分學說的實質已經給說出來了：「可是就他們〔德謨克利特和伊比鳩魯〕說，錯誤的發生是由於他們認爲一切爲了一個目的而發生的事物只能是基於預定意圖和〔事先〕考慮的，然而他們又理解到自然界的產物並不是在這種情況下產生的。」（《亞里斯多德學說論》，摘自《亞里斯多德全集》柏林版第三五四頁）康德在下面這一點上完全是正確的，並且也有必要在既已指出原因和後果的概念，按大自然的實際存在根本不能用之於大自然全體之後，就還得指出大自然，按其本性說亦不得設想爲一個從動機（目的概念）引出的原因之後果。人們如果考慮到物理學上的神的證明有巨大的近似性，甚至**伏爾泰**也認爲是駁不倒的證明，那麼極其重要的是指出我們理解中的主觀的東西——康德曾以空間、時間和因果性屬之於這些主觀的東西——對於我們判斷自然物體也是起作用的，從而要把這些物體設想爲預定的，按目的概念而爲我們所產生的必然性，也就是在**先有這些物體的表象而後有這些物體的存在**這條道路上產生的這種必然性——我們所感到的必然性——和〔人們〕對於那麼客觀地自呈著的空間的直觀一樣同是發源於主觀的，因而都不可當作客觀的眞理。康德對於這一點的分析，除了令人困倦的散漫和重複〔之處〕

[43] 辛普利丘斯（Simplicius），公元六世紀人，新柏拉圖派哲學家。

以外，卻是很卓越的。他正確地主張我們決辦不到只從單純的機械原因來解釋有機物體的本性，而在機械原因之中，他所理解的也就是所有一般自然力的無意圖而有規律的作用。不過我覺得這裡還有一個漏洞。原來他所以否定這種解釋的可能性，只是從有機體的目的性和看得出的意圖著眼的。可是我們卻看到即令在沒有目的和意圖的地方，也不能把說明大自然這一領域的根據扯到另一領域去，而是我們一旦又走入一個新的領域時，這些用以說明的根據就不頂事了；代之而起的是一些新的基本原理，而要從原來的原理來解釋這些新原理，那是根本無望的。譬如在眞正機械性的領域內起作用的就是重力的、吸引力的、固體性的、液體性的、彈性的規律；而這些規律（姑不論我把一切自然力說成是意志較低級別的客體化）就其自身說又是作爲不能再加以解釋的那些力的表現而有的，其本身則構成所有其他一切專以還原到這些規律爲事的，進一步的說明的原理。如果我們離開這一領域而轉向化學作用的現象，電、磁、結晶（等）現象，那麼原先那些原理就完全不能再作用了，是的，原先那些規律也再無效了；原先的那些力又被別的一些力所排擠，（新）現象又按新的基本原理出現，和原先那些力正相反；而這些新的基本原理也正和原先的那些基本原理一樣，是原始的，不能說明的，也就是不能還原到更普遍的基本原理。譬如說如果按原來的力學規律來說明，即令只是說明一種鹽類在水中的溶解也辦不到，更不用說（用以說明）其他更複雜的化學現象了。所有這一切都是在本書第二篇裡詳細論列過了的。我認爲這種討論對於目的性判斷力的批判曾有過很大的好處，並有助於弄明白那兒說過的東西。這樣的討論對於康德那一卓越的提示尤其有利。那提示意味著本體自身的顯現即自然界的事物，在大自然的機械（規律的）作用中如此，在貌似有意的作用中也是如此；而對於這本體自身的一種更深刻的認識，就會發現同一個最後原理可以作爲說明〔機械作用與目的作用〕雙方共同的根據之用。希望我由於確立意志爲眞正的自在之物就已提出了這樣一個最後原理。準此，根本說起來，在我們的第二篇及其補充中，特別是在拙著《論自然中的意志》裡，對於整個自然界那種看得到的目的的說，諧和、協調〔等等〕的內在本質的理解也許是已經很透澈，更深刻的了，因此，對於這一點我在這兒也就再沒什麼要說的了。——

對於康德哲學的這一批判感到興趣的讀者無妨再讀一讀拙著《附錄和增補》第二卷第二篇中以《對康德哲學還有的幾點解釋》爲題而對這一批判所作的補充。這是因爲人們必須考慮到我的著作在數量上雖很少，卻不是同時，而是在漫長的一輩子中以巨大的間歇先後寫成的；因此人們就不得期待凡是我在同一個題材上說過的東西都會在同一個地方。

索引

七劃

八劃

九劃

十二劃

十三劃

十四劃

十五劃

十六劃

亞瑟・叔本華　年表

Arthur Schopenhauer, 1788-1860

年代	生平記事
一七八八年	二月二十二日，出生於德國城市但澤（Gdańsk，當時的一部分，今波蘭格但斯克）。父親是富商，母親是有名氣的作家。
一七九七年	被派往勒阿弗爾（Le Havre）與他父親的商業夥伴格雷戈爾（Grégoire de Blésimaire）的家人一起生活兩年。學會流利的法語。
一八〇二年	叔本華閱讀讓．巴底斯特．羅范．德．高烏雷的《福布拉騎士的愛情冒險》。
一八〇三年	叔本華根據父親的意願決定不上文科學校學習，決定將來不當學者。他開始長達數年的旅行，周遊荷蘭、英國、法國和奧地利，並開始學商。 六月—九月，叔本華在溫布爾登的住宿學校學英語。
一八〇五年	父親在漢堡的家中因運河溺水而死。但叔本華和他的妻子認為是自殺，且將之歸罪於其母親，加上生活衝突，叔本華一生和母親交惡。
一八〇九年	離開魏瑪，成為哥廷根大學（University of Göttingen）的學生。最初攻讀醫學，但後來興趣轉移到哲學。在一八一〇—一八一一年左右從醫學轉向哲學，離開了哥廷根大學。
一八一一年	冬季學期抵達新成立的柏林大學。並對費希特和史萊馬赫產生濃厚興趣。 以《論充足理由律的四重根》（*Über die vierfache Wurzel des Satzes vom zureichenden Grunde*）獲得博士學位。歌德對此文非常讚賞，同時發現叔本華的悲觀主義傾向，告誡說：如果你愛自己的價值，那就給世界更多的價值吧！ 將柏拉圖奉若神明，視康德為一個奇蹟，對這兩人的思想相當崇敬。但厭惡後來費希特、黑格爾代表的思辨哲學。

年代	生平記事
一八一三年	博士論文《論充足理由律的四重根》，第二版一八四七年出版。 十一月，歌德邀請叔本華研究他的色彩理論。雖然叔本華認為色彩理論是一個小問題，但他接受了對歌德的欽佩邀請。這些研究使他成為他在認識論中最重要的發現：找到因果關係的先驗性質的證明。
一八一四年	五月離開魏瑪，搬到德勒斯登（Dresden）。
一八一六年	出版《論顏色與視覺》（*Über das Sehen und die Farben*），又將其翻譯成拉丁文。
一八一七年	在德勒斯登。與鄰居克勞斯（Karl Christian Friedrich Krause，試圖將自己的想法與古印度智慧的想法結合起來的哲學家）結識。叔本華從克勞斯那裡學到冥想，並得到了最接近印度思想的專家建議。
一八一八年	出版代表作《作為意志和表徵的世界》（*Die Welt als Wille und Vorstellung*，以下簡稱WWV）第一版，作為叔本華最重要的著作WWV的第二版在一八四四年出版。發表後無人問津。第二版在第一版一卷的基礎上擴充為兩卷，叔本華對第一卷中的康德哲學批評進行了修訂，第二卷增加了五十篇短論作為對第一卷的補充，第三版經過小幅修訂之後，在一八五九年出版。 叔本華說這本書：「如果不是我配不上這個時代，那就是這個時代配不上我。」但憑這部作品他獲得了柏林大學編外教授的資格。
一八三一年	八月二十五日，柏林爆發霍亂，本來打算與當時的戀人一起離開柏林，但對方拒絕了他，兩人分道揚鑣，叔本華獨自逃離柏林。同年十一月十四日黑格爾因霍亂死於柏林。
一八三三年	移居法蘭克福。
一八三六年	出版《論自然中的意志》（*Über den Willen in der Natur*）：第二版，一八五四年出版。

年代	生平記事
一八三七年	首度指出康德《純粹理性批判》一書第一版和第二版之間的重大差異。
一八四一年	出版《倫理學的兩個基本問題》（*Die beiden Grundprobleme der Ethik*），內容包括一八三九年的挪威皇家科學院的科學院褒獎論文「論意志的自由」）（Über die Freiheit des menschlichen Willens）和一八四〇年的論文「論道德的基礎」（Über die Grundlage der Moral），幾乎無人問津。第二版在一八六〇年出版。 同年，他稱讚倫敦成立防止虐待動物協會，以及費城動物友好協會。甚至抗議使用代詞「它」來指動物，因為「它」導致了對它們的處理，好像它們是無生命的東西。 叔本華非常依賴他的寵物貴賓犬。批評斯賓諾莎認為動物僅僅是滿足人類的手段。
一八四四年	在他堅持下，出了《作為意志和表象的世界》第二版。第一版早已絕版，且未能引起評論家和學術界絲毫興趣，第二版的購者寥寥無幾。
一八五一年	出版完成了對《作為意志和表象的世界》的補充與說明，就是兩卷本《附錄和補遺》（*Parerga und Paralipomena*），這套書使得叔本華聲名大噪。麥金泰爾在《倫理學簡史》中對叔本華的描述「對人性的觀察是那麼出色（遠遠超出我所說的）」可以在這套書中得到印證。《附錄和補遺》第一卷中的「人生智慧錄」更是得到了諸如托馬斯曼、托爾斯泰等人備至推崇。
一八五九年	《作為意志和表象的世界》第三版引起轟動，叔本華稱「全歐洲都知道這本書」。叔本華在最後的十年終於得到聲望，但仍過著獨居的生活，陪伴他的只有數隻貴賓犬，其中，以梵文「Atman」（意為「靈魂」）命名的一隻最為人熟悉。
一八六〇年	九月二十一日，死於呼吸衰竭，七十二歲。

經典名著文庫 144

作爲意志和表象的世界

Die Welt als Wille und Vorstellung

作　　者 —— 亞瑟・叔本華（Arthur Schopenhauer）
譯　　者 —— 石冲白
文庫策劃 —— 楊榮川
企劃主編 —— 蘇美嬌
特約編輯 —— 郭雲周
封面設計 —— 姚孝慈
著者繪像 —— 莊河源
出 版 者 —— 五南圖書出版股份有限公司
發 行 人 —— 楊榮川
總 經 理 —— 楊士清
總 編 輯 —— 楊秀麗
地　　址 ——臺北市大安區 106 和平東路二段 339 號 4 樓
電　　話 ——02-27055066（代表號）
傳　　眞 ——02-27066100
劃撥帳號 ——01068953
戶　　名 ——五南圖書出版股份有限公司
網　　址 ——https://www.wunan.com.tw
電子郵件 ——wunan@wunan.com.tw
法律顧問 —— 林勝安律師
出版日期 —— 2021 年 10 月初版一刷
2024 年 10 月初版二刷
定　　價 —— 680 元

國家圖書館出版品預行編目資料

作為意志和表象的世界 / 亞瑟・叔本華 (Arthur Schopenhauer) 著；石冲白譯 . -- 初版 -- 臺北市：五南圖書出版股份有限公司 , 2021.10
面；公分 . -- (經典名著文庫)
譯自：Die Welt als Wille und Vorstellung
ISBN 978-986-522-262-8(平裝)

1. 叔本華 (Schopenhauer, Arthur, 1788-1860)　2. 學術思想　3. 哲學

147.53　　109013462